AF145950

Springer-Lehrbuch

Jens Adolphsen

Europäisches Zivilverfahrensrecht

3. Auflage

 Springer

Jens Adolphsen
Justus-Liebig-Universität Gießen
Gießen, Deutschland

ISSN 0937-7433   ISSN 2512-5214 (electronic)
Springer-Lehrbuch
ISBN 978-3-662-63557-5   ISBN 978-3-662-63558-2 (eBook)
https://doi.org/10.1007/978-3-662-63558-2

Die Deutsche Nationalbibliothek verzeichnet diese Publikation in der Deutschen Nationalbibliografie; detaillierte bibliografische Daten sind im Internet über http://dnb.d-nb.de abrufbar.

Springer

Springer ist ein Imprint der eingetragenen Gesellschaft Springer-Verlag GmbH, DE und ist ein Teil von Springer Nature.
Die Anschrift der Gesellschaft ist: Heidelberger Platz 3, 14197 Berlin, Germany

Vorwort

Europäisches Zivilprozessrecht ist eine wichtige und faszinierende Materie. Wohl selten lässt sich auf der Ebene des Sekundärrechts das Zusammenwachsen Europas derart plastisch nachvollziehen, wie bei der Bildung des Europäischen Rechtsraums. Dessen Bildung verlief – trotz Streits um die Europäische Verfassung, nationale Referenden und letztlich Lissabon Vertrag – lange Zeit überraschend harmonisch. Erst seit einigen Jahren (Stichworte Europäisches Scheidungsrecht und Europäisches Patentrecht) kommt auch hier Streit auf.

All das rechtfertigt eine auch für den Lernenden verständliche Gesamtdarstellung dieser spannenden Materie.

Dieses Buch will dem Lernenden – Studenten wie Praktiker – die aktuelle Entwicklung des Europäischen Zivilverfahrensrechts vorstellen. Dabei habe ich mich entschieden, die Gerichtsverfahren in Zivil- und Handelssachen in den Mittelpunkt zu stellen, aber auch auf Materien wie das Internationale Insolvenzrecht, das Europäische Familienrecht und die Internationale Schiedsgerichtsbarkeit einzugehen.

Faszination einer Materie soll nicht zu einer unkritischen Hinnahme von Fehlentwicklungen führen: Die Dynamik der Bildung des Rechtsraums hat inzwischen auch zu einer Unübersichtlichkeit und Komplexität geführt, die nicht ganz einfach zu durchschauen ist.

Internationales Zivilprozessrecht ist nach meiner Erfahrung auch ein sinnvoller Weg, um einen Zugang zum gemeinhin langweiligen nationalen Zivilprozessrecht zu gewinnen. Derzeit gibt es noch kein in sich geschlossenes Europäisches Zivilprozessrecht; internationales und nationales Prozessrecht greifen ineinander. Vielleicht kann dieses Buch Ansporn sein, sich auch für die Fragen des nationalen Prozessrechts zu interessieren.

Im Mittelpunkt der 3. Auflage steht einerseits die neue EuGVO, die seit dem 10.1.2015 gilt (Brüssel Ia), andererseits die dazu ergangene vielfältige Rechtsprechung des EuGH.

Der EuGH hat in den letzten Jahren nach der Änderung der Vorlagekompetenz eine Fülle von Entscheidungen getroffen. Gleichzeitig hat die EU-Kommission zentrale Verordnungen im Bereich des Europäischen Rechtsraums überarbeitet, mit zum Teil doch erheblichen Änderungen.

Nach der krisenhaften Situation der EU in den letzten Jahren ist das Europäische Zivilverfahrensrecht in einer Phase der Konsolidierung angekommen, ein Gedanke, der in diesem Buch immer wieder angesprochen wird. Die Konsolidierung des

Europäischen Zivilverfahrensrechts wird drängend, weil die zahlreichen Sekundärrechtsakte häufig „Kinder ihrer Zeit" sind und nicht ausreichend aufeinander abgestimmt wurden. Ob die EU dazu die Kraft hat, ist zu hoffen.

Bei der Fülle der vorgenommenen Änderungen werden Fehler vorgekommen
sein. Bitte teilen Sie mir diese, aber gern auch Kritik und Anregungen mit (jens.
adolphsen@recht.uni-giessen.de).

Die Neuauflage befindet sich auf dem Stand vom Mai 2022. Bei den Satzarbeiten
dieser Auflage sind leider Fehler aufgetreten, weshalb sie jetzt nochmals in revidierter Fassung auf den Markt kommt.

Viel Erfolg beim Lernen!

Gießen, Deutschland   Jens Adolphsen
Februar 2023

Aus dem Vorwort zur 1. Auflage (2010)

Europäisches Zivilprozessrecht ist eine zunehmend wichtige Materie geworden, sowohl für die Ausbildung als auch für die Praxis. Gerichtsverfahren laufen immer öfter grenzüberschreitend ab. Europäisches Zivilprozessrecht ist zudem eine faszinierende Materie. Wohl selten lässt sich auf der Ebene des Sekundärrechts das Zusammenwachsen Europas derart plastisch nachvollziehen, wie bei der Bildung des Europäischen Rechtsraums. Dessen Bildung verlief – trotz Streits um die Europäische Verfassung, nationale Referenden und letztlich Lissabon Vertrag – lange Zeit überraschend harmonisch. Erst jetzt kommt bei der Diskussion um ein liberales Scheidungsrecht plötzlich auch hier Streit auf.

All das rechtfertigt eine auch für den Lernenden verständliche Gesamtdarstellung dieser spannenden Materie.

Dieses Buch will dem Lernenden – Studenten wie Praktiker – die aktuelle Entwicklung des Europäischen Zivilverfahrensrechts vorstellen. Dabei habe ich mich entschieden, die Gerichtsverfahren in Zivil- und Handelssachen in den Mittelpunkt zu stellen, aber auch auf Materien wie das Internationale Insolvenzrecht, das Europäische Familienrecht und die Internationale Schiedsgerichtsbarkeit einzugehen.

Faszination einer Materie soll nicht zu einer unkritischen Hinnahme von Fehlentwicklungen führen: Die Dynamik der Bildung des Rechtsraums hat inzwischen auch zu einer Unübersichtlichkeit und Komplexität geführt, die nicht ganz einfach zu durchschauen ist.

Internationales Zivilprozessrecht ist nach meiner Erfahrung auch ein sinnvoller Weg, um einen Zugang zum gemeinhin langweiligen nationalen Zivilprozessrecht zu gewinnen. Derzeit gibt es noch kein in sich geschlossenes Europäisches Zivilprozessrecht; internationales und nationales Prozessrecht greifen ineinander. Vielleicht kann dieses Buch Ansporn sein, sich auch für die Fragen des nationalen Prozessrechts zu interessieren.

Inhaltsverzeichnis

Abkürzungen

a. A.	anderer Ansicht
a. E.	am Ende
a. F.	alte Fassung
ABl.	Amtsblatt
Abs.	Absatz
AcP	Archiv für die civilistische Praxis
AEUV	Vertrag über die Arbeitsweise der Europäischen Union, vom 25.03.1957 (BGBl. II S. 766) als Vertrag zur Gründung der Europäischen Gemeinschaft (EGV) i. d. F. des Vertrags über die Europäische Union vom 7.02.1992 (BGBl. II S. 1253) zuletzt geändert durch die Akte zum Beitrittsvertrag vom 25.04.2005, ABl. L 157 vom 21.06.2005, S. 203, unter Beachtung der Änderungen durch Art. 2 u. 5 des Vertrags von Lissabon vom 13.12.2007, ABl. C 306 vom 17.12.2007S. 1
AGB	Allgemeine Geschäftsbedingungen
AJCompL	American Journal of Comparative Law
ALI	American Law Institute
All E.R.	All England Law Report
Am.Rev.Int.Arb.	American Review of International Arbitration
Anm.	Anmerkung
ArbInt.	Arbitration International. The Journal of LCIA Arbitration International
ARIPO	African Regional Industrial Property Organization, Harare, Zimbabwe
Aufl.	Auflage
Az.	Aktenzeichen
BB	Betriebsberater
BBl	Bundesblatt (Schweiz)
Bd.	Band
BerGesVR	Berichte der Gesellschaft für Völkerrecht
Beschl.	Beschluss

BGB	Bürgerliches Gesetzbuch vom 18.08.1896, in der Fassung der Bekanntmachung vom 2.01.2002 (BGBl. I S. 42, ber. S. 2909 und BGBl. 2003 I S. 738)
BGBl.	Bundesgesetzblatt
BGE	Entscheidungen des Schweizerischen Bundesgerichts
BGH	Bundesgerichtshof
BGHZ	Entscheidungen des BGH in Zivilsachen
BKartA	Bundeskartellamt
BRD	Bundesrepublik Deutschland
BReg	Bundesregierung
Brüssel I	Verordnung (EG) Nr. 44/2001 des Rates vom 22.12.2000 über die gerichtliche Zuständigkeit und die Anerkennung und Vollstreckung von Entscheidungen in Zivil- und Handelssachen, ABl. L 12 vom 16.01.2001, S. 1 (= EuGVO a. F.)
Brüssel Ia	Siehe EuGVO
Brüssel IIa	Siehe EuEheVO
Bt.Drs.	Bundestagsdrucksache
BVerfG	Bundesverfassungsgericht
BVerfGE	Entscheidungen des Bundesverfassungsgerichts
bzw.	Beziehungsweise
c.pr.c.	(italienischer) Codice di procedura civile
CAS	Court of Arbitration for Sport
Cass.civ.	Cour de Cassation, chambre civile
CC	Code civil
Ch	chambre
Cir.	Circuit
CISG	Conventions on Contracts for the International Sale of Goods
civ	civile
CLIP	(European Max Planck Group for) Conflict of Laws in International Property
COMI	Centre of Main Interest
CPI	Code de la Propriété Industrielle (Frankreich)
CPR	Civil Procedure Rules (England)
DB	Der Betrieb
ders.	derselbe
dies .	dieselben
DIS	Deutsche Institution für Schiedsgerichtsbarkeit e.V.
DRiZ	Deutsche Richterzeitung
DStR	Deutsches Steuerrecht
DZWiR	Deutsche Zeitschrift für Wirtschaftsrecht
e. V.	eingetragener Verein
eG	eingetragene Genossenschaft
EG	Europäische Gemeinschaften

EGBGB	Einführungsgesetz zum BGB
EGMR	Europäischer Gerichtshof für Menschenrechte
EGV	Vertrag zur Gründung der Europäischen Gemeinschaft. Konsolidierte Fassung mit den Änderungen durch den Vertrag von Amsterdam vom 2.10.1997
Einf.	Einführung
Einl.	Einleitung
EIPR	European Intellectual Property Review
EMRK	Europäische Konvention zum Schutz der Menschenrechte und Grundfreiheiten vom 4.11.1950 (BGBl. 1952 II, 686, 953)
EPG	Europäisches Patentgericht
EPGÜ	Übereinkommen über ein Einheitliches Patentgericht
EPLA	European Patent Litigation Agreement
EPÜ	Münchener Übereinkommen über die Erteilung europäischer Patente vom 5.10.1973– Europäisches Patentübereinkommen – (BGBl. 1976 II S. 649.)
EU	Europäische Union
EuBewVO	Verordnung (EG) Nr. 1206/2001 des Rates vom 28.05.2001 über die Zusammenarbeit zwischen den Gerichten der Mitgliedstaaten auf dem Gebiet der Beweisaufnahme in Zivil- oder Handelssachen, ABl. L 174 vom 27.06.2001, S. 1
EuErbVO	Verordnung (EU) Nr. 650/2012 des Europäischen Parlaments und des Rates vom 4.07.2012 über die Zuständigkeit, das anzuwendende Recht, die Anerkennung und die Vollstreckung von Entscheidungen und öffentlichen Urkunden in Erbsachen sowie zur Einführung eines Europäischen Nachlasszeugnisses, ABl. L 201 vom 27.07.2012, S. 107
EuLF	The European Legal Forum (Zeitschrift)
EuGH	Europäischer Gerichtshof
EuGHE	Entscheidungen des Europäischen Gerichtshofs
EuGRZ	Europäische Grundrechte-Zeitschrift
EuGVO	Verordnung (EU) Nr. 1215/2012 des Europäischen Parlaments und des Rates vom 12.12.2012 über die gerichtliche Zuständigkeit und die Anerkennung und Vollstreckung von Entscheidungen in Zivil- und Handelssachen, ABl. L 351 vom 20.12.2012, S. 1, geändert durch Verordnung (EU) Nr. 542/2014 des Europäischen Parlaments und des Rates vom 15.05.2014 zur Änderung der Verordnung (EU) Nr. 1215/2012 bezüglich der hinsichtlich des Einheitlichen Patentgerichts und des Benelux-Gerichtshofs anzuwendenden

	Vorschriften, ABl. L 163 vom 29.05.2014, S. 1, (auch „Brüssel I" genannt)
EuGVVO	s. EuGVO (z. T. wird diese Abkürzung benutzt)
EuGVÜ	EG-Übereinkommen vom 27.09.1968 über die gerichtliche Zuständigkeit und die Vollstreckung gerichtlicher Entscheidungen in Zivil- und Handelssachen (BGBl 1972 II, 773) i. d. F des 4. Beitrittsübereinkommens vom 16.07.1998 (BGBl 1998 II, 1411)
EuKtPfVO	Verordnung zur Einführung eines Verfahrens für einen Europäischen Beschluss zur vorläufigen Kontenpfändung, ABl. 2014 L 189, 59
EuMahnVO	Verordnung (EG) Nr. 1896/2006 des Europäischen Parlaments und des Rates vom 12.12.2006 zur Einführung eines Europäischen Mahnverfahrens, ABl. L 399 vom 30.12.2006, S. 1
EuRAG	Gesetz über die Tätigkeit europäischer Rechtsanwälte vom 9.03.2000 (BGBl. I 182)
EuÜ	Europäisches Übereinkommen über die internationale Handelsschiedsgerichtsbarkeit vom 21.04.1961 (BGBl 1964 II, 425)
EuUnthVO	Verordnung (EG) Nr. 4/2009 des Rates vom 18.12.2008 über die Zuständigkeit, das anwendbare Recht, die Anerkennung und Vollstreckung von Entscheidungen in Unterhaltssachen, ABl. L 7 vom 10.01.2009, S. 1
EuZustVO	Verordnung (EG) Nr. 1393/2007 des Europäischen Parlaments und des Rates vom 13.11.2007 über die Zustellung gerichtlicher und außergerichtlicher Schriftstücke in Zivil- oder Handelssachen in den Mitgliedstaaten (Zustellung von Schriftstücken) und zur Aufhebung der Verordnung (EG) Nr. 1348/2000 des Rates, ABl. L 324 vom 10.12.2007, S. 79
EuZW	Europäische Zeitschrift für Wirtschaftsrecht
EVÜ	EG-Übereinkommen über das auf vertragliche Schuldverhältnisse anzuwendende Recht vom 19.6.1980 (BGBl 1986 II, 810)
EWG	Europäische Wirtschaftsgemeinschaft
EWS	Europäisches Wirtschafts- und Steuerrecht (Zeitschrift)
EZVR	Europäisches Zivilverfahrensrecht
F.2d	Federal Reporter, Second Series
F.Supp.	Federal Supplement
FAZ	Frankfurter Allgemeine Zeitung
f.	folgende Seite
ff.	fortfolgende Seiten
FRCP	Federal Rules of Civil Procedure (USA)

FS	Festschrift
GATS	General Agreement on Trade in Services
GATT	General Agreement on Tariffs and Trade
GG	Grundgesetz für die Bundesrepublik Deutschland vom 23.05.1949, zuletzt geändert durch Gesetz vom 11.7. 2012 (BGBl. I S. 1478)
GP	Genfer Protokoll über die Schiedsklauseln im Handelsverkehr vom 24.08.1923 (RGBl 1925 II, 47)
GPÜ	Gemeinschaftspatentübereinkommen (*nicht in Kraft*)
GRCh	Grundrechtecharta
GRUR	Gewerblicher Rechtsschutz und Urheberrecht
GRURInt	Gewerblicher Rechtsschutz und Urheberrecht Internationaler Teil
GS	Gedächtnisschrift, Gemeinsamer Senat, Großer Senat
GVG	Gerichtsverfassungsgesetz vom 27.01.1877, in der Fassung vom 9.05.1975 (BGBl I, 1077), zuletzt geändert durch Gesetz vom 23.04.2014 (BGBl. I S. 410)
h. M.	herrschende Meinung
HGB	Handelsgesetzbuch vom 10.05.1897 (RGBl, 219), zuletzt geändert durch Gesetz vom 15.07.2014 (BGBl. I S. 934)
HRefG	Handelsrechtsreformgesetz vom 22.06.1998, BGBl. I S. 1474
Hrsg.	Herausgeber
HZustÜ	Haager Übereinkommen über die Zustellung gerichtlicher und außergerichtlicher Schriftstücke im Ausland in Zivil- oder Handelssachen
i. d. F.	in der Fassung
i. S.	im Sinne
i. V. m.	in Verbindung mit
IHK	Internationale Handelskammer, Paris
InstGE	Entscheidungen der Instanzgerichte zum Recht des geistigen Eigentums, Carl Heymanns Verlag
IntGesR	Internationales Gesellschaftsrecht
IntPatÜG	Gesetz über internationale Patentübereinkommen vom 21.06.1976, BGBl. II 649
IPR	Internationales Privatrecht
IPRax	Praxis des internationalen Privat- und Verfahrensrechts (Zeitschrift)
IPRG	Gesetz über das internationale Privatrecht (Schweiz. Bundesgesetz v. 18.12.1987; Italien. Gesetz Nr. 218 v. 31.05.1995)
IPR-Gesetz	Schweizer Bundesgesetz vom 18.12.1987 über das internationale Privatrecht (SR 291)
IPRspr.	Die deutsche Rechtsprechung auf dem Gebiet des IPR
ital.	Italienisch

IZPR	Internationales Zivilprozessrecht
IZVR	Internationales Zivilverfahrensrecht
J.D.I.	Journal du Droit International (Clunet), Paris
JA	Juristische Ausbildung
Jb.f.RSoz.u.RTh	Jahrbuch für Rechtssoziologie und Rechtstheorie
JBl	Juristische Blätter
JIntArb	Journal of International Arbitration
JN	Jurisdiktionsnorm (Österreich) vom 1.08.1895, RGBl 1895/111.
JR	Juristische Rundschau
Jur. Blätter	Juristische Blätter, Wien
JuS	Juristische Schulung
JW	Juristische Wochenschrift
JZ	Juristenzeitung
KartR	Kartellrecht
L.	Law
LG	Landgericht
LGVÜ	Lugano-Übereinkommen vom 16.09.1988 über die gerichtliche Zuständigkeit und Vollstreckung gerichtlicher Entscheidungen in Zivil- und Handelssachen (BGBl 1994 II, 2658)
lit.	litera
Ltd.	Limited
m.Anm.	mit Anmerkung
m. w. N.	mit weiteren Nachweisen
MDR	Monatsschrift für Deutsches Rechts
ML	Model Law
MüKo	Münchener Kommentar
NJ	Neue Justiz (Zeitschrift)
NJW	Neue Juristische Wochenschrift
NJW-RR	NJW-Rechtsprechungsreport
NY	New York
NZG	Neue Zeitschrift für Gesellschaftsrecht
OAPI	Organisation Africaine de la Propriété intellectuelle, Yaounde, Cameroun
OHG	Offene Handelsgesellschaft
ÖJZ	Österreichische Juristenzeitung
OLG	Oberlandesgericht
OLGZ	Entscheidungen der Oberlandesgerichte in Zivilsachen
österr.	Österreichisch
PatG	Patentgesetz i. d. F. der Bekanntmachung vom 16.12.1980
PCT	Patent Cooperation Treaty, Vertrag über die internationale Zusammenarbeit auf dem Gebiet des Patentwesens vom 19.06.1970 BGBl. 1976 II, 664, geändert durch Gesetz vom 2.10.2001 (BGBl. 2002 II S. 728)

PflVG	Pflichtversicherungsgesetz
PVÜ	Pariser Verbandsübereinkunft zum Schutz des gewerblichen Eigentums vom 20.03.1883, rev. Stockholm am 14.07.1967.
R.I.D.C.	Revue international de droit comparé, Paris
RabelsZ	Rabels Zeitschrift für ausländisches und internationales Privatrecht
Rn.	Randnummer
Rev.	Review
Rev. dir. int. pr. proc.	Revue de droit international du droit comparé
Rev.crit.dr.int.pr.	Revue critique de droit international privé, Paris
RG	Reichsgericht
RGBl	Reichsgesetzblatt
RGZ	Entscheidungen des Reichsgerichts in Zivilsachen
RipS	Recht der internationalen privaten Schiedsgerichtsbarkeit (*Schlosser*)
Riv.Dir.	Rivista di diritto
RIW	Recht der internationalen Wirtschaft
RIW/AWD	Recht der Internationalen Wirtschaft, Betriebs-Berater International (früher: Außenwirtschaftsdienst des Betriebsberaters)
Rn.	Randnummer in anderen Veröffentlichungen
RPflG	Rechtspflegergesetz vom 5.11.1969 (BGBl. I 2065) zuletzt geändert durch Art. 3 G zur Durchführung der VO (EU) Nr. 1215/2012 sowie zur Änd. sonstiger Vorschriften vom 8.07.2014 (BGBl. I S. 890)
Rs.	Rechtssache
S.Ct.	Supreme Court Reporter
S.D.N.Y.	Southern District New York
SchiedsVfG	Gesetz zur Neuregelung des Schiedsverfahrensrechts vom 22.12.1997 (BGBl I, 3224)
sec.	Section
SJZ	Schweizerische Juristenzeitung
Slg.	Amtliche Sammlung des EuGH
sog.	sogenannte
SpuRt	Zeitschrift für Sport und Recht
SZ	Süddeutsche Zeitung
Tz.	Teilziffer
TRIPS	Trade-Related Aspects of Intellectual Property Übereinkommen über die handelsbezogenen Aspekte der Rechte des geistigen Eigentums vom 15.04.1999 (BGBl. 1994 II 1730)
u. a.	unter anderem
UFITA	Archiv für Urheber-, Film- und Theaterrecht
U.S.	United States Supreme Court Reports

U.S.C.	United States Code
U.S.C.A.	United States Code Annotated
Übers.	Übersicht
UNCITRAL	United Nations Commission International Trade Law
UNIDROIT	Institut international pour l'unification du droit privé
UNÜ	New Yorker UN-Übereinkommen über die Anerkennung und Vollstreckung ausländischer Schiedssprüche vom 10.06.1958 (BGBl 1961 II, 123)
Urt.	Urteil
US	United States
v.	versus; von
VersR	Versicherungsrecht (Zeitschrift)
vgl.	vergleiche
VO	Verordnung
vol.	Volume
Vorbem.	Vorbemerkung
WIPO	World Intellectual Property Organization
WM	Zeitschrift für Wirtschafts- und Bankrecht
WuB	Entscheidungssammlung zum Wirtschafts- und Bankrecht
WuW	Wirtschaft und Wettbewerb
www.	World Wide Web
YCA	Yearbook of Commercial Arbitration
ZaöRV	Zeitschrift für ausländisches öffentliches Recht und Völkerrecht
z. B.	zum Beispiel
ZEuP	Zeitschrift für Europäisches Privatrecht
ZfRV	Zeitschrift für Rechtsvergleichung
ZGB	Zivilgesetzbuch der Schweiz
ZGR	Zeitschrift für Gesellschaftsrecht
ZHR	Zeitschrift für das gesamte Handels- und Wirtschaftsrecht
ZIP	Zeitschrift für Wirtschaftsrecht
ZNR	Zeitschrift für neuere Rechtsgeschichte
ZPO	(deutsche) Zivilprozessordnung vom 30.01.1877, in der Fassung der Bekanntmachung vom 5.12.2005 (BGBl. I S. 3202), zuletzt geändert durch Art. 1 G zur Durchführung der VO (EU) Nr. 1215/2012 sowie zur Änderung sonstiger Vorschriften vom 8.7. 2014 (BGBl. I S. 890)
ZRHO	Rechtshilfeordnung in Zivilsachen
ZRP	Zeitschrift für Rechtspolitik
ZustDG	Zustellungsdurchführungsgesetz
ZVglRWiss	Zeitschrift für vergleichende Rechtswissenschaft
z. Zt.	zur Zeit
ZZP	Zeitschrift für Zivilprozess

1. Kapitel Grundlagen

Das einführende 1. Kapitel soll Ihnen den Zugang zur Materie des internationalen 1 Zivilprozessrechts erleichtern, indem Kategorien und Begriffe erläutert werden und Ansatz und Umfang des Buches klar werden.

Beispiel

Fall 1 Ein Deutscher ist mit einem in Italien gemieteten Auto in Rom in einen Unfall mit einem Engländer verwickelt. ◄

Beispiel

Fall 2 Der in Brugge, Belgien, wohnhafte K erhebt vor der Rechtbank van erste Aanlag in Brugge eine Schadensersatzklage gegen die Vermögensverwaltung xy-Ltd. mit Sitz in Frankreich. Begründet wird die Klage damit, dass K aufgrund falscher Beratung über das Risiko von Investmentfonds 100.000 € auf ein Konto in Frankreich überwies, die Vermögensverwaltung diese in London anlegte und dies mit dem Verlust eines Teils des Geldes endete. Hierdurch sieht K sein Gesamtvermögen geschädigt. ◄

In beiden Fällen stellt sich die Frage, in welchem Land Klage erhoben werden 2 kann. Zusätzlich muss geklärt werden, welches Recht zur Entscheidung der Fälle anzuwenden ist. Das erste ist die Frage nach der internationalen Zuständigkeit und damit eine des internationalen Zivilverfahrensrechts, das Gegenstand dieses Buches ist. Die zweite Frage nach dem anwendbaren Recht ist ein Problem des IPR und als solche nur insoweit Gegenstand dieses Werkes, als es um die Verbindung von IZPR und IPR geht.

Die Originalversion dieses Kapitels wurde korrigiert. Ein Erratum finden Sie unter
https://doi.org/10.1007/978-3-662-63558-2_16

Beispiel

Fall 3 K mit Sitz in Belgien ist Inhaber eines deutschen Patents. K behauptet, dass B mit Sitz in Österreich sein Patent durch Import von Gütern nach Deutschland verletze und mahnt B ab. B erhebt daraufhin in Italien (!) vor dem *Tribunale civile e penale Roma* Klage auf Feststellung, dass er das Patent des K nicht verletzt. Daraufhin erhebt K Klage in Österreich und fordert Unterlassung, Rechnungslegung und Schadensersatz wegen der Patentverletzung. ◀

3   In diesem Fall stellt sich neben der Frage der internationalen Zuständigkeit – darf/kann B in Italien klagen, darf K in Österreich gegen B klagen – die Frage, ob die zuerst in Italien erhobene Klage weitere Klagen wegen der gleichen Sache in Europa sperrt. Das Ganze ist ein Problem der Verfahrenskoordination und wird unter dem Begriff der anderweitigen Rechtshängigkeit, der auch aus dem nationalen Zivilprozessrecht bekannt ist (§ 261 Abs. 3 Nr. 1 ZPO), erörtert.

Beispiel

Fall 4 Der Franzose K erwirkt gegen den Franzosen B in Paris ein Urteil, das B zur Zahlung von 100.000 € verurteilt. K erfährt, dass B kein Vermögen in Frankreich, wohl aber ein Grundstück in Deutschland besitzt. ◀

4   Hier stellt sich die Frage, ob das in einem rein nationalen Gerichtsverfahren ergangene Urteil zur Zwangsvollstreckung in Deutschland genutzt werden kann. Muss sich der K hierzu an französische oder (auch) an deutsche „Stellen" wenden? Das Ganze ist eine Frage der Vollstreckung von nationalen Urteilen im Ausland, die ebenfalls hier erörtert wird.

5   Die Fälle sollen Ihnen zeigen, dass man es im internationalen Zivilverfahrensrecht mit recht verschiedenen Fragestellungen zu tun hat, die in einem zusammenwachsenden Europa immer größere Bedeutung haben.

---

§ 1 Begriff und Entwicklung eines internationalen und europäischen Zivilverfahrensrechts

I. Die Internationalisierung und Globalisierung der Rechtsbeziehungen

6   Die Internationalisierung und Globalisierung der Rechtsbeziehungen hat in den letzten Jahrzehnten zunächst zu einer erheblichen Ausweitung des internationalen Handels besonders im Binnenmarkt geführt. In der Folge hat dies zu einem Ansteigen grenzüberschreitender Prozesse geführt, dessen Ausmaß allerdings nicht mit dem des Handels korrespondiert.

7   Selbst in Europa ist es nicht ganz einfach, hier genaues Zahlenmaterial zu erhalten. Im Heidelberg Report, der 2008 den Bericht zur EuGVO vorbereitet hatte, wird der Versuch unternommen, die Zahlen in den Mitgliedstaaten zu ermitteln, in

denen die EuGVO Anwendung fand. Es zeigte sich, dass es nach wie vor nur eine geringe Zahl grenzüberschreitender Verfahren vor den Zivilgerichten gibt, die etwa 1–3 % der Gesamtzahl der Zivilverfahren ausmachen.[1] Nach den Berechnungen des Statistischen Bundesamtes wurden im Jahr 2019 vor den Landgerichten in erster Instanz 341481 Verfahren erledigt. An diesen Verfahren waren nur 1,8 % der Kläger und 1,7 % der Beklagten aus dem EU-Ausland beteiligt.[2]

Die Gründe für die geringen Zahlen liegen sicherlich in den nach wie vor bestehenden Schwierigkeiten, einen Prozess im Ausland zu führen (unbekanntes Justizsystem, Sprachschwierigkeiten, Anwaltssuche etc.). Auch die Bedenken, mit einem Titel nachher nichts anfangen zu können, weil das Zwangsvollstreckungsrecht in Europa nicht vereinheitlicht ist, dürfte eine Rolle spielen.

Globalisierung ist keine einheitliche Erscheinung. Eine anerkannte Definition fehlt bislang. Annähern kann man sich jedoch an den Begriff: Globalisierung wurde als räumlich-zeitliche Ausdehnung sozialer Praktiken über staatliche Grenzen, die Entstehung transnationaler Institutionen und Diffusion kultureller Muster beschrieben, als ein Prozess, der sich durch seinen Tiefgang, seine Geschwindigkeit und seine Reichweite von konventionellen Formen der Modernisierung (vielleicht besser der Internationalisierung (d. Verf.)) unterscheidet.[3] Globalisierungstendenzen sind auf verschiedensten Ebenen zu erkennen, neben den deutlichsten auf dem Gebiet des Finanz- und Kapitaltransfers auch in Bereichen wie Ehe und Familie. Insgesamt ist nicht nur die Ökonomie, sondern sind auch die Ökologie, die Politik, Technologie und Kultur betroffen.[4] Inwieweit die **Corona Pandemie** daran etwas ändern wird, ist schwer zu prognostizieren. Dabei muss auch berücksichtigt werden, dass schon die europäische Expansion nach Süd- und Nordamerika vor 600 Jahren von Viren begleitet wurde und dass die globale Arbeitsteilung inzwischen so vertieft ist, dass ein Stop der Globalisierung wohl nicht das wahrscheinlichste Szenario ist. Nach dem **russischen Angriffskrieg auf die Ukraine** scheint sich eine Änderung auch in den globalen Beziehungen anzudeuten. Der Generalsekretär der NATO sprach im Mai 2022 davon, dass Freiheit wichtiger als Freihandel sei.[5] Unter dem Stichwort „Friendshoring" wird eine Begrenzung des Handels auf befreundete Länder diskutiert, wodurch globale Lieferketten verändert würden.[6]

8

---

[1] Study JLS/C4/2005/03 Report on the Application of Regulation Brussels I in the Member States, presented by *Hess*, *Pfeiffer* and *Schlosser*, Final Version September 2007, Rn. 40 ff. abrufbar unter http://courtesa.eu/wp-content/uploads/2019/03/study_application_brussels_1_en.pdf (abgerufen am 6.9.2021).

[2] Statistisches Bundesamt, Fachserie 10, Reihe 2.1, 2019, S. 60, (abgerufen am 18.09.2020) unter https://www.destatis.de/DE/Themen/Staat/Justiz-Rechtspflege/Publikationen/Downloads-Gerichte/zivilgerichte-2100210197004.pdf?__blob=publicationFile.

[3] *K. Müller*, Globalisierung 2002.

[4] Hierzu *Giddens*, Entfesselte Welt 2001, S. 17; Rechtstatsächliche Daten bei *Schack*, IZVR, Rn. 14.

[5] dpa-infocom, dpa:220524-99-412419/2 (abgerufen am 30.5.2022).

[6] s. die Rede der US amerikanischen Finanzministerin Yellen unter https://www.atlanticcouncil.org/news/transcripts/transcript-us-treasury-secretary-janet-yellen-on-the-next-steps-for-russia-sanctions-and-friend-shoring-supply-chains/ (abgerufen am 30.5.2022).

II. Grundfreiheiten und europäisches Zivilverfahrensrecht

9 Der freie Waren-, Dienstleistungs-, Personen- und Kapitalverkehr hat innerhalb der EU zu einer gesteigerten **Mobilität der Unionsbürger** geführt. Daraus erwachsen rechtliche Probleme z. B. bei grenzüberschreitenden Lieferungen, im Reiseverkehrsrecht, bei Verkehrsunfällen im Ausland, bei gemischt nationalen Personenverhältnissen oder bei Grund- und Immobilieneigentum.

10 Die umfassende Nutzung der Grundfreiheiten bedingt ein funktionierendes justizielles Rechtssystem, das die Realisierung dieser Freiheiten ermöglicht und nicht behindert.[7] Diese Erkenntnis ist keineswegs neu: Schon bei der Gründung der EWG 1958 wurde dieses Folgeproblem erkannt und durch Art. 220 EWGV (s. im Einzelnen Rn. 22 ff.) ein Regelungsauftrag an die damaligen Mitgliedstaaten erteilt. Die Unvereinbarkeit oder Komplexität der Rechtsordnungen der Mitgliedstaaten soll die Unionsbürger nicht davon abhalten, von ihren Rechten Gebrauch zu machen. Daher stellt Art. 81 AEUV darauf ab, dass Maßnahmen im Bereich der justiziellen Zusammenarbeit getroffen werden können, soweit sie für das reibungslose Funktionieren des Binnenmarktes erforderlich sind.

11 Im **Tampere-Programm** (dazu Rn. 103 ff.) ist dieses Verhältnis klar festgestellt:

„2. Die Europäische Union hat für ihre Bürger bereits die wichtigsten Komponenten eines gemeinsamen Raums des Wohlstands und des Friedens geschaffen: den Binnenmarkt, die Wirtschafts- und Währungsunion und die Fähigkeit, globalen politischen und wirtschaftlichen Herausforderungen zu begegnen. Die im Vertrag von Amsterdam enthaltene Herausforderung besteht nunmehr darin sicherzustellen, daß Freiheit, die das Recht auf Freizügigkeit in der gesamten Union beinhaltet, in einem Rahmen der Sicherheit und des Rechts in Anspruch genommen werden kann, der für alle zugänglich ist. […]

5. Freiheit kann nur in einem echten Raum des Rechts genossen werden, in dem die Bürger sich in jedem anderen Mitgliedstaat genauso einfach wie in ihrem eigenen Staat an die Gerichte und Behörden wenden können. […] Urteile und Entscheidungen sollten in der gesamten Union unter Gewährleistung der grundlegenden Rechtssicherheit der Bürger und der Wirtschaftsteilnehmer anerkannt und vollstreckt werden. Es müssen eine bessere Vereinbarkeit und eine stärkere Konvergenz der Rechtsordnungen der Mitgliedstaaten erreicht werden."

III. Die Begriffe IZPR und IZVR

12 Das **IZPR** wird in allen Darstellungen inzwischen vom Begriff des internationalen Zivilverfahrensrechts (**IZVR**) abgegrenzt, wobei die jeweils gezogene Trennlinie keineswegs einheitlich verläuft.[8] Letztlich ist die angeblich trennscharfe Unterscheidung nur das Etikett für den Inhalt der Packung, da die Begriffe selbst nicht gegensätzlich sind. Der Begriff *process* heißt nämlich fortfahren und umschreibt im juristischen Bereich die Entwicklung eines Rechtsstreits.[9] Deshalb muss sich jede Darstellung des „internationalen *process* Rechts" über den jeweiligen Inhalt klar werden.

---

[7] Ebenso *Hess*, EZPR, Rn. 1.7.

[8] *Mankowski*, RabelsZ 82 (2018), 576, 593; Linke/*Hau*, IZVR, Rn. 1.4.

[9] Rosenberg/Schwab/*Gottwald*, Zivilprozessrecht, § 1 Rn. 1; kritisch *Münch*, in: Bruns/Münch/Stadler, Die Zukunft des Zivilprozesses, 2014, 5, 8.

Vorliegend wird neben der streitigen Gerichtsbarkeit die internationale Schieds- **13** gerichtsbarkeit als qualitativ gleichwertiger Ersatz streitiger Gerichtsbarkeit behandelt. Zusätzlich werden das internationale Insolvenzrecht und das internationale Familienrecht in Grundzügen vorgestellt.

Das IZPR regelt die Gerichtsbarkeit inländischer Gerichte, ihre internationale **14** Zuständigkeit, die Zustellung, die Beweisaufnahme, die Wirkungen ausländischer Verfahren und ihre Vollstreckung im Inland.

Die Bezeichnung des internationalen Zivilprozessrechts hat sich im deutsch- **15** sprachigen Gebiet im Anschluss an *Meili* durchgesetzt.[10] International sind die Begriffe *conflict of laws* und *private international law* sowie *jurisdiction* (in den USA *judicial jurisdiction*) gebräuchlich. Ihre Abgrenzung verläuft in den Ländern nicht einheitlich. Eine Definition des Begriffs *conflict of laws* ist im amerikanischen Restatement, Conflict of Laws 2d (1971) enthalten:

„Conflict of laws is that part of the law of each state which determines what effect is given to the fact that the case may have a significant relationship to more than one state."

Conflict of laws bezeichnet demnach sowohl den Bereich der *jurisdiction*, also **16** der internationalen Zuständigkeit, als auch Fragen des Kollisionsrechts, die wir in Deutschland mit dem gesonderten Gebiet des internationalen Privatrechts (IPR) erfassen, sowie Rechtsfragen der Anerkennung und Vollstreckung. In dieser Form wird der Begriff *conflict of laws* auch in England gebraucht. Wird der Begriff ***private international law*** benutzt, muss genau beachtet werden, ob damit auch Fragen der internationalen Zuständigkeit und der Anerkennung und Vollstreckung erfasst werden sollen oder nur Fragen der Rechtsanwendung.

Deutschland erfasst mit dem **Begriff internationales Privatrecht** nicht die Be- **17** reiche Zuständigkeit, Anerkennung und Vollstreckung. Die gleiche Trennung kennt Portugal. Andere Länder kennen keine eigene Disziplin des internationalen Prozessrechts und rechnen zum IPR auch Regeln über die internationale gerichtliche Zuständigkeit sowie der Anerkennung und Vollstreckung.[11] In der Europäischen Union hat sich die Trennung von IZPR-Verordnungen (Brüssel Ia-VO u. a.) und IPR-Verordnungen (Rom I-IV) etabliert, wird aber, wie man am Beispiel der EuInsVO zeigen kann, nicht zwingend durchgehalten.[12]

IV. Historie des IZPR

Die Entwicklung des IZPR soll hier nur skizziert werden. Recht für internationale **18** Beziehungen brauchen Staaten nur, wenn sie überhaupt Fremde als Rechtssubjekte ansehen und Rechtsprechung nicht rein territorial verstehen. Internationaler, weltweiter Handelsverkehr ist, auch wenn man die enorme Beschleunigung heute mit

---

[10] *Meili*, Das internationale Civilprozessrecht, 1906.
[11] Schöne Darstellung bei *Mankowski*, RabelsZ 82 (2018), 576, 579; Grünbuch über die Umwandlung des Übereinkommens von Rom aus dem Jahr 1980 über das auf vertragliche Schuldverhältnisse anzuwendende Recht in ein Gemeinschaftsinstrument sowie seine Aktualisierung, KOM(2002) 654 endgültig, S. 10.
[12] *Mankowski*, RabelsZ 82 (2018), 576, 585.

dem Schlagwort der Globalisierung kennzeichnet, keineswegs neu. Daher hat sich schon früh die Notwendigkeit ergeben, staatliches Verfahrensrecht so auszugestalten, dass es internationalen Handel ermöglichte. Erste Ansätze eines IZPR tauchten bereits in der Antike in Griechenland und Rom auf.[13]

19   Die **Ausbildung von Territorialstaaten** ab dem 13. Jahrhundert führte zunächst zu einem Rückschritt, da diese stark auf eigene staatliche Souveränität bedacht waren und ausländische Urteile als fremde Hoheitsakte nicht anerkennen wollten. Durch die Lehre von der *comitas gentium* der Niederländer *Paul* und *Johannes Voet* und *Ulrich Huber* kam es im 17. Jahrhundert zu einer „freundlichen Zulassung auch ausländischen Rechts" und einer gegenseitigen Rücksichtnahme auf andere ebenfalls als souverän akzeptierte Staaten. Im 19. Jahrhundert gab es zunächst vermehrt bilaterale Abkommen auf dem Gebiet des IZPR. Gegen Ende des 19. Jahrhunderts erreichte die Haager Konferenz für das IPR erstmals multilaterale Staatsverträge.[14]

20   Nationale Gesetzgeber haben die Notwendigkeit einer eigenen Kodifikation im Bereich des IPR und des IZPR unterschiedlich bewertet. So ist es im 20. Jahrhundert u. a. in Italien, der Schweiz und der Türkei[15] zu Kodifikationen gekommen. In Deutschland gab es 1983 einen Regierungsentwurf zur Kodifizierung des IPR und des IZPR.[16] Zu einer einheitlichen Kodifikation ist es bis heute nicht gekommen. Gerade für Deutschland kann man nur von einem Flickenteppich an Regelungen sprechen, die zunächst einmal höchste Anforderungen an das Auffinden der relevanten Norm stellen.

21   Bis heute sind wir zudem weit von einem einheitlichen **Weltjustizraum** entfernt, der sicherlich weder realistisch noch wünschenswert ist. Die Staaten tun sich nach wie vor schwer, anders gestaltete Verfahrensordnungen umfassend zu akzeptieren. Dies zeigte sich in Deutschland 2003, als das BVerfG dem OLG Düsseldorf die Zustellung einer US-amerikanischen Klageschrift vorläufig untersagte, weil der Bertelsmann AG dadurch in den USA, in denen die Zustellung Voraussetzung für den Prozess ist, Rechtsnachteile drohten. Mit einer Sammelklage sollte die Summe von 17 Mrd. US$ Schadensersatz (!) realisiert werden.[17]

V. Entwicklung des Zivilprozessrechts in Europa

22   Der EG-Vertrag (heute EUV und AEUV) in seinen verschiedenen Fassungen spricht nicht von europäischem Zivilprozessrecht, sondern realistischer von einer **justiziel-**

---

[13] *Schack*, IZVR, Rn. 163 ff.

[14] Darstellung bei *v. Bar/Mankowski*, Internationales Privatrecht I, 2. Aufl. 2003, § 5 Rn. 15 ff.

[15] Gesetz über Internationales Privat- und Verfahrensrecht Nr. 2675 vom 20.5.1982; *Atali*, Internationale Zuständigkeit im deutsch-türkischen Rechtsverkehr, 2001; *Krüger*, Das türkische IPR-Gesetz von 1982, IPRax 1982, 252.

[16] Br.Drs. 222/83.

[17] BVerfG, Beschluss vom 25.7.2003, 2 BvR 1198/03 = BVerfGE 108, 238–250 = NJW 2003, 2598–2600; dazu Pressemitteilung Nr. 58/2003 vom 25.7.2003; JZ 2003, 956; NJW 2003, 2598; *Hess*, Transatlantischer Rechtsverkehr heute: Von der Kooperation zum Konflikt?, JZ 2003, 923; *Oberhammer*, Deutsche Grundrechte und die Zustellung US-amerikanischer Klagen im Rechtshilfeweg, IPRax 2004, 40; *Stürner*, Die verweigerte Zustellungshilfe für U.S.-Klagen oder der „Schuss übers Grab", JZ 2006, 60.

len Zusammenarbeit in Europa. Der Begriff zeigt noch ein völkervertragliches Verständnis der Koordination des internationalen Rechtsverkehrs, auch wenn es inzwischen mit der EuBagatellVO (Kap. 10) und der EuMahnVO (Kap. 11) erste originär europäische Verfahren gibt.

1. Phasen der Entwicklung des europäischen Zivilprozessrechts

Die Entwicklung des europäischen Zivilprozessrechts kann man vereinfachend in fünf Phasen einteilen. Diese Entwicklung lief grob parallel zur Vertiefung der Integration auf der Ebene der Grundfreiheiten.[18] Inzwischen hat die Krise der Union zu einem konzeptionellen Stillstand in diesem Bereich geführt.[19] Bis zur vierten Phase fehlte der Gemeinschaft eine Rechtssetzungskompetenz auf dem Gebiet des internationalen Zivilprozessrechts. Eine eigene Gesetzgebung war bis dahin ausgeschlossen.   **23**

In einer **ersten Phase** sollte in Europa eine verbindliche Anerkennung von Urteilen erst die gerichtliche Durchsetzung subjektiver Rechte der Marktteilnehmer (Unionsbürger gab es noch nicht) ermöglichen. In Art. 220 EWG-Vertrag von 1958 war der Abschluss eines völkerrechtlichen Vertrages unter den EG-Vertragsstaaten vorgesehen.:   **24**

Art. 220 EWG-Vertrag Soweit erforderlich, leiten die Mitgliedstaaten untereinander Verhandlungen ein, um zugunsten ihrer Staatsangehörigen folgendes sicherzustellen: [...] die Vereinfachung der Förmlichkeiten für die gegenseitige Anerkennung und Vollstreckung richterlicher Entscheidungen und Schiedssprüche.

Dies mündete 1968 in den Abschluss des erst 2007 gänzlich außer Kraft getretenen EuGVÜ ein (s. u. dritte Phase).   **25**

Die **zweite Phase** wurde geprägt durch die Verabschiedung des EuGVÜ, das aber noch über den Handlungsauftrag an die Vertragsstaaten in Art. 220 EWG-Vertrag hinausging, weil nicht nur Regelungen für die gegenseitige Anerkennung und Vollstreckung richterlicher Entscheidungen, sondern auch Vorschriften über die internationale Zuständigkeit enthalten waren, weshalb man heute von einer *convention double* spricht. Die einheitliche Anwendung des vereinheitlichten Prozessrechts wurde durch die Auslegungskompetenz des EuGH abgesichert, der sich zunehmend zu einer vertragsautonomen Auslegung der Begriffe des EuGVÜ bekannte (Rn. 128). Erstmals wurde in der Literatur von dem Beginn eines europäischen Zivilprozessrechts gesprochen.[20] Auch der Kommentar von *Kropholler* zum EuGVÜ wurde bereits zu diesem Zeitpunkt als *Europäisches Zivilprozessrecht* betitelt.[21]   **26**

---

[18] Ebenso *Hess*, EZPR, Rn. 2.38 f.; *ders.*, Neue Rechtsakte und Rechtssetzungsmethoden im Europäischen Justizraum, ZSR 2005, 183.

[19] *Hess*, EZPR, Rn. 2.40.

[20] *Spellenberg*, Das Europäische Gerichtsstands- und Vollstreckungsübereinkommen als Kern eines europäischen Zivilprozessrechts, EuR 1980, 329; *Habscheid*, Anerkennung und Vollstreckung von Urteilen aus EWG-Staaten in der Bundesrepublik Deutschland, ZfRV 1973, 262.

[21] *Kropholler*, Europäisches Zivilprozeßrecht, 1. Aufl. 1983.

Trotzdem muss man rückblickend sagen, dass diese Betitelung entweder visionär oder eine leichte Mogelpackung war, denn das EuGVÜ war ein klassischer völkerrechtlicher Vertrag, der zu einer erfolgreichen Koordinierung nationaler Verfahren mit grenzüberschreitenden Bezügen führte, aber eben doch Koordinierungsrecht und nicht einheitliches Zivilprozessrecht war.

27   In der **dritten Phase** gab es eine Vertiefung der justiziellen Zusammenarbeit durch den Vertrag von Maastricht (1993).[22] Dieser enthielt noch keine Kompetenz zur Rechtssetzung,[23] hob aber hervor:

Artikel K1: Zur Verwirklichung der Ziele der Union, insbesondere der Freizügigkeit, betrachten die Mitgliedstaaten unbeschadet der Zuständigkeiten der Europäischen Gemeinschaft folgende Bereiche als Angelegenheiten von gemeinsamem Interesse: [...] 6. die justizielle Zusammenarbeit in Zivilsachen.

28   Da die Kommission als Rechtssetzungsorgan aufgrund fehlender Kompetenz passiv war, trat der EuGH an ihre Stelle und entwickelte aus den Marktfreiheiten, insbesondere dem Diskriminierungsverbot des Art. 12 I EGV, ein Konzept zum Abbau von prozessualen Schranken in nationalen Prozessordnungen im europäischen Binnenmarkt.[24] Es erfolgte eine Prozessrechtsangleichung durch die Grundfreiheiten.[25]

Der EuGH führte in seinem *Saldanha*-Urteil aus dem Jahr 1997[26] aus:[27]

„Zwar fällt eine Verfahrensvorschrift wie die im Ausgangsverfahren streitige grundsätzlich in die Zuständigkeit der Mitgliedstaaten, doch darf sie weder zu einer Diskriminierung von Personen führen, denen das Gemeinschaftsrecht einen Anspruch auf Gleichbehandlung verleiht, noch die vom Gemeinschaftsrecht garantierten Grundfreiheiten beschränken. Eine Vorschrift des nationalen Verfahrensrechts eines Mitgliedstaats (es ging um § 57 Abs. 1 öZPO), wie diejenige, nach der ein nicht im Inland ansässiger Staatsangehöriger eines anderen Mitgliedstaats verpflichtet ist, Prozeßkostensicherheit zu leisten, wenn er als Gesellschafter gegen eine in diesem Mitgliedstaat ansässige Gesellschaft Klage erhebt, [...] unterliegt dem in dieser Bestimmung verankerten allgemeinen Diskriminierungsverbot, da die dem Schutz der Gesellschafter dienenden Bestimmungen des Gesellschaftsrechts in den Anwendungsbereich des Vertrages fallen."

---

[22] Vertrag über die Europäische Union, unterzeichnet zu Maastricht am 7.02.1992, ABl. C 191 vom 29.7.1992, S. 1 (61, Art. K1), s. dazu *Storskrubb*, Civil Procedure and EU Law, S. 38.

[23] Es gab allerdings Versuche, aus Grundfreiheiten eine Kompetenz herzuleiten, dazu *Storskrubb*, Civil Procedure and EU Law, S. 37.

[24] *Hess*, Neue Rechtsakte und Rechtssetzungsmethoden im Europäischen Justizraum, ZSR 2005, 183; *Ehricke*, Art. 12 I (ex 6 I) EG-Vertrag und das internationale Zivilprozessrecht – Bilanz und Perspektiven, IPRax 1999, 311.

[25] *Leible*, Die Angleichung der nationalen Zivilprozessrechte – Vom „Binnenmarktprozess" zu einer europäischen ZPO?, Der Raum der Freiheit, der Sicherheit und des Rechts, Baden-Baden 2005, S. 55, 56.

[26] EuGH, Urteil vom 2.10.1997, Rs. C-122/96 = NJW 1997, 3299.

[27] Weitere Urteile bei *Leible*, Die Angleichung der nationalen Zivilprozessrechte – Vom „Binnenmarktprozess" zu einer europäischen ZPO?, Der Raum der Freiheit, der Sicherheit und des Rechts, Baden-Baden 2005, S. 55, 56 Fn. 12.

Das Prozessrecht der Mitgliedstaaten wird also durch den Grundfreiheiten **29** entnommene Regeln überlagert. Diese Form der Rechtsangleichung ist aber immer nur eine reaktive und keine originär gestaltende. Hierzu wäre eine Rechtssetzung durch die Organe der EG nötig, die bis 1999 mangels ausdrücklicher Kompetenz zur Regelung des grenzüberschreitenden Zivilprozessrechts nicht erfolgen durfte.

Die **vierte Phase** der Entwicklung wurde durch den Amsterdamer Vertrag[28] **30** ausgelöst, der seit 1999 den Weg zu einem einheitlichen europäischen Rechtsraum geebnet hat, indem auf dem Gebiet des IZPR die Kompetenz der Gemeinschaftsorgane eröffnet wurde.[29] Dies hat in einem ersten Schritt zu einer **Vergemeinschaftung** bereits bestehender oder sich in Entwicklung befindlicher Übereinkommen geführt, die überwiegend als Verordnung (Art. 249 EGV/ Art. 288 AEUV) erlassen wurden. Während der Bereich des Prozessrechts früh weitgehend vereinheitlicht wurde, hat sich die Kommission anschließend dem Kollisionsrecht zugewendet.

Die **fünfte Phase** hat verfahrensrechtliche Sekundärrechtsakte hervorgebracht, **31** die erstmals eigenständige europäische Verfahren ermöglichten. Dies sind die EuMahnVO (dazu Kap. 11) und die EuBagatellVO (dazu Kap. 10).[30]

2. Entwicklung des einheitlichen Rechtsraums in Europa

In den 27 Mitgliedstaaten Europas ist die Entwicklung des IZPR, aber auch des IPR, **32** weit voran geschritten, was vor allem anhand der Bildung eines Raums der Freiheit, der Sicherheit und des Rechts in der EU belegbar ist.[31] Der Begriff taucht erstmals in dem Entwurf einer Verfassung und später wiederum im Vertrag von Lissabon auf (s. Rn. 92). Allerdings hatte schon 1999 der Gipfel von Tampere diesen integrierten Rechtsraum im Fokus (s. Rn. 103).

Der Bildung eines Rechtsraums ohne Binnengrenzen liegt das **Konzept eines** **33** **Raumes** als politischem Integrationsprojekt zugrunde.[32] Dieses Konzept lässt sich bis 1977 zurückverfolgen, als *Valéry Giscard d'Estaing* sich für die Schaffung eines

---

[28] Vertrag von Amsterdam vom 2.10.1997 zur Änderung des Vertrags über die EU, der Verträge zur Gründung der Europäischen Gemeinschaften sowie einiger damit zusammenhängender Rechtsakte (BGBl. 1999 II S. 296).

[29] Dazu MüKo-ZPO/*Gottwald*, Vorbem. EuGVO, Rn. 1; Nagel/*Gottwald*, Internationales Zivilprozessrecht, § 3 Rn. 8.

[30] Zur möglichen Zukunft aus damaliger Sicht *Hess*, Die Reform der EuGVVO und die Zukunft des Europäischen Zivilprozessrechts, IPRax 2011, 125.

[31] Justizielle Zusammenarbeit in Zivilsachen in der Europäischen Union, Leitfaden für die Rechtspraxis, www.eurocivil.info. Bilanzierend *Wagner*, Zwanzig Jahre justizielle Zusammenarbeit in Zivilsachen, IPRax 2019, 185.

[32] *Monar*, Die politische Konzeption des Raumes der Freiheit, der Sicherheit und des Rechts: Vom Amsterdamer Vertrag zum Verfassungsentwurf des Konvents, in: Der Raum der Freiheit, der Sicherheit und des Rechts, S. 29; kritisch *Schütze*, Der Europäische Justizraum – Utopie oder Wirklichkeit, FS Gottwald, 2014, S. 585.

Europäischen Strafrechtsraums aussprach.[33] Der Begriff wird in der Folge auf weitere Bereiche ausgedehnt, was dann letztlich auch dazu geführt hat, dass die Außendimensionen dieses Raumes (Außenbeziehungen, aber auch Schutz äußerer Grenzen) stärker diskutiert werden.

34   Die Diskussion um die Verhandlungsberechtigung bei internationalen Übereinkommen zwischen EU und den Mitgliedstaaten[34] lässt sich hier einordnen, wie auch der Versuch des (gescheiterten) Verfassungsvertrages, die Position eines europäischen Außenministers zu schaffen.

35   Aber auch die europäische Strategie in den Bereichen Drogen, Asyl und Einwanderung, Visa- und Grenzpolitik und des Kampfs gegen den globalen Terrorismus ist von der Außendimension dieses Raumes erfasst.

3. IZPR im Raum der Freiheit, der Sicherheit und des Rechts in Europa

a. Vergemeinschaftung des Zivilverfahrensrechts in Europa

36   Nachdem das europäische Zivilprozessrecht 1968 in Form eines völkerrechtlichen Vertrages (**EuGVÜ**) erstmals direkte Regeln über die Zuständigkeit und die Anerkennung und Vollstreckung von Entscheidungen der Vertragsstaaten enthielt,[35] hatte der **Vertrag von Amsterdam**[36] den Weg zu einem einheitlichen europäischen Rechtsraum geebnet, indem auf dem Gebiet des IZPR die Kompetenz der Gemeinschaftsorgane eröffnet wurde.[37]

37   Im Verfahrensrecht wurde zunächst das EuGVÜ in revidierter Fassung als EG-Verordnung (EuGVO, „**Brüssel I**") erlassen, die seit dem 1.7.2007 in ganz Europa, auch in Dänemark, galt (dazu Kap. 3 Rn. 4 ff.).[38] Mit Wirkung zum

---

[33] Nachweise bei *Monar*, Die politische Konzeption des Raumes der Freiheit, der Sicherheit und des Rechts: Vom Amsterdamer Vertrag zum Verfassungsentwurf des Konvents, in: Der Raum der Freiheit, der Sicherheit und des Rechts, S. 29, 30 Fn. 2.

[34] Dazu EuGH, Stellungnahme vom 7.2.2006, Gutachten C-1/03 des Gerichtshofs (Plenum); dazu *Bischoff*, Besprechung des Gutachtens 1/03 des EuGH vom 7.2.2006, EuZW 2006, 295; *Schroeter*, Alleinige Außenzuständigkeit der EG im Bereich des Internationalen Zivilverfahrensrechts, GPR 2006, 203.

[35] Dazu MüKo-ZPO/*Gottwald*, Vorbem. EuGVO, Rn. 2, 28; Nagel/*Gottwald*, IZPR, § 3 Rn. 6.

[36] Vertrag von Amsterdam vom 2.10.1997 zur Änderung des Vertrags über die EU, der Verträge zur Gründung der Europäischen Gemeinschaften sowie einiger damit zusammenhängender Rechtsakte (BGBl. 1999 II S. 296).

[37] Dazu MüKo-ZPO/*Gottwald*, Vorbem. EuGVO, Rn. 1; Nagel/*Gottwald*, IZPR, § 3 Rn. 8; Ausblick bei *Leible*, Die Zukunft des Europäischen Zivilprozessrechts, FS Gottwald, 2014, S. 381.

[38] Abkommen zwischen der Europäischen Gemeinschaft und dem Königreich Dänemark über die gerichtliche Zuständigkeit und die Anerkennung und Vollstreckbarerklärung von Entscheidungen in Zivil- und Handelssachen, ABl. L 299 vom 16.11.2005, S. 62, angenommen mit Beschluss des Rates über den Abschluss des Abkommens über die gerichtliche Zuständigkeit und die Anerkennung und Vollstreckbarerklärung von Entscheidungen in Zivil- und Handelssachen vom 27.4.2006, ABl. L 120 vom 5.5.2006, S. 22.

10.1.2015 ist die neue EuGVO (z. T. als **Brüssel-I a** bezeichet) in Kraft getreten.[39] Sie wurde am 15.5.2014 bereits wieder geändert, um in den Art. 71 a-d EuGVO das einheitliche Patentgericht und den Benelux-Gerichtshof jeweils als „Gericht" im Sinne der EuGVO einzuordnen (vgl. Kap. 3 Rn. 252).[40]

Seit dem 21.10.2005 gilt die Verordnung zur Einführung eines europäischen **38** Vollstreckungstitels für unbestrittene Forderungen (dazu Kap. 6).[41]

Die Europäische Insolvenzverordnung ist am 31.05.2002 in Kraft getreten, inzwischen liegt ein Entwurf für eine Änderung vor (dazu Kap. 14).

Die Europäische Zustellungsverordnung[42] ist bereits durch eine neue abgelöst **39** worden (dazu Kap. 8),[43] die Europäische Beweisaufnahmeverordnung (EuBVO)[44] ist bereits seit dem 01.07.2002 in Kraft (dazu Kap. 9).

Eine Verordnung über ein Europäisches Mahnverfahren[45] gilt seit dem 12.12.2008 **40** (dazu Kap. 11). Zudem gibt es die seit 01.08.2007 geltende Verordnung über ein Europäisches Bagatellverfahren (dazu Kap. 10).[46]

---

[39] ABl. L 351 vom 20.12.2012, S. 1. Dazu *Pohl*, Die Neufassung der EuGVVO – im Spannungsfeld zwischen Vertrauen und Kontrolle, IPRax 2013, 109; *v. Hein*, Die Neufassung der Europäischen Gerichtsstands- und Vollstreckungsverordnung (EuGVVO), RIW 2013, 97.

[40] Verordnung (EU) Nr. 542/2014 des Europäischen Parlaments und des Rates vom 15.5.2014 zur Änderung der Verordnung (EU) Nr. 1215/2012 bezüglich der hinsichtlich des Einheitlichen Patentgerichts und des Benelux-Gerichtshofs anzuwendenden Vorschriften, ABl. L 163 vom 29.5.2014, S. 1.

[41] Verordnung (EG) Nr. 805/2004 des Europäischen Parlaments und des Rates vom 21.4.2004 zur Einführung eines europäischen Vollstreckungstitels für unbestrittene Forderungen, ABl. L 143 vom 30.4.2004, S. 15. Am 21.10.2005 ist die Verordnung in Kraft getreten (Art. 30).

[42] Verordnung (EG) Nr. 1348/2000 des Rates vom 29.5.2000 über die Zustellung gerichtlicher und außergerichtlicher Schriftstücke in Zivil- oder Handelssachen in den Mitgliedstaaten, ABl. L 160 vom 30.6.2007, S. 37.

[43] Verordnung (EG) Nr. 1393/2007 des Europäischen Parlaments und des Rates vom 13.11.2007 über die Zustellung gerichtlicher und außergerichtlicher Schriftstücke in Zivil- oder Handelssachen in den Mitgliedstaaten (Zustellung von Schriftstücken) und zur Aufhebung der Verordnung (EG) Nr. 1348/2000 des Rates, ABl. L 324 vom 10.12.2007, S. 79. Die Verordnung gilt ab 13.11.2008.

[44] Verordnung (EG) Nr. 1206/2001 des Rates vom 28.5.2001 über die Zusammenarbeit zwischen den Gerichten der Mitgliedstaaten auf dem Gebiet der Beweisaufnahme in Zivil- oder Handelssachen, ABl. L 174 vom 27.6.2001, S. 1. Am 5.12.2007 hat die Kommission den Bericht zur Eu-BeweisVO angenommen, KOM(2007) 769 endg.

[45] Verordnung (EG) Nr. 1896/2006 des Europäischen Parlaments und des Rates vom 12.12.2006 zur Einführung eines Europäischen Mahnverfahrens, ABl. L 399 vom 30.12.2006, S. 1. Der Bundestag hat am 20.6.2008 den Gesetzentwurf zur Verbesserung der grenzüberschreitenden Forderungsdurchsetzung und Zustellung zur Umsetzung der Verordnung im 11. Buch der ZPO beschlossen. Danach ist zentrales Mahngericht im europäischen Mahnverfahren das AG Berlin-Wedding. Beabsichtigt ist, schnell auf eine rein maschinelle Bearbeitung der Anträge umzustellen.

[46] Verordnung (EG) Nr. 861/2007 des Europäischen Parlaments und des Rates vom 11.7.2007 zur Einführung eines europäischen Verfahrens für geringfügige Forderungen, ABl. L 199 vom 31.7.2007, S. 1. Ausführungsbestimmungen im 11. Buch der ZPO durch das Gesetz zur Verbesserung der grenzüberschreitenden Forderungsdurchsetzung und Zustellung, das gleichzeitig mit der Verordnung in Kraft treten soll.

41　　Seit 2004 existiert die Prozesskostenhilfe-Richtlinie[47] ebenso wie eine Richtlinie über bestimmte Aspekte der Mediation in Zivil- und Handelssachen.[48] Die Umsetzung der Mediations-Richtlinie war die Gelegenheit, mit dem Mediationsgesetz einen Regulierungsrahmen für die Mediation in Deutschland zu schaffen.[49]

42　　Ende 2008 wurde die Europäische Unterhaltsverordnung[50] verabschiedet, die seit dem 18.06.2011 Anwendung findet (dazu Kap. 12 Rn. 70 ff.).

43　　Der deutsche Gesetzgeber hat auf die Entwicklung reagiert und ein 11. Buch in die ZPO mit dem Titel „Justizielle Zusammenarbeit in der Europäischen Union" aufgenommen.[51] Durchführungsvorschriften für die EuGVO 2015 sind in den §§ 1110 ff. ZPO enthalten.[52]

44　　Seit dem 01.03.2005 gilt die EuEheVO (**Brüssel IIa-Verordnung**), die bereits Fragen des internationalen Verfahrensrechts und des Kollisionsrecht regelt (dazu

---

[47] Richtlinie 2003/8/EG des Rates vom 27.1.2003 zur Verbesserung des Zugangs zum Recht bei Streitsachen mit grenzüberschreitendem Bezug durch Festlegung gemeinsamer Mindestvorschriften für die Prozesskostenhilfe in derartigen Streitsachen, ABl. L 26 vom 31.1.2003, S. 41. Dazu *Jastrow*, MDR 2004, 75. Gesetz zur Umsetzung gemeinschaftsrechtlicher Vorschriften über die grenzüberschreitende Prozesskostenhilfe in Zivil- und Handelssachen in den Mitgliedstaaten vom 15.12.2004, BGBl. I S. 3392. Die Umsetzung erfolgte u. a. durch Einfügung der §§ 1076–1078 ZPO.

[48] KOM(2004) 718. S. dazu *Eidenmüller*, Establishing a Legal Framework for Mediation in Europe: The Proposal for an EC Mediation Directive, SchiedsVZ 2005, 124. Die Mediationsrichtlinie wurde am 23.4.2008 vom Europäischen Parlament angenommen. Die Mitgliedstaaten hatten von da an drei Jahre Zeit für die gesetzliche Regelung der Mediation. Das Bundesministerium der Justiz berief daraufhin am 18.4.2008 eine Expertengruppe ein, um den Bedarf und möglichen Inhalt einer gesetzlichen Regelung für grenzüberschreitende und innerstaatliche Konflikte zu prüfen. Ein Gesetzentwurf datiert auf den 8.12.2010. Am 26.7.2012 trat das Mediationsgesetz (BGBl. 2012 I S. 1577) schließlich in Kraft. Zum Gesetzgebungsprozess ausführlich: MüKo-FamFG/*Ulrici*, Vorbemerkung zu den §§ 1 ff. MediationsG, Rn. 3 ff.

[49] BGBl. I S. 1577. *Greger/Unberath*, Mediationsgesetz. Recht der alternativen Konfliktlösung, 2012; *Horstmeier*, Das neue Mediationsgesetz. Einführung in das neue Mediationsgesetz für Mediatoren und Medianden, 2013; *Risse*, Das Mediationsgesetz eine Kommentierung, SchiedsVZ 2012, 244.

[50] Verordnung (EG) Nr. 4/2009 des Rates vom 18.12.2008 über die Zuständigkeit, das anwendbare Recht, die Anerkennung und Vollstreckung von Entscheidungen in Unterhaltssachen, ABl. L 7 vom 10.1.2009, S. 1.

[51] Die Einführung erfolgte anlässlich und durch das EG-Beweisaufnahmedurchführungsgesetz vom 4.11.2003 (BGBl. I S. 2166); Abdruck der Vorschriften in IPRax 2004, 67; dazu *Jastrow*, Europäische Zustellung und Beweisaufnahme 2004 – Neuregelungen im deutschen Recht und konsularische Beweisaufnahme, IPRax 2004, 11.

[52] Gesetz zur Durchführung der Verordnung (EU) Nr. 1215/2012 sowie zur Änderung sonstiger Vorschriften vom 8.7.2014 BGBl. I S. 890.

Kap. 12 Rn. 18 ff.).[53] Diese wurde 2019 reformiert und soll für Verfahren gelten, die ab dem 01.08.2022 eingeleitet werden (dazu Kap. 12 Rn. 18 ff.).[54]

b. Vergemeinschaftung des Kollisionsrechts in Europa

Vom 17.06.2008 datiert die **Rom I-Verordnung**,[55] die ab 2009 das Kollisionsrecht **45** für vertragliche Schuldverhältnisse gemeinschaftsweit geregelt hat und zur Streichung der Art. 27 ff. EGBGB führte.[56] Das nach der Rom I-Verordnung bezeichnete Recht ist auch dann anzuwenden, wenn es nicht das Recht eines Mitgliedstaats ist (Art. 2). Die Verordnung hat damit universelle Geltung.

2009 ist die **Rom II-Verordnung** in Kraft getreten, die das Kollisionsrecht für **46** außervertragliche Schuldverhältnisse (dieses sind unerlaubte Handlungen, ungerechtfertigte Bereicherungen, Geschäftsführung ohne Auftrag (*negotiorum gestio*) und Verschulden bei Vertragsverhandlungen (*culpa in contrahendo*)) normiert.[57] Das nach der Rom II-Verordnung bezeichnete Recht ist auch dann anzuwenden, wenn es nicht das Recht eines Mitgliedstaats ist (Art. 3). Die Verordnung hat damit – wie auch die Rom I-Verordnung – universelle Geltung, wodurch die Existenz eines gespaltenen IPR in Europa vermieden wird.[58]

---

[53] Verordnung (EG) des Rates vom 27.11.2003 über die Zuständigkeit und die Anerkennung und Vollstreckung von Entscheidungen in Ehesachen und in Verfahren betreffend die elterliche Verantwortung zur Aufhebung der Verordnung (EG) Nr. 1347/2000, ABl. L 338 vom 23.12.2003, S. 1.

[54] Verordnung (EU) 2019/1111 des Rates vom 25. Juni 2019 über die Zuständigkeit, die Anerkennung und Vollstreckung von Entscheidungen in Ehesachen und in Verfahren betreffend die elterliche Verantwortung und über internationale Kindesentführungen ABl. L 178 vom 2.7.2019, S. 1. Dazu *Gruber*, Die Neufassung der EuEheVO, IPRax 2020, 393; *Hess*, EZPR, Rn. 7.18.

[55] Verordnung (EG) Nr. 593/2008 des Europäischen Parlaments und des Rates vom 17.6.2008 über das auf vertragliche Schuldverhältnisse anzuwendende Recht („Rom I"), ABl. L 177 vom 4.7.2008, S. 6.

[56] Aufgehoben mit Wirkung vom 17.12.2009 durch G v. 25.6.2009 (BGBl. I S. 1574).

[57] Verordnung (EG) Nr. 864/2007 des Europäischen Parlaments und des Rates vom 11.7.2007, ABl. L 199 vom 31.7.2007, S. 40. Dazu *Leible/Lehmann*, Die neue EG-Verordnung über das auf außervertragliche Schuldverhältnisse anzuwendende Recht („Rom II"), RIW 2007, 721; *Heiderhoff*, Eine europäische Kollisionsnorm für die Produkthaftung: Gedanken zur Rom II-Verordnung, GPR 2005, 92; *dies.*, Eine europäische Kollisionsregel für Pressedelikte, EuZW 2007, 428; *Wagner*, Die neue Rom II-Verordnung, IPRax 2008, 1; *Huber/Bach*, Die Rom II-VO, IPRax 2005, 73; *Junker*, Die Rom II-Verordnung: Neues Internationales Deliktsrecht auf europäischer Grundlage, NJW 2007, 3675.

[58] *Sonnentag*, ZVglRWiss 105 (2006), 256, 261. Zur Frage, ob dies durch die Kompetenznorm des Art. 65 EGV gedeckt ist s. *Beaumont*, in: Brand, Private Law, Private International Law & Judicial Cooperation in the EU-US Relationships, CILE Studies 2 (2005), 15, 22; *Wagner*, Internationales Deliktsrecht, die Arbeiten an der Rom II-Verordnung und der Europäische Deliktsgerichtsstand, IPRax 2006, 372, 389.

47   Der deutsche Gesetzgeber hat die Rom II-Verordnung zum Anlass genommen, das EGBGB zu ändern, ohne aber die bestehenden Regeln für außervertragliche Schuldverhältnisse (Art. 38 bis 42 EGBGB) zu streichen.[59] Diese sollen Fälle regeln, die nicht vom sachlichen Anwendungsbereich der Rom II-Verordnung erfasst werden, sowie Altfälle. In Art. 3 EGBGB wird der Vorrang europäischen Gemeinschaftsrechts, der sich aus Art. 249 Abs. 2 S. 2 EGV (nach dem Lissabon Vertrag Art. 288 Abs. 2 S. 2 AEUV) ergibt, deklaratorisch festgeschrieben, um Fehler bei der Anwendung der einschlägigen Rechtsakte zu vermeiden.

48   Im Zuge der Vereinheitlichung des Kollisionsrechts sollte die Brüssel IIa-Verordnung zunächst durch Kollisionsnormen für Ehesachen (Scheidung und Trennung) ergänzt werden (**Rom III**).

Später wurde dieser Plan aufgegeben; die Rom III-Verordnung wurde im Rahmen der verstärkten Zusammenarbeit zwischen den sich beteiligenden Mitgliedstaaten als eigenständige Verordnung ausgestaltet.[60] Die Möglichkeiten der verstärkten Zusammenarbeit sind in Art. 20 EUV und Art. 326–334 AEUV geregelt. Die Verhandlungen waren erschwert worden, nachdem Schweden, das ein liberales Scheidungsrecht hat, im August 2008 Kompromisse blockierte und das Vereinigte Königreich an dem Gleichlauf von Zuständigkeit und anwendbarem Recht in Scheidungssachen festhalten wollte. Seit dem 21.06.2012 ist die Verordnung des Rates zur Begründung einer verstärkten Zusammenarbeit im Bereich des auf die Ehescheidung und Trennung ohne Auflösung des Ehebandes anzuwendenden Rechts (Kap. 12 Rn. 11) anzuwenden.

49   2012 ist die **Rom IV-Verordnung (EuErbVO)** in Kraft getreten (Kap. 13). Sie gilt ab 17.08.2015.[61]

50   Seit 2019 gelten die Verordnung des Rates über die Zuständigkeit, das anzuwendende Recht, die Anerkennung und die Vollstreckung von Entscheidungen im Bereich des Ehegüterrechts (Rom IVa) und die Verordnung zur Durchführung der Verstärkten Zusammenarbeit im Bereich der Zuständigkeit, des anzuwendenden Rechts und der Anerkennung und Vollstreckung von Entscheidungen in Fragen

---

[59] Gesetz zur Anpassung der Vorschriften des Internationalen Privatrechts an die Verordnung (EU) Nr. 1259/2010 und zur Änderung anderer Vorschriften des Internationalen Privatrechts vom 23.1.2013, BGBl. I S. 91.

[60] Verordnung (EU) Nr. 1259/2010 des Rates vom 20.12.2010 zur Durchführung einer Verstärkten Zusammenarbeit im Bereich des auf die Ehescheidung und Trennung ohne Auflösung des Ehebandes anzuwendenden Rechts, ABl. L 343 vom 29.12.2010, S. 10.

[61] Verordnung (EU) Nr. 650/2012 des Europäischen Parlaments und des Rates vom 4.7.2012 über die Zuständigkeit, das anzuwendende Recht, die Anerkennung und die Vollstreckung von Entscheidungen und öffentlichen Urkunden in Erbsachen sowie zur Einführung eines Europäischen Nachlasszeugnisses, ABl. L 201 vom 27.7.2012, S. 107. *Dörner*, EuErbVO: Die Verordnung zum Internationalen Erb- und Erbverfahrensrecht ist in Kraft!, ZEV 2012, 505; *Simon/Buschbaum*, Die neue EU-Erbrechtsverordnung, NJW 2012, 2393. Zum Hintergrund *Dörner/Hertel/Lagarde/Riering*, Auf dem Weg zu einem europäischen internationalen Erb- und Erbverfahrensrecht, IPRax 2005, 1.

güterrechtlicher Wirkungen eingetragener Partnerschaften (Rom IVb)). (Kap. 12 Rn. 12 ff.).

Die auf Art. 65 EGV basierenden Verordnungen galten seit dem 01.05.2004 auch **51** für die neu beigetretenen Staaten Estland, Lettland, Litauen, Malta, Polen, Tschechien, Slowakei, Slowenien, Ungarn und Zypern,[62] für die zum 01.01.2007 beigetretenen Mitgliedstaaten Rumänien und Bulgarien[63] und für Kroatien (01.07.2013).[64, 65]

VI. Rechtsquellen des internationalen und europäischen Zivilverfahrensrechts

In der Schweiz findet man die Regeln des IZVR und des IPR gemeinsam im IPRG **52** von 1987. Eigene Kodifikationen enthalten auch das italienische IPR-Gesetz Nr. 218 von 1995, der belgische code de droit international privé (2004), das IPRG der Tschechischen Republik, sowie das türkische IPR-Gesetz (2007).[66] In Deutschland gibt es dagegen keine geschlossene Kodifikation. Die einzelnen Rechtsgrundlagen sind über eine Vielzahl von meist verfahrensrechtlichen europäischen Verordnungen und nationalen Gesetzen verstreut, die z. T. auch noch durch multi- oder bilaterale Staatsverträge verdrängt werden. Das Ganze ist gelinde gesagt unübersichtlich.

Zudem wenden die Gerichte gewohnheitsrechtlich bestimmte für den nationalen **53** Rechtsraum gedachte Regeln doppelfunktional auch in internationalen Fällen an, wenn ansonsten Lücken im nationalen Recht nicht geschlossen werden könnten. Seit dem Vertrag von Amsterdam ist als weitere Rechtsquelle auch noch das Gemeinschaftsrecht hinzugekommen.

1. Rangfragen

Bei dieser komplexen Rechtslage ist es wichtig, zunächst Rangfragen zwischen den **54** einzelnen Regelungskomplexen zu klären.

---

[62] ABl. L 236 vom 23.9.2003.

[63] Verordnung (EG) Nr. 179/2006 des Rates vom 20.11.2006, ABl. L 363 vom 20.12.2006, S. 1; MüKo-ZPO/*Gottwald*, Vorbem. EuGVO, Rn. 24.

[64] Art. 2 des Vertrages über den Beitritt der Republik Kroatien zur EU, 14409/11 vom 7.11.2011.

[65] http://www.europarl.europa.eu/document/activities/cont/201409/20140924ATT8966 2/20140924ATT89662EN.pdf (zuletzt abgerufen am 6.9.2021). Dazu *Stöbener*, EuZW 2014, 884.

[66] Die Hinweise auf die zuletzt genannten Länder verdanke ich *Mankowski*, RabelsZ 82 (2018), 576, 581.

a. Das Verhältnis des Völkerrechts zum nationalen Recht

55 **Allgemeine Regeln des Völkerrechts** gehen gem. Art. 25 S. 2 GG den Gesetzen vor. [67] Gemeint sind das Völkergewohnheitsrecht und die allgemeinen Rechtsgrundsätze. [68] Die Folge ist, dass ein nationales einfaches Gesetz nicht anwendbar ist, wenn es völkerrechtlichem Gewohnheitsrecht widerspricht.

56   Das **Verhältnis des völkerrechtlichen Gewohnheitsrechts zum Verfassungsrecht** ist umstritten. Hier geht die überwiegende Meinung davon aus, dass die Verfassung vorgeht. [69] Andere wollen zumindest den zwingenden Regeln des Völkerrechts Überverfassungsrang einräumen. [70]

57   **Völkerrechtliche Verträge**, genauer die Normen, die durch innerstaatlichen Rechtsakt im Inland angewendet werden müssen, haben in Deutschland nicht Verfassungsrang, sondern den Rang einfachen Rechts. [71] Damit sind sie dem Verfassungsrecht untergeordnet. Fraglich ist ihr Rang im Verhältnis zu sonstigem einfachen Recht. Die heute nicht mehr vertretene Theorie des Monismus mit Primat des Völkerrechts beinhaltete, dass Völkerrecht Vorrang vor staatlichem Recht habe. Das Völkerrecht geht heute in Form der Theorie des gemäßigten Dualismus davon aus, dass kein abgestuftes Rangverhältnis zwischen Völkerrecht und staatlichem Recht besteht; vielmehr sind die Rechtskreise zu unterscheiden und ein Verstoß staatlichen Rechts gegen Völkerrecht führt auch nicht zu einer Unanwendbarkeit des staatlichen Rechts. [72] Der dualistischen Konzeption entspricht die sog. Transformationslehre, wonach völkerrechtliche Verträge, um innerstaatliche Verbindlichkeit zu erlangen, in nationales Recht transformiert werden müssen. [73]

58   Das Rangverhältnis ist daher durch das **nationale Recht** zu regeln. Die französische Verfassung ordnet in Art. 55 an, dass völkerrechtliche Verträge über den staatlichen Gesetzen stehen. Die entsprechende Regelung ist in Art. 66 der Verfassung der Niederlande enthalten. Im deutschen Recht gibt es dagegen keine Regel, dass völkervertragliche Regelungen nationalem Recht ohne weiteres vorgehen. Aus Art. 25 GG folgt dies nicht. [74] Da die völkerrechtlichen Regeln, die aufgrund des innerstaatlichen Rechtsakts im Inland Wirkung entfalten, den Rang eines einfachen Gesetzes haben und keine weitere Kategorie zwischen Verfassungsrecht und einfachem Recht existiert, gilt im Verhältnis von internationalen Verträgen und nationalem Recht das Prinzip „Jüngeres vor Älterem" und „Spezielleres vor Allgemeinerem". [75] Die Folge ist, dass ein staatliches Gesetz, das dem Vertragsrecht eines schon abgeschlossenen völkerrechtlichen Vertrags widerspricht, im Inland

---

[67] *Geiger*, Grundgesetz und Völkerrecht, 5. Aufl. 2010, S. 143.

[68] *Hobe*, Einführung in das Völkerrecht, S. 237.

[69] *Geiger*, Grundgesetz und Völkerrecht, S. 152.

[70] *Hobe*, Einführung in das Völkerrecht, S. 238.

[71] *Geiger*, Grundgesetz und Völkerrecht, S. 160.

[72] *Geiger*, Grundgesetz und Völkerrecht, S. 13; *Hobe*, Einführung in das Völkerrecht, S. 232.

[73] *Hobe*, Einführung in das Völkerrecht, S. 233.

[74] BVerfG, Urteil vom 26.3.1957, 2 BvG 1/55 = BVerfGE 6, 363 = NJW 1957, 705; BVerfG, Urteil vom 17.12.1975, 1 BvR 548/68 = BVerfGE 41, 88, 120 = NJW 1976, 952.

[75] *Geiger*, Grundgesetz und Völkerrecht, S. 160; *Säcker* (Hrsg.)/Sonnenberger, Münchener Kommentar zum BGB Bd. X, EGBGB, Art. 3 Rn. 12.

Anwendungsvorrang aufgrund der *lex posterior*-Regel entfaltet, soweit sich die Kollision nicht mit einer völkerrechtsfreundlichen Auslegung auflösen lässt.

In **Art. 3 Nr. 2 EGBG** ist der Vorrang völkerrechtlicher Vereinbarungen, die   **59** in unmittelbar anwendbares nationales Recht transformiert worden sind, festgeschrieben. Dieser *nur* für das Kollisionsrecht, nicht aber das IZPR, kodifizierte Gedanke kann sich aber bereits aus der Auslegung der eingegangenen völkerrechtlichen Verpflichtung ergeben.[76]

Die Europäische Konvention für Menschenrechte und Grundfreiheiten (**EMRK**)   **60** enthält in Art. 6 I Verfahrensgarantien für den Zivilprozess, weshalb sie vorliegend relevant ist. Auch hier stellt sich die Rangfrage. Noch vor einiger Zeit wurde die EMRK als *„sleeping beauty"* bezeichnet. Aber schon zu diesem Zeitpunkt wurde ein spürbarer Wandel ihrer Bedeutung für das nationale Recht festgestellt.[77] Gerade in Ländern, die über keine oder nur eine eingeschränkte Verfassungsgerichtsbarkeit verfügen, erreichte die EMRK zunehmend Bedeutung. Aber auch in Deutschland ist die Zeit vorbei, dass man sich hinter der Gewährleistung nationalen Grundrechtsschutzes verstecken und die EMRK unbeachtet lassen könnte.[78]

Die EMRK hat in Deutschland den Rang einfachen Rechts, während einige Län-   **61** der (Griechenland, Österreich) sie sogar mit Verfassungsrang ausgestattet haben.[79] In Deutschland kann eine Verfassungsbeschwerde daher nicht auf eine Konventionsverletzung gestützt werden.[80]

Das **BVerfG** misst aber der EMRK hohe Bedeutung auch bei der Auslegung des   **62** Grundgesetzes zu.[81] In einer Grundsatzentscheidung *Görgülü* präzisierte das BVerfG im Jahr 2004 seine Rechtsprechung zum Verhältnis der EMRK, einfachem nationalen Recht und Verfassungsrecht.[82] Da die EMRK den Rang einfachen Rechts hat, sind die Gerichte verpflichtet, die EMRK bei der Interpretation des nationalen Rechts zu beachten und anzuwenden. Grundsätzlich müssen deutsche Gerichte einer konventionsautonomen Auslegung den Vorrang geben. Wenn aber hierdurch ein Verstoß gegen tragende Grundsätze der deutschen Verfassung erfolgte, widerspräche es nicht dem Ziel der Völkerrechtsfreundlichkeit, wenn der Gesetzgeber ausnahmsweise Völkervertragsrecht nicht beachte.[83]

---

[76] *Schack*, IZVR, Rn. 68.

[77] *Frowein*, in: Frowein/Ulsamer, Europäische Menschenrechtskonvention und nationaler Rechtsschutz, 1985, S. 9.

[78] *Limbach*, Die Kooperation der Gerichte in der zukünftigen europäischen Grundrechtsarchitektur, EuGRZ 2000, 417.

[79] Früher wurde z. T. angenommen, dass die EMRK ohne weiteren nationalen Anwendungsbefehl innerstaatliche Wirkung entfalte, mithin self-executing sei. Dazu *Doehring*, Völkerrecht, Rn. 703; s. auch *Tietje*, Die EMRK als Bestandteil einer transnationalen europäischen Rechtsordnung, Renzikowski (Hrsg.), Die Europäische Konvention zum Schutze der Menschenrechte im Privat-, Straf- und Öffentlichen Recht, 2004, S. 179, 185.

[80] BVerfG, Urteil vom 17.5.1983, 2 BvR 731/80 = BVerfGE 64, 135, 157 = NJW 1983, 2762.

[81] BVerfG, Beschluss vom 26.3.1987, 2 BvR 589/79, 2 BvR 740/81, 2 BvR 284/85 = BVerfGE 74, 358, 370 = NJW 1987, 2427.

[82] BVerfG, Beschluss vom 14.10.2004, 2 BvR 1481/04 = BVerfGE 111, 307 = NJW 2004, 3407.

[83] Zu einem „europäischen Verfassungsgerichtsverbund" von BVerfG, EGMR und EuGH *Voßkuhle*, Der europäische Verfassungsgerichtsverbund, NVwZ 2010, 1. S. auch *Klein*, Straßburger Wolken am Karlsruher Himmel – Zum geänderten Verhältnis zwischen Bundesverfassungsgericht und Europäischem Gerichtshof für Menschenrechte seit 1998, NVwZ 2010, 221.

63   Ein Beschwerdeführer kann die Nichtauseinandersetzung mit der EMRK durch die **Verfassungsbeschwerde** rügen. Diese kann er auf das in seinem Schutzbereich verletzte (deutsche) Grundrecht i. V. m. dem Rechtsstaatsprinzip stützen.[84]

64   Die **Europäische Grundrechtecharta** enthält einen dem **Verfahrensgrundrecht** des Art. 6 I EMRK weitgehend entsprechenden **Art. 47 GRCh.** Auf die bisherige Auslegung des Art. 6 I EMRK kann auch in Zukunft, nachdem die Grundrechtecharta in Kraft getreten ist, zurückgegriffen werden. Dies ordnet **Art. 52 Abs. 3 GRCh** ausdrücklich an:

Art. 52 Tragweite und Auslegung der Rechte und Grundsätze
(3) Soweit diese Charta Rechte enthält, die den durch die Europäische Konvention zum Schutz der Menschenrechte und Grundfreiheiten garantierten Rechten entsprechen, haben sie die gleiche Bedeutung und Tragweite, wie sie ihnen in der genannten Konvention verliehen wird.

65   Die Charta der Grundrechte und die Verträge sind rechtlich gleichrangig (Art. 6 Abs. 1 EUV).

Die Europäische Union selbst ist bisher durch die EMRK völkerrechtlich nicht gebunden, da sie ihr nicht beigetreten ist und nach Ansicht des EuGH mangels Rechtsgrundlage auch nicht beitreten konnte.[85] Deshalb unterliegen EG-Organe in ihrem Handeln nicht der Kontrolle durch den EGMR; das Verfahren vor dem EuGH wird nicht durch den EGMR nachgeprüft.

Durch den Lissabon Vertrag[86] strebt die **EU** nunmehr den **Beitritt zur EMRK** an:[87]

Artikel 6 Abs. 2 EUV lautet: Grundrechte
(1) […]
(2) Die Union tritt der Europäischen Konvention zum Schutz der Menschenrechte und Grundfreiheiten bei. Dieser Beitritt ändert nicht die in der Verfassung festgelegten Zuständigkeiten der Union.

b. Verhältnis völkerrechtlicher Verträge untereinander

66   Soweit verschiedene völkerrechtliche Verträge betroffen sind, erfolgt die Regelung zu anderen Verträgen meist im jüngeren Vertrag (z. B. Art. 67–72 EuGVO).[88]

---

[84] S. auch *Geiger*, Grundgesetz und Völkerrecht, S. 349.

[85] EuGH, Stellungnahme vom 28.3.1996, Gutachten C-2/94 gemäß Art. 228 EGV = Slg. 1996, I-1759; dazu *Alber/Widmaier*, Die EU-Charta der Grundrechte und ihre Auswirkungen auf die Rechtsprechung, EuGRZ 2000, 497, 504; *Callewaert*, Die EMRK und die EU-Grundrechtecharta, EuGRZ 2003, 198, 202; *Matscher*, Der verfahrensrechtliche ordre public im Spannungsfeld von EMRK und Gemeinschaftsrecht, IPRax 2001, 428, 429.

[86] Vertrag von Lissabon zur Änderung des Vertrags über die Europäische Union und des Vertrags zur Gründung der Europäischen Gemeinschaft, unterzeichnet in Lissabon am 13.12.2007, ABl. C 306 vom 17.12.2007, S. 1. *Weber*, Vom Verfassungsvertrag zum Vertrag von Lissabon, EuZW 2008, 7.

[87] *Obwexer*, Der Beitritt der EU zur EMRK: Rechtsgrundlagen, Rechtsfragen und Rechtsfolgen, EuR 2012, 115.

[88] Zur Lösung, wenn keine Abstimmung erfolgt, *Schack*, IZVR, Rn. 69.

c. Verhältnis völkerrechtlicher Verträge zu Sekundärrechtsakten

Sind die Mitgliedstaaten der EU gleichzeitig durch bi- oder multilaterale völker- **67** rechtliche Vereinbarungen gebunden, die nicht miteinander zu vereinbaren sind, gerät der einzelne Mitgliedstaat in die Bredouille. Hier trifft Art. 351 AEUV folgende Regelung:

Art. 351 AEUV
  I   Die Rechte und Pflichten aus Übereinkünften, die vor dem Januar 1958 oder, im Falle später
      beigetretener Staaten, vor dem Zeitpunkt ihres Beitritts zwischen einem oder mehreren Mit-
      gliedstaaten einerseits und einem oder mehreren dritten Ländern andererseits geschlossen
      wurden, werden durch die Verträge nicht berührt.
  II Soweit diese Übereinkünfte mit den Verträgen nicht vereinbar sind, wenden der oder die be-
      treffenden Mitgliedstaaten alle geeigneten Mittel an, um die festgestellten Unvereinbarkeiten
      zu beheben. Erforderlichenfalls leisten die Mitgliedstaaten zu diesem Zweck einander Hilfe;
      sie nehmen gegebenenfalls eine gemeinsame Haltung ein.
  III Bei Anwendung der in Abs. 1 bezeichneten Übereinkünfte tragen die Mitgliedstaaten dem
      Umstand Rechnung, dass die in den Verträgen von jedem Mitgliedstaat gewährten Vorteile
      Bestandteil der Errichtung der Union sind und daher in untrennbarem Zusammenhang stehen
      mit der Schaffung gemeinsamer Organe, der Übertragung von Zuständigkeiten auf diese und
      der Gewährung der gleichen Vorteile durch alle anderen Mitgliedstaaten.

Allerdings hat sich gerade im Bereich des internationalen Familienrechts, in dem **68** schon zahlreiche Übereinkommen der Haager Konferenz bestehen bzw. parallel zu EU-Sekundärrechtsakten erarbeitet werden, gezeigt, dass die EU und die Haager Konferenz nicht nur gegenseitige Kenntnis von den Projekten haben, sondern auch gewillt sind, diese aufeinander abzustimmen. So verweist die EuUnthVO, die selbst keine Kollisionsnormen enthält, in Art. 15 auf das Haager Protokoll über das auf Unterhaltspflichten anwendbare Recht (HUP, s. Kap. 12 Rn. 72).

Ansonsten regeln die jüngeren Verordnungen relativ detailliert das Verhältnis zu völkerrechtlichen Vereinbarungen (Art. 67 ff. EuGVO; Art. 68, 69 EuUnthVO; Art. 59 ff. EuEheVO; Art. 20 EuZustVO).

d. Europarecht und nationales Recht

Europäisches **Primärrecht** geht nationalem Recht, einfachem und Verfassungsrecht, **69** vor.[89] Für das Verhältnis zum nationalen Verfassungsrecht variiert allerdings die Begründung deutlich. Während der EuGH seit 1964 annimmt, dass ein Vorrang des Unionsrechts kraft Eigenständigkeit besteht,[90] sieht das BVerfG den Grund für den Anwendungsvorrang des Unionsrechts in der nationalen verfassungsrechtlichen Ermächtigung. Anders als der EuGH, der davon ausgeht, dass das Unionsrecht einen eigenständigen Rechtscharakter habe und sich von seiner völkerrechtlichen Grundlage (den Verträgen) gelöst habe, sieht das BVerfG keine Lösung des Unionsrechts von der völkerrechtlichen Grundlage. Den Geltungsgrund des (sekundären) Unions-

---

[89] EuGH, Urteil vom 20.2.1964, Rs. 6/64, *Flaminio Costa/E.N.E.L.* = Slg. 1964, 1251, 1269; EuGH, Urteil vom 9.3.1978, Rs. 106/77, Staatliche Finanzverwaltung/SpA Simmenthal = Slg. 1978, 629. *Everling*, Zum Vorrang des EG-Rechts vor nationalem Recht, DVBl. 1985, 1201; *Hasselbach*, Der Vorrang des Gemeinschaftsrechts vor dem nationalen Verfassungsrecht nach dem Vertrag von Amsterdam, JZ 1997, 942. Dieses Rangverhältnis ist nur im Bereich der Grundrechte umstritten. Die Bedeutung des Streits hat sich mit Inkrafttreten einer Europäischen Grundrechtecharta reduziert.

[90] BVerfGE 126, 286 = NJW 2010, 3422.

rechts entnimmt es daher nicht einer vorrangigen Rechtsordnung, sondern dem Rechtsanwendungsbefehl des Zustimmungsgesetzes zu den Verträgen. Das BVerfG behält sich seit dem Maastricht Urteil[91] eine Kontrolle der Einhaltung der Kompetenzen der EU Organe vor. Neben einer Grundrechtskontrolle erfolgten eine ultra vires Kontrolle und eine Identitätskontrolle. Seit dem Honeywell Beschluss ist die ultra vires Kontrolle darauf beschränkt, evidente, strukturell bedeutsame Kompetenzüberschreitungen der europäischen Organe zu verhindern.[92] Die Integrationsverantwortung gebiete den deutschen Staatsorganen, solche Akte zu verhindern und einzudämmen, sowie nicht an ihnen mitzuwirken oder sie umzusetzen.[93] Erstmals im EZB Urteil 2020 hat das BVerfG eine solche Kompetenzüberschreitung festgestellt.[94] Zwar müsse die ultra vires Kontrolle europarechtsfreundlich ausgeübt werden. Das bedeutet, dass Rechtsfortbildungsspielräume des EuGH grundsätzlich anzuerkennen sind und eine Auffassung des EuGH nur dann dem Kontrollmaßstab nicht entspricht, wenn sie sich nicht mehr „auf anerkannte methodische Grundsätze zurückführen lässt" und deswegen „objektiv willkürlich" erscheint.[95] Das BVerfG sah allerdings die Handhabung der Kompetenzabgrenzung durch den EuGH im Urteil Weiss als „schlechterdings nicht mehr vertretbar" an. Das Urteil hat erhebliche Kritik erfahren.[96] Für Rechtsakte von Gemeinschaftsorganen (**Sekundärrecht**) folgt der Vorrang des Unionsrechts aus **Art. 288 AEUV**. Die Verordnung enthält unmittelbar anwendbares Recht, das entgegenstehendes nationales Recht verdrängt. Dies wurde in Art. 3 Nr. 1 EGBGB deklaratorisch fixiert. Die EuGVO verdrängt damit nationales Recht – aber nur in ihrem jeweiligen Anwendungsbereich. Beispielsweise ergibt sich die internationale Zuständigkeit bei einer unerlaubten Handlung aus Art. 7 Nr. 2 EuGVO und nicht aus § 32 ZPO. Die EuMahnVO setzt einen grenzüberschreitenden Sachverhalt voraus (dazu Kap. 11 Rn. 11). Allerdings besteht auch die Möglichkeit, einen deutschen Vollstreckungsbescheid zu erwirken und diesen dann zu vollstrecken. Das EU- und das deutsche Mahnverfahren sind insofern Alternativen.

2. Rechtsgrundlagen des IZPR

70   Im Folgenden wird eine kurze Übersicht über die Rechtsgrundlagen gegeben, die von den einzelnen Regelungsbereichen des IZPR ausgeht. Dies sind: Gerichtsbarkeit, internationale Zuständigkeit, Behandlung ausländischen Rechts im Prozess, Zustellungen und Beweisaufnahmen im Ausland, sowie Anerkennung und Vollstreckung ausländischer Urteile. Dabei werden *keine* bilateralen Verträge berücksichtigt.[97]

---

[91] BVerfGE 89, 155 (188) = NJW 1993, 3047.

[92] BVerfGE 126, 286 = NJW 2010, 3422.

[93] BVerfGE 142, 123 (207 ff.) = NJW 2016, 2473 – OMT Beschluss.

[94] BVerfG, Urteil vom 5.5.2020 – 2 BvR 859/15 ua = NJW 2020, 1647.

[95] BVerfG, Urteil vom 5.5.2020 – 2 BvR 859/15 ua = NJW 2020, 1647 (Rn. 112).

[96] S. nur das gesamte Heft EuZW Heft 12/2020 vom 29.6.2020.

[97] S. hierzu die Kommentierung MüKo-ZPO Bd. 3; *v. Bar/Mankowski*, IPR I, § 5 Rn. 47 ff.; Übersicht bei *Schack*, IZVR, Rn. 61 f.

a. Rechtsgrundlagen der Gerichtsbarkeit

Die Regelung des deutschen Rechts findet sich in §§ 18–20 GVG. Hinzu kommen einige Übereinkommen.[98]

71

b. Rechtsgrundlagen der internationalen Zuständigkeit

Regelungen enthalten in ihrem jeweiligen Anwendungsbereich die Europäische Gerichtsstands- und Vollstreckungsverordnung (**EuGVO**)[99] sowie das revidierte Lugano-Übereinkommen (LGVÜ)[100] (im Verhältnis zu den EFTA-Staaten), die Brüssel IIa-Verordnung, die EuUnthVO, die EuErbVO, die EuInsVO und die Rom IV-Verordnung. Die EuBagatellVO und die EuMahnVO enthalten dagegen keine eigenen Zuständigkeitsvorschriften; es ist auf die EuGVO zurückzugreifen (s. Kap. 10 Rn. 31 und Kap. 11 Rn. 19).

72

Außerhalb des Anwendungsbereichs dieser Rechtsakte bzw. Staatsverträge gelten die **§§ 12 ff. ZPO** auch für die internationale Zuständigkeit. Die Regeln für die örtliche Zuständigkeit werden auch für die internationale Zuständigkeit herangezogen (**doppelfunktionale Anwendung**) (dazu Kap. 3 Rn. 320).

73

c. Rechtsgrundlagen der Behandlung fremden Rechts im Verfahren

Die entsprechende Regelung findet sich in § 293 ZPO.[101]

74

d. Rechtsgrundlagen für Zustellungen im Ausland

Hier gelten die Europäische Zustellungsverordnung (**EuZustVO**), das Haager Übereinkommen vom 15.11.1965 über die Zustellung gerichtlicher und außergerichtlicher Schriftstücke im Ausland in Zivil- und Handelssachen (**HZÜ**) sowie die §§ 183, 184 ZPO.

75

e. Rechtsgrundlagen für Beweisaufnahmen im Ausland

Es gelten die Verordnung (EG) Nr. 1206/2001 des Rates vom 28.05.2001 über die Zusammenarbeit zwischen den Gerichten der Mitgliedstaaten auf dem Gebiet der Beweisaufnahme in Zivil- oder Handelssachen (**EuBeweisVO**),[102] die auf Beweisaufnahmen Anwendung findet, die nach dem 01.01.2004 erfolgen, weiter das Haager Beweisübereinkommen von 1970 sowie § 363 ZPO.

76

---

[98] Einzelheiten bei Nagel/*Gottwald*, IZPR, § 1 Rn. 16.

[99] Abgedruckt *Jayme/Hausmann*, Internationales Privat- und Verfahrensrecht, Nr. 160.

[100] Abgedruckt *Jayme/Hausmann*, IPR, Nr. 152. Dieses liegt in revidierter Fassung vor (30.10.2007). Es trat am 1.1.2011 in Kraft. Die wichtigste Änderung des revidierten Übereinkommens ergibt sich aus dessen erweitertem räumlichen Anwendungsbereich. Das neue Übereinkommen wird sämtliche EU-Mitgliedstaaten erfassen und damit auch elf EU-Staaten (Tschechische Republik, Slowakei, Slowenien, Ungarn, Malta, Estland, Lettland, Litauen, Bulgarien, Rumänien und Zypern), die dem bisher geltenden Lugano Übereinkommen nicht angehören.

[101] Einzelheiten bei Nagel/*Gottwald*, IZPR, § 1 Rn. 19, § 11.

[102] Zur Verordnung *Berger*, Die EG-Verordnung über die Zusammenarbeit der Gerichte auf dem Gebiet der Beweisaufnahme in Zivil- und Handelssachen (EuBVO), IPRax 2001, 522; *Hess/A. Müller*, Die Verordnung 1206/01/EG zur Beweisaufnahme im Ausland, ZZPInt 6 (2001), 149.

f. Rechtsgrundlagen der Anerkennung und Vollstreckung

77   Hier gilt die **EuGVO**, das LGVÜ, die Brüssel IIa-Verordnung, die EuUnthVO, die Rom IV-Verordnung sowie die §§ 328, 722, 723 ZPO.

78   Für die Vollstreckung von Entscheidungen über unbestrittene Forderungen gilt die Verordnung über den **Europäischen Vollstreckungstitel**, die 2005 in Kraft getreten ist.[103] Der europäische Vollstreckungstitel muss in keinem anderen als dem Erlassstaat für vollstreckbar erklärt werden.[104]

79   Die Bagatellverordnung und die Mahnverordnung setzen ebenfalls das Konzept des Europäischen Vollstreckungstitels um.

g. Rechtsgrundlagen der internationalen Schiedsgerichtsbarkeit

80   Eine weltweit geltende Rechtsgrundlage ist das New Yorker Übereinkommen über die Anerkennung und Vollstreckung ausländischer Schiedssprüche vom 10.06.1958 (**UNÜ**). In Europa gilt zudem das Europäische Übereinkommen über die internationale Handelsschiedsgerichtsbarkeit vom 21.4.1961 (**EuÜ**). Das 10. Buch der ZPO (**§§ 1025 ff. ZPO**) enthält das deutsche Schiedsverfahrensrecht, das für nationale wie internationale Schiedsverfahren gilt.

VII. Stand der Entwicklung eines weltweiten internationalen Zivilprozessrechts

1. Das Haager Gerichtsstandsübereinkommen 2005

81   Die **Haager Konferenz für Internationales Privatrecht** hat 2005 das Haager Gerichtsstandsübereinkommen[105] beschlossen. Vorausgegangen waren seit 1992 Versuche, das Modell des EuGVÜ auf eine globale Ordnung auszudehnen. Diese Bemühungen um ein weltweites Abkommen zur Regelung der internationalen

---

[103] Hierzu MüKo-ZPO/*Adolphsen*, §§ 1079 ff.

[104] MüKo-ZPO/*Adolphsen*, Anhang zu § 1061; Nagel/*Gottwald*, IZPR, § 18 Rn. 235 ff.; Vertragsstaaten sind Albanien, Aserbeidschan, Belgien, Bosnien-Herzegowina, Bulgarien, Bundesrepublik Deutschland, Burkina Faso, Dänemark, Frankreich, Italien, (ehem.) Jugoslawien, Kasachstan, Kroatien, Kuba, Lettland, Luxemburg, Mazedonien, Moldau, Österreich, Polen, Rumänien, Russland, Serbien-Montenegro, Slowakei, Slowenien, Spanien, Tschechien, Türkei, Ukraine, Ungarn, Weißrussland.

[105] Convention als pdf. Datei abrufbar unter http://www.hcch.net/index_en.php?act=conventions. text&cid=98 (abgerufen am 14.5.2022). Dazu Asif Rashid, The Hague Convention on Choice of Court Agreements 2005: An Overview; Indian Journal of International Law, Vol. 45, 2005, No 4, p. 558; *Schack*, IZVR, Rn. 142; *Hess*, EZPR, Rn. 5.55; *Fricke*, Das Haager Übereinkommen über Gerichtsstandsvereinbarungen unter besonderer Berücksichtigung seiner Bedeutung für die Versicherungswirtschaft, VersR 2006, 476; *Hartley*, The Hague Choice-of-Court-Convention, European Law Review, Vol. 31, 2006, No. 3, p. 414; *Luginbühl/Wollgast*, IP Rights In The Hague Convention On Choice Of Court Agreements, FS Pagenberg, 2006, S. 321; *dies.*, Das neue Haager Übereinkommen über Gerichtsstandsvereinbarungen: Aussichten für das geistige Eigentum, GRUR Int 2006, 208; *Antomo*, NJW 2015, 2919; *Pfeiffer*, IWRZ 2016, 19; *Eichel*, RIW 2009, 289; *Huber*, IPRax 2016, 197; *Wagner*, RabelsZ 73 (2009), 100; Status der Beitritte unter https://www. hcch.net/de/instruments/conventions/status-table/?cid=98 (abgerufen am 20.11.2021). Übersicht über die Mitgliedstaaten unter https://www.hcch.net/en/instruments/conventions/status-table/?cid=98 (abgerufen am 13.12.2021).

Zuständigkeit und der Anerkennung von Entscheidungen auf dem Gebiet des Handelsverkehrs waren letztlich an der Verschiedenartigkeit der Verfahrensrechte vor allem in den USA und Europa gescheitert.[106] Auf einer diplomatischen Konferenz im Juni 2005 einigten sich die Vertragsstaaten dann auf Regeln über Gerichtsstandsvereinbarungen im *business-to-business* (B2B) Bereich (*Convention on exclusive choice of court agreements for business-to-business transactions*). Das Übereinkommen ist inzwischen in 32 Staaten einschließlich der EU in Kraft getreten.[107]

Seit dem 03.04.2007 ist die EU Mitglied der **Haager Konferenz für Internationales Privatrecht**.[108] Um den Beitritt einer Organisation regionaler Wirtschaftsintegration zur Haager Konferenz zu ermöglichen, wurde deren Satzung geändert. Im Juni 2005 wurden auf der Diplomatischen Konferenz der Haager Konferenz die erforderlichen Änderungen der Satzung per Konsens angenommen.   82

2. Das Haager Anerkennungs- und Vollstreckungsübereinkommen (HAVÜ)

2019 hat die Haager Konferenz das „**Anerkennungs- und Vollstreckungsübereinkommen**" (**HAVÜ**) beschlossen.[109] Das Übereinkommen soll den Zugang zur Justiz durch die Anerkennung und Vollstreckung von Urteilen durch die Gerichte der Unterzeichnerstaaten erleichtern. Im Verhältnis der EU-Staaten untereinander bleibt die EuGVVO maßgeblich (Art. 23 Abs. 4 HAVÜ). Das Übereinkommen enthält anders als die EuGVO kein festes Zuständigkeitssystem (convention simple).[110] Die Vertragsstaaten können zunächst frei regeln, für welche Streitigkeiten ihre Gerichte zuständig sein sollen. Allerdings sind nur jene Entscheidungen nach dem Übereinkommen in einem anderen Vertragsstaat vollstreckbar, die den Anerkennungszuständigkeiten in Art. 5 HAVÜ entsprechen. Arbeiten an einem ergänzenden Zuständigkeitsübereinkommen hat die Haager Konferenz Anfang 2020 wieder aufgenommen.[111] Streitigkeiten aus dem Bereich des Geistigen Eigentums sind (ob-   83

---

[106] Jacobs, Das Haager Anerkennungs- und Vollstreckungsübereinkommen vom 2. Juli 2019, 2021; *Schack*, IZVR, Rn. 141; *ders.*, ZEuP 1993, 306; *Hess*, EZVR, Rn. 5.55; *Baumgartner*, The Proposed Hague Convention on Jurisdiction and Foreign Judgments, 2003; *ders.*, EuropJLawRef 2002, 221; *Brand*, U. Pittsburgh L. Rev. 60 (1998/99), 661; *Hess*, Transatlantischer Rechtsverkehr heute: Von der Kooperation zum Konflikt?, JZ 2003, 923, 924; *Kur*, Jurisdiction and Choice of Law in Intellectual Property Matters – Perspectives for the Future, GRURInt 2004, 306; *Wagner*, Die Bemühungen der Haager Konferenz für Internationales Privatrecht um ein Übereinkommen über die gerichtliche Zuständigkeit und ausländische Entscheidungen in Zivil- und Handelssachen, IPRax 2001, 533; *v. Bar/Mankowski*, IPR I, § 5 Rn. 17. Zur Entstehung des Entwurfs *v. Mehren*, The Hague Jurisdiction and Enforcement Convention Project Faces an Impasse – A Diagnosis and Guidelines for a Cure, IPRax 2000, 465. Im Juni 2001 wurde der Entwurf nach massiver US-amerikanischer Intervention (Brief des Legal Adviser of US Department of State, Kovar, abgedruckt in DAJV-NL 2000, 44) erheblich überarbeitet.

[107] Beschluss des Rates 2006/719/EG vom 5.10.2006 über den Beitritt der Europäischen Gemeinschaft zur Haager Konferenz für Internationales Privatrecht.

[108] Unterzeichnungsstand Kap. 3 Rn. 226.

[109] https://www.hcch.net/de/instruments/conventions/full-text/?cid=137 (Stand 13.12.2021); dazu *Stein* IPRax 2020, 197; *North* IPRax 2020, 202; *Schack* IZVR, Rn. 143; *ders.*, IPRax 2020, 1; *Teitz* Duke J Comp. &Int. Law 29 (2019), 491; *Fuchs*, GWR 2019, 395.

[110] Zum Hintergrund *Mansel/Thorn/Wagner* IPRax 2020, 97, 98 f.; *Stein* IPRax 2020, 197, 198.

[111] https://www.hcch.net/en/projects/legislative-projects/jurisdiction-project/ (Stand 13.12.2021).

wohl noch im Entwurf von 2015 einbezogen[112]) gem. Art. 2 Abs. 1 lit. m HAVÜ vom Anwendungsbereich ausgenommen.[113] Der zukünftige Erfolg ist aber beim momentanen Ratifikationsstand[114] nicht absehbar. Zur Durchführung des Übereinkommens sollen nach dem Entwurf des Gesetzes zur Durchführung des Haager Übereinkommens vom 2. Juli 2019 über die Anerkennung und Vollstreckung ausländischer Entscheidungen in Zivil- und Handelssachen sowie zur Änderung der Zivilprozessordnung[115] die Vorschriften des Anerkennungs- und Vollstreckungsausführungsgesetzes (AVAG) genutzt und Änderungen in § 722 ZPO vorgenommen werden.

3. Die Singapur-Konvention über Mediationsvergleiche 2019

84   Die Singapur Konvention über Mediationsvergleiche[116] wurde 2019 von 46 Staaten in Singapur auf Ebene der Vereinten Nationen ausgehandelt und unterzeichnet.[117] Sie dient der internationalen Vollstreckung von Mediationsvergleichen. Ende 2021 war sie für 8 Staaten in Kraft getreten.

Vorbild ist die New Yorker Konvention über die Anerkennung und Vollstreckung ausländischer Schiedssprüche aus dem Jahr 1958 (s. Kap. 15 Rn. 10). Die Singapur Konvention soll das Vertrauen in Mediationsvergleiche stärken, indem sie es ermöglicht, diese auch im Ausland zu vollstrecken. Das ist deshalb nicht unproblematisch, weil das Mediationsverfahren durch das Element der Freiwilligkeit gekennzeichnet ist, weshalb einige der Ansicht sind, die Vollstreckbarkeit eines solchen privaten Vergleichs sei ein Widerspruch in sich. In Deutschland war im Zuge der Umsetzung der Mediationsrichtlinie zunächst vorgesehen, eine Regelung über die Vollstreckbarerklärung einer Abschlussvereinbarung zu schaffen. Diese Idee wurde nicht realisiert. Im Ergebnis ist es in Deutschland nicht möglich, direkt einen Vollstreckungstitel zu schaffen. Die Vollstreckbarerklärung der Mediationsvereinbarung kann gem. § 794 Abs. 1 Nr. 5 i. V. m. § 797 ZPO durch Protokollierung bei einem deutschen Gericht oder Beurkundung durch einen deutschen Notar erfolgen. Die Vollstreckungsfähigkeit der Mediationsvereinbarung kann gem. § 796 a ZPO auch durch Vereinbarung in Form eines anwaltlichen Vergleiches erfolgen.

---

[112] Dazu *Schack* IPRax 2020, 1, 3.

[113] *Lundstedt*, The Newly Adopted Hague Judgements Convention: A Missed Opportunity for Intellectual Property, International Review of Intellectual Property and Competition Law 2019, 933 (»*Excluding IP judgments from the scope of the Judgment Convention is a missed opportunity for the IP community and the international community at large.*«).

[114] Abrufbar https://www.hcch.net/de/instruments/conventions/status-table/print/?cid=137 (Stand 13.12.2021).

[115] https://www.bmj.de/SharedDocs/Gesetzgebungsverfahren/Dokumente/RegE_AVAG-Aenderungsgesetz.pdf;jsessionid=4AA51B284CF53CD31C57A4974678EC0C.1_cid324?__blob=publicationFile&v=2 (abgerufen am 30.5.2022)

[116] https://uncitral.un.org/sites/uncitral.un.org/files/singapore_convention_eng.pdf (abgerufen am 17.12.2021); *Heetkamp*, Singapur Übereinkommen in Kraft getreten, ZKM 2020, 168; *Oldenburger*, Neue (Lösungs-)Wege durch das Singapur-Übereinkommen: Zur Vollstreckbarkeit internationaler Mediationsergebnisse – in Prozessrecht, Mediationsgesetz, außergerichtlicher Streitbeilegung, Verhandlungsführung, internationalem Handel, IR 2020, 297.

[117] Stand der Ratifikationen unter https://www.singaporeconvention.org/jurisdictions und https://uncitral.un.org/en/texts/mediation/conventions/international_settlement_agreements/status (abgerufen am 17.12.2021).

4. Das private American Law Institute (ALI)

Das private **American Law Institute (ALI)**[118] hat drei Projekte durchgeführt, die in **85** diesem Zusammenhang von Bedeutung sind: Zusammen mit UNIDROIT liegen Entwürfe für eine Vereinheitlichung des Prozessrechts der *common law*-Staaten (vor allem USA) und der *civil law*-Staaten vor. Das Projekt hat das Ziel, transatlantische Gegensätze im internationalen Zivilprozessrecht zu überbrücken.[119] Diese *Transnational Rules of Civil Procedure* wurden der Welt vorgestellt und an verschiedenen Orten kontrovers diskutiert[120] und 2006 veröffentlicht.[121]

Daneben wird im Bereich des gewerblichen Rechtsschutzes das Projekt *Princip-* **86** *les Governing Jurisdiction, Choice of Law, and Judgments in Transnational Disputes* betrieben.[122] Das American Law Institute ist privatrechtlich einzuordnen. Seine Principles sind daher in keiner Weise bindend; sie dienen den (US-amerikanischen) Gerichten lediglich als Richtschnur.

5. Das European Law Institute (ELI)

Vom European Law Institute wurde zusammen mit UNIDROIT ein Projekt be- **87** trieben, das European Rules of Civil Procedure hervorbringen sollte.[123] Es baut auf den Arbeiten des ALI Projekts auf und möchte die transnational Principles an eine europäische Perspektive anpassen. Die ELI/UNIDROIT Model European Rules of Civil Procedure wurden im Sommer 2020 verabschiedet.[124]

Wenn auch kurzfristig keine allgemeine weltweite Regelung des IZPR auf staats- **88** vertraglicher Grundlage zu erwarten ist, führen diese Ansätze doch zu einer umfassenden Rechtsvergleichung auf dem Gebiet des IZPR, die erst die Basis für eine weitere Vereinheitlichung bilden kann.

---

§ 2 Institutionelle Grundlagen

I. Rechtssetzungskompetenz für die Justizielle Zusammenarbeit

Nachdem weder der EWG-Vertrag noch der Maastricht-Vertrag eine Kompetenz- **89** grundlage zur Vereinheitlichung des internationalen Zivilprozessrechts enthielten (s. o. Rn. 27), hatte der **Vertrag von Amsterdam** einen neuen Titel IV geschaffen,

---

[118] Dazu Nagel/*Gottwald*, IZPR, § 1 Rn. 5, 62; *Walter/Walther*, International Litigation: Past Experiences and Future Perspectives, Swiss Paper on European Integration 2000, S. 5 jeweils mit umfangreichen Nachweisen.

[119] *Huber*, Entwicklung transnationaler Prozessrechtsregeln, S. 387; *Hess*, EZPR, Rn. 14.18.

[120] ALI/UNIDROIT, Principles of Transnational Civil Procedure, 2006.

[121] https://www.ali.org/publications/show/transnational-civil-procedure/ (abgerufen 13.12.2021).

[122] *Drappatz*, Die Überführung des Internationalen Zivilverfahrensrechts in eine Gemeinschaftskompetenz nach Art. 65 EGV, 2002; *Wannemacher*, Die Außenkompetenz der EG im Bereich des Internationalen Zivilverfahrensrechts, 2003.

[123] https://www.europeanlawinstitute.eu.

[124] Der abschließende Text ist im Netz nicht ganz einfach zu finden. Zumindest unter unidroit.org findet er sich. Die Veröffentlichung ist bei Oxford University Press im August 2021 erfolgt. Dazu *Silvestri*, in Inchausty/ Hess, The Future of the European Law of Civil Procedure, 2020, 199.

der einen schrittweisen Aufbau eines Raumes der Freiheit, der Sicherheit und des Rechts ermöglichen soll (Art. 61 EGV). **Art. 65 EGV** gab dem Rat die Kompetenz, Rechtsakte zur Zustellung gerichtlicher und außergerichtlicher Schriftstücke, zur Zusammenarbeit bei der Erhebung von Beweismitteln und zur Anerkennung und Vollstreckung gerichtlicher und außergerichtlicher Entscheidungen in Zivil- und Handelssachen, sowie zur Förderung der Vereinbarkeit der in den Mitgliedstaaten geltenden Kollisionsnormen und Vorschriften zur Vermeidung von Kompetenz-konflikten zu erlassen.[125] Art. 65 EGV war wohl eher zufällig in den rechtspolitisch sensiblen Titel IV eingefügt worden, zusammen mit den Kompetenzen für Asyl, Einwanderung, und andere Politiken betreffend den freien Personenverkehr. Dies führte zur Sonderrolle Großbritanniens, Irlands und Dänemarks[126] (Art. 69 EGV), die bis heute, mit Ausnahme Großbritanniens nach dem Brexit, fortbesteht.[127] Ins-besondere die Sonderrolle Dänemarks ist stark politisch begründet, nahm das Land doch bis zum Maastricht Vertrag umfassend an der Rechtsetzung im Bereich der Justiziellen Zusammenarbeit teil. Erst durch einen Kompromiss zur Annahme des Masstricht Vertrages („Denmark in Europe, the National Compromise") wurden die Protokollvorbehalte, die bis heute fortbestehen, eingeführt.[128] Im Ergebnis ist Däne-mark damit dynamisch an die Brüssel Ia-VO und die EuZustVO gebunden.

90   Der **Vertrag von Nizza** hat an der Kompetenzgrundlage nichts geändert, aber für das Entscheidungsverfahren eine wesentliche Änderung gebracht: das Einstimmig-keitserfordernis unter Anhörung des Parlaments wurde (mit Ausnahme der familien-rechtlichen Aspekte) ersetzt durch das Verfahren der Mitentscheidung (Art. 67 Abs. 5 i. V. m. Art. 251 EGV).

91   Der gescheiterte **Entwurf einer Europäischen Verfassung** sah für die justi-zielle Zusammenarbeit in Zivilsachen einen eigenen Abschnitt innerhalb der Bil-dung eines Raums der Freiheit, der Sicherheit und des Rechts (Abschn. IV, Art. III-257 ff.) vor (Art. I-42, III-269).

92   Der **Vertrag von Lissabon**[129] führt den einheitlichen Rechtsraum in der Präambel des Vertrages über die Europäische Union (EUV)[130] auf; die Ausgestaltung erfolgt durch den Titel V des Vertrags über die Arbeitsweise der Europäischen Union (Art. 67 ff. AEUV). Die Kompetenznorm für den Erlass von Maßnahmen zur Rechts-angleichung findet sich nunmehr in Art. 81 AEUV. Allerdings ist für Familiensachen weiterhin Einstimmigkeit erforderlich (Art. 81 Abs. 3 AEUV, s. Kap. 12 Rn. 4).[131]

---

[125] *Hess*, EZPR, Rn. 2.6; *Callies*, Die Europäische Union nach dem Vertrag von Lissabon, 2008; *Weber*, Vom Verfassungsvertrag zum Vertrag von Lissabon, EuZW 2008, 7; *Brosinger/Fischer/Früh/Jaeger/Postl*, Der Reformvertrag von Lissabon – Immaterialgüterrechtliche und wett-bewerbsrechtliche Aspekte, GRURInt 2008, 178.

[126] *Hess*, EZPR, Rn. 2.30.

[127] Zur Situation Dänemarks *Nielsen*, Denmark and EU Civil Cooperation, ZEuP 2016, 300; *ders.*, International handelsret, 3. Aufl. 2015, 87.

[128] *Nielsen*, ZEuP 2016, 300, 304.

[129] Vom 7.2.1992 (BGBl. II S. 1251) zuletzt geändert durch die Akte zum Beitrittsvertrag vom 25.4.2005, ABl. L 157 vom 21.6.2005, S. 203 unter Beachtung der Änderungen durch Art. 1 u. 5 des Vertrags von Lissabon vom 13.12.2007, ABl. Nr. C 306 vom 17.12.2007, S. 1.

[130] *Mansel*, Mansel (Hrsg.), Vergemeinschaftung des Europäischen Kollisionsrechts, 2001, S. 1, 3.

[131] Zum Hintergrund *Hess*, EZPR, Rn. 2.25.

In der Literatur war schon bei der Vereinbarung des Vertrages von Amsterdam von **93** einer **Kompetenzrevolution** gesprochen worden.[132] Danach wurde diese Kompetenz von Rat und Kommission zunächst weitreichend genutzt.[133] Seit einger Zeit ist eine deutliche Phase der Verlangsamung eingetreten, die EU entwickelt kaum noch neue Projekte. Eine klare Tendenz der **Konsolisierung** ist erkennbar (s.u. Rn. 107).

II. Konkurrierende Gemeinschaftskompetenzen

Neben der Kompetenz der EU zur Regelung der justiziellen Zusammenarbeit ent- **94** halten EUV und AEUV weiter Kompetenznormen, auf deren Grundlage Normen erlassen werden, die direkten oder auch nur indirekten Einfluss auf das Europäische Zivilprozessrecht haben. Manchmal erfolgt eine sinnvolle Abgrenzung, manchmal hat man auch den Eindruck, auch vor dem Hintergrund unterschiedlicher Zuständigkeiten in der Kommission (Rn. 97), dass die linke Hand nicht weiß, was die rechte tut.

1. Allgemeine Binnenmarktkompetenz

Bevor die o. g. Rechtssetzungskompetenz durch den Titel IV in den EGV auf- **95** genommen wurde (s. o. Rn. 89), bestand bereits die allgemeine Binnenmarkt- kompetenz, die heute in Art. 115 AEUV zu finden ist:

Art. 115 AEUV Unbeschadet des Artikels 114 erlässt der Rat gemäß einem besonderen Gesetz- gebungsverfahren einstimmig und nach Anhörung des Europäischen Parlaments und des Wirt- schafts- und Sozialausschusses Richtlinien für die Angleichung derjenigen Rechts- und Ver- waltungsvorschriften der Mitgliedstaaten, die sich unmittelbar auf die Errichtung oder das Funktionieren des Binnenmarktes auswirken.

Beide Vorschriften – Art. 81 AEUV und Art. 115 AEUV – beziehen die Gesetz- **96** gebungskompetenz auf das reibungslose Funktionieren des Binnenmarktes.

Besonders unmittelbar nach Inkrafttreten des Amsterdamer Vertrages gab es er- **97** hebliche Meinungsverschiedenheiten um die sinnvolle Abgrenzung der Kompeten- zen, die auch damit zusammenhingen, dass verschiedene **Generaldirektionen der Kommission** zuständig waren (und es auch heute noch sind). Nach der dem Amster- damer Vertrag folgenden Neuordnung der internen Zuständigkeiten ist die General- direktion (GD) Justiz (JUST) heute für die EU-Politik in den Bereichen Justiz, Ver- braucherrechte, und Gleichstellung zuständig.[134] Es ist aber darauf hinzuweisen, dass insofern keine Unterschiede bestehen, als die Gesetzgebungsverfahren iden- tisch sind und das ordentliche Gesetzgebungsverfahren (Artt. 289 Abs. 1, 294 AEUV) gilt.

---

[132] Zur Frage, ob das Tempo zu hoch ist *Stadler*, Das Europäische Zivilprozessrecht – Wie viel Be- schleunigung verträgt Europa?, IPRax 2004, 2, 3.

[133] So auch *Hess*, EZPR, Rn. 14.1.

[134] https://ec.europa.eu/info/departments/justice-and-consumers_de#responsibilities (abgerufen am 13.12.2021); einfache Übersicht über die verscheidenen Generaldirektionen und ihre Zu- ständigkeiten in https://de.wikipedia.org/wiki/Generaldirektion_der_Europäischen_Kommission (abgerufen am 13.12.2021).

Die Praxis der vergangenen Jahre hat gezeigt, dass die Rechtsangleichung im Prozessrecht weitestgehend auf die Kompetenznorm des Titels IV gestützt wurde.[135]

98   Allerdings zeigte sich auch vereinzelt ein offensichtlich unabgestimmtes Tätigwerden auf der Grundlage des damaligen Art. 95 EGV: Dies verdeutlicht der Blick auf die Richtlinie zur Durchsetzung der Rechte des Geistigen Eigentums[136] (*Enforcement Directive*). Diese Richtlinie verpflichtet die Mitgliedstaaten zur vereinheitlichenden Regelung materiellrechtlicher und verfahrensrechtlicher Institute und Sanktionen. Sie soll den Inhabern gewerblicher Schutzrechte die Durchsetzung der eigenen Rechtsposition erleichtern, indem der Zugriff auf Beweismittel bereits vorprozessual erleichtert wird. Enthalten ist u. a. ein prozessual einzuordnender Anspruch auf Vorlage von Beweismitteln, also originär eine prozessuale Fragestellung.[137] Weiter enthält sie in **Art. 8 Abs. 1** einen **materiellrechtlichen Auskunftsanspruch** des Klägers:[138] Die Umsetzung ist durch die Erweiterung des Kreises der Auskunftspflichtigen und der Erweiterung des Umfangs der Auskunftserteilung um die Angaben über die Preise in § 140b PatG erfolgt.

Hier kam es zu einer europäischen Rechtsangleichung in Teilbereichen wie dem der sog. Editionspflicht (Pflicht zur Vorlage von Urkunden im Prozess), die in keiner Weise mit der auf den Kompetenznormen des Titels IV basierenden zurückhaltenden EuBVO abgestimmt war und die zudem geeignet ist, das gesamte System nationaler Informationsbeschaffung für den Zivilprozess zu beeinflussen.

2. Verbraucherschutz

99   Auch die Kompetenznorm für den Verbraucherschutz im Titel XV (Art. 169 AEUV) kann mit der für das internationale Zivilprozessrecht kollidieren.

So kam es in der Vergangenheit zu einem Kompetenzkonflikt bei der gleichzeitigen Beratung der E-commerce Richtlinie (Kompetenz Verbraucherschutz, damals Art. 95 EGV) und der EuGVO: Im Ergebnis setzte sich der Verbraucherschutz

---

[135] Richtlinie 2004/48/EG des Europäischen Parlaments und des Rates vom 29.4.2004 zur Durchsetzung der Rechte des geistigen Eigentums, ABl. L 157 vom 30.4.2004, S. 15, berichtigt durch ABl. L 195 vom 2.6.2004, S. 16. Dazu *McGuire*, Beweismittelvorlage und Auskunftsanspruch nach der Richtlinie 2004/48/EG zur Durchsetzung der Rechte des Geistigen Eigentums, GRUR Int. 2005, 15; *Knaak*, Die EG-Richtlinie zur Durchsetzung der Rechte des geistigen Eigentums und ihr Umsetzungsbedarf im deutschen Recht, GRUR Int. 2004, 745; *Frey/Rudolph*, EU-Richtlinie zur Durchsetzung der Rechte des geistigen Eigentums, ZUM 2004, 522; *Hess*, EZPR, Rn. 2.47.

[136] Dazu *Mansel*, Anerkennung als Grundprinzip des Europäischen Rechtsraums, RabelsZ 70 (2006), 651.

[137] Art. 6 (1) RiL 2004/48/EG: Die Mitgliedstaaten stellen sicher, dass die zuständigen Gerichte auf Antrag einer Partei, die alle vernünftigerweise verfügbaren Beweismittel zur hinreichenden Begründung ihrer Ansprüche vorgelegt und die in der Verfügungsgewalt der gegnerischen Partei befindlichen Beweismittel zur Begründung ihrer Ansprüche bezeichnet hat, die Vorlage dieser Beweismittel durch die gegnerische Partei anordnen können, sofern der Schutz vertraulicher Informationen gewährleistet wird.

[138] Art. 8 (1) RiL 2004/48/EG: Die Mitgliedstaaten stellen sicher, dass die zuständigen Gerichte im Zusammenhang mit einem Verfahren wegen Verletzung eines Rechts des Geistigen Eigentums auf einen begründeten und die Verhältnismäßigkeit wahrenden Antrag des Klägers hin anordnen können, dass Auskünfte über den Ursprung und die Vertriebswege von Waren oder Dienstleistungen, die ein Recht des Geistigen Eigentums verletzen, von dem Verletzer und/oder jeder anderen Person erteilt werden, die (…); Dazu *McGuire*, GRURInt 2005, 15, 18.

durch und hat der EuGVO den an sich untypischen Klägergerichtsstand in Art. 16 Abs. 1 EuGVO für Verbraucher gebracht. Immerhin wurde in diesem Fall das Kompetenzproblem erkannt und – allerdings streitig – gelöst.

3. Personenfreizügigkeit

Art. 21 Abs. 2 AEUV gibt eine zusätzliche, allerdings subsidiäre Rechtsetzungs-   **100**
kompetenz.

> **Art. 21 AEUV** Erscheint zur Erreichung dieses Ziels ein Tätigwerden der Union erforderlich und sehen die Verträge hierfür keine Befugnisse vor, so können das Europäische Parlament und der Rat gemäß dem ordentlichen Gesetzgebungsverfahren Vorschriften erlassen, mit denen die Ausübung der Rechte nach Absatz 1 erleichtert wird.

Diese Kompetenz gilt auch für den Bereich des internationalen Zivilverfahrensrechts und des Kollisionsrechts. Ihr kommt Bedeutung vor allem für wirtschaftsferne Sachverhalte zu, wie das Aufenthaltsrecht faktisch beschränkende Regelungen des Internationalen Namens- oder Familienrechts.[139] Allerdings ist Art. 21 AEUV nach dem klaren Wortlaut seines Abs. 2 subsidiär zu anderen Kompetenzvorschriften.[140]

4. Kartellrecht

Art. 103 lit. e AEUV ermächtigt den Rat, das Rangverhältnis zwischen primärem   **101**
und sekundärem Gemeinschaftskartellrecht einerseits und nationalem Recht (nicht notwendig nur nationales Kartellrecht) andererseits festzulegen. Ziel ist es, gegenüber Art. 114 AEUV, der die Angleichung nationalen Rechts bezweckt, das europäische Wettbewerbsrecht durchzusetzen.

Auf dieser Grundlage wurde die RiL 2014/104/EU[141] (Kartellschadensersatz Richtlinie, KSERL) erlassen, die das **private law enforcement im Kartellrecht** fördern soll. Ziel ist es, neben öffentlich-rechtlichen Sanktionen das Kartellrecht durch Geltendmachung zivilrechtlicher Schadenersatzansprüche wegen Kartellverstößen zu effektuieren – der Private wird in den Dienst auch öffentlicher Interessen an der Marktsicherung gestellt. Dabei geht um die vor Zivilgerichten durchzusetzenden Schäden, die Wettbewerber oder Kunden wegen eines Kartells z. B. vor allem wegen der künstlich hohen Preise erlitten haben. In Art. 5 KSERL ist eine Regelung zur Offenlegung von Beweismitel enthalten.[142] Hintergrund ist eine relativ schwierige beweisrechtliche Position des Schadensersatzklägers in

---

[139] Dazu Streinz/*Leible*, EUV/AEUV, Art. 81 Rn. 54.

[140] *Wagner*, RabelsZ 79 (2015), 521, 543.

[141] ABl. 2014 L 349, 19.

[142] Artikel 5 RiL 2014/104/EU, Offenlegung von Beweismitteln (1) Die Mitgliedstaaten gewährleisten, dass in Verfahren über Schadensersatzklagen in der Union auf Antrag eines Klägers, der eine substantiierte Begründung vorgelegt hat, die mit zumutbarem Aufwand zugängliche Tatsachen und Beweismittel enthält, die die Plausibilität seines Schadensersatzanspruchs ausreichend stützen, die nationalen Gerichte unter den Voraussetzungen dieses Kapitels die Offenlegung von relevanten Beweismitteln durch den Beklagten oder einen Dritten, die sich in deren Verfügungsgewalt befinden, anordnen können. Die Mitgliedstaaten gewährleisten, dass die nationalen Gerichte auf Antrag des Beklagten die Offenlegung von relevanten Beweismitteln durch den Kläger oder einen Dritten anordnen können.

einem Kartellschadensprozess:[143] Diese „erfordert in der Regel eine komplexe Analyse der zugrunde liegenden Tatsachen und wirtschaftlichen Zusammenhänge. Die für die Begründung eines Schadensersatzanspruchs erforderlichen Beweismittel befinden sich häufig ausschließlich im Besitz der gegnerischen Partei oder Dritter und sind dem Kläger nicht hinreichend bekannt und zugänglich. Das strenge rechtliche Erfordernis, dass der Kläger zu Beginn des Verfahrens im Detail alle für seinen Fall relevanten Tatsachen behaupten und dafür genau bezeichnete einzelne Beweismittel anbieten muss, kann daher die wirksame Geltendmachung des durch den AEUV garantierten Schadensersatzanspruchs übermäßig erschweren." (Erwägungsgrund 14 KSERL). Kartelldelikte sind häufig Geheimdelikte. In Deutschland gibt § 33a GWB die Möglichkeit, Schadensersatz bei Verstößen gegen deutsches oder europäisches Kartellrecht zu verlangen. Durch die KSERL neu eingeführt wurde die Vermutung in § 33a Abs. 2 GWB. In § 33g GWB ist ein Offenlegungsanspruch zur Umsetzung des Art. 5 KSERL normiert. Es handelt sich um einen materiellrechtlichen Offenlegungsanspruch unter richterlicher Kontrolle, der über das Umsetzungserfordernis der RiL hinausgeht.[144]

§ 3 Politische Programme und Arbeitsprogramme

102   Die auf den Kompetenznormen des EG-Vertrages fußenden Rechtsakte wurden durch detaillierte politische Vorgaben des Rates (der Regierungschefs bzw. der Justizminister), sog. politische Programme, vorbereitet und dann in der Kommission in Arbeitsprogramme umgesetzt. So entstand ein fast unternehmerisch anmutender Controlling-Mechanismus der Arbeiten am europäischen Zivilprozessrecht.

103   **Politische Grundlage** der Schaffung eines Raums der Freiheit, der Sicherheit und des Rechts in der Europäischen Union waren zunächst die Schlussfolgerungen des Europäischen Rates von **Tampere** aus dem Oktober 1999. Danach sollte die Union zu einem Raum der Freiheit, der Sicherheit und des Rechts ausgebaut werden, in dem Urteile und Entscheidungen anerkannt und vollstreckt werden können. Der Grundsatz der gegenseitigen Anerkennung sollte zum Eckstein der justiziellen Zusammenarbeit werden.[145] Als erforderlich angesehen wurde der Abbau der Zwischenmaßnahmen, die notwendig sind, um die Anerkennung und die Vollstreckung einer Entscheidung oder eines Urteils im ersuchten Staat zu ermöglichen. In der Folge verabschiedete der Rat ein Maßnahmenprogramm zur Umsetzung des

---

[143] Dazu Immenga/Mestmäcker/*Bach*, GWB, § 33g Rn. 3.

[144] LG Hannover, Beschl. v. 17.12.2020, 13 O 265/20 – Altbatterien, NZKart 2021, 127; *Rigod/Haberrecker*, „Discovery" nach deutschem Recht – LG Hannover gibt § 33g-Antrag statt, NZKart 2021, 158; *Rombach*, Geheimniskartelle oder effektive Durchsetzung kartellrechtlicher Schadensersatzansprüche in camera?, GRUR 2021, 334.

[145] ABl. C 12 vom 15.1.2001, S. 1; dazu *Storskrubb*, Civil Procedure and EU Law, S. 39 ff.

Grundsatzes der gegenseitigen Anerkennung gerichtlicher Entscheidungen in Zivil- und Handelssachen.[146] 2004 kam es zu einer Bilanz des Tampere-Programms.[147]

Daraufhin hat der Europäische Rat ein zweites Mehrjahresprogramm – das so **104** genannte **Haager Programm**[148] – angenommen, das durch einen Aktionsplan[149] konkretisiert wurde. Der Vollendung des Programms zur Umsetzung des Grundsatzes der gegenseitigen Anerkennung und Vollstreckung gerichtlicher Entscheidungen in Zivil- und Handelssachen wurde darin Vorrang eingeräumt.

An die Stelle des im Dezember 2009 ausgelaufenen Programms trat das dritte **105** Mehrjahresprogramm, das sog. **Stockholmer Programm**. Dieses sollte die Prioritäten für die kommenden fünf Jahre (2010–2015) festlegen. Bezogen auf die justizielle Zusammenarbeit wollte die Kommission den europäischen Rechtsraum weiter ausbauen, „um den aktuellen Flickenteppich zu überwinden." Vorrangig sollten Verfahren eingeführt werden, die den Zugang zur Justiz erleichtern, damit Rechte überall in der Union geltend gemacht werden können. Im Vertrags- und Handelsrecht sollte den Wirtschaftsbeteiligten das Rüstzeug an die Hand gegeben werden, damit sie die Vorteile des Binnenmarkts voll ausschöpfen können. Ferner sollte die Zusammenarbeit zwischen den Rechtsberufen verbessert und dafür gesorgt werden, dass die Hindernisse für die Anerkennung von Urkunden in anderen Mitgliedstaaten beseitigt werden. Das Exequaturverfahren sollte unter der Bedingung der Harmonisierung der entsprechenden Kollisionsnormen generell abgeschafft werden. Der Grundsatz der gegenseitigen Anerkennung sollte auf Rechtsbereiche ausgeweitet werden, die den Alltag der Bürger wesentlich prägen: z. B. Erb- und Testamentsrecht, Ehegüterrecht und vermögensrechtliche Folgen einer Trennung.[150]

Die Kommission hatte im April 2010 ihren **Aktionsplan** zur Umsetzung des **106** Stockholmer Programms, der den Zeitplan für Tätigkeiten der Kommission bis 2014 enthielt, veröffentlicht.[151]

Das **Stockholm-Nachfolgeprogramm** für die Jahre 2015 – 2019 ist im Juni **107** 2014 verabschiedet worden. Es handelt sich dabei nicht mehr um ein engmaschiges Programm, das im Wesentlichen durch den Europäischen Rat vorgegeben wurde,

---

[146] Mitteilung der Kommission an den Rat und das europäische Parlament – Raum der Freiheit, der Sicherheit und des Rechts: Bilanz des Tampere-Programms und Perspektiven, KOM(2004) 401 endg.

[147] http://eur-lex.europa.eu/LexUriServ/LexUriServ.do?uri=OJ:C:2005:053:0001:0014:DE:PDF (abgerufen am 6.12.2014).

[148] Aktionsplan des Rates und der Kommission zur Umsetzung des Haager Programms zur Stärkung von Freiheit, Sicherheit und Recht in der Europäischen Union vom 10.6.2005, http://eur-lex. europa.eu/LexUriServ/LexUriServ.do?uri=OJ:C:2005:198:0001:0022:DE:PDF (abgerufen am 13.12.2021).

[149] Mitteilung der Kommission an das Europäische Parlament und den Rat vom 10.6.2009, KOM(2009)262 endg.; dazu *Wagner*, Die politischen Leitlinien zur justiziellen Zusammenarbeit in Zivilsachen, IPRax 2010, 97.

[150] KOM(2010) 171 endg.

[151] ABl. C 240 vom 24.7.2014, S. 13 (die Nr. 1–13 der Schlussfolgerungen sind das neue Programm). Dazu *Wagner*, Das neue Programm zur justiziellen Zusammenarbeit in Zivilsachen, IPRax 2014, 469; *Stöbener*, EuZW 2014, 245.

sondern nur noch um **strategische Leitlinien,** die allerdings auch deutlich vager
formuliert sind als die bisherigen Programme. Hintergrund ist der durch den
Lissabon-Vertrag eingeführte Art. 68 AEUV, der im Kontext mit Art. 15 Abs. 1 EUV
dem Rat nur die Kompetenz zuweist, „die strategischen Leitlinien für die gesetzgeberische und operative Programmplanung im Raum der Freiheit, der Sicherheit
und des Rechts" festzulegen. Die Arbeiten an den **Strategischen Leitlinien für die
Jahre 2019 – 2024**[152] hat der Europäische Rat in den letzten Jahren nicht weiter
vorangetrieben.[153] Alle Programme und Leitlinien nach dem Haager Programm
haben das Tempo der Entwicklung des europäischen Zivilprozessrechts ver-
langsamt, es gibt seitdem eher eine Konsolidierungsphase. Dies hat zum einen
damit zu tun, dass möglicherweise zu schnell zu viel eingeführt wurde, zum anderen aber auch damit, dass innerhalb der Mitgliedssaaten häufig keine Einigkeit bzw.
Mehrheit zu erlangen ist, soweit es um ambitioniertere Projekte geht und so in der
jüngeren Vergangenheit nur der Weg zur Verstärkten Zusammenarbeit blieb.[154]

§ 4 Rechtssetzung im Bereich des europäischen Zivilverfahrensrechts – Vom Grünbuch zum Rechtsakt

108   Mit **Grünbüchern** will die Kommission Diskussionen über bestimmte Themen be-
ginnen. Sie sollen Denkanstöße geben und adressieren interessierte Kreise, um sie
zu Konsultationen und Debatten zu den im Grünbuch enthaltenen Vorschlägen auf-
zufordern.

Das Grünbuch fasst dazu Informationen zusammen und stellt Handlungsalter-
nativen dar. Solche Konsultationen sind auf der Homepage „Ihre Meinung zählt"[155]
zusammengestellt. 2009 wurde das Grünbuch zur EuGVO vorgelegt (dazu im
Einzelnen Kap. 3 Rn. 4), das den in Art. 73 EuGVO a. F. geforderten Bericht über
die Anwendung der Verordnung vorbereiten sollte. Dieses Grünbuch ergänzte den
Bericht der Kommission über die Anwendung der Verordnung (EG) Nr. 44/2001 des
Rates über die gerichtliche Zuständigkeit und die Anerkennung und Vollstreckung
von Entscheidungen in Zivil- und Handelssachen.[156] Mit dem Grünbuch wollte die
Kommission eine breit angelegte Konsultation einschlägiger Kreise einleiten, um
Informationen darüber zu sammeln, wie die Funktionsweise der Verordnung in
Bezug auf die in dem Bericht angesprochenen Aspekte verbessert werden kann.

109   **Weißbücher** enthalten schon konkrete Vorschläge und sollen diese weiter entwickeln. Sie folgen zuweilen auf Grünbücher. Während in Grünbüchern eine breite
Palette an Ideen präsentiert und zur öffentlichen Diskussion gestellt wird, enthalten

---

[152] https://www.consilium.europa.eu/de/press/press-releases/2019/06/20/a-new-strategic-agenda-2019-2024/ (abgerufen am 29.5.2022).

[153] *Mansel/ Thorn/ Wagner*, IPRax 2022, 97.

[154] So auch *Hess*, EZPR, Rn. 14.1.

[155] https://ec.europa.eu/info/law/better-regulation/have-your-say (abgerufen am 13.12.2021).

[156] KOM(2009) 174 endg.

Weißbücher förmliche Vorschläge für bestimmte Politikbereiche und dienen dazu, diese Bereiche zu entwickeln.[157]

§ 5 Das europäische Zivilverfahrensrecht zwischen Kooperation, Harmonisierung und Vereinheitlichung

Gerichtsgewalt ist originär auf das jeweilige staatliche Territorium begrenzt. Da auch die Durchführung privatrechtlicher Prozesse Ausübung staatlicher Souveränität ist, kann die Hoheitsgewalt nur dann grenzüberschreitend wirken, wenn andere Staaten dem zustimmen. Dies geschah zunächst durch **Rechtshilfe** z. B. durch die Zustellung von Schriftstücken auf fremdem Hoheitsgebiet durch einen ersuchten Staat oder durch die Vernehmung eines Zeugen. Beispiele sind das Haager Zustellungsübereinkommen aus dem Jahr 1965 und das Haager Beweisaufnahmeübereinkommen aus dem Jahr 1970. Die Rechtshilfe im fremden Staat richtet sich nach dem dortigen Prozessrecht; es kommt also durch Rechtshilfe zu einer Kumulation der Anwendung von Verfahrensordnungen.

110

Inzwischen ist das Europäische Zivilprozessrecht irgendwo zwischen dem Status internationaler Rechtshilfe und dem möglichen (?) Fernziel der Schaffung eines echten in sich geschlossenen einheitlichen Verfahrens, das dann **Europäisches Zivilprozessrecht** hieße, angelangt. Dabei war die Entwicklung zwar zunächst dynamisch, aber auch in verschiedenen Bereichen unterschiedlich intensiv und in verschiedenen Sektoren nicht aufeinander abgestimmt. Dies liegt zum Teil an verschiedenen Kompetenznormen und den damit zusammenhängenden Zuständigkeiten innerhalb der Kommission (s.o. Rn. 97).

111

Zahlreiche Sekundärrechtsakte sind noch von einer justiziellen Kooperation geprägt, die evident Züge internationaler Rechtshilfe trägt.

Bei der **internationalen Zuständigkeit** ging es zunächst darum, durch direkte Regeln den Mitgliedstaat zu ermitteln, der einen bestimmten Rechtsstreit entscheiden durfte. Es geht um Verteilung von Rechtsstreitigkeiten auf ein Territorium von derzeit 27 Mitgliedstaaten. Das Verfahren dort sollte dann nach dem nationalen Prozessrecht durchgeführt werden. Abgesichert werden diese Zuständigkeiten sodann durch die **Rechtshängigkeitsvorschrift** (Art. 29 EuGVO), die besagt, dass das zuerst angerufene Gericht, das sich für zuständig hält, den Fall entscheidet, ohne dass ein Gericht eines anderen Mitgliedstaates berechtigt wäre, in der Sache parallel tätig zu werden.

112

Auch eine Kontrolle der Zuständigkeit des Erstgerichts ist grundsätzlich ausgeschlossen (Art. 45 Abs. 3 EuGVO).

Der im nationalen Verfahren ergangene Titel kann sodann exportiert werden, er wird in anderen Mitgliedstaaten anerkannt und kann dort auch vollstreckt werden. Insbesondere vor der Vollstreckung erfolgte eine Art „Import- bzw. Einlasskontrolle" durch den Vollstreckungsmitgliedstaat, das sog. **Vollstreckbarerklä-**

113

---

[157] S. z. B. http://www.eu-info.de/europa-punkt/gesetzgebungsverfahren/weissbuch/(abgerufen am 13.12.2021).

rungsverfahren. Der Titel aus dem Ursprungsmitgliedstaat war also nicht aus sich heraus in ganz Europa umlauffähig. Das Vollstreckbarerklärungsverfahren, also auch der Kontrollmaßstab der Importkontrolle, war aber europäisch vereinheitlicht. Die EuGVO 2015 hat auf die Notwendigkeit eines Exequaturverfahrens verzichtet, aber die Anerkennungs- und Vollstreckungsversagungsgründe nicht abgeschafft (s. Kap. 5 Rn. 18, 52 ff.).

114   Während die Europäische Vollstreckungstitel-Verordnung bereits 2005 auf ein Vollstreckbarerklärungsverfahren ganz verzichtete (Art. 5 EuVTVO) und damit den derzeit höchsten Integrationstand aufweist, sind andere Sekundärrechtsakte noch von den Vorstellungen der internationalen Rechtshilfe geprägt. Das gilt für das in der Zustellungsverordnung enthaltene Zustellungsregime, aber auch für die in der Europäischen Beweisverordnung geregelte Beweisaufnahme (beide werden derzeit neu gefasst, s. Kap. 8, 9). So gibt es zwar eine grenzüberschreitende Beweisaufnahme, aber nur nach Genehmigung durch den anderen Mitgliedstaat und ohne die Zulassung von Zwang durch den ausländischen Richter bei Verweigerung der Zeugenaussage. Auch die Aussageverweigerungsrechte (nahe Angehörige) müssen, da es keine Vereinheitlichung gibt, kumuliert angewendet werden.

115   Das Europäische Zustellungsrecht ist ein plastisches Beispiel, um die Vielfältigkeit der Rechtsgrundlagen (negativer würde man von Wirrwarr sprechen) vorzustellen.[158] Die Zustellung ist eigentlich in der EuZustVO geregelt. Die EuVTVO enthält ein davon abweichendes Zustellungsregime, das allerdings als Mindeststandard nicht im Ausgangsverfahren „gilt", sondern nur im Bestätigungsverfahren (zur Bestätigung der Entscheidung des Ursprungsmitgliedstaates als Europäischer Vollstreckungstitel) anzuwenden ist („Beurteilungsnorm"). Diese Mindeststandards führten zu einer faktisch erzwungenen Rechtsvereinheitlichung (Anpassungsdruck), weil die Mitgliedstaaten, die ihren Urteilen das Siegel „EU-Vollstreckungstitel" zuerkennen wollten, dafür sorgen mussten, dass ihr Prozessrecht im Einklang mit den Mindeststandards der EuVTVO war. Der deutsche Gesetzgeber musste zumindest Belehrungen über Säumnisfolgen in der ZPO ändern.[159] Inzwischen enthält die EuBagatellVO eine eigene direkt anwendbare Zustellvorschrift (postalische Direktzustellung mit Rückschein, Art. 13 EuBagVO).

116   Merkwürdig erscheint die Vermischung verschiedener Integrationsstufen in einer Verordnung. So ist in der Brüssel IIa-VO sowohl das Vollstreckbarerklärungsregime der EuGVO (Art. 28, 31, 33 Brüssel IIa-VO, Entscheidungen über elterliche Verantwortung, allerdings noch mit Anklängen an das EuGVÜ) als auch der Verzicht auf das Vollstreckbarerklärungsverfahren entsprechend der EuVTVO enthalten (Art. 41, 42 Brüssel IIa-VO, Umgangsrecht, Rückgabe des Kindes, s. u. Kap. 12 Rn. 65 ff.).

117   Nach zum Teil heftigen rechtspolitischen Diskussionen hat die neue EuGVO zwar das Vollstreckbarerklärungsverfahren abgeschafft, aber Schuldnerschutzvorschriften weitgehend unverändert beibehalten (Kap. 5 Rn. 52 ff.).

118   Mit der Europäischen Mahnverordnung (s. Kap. 11) und der Bagatellverordnung (s. Kap. 10) sind dann erstmals in sich geschlossene einheitliche Verfahrensvorschriften ergangen, die nicht mehr die Züge der internationalen Rechtshilfe tragen.

---

[158] S. dazu *Rauscher*, Der Wandel von Zustellungsstandards zu Zustellungsvorschriften im Europäischen Zivilprozessrecht, FS Kropholler, 2008, S. 851.

[159] S. die Neufassung der §§ 215 Abs. 1, 276 Abs. 2, 338 S. 2 ZPO.

Das **Zwangsvollstreckungsrecht**, das bisher – anders als das vorgelagerte   **119** Exequaturverfahren – ausschließlich Sache nationalen Rechts war, gerät unter Druck: Erstmals sah der Vorschlag der EG-UnterhaltsVO 2005 in den Art. 34, 35 die Anordnung monatlicher Pfändungen und eine vorübergehende Kontensperrung vor.[160] Entsprechende Vorschriften finden sich in der seit dem 18.06.2011 anzuwendenden EuUnthVO nicht mehr.

Inzwischen sieht die **Verordnung** zur Einführung eines Verfahrens für einen   **120** Europäischen Beschluss **zur vorläufigen Kontenpfändung (EuKtPfVO)** im Hinblick auf die Erleichterung der grenzüberschreitenden Eintreibung von Forderungen in Zivil- und Handelssachen,[161] die seit 2017 anwendbar ist, vor, dass Gläubiger in einem eigenständigen europäischen Verfahren die Möglichkeit erhalten, einen Beschluss zur vorläufigen Pfändung eines Kontos zu erreichen, um zu verhindern, dass der Schuldner Geld abhebt oder darüber verfügt. Das Verfahren dient als Alternative zu den im einzelstaatlichen Recht vorgesehenen Verfahren (Art. 1 Abs. 2 EuKtPfVO).[162] Die VO gilt nicht für Dänemark (Erwägungsgrund 51), und zwar auch nicht über ein spezielles Abkommen Dänemarks mit der EU. Irland hat von seiner opt-in Möglichkeit Gebrauch gemacht (Erwägungsgründe 49 und 50).

Bei der Beteiligung der Mitgliedstaaten an der Entwicklung eines Europäischen   **121** Zivilprozessrechts zeigen sich inzwischen erhebliche Unterschiede, was eine Vereinheitlichung effektiv erschwert. Dänemark nimmt gar nicht an der Vereinheitlichung auf der Basis des ehem. Art. 65 EGV teil.[163] Es kann aber erklären, im Einzelfall von dem erklärten Vorbehalt keinen Gebrauch zu machen. **Großbritannien** (bis zum **Brexit**) **und Irland** können erklären, dass sie sich an den Politiken des ehem. IV. Teils des Amsterdamer Vertrages beteiligen (opt in)[164] und haben diese Möglichkeit in der Vergangenheit auch genutzt, um inhaltliche Änderungen an Kommissionsvorschlägen durchzusetzen. Entgegen Art. 288 AEUV haben die Rechtsakte nur dann Wirkung, wenn diese Mitgliedstaaten zustimmen.

Jüngstes Beispiel für die auch regionale Zersplitterung des Europäischen Rechts   **122** ist die **Verstärkte Zusammenarbeit,**[165] die 15 Mitgliedstaaten inzwischen auf der Grundlage der Art. 20 EUV, 326 AEUV bei grenzüberschreitenden Scheidungen durchgesetzt haben – statt der Einigung aller damals 27 Mitgliedstaaten auf die Rom III-Verordnung. Im Ergebnis bindet die Rom III-VO nur die teilnahmewilligen Mitgliedstaaten.

---

[160] Dazu *Gottwald*, Prozessuale Zweifelsfragen der geplanten EU-Verordnung in Unterhaltssachen, FS Lindacher, 2007, S. 13.

[161] ABl. 2014 L 189, 59.

[162] *Heinze*, Die Sicherung von Forderungen im europäischen ZivilprozessrechtInhalt, ZVglRWiss 119 (2020), 167; Domej, GPR 2017, 84; *Nordmeier/Schichmann*, Der Europäische Beschluss zur vorläufigen Kontenpfändung, RIW 2017, 407; *Wiedemann/Harbeck*, Die Europäische Kontenpfändungsverordnung, RIW 2018, 777; *Linke/Hau*, IZVR, Rn. 15.20; *Hess*, EZPR, Rn. 10.124 ff.; *Riebold*, Die Europäische Kontenpfändung, 2014; *Sujecki*, EuZW 2012, 327; *Stamm*, Plädoyer für einen Verzicht auf den Europäischen Beschluss zur vorläufigen Kontenpfändung – Zehn gute Gründe gegen dessen Einführung, IPRax 2014, 124; *Hess*, Der Vorschlag der EU-Kommission zur vorläufigen Kontenpfändung – ein wichtiger Integrationsschritt im Europäischen Zivilverfahrensrecht, DGVZ 2012, 69.

[163] Protokoll Nr. 5 zu Art. 69 EGV.

[164] Art. 3 des Protokolls Nr. 4 zum Amsterdamer Vertrag.

[165] Zur historisch politischen Entwicklung *Calliess/Ruffert*, EUV/AEUV, Art. 20 Rn. 1 ff.

§ 6 Auslegung von Gemeinschaftsrecht

I. Auslegungskompetenz des EuGH durch Vorabentscheidung

123   Die **Auslegungskompetenz des EuGH** ist im Lissabon Vertrag einheitlich in Art. 267 AEUV (vormals Art. 234 EGV) normiert worden. Eine Sonderregelung für die justizielle Zusammenarbeit gibt es nicht mehr. Diese bestand auf der Grundlage des Amsterdamer Vertrages mit Art. 68 EGV, der die Vorlagebefugnis stark einschränkte.

124   Der EuGH entscheidet durch **Vorabentscheidungsverfahren** über die Auslegung des Gemeinschaftsrechts. Dadurch soll die gemeinschaftliche Rechtseinheit gefördert und eine einheitliche Auslegung des Gemeinschaftsrechts in den Mitgliedstaaten sichergestellt werden. Das Vorabentscheidungsverfahren führt zu einem Zusammenwirken nationaler Gerichte mit dem EuGH (Dialog der Richter), spiegelt den dezentralen Vollzug des Unionsrechts durch nationale Gerichte wieder und sichert das Entscheidungsmonopol des EuGH.[166]

125   Gem. Art. 267 AEUV können die Instanzgerichte dem EuGH u. a. eine Frage zur Auslegung der Rechtsakte zur justiziellen Zusammenarbeit vorlegen.[167] Wichtig ist die Regelung in

Art. 267 AEUV
Wird eine derartige Frage in einem schwebenden Verfahren bei einem einzelstaatlichen Gericht gestellt, dessen Entscheidungen selbst nicht mehr mit Rechtsmitteln des innerstaatlichen Rechts angefochten werden können, so ist dieses Gericht zur Anrufung des Gerichtshofes verpflichtet.[168]

126   Der **Gerichtsbegriff** ist autonom zu bestimmen. Das Gericht muss auf gesetzlicher Grundlage eingerichtet sein, seine Gerichtsbarkeit muss einen ständigen und obligatorischen Charakter haben und das Gericht muss einen Rechtsstreit auf der Grundlage eines rechtsstaatlich geordneten Verfahrens in richterlicher Unabhängigkeit potenziell rechtskräftig entscheiden.[169] Ob das nationale Recht das Verfahren eher gerichtlich oder administrativ ausgestaltet, spielt keine Rolle.

Gerichte in diesem Sinn sind neben den Bundesgerichten wie dem BGH auch Landgerichte bzw. Oberlandesgerichte bei nicht reversiblen Urteilen; bei nicht berufungsfähigen Urteilen auch das jeweilige Amts- oder Landgericht. Schiedsgerichte sind nicht Gerichte i. S. dieser Vorschrift.[170] Im Verfahren zur Versagung der Anerkennung

---

[166] *Hess*, EZPR, Rn. 13.1.

[167] Zum Gegenstand des Vorabentscheidungsverfahrens Hess, EZPR, Rn. 13.9; zur Vorlagebefugnis Rn. 13.26.

[168] Zur Vorlagepflicht *Calliess/Ruffert/Wegener*, EUV/AEUV, Art. 267 Rn. 27; Hess, EZPR, Rn. 13.29.

[169] Darstellung bei *Calliess/Ruffert/Wegener*, EUV/AEUV, Art. 267 Rn. 19; Hess, EZPR, Rn. 13.23.

[170] EuGH, Urteil vom 23.3.1982, C-102/81, *Nordsee/Reederei Mond* = Slg. 1982, 1095. Das führt heute zu der mißlichen Situation, dass intra EU Investitionsschiedsgerichte nach Ansicht des EuGH gegen EU Recht verstoßen, EuGH, Urteil vom 6.3.2018, Rs. C-284/16, *Achmea* = ECLI:EU:C:2018:158. S. *Boknik*, Das Verhältnis von EuGH und Investitionsschiedsgerichten auf der Grundlage von intra-EU BIT, 2020; *Ruffert*, Investitionsschiedsgerichte innerhalb der EU, JuS 2018, 725. Am 5.5.2020 beschlossen 23 EU-Mitgliedstaaten alle zwischen ihnen bestehenden int-

und Vollstreckung nach der EuGVO (Art. 45, 46) besteht die Möglichkeit, gegen die Versagung der Vollstreckung einen Rechtsbehelf einzulegen (Art. 49 EuGVO). Hierfür ist das jeweilige OLG zuständig. Gegen diese Entscheidung ist die Rechtsbeschwerde an den BGH statthaft (Art. 50 EuGVO i. V. m. § 1115 Abs. 5 S. 3 ZPO). In diesen Verfahren ist dann das OLG vorlageberechtigt, der BGH vorlageverpflichtet.

Gem. Art. 104b (§ 1) der Verfahrensordnung des EuGH kann ein Vorab- **127** entscheidungsersuchen, das eine oder mehrere Fragen zu den von Titel IV des Dritten Teils des EG-Vertrags erfassten Bereichen aufwirft, auf Antrag des nationalen Gerichts oder ausnahmsweise von Amts wegen einem Eilverfahren unter Abweichung von den Bestimmungen dieser Verfahrensordnung unterworfen werden.[171]

II. Autonome Auslegung

Die Auslegung von Vorschriften des europäischen Zivilprozessrechts hat der EuGH vor **128** allem bei der Auslegung des EuGVÜ, dessen Nachfolgeregelung die EuGVO ist (s. o. Rn. 37 ff.), entwickelt. Hierzu sind etwa 160 Vorabentscheidungen ergangen. In der Entscheidung *Tessili* aus dem Jahr 1976 hat sich der EuGH explizit mit der Möglichkeit autonomer oder am nationalen Recht orientierter Auslegung beschäftigt.[172]

„Das Übereinkommen verwendet häufig Ausdrücke und Rechtsbegriffe aus dem Bereich des Zivil-, Handels- und Verfahrensrechts, deren Bedeutung in den einzelnen Mitgliedstaaten verschieden sein kann. Hieraus ergibt sich die Frage, ob diese Ausdrücke und Begriffe als autonom – und damit allen Mitgliedstaaten gemeinsam – oder als Verweisung auf die Sachnormen des Rechts verstanden werden müssen, das nach den Kollisionsnormen des mit dem Rechtsstreit zuerst befassten Gerichts anwendbar ist.

Keiner dieser beiden Möglichkeiten gebührt unter Ausschluss der anderen der Vorrang, da eine sachgerechte Entscheidung nur für jede Bestimmung des Übereinkommens gesondert getroffen werden kann; hierbei ist jedoch dessen volle Wirksamkeit unter dem Gesichtspunkt der Ziele des Art. 220 EWGV des Vertrages sicherzustellen."

Obwohl der EuGH den Vorrang einer autonomen Auslegung (zumindest an- **129** fangs) verneint hat, hat er in den Folgejahren wenn immer möglich eine autonome Auslegung der Vorschriften bevorzugt.

Insbesondere die Begriffe, die den Anwendungsbereich der Rechtsakte regeln, hat der EuGH autonom ausgelegt. Dies gilt insbesondere für den Begriff der Zivil- und Handelssache, der heute in Art. 1 EuGVO, aber auch in den anderen

---

ra-EU BITs zu beenden, s. Agreement for the Termination of Bilateral Investment Treaties between the Member States of the European Union (Termination Agreement), 5.5.2020, dazu *Wilske/ Markert/Ebert*, Entwicklungen in der internationalen Schiedsgerichtsbarkeit im Jahr 2020 und Ausblick auf 2021, SchiedsVZ 2021, 106, 121.

[171] Verfahrensordnung des EuGH nach der Änderung der Verfahrensordnung des Gerichtshofes der Europäischen Gemeinschaften vom 15.1.2008 (ABl. L 24 vom 29.1.2008, S. 39); s. bereits *Sladic*, Anmerkungen zum beschleunigten Verfahren im EG-Prozessrecht, EuZW 2005, 712, 713.

[172] EuGH, Urteil vom 6.10.1976, Rs. 12/76, *Industrie Tessili Italiana Como/Dunlop AG* = NJW 1977, 491.

Sekundärrechtsakten enthalten ist. Letztlich grenzt der EuGH dadurch die Gemein-
schaftsrechtsakte von den Rechtsordnungen der Mitgliedstaaten ab.[173]

Im Urteil *Eurocontrol*[174] führt der EuGH aus:

„Da diese Vorschrift [Art. 1 EuGVÜ] den Anwendungsbereich des Übereinkommens bezeichnen
soll und sichergestellt werden muss, daß sich aus dem Übereinkommen für die Vertragsstaaten und
die betroffenen Personen soweit wie möglich gleiche und einheitliche Rechte und Pflichten ergeben, können die in ihr verwendeten Ausdrücke nicht als bloße Verweisung auf das innerstaatliche Recht des einen oder anderen beteiligten Staates verstanden werden. Wenn Art. 1 bestimmt,
daß das Übereinkommen anzuwenden ist, „ohne daß es auf die Art der Gerichtsbarkeit ankommt",
so besagt dies, daß der Begriff „Zivil- und Handelssachen" nicht einfach nach Maßgabe der Auf-
teilung der Zuständigkeiten zwischen den verschiedenen Zweigen der Gerichtsbarkeit, wie sie einige Staaten kennen, ausgelegt werden darf. Er ist daher als autonomer Begriff anzusehen, bei
dessen Auslegung die Zielsetzungen und die Systematik des Übereinkommens sowie die allgemeinen Rechtsgrundsätze, die sich aus der Gesamtheit der innerstaatlichen Rechtsordnungen
ergeben, berücksichtigt werden müssen."

130   Nur eine solche autonome, von den nationalen Rechtsordnungen losgelöste
Qualifikation des Begriffes „Zivil- und Handelssachen" gewährleistet eine einheitliche Anwendung des Übereinkommens. Würde man auf das nationale Recht der
Mitgliedstaaten abstellen, könnten diese durch Änderung ihres nationalen Rechtes
den sachlichen Anwendungsbereich europäischen Sekundärrechts erweitern oder
einengen.[175] Zudem würde *forum shopping* gefördert, weil Parteien eine ihnen ge-
nehme Auslegung in bestimmten Mitgliedstaaten bevorzugen würden.

131   Autonom hat der EuGH auch die Begriffe der unerlaubten Handlung (heute) in
Art. 7 Nr. 2 EuGVO und der vertraglichen Verpflichtung (heute) in Art. 7 Nr. 1
EuGVO ausgelegt. Auch den Begriff „desselben Anspruchs", der zur Verfahrenskoordination durch Anwendung der Rechtshängigkeitsvorschrift des Art. 29 EuGVO
dient (dazu Kap. 4 Rn. 25), hat der EuGH wiederholt autonom ausgelegt.

Eine autonome Auslegung ist aber per se ausgeschlossen, wenn ein Sekundärrechtsakt einen ausdrücklichen Verweis auf nationales Recht beinhaltet. Dies ist
z. B. bei Art. 62 EuGVO der Fall, der für die Bestimmung des Wohnsitzes auf nationales Recht verweist. Auch Art. 7 Nr. 1 lit. c i. V. m. lit. a EuGVO (Bestimmung des
Erfüllungsortes unter Rückgriff auf das für den Hauptvertrag geltende Recht, lex
causae, s. dazu Kap. 3 Rn. 102) hindert eine autonome Auslegung.

III. Auslegungsmethoden

132   Methodisch erfolgte die Auslegung insbesondere zu Beginn angeblich rechtsvergleichend, wobei die genaue Analyse der Urteile eher ergab, dass dieser Vergleich
in der Praxis (anders als in den Schlussanträgen der Generalanwälte) nicht wirklich

---

[173] *Hess*, EZPR, Rn. 6.5.

[174] EuGH, Urteil vom 14.10.1976, Rs. 29/76, *LTU Lufttransportunternehmen/Euro-
control* = NJW 1977, 490.

[175] *Geimer*, Auslegung des Begriffs „Zivil- und Handelssachen" und internationaler Gerichtsstand
der Erfüllung nach ZustZHÜbk, NJW 1977, 492.

erfolgte.[176] Heute dominiert wohl eine vor allem am systematischen Zusammenspiel der Vorschriften des jeweiligen Rechtsaktes orientierte Auslegung. Dies gilt vor allem für die Zuordnung rechtlicher Erscheinungen zu den Begriffen Vertrag und unerlaubte Handlung.

Im Urteil *Mines de Pottace*[177] führt der EuGH aus: **133**

„Nach Art. 5 des Übereinkommens [EuGVÜ] kann „eine Person, die ihren Wohnsitz in dem Hoheitsgebiet eines Vertragsstaats hat, … in einem anderen Vertragsstaat verklagt werden: … 3. wenn eine unerlaubte Handlung oder eine Handlung, die einer unerlaubten Handlung gleichgestellt ist, oder wenn Ansprüche aus einer solchen Handlung den Gegenstand des Verfahrens bilden, vor dem Gericht des Ortes, an dem das schädigende Ereignis eingetreten ist".

Die Auslegung dieser Bestimmung muss im systematischen Zusammenhang der Zuständigkeitsregelungen erfolgen, die Gegenstand des Titels II des Übereinkommens sind."

Ausgehend vom Begriff des Vertrages stand die gleiche Abgrenzung von An- **134** sprüchen aus Vertrag und unerlaubter Handlung auch im Zentrum der *Peters-*Entscheidung,[178] in der ein Verein und ein Mitglied um die Zahlung des Mitgliedsbeitrags stritten.

„Der Begriff „Vertrag oder Ansprüche aus einem Vertrag" dient somit als Kriterium zur Abgrenzung des Anwendungsbereichs einer der besonderen Zuständigkeitsregeln, auf die der Kläger zurückgreifen kann. In Anbetracht der Zielsetzungen und des Gesamtzusammenhangs des Übereinkommens ist dieser Begriff nicht als bloße Verweisung auf das innerstaatliche Recht des einen oder anderen beteiligten Staates zu verstehen, denn es muss sichergestellt werden, dass sich aus dem Übereinkommen für die Vertragsstaaten und die betroffenen Personen soweit wie möglich gleiche und einheitliche Rechte und Pflichten ergeben.

Daher ist der Begriff „Vertrag oder Ansprüche aus einem Vertrag"…, als autonomer Begriff anzusehen, bei dessen Auslegung im Rahmen der Anwendung des Übereinkommens in erster Linie die Systematik und die Zielsetzungen dieses Übereinkommens berücksichtigt werden müssen, damit dessen volle Wirksamkeit sichergestellt wird.

Es erweist sich in diesem Zusammenhang, dass der Beitritt zu einem Verein zwischen den Vereinsmitgliedern enge Bindungen gleicher Art schafft, wie sie zwischen Vertragsparteien bestehen; es ist daher gerechtfertigt, für die Anwendung von Art. 5 Nr. 1 des Übereinkommens die von dem vorlegenden Gericht bezeichneten Ansprüche als vertragliche Ansprüche anzusehen."

Diese Rechtsprechung ist deshalb bemerkenswert, weil die Rechtsnatur der **135** Vereinsmitgliedschaft strittig ist. Zumindest in Deutschland gehen wir überwiegend nicht von einer vertraglichen Rechtsbeziehung aus. Der Generalanwalt hatte noch rechtsvergleichend ermittelt, wie die Mitgliedschaft in den Mitgliedstaaten eingeordnet wird.[179] Das alles interessierte den EuGH nicht. Er hat in der *Peters-*

---

[176] Analyse bei *Hess*, EZPR, Rn. 6.9.

[177] EuGH, Urteil vom 30.11.1976, Rs. 21/76, *Bier/Mines de Potasse d'Alsace* = NJW 1977, 493.

[178] EuGH, Urteil vom 22.3.1983, Rs. 34/82, *Peters/Zuid Nederlandse Aannemers vereniging* = EuGHE 1983, 987, 1003 (Rn. 14).

[179] Generalanwalt Mancini im *Peters-*Verfahren, EuGHE 1983, 1005, 1008.

Entscheidung letztlich Art. 5 Nr. 1 EuGVÜ instrumentalisiert, um eine Zuständigkeitskonzentration am Vereinssitz zu erreichen, die in anderen Zuständigkeitsordnungen
durch umfassende Mitgliedschaftsgerichtstände bewirkt wird (in Deutschland §§ 17,
22 ZPO), im EuGVÜ (wie auch heute noch in der EuGVO) jedoch nicht möglich
war. Nur die Anwendung des Art. 5 Nr. 1 EuGVÜ war nach Ansicht des EuGH geeignet, eine solche notwendige Zuständigkeitskonzentration zu ermöglichen.

136   Den Begriff des Erfüllungsortes, der heute in Art. 7 Nr. 1 EuGVO und schon in
Art. 5 Nr. 1 EuGVO/EuGVÜ enthalten war, vermochte der EuGH allerdings nicht
autonom auszulegen,[180] was bei Erlass der EuGVO 2003 dann erstmals zu einer einheitlichen Regelung in Art. 5 Nr. 1 lit. b EuGVO a. F. geführt hat (s. Kap. 3
Rn. 85 ff.). Nur außerhalb dieses einheitlichen Erfüllungsortes ist auf die *lex causae*
abzustellen.

137   In die systematische Auslegung hat der EuGH aber wiederholt auch andere Sekundärrechtsakte einbezogen, soweit sich diese aufeinander beziehen. Dies geschah
z. B., um die internationale Zuständigkeit für insolvenzrechtliche Anfechtungsklagen
zu bestimmen. Hier war zu entscheiden, ob insoweit – mangels einer ausdrücklichen
Regelung – Art. 3 EuInsVO oder aber Art. 2 EuGVO a. F. anzuwenden waren.[181]

§ 7 Der Grundsatz gegenseitigen Vertrauens

138   Die Regeln über die justizielle Zusammenarbeit in Zivil- und Handelssachen bauen
auf dem Grundsatz der Gleichberechtigung der Gerichtssysteme in den Mitgliedstaaten auf.[182] Das gegenseitige Vertrauen war ein Mittel der Bildung eines einheitlichen Rechtraums im Entwurf einer Verfassung (Art. I-41 Abs. 1 lit. b). Dieser Terminus taucht seit einiger Zeit vermehrt in den Erwägungsgründen der neueren
Gemeinschaftsverordnungen[183] auf.

139   In Erwägungsgrund 26 der EuGVO heißt es dazu:

> „Das gegenseitige Vertrauen in die Rechtspflege innerhalb der Union rechtfertigt den Grundsatz,
> dass eine in einem Mitgliedstaat ergangene Entscheidung in allen Mitgliedstaaten anerkannt wird,
> ohne dass es hierfür eines besonderen Verfahrens bedarf."

Hier wird also die Abschaffung einer Kontrolle von Entscheidungen anderer
Mitgliedstaaten beim Import in den eigenen Hoheitsbereich durch das gegenseitige
Vertrauen begründet.

---

[180] EuGH, Urteil vom 6.10.1976, Rs. 12/76, *Industrie Tessili Italiana Como/Dunlop AG* = NJW
1977, 491.

[181] EuGH, Urteil vom 12.12.2009, Rs. C-339/07, *Christopher Saegon/Deko Martin* = NJW
2009, 2189.

[182] *Hess*, EZPR, Rn. 1.25.

[183] Erwägungsgrund 16 der EuGVO; Erwägungsgrund 18 der EG-VollstrTitelVO; Erwägungsgrund
21 der Brüssel IIa-Verordnung (Verordnung (EG) des Rates vom 27.11.2003 über die Zuständigkeit und die Anerkennung und Vollstreckung von Entscheidungen in Ehesachen und in Verfahren
betreffend die elterliche Verantwortung zur Aufhebung der Verordnung (EG) Nr. 1347/2000, ABl.
L 338 vom 23.12.2003, S. 1).

Auch in der Rechtsprechung des EuGH taucht der Terminus verstärkt auf. Im **140** Urteil *Gasser*[184] hat der EuGH entschieden, dass die Vorschriften über die Rechtshängigkeit in der EuGVO (dazu Kap. 4 Rn. 17 ff.) auch dann gelten, wenn das Verfahren im Ursprungsstaat unverhältnismäßig lange dauert. Er rechtfertigt dies auch unter Rückgriff auf den Grundsatz gegenseitigen Vertrauens:

„Zum anderen beruht das Brüsseler Übereinkommen zwangsläufig auf dem Vertrauen, das die Vertragsstaaten gegenseitig ihren Rechtssystemen und Rechtspflegeorganen entgegenbringen. Dieses gegenseitige Vertrauen hat es ermöglicht, im Anwendungsbereich des Übereinkommens ein für die Gerichte verbindliches Zuständigkeitssystem zu schaffen und dementsprechend auf die innerstaatlichen Vorschriften der Vertragsstaaten über die Anerkennung und die Vollstreckbarkeitserklärung ausländischer Urteile zugunsten eines vereinfachten Anerkennungs- und Vollstreckungsverfahrens für gerichtliche Entscheidungen zu verzichten. Es steht weiter fest, dass das Übereinkommen damit die Rechtssicherheit gewährleisten soll, indem es den Beteiligten ermöglicht, das zuständige Gericht mit ausreichender Sicherheit zu bestimmen."

Im Urteil *Turner v. Grovit*[185] führt der EuGH aus: **141**

„Vorab ist darauf hinzuweisen, dass das Brüsseler Übereinkommen auf dem Vertrauen beruht, das die Vertragsstaaten gegenseitig ihren Rechtssystemen und Rechtspflegeorganen entgegenbringen. Dieses gegenseitige Vertrauen hat es ermöglicht, im Anwendungsbereich des Übereinkommens [gemeint ist das EuGVÜ] ein für die Gerichte verbindliches Zuständigkeitssystem zu schaffen und dementsprechend auf die innerstaatlichen Vorschriften der Vertragsstaaten über die Anerkennung und die Vollstreckbarkeitserklärung ausländischer Urteile zugunsten eines vereinfachten Anerkennungs- und Vollstreckungsverfahrens zu verzichten.

Es ist wesentlicher Bestandteil des Grundsatzes des gegenseitigen Vertrauens, dass im Anwendungsbereich des Übereinkommens dessen Zuständigkeitsregeln, die allen Gerichten der Vertragsstaaten gemeinsam sind, von jedem dieser Gerichte mit gleicher Sachkenntnis ausgelegt und angewandt werden können.

Ebenso wenig gestattet das Übereinkommen […] die Prüfung der Zuständigkeit eines Gerichts durch das Gericht eines anderen Vertragsstaats.

Das von einem Gericht an eine Partei gerichtete Verbot, eine Klage bei einem ausländischen Gericht zu erheben oder ein dortiges Verfahren weiterzutreiben, bewirkt eine Beeinträchtigung von dessen Zuständigkeit für die Entscheidung des Rechtsstreits. Denn wenn dem Kläger die Erhebung einer solchen Klage durch ein Prozessführungsverbot untersagt wird, liegt ein Eingriff in die Zuständigkeit des ausländischen Gerichts vor, der als solcher mit der Systematik des Übereinkommens unvereinbar ist."

Der Grundsatz des gegenseitigen Vertrauens wurde demnach bisher genutzt, um: **142**

• die Abschaffung von Zwischenverfahren bei der Anerkennung und Vollstreckbarerklärung zu rechtfertigen,

---

[184] EuGH, Urteil vom 9.12.2003, Rs. C-116/02, *Erich Gasser GmbH/MISAT Srl* = EuZW 2004, 188.
[185] EuGH, Urteil vom 27.4.2004, Rs. C-159/02, *Turner/Grovit* = EuZW 2004, 468. Kritisch *Althammer/Löhnig*, Zwischen Realität und Utopie: Der Vertrauensgrundsatz in der Rechtsprechung des EuGH zum europäischen Zivilprozessrecht, ZZPInt 9 (2004), 23.

- die Nachprüfung der internationalen Zuständigkeit des entscheidenden Gerichts im Rahmen der Anerkennung und Vollstreckbarerklärung auszuschließen,
- die strenge Einhaltung des Prioritätsprinzips im Rahmen der Rechtshängigkeit zu wahren,
- die Berücksichtigung materiell rechtlicher Einwendungen im Vollstreckbarerklärungsverfahren zu verhindern, und
- *antisuit injunctions* (Kap. 3 Rn. 48, 280) innerhalb Europas generell auszuschließen.

143 Die Kritik nennt den Rückgriff auf das gegenseitige Vertrauen angesichts der real bestehenden Unterschiede der Justizsysteme eine „reine Leerformel", die ungeeignet sei, eine Verkürzung individuellen Rechtsschutzes zu rechtfertigen.[186] Es werde das Ziel, einen einheitlichen Rechtsraum zu schaffen, transformiert in eine Fiktion seines schon gegenwärtigen Bestehens.[187] Dem EuGH wird vorgeworfen, unter Rückgriff auf Erwägungsgründe auf fragwürdiger dogmatischer Grundlage eigenständig die europäische Rechtsvereinheitlichung im Bereich des Prozessrechts voranzutreiben.[188]

§ 8 Gegenseitige Anerkennung als Regelungskonzept des Europäischen Zivilprozessrechts

144 Anerkennung ist zunächst nicht nur Rechtsbegriff. Sprachlich dient er im Gegensatz zur Verneinung dazu, etwas zu billigen, eine Zustimmung zu erteilen.[189] Schon als Rechtsbegriff wird er sehr heterogen genutzt.[190] Der **Rechtsbegriff der Anerkennung** entstammt eigentlich dem Völkerrecht und wurde dann auf sämtliche Grundfreiheiten erstreckt. Man kann den Grundfreiheiten den Grundsatz der gegenseitigen Anerkennung entnehmen.[191] Zuvor war es vor allem um die Warenverkehrsfreiheit gegangen. Hier stand die Zulassung einer Ware für einen nationalen Markt in Frage, die im Ausland anerkannt werden sollte. Solange die Zulassung für den jeweiligen nationalen Markt nicht europaweit harmonisiert war, blieb es zulässig, beim Import in einen anderen Mitgliedstaat Schutzmaßnahmen zu erlassen, aber nicht eine vollumfängliche Zulassungskontrolle durchzuführen.

---

[186] *Kohler*, Das Prinzip der Anerkennung in Zivilsachen im europäischen Justizraum, ZSchR 2005, 263, 285; gegen eine solche „Leerformel" Linke, Die Europäisierung des Unterhaltsverfahrensrechts, FPR 2006, 237, 239.

[187] *Rauscher*, Der Europäische Vollstreckungstitel für unbestrittene Forderungen, 2004, Rn. 15.

[188] *Althammer/Löhnig*, Zwischen Realität und Utopie: Der Vertrauensgrundsatz in der Rechtsprechung des EuGH zum europäischen Zivilprozessrecht, ZZPInt 9 (2004), 23, 36.

[189] *Jakowski*, Das Anerkennungsregime des europäischen Zivilprozessrechts für mitgliedsstaatliche Entscheidungen 2020, S. 29.

[190] *Kohler*, Das Prinzip der Anerkennung in Zivilsachen im europäischen Justizraum, ZSchR 2005, 263.

[191] *Bieber/Epiney/Haag/Kotzur*, Die Europäische Union, 14. Aufl. 2020, § 10 Rn. 13.

In der *Dassonville*-Entscheidung[192] führt der EuGH 1974 Nachweiserfordernisse   **145**
für Ursprung und Echtheit aus:

„Solange es noch an einer Gemeinschaftsregelung fehlt, die den Verbrauchern die Echtheit der
Ursprungsbezeichnung eines Erzeugnisses gewährleistet, kann ein Mitgliedstaat Maßnahmen ergreifen, um unlautere Verhaltensweisen auf diesem Gebiet zu unterbinden, jedoch darf er nur unter
der Bedingung einschreiten, dass die getroffenen Maßnahmen sinnvoll sind und weder ein Mittel
zur willkürlichen Diskriminierung noch eine verschleierte Beschränkung des Handels zwischen
Mitgliedstaaten darstellen.“

Soweit die Zulassung einer Ware auf der Grundlage von Regeln erfolgt, die   **146**
europaweit harmonisiert sind (Grundlage war meist Art. 95 EGV), ist jede weitere
Kontrolle beim Import der Ware in einen anderen Mitgliedstaat unzulässig. Die gemeinschaftsrechtlichen Vorgaben gehen nationalem Recht der Zulassung ohne Weiteres vor, so dass sich die Frage der Vereinbarkeit des nationalen Rechts mit den
Bestimmungen der Warenverkehrsfreiheit (i. d. R. Art. 28 EGV) nicht stellt. Insofern wurde bei der Warenverkehrsfreiheit das Herkunftsstaatsprinzip verwirklicht.
Es entscheidet der Erststaat durch nationale Zulassungsentscheidung auf der Grundlage harmonisierten Rechts mit Wirkung für alle andern Mitgliedstaaten.

Der Begriff der Anerkennung wird inzwischen auch für das IZPR genutzt.[193] Schon   **147**
im Tampere-Programm (s. o. Rn. 103) wird angestrebt, den Grundsatz der gegenseitigen Anerkennung zum Eckstein der justiziellen Zusammenarbeit zu machen.[194]
Für die gegenseitige Anerkennung gerichtlicher Entscheidungen ist dort ausgeführt:

„Eine verbesserte gegenseitige Anerkennung von gerichtlichen Entscheidungen und Urteilen und
die notwendige Annäherung der Rechtsvorschriften würden die Zusammenarbeit zwischen den
Behörden und den Schutz der Rechte des einzelnen durch die Justiz erleichtern. Der Europäische
Rat unterstützt daher den Grundsatz der gegenseitigen Anerkennung, der seiner Ansicht nach zum
Eckstein der justiziellen Zusammenarbeit sowohl in Zivil- als auch in Strafsachen innerhalb der
Union werden sollte. Der Grundsatz sollte sowohl für Urteile als auch für andere Entscheidungen
von Justizbehörden gelten.

Im Bereich des Zivilrechts fordert der Europäische Rat die Kommission auf, einen Vorschlag für
den weiteren Abbau der Zwischenmaßnahmen zu unterbreiten, die nach wie vor notwendig sind,
um die Anerkennung und die Vollstreckung einer Entscheidung oder eines Urteils im ersuchten
Staat zu ermöglichen. Als erster Schritt sollten diese Zwischenverfahren bei Titeln aufgrund von
verbraucher- oder handelsrechtlichen Ansprüchen mit geringem Streitwert und bei bestimmten
familienrechtlichen Urteilen (z. B. über Unterhaltsansprüche und Besuchsrechte) abgeschafft werden. Derartige Entscheidungen würden automatisch unionsweit anerkannt, ohne daß es irgend-
welche Zwischenverfahren oder Gründe für die Verweigerung der Vollstreckung geben würde.
Damit einhergehend könnten Mindeststandards für spezifische Aspekte des Zivilprozeßrechts auf-
gestellt werden.“

---

[192] EuGH, Urteil vom 11.7.1974, Rs. 8/74, *Dassonville* = Slg. 1974, 837. Zur Fortentwicklung
insbes. durch die Cassis de Dijon Entscheidung (EuGH, 120/78, Slg. 1979, 649 Rn. 9 ff = NJW
1979, 1766 – *Cassis de Dijon*), s. *Sauer*, Die Grundfreiheiten des Unionsrechts, JuS 2017, 310, 313.
[193] Umfassend *Jakowski*, Das Anerkennungsregime des europäischen Zivilprozessrechts für mitgliedstaatliche Entscheidungen, 2020.
[194] EuGH, Urteil vom 11.7.1974, Rs. 8/74, *Dassonville* = Slg. 1974, 837.

Das Recht der Anerkennung hat sich unmittelbar seit Inkrafttreten des EuGVÜ kaum verändert, ist jedoch mittelbar durch den Wegfall der Vollstreckbarerklärungsverfahren modifiziert worden. Zudem zeigen die Änderungen, dass der europäische Normsetzer das Prinzip nicht voll durchdrungen hat (dazu Kap. 5 Rn. 31, 41, 96).

§ 9 Zusammenfassung

148
- Das IZPR regelt die Gerichtsbarkeit inländischer Gerichte, ihre internationale Zuständigkeit, die Zustellung, die Beweisaufnahme, die Wirkungen ausländischer Verfahren und ihre Vollstreckung im Inland.
- Der **Vertrag von Amsterdam** hat den Weg zu einem einheitlichen europäischen Rechtsraum geebnet, indem auf dem Gebiet des IZPR die Kompetenz der Gemeinschaft eröffnet wurde.
- Der **Vertrag von Lissabon** führt den einheitlichen Rechtsraum in der Präambel des Vertrages über die Europäische Union (EUV) auf; die Ausgestaltung erfolgt durch den Titel V des Vertrags über die Arbeitsweise der Europäischen Union (Art. 67 ff. AEUV). Die Kompetenznorm für den Erlass von Maßnahmen zur Rechtsangleichung findet sich in Art. 81 AEUV.
- Sekundärrechtsakte der EU gehen nationalem Recht im Rang vor (Art. 288 AEUV). Die Verordnung enthält unmittelbar anwendbares Recht, das entgegenstehendes nationales Recht verdrängt.
- Aktuell befindet sich das Europäische Zivilprozessrecht zwischen dem Status internationaler Rechtshilfe und dem möglichen Fernziel der Schaffung eines echten in sich geschlossenen einheitlichen Verfahrens, eines Europäischen Zivilprozessrechts.
- Der EuGH entscheidet über die Auslegung von Gemeinschaftsrecht. Seine Auslegungskompetenz ist im Lissabon Vertrag einheitlich in Art. 267 AEUV normiert.
- Der EuGH entscheidet durch Vorabentscheidungsverfahren über die Auslegung des Gemeinschaftsrechts.
- Der EuGH legt die Vorschriften überwiegend autonom, also ohne direkten Rückgriff auf ein bestimmtes nationales Recht, aus.
- Die Regeln über die justizielle Zusammenarbeit in Zivil- und Handelssachen bauen auf dem Grundsatz der Gleichberechtigung der Gerichtssysteme in den Mitgliedstaaten auf.
- Der Grundsatz der gegenseitigen Anerkennung ist zum Eckstein der justiziellen Zusammenarbeit geworden.

2. Kapitel Zivilverfahren mit Auslandsbezug

Auch in einem Rechtsraum Europa ist es immer noch einfacher, im eigenen Land zu klagen, als im EU-Ausland. Auch für den Richter als Streitentscheider stellen sich bei Verfahren, die einen Auslandsbezug aufweisen, andere, zusätzliche Rechtsfragen. **1**

§ 1 Zugang zum Recht

Das Problem des Zugangs zum Recht war in Deutschland in den 70er-Jahren sehr aktuell und betraf vor allem die Möglichkeit mittelloser Kläger, Rechtsschutz zu erlangen.[1] In dieser Zeit kam es zur Abschaffung des sog. Armenrechts, der Einführung der heutigen Prozesskostenhilfe (PKH) und der Beratungshilfe.[2] Die PKH ist eine Sonderform der Sozialhilfe im Bereich der Rechtspflege.[3] Durch die Zulassung von Erfolgshonoraren gibt es derzeit wiederum eine Verschiebung, weil die finanzielle Last hierdurch auf die Parteien und die Anwaltschaft verteilt wird.[4] **2**

Auch die Änderung des Rechtsdienstleistungsgesetzes, die das Beratungsmonopol der Rechtsanwälte in Deutschland beseitigt hat und die Einführung von **3**

---

[1] *Baumgärtel*, Gleicher Zugang zum Recht für alle, 1976.

[2] *Köbl*, Prozesskostenhilfe vor Erfolgshonorar, FS Leipold, 2009, S. 63; *Skrzepski*, Die gewerbliche Fremdfinanzierung von Prozessen gegen Erfolgsbeteiligung, 2008; *Vorwerk*, Zugang zum Recht durch Prozessfinanzierung, 4. Hannoveraner Symposium, NJW-Sonderheft, 2008, 36.

[3] BVerfG, Entscheidung vom 14.4.1959, 1 BvR 12/58, 1 BvR 291/58 = BVerfGE 9, 256, 258 = NJW 1959, 1028; BVerfG, Beschluss vom 3.7.1973, 1 BvR 153/69 = BVerfGE 35, 348, 355 = NJW 1974, 229.

[4] BGH, Urteil vom 5.6.2014, IX ZR 137/12 = ZIP 2014, 1338. Zu Erfolgshonoraren *Adolphsen*, ZPR, § 5 Rn. 10.

Die Originalversion dieses Kapitels wurde korrigiert. Ein Erratum finden Sie unter https://doi.org/10.1007/978-3-662-63558-2_16

© Springer-Verlag GmbH Deutschland, ein Teil von Springer Nature 2022, korrigierte Publikation 2023
J. Adolphsen, *Europäisches Zivilverfahrensrecht*, Springer-Lehrbuch, https://doi.org/10.1007/978-3-662-63558-2_2

Rechtsberatung durch Telefonhotlines zugelassen hat, lassen sich als Erleichterung des Zugangs zum Recht begreifen.

4   International stehen einem erleichterten Zugang zum Recht ganz andere Schwierigkeiten im Weg als im nationalen Rechtsraum. Schwierigkeiten sind: 1) die Entfernung zu den Beteiligten, einschließlich des Gerichts und eines Anwalts mit den höheren Reisekosten, 2) das Sprachproblem, weil man nicht voraussetzen darf, dass die Unionsbürger eine andere als ihre Heimatsprache sprechen, 3) die Unkenntnis fremder Justizsysteme einschließlich des anwendbaren Rechts, 4) das Auffinden des zuständigen Gerichts etc.[5]

5   In den Beschlüssen des Rates von Tampere 1999 wurde dem Zugang zum Recht ein eigener Abschnitt („Besserer Zugang zum Recht") gewidmet.[6]

6   Im **Lissabon Vertrag** 2009 wird der Zugang zum Recht gleich in der Eingangsbestimmung des Titels V gewährt:

Art. 67 AEUV
(4) Die Union erleichtert den Zugang zum Recht, insbesondere durch den Grundsatz der gegenseitigen Anerkennung gerichtlicher und außergerichtlicher Entscheidungen in Zivilsachen.

7   Ausgeführt wird dies für die Zusammenarbeit in Zivilsachen durch Art. 81 AEUV:

Art. 81 AEUV
(1) Die Union entwickelt eine justizielle Zusammenarbeit in Zivilsachen mit grenzüberschreitendem Bezug, die auf dem Grundsatz der gegenseitigen Anerkennung gerichtlicher und außergerichtlicher Entscheidungen beruht. Diese Zusammenarbeit kann den Erlass von Maßnahmen zur Angleichung der Rechtsvorschriften der Mitgliedstaaten umfassen.
(2) Für die Zwecke des Absatzes 1 erlassen das Europäische Parlament und der Rat, insbesondere wenn dies für das reibungslose Funktionieren des Binnenmarkts erforderlich ist, gemäß dem ordentlichen Gesetzgebungsverfahren Maßnahmen, die Folgendes sicherstellen sollen:
   a)-d)
   e) einen effektiven Zugang zum Recht;

8   In Europa hat die Richtlinie 2002/8/EG vom 27.01.2003 zur Verbesserung des Zugangs zum Recht bei Streitsachen mit grenzüberschreitendem Bezug gemeinsame Mindestvorschriften für die Prozesskostenhilfe in grenzüberschreitenden Streitigkeiten geschaffen.[7] Ausgefüllt werden die Vorschriften in Deutschland im 11. Buch der ZPO durch die §§ 1076 ff. ZPO.

9   Die **Europäische Mahn- und die Europäische Bagatellverordnung** (s. u. Kap. 10 und 11) dienen dazu, auch bei geringen Streitwerten einen Zugang zum Recht zu ermöglichen.[8]

---

[5] *Schütze*, Rechtsverfolgung im Ausland, Prozessführung vor ausländischen Gerichten und Schiedsgerichten, Einleitung Rn. 1–8.

[6] https://www.europarl.europa.eu/summits/tam_de.htm#union   Rn.   29   ff.   (abgerufen   am 13.12.2021).

[7] Richtlinie 2002/8/EG des Rates vom 27.1.2003 zur Verbesserung des Zugangs zum Recht bei Streitsachen mit grenzüberschreitendem Bezug durch Festlegung gemeinsamer Mindestvorschriften für die Prozesskostenhilfe in derartigen Streitsachen, ABl. L 26 vom 31.1.2003, S. 41; vgl. *Gottwald*, Prozesskostenhilfe für grenzüberschreitende Verfahren in Europa, FS Rechberger, 2005, S. 173.

[8] S. Erwägungsgrund 3 der Mahnverordnung.

Das **Justizielle Netz in Zivilsachen**[9] gehört ebenfalls zum Komplex Zugang zum   **10**
Recht. Grundlage waren die Tampere-Beschlüsse 1999 (s. o. Kap. 1 Rn. 103), die den
Aufbau eines Raums der Freiheit, der Sicherheit und des Rechts in der Europäischen
Union zum Ziel hatten. Dabei kamen die Staats- und Regierungschefs überein, dass
die Kommission verschiedene Initiativen zur Verbesserung des Zugangs zum Recht
für Privatpersonen und Unternehmen in Europa ergreifen sollte. Hierzu zählte die Einrichtung eines Netzes aus nationalen Behörden, die mit zivil- und handelsrechtlichen
Fragen zu tun haben. Im Mai 2001 wurde daraufhin vom Ministerrat die Einrichtung
eines Europäischen justiziellen Netzes für Zivil- und Handelssachen beschlossen.[10]
Diesem Netzwerk gehören Vertreter von Justiz- und Verwaltungsbehörden der Mitgliedstaaten an, die sich mehrmals jährlich treffen und dabei Informationen und Er-
fahrungen austauschen. Dies soll die Zusammenarbeit zwischen den Mitgliedstaaten
im Zivil- und Handelsrecht verbessern. Dabei ist es kein Ziel, konkrete Rechtsfragen
zu beantworten oder Rechtsberatung zu leisten.

Auch die immer stärkere **Nutzung von Formularen**, die partiell das Sprachen-   **11**
problem in Europa reduzieren, geht zurück auf die Beschlüsse des Rates von Tampere.

§ 2 Die Bedeutung des Auslandsbezugs des Rechtsstreits

Die Frage, die es bei grenzüberschreitenden Prozessen zu klären gilt, ist die nach   **12**
der Bedeutung des Auslandsbezugs eines Rechtsstreits.

Der Auslandsbezug kann sich bei natürlichen Personen durch die Staatsangehörigkeit, den Wohnsitz bzw. Aufenthaltsort einer Partei ergeben, bei juristischen Personen aus deren Sitz oder Niederlassung. Sie kann auch aus der Belegenheit einer Sache resultieren, um die gestritten wird, oder aus dem Ort, an dem eine
unerlaubte Handlung vorgenommen wird. Der Auslandsbezug kann auch erst entstehen, nachdem ein rein nationales Verfahren durchgeführt wurde, der so erstrittene
Titel aber im Ausland vollstreckt werden soll, weil sich nur dort Vermögen des
unterlegenen Beklagten befindet (so in der EuVTVO, vgl. Kap. 6).

Diese Frage nach der Bedeutung des Auslandsbezugs liegt nicht nur dem inter-   **13**
nationalen Zivilprozessrecht, sondern auch dem internationalen Privatrecht zugrunde. Deshalb wird das IZPR auch z. T. zum IPR gezählt, ist aber in Deutschland
davon zu unterscheiden.[11]

Die Frage nach dem Ort, an dem eine Klage erhoben werden kann, nach der Aus-   **14**
wirkung der Rechtshängigkeit eines ausländischen Verfahrens, nach der Anerkennung der Wirkungen ausländischer Entscheidungen und ihrer Zulassung zur
staatlichen Zwangsvollstreckung sind Fragen des IZPR.

---

[9] https://e-justice.europa.eu/content_european_judicial_network_in_civil_and_commercial_mat-
ters-21-de.do (abgerufen am 13.12.2021).

[10] Entscheidung des Rates vom 28.5.2001 über die Einrichtung eines Europäischen Justiziellen
Netzes für Zivil- und Handelssachen, 2001/470/EG, ABl. L 174 vom 27.6.2001, S. 25.

[11] Rechtsvergleichend steht Deutschland mit dieser Trennung in Europa fast allein da, vgl. Grünbuch über die Umwandlung des Übereinkommens von Rom aus dem Jahr 1980 über das auf vertragliche Schuldverhältnisse anzuwendende Recht in ein Gemeinschaftsinstrument sowie seine
Aktualisierung, KOM(2002) 654 endg., S. 10 (Fn. 2).

15   Die Frage nach dem anwendbaren Recht ist eine des IPR.

16   Gemeinsam ist beiden Bereichen, dass sie originär kein internationales, sondern nationales Recht für internationale Fälle waren. Dieses nationale Recht wurde zunehmend durch völkerrechtliche Vereinbarungen, in Europa sehr stark auch durch supranationales Recht, verdrängt, das auf der Grundlage der neuen Kompetenznormen des Amsterdamer Vertrages erlassen wurde. Inzwischen hat z. B. Deutschland ein erheblich vereinheitlichtes supranationales IZPR und IPR, daneben aber nationales IZPR und IPR (zur Abschaffung der Art. 27 ff. EGBGB s. Kap. 1 Rn. 45) für die Fälle, die nicht vom europäischen Sekundärrecht erfasst werden.

17   Während das IPR Kollisionsnormen enthält, die die Antwort darauf geben, welches materielle Recht anzuwenden ist, aber selbst keine Sachentscheidung trifft, hält das IZPR eigene (allerdings verfahrensrechtliche) Entscheidungen bereit: Das IZPR bezeichnet direkt die Regeln deutschen bzw. in Deutschland geltenden Rechts, die zur Bewältigung eines Sachverhalts mit Auslandsbeziehung anzuwenden sind.

§ 3 Gerichtsbarkeit

Beispiel

Fall 5: Der Makler M aus München wird von dem Vertreter Sambias damit beauftragt, ein geeignetes Botschaftsgebäude in München, möglichst Bogenhausen, zu finden. M weist ein entsprechendes Objekt nach, das Gebäude wird fortan als Botschaftsgebäude Sambias genutzt. Als M nach mehrfacher Mahnung noch keine Zahlungen erhalten hat, erhebt er Klage gegen den Staat Sambia auf Zahlung der Maklergebühr.
Kann das LG München I über die Klage entscheiden? ◀

I. Begriff der Gerichtsbarkeit

18   Der Begriff der Gerichtsbarkeit wird in Deutschland, aber auch international unterschiedlich verwendet. Z. T. wird damit eine gerichtliche Tätigkeit beschrieben (so bei der freiwilligen Gerichtsbarkeit auf der Grundlage des FamFG), zum Teil wird der Begriff national auch synonym für die verschiedenen Rechtswege (Art. 95 GG) genutzt. In den europäischen Sekundärrechtsakten zum Zivilverfahrensrecht wird auf diese Weise das entscheidende Gericht selbst bezeichnet (so in Art. 1 Abs. 1 S. 1 EuGVO, Art. 1 EuEheVO, Art. 2 EuMahnVO, Art. 2 EuBagVO, Art. 2 EuVTVO).

19   Gerichtsbarkeit im hier verwendeten Sinn meint die Befugnis des Staates, auf seinem Territorium Recht zu sprechen und dieses durchzusetzen. Gebräuchlich ist auch der Begriff Gerichtshoheit.

20   Die Befugnis eines Staates, Recht zu sprechen und die Entscheidungen auch zwangsweise durchzusetzen, ist im Grundsatz auf das eigene Territorium beschränkt. Daraus ergibt sich, dass ein deutscher Richter nicht ohne Weiteres[12] ins Ausland reisen kann, um dort einen Zeugen zu vernehmen. Es folgt daraus wohl auch, dass Zustellungen in das Ausland, wenn man sie denn als hoheitliche Maßnahme begreift (hierzu s. Kap. 8 Rn. 4), so ohne Weiteres nicht möglich sind. Auch kann kein Staat über einen souveränen anderen Staat urteilen, da alle souveränen Staaten gleichberechtigte Völkerrechtssubjekte sind (par in parem non habet imperium ni jurisdictionem).[13] Auf dem eigenen Territorium ist die Justizhoheit an sich nicht begrenzt. Die allgemeinen Regeln des Völkerrechts führen aber zu einer Einschränkung des Territorialitätsprinzips durch Befreiung von deutscher Gerichtsbarkeit ebenso wie staatsvertragliche Vereinbarungen.

II. Immunität ausländischer Staaten

Die Grenze der inländischen Gerichtsbarkeit im Erkenntnisverfahren bildet die Immunität fremder Staaten. **Immunität** ist eine auf allgemeinem Völkerrecht beruhende Beschränkung inländischer Gerichtsbarkeit, die auf der Unabhängigkeit, der Gleichheit und der Würde der Staaten beruht.[14] Ihr liegt das Prinzip der Nichteinmischung in die Ausübung hoheitlicher Befugnisse des ausländischen Staates zugrunde. **21**

In Italien waren rund 50 Entschädigungsklagen im Zusammenhang mit **Kriegs-** **22** **verbrechen** im 2. Weltkrieg gegen Deutschland anhängig. Nachdem die Bundesrepublik 2008 durch das italienische Kassationsgericht zur Zahlung von einer Million Euro Entschädigung verurteilt wurde, hatte die Bundesregierung Klage beim Internationalen Gerichtshof (IGH) in Den Haag eingereicht. Sie war der Ansicht, dass die Zulassung der Verfahren vor italienischen Gerichten das Prinzip der Staatenimmunität verletze.[15] Der IGH urteilte 2012, dass der Grundsatz der Staatenimmunität auch bei Kriegsverbrechen gelte.[16] Trotzdem folgte 2014 ein Urteil des italienischen Verfassungsgerichts, das individuelle Klagen von Opfern von Kriegsverbrechen und Verbrechen gegen die Menschlichkeit gegen souveräne Staaten zuließ. Daher hat Deutschland Italien erneut vor dem IGH verklagt. Diese Klage hat die Bundesregierung im Mai 2022 zurückgenommen, weil Italien ein Gesetz erlassen hat, das Zwangsvollstreckungsmaßnahmen gegen deutsches Eigentum auf italienischem Boden verbietet.[17] Mit dem gleichen Ansatz, dass der Grundsatz der Staatenimmunität bei Kriegsverbrechen nicht gelte, wurden auch Klagen von sog. **Trostfrauen** gegen die japanische Regierung 2021 abgewiesen. 20 ehemalige

---

[12] *Schütze*, Deutsches Internationales Zivilprozessrecht unter Einschluss des Europäischen Zivilprozessrechts, Rn. 68; *Geimer*, Internationales Zivilprozessrecht, Rn. 371 ff.; *Pfeiffer*, Internationale Zuständigkeit und prozessuale Gerechtigkeit, S. 25.

[13] Art. 2 Abs. 1 UN-Charta.

[14] *Dorn*, Die Durchbrechung der Staatenimmunität im Falle des staatlich geförderten Terrorismus, 2021, S. 54; *Nagel/Gottwald*, IZPR, § 2 Rn. 2; *Schütze*, IZPR, Rn. 78.

[15] *Paech*, Staatenimmunität und Kriegsverbrechen, Archiv des Völkerrechts, Bd. 47, Heft 1, 2009.

[16] https://www.icj-cij.org/en (abgerufen am 13.12.2021), s. auch *Payandeh*, Staatenimmunität und Menschenrechte, JZ 2012, 949.

[17] https://www.zeit.de/gesellschaft/zeitgeschehen/2022-05/igh-klage-zuruecknahme-ns-entschaedigungen (abgerufen am 30.5.2022)

Zwangsprostituierte aus Südkorea bzw. deren Angehörige hatten die japanische Regierung auf Schadenersatz verklagt. Ein Gericht in Seoul wies die Klage unter Berufung auf die Staatenimmunität ab.[18] Auch die Klage der Franko-Vietnamesin Tran To Nga gegen 14 internationale Chemiefirmen, die im Vietnamkrieg das Entlaubungsmittel „**Agent Orange**" im Auftrag der USA produziert hätten, wurde so abgewiesen.[19]

23   Staatliche Immunität wird heute nicht absolut, sondern relativ verstanden.[20] Sie gilt, soweit sich ausländische Staaten im Inland hoheitlich betätigen (*acta iure imperii*). Nehmen Staaten dagegen wie private Wirtschaftssubjekte am internationalen Handels- bzw. Wirtschaftsverkehr teil (*acta iure gestionis*), kann dies nicht gelten.[21] Im Zuge der Europäischen Finanzkrise gab es in Deutschland eine ganze Reihe von **Klagen um griechische Staatsanleihen**: die Kläger machten gegen die Republik Griechenland Schadensersatzansprüche im Zusammenhang mit der Reduzierung des Nennwertes griechischer Schuldverschreibungen geltend. Sie hatten von Griechenland Staatsanleihen erworben, in deren Anleihebedingungen keine Umschuldungsklauseln (sog. collective action clauses) enthalten waren. Im Zuge der Restrukturierung des griechischen Staatshaushalts wurde durch ein griechisches Gesetz 2012 geregelt, dass Anleihebedingungen nachträglich durch Mehrheitsentscheidungen der Anleihegläubiger geändert und dann durch Beschluss des Ministerrats der Republik Griechenland für allgemein verbindlich erklärt werden können. Nach dem Gesetz bewirkt der Ministerratsbeschluss, dass die überstimmte Minderheit der Anlagegläubiger an den Mehrheitsbeschluss gebunden ist. Der BGH entschied, dass die deutsche Gerichtsbarkeit nicht eröffnet ist. Zwar stelle die Kapitalaufnahme durch Emission von Staatsanleihen ein nicht-hoheitliches Handeln dar. Es gehe bei dem Streit aber nicht um diese Kapitalaufnahme, sondern um die Rechtsnatur der Maßnahmen Griechenlands, die letztlich zum Austausch der Schuldverschreibungen der Kläger führten. Das maßgebliche, potenziell haftungsbegründende Verhalten der Beklagten bestehe im Erlass des Gesetzes 2012 und dem Beschluss des Ministerrats, aufgrund derer die Mehrheitsentscheidung der Gläubiger allgemeinverbindlich wurde. Beide Maßnahmen seien hoheitlicher Natur.[22] Das BVerfG hat das Urteil des BGH 2020 bestätigt.[23] Auch der EuGH war in mehreren Verfahren mit Klagen wegen griechischer Staatsanleihen befasst, so zum Anwendungsbereich der EuGVO und zur EuZustVO (s.u. § 8 Rn. 14).

24   Im **Zwangsvollstreckungsverfahren** gelten gesonderte Immunitätsregeln: Es wird nicht auf die Art der Tätigkeit (im Zwangsvollstreckungsverfahren verlangt

---

[18] https://www.tagesschau.de/ausland/asien/suedkorea-japan-trostfrauen-101.html (abgerufen am 13.12.2021).

[19] https://www.faz.net/aktuell/politik/ausland/agent-orange-klage-abgewiesen-tran-to-nga-kaempft-weiter-17335187.html (abgerufen am 13.12.2021).

[20] *Dorn*, Die Durchbrechung der Staatenimmunität im Falle des staatlich geförderten Terrorismus, 2021, S. 62.

[21] BVerfG, Urteil vom 30.10.1962, 2 BvM 1/60 = BVerfGE 15, 25 = NJW 1963, 435; BVerfG, Urteil vom 30.4.1963, 2 BvM 1/62 = BVerfGE 16, 27 = NJW 1963, 1732; Nagel/*Gottwald*, IZPR, § 2 Rn. 8; Linke/*Hau*, IZVR, Rn. 3.10.

[22] BGH, Urteil vom 8.3.2016 – VI ZR 516/14 = NJW 2016, 1659.

[23] BVerfG, Beschluss vom 6.5.2020, 2 BvR 331/18 = WM 2020, 1111.

man vom Schuldner meist ein Dulden!), sondern auf den Vollstreckungsgegen-
stand abgestellt. Entscheidend ist, ob der Gegenstand, in den vollstreckt werden
soll, hoheitlichen Zwecken zu dienen bestimmt ist.[24] So unterliegen Geldforderungen eines ausländischen Staates dem Schutz der diplomatischen Immunität, wenn die entsprechenden Geldsummen der Erfüllung der dienstlichen Aufgaben der diplomatischen Vertretungen des betreffenden Staates zu dienen
bestimmt sind.[25]

Die **Qualifikation**, ob eine Tätigkeit hoheitlich oder privatrechtlich einzuordnen   25
ist, richtet sich nach der *lex fori* des angerufenen Gerichts.

Das OLG München hat letztlich im **Fall 5** entschieden, dass ein Makler, der von   26
einem ausländischen Staat mit der Suche nach einem geeigneten Botschaftsgebäude
betraut worden war, den Maklerlohn einklagen kann und daran nicht durch die
Immunität des ausländischen Staates gehindert war. Nach Ansicht des OLG München nahm der Staat wie ein Privater am Wirtschaftsverkehr teil, so dass er sich
nicht auf seine Immunität berufen konnte.[26]

Zum gleichen Ergebnis kam das BVerfG, als es in einem Streit um die Klage-   27
möglichkeit wegen ausstehender Reparaturkosten an einem Botschaftsgebäude
ging.[27] Bei der Anstellung inländischer Botschaftsangehöriger handelt es sich dagegen nach Ansicht des ArbG Köln um eine hoheitliche Tätigkeit, so dass die An-
gestellten ausstehenden Arbeitslohn nicht vor dem ArbG einklagen können.[28]

Staaten steht es frei, auf ihre Immunität zu **verzichten**. Dies kann auch konklu-   28
dent durch Einlassung auf eine Klage geschehen. Geschieht dies, so ist damit aber
nicht ohne Weiteres auch eine Unterwerfung unter die Zwangsvollstreckung verbunden.[29] Inwieweit ein pauschaler Verzicht reicht, war bisher unklar.[30]

In Deutschland ist das Thema in der sog. **Argentinien-Krise** aktuell geworden.

Beispiel

Fall 6: Die Republik Argentinien bediente sich in erheblichem Umfang des In-
struments der Staatsanleihen. Solche Anleihen wurden auch auf dem deutschen
Kapitalmarkt aufgelegt und von deutschen Gläubigern gezeichnet. Diese Anleihen unterfielen deutschem Recht. Die Republik Argentinien verwendete in
§ 12 Abs. 3 und 4 der von ihr formulierten Bedingungen für Staatsanleihen fol-

---

[24] BVerfG, Beschluss vom 13.12.1977, 2 BvM 1/76 = VerfGE 46, 342 = NJW 1978, 485; BVerfG,
Beschluss vom 12.4.1983, 2 BvR 678/81, 2 BvR 679/81, 2 BvR 680/81, 2 BvR 681/81, 2 BvR
683/81 = BVerfGE 64, 1, 42 = NJW 1983, 2766. Zur Zwangsvollstreckung in ein für diplomatische
Zwecke genutztes Grundstück BGH, Beschluss vom 28.5.2003, IX a ZB 19/03 = NJW RR 2003,
1218, dazu *Becker*, Zwangsvollstreckung in ein für diplomatische Zwecke genutztes Grundstück?,
JuS 2004, 470. Grundsätzlich *Dorn*, Die Durchbrechung der Staatenimmunität im Falle des staatlich geförderten Terrorismus, 2021, S. 42.
[25] KG Berlin, Beschluss vom 3.12.2003, 25 W 15/03 = IPRax 2006, 164.
[26] OLG München, Urteil vom 19.12.1974, U 3951/74 = RIW/AWD 1977, 49.
[27] BVerfG, Urteil vom 30.4.1963, 2 BvM 1/62 = BVerfGE 16, 27 = NJW 1963, 1732.
[28] ArbG Köln, Urteil vom 16.12.1998, 9 Ca 10955/97 = RIW 1999, 623.
[29] Näheres Nagel/*Gottwald*, IZPR, § 2 Rn. 24; *Geimer*, IZPR, Rn. 506, 629.
[30] Zur Vollstreckungsimmunität s. Nagel/*Gottwald*, IZPR, § 19 Rn. 24.

gende Klauseln: 3)… Die Republik erkennt an, dass ein endgültiges Urteil in einem Rechtsstreit, gerichtlichen oder sonstigen Verfahren vor den oben genannten Gerichten bindend ist und in anderen Rechtsordnungen im Klageweg oder auf Grund eines anderen Rechtstitels vollstreckt werden kann.

4) In dem Ausmaß, in dem die Republik derzeit oder zukünftig Immunität (aus hoheitlichen oder sonstigen Gründen) von der Gerichtsbarkeit irgendeines Gerichtes oder von irgendeinem rechtlichen Verfahren (ob bei Zustellung, Benachrichtigung, Pfändung, Vollstreckung oder in sonstigem Zusammenhang) in Bezug auf sich selbst oder ihre Einkünfte, ihr Vermögen oder Eigentum besitzt oder erwerben sollte, verzichtet die Republik hiermit unwiderruflich auf eine solche Immunität in Bezug auf ihre Verpflichtungen aus den Schuldverschreibungen in dem Umfang, in dem sie dazu gemäß anwendbarem Recht berechtigt ist.

Die Gläubigerin erwirkte gegen die Republik Argentinien ein Urteil, durch das die Schuldnerin zur Zahlung von 766.937,82 € verurteilt wurde. Das vorlegende Amtsgericht Berlin-Mitte war im Ausgangsverfahren als Vollstreckungsgericht tätig. Es hatte die Pfändung der bei der Drittschuldnerin, der Deutschen Bank, belegenen Konten angeordnet. ◀

29   Dem BVerfG[31] wurde im Verfahren gem. Art. 100 Abs. 2 GG die Frage vorgelegt, ob es eine allgemeine Regel des Völkerrechts gibt, wonach ein ausländischer Schuldnerstaat pauschal auf seine Immunität gegenüber der Vollstreckung in die im Heimatstaat des privaten Gläubigers befindlichen Konten, die dem besonderen diplomatischen Schutz unterliegen, insofern verzichten kann, als durch die Pfändung die Funktionsfähigkeit der Botschaft als diplomatische Vertretung beeinträchtigt würde, und welche Anforderungen das Völkerrecht an einen solchen Immunitätsverzicht stellt. Das BVerfG hat festgestellt, dass eine allgemeine Regel des Völkerrechts, nach der ein lediglich pauschaler Immunitätsverzicht zur Aufhebung des Schutzes der Immunität auch für solches Vermögen genügt, das dem Entsendestaat im Empfangsstaat zur Aufrechterhaltung der Funktionsfähigkeit seiner diplomatischen Mission dient, zum gegenwärtigen Zeitpunkt nicht feststellbar ist.

30   Die Entscheidung gründet auf der Unterscheidung von Staatenimmunität und diplomatischer Immunität als unterschiedlichen Instituten des Völkerrechts.[32] Aus der Staatenpraxis und dem völkerrechtlichen Schrifttum ergebe sich, dass ein allgemeiner, in den Anleihebedingungen eines ausländischen Staates enthaltener Immunitätsverzicht zwar geeignet ist, die allgemeine Staatenimmunität im Erkenntnis- und Vollstreckungsverfahren aufzuheben. Die Zustimmung zur Vollstreckung auch in solches Vermögen, welches der Aufrechterhaltung des Betriebs der diplomatischen Mission des Entsendestaats dient, wird darin von Völkerrechts wegen aber nicht gesehen. Inso-

---

[31] BVerfG, Beschluss vom 6.12.2006, 2 BvM 9/03 = BVerfGE 117, 141 = NJW 2007, 2605.

[32] BVerfG, Beschluss vom 6.12.2006, 2 BvM 9/03 = BVerfGE 117, 141 = NJW 2007, 2605 (Rn. 33, 44); ebenso KG Berlin, Beschluss vom 3.12.2003, 25 W 15/03 = IPRax 2006, 164; s. auch *Kleinlein*, Anforderungen an den Verzicht auf diplomatische Immunität, NJW 2007, 2591, 2593; *Sester*, Argentinische Staatsanleihen: Schicksal der „Hold Outs" nach Wegfall des Staatsnotstands, NJW 2006, 2891.

weit wäre es erforderlich gewesen, dass sich die Verzichtsklausel in den Anleihebedingungen ausdrücklich auch auf Vermögen bezieht, das dem Entsendestaat im
Empfangsstaat zur Aufrechterhaltung des Betriebs der diplomatischen Mission dient.[33]

III. Persönliche Immunität

Um die Staatsimmunität zu gewährleisten, erstreckt sich die persönliche Immunität 31
(**Exemtion**) auf die für den Staat Handelnden, wie ausländische Staatsoberhäupter,
Regierungsmitglieder, soweit sie als Vertreter ihres Staates in besonderer Mission
anzusehen sind, Diplomaten und Konsuln. Bei Einladung durch die Bundesrepublik
Deutschland greift § 20 Abs. 1 GVG. Für Mitglieder diplomatischer Missionen gilt
§ 18 GVG, der auf das Wiener Übereinkommen über diplomatische Beziehungen
verweist.[34] Für Mitglieder konsularischer Vertretungen gilt § 19 GVG unter Verweis
auf das Wiener Übereinkommen über konsularische Beziehungen.[35]

IV. Immunität im Verfahren

Gegen einen Immunen ist ein gerichtliches Tätigwerden nicht erlaubt, so dass schon 32
eine Klage im Erkenntnisverfahren nicht zugestellt werden darf. Da es jedoch keine
absolute Immunität mehr gibt, ist man zu Einschränkungen gezwungen, wenn
Zweifel am Vorliegen der Voraussetzungen der Immunität bestehen. So ist bei Zweifeln der Prozess durch die Zustellung der Klageschrift in Gang zu setzen und ein
schriftliches Vorverfahren oder früher erster Termin anzuberaumen, so dass die
Zweifel im Verfahren selbst ausgeräumt werden können.[36] Zustellungen sind insoweit auch an Immune zulässig.

Die Gerichtsbarkeit ist dann im Prozess von Amts wegen vor den anderen Zu- 33
lässigkeitsfragen zu erörtern.[37] Ergibt sich, dass die Voraussetzungen der Immunität
vorliegen, so ist die Klage durch Prozessurteil als unzulässig abzuweisen. Eine Prüfung in der Sache erfolgt nicht. Ein gleichwohl ergehendes Sachurteil wäre nichtig.[38]

Diplomaten und ihr Gefolge dürfen als **Zeugen** nicht geladen werden, können 34
sich aber freiwillig zur Aussage bereit erklären. Konsuln dagegen dürfen als Zeugen geladen werden, es erfolgen aber keine Zwangsmaßnahmen bei Aussagever-
weigerung.

---

[33] *Kleinlein*, Anforderungen an den Verzicht auf diplomatische Immunität, NJW 2007, 2591, 2593.

[34] BGBl. 1964 II S. 957, 1006, 1018; Nagel/*Gottwald*, IZPR, § 2 Rn. 56 ff.; *Schütze*, IZPR, Rn. 70.

[35] BGBl. 1969 II S. 1585, 1674, 1688; Nagel/*Gottwald*, IZPR, § 2 Rn. 69 ff.; *Schütze*, IZPR, Rn. 71.

[36] Nagel/*Gottwald*, IZPR, § 2 Rn. 44; Rosenberg/Schwab/*Gottwald*, Zivilprozessrecht, § 19 Rn. 14.

[37] So Linke/*Hau*, IZVR, Rn. 3.6; *Geimer*, IZPR, Rn. 846 will, obwohl die Gerichtsbarkeit logisch
vorrangig sei, im Prozess erst die Zuständigkeit klären.

[38] Rosenberg/Schwab/*Gottwald*, Zivilprozessrecht, § 19 Rn. 14, § 62 Rn. 22.

§ 4 Zusammenhang von internationaler Zuständigkeit, internationalem Privatrecht und materiellem Recht

35 Durch die internationale Zuständigkeit wird den Gerichten eines Staates als solchen eine Rechtsprechungsaufgabe übertragen. Durch die Ausgestaltung der internationalen Zuständigkeit macht der jeweilige Staat klar, inwieweit er im Rahmen seiner Gerichtsbarkeit von seiner Befugnis Gebrauch machen will, auf seinem Territorium Recht zu sprechen.[39]

36 Damit ist die Gerichtsbarkeit der weiteste völkerrechtlich zulässige Rahmen, den der Staat – soweit keine weitergehenden völkerrechtlichen Verträge etwas Anderes fordern – nach seinem Belieben ausgestalten kann, da ganz überwiegend angenommen wird, dass jedenfalls eine verbindliche internationale Zuständigkeitsordnung durch das Völkerrecht nicht vorgegeben ist.[40] Er kann sich bestimmte Jurisdiktionsaufgaben anmaßen und auf andere verzichten.

37 Ob Art. 6 I EMRK die **Einführung exorbitanter Zuständigkeiten** begrenzt, ist umstritten. Diese gem. Art. 5 Abs. 2 EuGVO der Kommission mitzuteilenden Zuständigkeiten können im Einzelfall die Beklagteninteressen an einem Forum, das keine reale Nähebeziehung zum Streit hat, beeinträchtigen, und insoweit gegen den Grundsatz eines fairen Verfahrens verstoßen.[41] Dagegen sind jedoch die Interessen des Klägers im Einzelfall abzuwägen. Dieser kann bei einer Auslandsklage über die normalen Schwierigkeiten der Rechtsverfolgung im Ausland[42] hinaus auf Probleme treffen, die die Möglichkeit einer Klage im Inland aufgrund exorbitanter Zuständigkeitsvorschriften rechtfertigen können.[43] Die Grenze der Zulässigkeit exorbitanter Zuständigkeiten ist wohl erst dort erreicht, wo im Einzelfall effektiv keine Nähebeziehung des Streits zum Forum gegeben ist, so dass die staatliche Inanspruchnahme der Jurisdiktion als missbräuchlich angesehen werden muss.[44]

38 Die internationale Zuständigkeit dient also aus Sicht des regelnden Staates der Abgrenzung der Jurisdiktionshoheit des eigenen Staates gegenüber anderen.

39 Andere Staaten kennen diese Trennung von Zuständigkeit und Gerichtsbarkeit nicht. In den USA werden mit dem Begriff **jurisdiction** Fragen der Gerichtsgewalt und der internationalen Zuständigkeit beschrieben. Aber auch Österreich behandelt die internationale Zuständigkeit als Teil inländischer Gerichtsbarkeit, obwohl die

---

[39] *Geimer*, IZPR, Rn. 846; *Pfeiffer*, Internationale Zuständigkeit und prozessuale Gerechtigkeit, S. 24 f.

[40] *Pfeiffer*, Internationale Zuständigkeit und prozessuale Gerechtigkeit, S. 20 f. m. w. Nw. in Fn. 58.

[41] *Matscher*, IPR und IZVR vor den Organen der EMRK, FS Neumayer, S. 459, 467; *Pfeiffer*, Internationale Zuständigkeit und prozessuale Gerechtigkeit, S. 584; *Adolphsen*, Aktuelle Fragen des Verhältnisses von EMRK und europäischem Zivilprozessrecht, in: Renzikowski (Hrsg.), Die Europäische Konvention zum Schutze der Menschenrechte im Privat-, Straf- und Öffentlichen Recht, 2004, S. 39.

[42] Hierzu *Schütze*, Rechtsverfolgung im Ausland, S. 29 ff.

[43] *Geimer*, IZPR, Rn. 1349.

[44] Im Ergebnis ebenso *Matscher*, IPR und IZVR vor den Organen der EMRK, FS Neumayer, 1985, S. 459, 467.

Trennung beider Bereiche auch der EuGVO ersichtlich zugrunde liegt und Österreich als Mitgliedstaat an die EuGVO gebunden ist.

I. Internationale Zuständigkeit und Kollisionsrecht

Die Bejahung der internationalen Zuständigkeit durch ein Gericht führt zur Anwendung des eigenen IPR. Der staatliche Richter wendet stets das IPR seiner *lex fori* an, das über das anwendbare Recht entscheidet.[45] Innerhalb Europas wenden die Staaten heute im Zuge der Vereinheitlichung des Kollisionsrechts vermehrt supranationales Kollisionsrecht in Form der Rom-Verordnungen an.   **40**

Einen vom *lex fori* Grundsatz abweichenden Ansatz vertrat *Eckstein.* Er veröffentlichte 1934 die These, dass Fragenkomplexe, die nach einem einheitlichen materiellen Recht zu beurteilen sind, auch nach einem einheitlichen Kollisionsrecht beurteilt werden müssten.[46] Dazu will er bei international konkurrierenden Gerichtsständen den Gerichtsstand ermitteln, der am ehesten die Gerichtsbarkeit über die gesamten nach einem einheitlichen Recht zu entscheidenden Ansprüche hat.[47] Die Möglichkeit, Klage an den übrigen Gerichtsständen zu erheben, will *Eckstein* zwar nicht verwehren, es sollen aber die Gerichte, die nicht Hauptgerichtsstand sind, nicht ihr eigenes, sondern das Kollisionsrecht des Hauptgerichtsstands anwenden, um auf diese Weise einen Entscheidungseinklang herzustellen.[48] Gegen die Ansicht *Ecksteins* spricht nicht zwingend, dass ein staatlicher Richter das Kollisionsrecht der *lex fori* anzuwenden hat. Denn dieser Grundsatz ist kein logisches Muss.[49] Gegen die These *Ecksteins* spricht jedoch, dass die internationale Durchsetzung der Kollisionsnormen am Hauptgerichtsstand eine internationale Abstimmung über den Hauptgerichtsstand voraussetzen würde, die wohl realistisch nicht zu erreichen ist.[50]   **41**

Kein staatliches Gericht darf daher, wenn es sich für zuständig hält, ein fremdes Kollisionsrecht anwenden, das ihm im Einzelfall passender erscheint. Die Anwendung des eigenen Kollisionsrechts ist für den Richter zwingend. Dies hat unabhängig davon zu erfolgen, ob sich die Parteien auf die Anwendung berufen[51] (so die **Lehre vom fakultativen Kollisionsrecht**[52]).   **42**

---

[45] Linke/*Hau*, IZVR, Rn. 4.23; *Geimer*, IZPR, Rn. 1924.

[46] *Eckstein*, Die Frage des anzuwendenden Kollisionsrechts, RabelsZ 8 (1934), 121, 139.

[47] *Eckstein*, RabelsZ 8 (1934), 121, 139.

[48] *Eckstein*, RabelsZ 8 (1934), 121, 143; zustimmend *Gamillscheg*, Internationale Zuständigkeit und Entscheidungsharmonie im Internationalen Privatrecht, BerGesVR, 3 (1959), 29, 39.

[49] *Gamillscheg*, BerGesVR, 3 (1959), 29, 39.

[50] A.A. *Gamillscheg*, BerGesVR, 3 (1959), 29, 39, 41, 43, 44.

[51] Nagel/*Gottwald*, IZPR, § 11 Rn. 17.

[52] *Flessner*, Fakultatives Kollisionsrecht, RabelsZ 34 (1970), 547; *G. Wagner*, Fakultatives Kollisionsrecht und prozessuale Parteiautonomie, ZEuP 1999, 6.

43   Bei voneinander abweichenden nationalen kollisionsrechtlichen Systemen[53] können die Gerichte verschiedener Staaten ohne Weiteres zu unterschiedlichen Ergebnissen hinsichtlich derselben Rechtsfrage kommen, indem sie z. B. bei gleichen Fragen unterschiedliche Anknüpfungspunkte nutzen.[54] Die internationale Zuständigkeit wird damit zum Schlüssel für das anwendbare Sachrecht[55] und ist nicht etwa nur „unentbehrliches Zubehör des IPR";[56] sie ist das Rechtsanwendungsrecht des IPR. Dies ist dann auch die Grundlage des **forum shoppings** des Klägers.

44   Die Kollisionsrechte können sich schlicht darin unterscheiden, dass sie im gleichen Fall ein unterschiedliches Recht mit unterschiedlichen sachrechtlichen (Schutz-)Vorschriften etc. für anwendbar erklären.[57] Darüber hinaus ist das Kollisionsrecht heute nicht mehr sozial blind, sondern enthält selbst Wertungen, die national geprägt sind. Damit entscheidet die internationale Zuständigkeit durch die Abhängigkeit des Kollisionsrechts auch über die Anwendung von Schutzmechanismen sowohl des Kollisionsrechts (s. z. B. Art. 6, 7, 8 Rom I-Verordnung) als auch des heimischen nationalen Sachrechts im internationalen Rechtsverkehr. Die Vereinheitlichung des Kollisionsrechts in der EU führte zur Reduzierung der Bedeutung der internationalen Zuständigkeit, weil in jedem Fall das gleiche Kollisionsrecht zur Anwendung kommt.

45   Durch **Vereinheitlichung des Kollisionsrechts**, wie es in Europa nicht nur durch die Rom I- IV Verordnungen erfolgt ist, sondern auch durch Kollisionsnormen, die in Sekundärrechtsakten wie z. B. der EuInsVO neben verfahrensrechtlichen Normen enthalten sind (zu Art. 7 EuInsVO s. Kap. 14 Rn. 40), sinkt die Bedeutung der internationalen Zuständigkeit, weil in jedem Fall dasselbe Kollisionsrecht und damit dasselbe materielle Recht zur Anwendung kommen.

II. Internationale Zuständigkeit und Verfahrensrecht

46   Nationale staatliche Gerichte verfahren nach weitgehend unbestrittener Ansicht nach dem Verfahrensrecht der *lex fori*.[58] Diese wird als *lex fori*-Prinzip bezeichnet (*lex fori regit processum*).

---

[53] *Geimer*, IZPR, Rn. 1924; *Schack*, IZVR, Rn. 245, der den Versuch, das Kollisionsrecht weltweit zu vereinheitlichen, für irreal und nicht wünschenswert hält, weil kulturelle Vielfalt, auf der unterschiedliches materielles Recht wächst, nicht völlig eingeebnet werden dürfe. Ähnlich *Gamillscheg*, BerGesVR, 3 (1959), 29 f.

[54] *Gamillscheg*, BerGesVR, 3 (1959), 29.

[55] *Schack*, IZVR, Rn. 23; *Schaltinat*, Internationale Verbraucherstreitigkeiten, 1998, S. 36; *Gamillscheg*, BerGesVR, 3 (1959), 29.

[56] *Nussbaum*, Deutsches Internationales Privatrecht, 1932, S. 378.

[57] *Gamillscheg*, BerGesVR, 3 (1959), 29.

[58] Nachweise bei *Geimer*, IZPR, Rn. 319 ff.; *Wagner*, Prozeßverträge, 1998, S. 353 ff.; *Leipold*, Lex fori, Souveränität, discovery, 1989, S. 27. Nur ganz vereinzelt wird das Dogma von der Geltung des Verfahrensrechts der lex fori im Prozess (so noch *Bülow*, Dispositives Civilprozeßrecht und die verbindliche Kraft der Rechtsordnung, AcP 64 (1881), 1, 51) in Frage gestellt zugunsten einer noch zu entwickelnden Kollisionsregel für das Verfahrensrecht. Vgl. *Szàzy*, International

Die richtige Begründung für dieses Prinzip wird heute ganz realistisch in **Praktikabilitätserwägungen** gesehen.[59] Der nationale Richter finde sich in seinem Verfahrensrecht leichter zurecht, und viele verfahrensrechtliche Fragen seien derart mit der Gerichtsorganisation verbunden, dass sich das *lex fori*-Prinzip aufdränge.

Allerdings ist es in vielen Fällen nicht ohne Weiteres möglich, Regelungen dem Bereich des materiellen Rechts oder dem des Verfahrensrechts zuzuordnen. Da diese Zuordnung von **Qualifikationsfragen** abhängt, die international unterschiedlich erfolgen, ist das strikte *lex fori*-Prinzip nur eine scheinbar einfache und klare Regelung.   **47**

Ein Beispiel für die Schwierigkeit der Abgrenzung ist das **Beweisrecht**. Dies wird in einigen Rechtsordnungen verfahrensrechtlich eingeordnet, mit der Folge, dass das *lex fori*-Prinzip zur Anwendung des Beweisrechts des Forums führt. Andere Rechtsordnungen ordnen das Beweisrecht aber materiellrechtlich ein, mit der Folge, dass das Beweisrecht dem (durch Anwendung von Kollisionsrecht) in der Sache anwendbaren Recht zu entnehmen ist (*lex causae*).[60]   **48**

Die Regeln über die **Verjährung** werden in Deutschland materiellrechtlich qualifiziert, richten sich also nach dem in der Hauptsache anwendbaren Recht und nicht nach dem Verfahrensrecht der *lex fori*. In den USA und England werden die Regeln (*limitation rules*) dagegen verfahrensrechtlich qualifiziert.[61]   **49**

Als Regel gilt demnach das *lex fori*-Prinzip, das jedoch in bestimmten Fällen Ausnahmen zulässt. Welche Ausnahmen dies sind, ist bisher nicht abschließend geklärt.   **50**

III. Internationale Zuständigkeit und innerstaatliche Kompetenzverteilung

Die internationale Zuständigkeit bestimmt grundsätzlich nur, welchem Staat eine Entscheidungsbefugnis zukommt. Welches Gericht konkret entscheidet, ist Sache der nationalen Kompetenzverteilung.   **51**

So wird der Wohnsitzgerichtsstand (Art. 4 Abs. 1 EuGVO) als allgemeiner Gerichtsstand nicht unmittelbar geregelt (Kap. 3 Rn. 70). Wo der Wohnsitz liegt, bestimmt das nationale Recht, das demnach auch erst über die örtliche Zuständigkeit entscheiden kann.

Civil Procedure, 1967, S. 225 und *Grunsky*, Lex fori und Verfahrensrecht, ZZP 89 (1976), 241, 249; *Schack*, IZVR, Rn. 49, die zumindest ein Verfahrenskollisionsrecht propagieren.

[59] *Schack*, IZVR, Rn. 48; *Geimer*, IZPR. Rn. 322.

[60] Umfassend *Coester-Waltjen*, Internationales Beweisrecht, 1983; *Nigg*, Das Beweisrecht bei internationalen Privatrechtsstreitigkeiten, 1999.

[61] Zur Kompensation gibt es gesetzliche Regelungen, die die Gerichte anhalten sollen, bei der Anwendung ausländischen Rechts die dortigen Verjährungsregeln zu berücksichtigen, vgl. Foreign Limitations Periods Act 1984 (England); Uniform Conflict of Laws Limitation Act 1982 (USA).

52 Diese Verteilung, dass der europäische Sekundärrechtsakt nur die internationale, das nationale Recht sodann die örtliche Zuständigkeit festlegt, ist klar durchgehalten in der EuEheVO (dazu Kap. 12 Rn. 32).

Dieser einfache Grundsatz muss allerdings eingeschränkt werden, weil einige internationale Zuständigkeitsnormen direkt die innerstaatliche Kompetenz regeln. So kann durch eine Gerichtsstandsvereinbarung nach Art. 25 EuGVO auch direkt die örtliche Zuständigkeit geregelt werden (s. Kap. 3 Rn. 262 ff.). Dies ist auch der Fall bei dem Verbrauchergerichtsstand in Art. 17 Abs. 1 EuGVO (s. Kap. 3 Rn. 188). Auch Art. 3 lit. a und lit. b der EuUnthVO regeln die örtliche Zuständigkeit gleich mit (dazu Kap. 12 Rn. 78).

Die innerstaatliche Kompetenzverteilung bezieht sich in den meisten Fällen, in denen dies nicht international vorgegeben ist, sowohl auf die sachliche als auch auf die örtliche und die funktionelle Zuständigkeit.

53 Steht die internationale Zuständigkeit fest, so entscheidet das nationale Recht der *lex fori*, welches Gericht das Eingangsgericht in dem konkreten Rechtsstreit ist. Dies ist in Deutschland die Frage der **sachlichen Zuständigkeit**. Die sachliche Zuständigkeit verteilt die Klagen auf die verschiedenen erstinstanzlichen Gerichte. Dies sind entweder die Amts- oder die Landgerichte. Geregelt wird die sachliche Zuständigkeit durch §§ 23, 71 GVG.

54 Ist klar, ob Klage vor *einem* AG oder *einem* LG zu erheben ist, muss ermittelt werden, *welches* Eingangsgericht konkret örtlich zuständig ist. Dies ist die Fragestellung der **örtlichen Zuständigkeit,** die in §§ 12 ff. ZPO geregelt ist. Mit der Ausgestaltung der örtlichen Zuständigkeitsordnung erreicht der Gesetzgeber eine regionale Verteilung von Klageverfahren in seinem Jurisdiktionsgebiet auf bestimmte Gerichtsbezirke.

55 Welche Gerichtsperson handelt, regelt die **funktionelle Zuständigkeit.** Relevant ist vor allem die Verteilung der Aufgaben zwischen Richter und Rechtspfleger.

§ 5 Ermittlung, Anwendung und Revisibilität ausländischen Rechts

56 Ausländisches Recht kann aus eigener Kraft in keinem anderen Staat Wirkung erlangen. Diese Wirkung kann nur eine Norm des nationalen Rechts erzeugen, die einen Richter anweist, in bestimmten Fällen unter bestimmten Voraussetzungen ausländisches Sachrecht anzuwenden. Das deutsche IPR bzw. von Deutschland abgeschlossene Staatsverträge können den deutschen Richter anweisen, den Rechtsstreit nach einem anderen als deutschem Recht zu entscheiden. So ausgeschlossen es einem Richter erscheinen mag, ein anderes als deutsches Verfahrensrecht anzuwenden, so normal (wenn auch manchmal unbeliebt) ist es, in der Sache ausländisches Recht anzuwenden.

57 Das deutsche IPR verweist nur auf die ausländische Rechtsordnung, lässt jedoch den Richter mit der Frage zurück, wie er an die Normen ausländischen Rechts gelangt, auf deren Grundlage er den Rechtsstreit entscheiden soll. Davon zu trennen ist die Frage, wie er diese Rechtssätze anwenden soll.

I. Ermittlung ausländischen Rechts

Deutsches Recht hat ein deutscher Richter zu kennen und von Amts wegen zu er- **58** mitteln. Das gilt auch für die dem Richter oft ungewohnten Materien wie Steuerrecht, IPR oder IZPR. Dies wird mit dem Grundsatz *iura novit curia* umschrieben. Insofern kann keine Beweisaufnahme stattfinden. Allerdings besteht eine alte Praxis, auch Fragen zum deutschen IPR durch Sachverständige klären zu lassen.[62]

Fremdes Recht wird in Deutschland als **Recht** und nicht bloße **Tatsache** an- **59** gesehen.[63] Damit unterscheidet sich das deutsche z. B. vom englischen,[64] US-amerikanischen, französischen und spanischen Recht, die ausländisches Recht als zu beweisende Tatsache begreifen.[65]

Aus der deutschen Sicht folgt, dass fremdes Recht nicht *bewiesen*, sondern *nach-* **60** *gewiesen* werden muss[66] (obwohl § 293 ZPO an dem Begriff des Beweises festhält). Das ausländische Recht hat der Richter von Amts wegen zu ermitteln, er darf aber die **Mithilfe** der Parteien dazu in Anspruch nehmen. Dabei ist er nicht auf die von den Parteien beigebrachten Nachweise beschränkt, sondern kann andere Quellen nutzen. Die Rechtsprechung stellt die Art und Weise der Ermittlung in das Ermessen des Richters.[67] Die Ermittlungspflicht besteht nicht umfassend: Sie ist abhängig von der Komplexität und dem Fremdheitsgrad des fremden Rechts, dem Vortrag und den Beiträgen der Parteien.[68] An die Ermittlungspflicht sind demnach umso höhere Anforderungen zu stellen, je komplexer und je fremder im Vergleich zum deutschen Recht das anzuwendende Recht ist. Bei Anwendung einer dem deutschen Recht verwandten Rechtsordnung und klaren Rechtsnormen sind die Anforderungen geringer.[69] Wenn die Parteien den Inhalt ausländischen Rechts übereinstimmend vortragen, soll es kein Verstoß gegen die Amtsermittlungspflicht sein, diesen Vortrag

---

[62] *Spickhoff*, Fremdes Recht vor inländischen Gerichten: Rechts- oder Tatfrage, ZZP 112 (1999), 265, 269; Nagel/*Gottwald*, IZPR, § 11 Rn. 34 ff.

[63] Nagel/*Gottwald*, IZPR, § 11 Rn. 23. Zur Unterscheidung von Recht und Tatsachen Spickhoff, ZZP 112 (1999), 265.

[64] *Cheshire/North*, International Private Law, p. 99; *Fentiman*, Foreign Law in English Courts, 1998; *Hausmann*, Pleading and proof of foreign law – a comparative analysis, EuLF 2008, 1, 5; Nachweise bei *Spickhoff*, ZZP 112 (1999), 265, 276 (Fn. 72); Nagel/*Gottwald*, IZPR, § 11 Rn. 67 ff.; *Schellack*, Selbstermittlung oder ausländische Auskunft unter dem europäischen Rechtsauskunftsübereinkommen, 1998. Dort auch jeweils Rechtsvergleich.

[65] *Coester-Waltjen*, Internationales Beweisrecht, 1983, Rn. 54 ff., 61 ff.; Nagel/*Gottwald*, IZPR, § 11 Rn. 72 ff.

[66] Ebenso Thomas/Putzo/*Reichold*, ZPO, 42. Aufl. 2021, § 293 Rn. 2.

[67] Nagel/*Gottwald*, IZPR, § 11 Rn. 29.

[68] BGH, Urteil vom 30.4.1992, IX ZR 233/90 = BGHZ 118, 151–170 = ZIP 1992, 781 = WM 1992, 1040 = NJW 1992, 2026 = MDR 1992, 765 = DB 1992, 1471 = Rpfleger 1992, 404; OLG Oldenburg, Urteil vom 11.10.2007, 14 U 71/07 = OLGReport Celle 2008, 452; *Spickhoff*, ZZP 112 (1999), 265, 273; Nagel/*Gottwald*, IZPR, § 11 Rn. 29 ff.

[69] BGH, Urteil vom 30.4.1992, IX ZR 233/90 = BGHZ 118, 151, 163 = NJW 1992, 2026; BGH, Urteil vom 13.12.2005, XI ZR 82/05 = BGHZ 165, 248 = NJW 2006, 762; OLG Oldenburg, Urteil vom 11.10.2007, 14 U 71/07 = OLGReport Celle 2008, 452.

als richtig zugrunde zu legen.[70] Dies setzt aber voraus, dass keine Hinweise an der Unrichtigkeit des Vortrags bestehen.

61   Im **einstweiligen Verfügungsverfahren** muss ein effektiver Rechtsschutz schnell sein. Die Ermittlung ausländischen Rechts erschwert dies. Trotzdem muss das Gericht auch im einstweiligen Verfügungsverfahren ausländisches Recht anwenden und darf nicht unter Hinweis auf die Eilbedürftigkeit der Entscheidung generell das materielle Recht der *lex fori* anwenden. Ein wesentliches Argument für die Richtigkeit dieser Aussage liegt darin, dass ein solcher vorschneller Rückgriff auf das Recht der *lex fori* zu unterschiedlicher Rechtsanwendung und damit zu potenziell unterschiedlichen Ergebnissen im Verfügungs- und Hauptsacheverfahren führt. Allerdings schränkt § 294 Abs. 2 ZPO die Beweismittel im Verfügungsverfahren nach § 920 Abs. 2 ZPO auf präsente Beweismittel ein. Wenn der Inhalt des ausländischen Rechts nicht ausreichend sicher ermittelt werden kann, so darf zwar keine Beweislastentscheidung ergehen, aber es kann ein *Ersatzrecht* angewandt werden.[71] Nur hilfsweise ist es zulässig, auf deutsches Recht als *lex fori* abzustellen.[72] Den Parteien steht es frei, auch noch im Prozess eine Rechtswahl zugunsten deutschen Rechts zu treffen.

62   Die Ermittlung ausländischen Rechts wird erleichtert durch das Londoner Europäische Übereinkommen betreffend Auskünfte über ausländisches Recht vom 7.6.1968.[73] Die Vertragsstaaten haben sich darin verpflichtet, untereinander Auskünfte über ihr jeweiliges Recht in Zivil- und Handelssachen zu geben.

63   Dies ist jedoch nur ein Weg: Der Richter kann andere Quellen nutzen wie Sachverständigengutachten,[74] Auskünfte deutscher Auslandsvertretungen, aber auch private Auskünfte ausländischer Juristen.[75] In Zukunft könnte auch das Europäische Justizielle Netz in Zivilsachen[76] stärkere Bedeutung erlangen. Dieses sieht zwar nicht wie das Londoner Auskunftsübereinkommen die Beantwortung konkreter gerichtlicher Fragestellungen, sondern nur allgemeiner Fragen ausländischen Rechts vor. In der Praxis erschöpft sich in diesem Bereich jedoch eine nicht unerhebliche Zahl von Anfragen.

---

[70] BAG, Urteil vom 10.4.1975, 2 AZR 128/74 = BAGE 27, 99 = NJW 1975, 2160; krit. *Spickhoff*, ZZP 112 (1999), 265, 288.

[71] Rosenberg/Schwab/*Gottwald*, Zivilprozessrecht, § 110 Rn. 19.

[72] BGH, Beschluss vom 26.10.1977, IV ZB 7/77 = BGHZ 69, 387, 394 = NJW 1978, 104; *Schack*, IZVR, Rn. 704.

[73] BGBl. 1974 II S. 938. Hierzu ausführlich Schellack, Selbstermittlung oder ausländische Auskunft unter dem europäischen Rechtsauskunftsübereinkommen, 1998; *Jastrow*, Zur Ermittlung ausländischen Rechts: Was leistet das Londoner Auskunftsübereinkommen in der Praxis, IPRax 2004, 402; Nagel/*Gottwald*, IZPR, § 11 Rn. 2.

[74] Hierzu Nagel/*Gottwald*, IZPR, § 11 Rn. 34 ff.

[75] Nagel/*Gottwald*, IZPR, § 11 Rn. 33.

[76] Abrufbar unter http://wwe.europa.eu.int/comm/justice_home/ejn/index_de.htm. (abgerufen am 13.12.2021).

II. Anwendung ausländischen Rechts

Die Anwendung fremden Rechts durch *staatliche Gerichte* hat zum Ziel, das fremde **64**
Recht so anzuwenden, wie es ein Richter des entsprechenden Landes täte, soweit
das unterschiedliche Prozess- oder Gerichtsorganisationsrecht dies zulässt.[77]

Dabei bleibt das ausländische Recht ausländisches; weder wird es in die natio- **65**
nale Rechtsordnung inkorporiert noch wird eine entsprechende Norm national
nachgebildet.[78] Der nationale Richter wird auch nicht in Stellvertretung des ausländischen Richters tätig (*foreign court theory*), sondern übt eigene Rechtsprechung
aufgrund nationaler Hoheitsgewalt auf der Grundlage ausländischen Rechts aus.
Das Gericht hat sich an die ausländischen Rechtsquellen zu halten,[79] hat dort geltende Staatsverträge zu berücksichtigen, auch wenn sein eigener Staat nicht Vertragsstaat ist, und es hat bei Unklarheit der Entscheidungsgrundlage eine eigene
Auslegung vorzunehmen, wie dies ein Richter des entsprechenden Landes täte.[80] Es
muss Aus- und Fortbildung des Rechts, die sich außerhalb der Rechtsquellen voll-
ziehen (Rechtsanzeichen[81]), beachten und das ausländische Schrifttum in gleichem
Umfang berücksichtigen, wie dies ein heimischer Richter täte. Bei Divergenzen
zwischen Rechtsprechung und Schrifttum wird es im Interesse des Entscheidungs-
einklangs der Rechtsprechung zu folgen haben.[82]

Entgegen einer Auffassung, die in dem bekannten Satz *Werner Goldschmidts* **66**
zum Ausdruck kommt, der Richter sei im eigenen Recht Architekt, im fremden dagegen Fotograf,[83] kann sich der Richter nicht allein auf Ermittlung und Deskription
ausländischen Rechts beschränken, sondern hat auf dieser ermittelten Grundlage
auch normativ zu argumentieren.[84] Ist die Rechtslage im Ausland selbst noch ungeklärt, so darf der Richter daher auch ausländisches Recht auslegen, Lücken
schließen, ja das Recht sogar selbst fortbilden.[85]

III. Revisibilität ausländischen Rechts

Problematisch ist, ob das Revisionsgericht die Verletzung, d. h. falsche Anwendung **67**
ausländischen Rechts, nachprüfen kann. Ausgangspunkt der Überlegung ist, dass die
Revision eine rechtliche, aber keine tatsächliche Nachprüfung eines Berufungs-

---

[77] *Kropholler*, IPR, § 31 I; *Schack*, IZVR, Rn. 705.

[78] Zur Inkorporationstheorie vgl. *Kegel/Schurig*, IPR, § 3 XI; zur local law theory vgl. *Walter Wheeler Cook*, The Logical and the Legal Bases of the Conflict of Laws, 1949, S. 20 f.

[79] *Kegel/Schurig*, IPR, § 15 III.

[80] BGH, Urteil vom 21.1.1991, II ZR 50/90 = NJW 1991, 1418, 1419; *Kropholler*, IPR, § 31 I 2; *Weick*, Freundesgabe Söllner, 1990, S. 607, 609; *Kegel/Schurig*, IPR, § 15 III.

[81] *Kegel/Schurig*, IPR, § 15 III.

[82] *Kropholler*, IPR, § 31 I 1.

[83] *Goldschmidt*, Suma del derecho internacional privado, 1961, S. 92.

[84] *Kegel/Schurig*, IPR, § 15 III.

[85] Nagel/*Gottwald*, IZPR, § 11 Rn. 19.

urteils ermöglicht. Da ausländisches Recht in Deutschland aber als Recht und nicht als Tatsache angesehen wird, liegt eine Revisibilität ausländischen Rechts nahe.

68   Trotzdem ordnete § 545 Abs. 1 ZPO a. F. bis zum 1.9.2009 an, dass die Revision nur darauf gestützt werden kann, dass die Entscheidung auf der Verletzung von *Bundes*recht beruht. Hiervon wird Völkerrecht (über Art. 25 GG) und das Recht der Europäischen Union erfasst, da es inländischem Recht gleichsteht. Nicht erfasst wurde aber das Recht eines anderen Staates. Das galt auch dann, wenn das ausländische Recht nach deutschem IPR für anwendbar erklärt wurde, seine Geltung von den Parteien vereinbart wurde, oder wenn es mit dem entsprechenden deutschen Recht übereinstimmte.

69   Die Einordnung ausländischen Rechts als Recht einerseits und der Ausschluss der Revisibilität andererseits war nicht konsequent. Hier wurde deutlich, dass ausländisches Recht immer noch mit dem *„Odium des Tatsächlichen"* behaftet war.

70   Durch das FGG-Reformgesetz vom 17.12.2008[86] wurde auch § 545 Abs. 1 ZPO reformiert: Dem neuen Wortlaut nach kann die Revision seit dem 1.9.2009 auf die Verletzung von *„Recht"* gestützt werden.

71   Die Teile der Literatur, die sich schon lange für eine Revisibilität ausländischen Rechts ausgesprochen hatten,[87] haben die Gesetzesänderung daher teilweise euphorisch[88] begrüßt. Sie gehen (zutreffend) davon aus, dass ausländisches Recht jetzt revisibel ist.[89] Eine andere, nicht weniger weit verbreitete Literaturansicht meint, dass der Gesetzgeber eine solche Änderung nie im Sinn hatte und ausländisches Recht weiterhin nicht durch die Revisionsinstanz überprüft werden kann.[90] Nachdem der BGH die Frage nach der Revisibilität ausländischen Rechts zunächst offen gelassen hatte,[91] hat er sich in zwei jüngeren Entscheidungen der zweiten Auffassung angeschlossen:[92] Ausländisches Recht soll nach wie vor nicht revisibel sein.

72   Dass diese Entscheidung nicht zwingend und die Überprüfung ausländischen Rechts in der Revisionsinstanz vielleicht sogar geboten ist, zeigt ein Blick auf

---

[86] Gesetz zur Reform des Verfahrens in Familiensachen und in den Angelegenheiten der freiwilligen Gerichtsbarkeit (FGG-Reformgesetz – FGG-RG) vom 17.12.2008, BGBl. I S. 2586.

[87] *Mäsch*, Die Rolle des BGH im Wettbewerb der Rechtsordnungen oder: Neue Nahrung für den Ruf nach der Revisibilität ausländischen Rechts, EuZW 2004, 321; *Wiedemann*, Die Revisibilität ausländischen Rechts im Zivilprozess, 1991, S. 234.

[88] *Mäsch*, Vom Gesetz, das schon bei seiner Geburt klüger ist als der Gesetzgeber, NJW 2009, Heft 40 S. III (Editorial).

[89] *Riehm*, Vom Gesetz, das klüger ist als seine Verfasser – Zur Revisibilität ausländischen Rechts, JZ 2014, 73; *Hess/Hübner*, Die Revisibilität ausländischen Rechts nach der Neufassung des § 545 ZPO, NJW 2009, 3132; *Eichel*, Die Revisibilität ausländischen Rechts nach der Neufassung von § 545 Abs. 1 ZPO, IPRax 2009, 389.

[90] *Roth*, Die Revisibilität ausländischen Rechts und die Klugheit des Gesetzes, NJW 2014, 1224; *Sturm*, Wegen Verletzung fremden Rechts sind weder Revision noch Rechtsbeschwerde zulässig, JZ 2011, 74; Thomas/Putzo/*Reichold*, ZPO, § 545 Rn. 8/9.

[91] BGH, Urteil vom 12.11.2009, Xa ZR 76/07 = NJW 2010, 1070, 1072; BGH, Beschluss vom 3.2.2011, V ZB 54/10 = NJW 2011, 1818, 1819.

[92] BGH, Beschluss vom 4.7.2013, V ZB 197/12 = NJW 2013, 3656; BGH, Urteil vom 14.1.2014, II ZR 192/13 = BeckRS 2014, 03371.

Rechtsprechung und Literatur: Neben den genannten Urteilen liegen mittlerweile mehrere dogmatisch sehr gehaltvolle Problemdarstellungen vor, in denen die jeweiligen Verfasser § 545 Abs. 1 ZPO auslegen und teilweise hitzig für[93] oder gegen[94] eine Revisibilität ausländischen Rechts streiten.

Während der Wortlaut der Vorschrift eindeutig für eine Revisibilität aus- **73** ländischen Rechts spricht, kommen historische (1.) und systematische (2.) Auslegung zu weniger eindeutigen Ergebnissen:

(1) Tatsächlich wollte der „historische" Gesetzgeber mit der FGG-Reform die **74** Revisibilität des Landesrechts auch solcher Länder ermöglichen, die nur über ein OLG verfügen.[95] Ob er gesehen hat, dass er damit auch die Revisibilität ausländischen Rechts ermöglicht hat, ist zumindest zweifelhaft.[96]

Ein Blick in die anderen deutschen Verfahrensordnungen zeigt, dass ausländisches Recht auch in der Verwaltungs-, Sozial- und Finanzgerichtsbarkeit als irreversibel behandelt wird (§§ 137 VwGO, 162 SGG, 118 FGO). Im Arbeitsgerichtsprozess (§ 73 Abs. 1 ArbGG), in der freiwilligen Gerichtsbarkeit (§ 72 Abs. 1 FamFG, dort Rechtsbeschwerde, da keine Entscheidung durch Urteil) und im Strafverfahren (§ 337 StPO) ist ausländisches Recht dagegen revisibel. Die deutsche Rechtsordnung ist also in dieser Frage insgesamt inkonsequent, ohne dass effektiv Gründe für den Ausschluss der Revisibilität (schon gar nicht in einigen Prozessordnungen) zu erkennen wären:[97] Es ist nicht nachvollziehbar, warum ein Bundesgericht ausländisches Recht überprüft, ein anderes dagegen nicht.[98]

(2) Da eine Auslegung, die zur Bedeutungslosigkeit einer Norm führt, zu ver- **75** meiden ist, bestehen auch systematische Bedenken.[99] Schließlich verlieren die §§ 560, 563 Abs. 4 ZPO ihren Anwendungsbereich, wenn ausländisches Recht revisibel ist.

---

[93] *Hess/Hübner*, Die Revisibilität ausländischen Rechts nach der Neufassung des § 545 ZPO, NJW 2009, 3132; *Eichel*, Die Revisibilität ausländischen Rechts nach der Neufassung von § 545 Abs. 1 ZPO, IPRax 2009, 389.

[94] *Roth*, Die Revisibilität ausländischen Rechts und die Klugheit des Gesetzes, NJW 2014, 1224; *Sturm*, Wegen Verletzung fremden Rechts sind weder Revision noch Rechtsbeschwerde zulässig, JZ 2011, 74.

[95] *Ambrosius*, Revisibilität von Landesrecht auch bei Ländern mit nur einem Oberlandesgericht?, ZRP 2007, 143.

[96] Hierzu ausführlich *Eichel*, Die Revisibilität ausländischen Rechts nach der Neufassung von § 545 Abs. 1 ZPO, IPRax 2009, 389, 390 ff.

[97] Dazu *Spickhoff*, Fremdes Recht vor inländischen Gerichten: Rechts- oder Tatfrage, ZZP 112 (1999), 265, 274.

[98] Das gilt vor allem mit Blick auf den BGH, der hinsichtlich seiner Besetzung und seiner guten Ausstattung wohl am besten für diese Aufgabe geeignet ist, vgl. *Riehm*, Vom Gesetz, das klüger ist als seine Verfasser – Zur Revisibilität ausländischen Rechts, JZ 2014, 73, 76; *Eichel*, Die Revisibilität ausländischen Rechts nach der Neufassung von § 545 Abs. 1 ZPO, IPRax 2009, 389, 392 f.

[99] *Riehm*, Vom Gesetz, das klüger ist als seine Verfasser – Zur Revisibilität ausländischen Rechts, JZ 2014, 73, 74.

76   **Sinn und Zweck** von § 545 Abs. 1 ZPO streiten aber eindeutig für eine Revisibilität ausländischen Rechts:[100] Betrachtet man § 543 Abs. 2 ZPO, der die Revisionszwecke umreißt, wird klar, dass eine Revision ausländischen Rechts möglich ist. Danach ist die Revision zuzulassen, wenn die Rechtssache grundsätzliche Bedeutung hat (§ 543 Abs. 2 Nr. 1 ZPO) oder wenn die Fortbildung des Rechts oder die Sicherung einer einheitlichen Rechtsprechung eine Entscheidung des Revisionsgerichts erfordert (§ 543 Abs. 2 Nr. 2 ZPO).

77   **Grundsätzliche Bedeutung** hat eine Sache, wenn sie eine entscheidungserhebliche, klärungsbedürftige und klärungsfähige Rechtsfrage aufwirft, die sich in einer unbestimmten Vielzahl von Fällen stellen kann.[101] Dass ausländischen Rechtsfragen diese grundsätzliche Bedeutung zukommen kann, wird deutlich, wenn man sich vor Augen führt, dass durch die zunehmende Mobilität in der Union immer häufiger grenzüberschreitende Rechtsfälle mit gleich gelagerten Problemen entstehen. Dies gilt nicht nur für Fragen des Erb- und Familienrechts, sondern beispielsweise auch im Gesellschaftsrecht.[102]

78   Das deutsche Revisionsgericht kann auch gezwungen sein, im ausländischen Recht **Rechtsfortbildung** zu betreiben: Rechtsfragen, die ein ausländisches Gericht noch nicht entschieden hat, oder nie entscheiden wird (z. B. Grundbuchfähigkeit einer gelöschten Limited[103]), sind im Zweifel auch vom BGH zu klären. Bindungswirkung kommt diesen Entscheidungen im Ausland dann aber natürlich nicht zu.

79   Es sind schließlich Fälle denkbar, in denen die revisionsgerichtliche Überprüfung ausländischen Rechts auch zur **Sicherung einer einheitlichen Rechtsprechung** notwendig ist. So führt beispielsweise die Existenz tausender Limiteds in Deutschland dazu, dass sich die unteren Instanzgerichte im gesamten Bundesgebiet regelmäßig mit englischem Gesellschaftsrecht befassen müssen.[104] Manche (grundlegenden) Rechtsfragen werden sich wiederholt stellen. Hier wäre es im Interesse einer einheitlichen Rechtsprechung – aber auch mit Blick auf die Einzelfallgerechtigkeit – unangebracht, die Revisibilität ausländischen Rechts abzulehnen.

80   Schließlich darf der folgende Aspekt nicht vernachlässigt werden:
        Die Frage, ob der Richter das ausländische Recht richtig ermittelt hat, ist revisibel, weil eine Verletzung von **§ 293 ZPO** in Frage steht, also einer Norm inländischen Rechts. Die unzureichende Ermittlung ausländischen Rechts ist ein Verfahrensfehler, der gem. § 551 Abs. 3 Nr. 2b ZPO mit der Verfahrensrüge geltend gemacht werden kann. Tatsächlich nutzt der BGH diesen Weg aber regelmäßig, um

---

[100] *Riehm*, Vom Gesetz, das klüger ist als seine Verfasser – Zur Revisibilität ausländischen Rechts, JZ 2014, 73, 75 f.; *Hess/Hübner*, Die Revisibilität ausländischen Rechts nach der Neufassung des § 545 ZPO, NJW 2009, 3132, 3133 ff.; *Eichel*, Die Revisibilität ausländischen Rechts nach der Neufassung von § 545 Abs. 1 ZPO, IPRax 2009, 389, 392 f.

[101] BGH, Beschluss vom 4.7.2002, V ZB 16/02 = NJW 2002, 3029.

[102] *Hess/Hübner*, Die Revisibilität ausländischen Rechts nach der Neufassung des § 545 ZPO, NJW 2009, 3134.

[103] *Riehm*, Vom Gesetz, das klüger ist als seine Verfasser – Zur Revisibilität ausländischen Rechts, JZ 2014, 73, 76.

[104] *Hess/Hübner*, Die Revisibilität ausländischen Rechts nach der Neufassung des § 545 ZPO, NJW 2009, 3133, 3134.

mittelbar ausländisches Recht zu überprüfen.[105] Insofern tut er längst das, wogegen er sich vehement wehrt.[106]

IV. Anwendung von in- und ausländischem zwingenden Recht

1. Der Begriff des zwingenden Rechts

Der **Begriff** des zwingenden Rechts wird weder in der deutschen noch in anderen   **81**
Kollisionsrechtsordnungen einheitlich gebraucht.[107] Vorliegend wird der Begriff für Vorschriften verwendet, die einen Sachverhalt mit Auslandsberührung *unabhängig* vom Schuldstatut regeln. Im Gegensatz hierzu stehen die „einfachen zwingenden Normen", die innerhalb des jeweiligen Schuldstatuts zwingend sind, aber durch parteiautonome Wahl eines anderen Schuldstatuts wiederum zugunsten dessen einfach zwingender Normen abbedungen werden können.[108] Für diese Normen hat sich der Begriff der *Eingriffsnormen* durchgesetzt, unabhängig davon, ob es sich um die internationale Durchsetzung eigener oder fremder Normen handelt;[109]*v. Savigny* sprach von Gesetzen streng positiver zwingender Natur,[110] von *Frankescakis* stammt der Begriff der *lois d'application immédiate*.[111]

Eingriffsnormen zeichnen sich nach ganz h. A. durch ihre Nähe zum öffentli-   **82**
chen Recht aus, die meisten entstammen direkt dem öffentlichen Recht,[112] dienen

---

[105] BGH, Beschluss vom 10.4.2002, XII ZR 178/99 = NJW 2002, 3335.

[106] *Schütze*, Das IZPR in der ZPO, § 293 Rn. 41 f.; Linke/*Hau*, IZVR, Rn. 9.23.

[107] S. ausführlich BGH, Urteil vom 13.12.2005, XI ZR 82/05 = BGHZ 165, 248 = WM 2006, 373 = NJW 2006, 762 = BGHReport 2006, 430 = RIW 2006, 389 = IPRax 2006, 272 = EuZW 2006, 285 = ZIP 2006, 1016 = JZ 2006, 673 = VersR 2006, 1549; Übersicht bei *Junker*, Die „zwingenden Bestimmungen" im neuen internationalen Arbeitsrecht, IPRax 1989, 69; *Erne*, Vertragsgültigkeit und drittstaatliche Eingriffsnormen, 1985, S. 4 ff.; *Lehmann*, Zwingendes Recht dritter Staaten im internationalen Vertragsrecht, 1986, S. 76 ff.; *Ungeheuer*, Die Beachtung von Eingriffsnormen in der internationalen Handelsschiedsgerichtsbarkeit, 1996, S. 7 ff.

[108] *Drobnig*, Die Beachtung von ausländischen Eingriffsgesetzen – eine Interessenanalyse, FS Neumayer, S. 159, 167; *Gamauf*, Aktuelle Probleme des ordre public im Schiedsverfahren, insbesondere im Hinblick auf Eingriffsnormen, ZfRV 2000, 41; *Kropholler*, IPR, § 3 II 1; *Ungeheuer*, Die Beachtung von Eingriffsnormen in der internationalen Handelsschiedsgerichtsbarkeit, 1996, S. 7.

[109] Für eine Unterscheidung *Vischer*, in: Heini, IPRG-Kommentar, Art. 18 Rn. 26; wie hier *Kropholler*, IPR, § 52 IX, X; *Schnyder*, Anwendung ausländischer Eingriffsnormen durch Schiedsgerichte, RabelsZ 59 (1995), 293, 302.

[110] *V. Savigny*, System des heutigen Römischen Rechts, Bd. 8, 1849, S. 33.

[111] *Frankescakis*, Revue critique de droit international, 1996, S. 1 ff. Dieser soll die Begriffe des „lois de police" und der „lois d'ordre public" umfassen, *P. Frankescakis* (a. a. O.), S. 4. S. *Köhler*, Eingriffsnormen – Der „unfertige Teil" des europäischen IPR, 2013, S. 7.

[112] Zur Bedeutung der Abgrenzung von öffentlichem und privatem Recht bei Eingriffsnormen s. *Erne*, Vertragsgültigkeit und drittstaatliche Eingriffsnormen 1985, S. 6; *Ungeheuer*, Die Beachtung von Eingriffsnormen in der internationalen Handelsschiedsgerichtsbarkeit, 1996, S. 9.

überwiegend öffentlichen und nicht privaten Interessen,[113] weisen damit eine besondere Beziehung zur staatlichen Ordnung auf und sollen bei internationalen Sachverhalten zur Aufrechterhaltung und Durchsetzung derselben dienen.[114] Die Rom I-Verordnung enthält nunmehr eine **Definition der Eingriffsnorm:**

1) Eine Eingriffsnorm ist eine zwingende Vorschrift, deren Einhaltung von einem Staat als so entscheidend für die Wahrung seines öffentlichen Interesses, insbesondere seiner politischen, sozialen oder wirtschaftlichen Organisation, angesehen wird, dass sie ungeachtet des nach Maßgabe dieser Verordnung auf den Vertrag anzuwendenden Rechts auf alle Sachverhalte anzuwenden ist, die in ihren Anwendungsbereich fallen.

83   Die Definition orientiert sich an der des EuGH in der Sache *Arblade*.[115] Damit scheiden, in Anlehnung an die Rechtsprechung des EuGH in der Sache *Ingmar GB Ltd. v. Eaton Leonard Technologies Inc.*,[116] Bestimmungen, die lediglich dem Schutz rein privater Interessen dienen, als Eingriffsnormen aus.[117]

Eine weniger aussagekräftige Definition ist in Art. 16 der Rom II-Verordnung enthalten. Zu den zwingenden Bestimmungen können auch Vorschriften des Gemeinschaftsrechts zählen.

2. Bindung staatlicher Gerichte an zwingendes Recht

84   Die Pflicht des staatlichen Richters, eine zwingende Norm des eigenen Rechts gegenüber dem Schuldstatut durchzusetzen, ist durch das Kollisionsrecht der *lex fori* begründet.

85   Art. 9 Abs. 2 Rom I-Verordnung (wie die Vorgängervorschrift Art. 7 Abs. 2 EVÜ und der auf ihm (damals) beruhende Art. 34 EGBGB) sind selbst keine Kollisionsnormen, auch nicht versteckte.[118] Vielmehr handelt es sich um Öffnungs-, Blankett-

---

[113] BGH, Urteil vom 13.12.2005, XI ZR 82/05 = BGHZ 165, 248 = WM 2006, 373 = NJW 2006, 762 = BGH Report 2006, 430 = RIW 2006, 389 = IPRax 2006, 272 = EuZW 2006, 285 = ZIP 2006, 1016 = JZ 2006, 673 = VersR 2006, 1549; *Kropholler*, IPR, § 52 IX. Zur Frage der Anwendbarkeit des (inzwischen aufgehobenen) Art. 34 EGBGB auf Verbraucherschutzbestimmungen s. schon BGH, Urteil vom 26.10.1993, XI ZR 42/93 = BGHZ 123, 380 = IPRax 1994, 449 = ZIP 1993, 1881 = WM 1994, 14 = NJW 1994, 262 = MDR 1994, 248 = JZ 1994, 363 = RIW 1994, 154; dazu *Roth*, Verbraucherschutz über die Grenze, RIW 1994, 275, 277 m. w. N.

[114] *Köhler*, Eingriffsnormen – Der „unfertige Teil" des europäischen IPR, S. 5.

[115] EuGH, Urteil vom 23.11.1999, Rs. C-369/96 und C-374/96, *Strafverfahren gegen Arblade, Arblade & Fils SARL und gegen Bernard Leloup u. a.*= Slg. 1999 I-8453.

[116] Urteil des EuGH vom 9.11.2000, Rs. C-381/98, *Ingmar GB Ltd./Eaton Leonard Technologies Inc.*, Slg. 2000 I-9305 = NJW 2001, 2007.

[117] Grünbuch über die Umwandlung des Übereinkommens von Rom aus dem Jahr 1980 über das auf vertragliche Schuldverhältnisse anzuwendende Recht in ein Gemeinschaftsinstrument sowie seine Aktualisierung, KOM(2002) 654 endgültig. Zur Frage, ob Normen des Sonderprivatrechts Eingriffsnormen sein können Rauscher/*Thorn*, EuZPR/EuIPR, Art. 9 Rom I-VO Rn. 11.

[118] Zu versteckten Kollisionsnormen s. *Siehr*, Normen mit eigener Bestimmung ihres räumlich-persönlichen Anwendungsbereichs im Kollisionsrecht der Bundesrepublik Deutschland, RabelsZ 46 (1982), 357 ff.; *Kropholler*, IPR, § 13 IV; v. Hoffmann/*Thorn*, Internationales Privatrecht, §§ 4 IV 2, 10 III 1.

bzw. Generalklauseln,[119] die selbst keinen kollisionsrechtlichen Anwendungsbefehl enthalten, sondern nur anderen Anwendungsbefehlen zur Durchsetzung verhelfen. Sie sagen nur, dass die Anwendung von Eingriffsnormen des Forumstaates *nicht* gehindert ist; eine Eingriffsfunktion weisen sie selbst nicht auf.

Die Bindung des staatlichen Richters kann sich also nur aus dem gesetz-   **86** geberischen Willen ergeben, der sich in der Eingriffsnorm selbst manifestiert, sei dies ausdrücklich oder konkludent.

Zum zwingenden Recht der *lex fori* in EU-Mitgliedstaaten ist auch **EU-**   **87** **Wettbewerbsrecht** zu rechnen, das in Deutschland vorrangig Geltung beansprucht. Die Vorschriften des Europäischen Kartellrechts stehen, unabhängig normen-hierarchischer Fragen, im Rahmen dieses Problems staatlichen zwingenden Rechts-vorschriften gleich.[120] Insofern hat ein staatlicher Richter unabhängig von der Rechtswahl der Parteien auch zu prüfen, ob die streitgegenständliche Handlung im Widerspruch zu EU-Wettbewerbsrecht steht.

Ausländisches Kollisionsrecht kann keine direkte Verbindlichkeit für einen staat-   **88** lichen Richter entfalten, ausländische zwingende Normen anzuwenden. Die Pflicht kann daher nur dem eigenen Kollisionsrecht entstammen.

3. Theoretische Begründung der Anwendung ausländischen zwingenden Rechts

Die Anwendung ausländischen zwingenden Rechts oder auch Eingriffsrechts ist in   **89** Deutschland nicht normiert.

Art. 7 Abs. 1 EVÜ enthielt eine Regelung der Anwendung ausländischer Ein-   **90** griffsnormen, die jedoch nur eine Möglichkeit bot, unter Berücksichtigung der Natur und des Gegenstandes sowie der Folgen, die sich aus der Anwendung oder Nichtanwendung ergeben würden, diese anzuwenden.

Die **Rom I-Verordnung** enthält nunmehr eine neue Vorschrift zur Anwendung   **91** ausländischen zwingenden Rechts, die jedoch begrenzt ist auf Eingriffsnormen des Staates, in dem die durch den Vertrag begründeten Verpflichtungen erfüllt werden sollen oder erfüllt worden sind. Diesen kann Wirkung verliehen werden, soweit diese Eingriffsnormen die Erfüllung des Vertrags unrechtmäßig werden lassen. Bei der Entscheidung, ob diesen Eingriffsnormen Wirkung zu verleihen ist, werden Art und Zweck dieser Normen sowie die Folgen berücksichtigt, die sich aus ihrer An-wendung oder Nichtanwendung ergeben würden.

Wenn das eigene Kollisionsrecht auf ein bestimmtes Recht verweist, so will die   **92** früher auch in Deutschland, gegenwärtig noch in der Schweiz[121] herrschende Auf-

---

[119] Die Bezeichnung variiert, nicht jedoch die Aussage, vgl. *Sonnenberger*, Internationales Privat-recht/Internationales Öffentliches Recht, FS Rebmann, S. 819, 825; *Kropholler*, IPR, § 52 IX.

[120] *Gamauf*, ZfRV 2000, 41, 42 ff.; *Everling*, Europäisches Gemeinschaftsrecht und nationales Recht in der praktischen Rechtsanwendung, NJW 1967, 465, 466.

[121] Entscheid des Schweizer Bundesgerichts vom 28.4.1992, RabelsZ 59 (1995), 309 ff. (An-wendung Schuldstatutstheorie bei Anwendung ausländischer Eingriffsnormen durch Schieds-gericht); dazu *Schnyder*, Anwendung ausländischer Eingriffsnormen durch Schiedsgerichte, Ra-belsZ 59 (1995), 293, 303; dort auch zur Frage, ob Art. 13 IPRG der Schuldstatutstheorie folgt. S. auch *Schnyder/Liatowitsch*, Internationales Privat- und Zivilverfahrensrecht, 2000, Rn. 239 f.;

fassung, die sog. **Schuldstatutstheorie**, ausländische entscheidungserhebliche Normen dieses Statuts über den Rechtsanwendungsbefehl der *lex fori* als Teil des Schuldstatuts erfassen (**Einheitsanknüpfung**[122]). Die kollisionsrechtliche Verweisung, die der staatliche Richter zu beachten hat, erstrecke sich nicht nur auf privatrechtliche, sondern pauschal auf alle entscheidungserheblichen Normen der verwiesenen Rechtsordnung, auch solche öffentlich-rechtlicher Natur.

93   Gegen die von der Schuldstatutstheorie vorgenommene umfassende Verweisung auch auf ausländisches öffentliches Recht spricht, dass die eigenen Kollisionsnormen in erster Linie an den Parteiinteressen ausgerichtet sind, die ausländischen Eingriffsnormen jedoch regelmäßig einseitig auf Motiven ausländischer Staaten beruhen. Diese unterschiedlichen Interessen verbieten es, den kollisionsrechtlichen Verweis derart weit zu verstehen. Insofern scheint es nahe zu liegen, aus der Unterschiedlichkeit der Interessen die Notwendigkeit einer anderen kollisionsrechtlichen Behandlung zu folgern.[123]

94   Die **Lehre von der Sonderanknüpfung** unterstellt daher ausländische öffentlich-rechtliche Eingriffsnormen nicht den gewöhnlichen Verweisungsregeln des IPR, sondern sucht hierfür eigene Kollisionsregeln. Hiermit ist die Möglichkeit gegeben, sowohl statutszugehörige als auch statutsfremde Normen anzuwenden.

95   Diese Lehren sind in der Vergangenheit durch Ansätze einer Interessenanalyse und Interessenabwägung zu einer sonderanknüpfungsrechtlichen *rule of reason* weiter entwickelt worden.[124] Wichtigste Kriterien dürften heute die Maßgeblichkeit der engen Verbindung,[125] der Geltungswille ausländischen Rechts und seine Berechtigung, insbesondere im Verhältnis zur *lex fori* und dessen *ordre public*, sein.[126]

Heini, IPRG, Art. 190 Rn. 47; *Bucher*, Schiedsgerichtsbarkeit, 1989, S. 132; außerhalb von Art. 13 IPRG soll die Schweiz jedenfalls der Schuldstatutstheorie nicht folgen, vgl. Vischer, Zwingendes Recht und Eingriffsgesetze nach dem schweizerischen IPR-Gesetz, RabelsZ 53 (1989), 438, 447.

[122] *Köhler*, Eingriffsnormen – Der „unfertige Teil" des europäischen IPR, S. 279; *Kreuzer*, Ausländisches Wirtschaftsrecht vor deutschen Gerichten, 1986, S. 55 ff.; *F. A. Mann*, Eingriffsgesetze und Internationales Privatrecht, FS Wahl, 1973, S. 146 und 160; *Schnyder/Liatowitsch*, Internationales Privat- und Zivilverfahrensrecht, Rn. 217, 241.

[123] *Kreuzer*, Ausländisches Wirtschaftsrecht vor deutschen Gerichten, S. 81 ff.; *Kegel/Schurig*, IPR, § 2 IV 2; *Schnyder*, Wirtschaftskollisionsrecht, S. 113; *ders.*, RabelsZ 59 (1995), 293, 299; Staudinger/*Fezer*, IntWirtschaftsR, Rn. 62.

[124] *Schnyder*, Wirtschaftskollisionsrecht, S. 167 ff.; *ders.*, Anwendung ausländischer Eingriffsnormen durch Schiedsgerichte, RabelsZ 59 (1995), 293, 303; *Drobnig*, Die Beachtung von ausländischen Eingriffsgesetzen – eine Interessenanalyse, FS Neumayer, S. 159 ff.; Staudinger/*Fezer*, IntWirtschaftsR, Rn. 64.

[125] *Grossfeld/Rogers*, A shared values approach to jurisdictional conflicts in international economic law, ICLQ 1983, 931, 944; *Schlosser*, RipS, Rn. 740.

[126] *Berger*, International Economic Arbitration, 1993, S. 690 f.; *Grossfeld/Rogers*, A shared values approach to jurisdictional conflicts in international economic law, ICLQ 1983, 931 ff.; *Erne*, Vertragsgültigkeit und drittstaatliche Eingriffsnormen, S. 188 ff.

§ 6 Tätigkeit von Rechtsanwälten in Europa

Für die Tätigkeit von Rechtsanwälten in Europa gelten die Richtlinie des Rates der **96** Europäischen Gemeinschaften vom 22.03.1977 zur Erleichterung der tatsächlichen Ausübung des freien Dienstleistungsverkehrs der Rechtsanwälte,[127] die Richtlinie des Rates der Europäischen Gemeinschaften vom 21.12.1988 über eine allgemeine Regelung zur Anerkennung der Hochschuldiplome, die eine mindestens dreijährige Berufsausbildung abschließen,[128] und die Richtlinie des Europäischen Parlaments und des Rates zur Erleichterung der ständigen Ausübung des Rechtsanwaltsberufs in einem anderen Mitgliedstaat als dem, in dem die Qualifikation erworben wurde **(EG-Niederlassungsrichtlinie für Rechtsanwälte)**.[129] Die zuletzt genannte Richtlinie hat die Niederlassungsmöglichkeiten umfassend liberalisiert.

Die Niederlassungsrichtlinie hat auf ein System einer Vorabkontrolle der Kennt- **97** nisse des europäischen Rechtsanwalts verzichtet. Gem. Art. 3 Abs. 1 der Richtlinie 98/5 hat jeder Rechtsanwalt das Recht, die in Art. 5 der Richtlinie genannten Anwaltstätigkeiten auf Dauer in jedem Mitgliedstaat unter seiner ursprünglichen Berufsbezeichnung auszuüben. Nach Art. 3 Abs. 1 reicht es aus, dass sich ein Rechtsanwalt, der im europäischen Ausland tätig werden will, bei der zuständigen Stelle dieses Mitgliedstaates eintragen lässt. Die Eintragung wird auf der Grundlage einer Bescheinigung über die Eintragung im Herkunftsstaat vorgenommen (Art. 3 Abs. 2). Den Mitgliedstaaten ist es verwehrt, neben diesem einmaligen Eintragungserfordernis weitere Voraussetzungen für die Aufnahme der rechtsanwaltlichen Tätigkeit aufzustellen. Weder ist es erlaubt, Sprachkenntnisse der Rechtsanwälte vorab nachzuprüfen, noch ist es zulässig, eine jährliche Bescheinigung über die Eintragung bei der zuständigen Stelle im Herkunftsstaat zu fordern. Auch eine sachliche Beschränkung der Tätigkeit europäischer Rechtsanwälte (z. B. das Verbot der Tätigkeit der Domizilierung von Gesellschaften) lässt die Richtlinie nicht zu.[130]

In Deutschland war die Umsetzung dieser Richtlinien in verschiedenen Gesetzen **98** erfolgt, was die Übersichtlichkeit nicht gerade gefördert hat. Die Umsetzung der EG-Niederlassungsrichtlinie für Rechtsanwälte bot die Gelegenheit, die verstreuten Vorschriften in einem Gesetz zusammenzufassen. Dies ist das Gesetz über die Tätigkeit europäischer Rechtsanwälte in Deutschland (**EuRAG**).[131] Welche Berufe in Europa als europäischer Rechtsanwalt einzuordnen sind, regelt die Anlage 1 zu § 1 EuRAG, die Art. 1 Abs. 2 der EG-Niederlassungsrichtlinie für Rechtsanwälte umsetzt. Das gilt auch für Drittstaatler, die eine solche Qualifikation besitzen. Auch sie können unter dieser Bezeichnung in Deutschland tätig werden.

---

[127] Richtlinie 77/249/EWG, ABl. L 78 vom 26.3.1977, S. 17.

[128] Richtlinie 89/48/EWG, ABl. L 19 vom 24.1.1989, S. 16.

[129] Richtlinie 98/5/EG, ABl. L 77 vom 14.3.1998, S. 36.

[130] EuGH, Urteil vom 19.9.2006, Rs. C-193/05, *Kommission/Großherzogtum Luxemburg* = Slg. 2006 I-8673 = NJW 2006, 3701 = RIW 2007, 125.

[131] Gesetz vom 9.3.2000 (BGBl. I S. 182); zuletzt geändert durch Gesetz vom 30.10.2017 (BGBl. I S. 3618).

99   Das Gesetz unterscheidet den niedergelassenen europäischen Rechtsanwalt, der unter seiner ursprünglichen Berufsbezeichnung in Deutschland tätig ist, den in den Berufsstand der Rechtsanwälte eingegliederten Rechtsanwalt, und den vorübergehend dienstleistenden Rechtsanwalt.

100   Der in Deutschland **niedergelassene europäische Rechtsanwalt** kann unter der Berufsbezeichnung des Landes, in dem er zugelassen ist, die Tätigkeit eines inländischen Rechtsanwalts ausüben (§ 2 Abs. 1 EuRAG). Hierzu wird er in die Rechtsanwaltskammer aufgenommen und erwirbt damit weitgehend die gleichen Rechte wie ein deutscher Rechtsanwalt.[132] Das heißt, es kann auch eine Beratung im deutschen Recht und die entsprechende Vertretung erfolgen. [133] Die Hinzuziehung eines Einvernehmensanwalts ist nicht erforderlich. [134]

Die **Zulassung zur deutschen Rechtsanwaltschaft** unter der deutschen Berufsbezeichnung[135] erfolgt nach mindestens dreijähriger effektiver und regelmäßiger nachgewiesener Tätigkeit[136] auf dem Gebiet des deutschen Rechts (§§ 11, 12 EuRAG). Die Zulassung bewirkt eine Vollintegration in die deutsche Rechtsanwaltschaft ohne Verlust des Heimattitels durch Gleichstellung europäischer Rechtsanwälte mit deutschen Rechtsanwälten, die die Befähigung zum Richteramt nachweisen.

101   Ein **vorübergehend dienstleistender europäischer Rechtsanwalt** darf zwar als Anwalt erster und zweiter Instanz tätig sein, muss das aber, soweit Anwaltszwang besteht, im Einvernehmen mit einem deutschen Rechtsanwalt (sog. Einvernehmensanwalt) tun (§ 28 EuRAG, sog. *Gouvernantenklausel*).[137] Kostenrechtlich entstehen beim Tätigwerden beider Rechtsanwälte Probleme: Grundlage der Kostenregelung ist in Deutschland § 91 ZPO. Danach trägt die unterlegene Partei die Kosten des Rechtsstreits, insbesondere die Kosten des Gegners, soweit sie zur zweckentsprechenden Rechtsverfolgung der Rechtsverteidigung notwendig waren.

102   Nach der Rechtsprechung des EuGH ist es zulässig, dass der Erstattungsanspruch für die Kosten eines vorübergehend dienstleistenden europäischen Rechtsanwalts begrenzt wird auf die Höhe, die bei Einsatz eines in dem Mitgliedstaat, in dem der Rechtsstreit geführt wird, niedergelassenen Rechtsanwalts entstünden.[138] Im Ausgangsfall stritten eine deutsche und eine österreichische Partei vor dem LG Traunstein um die Erstattung der Rechtsanwaltskosten, nachdem die österreichische Partei obsiegt hatte. Die obsiegende Partei hatte sich durch einen

---

[132] Im Einzelnen Feuerich/Weyland, BRAO, Teil II, EuRAG, 8. Aufl. 2012, § 6 Rn. 1.

[133] Weyland/*Nöker*, BRAO, § 2 EuRAG Rn. 3.

[134] Weyland/*Nöker*, BRAO, § 2 EuRAG Rn. 2.

[135] Feuerich/*Weyland*, BRAO, Teil II, EuRAG, § 11 Rn. 11; Br.Drs. 567/99, S. 73 f.

[136] Dazu *Franz*, Neues Niederlassungsrecht für europäische Rechtsanwälte, BB 2000, 989, 995.

[137] OVG Münster, Beschluss vom 20.1.2020 – 4 B 1263/19 = NJW-RR 2020, 699; *Geimer*, IZPR, Rn. 2227.

[138] EuGH Urteil vom 11.12.2003, Rs. C-289/02, *AMOK Verlags GmbH/A & R Gastronomie GmbH* = Slg. 2003, I-15059; dazu *Adolphsen*, Erstattungsfähigkeit der Kosten bei Einschalten eines europäischen Rechtsanwalts, ZZPInt 8 (2003), 534. S. auch BGH, Beschluss vom 8.3.2005, VIII ZB 55/04 = NJW 2005, 1373 = MDR 2005, 895.

österreichischen Rechtsanwalt im Einvernehmen mit einem deutschen vertreten lassen. Sie verlangte Kostenerstattung in der Höhe, die in Österreich fällig geworden wäre. Diese Kosten lagen auf der Grundlage des österreichischen Rechtsanwaltstarifgesetzes deutlich über denen nach der zu diesem Zeitpunkt noch geltenden BRAGO. Der EuGH hielt es für mit der Dienstleistungsfreiheit nach Art. 49 EG (heute Art. 56 AEUV) vereinbar, dass das Gericht die Kosten nur in Höhe der in Deutschland angefallenen Kosten zusprach. Diese Ansicht ist damit zu begründen, dass der vorübergehend dienstleistende europäische Rechtsanwalt seine Tätigkeit nach allen im Aufnahmestaat geltenden Bestimmungen ausübt, nur dass das Erfordernis eines Wohnsitzes und der Zugehörigkeit zu einer Berufsorganisation entfällt (Art. 4 Abs. 1 Richtlinie zur Erleichterung der tatsächlichen Ausübung des freien Dienstleistungsverkehrs der Rechtsanwälte). Strittig war zwischen den Parteien weiter, ob die unterlegene deutsche Partei der obsiegenden auch die Kosten des nach § 28 EuRAG notwendigen Einvernehmensanwalts zu erstatten hat. Dieser erhielt nach § 24a BRAGO (heute Nr. 2300 VV zu § 2 Abs. 2 RVG) für seine Tätigkeit eine Gebühr in Höhe der Prozessgebühr oder Geschäftsgebühr, die ihm zustünde, wenn er selbst Bevollmächtigter wäre. Der EuGH entschied, dass der Kostenerstattungsanspruch auch diese Kosten des Einvernehmensanwalts umfasse. Die vom OLG München praktizierte Regel, dass diese Gebühr nicht zu erstatten sei, sondern immer von der den Einvernehmensanwalt beauftragenden Partei getragen werden müsse, sei eine unzulässige Beschränkung der Dienstleistungsfreiheit.

§ 7 Zusammenfassung

- Gerichtsbarkeit ist die Befugnis eines Staates, auf seinem Territorium **103** Recht zu sprechen und Entscheidungen zwangsweise durchzusetzen. Sie wird durch die Immunität fremder Staaten und der für diese Handelnden begrenzt.
- Die internationale Zuständigkeit grenzt innerhalb der Gerichtsbarkeit die Jurisdiktionshoheit der Staaten voneinander ab.
- Die internationale Zuständigkeit führt zur Anwendung des eigenen (in Europa supranationalem) IPR und des eigenen Verfahrensrechts (*lex fori*-Prinzip).
- Ausländisches Recht wird im Inland als ausländisches Recht angewandt. Es ist nicht Tatsache. Entgegen des eindeutigen Wortlauts von § 545 Abs. 1 ZPO hält der BGH ausländisches Recht nicht für revisibel. Besser Rechte Argumente sprechen dafür.
- Die Tätigkeit europäischer Rechtsanwälte ist in Europa erheblich liberalisiert worden. Die europäischen Richtlinien sind in Deutschland durch das EuRAG umgesetzt worden.

3. Kapitel Internationale Zuständigkeit in Zivil- und Handelssachen

Die internationale Zuständigkeit wird im Wesentlichen von der **EuGVO** bestimmt, 1
die inzwischen eine Art Allgemeinen Teil des Europäischen Zivilverfahrensrechts
bildet. Daher liegt der Schwerpunkt der nachfolgenden Darstellung der internationalen Zuständigkeit bei der EuGVO. Diese wird auch als EuGVVO abgekürzt
und international wird die revidierte Fassung ab 2015 „**Brüssel Ia-VO**" (Brussels
Ia) bezeichnet. Die Brüssel Ia-Verordnung tritt an die Stelle der EuGVO a. F. (Brüssel I-Verordnung, Art. 80 EuGVO), die ihrerseits das Europäische Gerichtsstands-
und Vollstreckungsübereinkommen (EuGVÜ) mit Wirkung vom 01.03.2002 abgelöst hatte (Art. 68, 76 EuGVO a. F.). In die Brüssel Ia-Verordnung wurden 2014
die Art. 71 a–d EuGVO eingefügt, um das einheitliche Patentgericht und den
Benelux-Gerichtshof jeweils als „Gericht" im Sinne der EuGVO einzuordnen. Der
deutsche Gesetzgeber hat „Umsetzungsvorschriften" (das soll nicht technisch an die
Umsetzung einer EU Richtlinie anknüpfen, aber auch Verordnungen brauchen zum
Teil nationale Ergänzungs- bzw. Ausführungsvorschriften) in den §§ 1110 ff. ZPO
in das 11. Buch der ZPO aufgenommen.

§ § 1 EuGVO, LGVÜ

I. Einführung

Die internationale Zuständigkeit der Mitgliedstaaten Europas wird seit Januar 2015 2
von der revidierten Europäischen Gerichtsstands- und Vollstreckungsverordnung
(EuGVO) geregelt, die meist als Brüssel Ia-Verordnung bezeichnet wird. Die Verordnung tritt an die Stelle der EuGVO a. F. (Brüssel I-Verordnung, Art. 80 EuGVO),

---

Die Originalversion dieses Kapitels wurde korrigiert. Ein Erratum finden Sie unter
https://doi.org/10.1007/978-3-662-63558-2_16

© Springer-Verlag GmbH Deutschland, ein Teil von Springer Nature 2022,   73
korrigierte Publikation 2023
J. Adolphsen, *Europäisches Zivilverfahrensrecht*, Springer-Lehrbuch,
https://doi.org/10.1007/978-3-662-63558-2_3

die ihrerseits das Europäische Gerichtsstands- und Vollstreckungsübereinkommen (EuGVÜ) mit Wirkung vom 1.3.2002 abgelöst hatte (Art. 68, 76 EuGVO a. F.).

3   Im Folgenden werden weitestgehend die Artikel der EuGVO 2015 genannt. Das erfolgt auch für die Zeit vor ihrem Inkrafttreten, so dass Urteile des EuGH aus der Zeit vor 2015 mit heutigen Artikeln zitiert werden. Nur wo es zum Verständnis unvermeidlich ist, wird der entsprechende Artikel der EuGVO a. F. genannt.

4   Die Neufassung der EuGVO ist Ergebnis einer intensiven Auseinandersetzung mit ihrer Vorgängervorschrift: Bereits 2007 legten *Hess, Pfeiffer* und *Schlosser* eine den nach Art. 73 EuGVO a. F. erforderlichen Bericht vorbereitende Studie vor, die als **Heidelberg Report** bekannt wurde.[1] Der eigentliche **Bericht zur EuGVO**[2] datiert vom 21.4.2009. Er sollte die Überarbeitung der Verordnung vorbereiten. Parallel zum Bericht wurde das **Grünbuch zur EuGVO** veröffentlicht.[3] Am 14.12.2010 legte die Kommission den **Vorschlag für eine Neufassung der EuGVO** vor.[4] Gut zwei Jahre danach – am 20.12.2012 – wurde schließlich die Neufassung der EuGVO veröffentlicht.[5] Sie ist am 10.1.2015 in Kraft getreten (Art. 81 EuGVO).

5   Mit den damaligen EFTA-Staaten (von diesen wurden einige später EU Mitgliedstaaten,[6] Dänemark schloss 2005 einen völkerrechtlichen Vertrag mit der EU, der letztlich zur Geltung der EuGVO auf völkerrechtlicher Grundlage für Dänemark führt (s. Rn. 31)) bestand das zum EuGVÜ parallele **Übereinkommen von Lugano** vom 16.9.1988 (**LGVÜ**), das diese Staaten in das durch das EuGVÜ geschaffene System einbinden sollte.[7] Am **30.10.2007** wurde in Lugano eine Neufassung des Übereinkommens unterzeichnet, das das entsprechende LGVÜ von 1988 ersetzt (Lugano II Übereinkommen). Dadurch wurde das LGVÜ an die EuGVO a. F. angepasst. Das Lugano II Übereinkommen ist nach dem sog. Lugano-Gutachten des

---

[1] Study JLS/C4/2005/03 Report on the Application of Regulation Brussels I in the Member States, presented by *Hess, Pfeiffer and Schlosser*, Final Version September 2007, S. 44 ff. abrufbar unter http://courtesa.eu/wp-content/uploads/2019/03/study_application_brussels_1_en.pdf (abgerufen am 13.12.2021).

[2] Bericht der Kommission an das Europäische Parlament, den Rat und den Europäischen Wirtschafts- und Sozialausschuss über die Anwendung der Verordnung (EG) Nr. 44/2001 des Rates über die gerichtliche Zuständigkeit und die Anerkennung und Vollstreckung von Entscheidungen in Zivil- und Handelssachen, KOM(2009) 174 endg.

[3] Grünbuch Überprüfung der Verordnung (EG) Nr. 44/2001 des Rates über die Gerichtliche Zuständigkeit und die Anerkennung und Vollstreckung von Entscheidungen in Zivil- und Handelssachen, KOM(2009) 175 endg., S. 6 f.

[4] KOM(2010) 748 endg. S. auch *Hess*, Die Reform der EuGVVO und die Zukunft des Europäischen Zivilprozessrechts, IPRax 2011, 125; *Oberhammer*, Reform der Brüssel I-Verordnung (EuGVVO), Jahrbuch Zivilverfahrensrecht 2010, 65.

[5] Verordnung (EU) Nr. 1215/2012 des Europäischen Parlaments und des Rates vom 12.12.2012 über die gerichtliche Zuständigkeit und die Anerkennung und Vollstreckung von Entscheidungen in Zivil- und Handelssachen, ABl. L 351 vom 20.12.2012, S. 1.

[6] *Schlosser*, in: Schlosser/Hess, EU-Zivilprozessrecht, Art.1 EuGVO Rn. 14.

[7] https://eur-lex.europa.eu/legal-content/DE/TXT/?uri=LEGISSUM%3Al16029 (abgerufen am 13.12.2021); MüKo-ZPO/ *Gottwald,* Vorbem. Brüssel Ia-VO Rn. 25.

EuGH[8] von der Gemeinschaft und nicht mehr von den Mitgliedstaaten verhandelt und abgeschlossen worden.[9]

Mit dem Inkrafttreten der neugefassten EuGVO entfällt der inhaltliche Gleichlauf zum revidierten LGVÜ. Seitdem wird die Frage diskutiert, ob eine Anpassung des LGVÜ (Lugano III) erforderlich ist.[10]

Möglicherweise wird das Vereinigte Königreich nach dem **Brexit** dem Lugano Übereinkommen beitreten.[11] Es hat dazu im April 2020 ein eigenständiges Beitrittsgesuch gestellt.[12] Allerdings ist es gem. Artt. 70 Abs. 1 lit. c, 72 LGVÜ erforderlich, dass Staaten, die nicht Mitglied der Europäischen Freihandelsassoziation (EFTA) sind, eine Aufnahmeprüfung durchlaufen. Zum anderen müssen alle anderen Vertragsstaaten des Luganer Übereinkommens – darunter die EU – dem Beitritt zustimmen (Art. 72 Abs. 3 S. 1 LGVÜ).[13] Die EU Kommission hat sich im Mai 2021 dagegen ausgesprochen.[14]

II. Sachlicher Anwendungsbereich der EuGVO

Die Verordnung gilt nur für **Zivil- und Handelssachen**. Der Begriff ist verordnungs-   6
autonom, also ohne unmittelbaren Rückgriff auf das Recht eines der beteiligten Mitgliedstaaten, auszulegen.[15] Die in Art. 1 Abs. 1 EuGVO erwähnten Handelssachen sind nur ein Unterfall des Begriffs der Zivilsachen. Nur wenn der Anwendungsbereich der EuGVO eröffnet ist, kann die Zuständigkeit auf dieser Grundlage ermittelt werde. Es darf grundsätzlich (anders aber s. Rn. 12, 13) nicht aus einer Zuständigkeitsvorschrift auf den Anwendungsbereich rückgeschlossen werden.

---

[8] EuGH, Stellungnahme vom 7.2.2006, Gutachten C−1/03 des Gerichtshofs (Plenum); dazu *Bischoff*, Besprechung des Gutachtens 1/03 des EuGH vom 7.2.2006, EuZW 2006, 295; *Schroeter*, Alleinige Außenzuständigkeit der EG im Bereich des Internationalen Zivilverfahrensrechts, GPR 2006, 203.

[9] Zum Problem der Außenkompetenz vgl. *Wannemacher*, Die Außenkompetenz der EG im Bereich des Internationalen Zivilverfahrensrechts, 2003.

[10] *Markus*, Die revidierte europäische Gerichtsstandsverordnung, Eine „Lugano-Sicht", AJP/PJA 2014, 800, 818; *Pohl*, IPRax 2013, 110, 114; MüKo-ZPO/*Gottwald*, Vor Art. 1 Brüssel Ia-VO Rn. 28.

[11] *Rühl*, Im Schatten des Brexit-Abkommens – Perspektiven für das Internationale Privat- und Verfahrensrecht, NJW 2020, 443.

[12] https://www.eda.admin.ch/dam/eda/fr/documents/aussenpolitik/voelkerrecht/autres-conventions/Lugano2/200414-LUG_en.pdf (abgerufen am 13.12.2021).

[13] *Wagner*, IPRax 2021, 2, 8.

[14] Assessment on the application of the United Kingdom of Great Britain and Northern Ireland to accede to the 2007 Lugano Convention COM(2021) 222 final („In view of the above, the Commission takes the view that the European Union should not give its consent to the accession of the United Kingdom to the 2007 Lugano Convention"). Dazu *Mansel/Thorn/Wagner*, IPRax 2022, 97, 101.

[15] EuGH, Urteil vom 14.10.1976, Rs. C-29/76, *LTU/Eurocontrol* = Slg. 1976, 1541 = NJW 1977, 489; EuGH, Urteil vom 21.4.1993, Rs. 172/91, *Volker Sonntag/Hans Weidmann* = Slg. 1993, I −1963; *Soltész*, Der Begriff der Zivilsache im europäischen Zivilprozessrecht, 1998; *Schlosser*, in: Schlosser/Hess, EU-Zivilprozessrecht, Art. 1 Rn. 7 ff.

7 Die **Auslegung der EuGVO** ist gem. Art. 267 AEUV Sache des EuGH (dazu Kap. 1 Rn. 123 ff.). Bereits 1976 entschied der EuGH zum damaligen EuGVÜ:[16]

„Für die Auslegung des Begriffs „Zivil- und Handelssachen" im Hinblick auf die Anwendung des Übereinkommens vom 27.9.1968 über die gerichtliche Zuständigkeit und die Vollstreckung gerichtlicher Entscheidungen in Zivil- und Handelssachen (EuGVÜ) ist nicht das Recht irgendeines der beteiligten Staaten maßgebend, vielmehr müssen hierbei die Zielsetzungen und die Systematik des Übereinkommens sowie die allgemeinen Rechtsgrundsätze, die sich aus der Gesamtheit der innerstaatlichen Rechtsordnungen ergeben, herangezogen werden."

8 Die **Trennung von privatem und öffentlichem Recht** wird in den Mitgliedstaaten – wo sie bekannt ist – sehr unterschiedlich vollzogen. Aus diesem Grund kann die deutsche Abgrenzung von Zivil- (§ 13 GVG) und Verwaltungssachen (§ 40 Abs. 1 VwGO) nicht übertragen werden. Gleichwohl sind alle Ansprüche, die aufgrund der Ausübung hoheitlicher Befugnisse entstanden sind, vom Anwendungsbereich ausgeschlossen.[17]

9 Erfolgt die **Ausübung hoheitlicher Befugnisse** durch eine Behörde, ist die EuGVO nicht anwendbar. Ein Gebührenanspruch, den eine Behörde einseitig für die Inanspruchnahme von Diensten festlegt, ist keine Zivilsache.[18] Hier zeigt sich, dass der EuGH verstärkt auch auf die Rolle der Parteien für die Auslegung abstellt.[19]

10 1980 hat der EuGH entschieden, dass der Begriff Zivil- und Handelssachen nicht Rechtsstreitigkeiten erfasst, „die vom Verwalter der öffentlichen Wasserstraßen gegen den kraft Gesetzes Haftpflichtigen angestrengt werden, um von diesem Ersatz der Kosten für die Beseitigung eines Wracks zu erlangen, die der Verwalter in Ausübung hoheitlicher Befugnisse vorgenommen hat oder hat vornehmen lassen. Der Umstand, dass der Verwalter der öffentlichen Wasserstraßen diesen Kostenerstattungsanspruch im Wege einer Regreßklage vor den Zivilgerichten und nicht im Verwaltungswege geltend macht, genügt unter den vorgenannten Umständen nicht, um die Sache in den Anwendungsbereich des Übereinkommens fallen zu lassen."[20] Klagt ein Geschäftsunfähiger vor einem Gericht eines anderen Mitgliedstaats, um eine Genehmigung zur Veräußerung einer unbeweglichen Sache, liegt keine Zivil- und Handelssache vor, die Frage unterfällt Art. 1 Abs. 2 lit. a EuGVO (Rn. 16).[21] 2019 entschied der EuGH auf Vorlage des österreichischen Obersten Gerichtshofs (OGH), dass die Brüssel Ia-VO auf die Klagen der Anleger gegen die Republik Griechenland nicht anwendbar sei, da es sich nicht um eine Zivil- und

---

[16] EuGH, Urteil vom 14.10.1976, Rs. C-29/76, *LTU/Eurocontrol* = Slg. 1976, 1541 = NJW 1977, 489, 490.

[17] EuGH, Urteil vom 14.10.1976, Rs. C-29/76, *LTU/Eurocontrol* = Slg. 1976, 1541 = NJW 1977, 489.

[18] EuGH, Urteil vom 14.10.1976, Rs. C-29/76, *LTU/Eurocontrol* = Slg. 1976, 1541 = NJW 1977, 489, 490.

[19] *Hess*, EZPR, Rn. 6.12.

[20] EuGH, Urteil vom 16.12.1980, Rs. 814/79, *Niederlande/Rüffer* = EuGHE 1980, 3807 = IPRax 1981, 169 (*Schlosser* 154).

[21] EuGH, Urteil vom 3.10.2013, Rs. C-386/12 = RiW 2014, 76.

Handelssache handele.[22] (Zur Staatenimmunität s. o. Kap. 2 Rn. 21), zur Anwendbarkeit der EuZustVo in diesen Fällen s. u. Kap. 8 Rn. 14).

Zivilsachen hat der EuGH angenommen, bei Haftung des Lehrers einer staatlichen Schule, da sie sich von der eines Lehrers an einer Privatschule nicht unterscheide,[23] bei einer Regressklage des Sozialhilfeträgers aus einer übergegangenen Unterhaltsforderung,[24] sowie bei der Geltendmachung einer Zollforderung nach Legalzession durch einen Bürgen, da sie dieser nach der Zession als private Forderung geltend mache.[25] Trotz seines repressiven Charakters[26] stellt die Vollstreckung eines in einem Ordnungsmittelverfahren gem. § 890 ZPO ergangenen Beschlusses (Ordnungsmittelbeschluss) eine Zivil- und Handelssache dar.[27] Die Klage einer Behörde eines Mitgliedstaats gegen in einem anderen Mitgliedstaat ansässige natürliche und juristische Personen auf Ersatz des Schadens erfasst, der durch eine haftungsauslösende unerlaubte Verabredung zur Hinterziehung von in dem erstgenannten Mitgliedstaat geschuldeter Mehrwertsteuer entstanden ist, ist eine Zivil- und Handelssache.[28] Ein Antrag auf Beitreibung der Tagesparkscheingebühr für einen gekennzeichneten Parkplatz auf einer öffentlichen Verkehrsfläche, der von einer Gesellschaft gestellt wurde, die von einer Gebietskörperschaft mit der Verwaltung solcher Parkplätze betraut wurde, ist Zivil- und Handelssache.[29]

11

Streitigkeiten, die die Gültigkeit von **Eintragungen in öffentliche Register** zum Gegenstand haben, werden in den Fällen, in denen ein Hoheitsträger beteiligt ist, öffentlich-rechtliche Streitigkeiten sein, so dass an sich der Anwendungsbereich der EuGVO nicht eröffnet ist. Allerdings sieht Art. 24 Nr. 3 EuGVO hierfür einen ausschließlichen Gerichtsstand vor. In diesem Fall folgt aus der Existenz der Zuständigkeitsvorschrift, dass der Anwendungsbereich der EuGVO eröffnet ist.

12

Die **Erteilung von Patenten** ist ebenfalls öffentlich-rechtlich einzuordnen. Das Patent selbst ist ein subjektives privates Recht, das durch einen Verwaltungsakt[30] durch das Deutsche Patent und Markenamt (§§ 34 Abs. 1, 49 PatG), im Fall des Europäischen Patents durch das Europäische Patentamt erteilt wird. Gleichwohl be-

13

---

[22] EuGH, Urteil vom 15.11.2018 – C-308/17 = EuZW 2019, 88 (Rn. 43).

[23] EuGH, Urteil vom 21.4.1993, Rs. C-172/91 = EuGHE 1993, I-1963 = NJW 1993, 2091.

[24] EuGH, Urteil vom 14.11.2002, Rs. C-271/00, *Gemeente Steenbergen/Luc Baten* = EuGHE 2002, I-10489 = IPRax 2004, 237.

[25] EuGH, Urteil vom 5.2.2004, Rs. C-265/02, *Frahuil SA/Assitalia SpA* = EuGHE 2003, I-4867, 4891 = RIW 2004, 385 = IPRax 2004, 334.

[26] MüKo-ZPO/*Adolphsen*, Anh. §§ 1079 ff., Art. 2 EG-VollstrTitelVO Rn. 13.

[27] EuGH, Urteil vom 18.10.2011, Rs. C-406/09, *Realchemie Nederland/Bayer CropScience AG* = EuZW 2012, 157 (*Sujecki* 159).

[28] EuGH, Urteil vom 12.9.2013, Rs. C-49/12, *The Commissioners for Her Majesty's Revenue & Customs/Sunico ApS u. a.* = EuZW 2013, 828 (*Dietze* 830).

[29] EuGH, Urteil vom 25.3.2021, C-307/19.

[30] BGH, Urteil vom 26.6.1973 – X ZR 23/71 = GRUR 1974, 146; Benkard/*Bacher*, PatG, § 1 Rn. 2, 2a.

gründet Art. 24 Nr. 4 EuGVO hierfür eine ausschließliche Zuständigkeit, die konstitutiv die Geltung der EuGVO vorsieht.[31]

14   Für **Zwangslizenzen** gilt Art. 24 Nr. 4 EuGVO nicht, da es nicht um die *Eintragung* oder *Gültigkeit* im dort gemeinten (engen) Sinn geht. Die anwendungsbegründende Wirkung des Art. 24 Nr. 4 EuGVO kommt also nicht zum Tragen. Deshalb ist auf Art. 1 Abs. 1 EuGVO abzustellen, so dass der Anwendungsbereich der EuGVO nicht eröffnet ist, weil die Zwangslizenz aufgrund eines öffentlich-rechtlichen Eingriffs in das Ausschließlichkeitsrecht des Patentinhabers begründet wird.[32] Zwangslizenzen für Corona Impfstoffe waren Gegenstand einer Anhörung des Gesundheitsausschusses des Bundestages am 24. Februar 2021 zu einem Antrag der Linksfraktion (19/25787).[33]

15   **Art. 1 Abs. 2 EuGVO** enthält eine (grundsätzlich abschließende)[34] Aufzählung von Streitigkeiten, die nicht unter die EuGVO fallen. Auch diese Rechtsgebiete sind verordnungsautonom zu bestimmen.[35]

Die EuGVO ist danach nicht anzuwenden auf:

16   a) den **Personenstand**, die Rechts- und Handlungsfähigkeit[36] sowie die gesetzliche Vertretung von natürlichen Personen, die ehelichen Güterstände oder Güterstände aufgrund von Verhältnissen, die nach dem auf diese Verhältnisse anzuwendenden Recht mit der Ehe vergleichbare Wirkungen entfalten. Für Ehesachen und Sorgerechtsstreitigkeiten gilt die Brüssel IIa-Verordnung (dazu Kap. 12 Rn. 8,18 ff.).

17   b) **Konkurse**, Vergleiche und ähnliche Verfahren: Für das Insolvenzrecht gilt die Europäische Insolvenzverordnung (EuInsVO, dazu Kap. 14). Die Abgrenzung der EuGVO zur EuInsVO ist deshalb schwierig, weil die zunächst einzige maßgebliche Entscheidung des EuGH in der Sache *Gourdain/Nadler*[37] zur Bestimmung des Umfangs des Ausschlusses zu einer Zeit erging, als es die EuInsVO noch nicht gab, und der Normsetzer bei Erlass der EuInsVO seinem Abgrenzungsauftrag nicht nachkam. Streitig ist vor allem die Einordnung insolvenznaher Verfahren, wie Insolvenzanfechtungsklagen, Haftungsklagen

---

[31] *Adolphsen*, Europäisches und internationales Zivilprozessrecht in Patentsachen, Rn. 431.

[32] *Adolphsen*, Europäisches und internationales Zivilprozessrecht in Patentsachen, Rn. 431.

[33] https://www.bundestag.de/dokumente/textarchiv/2021/kw08-pa-gesundheit-impfstoffe-820610 (abgerufen am 7.4.2021; zur rechtspolitischen Diskussion *Metzger/Zech*, COVID-19 als Herausforderung für das Patentrecht und die Innovationsförderung, GRUR 2020, 561; *Lunze/Rektorschek*, Zwangslizenzen und staatliche Benutzungsanordnungen für Patente, https://deutschland.taylorwessing.com/de/zwangslizenzen-und-staatliche-benutzungsanordnungen-fur-patente (abgerufen am 13.12.2021). Aus verfassungsrechtlicher Sicht: *Stoll*, Private Impfstoffentwicklung und öffentliches Interesse, verfassungsblog.de/private-impfstoffentwicklung-und-oeffentliches-interesse (abgerufen am 8.4.2021).

[34] *Schlosser*, in: Schlosser/Hess, EU-Zivilprozessrecht, Art. 1 EuGVO Rn. 26.

[35] Hierzu *Schlosser*, in: Schlosser/Hess, EU-Zivilprozessrecht, Art. 1 EuGVO Rn. 13.

[36] Dazu EuGH, Urteil vom 3.10.2013, Rs. C-386/12 = RiW 2014, 76 (s. o. Rn. 9).

[37] EuGH, Urteil vom 22.2.1979, Rs. 133/78, *Hendri Gourdain/Franz Nadler* = EuGHE 1979, 733 = RIW 1979, 273.

gegen GmbH-Geschäftsführer im Insolvenzfall[38] und Eigenkapitalersatz-klagen.[39] Der EuGH entschied 2009 aufgrund eines Vorabentscheidungsver-fahrens des BGH, dass sich die Zuständigkeit für Insolvenzanfechtungsklagen, die in der EuInsVO nicht geregelt wurde, aus Art. 3 Abs. 1 EuInsVO ergibt. Die 2017 in Kraft getretene Neufassung der EuInsVO hat dies normiert (Art. 6 Abs. 1).[40]

c) die **soziale Sicherheit**; Der Ausschlusstatbestand will Streitigkeiten aus diesem   **18** Bereich ausschließen, da diese meist öffentlich-rechtlich eingeordnet werden und politisch häufig brisant sind. Aber auch wenn der Bereich nach nationalem Recht zivilrechtlich einzuordnen ist, entfaltet der Ausschlusstatbestand Wir-kung. Der **Begriff** der sozialen Sicherheit ist autonom unter Rückgriff auf Art. 48 AEUV und Art. 4 VO Nr. 1408/71 sowie der VO Nr. 883/2004 zu bestimmen. Ausgeschlossen sind Streitigkeiten über die kassenärztliche Behandlung, das Krankengeld, Leistungen der Mutterschaftsversicherung, die Invalidenver-sicherung, die Altersversicherungen, Leistungen an Hinterbliebene, Leistungen bei Arbeitsunfällen und Berufskrankheiten, Familienbeihilfen und Leistungen an Arbeitslose.[41] Die private Krankenversicherung unterfällt jedoch den Regeln der Artt. 8 ff. EuGVO.[42]

d) die **Schiedsgerichtsbarkeit** (hierzu Kap. 15): Die Schiedsgerichtsbarkeit ist   **19** weltweit durch das UNÜ[43], in Europa durch das EuÜ[44] geregelt. Insofern wollte man beim Erlass der EuGVO 2002 alles vermeiden, was die Geltung dieser international allgemein akzeptierten völkerrechtlichen Verträge behindern könnte.[45]

Bei der Beurteilung des Ausschlusses der Schiedsgerichtsbarkeit müssen Verfahren   **20** vor Schiedsgerichten und Hilfsverfahren für Schiedsgerichte vor staatlichen Ge-

---

[38] Das Verfahren *Gourdain/Nadler* hatte eine Haftungsklage zum Gegenstand.

[39] Nach Ansicht des OLG München unterfallen Kapitalersatzklagen der EuInsVO, vgl. Beschluss vom 27.7.2007, 7 U 2287/06 = EWiR Art. 1 LuGÜ 1/07, 153 (*Ringel/ Willemer*); *Schwarz*, Interna-tionalzivilverfahrensrechtliche Probleme grenzüberschreitender Eigenkapitalersatzklagen, FS 600, Jahre Würzburger Juristenfakultät, 2002, S. 503, 513 f.

[40] *Thole*, IPRax 2017, 213, 217.

[41] Darstelllung und Nachweise bei MüKo-ZPO/*Gottwald*, Art. 1 Brüssel Ia-VO Rn. 25; *Schlosser*, in: Schlosser/Hess, EU-Zivilprozessrecht, Art. 1 EuGVVO Rn. 22; Rauscher/*Mankowski*, EZPR, Art. 1 EuGVO Rn. 149.

[42] Rauscher/ *Mankowski*, EZPR, Art. 1 EuGVO Rn. 156.

[43] New Yorker UN-Übereinkommen über die Anerkennung und Vollstreckung ausländischer Schiedssprüche vom 10.6.1958, BGBl. II 1961 S. 122. S. MüKo-ZPO/*Adolphsen*, § 1061 Anh. 1, s. u. Kap. 15 Rn. 1, 5, 10 ff.

[44] Genfer Europäisches Übereinkommen über die internationale Handelsschiedsgerichtsbarkeit vom 21.4.1961, BGBl. 1964 II S. 426. S. MüKo-ZPO/*Adolphsen*, § 1061 Anh. 2. S. u. Kap. 15 Rn. 10 ff.

[45] *Hess*, EZPR, Rn. 12.44; für ein Europäisches Protokoll zum New Yorker UN-Übereinkommen *van Houtte*, Why not include Arbitration in the Brussels Jurisdiction Regulation?, ArbInt. 21 (2005), 509, 516.

richten getrennt werden. Der Ausschluss der **Verfahren vor dem Schiedsgericht** folgt schon daraus, dass die EuGVO ersichtlich auf Verfahren vor staatlichen Gerichten zugeschnitten ist. Private Schiedsgerichte sind nicht Gerichte in diesem Sinne.[46] Insoweit hätte es eines Ausschlusses schiedsgerichtlicher Verfahren gar nicht bedurft. Problematisch ist die Einordnung von **Hilfsverfahren**, bei denen das staatliche Gericht im Zusammenhang mit einem Schiedsverfahren tätig wird (z. B. Verfahren zur Ernennung bzw. Abberufung von Schiedsrichtern, Festlegung des Schiedsortes, Aufhebung und Nichtigerklärung von Schiedssprüchen).[47] Dieses sind staatliche Hilfsverfahren und keine schiedsgerichtlichen Verfahren. Gleichwohl waren derartige Verfahren vom Anwendungsbereich der EuGVO 2002 ausgeschlossen. Der EuGH entschied bereits 1991,[48] dass sich die Ausschlussregel auf einen bei einem staatlichen Gericht anhängigen Rechtsstreit erstreckt, der die Benennung eines Schiedsrichters zum Gegenstand hat, selbst wenn das Bestehen oder die Gültigkeit einer Schiedsvereinbarung eine Vorfrage in diesem Rechtsstreit darstellt.

21   Bei der **Reform der EuGVO** war die Frage des Verhältnisses der EuGVO zur Schiedsgerichtsbarkeit wohl neben der sog. Drittstaatenproblematik (dazu unten Rn. 35 ff.) am heftigsten umstritten.[49]

22   Der **Heidelberg Report** war wesentlich durch die Arbeit *van Houttes* geprägt.[50] Er hatte noch eine differenzierte Regelung der Schnittstellen vorgesehen. So sollte die Ausnahme der Schiedsgerichtsbarkeit gestrichen, der Vorrang des UNÜ festgeschrieben, und eine ausschließliche Zuständigkeit der Gerichte am Sitz des Schiedsgerichts für Unterstützungsmaßnahmen staatlicher Gerichte aufgenommen werden.[51] Danach sollte Art. 22 Abs. 6 EuGVO (neu) gefasst werden:

„The following courts shall have exclusive jurisdiction, regardless of domicile, (...) (6) in ancillary proceedings concerned with the support of arbitration the courts of the Member State in which the arbitration takes place."[52]

---

[46] Das ergibt sich auch aus dem EuGH Urteil vom 23.3.1982, Rs. 102/81, *Nordsee/Reederei Mond* = Slg. 1982, 1095. Das Urteil betraf ein Vorabentscheidungsverfahren durch ein Schiedsgericht. Der EuGH hielt das Schiedsgericht mangels Gerichtseigenschaft für nicht vorlageberechtigt.

[47] MüKo-ZPO/*Gottwald,* Art. 1 Brüssel Ia-VO Rn. 25 ff.; Rauscher/*Mankowski*, EZPR, Art. 1 EuGVO Rn. 28.

[48] EuGH, Urteil vom 25.7.1991, Rs. 190/89, *Mark Rich u. Co. AG/Societa Italiana Impianti PA* = NJW 1993, 189 = IPRax 1992, 312 (*Haas* 292).

[49] Zur Entwicklung *Hess*, Die Reform der Verordnung Brüssel I und die Schiedsgerichtsbarkeit, FS Hoffmann 2011, S. 648; *Domej*, Alles klar? – Bemerkungen zum Verhältnis zwischen staatlichen Gesichten und Schiedsgerichten unter der neu gefassten EuGVVO, FS Gottwald, 2014, S. 97.

[50] *Van Houtte*, Why not include Arbitration in the Brussels Jurisdiction Regulation?, ArbInt. 21 (2005), 509, 518.

[51] So der Vorschlag von *van Houtte*, Why not include Arbitration in the Brussels Jurisdiction Regulation?, ArbInt. 21 (2005), 509, 518. Diesen Weg schlägt auch der Bericht über die Anwendung der EuGVO vor: http://courtesa.eu/wp-content/uploads/2019/03/study_application_brussels_1_en.pdf (Rn. 133 des Berichts, abgerufem am 13.12.2021).

[52] Dazu *Koller*, Schiedsgerichtsbarkeit und EuGVO – Reformansätze im Kreuzfeuer der Kritik, Jahrbuch Zivilverfahrensrecht 2010, 177.

Zusätzlich sollte die Rechtshängigkeitsregel zugunsten der Schiedsgerichtsbarkeit aufgebrochen werden, wie die neue EuGVO dies nunmehr für Gerichtsstandsvereinbarungen vorsieht (s. Kap. 4 Rn. 17 ff.).

Auch der **Vorschlag für die Neufassung der EuGVO** (Rn. 4) enthielt eine Vor-   **23** schrift, die das Verhältnis von Schieds- und Gerichtsverfahren auf der Ebene der Rechtshängigkeit verbessern und Torpedoklagen verhindern sollte (Art. 29 Abs. 4 EuGVO-E).[53] Allerdings blieb die Ausschlussklausel der Schiedsgerichtsbarkeit unangetastet.

Im Ergebnis ist es bei der alten Rechtslage geblieben. Gleich geblieben ist der   **24** Ausschlusstatbestand in Art. 1 Abs. 2 lit. e EuGVO. Zudem wird in Art. 73 Abs. 2 EuGVO ausdrücklich der Vorrang des UNÜ geregelt, was sich im Ergebnis aber schon bisher aus der Auslegung des Art. 71 EuGVO a. F. ergab. Neu hinzugekommen ist der Erwägungsgrund 12, der eine Teilregelung bieten soll.[54] Allerdings kann ein Erwägungsgrund weder den EuGH noch die Gerichte der Mitgliedstaaten wie die VO selbst binden.[55] Entscheidungen staatlicher Gerichte, dass Schiedsvereinbarungen wirksam oder unwirksam sind, fallen nicht in den Anwendungsbereich und sind damit auch nicht anerkennungspflichtig (Erwägungsgrund 12 Abs. 2). Anzuerkennen und zu vollstrecken sind aber Entscheidungen in der Hauptsache, wenn sich das Gericht zuvor mit einer Schiedseinrede zu befassen hatte (Erwägungsgrund 12 Abs. 3). Unterstützungsentscheidungen bleiben ausgeschlossen (Erwägungsgrund 12 Abs. 4).

Antisuit injunctions (zum Begriff s. u. Rn. 48 ff.) **zur Absicherung von Schieds-**   **25** **vereinbarungen** fallen nicht unter den Ausschluss der Schiedsgerichtsbarkeit (Art. 1 Abs. 2 lit. d EuGVO). Sie unterfallen damit dem Anwendungsbereich der EuGVO, weil keine unmittelbare Beziehung zu einem Schiedsverfahren besteht, wie z. B. bei sonstigen Unterstützungshandlungen des staatlichen Gerichts.[56] Damit sind sie nach dem Grundsatz des gegenseitigen Vertrauens (dazu Kap. 1 Rn. 138 ff.) auch zur Unterstützung eines Schiedsverfahrens unzulässig (vgl. auch Rn. 51). Zu-

---

[53] „Where the agreed or designated seat of an arbitration is in a Member State, the courts of another Member State whose jurisdiction is contested on the basis of an arbitration agreement shall stay proceedings once the courts of the Member State where the seat of the arbitration is located or the arbitral tribunal have been seised of proceedings to determine, as their main object or as an incidental question, the existence, validity or effects of that arbitration agreement".

[54] Darstellung der Bedeutung bei *Hess*, Schiedsgerichtsbarkeit und europäisches Zivilprozessrecht, JZ 2014, 538, 540 f.; *ders.*, EZPR, Rn. 12.44; *v. Hein*, Die Neufassung der EuGVO, RIW 2013, 97, 99

[55] EuGH, Urteil vom 24.11.2005, C-136/04 = Slg. I 2005, 10097, Rn. 32: „Was die zehnte Begründungserwägung der Verordnung Nr. 1706/89 betrifft, so genügt die Feststellung, dass die Begründungserwägungen eines Gemeinschaftsrechtsakts rechtlich nicht verbindlich sind und weder herangezogen werden können, um von den Bestimmungen des betreffenden Rechtsakts abzuweichen, noch, um diese Bestimmungen in einem Sinne auszulegen, der ihrem Wortlaut offensichtlich widerspricht."

[56] Ebenso *Ilmer/Naumann*, Final curtain for anti-suit injunctions, IHR 2007, 64, 65; *Dutta/Heinze*, Anti-suit injunctions zum Schutz von Schiedsvereinbarungen, RIW 2007, 411; *Kropholler/v. Hein*, EZPR, Art. 1 EuGVO Rn. 45; *Steinbrück*, The Impact of EU Law on Anti-Suit Injunctions in Aid of English Arbitration Proceedings, Civil Justice Quarterly 2007, 358.

lässig ist aber die Anerkennung und Vollstreckung eines Schiedsspruchs in einem Mitgliedstaat, der von einem Schiedsgericht in einem anderen Mitgliedstaat erlassen worden ist.[57]

26 e) **Unterhaltspflichten**, die auf einem familien-, verwandtschafts- oder eherechtlichen Verhältnis oder auf Schwägerschaft beruhen: Unterhaltsklagen regelt die Unterhaltsverordnung[58] abschließend (Kap. 12 Rn. 70 ff.).

27 f) dem Gebiet des **Testamens- und Erbrechts**, einschließlich Unterhaltspflichten, die mit dem Tod entstehen: Ein Ausschluss des Erbrechts einschließlich des Testamentsrechts fand sich bereits in Art. 1 Abs. 2 lit. a EuGVO a. F. Weil das Erbrecht in den Mitgliedstaaten historisch sach- und kollisionsrechtlich so unterschiedlich geregelt ist, teilweise zum *ordre public* gezählt wird und grundrechtlich geprägt ist, sollte nicht die EuGVO, sondern autonomes Recht Anwendung finden.[59] Auch in ihrer revidierten Fassung ist das Erbrecht vom Anwendungsbereich der EuGVO ausgenommen (Art. 1 Abs. 2 lit. f EuGVO). Allerdings greift für Erbfälle ab dem 17.8.2015 die EuErbVO (vgl. Kap. 13 Rn. 2 ff.).[60]

III. Räumlicher Anwendungsbereich der EuGVO

1. Grundsatz

28 Der räumliche Anwendungsbereich der EuGVO ergibt sich aus Art. 52 EUV, Art. 288 Abs. 2, 355 AEUV: Entsprechend ihrer Rechtsnatur als Verordnung (Art. 288 Abs. 2 AEUV) gilt die EuGVO grundsätzlich unmittelbar in allen Mitgliedstaaten (Art. 52 EUV).[61]

29 **Besonderheiten** gelten allerdings für das Vereinigte Königreich (zum Brexit sogleich), Irland und Dänemark: Diese drei Mitgliedstaaten haben über den mittlerweile weggefallenen Art. 69 EGV durch entsprechende Protokolle Vorbehalte gegen eine Teilnahme an den Sekundärrechtsakten im Bereich der justiziellen Zusammenarbeit in Zivilsachen (Titel IV, Art. 61 lit. c und 65 EGV; heute Titel V, Art. 67 Abs. 4 und 81 Abs. 2 lit.a AEUV) erklärt:

---

[57] EuGH, Urteil vom 13.5.2015 – C-536/13, *Gazprom/Litauen* = EuZW 2015, 509 (*Wais* 511).

[58] Verordnung (EG) Nr. 4/2009 des Rates vom 18.12.2008 über die Zuständigkeit, das anwendbare Recht, die Anerkennung und Vollstreckung von Entscheidungen in Unterhaltssachen, ABl. L 7 vom 10.1.2009, S. 1.

[59] Vgl. Rauscher/*Mankowski*, EZPR, Art. 1 EuGVO Rn. 15.

[60] Verordnung (EU) Nr. 650/2012 des Europäischen Parlaments und des Rates vom 4.7.2012 über die Zuständigkeit, das anzuwendende Recht, die Anerkennung und die Vollstreckung von Entscheidungen und öffentlichen Urkunden in Erbsachen sowie zur Einführung eines Europäischen Nachlasszeugnisses, ABl. L 201 vom 27.7.2012, S. 107.

[61] Dementsprechend trat die EuGVO a. F. in den neuen Mitgliedstaaten unmittelbar am Tag ihres Beitritts in Kraft, so am 1.5.2004 in Estland, Lettland, Litauen, Malta, Polen, Tschechien, Slowakei, Slowenien, Ungarn und Zypern, am 1.1.2007 in Bulgarien und Rumänien sowie am 1.7.2013 in Kroatien. Zu den englischen Kanalinseln, den französischen Übersee Departements vgl. Art. 355 Abs. 2 AEUV; zu weiteren Besonderheiten gegenüber Art. 52 EUV vgl. Art. 355 Abs. 4 AEUV)

Großbritannien ist seit dem **Brexit** Drittstaat. Nach dem ausgehandelten **Aus-**   **30**
trittsvertrag (Abkommen über den Austritt des Vereinigten Königreichs Großbritannien und Nordirland aus der Europäischen Union und der Europäischen
Atomgemeinschaft[62]) gab es eine Übergangszeit bis zum 31.12.2020, in der das bisherige Recht fortgalt.[63] Altfälle unterliegen dem alten Recht. Der ausgehandelte
Austrittsvertrag[64] enthält allerdings keinerlei Regelungen zum IZVR (**harter Bre-**
xit).[65] Großbritannien hat einen Antrag gestellt, dem Lugano Übereinkommen beizutreten (s. o. Rn. 5).

Irland beteiligt sich nach seinem Protokoll[66] grundsätzlich nicht an den oben
genannten Sekundärrechtsakten. Es kann sich jedoch fallweise für eine Beteiligung
(*opt-in*) entscheiden. Von dieser Möglichkeit wurde in der Vergangenheit ganz
regelmäßig Gebrauch gemacht,[67] so auch hinsichtlich der EuGVO alter[68] und neuer[69]
Fassung. Bei den jüngeren Sekundärrechtsakten beschreitet Irland dagegen Sonder-
wege (vgl. hierzu Kap. 12 Rn. 76 sowie Kap. 13 Rn. 10)[70].

Dänemark hat erklärt, dass es sich nicht an den Sekundärrechtsakten im Bereich   **31**
der justiziellen Zusammenarbeit in Zivilsachen beteiligt.[71] Damit sind auf dieser
Rechtsgrundlage ergangene Verordnungen für Dänemark nicht bindend und ihm

---

[62] Beschluss (EU) 2020/135 des Rates vom 30.1.2020 über den Abschluss des Abkommens über
den Austritt des Vereinigten Königreichs Großbritannien und Nordirland aus der Europäischen
Union und der Europäischen Atomgemeinschaft (ABl. EU 2020, L 29/1). Zuvor *Mansel/Thorn/*
Wagner, Europäisches Kollisionsrecht 2016: Brexit ante portas!, IPRax 2017, 1; *dies.*, Europä-
isches Kollisionsrecht 2017: Morgenstunde der Staatsverträge?, IPRax, 2018, 121; *Mansel/Thorn/*
Wagner, Europäisches Kollisionsrecht 2018: Endspurt!, IPRax 2019, 85, 87 ff.; *Mansel/Thorn/*
Wagner, Europäisches Kollisionsrecht 2019: Konsolidierung und Multilateralisierung, IPRax
2020, 97, 99

[63] *Wagner*, IPRax 2021, 2.

[64] Abkommen über den Austritt des Vereinigten Königreichs Großbritannien und Nordirland aus
der Europäischen Union und der Europäischen Atomgemeinschaft, 2019/C 384 I/01. Das Abkommen enthält auch ein Protokoll zu Irland und Nordirland.

[65] Dazu Handreichung zum Ablauf der Übergangszeit nach dem Austrittsvertrag von Großbritannien (GBR) aus der EU für den Bereich der justiziellen Zusammenarbeit in Zivilsachen des
BMJW (ww.bmjv.de. abgerufen am 18.3.2021); *Wagner*, Justizielle Zusammenarbeit nach dem
Brexit, IPRax 2021, 2; *Dickinson*, Realignment of the Planet – Brexit and European Private International Law, IPRax 2021, 213.

[66] Protokoll über die Position des Vereinigten Königreichs und Irlands hinsichtlich des Raums der
Freiheit, der Sicherheit und des Rechts, ABl. C 340 vom 10.11.1997, S. 99, zuletzt geändert durch
Art. 1 Abs. 8 Buchst. e, Abs. 20 Protokoll Nr. 1 zum Vertrag von Lissabon vom 13.12.2007, (ABl.
C 306 vom 17.12.2007, S. 165).

[67] Rauscher/*Staudinger*, EZPR, Einl. Brüssel I-VO Rn. 14.

[68] Erwägungsgrund 20 a. F.

[69] Erwägungsgrund 40.

[70] Schwarze/Becker/Hatje/Schoo/*Stumpf*, EU-Kommentar, Art. 81 AEUV Rn. 5; *Wagner*, Zur
Kompetenz der Europäischen Gemeinschaft in der justiziellen Zusammenarbeit in Zivilsachen,
IPrax 2007, 290, 292.

[71] Protokoll über die Position Dänemarks, ABl. C 340 vom 10.11.1997, S. 101, zuletzt geändert
durch Art. 1 Nr. 21 Protokoll Nr. 1 zum Lissabonner Vertrag vom 13.12.2007 (ABl. C 306 vom
17.12.2007, S. 165, ber. ABl. C 111 vom 6.5.2008, S. 56).

gegenüber nicht anwendbar.[72] Art. 1 Abs. 3 EuGVO a. F. war insofern deklaratorisch.[73] Diese Rechtslage hat sich für Dänemark auch Ende 2015 nicht geändert, als sich die Dänen gegen eine Änderung des Sonderstatus in der justiziellen Zusammenarbeit in Zivilsachen ausgesprochen haben. Daher nimmt Dänemark weiterhin generell nicht an den Arbeiten in diesem Bereich teil.[74] Allerdings wurde bereits am 19.10.2005 ein völkerrechtliches Abkommen zwischen Dänemark und der EG abgeschlossen, das den räumlichen Anwendungsbereich der EuGVO (a. F.) auf Dänemark ausdehnte.[75] Art. 3 dieses Abkommens stellt klar, dass Änderungen der Verordnung in Dänemark nicht automatisch wirksam werden. Daher musste Dänemark mitteilen, dass es auch an der reformierten EuGVO teilnehmen will. Dies ist am 20.12.2012 geschehen.[76]

32   Zusammengefasst gilt: Wird die Klage in einem EU-Mitgliedstaat erhoben, ergibt sich die internationale Zuständigkeit aus der EuGVO, wenn beide Parteien ihren (Wohn -)Sitz im Gebiet unterschiedlicher EU-Mitgliedstaaten haben. Es liegt dann der typische Anwendungsfall der EuGVO vor, was sich ohne Weiteres aus Art. 4 Abs. 1, 6 Abs. 1 EuGVO ergibt.[77]

33   Auch wenn der Kläger in einem **EFTA-Staat** wohnt, ist gem. Art. 4 Abs. 1, 6 Abs. 1 EuGVO der Anwendungsbereich der Verordnung eröffnet. Der Fall führt nicht zur Anwendung des LGVÜ. Entscheidend ist der Wohnsitz des Beklagten.

34   Der **Anwendungsbereich des LGVÜ** ist dem entsprechend nach Art. 64 b Abs. 2 lit. a LGVÜ eröffnet, wenn der *Beklagte* seinen Wohnsitz in dem Hoheitsgebiet eines LGVÜ-Vertragsstaates hat, in dem die EuGVO nicht gilt. Der Wohnsitz des Klägers spielt insofern keine Rolle, es sei denn, Beklagter und Kläger haben ihren Wohnsitz im gleichen Staat, da insofern autonomes internationales Prozessrecht des Vertragsstaates gilt.

2. Die Drittstaatenproblematik

35   Problematisch ist der räumliche Anwendungsbereich der EuGVO in der Regel nur, wenn es um Streitigkeiten geht, an denen lediglich ein Mitgliedsstaat beteiligt ist.

---

[72]Vgl auch die Erwägungsgründe 21 ff. a. F. und Erwägungsgrund 41.

[73]Daher wurde diese Vorschrift auch nicht in die neugefasste EuGVO übernommen. Hinweise zum räumlichen Anwendungsbereich sind aber nach wie vor fester Bestandteil der Erwägungsgründe der Sekundärrechtsakte im Bereich der justiziellen Zusammenarbeit in Zivilsachen.

[74]S. *Nielsen*, Denmark and EU Civil Cooperation, ZEuP 2016, 300; *ders.*, International handelsret, 3. Aufl. 2015, 87.

[75]Abkommen zwischen der Europäischen Gemeinschaft und dem Königreich Dänemark über die gerichtliche Zuständigkeit und die Anerkennung und Vollstreckbarerklärung von Entscheidungen in Zivil- und Handelssachen, ABl. L 299 vom 16.11.2005, S. 62, angenommen mit Beschluss des Rates über den Abschluss des Abkommens über die gerichtliche Zuständigkeit und die Anerkennung und Vollstreckbarerklärung von Entscheidungen in Zivil- und Handelssachen vom 27.4.2006, ABl. L 120 vom 5.5.2006, S. 22.

[76]Neueste Informationen, IPRax 2013 Heft 4.

[77]MüKo-ZPO/*Gottwald*, Vorbem. Brüssel Ia-VO Rn. 27.

a. Inlandsfälle

Reine Inlandsfälle unterfallen nicht der Verordnung, sondern nationalem Recht. Die **36** Anwendung der EuGVO setzt einen **grenzüberschreitenden Sachverhalt** voraus. Das ergab sich in der Vergangenheit zwar nicht unmittelbar aus dem Wortlaut der Verordnung, entsprach aber der Intention der Vertragsstaaten des EuGVÜ, die schon in der Präambel des EuGVÜ[78] und in Art. 220 EGV, der Grundlage des EuGVÜ war, zum Ausdruck gekommen war.[79] Die revidierte EuGVO enthält in Erwägungsgrund 3 diesbezüglich eine Klarstellung.

Die erforderliche Auslandsbeziehung ergibt sich erst, wenn der Sachverhalt wei- **37** tere internationale Anknüpfungspunkte enthält.[80]

b. Drittstaatenfälle

Der Wohnsitz des Klägers ist für die Anwendung der EuGVO gänzlich irrelevant,[81] **38** seit der EuGH 2000 entschied, dass das Übereinkommen immer dann anwendbar ist, wenn der Beklagte seinen Wohnsitz bzw. Sitz im Hoheitsgebiet eines Vertragsstaates hat, auch wenn der Kläger in einem Drittstaat ansässig ist.[82] Im Verfahren *Owusu/Jackson* (**Fall 7**, dazu Rn. 58) hat der EuGH dies bestätigt:[83] Auch wenn beide Parteien ihren Wohnsitz im gleichen Mitgliedstaat haben, kann der für die Anwendung der EuGVO **erforderliche Auslandsbezug** dadurch vermittelt werden, dass in einem Drittstaat der Ort des streitigen Rechtsverhältnisses (z. B. einer unerlaubten Handlung) belegen ist. Ein Bezug zu einem weiteren Mitgliedstaat wird nicht vorausgesetzt. Damit ist der sog. *Reduktionstheorie* für die Zukunft der Boden entzogen.[84]

---

[78] *Jung*, Vereinbarungen über die internationale Zuständigkeit nach dem EWG-Gerichtsstands- und Vollstreckungsübereinkommen und nach § 38 Abs. 2 ZPO, 1980, S. 55 zu Art. 17 EuGVÜ.

[79] H.M. Nagel/*Gottwald*, IZPR, § 3 Rn. 34; MüKo-ZPO/*Gottwald*, Vorbem. zu Art. 1 ff. Brüssel Ia-VO Rn. 27 f; *Piltz*, Die Zuständigkeitsordnung nach dem EWG-Gerichtsstands- und Vollstreckungsübereinkommen, NJW 1979, 1071; *Samtleben*, Internationale Gerichtsstandsvereinbarungen nach dem EWG-Übereinkommen und nach der Gerichtsstandsnovelle, NJW 1974, 1590; *Bülow*, Vereinheitlichtes internationales Zivilprozeßrecht in der Europäischen Wirtschaftsgemeinschaft, RabelsZ 29 (1965), 473, 476; a. A. *Geimer/Schütze*, EZVR, Art. 2 Rn. 101 ff.; *Geimer/Schütze*, Internationale Urteilsanerkennung I/1, 1983, § 29 XIV.

[80] *Piltz*, Die Zuständigkeitsordnung nach dem EWG-Gerichtsstands- und Vollstreckungsübereinkommen, NJW 1979, 1071, 1072.

[81] Nagel/*Gottwald*, IZPR, § 3 Rn. 34.

[82] EuGH, Urteil vom 13.7.2000, Rs. C-412/98, *Group Josi Reinsurance Company/Universal General Insurance Company (UGIC)* = Slg. 2000 I, 5940 = IPRax 2000, 520 (*Staudinger* 483).

[83] EuGH, Urteil vom 1.3.2005, Rs. C-281/02, *Owusu/Jackson* = EuGHE 2005, I −1383, Rn. 26 = ZZPInt 10 (2005), 277 (*Huber/Stieber* 285); *Dietze/Schnichels*, Die aktuelle Rechtsprechung des EuGH zum EuGVÜ, EuZW 2006, 742; *Harris*, Stays of proceedings and the Brussels Convention, ICLQ 54 (2005), 933, 936; Nagel/*Gottwald*, IZPR, § 3 Rn. 34.

[84] Ebenso *Staudinger*, Vertragsstaatenbezug und Rückversicherungsverträge im EuGVÜ, IPRax 2000, 483. Die Gegenmeinung forderte eine teleologische Reduktion des Art. 2 Abs. 1 EuGVÜ. Vgl. *Samtleben*, Internationale Gerichtsstandsvereinbarungen nach dem EWG-Übereinkommen und nach der Gerichtsstandsnovelle, NJW 1974, 1590, 1593; Nachweise bei *Atali*, Internationale Zuständigkeit im deutsch-türkischen Rechtsverkehr, 2001, S. 31 (Fn. 135).

39 Die eigentliche **Drittstaatenproblematik**[85] ergibt sich erst, wenn der Beklagte keinen Wohnsitz im Hoheitsgebiet eines Mitgliedstaats hat. Denn von einigen Ausnahmen (Art. 18 Abs. 1 EuGVO: Verbrauchersachen, Art. 21 Abs. 2 EuGVO: Arbeitnehmersachen, Art. 24 EuGVO: ausschließliche Zuständigkeiten, Art. 25 EuGVO: Gerichtsstandsvereinbarungen) abgesehen gilt die Verordnung nur, wenn der Schuldner seinen Wohnsitz in der EU hat. In allen anderen Fällen bestimmt sich die internationale Zuständigkeit nach autonomen Recht (Art. 6 Abs. 1 EuGVO).

40 Dies ist aus zwei Gründen misslich[86]:

41 Während Drittstaatenangehörige über die Vorschriften der EuGVO problemlos Beklagte mit Wohnsitz in einem Mitgliedstaat verklagen können, ist dies umgekehrt nicht der Fall. Mitgliedstaatliche Kläger werden bei Klagen gegen Drittstaater auf die vergleichsweise unübersichtlichen autonomen Regelungen verwiesen. Abhängig vom jeweiligen nationalen Recht genießen sie unterschiedlichen Rechtsschutz; im schlimmsten Fall steht ihnen gar kein Forum zur Verfügung.[87]

42 Darüber hinaus sind Beklagte aus Drittstaaten den jeweiligen nationalen Gerichtsständen ausgesetzt (Art. 6 Abs. 2 EuGVO). Dies gilt auch für die exorbitanten Gerichtsstände, vor denen Beklagte mit Wohnsitz in Mitgliedstaaten geschützt werden (Art. 5 Abs. 2 EuGVO). Dies ist insbesondere mit Blick auf die automatische Anerkennung und exequaturfreie Vollstreckung (dazu Kap. 5 Rn. 49 ff., 125 ff.) mitgliedstaatlicher Entscheidungen nach der EuGVO problematisch.[88]

43 Der Kommissionsvorschlag von 2010[89] wollte diesen Problemen Rechnung tragen. Geplant war eine Ausweitung der Zuständigkeitsvorschriften auf Streitsachen, bei denen der Beklagte ein Drittstaatsangehöriger ist. Art. 4 EuGVO a. F. (heute Art. 6 EuGVO) sollte in diesem Zusammenhang wegfallen; eine subsidiäre und eine Notzuständigkeit waren geplant. Zudem sollten spezielle Rechtshängigkeitsregelungen zur Verfahrenskoordination bei Streitsachen mit Drittstaatenbezug eingeführt werden.

44 Umgesetzt wurden diese Vorschläge aber nur teilweise: Statt einer umfassenden internationalen Zuständigkeitsordnung wurden lediglich die zwei Klägergerichtsstände in Art. 18 Abs. 1 EuGVO (dazu Rn. 199) und Art. 21 Abs. 2 EuGVO (dazu Rn. 207) neu eigeführt. Art. 4 EuGVO a. F. wurde in Art. 6 EuGVO überführt. Ferner findet sich in Art. 33 EuGVO eine Rechtshängigkeitsvorschrift für Sachverhalte mit Drittstaatenbezug (Kap. 4 Rn. 35 ff.).

45 Art. 71b Nr. 2 EuGVO schafft eine subsidiäre Zuständigkeit des Europäischen Patent Gerichts (EPG) gegenüber Beklagten aus Drittstaaten, soweit ansonsten

---

[85] Dazu *Bachmann*, Universalisierung des Europäichen Zivilverfahrensrechts, 2020; *Grolimund*, Drittstaatenproblematik des europäischen Zivilverfahrensrechts, Tübingen 2000.

[86] *Bachmann*, Universalisierung des Europäichen Zivilverfahrensrechts, S. 19; vgl. auch *Grolimund*, Drittstaatenproblematik des europäischen Zivilverfahrensrechts, Jahrbuch Zivilverfahrensrecht 2010, 79.

[87] Vgl. hierzu KOM(2010) 748 endg., S. 3 f.

[88] Vgl. hierzu *Schack*, IZVR, Rn. 111 und 407.

[89] KOM(2010) 748 endg.

keine internationale Zuständigkeit nach der EuGVO gegeben ist.[90] Art. 4 und 6 EuGVO werden außer Kraft gesetzt; auf den Wohnsitz kommt es nicht an.[91]

Die **Drittstaatenproblematik** begleitet das Europäische Verfahrensrecht also **46** weiterhin. Sie ist auch nach der Reform keiner befriedigenden Lösung zugeführt worden. Ähnliche Fragen stellen sich auch in den anderen Verordnungen, jüngst bei der EuInsVO in einem Fall, in dem der Gegner einer Insolvenzanfechtung seinen Wohnsitz in der Schweiz hatte, der Rest des Falles aber nur Beziehung zu Deutschland hatte (dazu Kap. 14 Rn. 31).

IV. Grundsätze der Zuständigkeiten

1. Das System direkter Zuständigkeiten

a. Verdrängung nationaler Zuständigkeitsregeln

Die EuGVO geht ebenso wie das LGVÜ von einem **System direkter Zuständig-** **47** **keiten** aus: Seine Regeln gelten für die Gerichte der Mitgliedstaaten und verdrängen in ihrem Geltungsbereich nationales Recht.[92] Dies ist insoweit bemerkenswert, als es schon 1968 gelungen ist, in Europa mit dem EuGVÜ eine einheitliche internationale Zuständigkeitsordnung zu errichten.

b. Unvereinbarkeit mit antisuit injunctions

Die Annahme einer abschließenden Zuständigkeitsordnung hat Folgen für die im **48** englischen Prozessrecht bekannten **antisuit injunctions**. Mit ihnen werden gerichtliche Prozessführungsverbote erlassen, um *forum shopping* im Ausland zu verhindern, aber vor allem, um Gerichts- und Schiedsvereinbarungen zugunsten von (Schieds−) Gerichten abzusichern.[93] Die *antisuit injunction* ist an den Kläger gerichtet, der in einem anderen (Mitglied−)Staat einen Prozess entgegen der Gerichtsstands- oder Schiedsvereinbarung führt. Ihm wird die weitere Prozessführung verboten. Bei einer Fortführung des Verfahrens entgegen der *injunction* liegt eine Missachtung des Gerichts (*contempt of court*) vor.

Das House of Lords legte dem EuGH die Frage vor, ob es mit dem EuGVÜ un- **49** vereinbar sei, gegen Antragsgegner, die die Einleitung oder das Weiterbetreiben gerichtlicher Verfahren in einem anderen Vertragsstaat androhen, ein **gerichtliches Prozessführungsverbot** zu verhängen, wenn diese Antragsgegner wider Treu und Glauben mit der Absicht und dem Zweck tätig werden, Verfahren, die ordnungsgemäß bei englischen Gerichten anhängig sind, zu vereiteln oder zu behindern. Im

---

[90] *Mankowski*, GPR 2015, 330; *Luginbühl/Stauder*, GRURInt 2014, 885.

[91] Im Einzelnen *Adolphsen*, Europäisches und Internationales Zivilprozessrecht in Patentsachen, Rn. 407.

[92] Rauscher/*Mankowski*, EZPR, Vor Art. 4 EuGVO Rn. 1.

[93] S. *Schütze*, Zulässigkeit, Zustellung und Wirkungserstreckung von Anti-Suit Injunctions in Deutschland, Sakkoulas Publications 2007, 625; Rauscher/*Mankowski*, EZPR, Vor Art. 4 EuGVO Rn. 49 ff.

zugrundeliegenden Verfahren hatte der Kläger eine arbeitsrechtliche Streitigkeit in England vor dem *Employment Tribunal* erhoben. Das beklagte Unternehmen erhob daraufhin gegen den Kläger Klage bei einem Gericht erster Instanz in Madrid. In dem in Spanien eingeleiteten Verfahren verlangte die Beklagte vom Kläger Ersatz der Schäden, die dieser dem Unternehmen durch sein berufliches Verhalten zugefügt habe. Der Kläger erwirkte letztlich vor dem Court of Appeal (England & Wales) ein Prozessführungsverbot, mit dem der Beklagten aufgegeben wurde, das in Spanien eingeleitete Verfahren nicht weiter zu betreiben und es zu unterlassen, in Spanien oder anderswo ein weiteres Verfahren aufgrund seines Arbeitsvertrags gegen den Kläger einzuleiten. Der Court of Appeal begründete seine Entscheidung insbesondere damit, dass das Verfahren in Spanien wider Treu und Glauben eingeleitet worden sei, um den Kläger davon abzuhalten, seine Klage beim *Employment Tribunal* aufrechtzuerhalten.

50   Der EuGH[94] verwies 2004 zunächst auf den Grundsatz gegenseitigen Vertrauens, den die Mitgliedstaaten den Rechtssystemen und Rechtspflegeorganen anderer Mitgliedstaaten entgegenbringen.[95] Vor allem aber würde das von einem Gericht an eine Partei gerichtete Verbot, eine Klage bei einem ausländischen Gericht zu erheben oder ein dortiges Verfahren weiterzubetreiben, eine Beeinträchtigung von dessen Zuständigkeit für die Entscheidung des Rechtsstreits bewirken. Denn wenn dem Kläger die Erhebung einer solchen Klage durch ein Prozessführungsverbot untersagt werde, liege ein Eingriff in die Zuständigkeit des ausländischen Gerichts vor, der als solcher mit der Systematik des Übereinkommens unvereinbar ist. Im Ergebnis entschied der EuGH, dass das Übereinkommen der Verhängung eines Prozessführungsverbots, mit dem das Gericht eines Vertragsstaats einer Partei eines bei ihm anhängigen Verfahrens untersagt, eine Klage bei einem Gericht eines anderen Vertragsstaats einzureichen oder ein dortiges Verfahren weiterzubetreiben, auch dann entgegensteht, wenn diese Partei wider Treu und Glauben zu dem Zweck handelt, das bereits anhängige Verfahren zu behindern.

51   Für englische Gerichte war jedoch für *antisuit injunctions* immer noch eine Anwendungsmöglichkeit gegeben, wenn die *injunction* die Prozessführung vor einem Gericht eines Mitgliedstaats verbietet, um eine Schiedsvereinbarung durchzusetzen. Das House of Lords hat dem EuGH 2007 die Frage vorgelegt, ob ***antisuit injunctions* zur Durchsetzung von Schiedsvereinbarungen** mit der EuGVO vereinbar sind.[96] Der EuGH hat 2009 auch *antisuit injunctions* zur Absicherung von Schiedsvereinbarungen für unvereinbar mit der EuGVO gehalten.[97] Diese fallen trotz des Ausschlusses der Schiedsgerichtsbarkeit (Art. 1 Abs. 2 lit. d EuGVO) in den An-

---

[94] EuGH, Urteil vom 27.4.2004, Rs. C-159/02, *Turner/Grovit u. a.* = EuGHE 2004, I-3565, 3578 = EuZW 2004, 468.

[95] Kritisch insoweit *Althammer/Löhnig*, Zwischen Realität und Utopie: Der Vertrauensgrundsatz in der Rechtsprechung des EuGH zum europäischen Zivilprozessrecht, ZZPInt 9 (2004), 32.

[96] House of Lords, 21.2.2007– [2007] UKHL 4, West Tankers Inc. v. RAS Riunione Adriatica di Sicurta SpA and others, IHR 2007, 83.

[97] EuGH, Urteil vom 10.2.2009, Rs. C-185/07, *Allianz SpA, vormals Riunione Adriatica Di Sicurtà SpA u. a./West Tankers Inc.* = Slg. I 2009, 686 = EuZW 2009, 215.

wendungsbereich der EuGVO, weil keine unmittelbare Beziehung zu einem Schiedsverfahren besteht, wie z. B. bei sonstigen Unterstützungshandlungen des staatlichen Gerichts.[98]

2013 hatte der Oberste Gerichtshof Litauens den EuGH gefragt, ob ein Schieds-   **52** gericht die Befugnis hat, die Führung eines staatlichen Zivilprozesses durch eine *antisuit injunction* in Form eines Schiedsspruchs, der grundsätzlich nach Art. V UNÜ anzuerkennen wäre, zu verhindern.[99] Insofern argumentierte der EuGH formal, dass der Grundsatz gegenseitigen Vertrauens nicht betroffen sein könnte und sich die Anerkennung des Schiedsspruchs nach Art. V UNÜ und nicht nach der EuGVO richte (dazu Kap. 15 Rn. 26).[100]

c. Keine direkten Zuständigkeitsregeln weltweit

Der Versuch, dieses Übereinkommen auf den Rest der Welt durch ein **Haager**   **53** **Übereinkommen** über die gerichtliche Zuständigkeit und die Anerkennung und Vollstreckung gerichtlicher Entscheidungen in Zivil- und Handelssachen auszudehnen, war gut 30 Jahre später gescheitert, weil die Unterschiede der Prozessrechtssysteme offenbar doch größer sind, als es selbst die US-Amerikaner zunächst angenommen hatten.[101] Danach schien es illusorisch, dass ein ähnlich umfassendes Übereinkommen, das derart stark in die Zuständigkeitsordnungen der Vertragsstaaten eingreift, weltweit zu realisieren wäre. Die Haager Konferenz hat letztlich nur ein Übereinkommen über Gerichtsstandsvereinbarungen realisiert (s. Kap. 1 Rn. 81 f., sowie Rn. 263 f.).

2019 hat die Haager Konferenz dann aber das „**Anerkennungs- und Voll-streckungsübereinkommen**" (HAVÜ) beschlossen (s. o. Kap. 1 Rn. 83). Das Übereinkommen enthält jedoch kein festes Zuständigkeitssystem (convention simple).[102] Die Vertragsstaaten können frei regeln, für welche Streitigkeiten ihre Gerichte zuständig sein sollen. Allerdings sind nur jene Entscheidungen nach dem Übereinkommen in einem anderen Vertragsstaat vollstreckbar, die den Anerkennungszuständigkeiten in Art. 5 HAVÜ entsprechen.

---

[98] Ebenso *Ilmer/Naumann*, Final curtain for anti-suit injunctions, IHR 2007, 64, 65; *Dutta/Heinze*, Anti-suit injunctions zum Schutz von Schiedsvereinbarungen, RIW 2007, 411; *Kropholler/v. Hein*, EZPR, Art. 1 EuGVO Rn. 45; *Steinbrück*, Civil Justice Quarterly 2007, 358.

[99] Vorabentscheidungsersuchen des Lietuvos Aukščiausiasis Teismas (Litauen) an den EuGH vom 14.10.2013, Rs. C-536/13, *Gazprom OAO*.

[100] EuGH, Urteil vom 13.5.2015 – C-536/13 *Gazprom OAO* = EuZW 2015, 509 (*Wais* 511).

[101] Nachweise zum Fortgang der Verhandlungen und zum Scheitern *Baumgartner*, EuropJLawRef 2002, 221; *Wagner*, Die Bemühungen der Haager Konferenz für Internationales Privatrecht um ein Übereinkommen über die gerichtliche Zuständigkeit und ausländische Entscheidungen in Zivil- und Handelssachen, IPRax 2001, 533. Die Preliminary Draft Convention on Jurisdiction and Foreign Judgments in Civil and Commercial Matters, vom 30.10.1999, ist verfügbar unter http://www.hcch.net. Im Juni 2001 wurde der Entwurf nach massiver US-amerikanischer Intervention erheblich überarbeitet. Die überarbeitete Version findet sich ebenfalls auf der oben genannten Seite.

[102] Zum Hintergrund *Mansel/Thorn/Wagner*, IPRax 2020, 97, 98 f.; *Stein*, IPRax 2020, 197, 198.

2. Die Arten der Zuständigkeiten

a. Allgemeine und besondere Zuständigkeit

54 Bei der Regelung der internationalen Zuständigkeit sind **allgemeine** von **besonderen Gerichtsständen** abzugrenzen: Der allgemeine Gerichtsstand ist für alle Klagen gegen die Person gegeben, unabhängig von dem konkreten Streitgegenstand, also auch wenn der Streitgegenstand im konkreten Fall nicht mit dem Forum verbunden ist. Die besonderen Zuständigkeiten sind dagegen nur in Bezug auf den konkreten Streitgegenstand eröffnet.

b. Ausschließliche und fakultative Zuständigkeit

55 Weiter ist die Unterscheidung von **ausschließlichen** und **fakultativen** Zuständigkeiten von Bedeutung: Das Recht der internationalen Zuständigkeit ist häufig relativ großzügig. In einem einzelnen Fall lassen sich mehrere internationale Zuständigkeiten begründen. In diesen Fällen hat der Kläger die Auswahl, was Grundlage des sog. *forum shopping* ist.[103] Hierbei berücksichtigt der Kläger die angesprochenen Folgen der internationalen Zuständigkeit (Kap. 2 Rn. 35 ff.) und wählt ein Forum, an dem er die für sich günstigste Entscheidung erwartet.

Diese Wahl ist aber nur zwischen verschiedenen fakultativen Zuständigkeiten zulässig. Ist eine internationale Zuständigkeit eine ausschließliche, so hat der Kläger keine Wahl und muss an diesem internationalen Forum klagen.

56 Neben verstreuten ausschließlichen Zuständigkeiten sind diese in Art. 24 EuGVO zusammengefasst (s. u. Rn. 212 ff.). Ausschließliche Zuständigkeiten fixiert der Normgeber meist, um den Beklagten zu schützen (z. B. Art. 14 Abs. 1 EuGVO zugunsten des Versicherungsnehmers) oder um eine besondere Sachnähe des Gerichts ausnutzen zu können (so die ausschließliche Zuständigkeit in Art. 24 Nr. 4 EuGVO bei Streitigkeiten um die Eintragung und Gültigkeit von Patenten).

Auch durch vorherige Gerichtsstandsvereinbarungen (Art. 25 Abs. 4 EuGVO) oder rügelose Einlassung (Art. 26 Abs. 1 EuGVO) kann man von diesen Zuständigkeiten nicht abweichen.

3. Die Zuständigkeitsnormen als feste Regeln

a. Keine Auflockerung im Einzelfall

57 Die Zuständigkeitsregeln sind **feste Regeln**, d. h. eine Auflockerung von Bestimmungen ist grds. ausgeschlossen. Es entspricht kontinentaleuropäischer Auffassung, dass der Gesetzgeber abstrakt generell bestimmte typische Interessen bei der Ausgestaltung des Verfahrensrechts berücksichtigt, so dass der Richter nicht im Einzelfall prüfen darf, ob die konkreten Interessen eine ermessensgestützte Versagung eines an sich gegebenen Gerichtsstandes erfordern. Dadurch wäre der Vorteil des deutschen und des europäischen Zivilprozessrechts beseitigt, dass es feste Regeln gibt, die den Gerichtsstand vorhersehbar machen.

---

[103] Hierzu *Schack*, IZVR, Rn. 271 ff. m. w. N.

b. Ausschluss der forum non conveniens-Lehre 58

> **Beispiel**
>
> **Fall 7:** Herr *Owusu,* ein britischer Staatsangehöriger mit Wohnsitz im Vereinigten Königreich, erlitt bei einem Ferienaufenthalt in Jamaika einen schweren Unfall. Er sprang an einer Stelle, an der ihm das Wasser bis zur Hüfte reichte, kopfüber ins Meer und brach sich dabei den fünften Halswirbel. Nach dem Unfall erhob Herr *Owusu* im Vereinigten Königreich eine auf Vertragsverletzung gestützte Schadensersatzklage gegen Herrn *Jackson,* der ebenfalls in diesem Mitgliedstaat ansässig ist. Letzterer hatte dem Verunglückten ein Ferienhaus in Mammee Bay (Jamaika) vermietet. Herr Jackson erhob vor diesem Gericht gegenüber der Klage die Einrede der Unzuständigkeit. Zur Begründung trug er vor, dass der Rechtsstreit einen engeren Bezug zu Jamaika aufweise und die Gerichte dieses Staates daher einen Gerichtsstand darstellten, wo die Verhandlung der Sache den Interessen aller Beteiligten und einer geordneten Rechtspflege besser gerecht werden könne. ◄

Die Ansicht, im Einzelfall eine an sich gegebene Zuständigkeit unter Hinweis 59 auf eine besser passende andere zu verweigern, müsste für eine Übernahme der *forum non conveniens-***Lehre** plädieren. Die Rechtsfigur des *forum non conveniens* dient in den USA, aber auch in England,[104] Wales, Schottland und Australien dazu, eine an sich gegebene internationale Zuständigkeit dennoch zu verneinen, weil im Einzelfall Gerichte eines anderen Landes eher berufen seien, einen bestimmten Fall zu entscheiden.[105] Ziel der *forum non conveniens*-Doktrin ist die Gerechtigkeit des Einzelfalles, die gegenüber der Vorhersehbarkeit der Entscheidung über die internationale Zuständigkeit klar den Vorzug erhält. Kontinuität und Vorhersehbarkeit sind aus europäischer Sicht aber zentrale Elemente des Zuständigkeitsrechts, die es den Parteien erst ermöglichen, ihr Verhalten danach auszurichten und zeit- und kostenintensive Auseinandersetzungen über das Forum zu vermeiden. Zugleich zeigt sich hierin der kontinentaleuropäische Ansatz, Gesetzgebung weitgehend bei der Legislative zu konzentrieren und nicht der Judikative zu überantworten. Die Kontinentaleuropäer lehnen denn auch mehrheitlich die Übernahme dieser Doktrin ab.[106] Der EuGH entschied 2005 im **Fall 7,** dass es das Brüsseler Übereinkommen

---

[104] Ausformung der modernen Doktrin durch House of Lords in *Spiliada Maritime Corp v. Cansule Ltd.* [1987] AC 460.

[105] Vgl. *Schack,* IZVR, Rn. 609 ff.; Rauscher/*Mankowski,* EZPR, Vor Art. 4 EuGVO Rn. 32; *Fawcett,* Declining jurisdiction in private international law, 1995, S. 1, 10 ff.

[106] EuGH, Urteil vom 1.3.2005, Rs. C-281/02 = EuGHE 2005, I-1383 = IPRax 2005, 244 (*Heinze/Dutta* S. 224) = JZ 2005, 887 (*Bruns*) = ZZPInt 10 (2005), 277 (*Huber* 285); s. auch *Thiele,* Forum non conveniens im Lichte europäischen Gemeinschaftsrechts, RIW 2002, 696; *Gottwald,* Das Wetterleuchten des forum non conveniens, FS Jayme, 2004, S. 277; *Blobel,* Unzulässigkeit der forum non conveniens-Doktrin im Europäischen Zivilprozessrecht, GPR 2005, 140; *Mc Eleavy,* Current Developments; Forum non conveniens and the Brussels Convention, ICLQ 54 (2005), 973; *Rauscher/Fehre,* Das Ende des forum non conveniens unter dem EuGVÜ und der Brüssel I-VO?, ZEuP 2006, 459; *Schack,* IZVR, Rn. 615.

einem Gericht eines Vertragsstaats verwehrt, seine Zuständigkeit nach Art. 2 EuGVO a. F. mit der Begründung zu verneinen, dass ein Gericht eines Nichtvertragsstaats geeigneter ist, um über den betreffenden Rechtsstreit zu befinden, selbst wenn keine Zuständigkeit eines Gerichts eines anderen Vertragsstaats in Betracht kommt oder das Verfahren keine Anknüpfungspunkte zu einem anderen Vertragsstaat aufweist.[107] Diese Rechtsprechung, die zu Art. 2 EuGVO a. F. erging, gilt auch für den wortgleichen Art. 4 Abs. 1 EuGVO und ist auf die anderen Gerichtsstände der EuGVO übertragbar.[108] Damit dürfte die Anwendung der *forum non conveniens*-Doktrin im Anwendungsbereich der EuGVO weitestgehend ausgeschlossen sein.[109]

c. Auflockerung im IPR in Deutschland

60   Allerdings ist die **Auflockerung** von festen Regeln auch in Europa auf dem Vormarsch: Die Auflockerung streng gefasster Kollisionsnormen war einige Zeit das vielleicht auffallendste Merkmal des internationalen Privatrechts.[110] Zunächst erfolgte dies in den USA bei der Ausarbeitung des Restatement (Second) of Conflict of Laws (1971). Dieses versucht einen Mittelweg zu gehen zwischen *approaches* zur Einzelfallentscheidung und festen Regeln. Es enthält dazu zahlreiche Ausweichklauseln. Auflockerungsbemühungen sind zunehmend auch in europäischen Kodifikationen zu finden.[111] In Deutschland bietet Art. 41 EGBGB die Möglichkeit, abweichend von der grundsätzlichen Regelung in Art. 40 EGBGB für die Bestimmung des Rechts der unerlaubten Handlung ein anderes Recht anzuwenden, wenn hiermit eine wesentlich engere Verbindung besteht. Ziel insbesondere der Berücksichtigung schon bestehender Sonderrechtsbeziehungen ist vor allem, die bei der Konkurrenz von außervertraglichen mit vertraglichen Haftungsgründen auftretenden Schwierigkeiten zu vermeiden.[112]

---

[107] EuGH, Urteil vom 1.3.2005, Rs. C-281/ 02, *Owusu/Jackson* = EuGHE 2005, I-1383 Rn. 46 = IPRax 2005, 244 = ZZPInt 10 (2005), 277 (*Huber/Stieber* 285); *Dietze/Schnichels*, Die aktuelle Rechtsprechung des EuGH zum EuGVÜ, EuZW 2006, 742; *Harris*, Stays of proceedings and the Brussels Convention, ICLQ 54 (2005), 933, 936.

[108] Ebenso *Blobel*, Unzulässigkeit der forum non conveniens-Doktrin im Europäischen Zivilprozessrecht, GPR 2005, 140, 141; *Mc Eleavy*, Current Developments; Forum non conveniens and the Brussels Convention, ICLQ 54 (2005), 973, 980; *Huber/Stieber*, Anmerkung zu EuGH, Urteil vom 1.3.2005 – Rs. C-281/02, ZZPInt 10 (2005), 277, 288; *Harris*, Stays of proceedings and the Brussels Convention, ICLQ 54 (2005), 933, 941.

[109] Anwendungsmöglichkeiten sieht noch *Harris*, Stays of proceedings and the Brussels Convention, ICLQ 54 (2005), 933, 950.

[110] *Hirse*, Die Ausweichklausel im Internationalen Privatrecht, 2006; *Keller/Siehr*, Allgemeine Lehren, 1986, S. 120; kritisch *Kegel/Schurig*, IPR, § 6 I 4 b cc; *Spickhoff*, Die Restkodifikation des Internationalen Privatrechts: Außervertragliches Schuld- und Sachenrecht, NJW 1999, 2209, 2210; *Junker*, Die IPR-Reform von 1999: Auswirkungen auf die Unternehmenspraxis, RIW 2000, 241, 244.

[111] Zur Ausstrahlung der amerikanischen Theorien *Kegel/Schurig*, IPR, § 3 VI 2 c.

[112] *Huber*, Das internationale Deliktsrecht nach der Reform, JA 2000, 67, 69; *ders.*, Mangelfolgeschäden: Deliktsstatut trotz Einheitskaufrechts, IPRax 1997, 22; *Kropholler*, Ein Anknüpfungssystem für das Deliktsstatut, RabelsZ 33 (1969), 601, 633.

Der **Entwurf der Rom II-Verordnung**[113] enthielt zunächst Ansätze, die Bildung **61** fester Regeln durch *approaches* mit starkem richterlichem Ermessen für den Einzelfall zu verhindern.[114]

Im Ergebnis ist die **Rom II-Verordnung** aber traditionell geprägt: Sie enthält feste Anknüpfungsregeln und nur vereinzelte Möglichkeiten der Auflockerung (in Art. 4, Abs. 3, 5 Abs. 2, 10 Abs. 4, 11 Abs. 4, 12 Abs. 2 lit. c, sind zahlreiche Anknüpfungsmöglichkeiten an eine bestehende rechtliche Beziehung enthalten, die in etwa Art. 41 EGBGB entspricht). Das auf dieses bestehende Rechtsverhältnis anwendbare Recht gilt jedoch nicht automatisch. Das Gericht stellt nach eigenem Ermessen fest, ob zwischen dem außervertraglichen Schuldverhältnis und dem auf das bereits bestehende Rechtsverhältnis anwendbaren Recht eine maßgebliche Verbindung besteht.

d. Vereinzelte Auflockerungen im IZPR

Aber auch im internationalen Zivilprozessrecht sind – allerdings nur vereinzelt – **62** Auflockerungsbestrebungen erkennbar.[115] Art. 15 der Brüssel IIa-Verordnung (auch EuEheVO, dazu Kap. 12 Rn. 18 ff., 45) enthält eine den Art. 8, 9 des Haager Übereinkommens über die Zuständigkeit, das anzuwendende Recht, die Anerkennung, Vollstreckung und Zusammenarbeit auf dem Gebiet der elterlichen Verantwortung und der Maßnahmen zum Schutz von Kindern vom 19.10.1996[116] entsprechende Regelung. In der Neufassung der Brüssel IIa-VO (Rn. 4) wird die Vorschrift mit geringfügigen Änderungen als Art. 12 Brüssel IIa-VO 2022 weitergelten.[117] Auch Art. 6 lit. a EuErbVO enthält eine Auflockerungsregel.[118]

Die durch ein Komitee der International Law Association formulierten *Leuven/* **63** *London Principles on Declining and Referring Jurisdiction in Civil and Commercial Matters* vom 26. Juli 2000 kennen eine solche Regelung[119] ebenso wie Art. 22 des Entwurfs eines Haager Übereinkommens über die gerichtliche Zuständigkeit und ausländische Entscheidungen in Zivil- und Handelssachen vom Juni 2001.

Wenn auch kurzfristig keine umfassende Akzeptanz der *forum non conveniens-* **64** Doktrin in Europa zu erwarten ist, so zeigt die jüngere Diskussion, dass es in der modernen internationalen Gesellschaftsordnung Lebensverhältnisse gibt, die sich in der Praxis einer eindeutigen Zuordnung eines Rechtsverhältnisses zu einer Rechts-

---

[113] Legislative Entschließung des Europäischen Parlaments zu dem Vorschlag für eine Verordnung des Europäischen Parlaments und des Rates über das auf außervertragliche Schuldverhältnisse anzuwendende Recht („Rom II") (KOM(2003)0427-C5–0338/2003–2003/0168(COD), vom 6.7.2005, P6_TA(2005)0284).

[114] Hierzu *v. Hein*, Die Kodifikation des europäischen IPR der außervertraglichen Schuldverhältnisse vor dem Abschluss?, VersR 2007, 440.

[115] Dazu *Gottwald*, Das Wetterleuchten des forum non conveniens, FS Jayme 2004, S. 277, 280.

[116] https://www.hcch.net/de/instruments/conventions/full-text/?cid=70 (abgerufen am 13.12.2021); abgedruckt in *Jayme/Hausmann*, IPR, Nr. 55.

[117] MüKo-BGB/*Heiderhoff*, Art. 15 Brüssel IIa-VO, Rn. 2, die eher den Verweisungscharakter der Vorschrift betont.

[118] MüKo-BGB/*Dutta*, Art. 6 EuErbVO, Rn. 4 f.

[119] Vgl. International Law Association, Report of the 69th Conference, London, 2000, S. 153 ff.

ordnung entziehen können. Hier kann eine gewisse Flexibilität der Gerichte, die die *forum non conveniens*-Doktrin bietet, durchaus hilfreich sein.

4. Beachtung der internationalen Zuständigkeit in allen Instanzen

65   Das in der ersten Instanz angerufene Gericht hat seine internationale Zuständigkeit von Amts wegen zu prüfen. Ist sie nicht gegeben, ergeht Prozessurteil, mit dem die Klage als unzulässig abgewiesen wird.

66   In den folgenden Rechtsmittelinstanzen schließt das deutsche Recht die Prüfung der Zuständigkeit jedoch aus. Dies geschieht durch § 513 Abs. 2 ZPO für die Berufung und durch § 545 Abs. 2 ZPO für die Revision. Die Frage ist, ob die Nachprüfung nur für die örtliche oder auch für die *internationale* Zuständigkeit ausgeschlossen ist. Diese Frage war in Deutschland umstritten. Der weit gefasste Wortlaut der §§ 513 Abs. 2, 545 Abs. 2 ZPO scheint zunächst dafür zu sprechen, dass eine Überprüfung der internationalen Zuständigkeit durch die Rechtsmittelinstanzen gänzlich ausscheiden muss. Auch das Argument, die internationale Zuständigkeit ergebe sich aus der örtlichen, die von §§ 513 Abs. 2, 545 Abs. 2 ZPO unstreitig erfasst ist, scheint zunächst dafür zu sprechen. Trotz des weiten Wortlauts wurde von vielen jedoch die Regelung auf die örtliche und die sachliche Zuständigkeit beschränkt.[120]

67   Dem hat sich der BGH angeschlossen: Er entschied zu § 545 Abs. 2 ZPO,[121] der aber § 513 Abs. 2 ZPO voll entspricht, dass das Revisionsgericht befugt ist, die internationale Zuständigkeit zu prüfen. Er begründet dies in erster Linie mit der gegenüber den sonstigen Zuständigkeiten ungleich bedeutenderen Rolle der internationalen Zuständigkeit, die die Abgrenzung zu den Souveränitätsrechten anderer Staaten leiste. Darüber hinaus nehme die Entscheidung über die internationale Zuständigkeit wegen der Verbindung zum Verfahrens- und Kollisionsrecht die Entscheidung des Prozesses u. U. vorweg.[122]

V. Der allgemeine Gerichtsstand am Wohnsitz des Beklagten Art. 4 Abs. 1 EuGVO

1. Intention der Zuständigkeit

68   Die EuGVO knüpft für den allgemeinen Gerichtsstand an die Grundregel *actor sequitur forum rei* an. Diese Grundregel ist weder selbstverständlich noch naturrechtlich oder völkerrechtlich vorgegeben.[123] Überwiegend wird sie damit be-

---

[120] *Geimer*, IZPR, Rn. 1009, 1855; Baumbach/Lauterbach/Albers/*Hartmann*, ZPO, Übersicht § 38 Rn. 9.

[121] BGH, Urteil vom 28.11.2002, III ZR 102/02 = BGHZ 153, 82, 85 = NJW 2003, 426; seitdem st. Rspr., s. BGH, Urteil vom 27.6.2007, X ZR 15/05 = NJW 2007, 3501, 3502 (Rn. 14); BGH, Urteil vom 7.12.2004, XI ZR 366/03 = NJW-RR 2005, 581 = MDR 2005, 339 = WM 2005, 339 = EWiR Art. 5 EuGVÜ 2/05, 635 (*Kröll*); kritisch *Rimmelspacher*, Die internationale Zuständigkeit in den zivilprozessualen Rechtsmittelinstanzen, JZ 2004, 894.

[122] S. auch BGH, Urteil vom 3.2.2010, 21 U 54/09 = ZIP 2010, 800, 801.

[123] *Pfeiffer*, Internationale Zuständigkeit und prozessuale Gerechtigkeit, 1995, S. 599; *Geimer*, IZPR, Rn. 1138, 1265.

gründet, dass sich der Beklagte gegenüber dem Kläger in einer schützenswerten Verteidigerposition befindet. Dies ist bei einer rein prozessualen Betrachtungsweise richtig. Berücksichtigt wird aber nicht die materiellrechtliche Ausgangslage der Parteien.

2. Vereinbarkeit mit EMRK

Die Entscheidung zugunsten des Beklagtengerichtsstands ist mit **Art. 6 I EMRK**   **69** vereinbar. Die Ausgestaltung einer internationalen Zuständigkeitsordnung zur Sicherung eines fairen Verfahrens verlangt die Berücksichtigung und den angemessenen Ausgleich der Interessen der Parteien des Rechtsstreits.[124] Die Entscheidung zugunsten der Beklagteninteressen berücksichtigt dies, indem der Beklagte vor unangemessen exorbitanter Gerichtsgewalt geschützt wird.[125] Der Anspruch des Klägers auf Effektuierung seines in Art. 6 I EMRK enthaltenen Grundrechtsschutzes wird dadurch nicht wesentlich eingeschränkt, weil eine Klage am Lebensmittelpunkt des Beklagten in den meisten Fällen einen vollstreckungsrechtlichen Zugriff auf dessen Vermögen gewähren dürfte. Zudem werden in Art. 7 ff. EuGVO besondere Zuständigkeiten aufgeführt, die auch seine Interessen berücksichtigen und dem Kläger zur Wahl eines Forums dienen. Klägergerichtsstände werden durch Art. 6 I EMRK keinesfalls erzwungen.[126] Über den Ausgleich von Kläger- und Beklagteninteressen bei der Ausgestaltung von Zuständigkeitsvorschriften kann man trefflich streiten. Wenngleich Art. 6 I EMRK eine äußere Grenze für die Ausgestaltung des internationalen Zuständigkeitsrechts bilden mag, verlangt er doch nicht eine bestimmte Entscheidung, sondern überlässt innerhalb des weit gesetzten Rahmens internationaler Zuständigkeitsgerechtigkeit die Gewichtung dem jeweiligen Normsetzer.[127]

3. Natürliche und juristische Personen

Für **natürliche Personen** mit Wohnsitz in einem Mitgliedstaat ist als allgemeiner   **70** internationaler Gerichtsstand die Zuständigkeit dieses Mitgliedstaats vorgesehen (Art. 4 Abs. 1, 62 EuGVO), ohne dass es auf die Staatsangehörigkeit der Parteien ankäme.[128] Bei **juristischen Personen** liegt der allgemeine internationale Gerichtsstand an deren Sitz, der in Art. 63 EuGVO bestimmt wird[129]. Anders als die EuGVO stellen die EuEheVO (Brüssel IIa-Verordnung; vgl. Kap. 12 Rn. 32 ff.) und die EuErbVO (s. Kap. 13 Rn. 12) auf den gewöhnlichen Aufenthalt ab.

---

[124] *Geimer*, Die Verfahrensgarantien der EMRK in Zivilrechtssachen, IZPR, Rn. 250b.

[125] Ebenso *Pfeiffer*, Internationale Zuständigkeit und prozessuale Gerechtigkeit, S. 583.

[126] *Matscher*, Die Verfahrensgarantien der EMRK in Zivilrechtssachen, ZöR 31 (1980), 1, 20.

[127] *Pfeiffer*, Internationale Zuständigkeit und prozessuale Gerechtigkeit, S. 584; *Geimer*, IZPR, Rn. 250b a.E.; *Matscher*, Der verfahrensrechtliche ordre public im Spannungsfeld von EMRK und Gemeinschaftsrecht, IPRax 2001, 428, 433.

[128] Das französische Recht kennt einen Gerichtsstand für französische Staatsangehörige (Art. 14, 15 Code Civil).

[129] *Wedemann*, Der Sitz von Gesellschaften im Europäischen Zuständigkeitsrecht – eine Klärung im Lichte von Cum-Ex- und anderen Verfahren, ZIP 2021, 2257.

4. Verhältnis zu besonderen Gerichtsständen

71   Die besonderen Gerichtsstände (Art. 7 ff. EuGVO) sind dagegen meist als Klägergerichtsstände ausgestaltet. Sie sind aber regelmäßig durch den EuGH zurückhaltend ausgelegt worden, um den Geltungsanspruch des umfassenden Beklagtengerichtsstands in Art. 4 Abs. 1 EuGVO zu wahren. Keinesfalls soll dem Kläger
generell ein Gericht an seinem Wohnsitz zur Verfügung stehen.[130] Zu diesem Zweck
werden sog. *exorbitante Gerichtsstände* ausgeschlossen (Art. 5 Abs. 2 EuGVO).

72   Art. 4 Abs. 1 EuGVO begründet nur die internationale Zuständigkeit. Die örtliche Zuständigkeit richtet sich nach dem Recht des Forums (*lex fori*), in Deutschland nach §§ 12 ff. ZPO. [131]

5. Maßgeblicher Zeitpunkt

73   Die Zuständigkeitsvorschriften der EuGVO enthalten keine Aussage darüber, in
welchem Zeitpunkt die Zuständigkeitsvoraussetzungen vorliegen müssen. Nach
ganz herrschender Meinung[132] müssen sie jedenfalls nicht schon bei Klageerhebung
gegeben sein.[133] Es genügt vielmehr, wenn die zuständigkeitsbegründenden Tatsachen während des Verfahrens eingetreten sind – vorausgesetzt das angerufene Gericht kann sie noch nach seiner *lex fori* berücksichtigen. Dem liegt der Gedanke
zugrunde, dass es sinnlos wäre, die Klage als unzulässig abzuweisen, wenn sie unmittelbar danach wieder erhoben werden könnte.[134]

74   Ist ein Gericht einmal international zuständig, entfällt diese Zuständigkeit auch
nicht, wenn die zuständigkeitsbegründenden Tatsachen vor der gerichtlichen Entscheidung wieder wegfallen. Hier greift der unionsrechtlich ungeschriebene[135]
Grundsatz der *perpetuation fori* (vgl. im nationalen Recht § 261 Abs. 3 Nr. 2 ZPO),
um den Kläger nicht zu zwingen, dem Beklagten hinterherzulaufen.

VI. Die besonderen Gerichtsstände des Art. 7 EuGVO

75   Alle Tatbestände des Art. 7 EuGVO setzen voraus, dass der Beklagte seinen Wohnsitz nicht im Gerichtsstaat hat („*kann in einem anderen Mitgliedstaat verklagt werden.*"). Nur unter dieser Prämisse ist die Aussage richtig, dass der allgemeine Gerichtsstand nach Art. 4 Abs. 1 EuGVO und die Gerichtsstände des Art. 7 EuGVO

---

[130] Wohnsitzgerichtsstände enthalten z. B. das niederländische (Art. 126 Abs. 3 niederl. R.V.) und
das belgische Recht (Art. 638 belgisch. B.W.).

[131] *Schlosser*, in: Schlosser/Hess, EU-Zivilprozessrecht, Art. 2 EuGVVO Rn. 3; Nagel/*Gottwald*,
IZPR, § 3 Rn. 26.

[132] MüKo-ZPO/*Gottwald*, Art. 4 Brüssel Ia-VO Rn. 22; *Hess*, EZPR, Rn. 6.39; *Schlosser*, in:
Schlosser/Hess, EU-Zivilprozessrecht, Vorb. Art. 2 EuGVVO Rn. 7.

[133] So auch BGH, Urteil vom 1.3.2011 – XI ZR 48/10 = NJW 2011, 2515.

[134] BGH, Urteil vom 1.3.2011, XI ZR 48/10 = NJW 2011, 2515 = EWIR Art. 2 EuGVVO 1/11, 311
(*Geimer*).

[135] BGH, Urteil vom 1.3.2011, XI ZR 48/10 = NJW 2011, 2515 = EWIR Art. 2 EuGVVO 1/11, 311
(*Geimer*).

miteinander konkurrieren. Ist der Vertrag zwischen einem deutschen Verkäufer und einem niederländischen Käufer in den Niederlanden zu erfüllen, kann der Käufer entweder in Deutschland nach Art. 4 Abs. 1 EuGVO oder in Holland gem. Art. 7 Nr. 1 EuGVO klagen. Wäre dagegen der Vertrag in Deutschland zu erfüllen, könnte der Käufer nur nach Art. 4 Abs. 1 EuGVO in Deutschland klagen. Art. 7 Nr. 1 EuGVO könnte keine Zuständigkeit begründen, da der Gerichtstaat Deutschland nicht ein anderer Mitgliedstaat i.S. des Art. 7 Abs. 1 S. 1 EuGVO ist.

1. Gerichtsstand des Erfüllungsortes Art. 7 Nr. 1 EuGVO

Da vor allem der internationale Handel auf einen besonderen Gerichtsstand des Ver-   76
trages zwingend angewiesen ist, enthalten die weitaus meisten Zuständigkeitsordnungen einen Gerichtsstand des Vertrages neben dem allgemeinen Beklagtengerichtsstand, allerdings in unterschiedlicher Ausgestaltung.[136] Dieses sind Art. 7
Nr. 1 EuGVO bzw. Art. 5 Nr. 1 LGVÜ, im nationalen Recht § 29 Abs. 1 ZPO,
Art. 113 IPRG, Art. 624 Nr. 2 belg. Code judiciaire (1967), Art. 46 franz. Code proc.
civ. (1975), Art. 20 ital. c.pr.c. und § 88 JN.[137]

a. Vertragsbegriff

Der Begriff des Vertrages ist nach Ansicht des EuGH in der EuGVO verordnungs-   77
autonom und weit auszulegen.[138] Der Vertragsbegriff dient vor allem dazu, die
Regelungskomplexe des vertraglichen Gerichtsstands und des Gerichtsstands der
unerlaubten Handlung (Art. 7 Nr. 2 EuGVO) voneinander abzugrenzen und den allgemeinen Gerichtsstand als „grundsätzlichen" Gerichtsstand zu sichern.

Dieses erzwingt eine **autonome Auslegung** (s. Kap. 1 Rn. 128 ff.) der Begriffe.   78
Erfasst werden alle schuldrechtlichen Ansprüche, die auf einer *freiwillig* eingegangenen Verpflichtung beruhen.[139]

Im Gegensatz dazu ist der Begriff der unerlaubten Handlung seit *Kalfelis./. Schröder* dahin auszulegen, dass jede Schadenshaftung erfasst wird, die *nicht* an einen
Vertrag i.S. von Art. 7 Nr. 1 EuGVO anknüpft.[140] „Anknüpfen" i.S. der *Kalfelis./.
Schröder* Rechtsprechung ist nach dem *Brogsitter* Urteil des EuGH gegeben,
wenn im Rahmen der Prüfung von Ersatzansprüchen eine Auslegung des Vertrags
unerlässlich erscheint, um zu klären, ob das vorgeworfene Verhalten rechtmäßig
oder widerrechtlich ist.[141] Diese verordnungsautonome Auslegung führt dazu, dass
viele Anspruchsgrundlagen, die nach deutschem Recht in Anspruchsgrundlagen-

---

[136] Rechtsvergleichende Überblicke im *Jenard*-Bericht, AB1.EG C 59 vom 5.3.1979, S. 70; bei *Schröder*, Internationale Zuständigkeit, 1971, S. 300 ff.

[137] Rechtsvergleichend *Wipping*, Der europäische Gerichtsstand des Erfüllungsortes, S. 49 ff.

[138] Zusammenfassend *Schlosser*, in: Schlosser/Hess, EU-Zivilprozessrecht, Art. 7 EuGVVO Rn. 3; *Mankowski*, Die Qualifikation der culpa in contrahendo – Nagelprobe für den Vertragsbegriff des europäischen IZPR und IPR, IPRax 2003, 127, 129; *Wipping*, Art. 5 Nr. 1 EuGVVO 2008, S. 80.

[139] MüKo-ZPO/*Gottwald*, Art. 7 Brüssel Ia-VO Rn. 5.

[140] EuGH, Urteil vom 27.9.1988, Rs. 189/87, *Kalfelis/Schröder*, Slg. 1988, 5565 (Rn. 16).

[141] EuGH, Urteil vom 13.3.2014 – Rs. C-548/12, *Marc Brogsitter/Fabrication de Montres Norman-des EURL u. a.*, NJW 2014, 1648.

konkurrenz stehen und deliktisch zu qualifizieren sind, europarechtlich vertraglich eingeordnet werden. **Nur rein** deliktische Verhaltenspflichten ohne hinreichende Verknüpfung mit einem Vertrag schienen demnach als Grundlage für die Anwendung des Vertragsgerichtsstands aus.[142]

79   Dies hätte zu einer massiven Ausdehnung des Vertrags- zu Lasten des Deliktsgerichtsstands geführt. Der EuGH ist dann aber Ende 2020 in der Entscheidung **Wikingerhof** wieder etwas auf seine ältere Linie eingeschwenkt und hat eine Klage gegen booking.com im Rahmen bestehender Vertragsbeziehungen auf der Grundlage des GWB (Missbrauch einer marktbeherrschenden Stellung) als deliktisch eingeordnet. Der Kläger, ein Hotelbetreiber, wehrte sich dagegen, dass booking.com im Rahmen bereits bestehender Vertragsbeziehungen unangemessene Vertragsbedingungen einführen wollte. Der EuGH entschied, dass Art. 7 Nr. 2 EuGVO für eine Klage gilt, die auf die Unterlassung bestimmter Verhaltensweisen im Rahmen einer Vertragsbeziehung zwischen dem Kläger und dem Beklagten gerichtet ist und die darauf gestützt wird, dass der Beklagte unter Verstoß gegen das Wettbewerbsrecht seine marktbeherrschende Stellung missbräuchlich ausnutzt.[143]

80   Klarer wird die Entscheidung, wenn man die lesenswerten Anträge des Generalanwalts berücksichtigt. Wikingerhof berufe[144] sich vorliegend nicht auf einen Verstoß gegen den Vertrag mit Booking.com, sondern darauf, dass diese Gesellschaft ihre marktbeherrschende Stellung missbräuchlich ausnutzt, indem sie Wikingerhof unlautere geschäftliche Bedingungen vorschreibt, insbesondere durch die Allgemeinen Geschäftsbedingungen, die sie im Rahmen ihrer Geschäftsbeziehung anwendet. Entscheidend hänge die Einstufung einer Klage als vertraglich oder deliktisch von ihrer Grundlage ab, d. h. von der Verpflichtung, auf die sie gestützt wird.[145]

81   Damit kommt man zu einem Marktgerichtsstand für die Kartellgeschädigten, wobei aber zu Recht darauf hingewiesen wird, dass dies in der Zukunft durch wirksame Gerichtsstandsvereinbarungen umgangen werden kann.[146]

82   Das *Brogsitter* Urteil des EuGH relativiert letztlich seine bisherige Rechtsprechung, die einen Gerichtsstand des Sachzusammenhangs jedenfalls vor dem Gericht der unerlaubten Handlung ablehnt.[147] Bisher nahm man an, dass, soweit das nationale Recht, wie das deutsche, das Institut der Anspruchsgrundlagenkonkurrenz

---

[142] Abgrenzungsversuche bei *Hoffmann*, ZZP 128 (2015), 465; kritisch dazu *Kern/Uhlmann*, GPR 2021, 50, 55.

[143] EuGH, Urteil vom 24.11.2020 – C-59/19, *Wikingerhof GmbH & Co. KG/Booking.com BV* = NJW 2021, 144 (*Wagner* 147).

[144] Zum Erfordernis des Berufens im Einzelnen *Kern/Uhlmann*, GPR 2021, 50, 53.

[145] Generalanwalt beim EuGH (*Saugmandsgaard Øe*), Schlussantrag vom 10.9.2020 Rn. 118, 121.

[146] *Mankowski*, LMK 2020, 434668.

[147] *Schlosser*, in: Schlosser/Hess, EU-Zivilprozessrecht, Art. 7 EuGVO Rn. 3a; *Wendenburg/Schneider*, NJW 2014, 1633, 1635; Rauscher/*Leible*, EZPR, Art. 7 EuGVO Rn. 101; MüKo-ZPO/*Gottwald*, Art. 7 Brüssel Ia-VO Rn. 14, 53.

kennt – also ein Nebeneinander vertraglicher und deliktischer Haftung -[148] das Gericht am Gerichtsstand des vertraglichen Erfüllungsortes nur befugt sei, die vertraglichen Schadensersatzansprüche zu prüfen. Eine Kognitionsbefugnis für die deliktischen Ansprüche bestehe nicht, da der EuGH einen Gerichtsstand des
Sachzusammenhangs jedenfalls am Deliktsgerichtsstand ablehnt.[149] Beide Ansprüche mussten also entweder bei verschiedenen Gerichten eingeklagt werden,
wenn sich dies aufgrund unterschiedlicher Tatbestandsmerkmale oder Rechtsfolgen
lohnte, oder am allgemeinen Gerichtsstand nach Art. 4 Abs. 1 EuGVO, da hier eine
umfassende Kognitionsbefugnis des Gerichts besteht. Dieser Rechtsprechung hatte
sich der BGH angeschlossen und auch nach Annahme eines Gerichtsstands des
Sachzusammenhangs im nationalen Prozessrecht[150] keinen Anlass gesehen, diese
Rechtsprechung auf die internationale Zuständigkeit zu übertragen.[151] Die Frage des
Sachzusammenhangs wird sich aber nach dem *Brogsitter* Urteil des EuGH in den
Fällen nicht mehr stellen, in denen zur Feststellung der Rechtmäßigkeit des Verhaltens die Auslegung eines zwischen den Parteien bestehenden Vertrages erforder-
lich ist. Dann ist insgesamt der vertragliche Gerichtstand zu nutzen, schon weil das
Handeln insgesamt vertraglich qualifiziert wird, also gar kein deliktisches Handeln
mehr vorliegt, das erst zur Frage des Sachzusammenhangs führte.

Ein Synallagma der Verpflichtungen ist nicht erforderlich.[152] Erfasst werden Pri-   **83**
mär- wie Sekundäransprüche.[153] Im Bereicherungsrecht ist der Fall der Leistungs-
kondiktion umstritten, weil die Grundlage in einem Vertragsverhältnis zu sehen
ist.[154] Der Streit um das Zustandekommen einer vertraglichen Verpflichtung wird
erfasst.[155] Isolierte Gewinnzusagen sind vertraglich zu qualifizieren, fallen also
ebenso unter den Vertragsbegriff[156] wie Ansprüche aus dem Mitgliedschaftsverhält-

---

[148] Zum Begriff *Reimer*, Juristische Methodenlehre, 2. Aufl. 2020, Rn. 170; *Bydlinski*, Juristische
Methodenlehre, 2. Aufl. 1991, S. 402; *Larenz/Canaris*, Methodenlehre der Rechtswissenschaft,
3. Aufl. 1995, S. 87 ff.; rechtsvergleichend *Lohse*, Das Verhältnis von Vertrag und Delikt 1991,
S. 57 ff

[149] EuGH, Urteil vom 27.9.1988, Rs 189/87, *Kalfelis/Schröder* = EuGHE 1988, 5565 = NJW 1988,
3088 = IPRax 1989, 288 (krit. *Gottwald* 272); MüKo-ZPO/*Gottwald*, Art. 7 Brüssel Ia-VO, Rn. 2;
Spickhoff, VersR 2003, 665, 666; *Schlosser*, in: Schlosser/Hess, EU-Zivilprozessrecht, Art. 7
EuGVO Rn. 3a; Generalanwalt beim EuGH (*Saugmandsgaard Øe*), Schlussantrag vom
10.9.2020 Rn. 60.

[150] BGH, Beschluss vom 10.12.2002 – X ARZ 208/02 = NJW 2003, 828.

[151] BGH, Urteil vom 7.12.2004 – XI ZR 366/03 = NJW-RR 2005, 581, 583 = MDR 2005, 339
= WM 2005, 339 = EWiR Art. 5 EuGVÜ 2/05, 635 (*Kröll*).

[152] *Leible*, Luxemburg locuta – Gewinnmitteilung finita?, NJW 2005, 796, 797.

[153] Übersicht bei MüKo-ZPO/*Gottwald*, Art. 7 Brüssel Ia-VO Rn. 6.

[154] Rauscher/*Leible*, EZPR, Art. 7 EuGVO Rn. 24 für Einbeziehung; MüKo-ZPO/*Gottwald*, Art. 7
Brüssel Ia-VO Rn. 12 gegen Einbeziehung.

[155] EuGH, Urteil vom 4.3.1982, Rs. 38/81, *Effer/Kantner* = EuGHE 1982, 1189 = RIW 1982, 280
= IPRax 1983, 31 (*Gottwald* 13); EuGH, Urteil vom 20.1.2005, Rs. C-27/02, Engler/Janus Versand
GmbH = NJW 2005, 811 (Rn. 46).

[156] EuGH, Urteil vom 20.1.2005, Rs. C-27/02 = NJW 2005, 811 (*Leible* 796).

nis.[157] Nicht erfasst wird die *culpa in contrahendo*, soweit es an einer freiwillig eingegangenen Verpflichtung fehlt,[158] sowie Ansprüche aus gesetzlichen Schuldverhältnissen oder aus Geschäftsführung ohne Auftrag.[159]

84   Art. 17 EuGVO geht als *lex specialis* vor.[160]

b. Die Struktur des Art. 7 Nr. 1 EuGVO

85   Art. 7 Nr. 1 EuGVO hat eine ganz eigenwillige Struktur, die zum Teil noch Elemente des EuGVÜ enthält, zum Teil aber auch neue, bei denen der Gesetzgeber versucht hat, diese mit der alten Struktur zu verzahnen.

Bei Nr. 1 gilt der Vorrang des lit. b, wenn lit. b nicht gegeben ist, sagt lit. c gilt lit. a.

Lit. a verzichtet auf eine Fixierung des Erfüllungsortes in der EuGVO selbst und überlässt die Bestimmung dem in der Sache anwendbaren Recht (*lex causae*). Das führt zu einer uneinheitlichen Bestimmung des Erfüllungsortes in Abhängigkeit vom jeweils geltenden Recht in der Hauptsache. Lit. b dagegen fixiert den Erfüllungsort für die beiden wichtigen Vertragskategorien Kauf- und Dienstvertrag in der EuGVO selbst bzw. versucht dies. Dadurch soll der Erfüllungsort einheitlich zu bestimmen sein.

c. Begriff des Erfüllungsortes bei Kauf- und Dienstverträgen

86   Der **Begriff des Erfüllungsortes** ist für Kauf- und Dienstverträge in Art. 7 Nr. 1 lit. b EuGVO selbst geregelt worden, da es unter Geltung des EuGVÜ streitig war, wie der Erfüllungsort zu bestimmen war. Man hat also eine materiellrechtliche Regelung in die prozessrechtliche Verordnung aufgenommen![161] Heute muss man daher zunächst ermitteln, was Kauf- und Dienstverträge im Sinne der Vorschrift sind (dazu Rn. 87 ff.) und dann den Erfüllungsort fixieren (dazu Rn. 94).

aa. Kauf- und Dienstverträge

87   Art. 7 Nr. 1 EuGVO enthält keine Definition der beiden Vertragskategorien. Die **Begriffe Kauf- und Dienstverträge** sind autonom ohne Rückgriff auf nationales Recht auszulegen. Hierzu kann auf Definitionen in internationalen Übereinkommen,

---

[157] EuGH, Urteil vom 22.3.1983, Rs. 34/82, *Peters/Zuid Nederlandse Aannemers Vereniging* = EuGHE 1983, 987 = IPRax 1984, 85 (*Schlosser* 65).

[158] EuGH, Urteil vom 17.9.2002, Rs. C-334/00, *Fonderie Officine Meccaniche Tacconi SpA/ Heinrich Wagner Sinto Maschinenfabrik GmbH [HWS]* = EuGHE 2002, I −7357 = NJW 2002, 3159 = IPRax 2003, 143 (*Mankowski* 127). S. differenzierend Rauscher/*Leible*, EZPR, Art. 7 EuGVO Rn. 30.

[159] Übersicht bei Rauscher/*Leible*, EZPR, Art. 7 EuGVO Rn. 35.

[160] EuGH, Urteil vom 20.1.2005, Rs. C-27/02, *Engler/Janus Versand GmbH* = NJW 2005, 811 (Rn. 32).

[161] Zum historischen Hintergrund Rauscher/*Leible*, EZPR, Art. 7 EuGVO Rn. 38a.

wie das CISG oder auch die Verbrauchsgüterkaufrichtlinie, abgestellt werden.[162] Eine Definition enthält Art. 2 Nr. 1 der EU Warenhandesrichtlinie.[163]

Die fehlende Definition der Vertragskategorien in der Norm selbst – und die Tatsache, dass in nationalen Rechtsordnungen andere Vertragstypen bekannt sind, die Ähnlichkeit mit Kauf- und Dienstverträgen haben (Werklieferungsvertrag) – hat zur Folge, dass die Norm zahlreiche Zweifelsfragen aufwirft.   **88**

Ein Vertrag, mit dem der Inhaber eines Immaterialgüterrechts seinem Vertragspartner das Recht zur Nutzung dieses Rechts einräumt (**Lizenzvertrag**) ist nach der Rechtsprechung des EuGH kein Vertrag über die Erbringung von Dienstleistungen.[164]   **89**

Der BGH ordnet eine **Darlehensgewährung** als Dienstleistung ein.[165]   **90**

Lagerverträge[166] und bestimmte Vertriebsverträge, die besondere Klauseln über   **91** den Vertrieb der vom Lizenzgeber verkauften Waren durch den Vertragshändler enthalten,[167] sind Verträge über die Erbringung von Dienstleistungen.

Schwierigkeiten bereiten auch **Werklieferungsverträge** (nach deutscher   **92** Terminologie). Diese ordnete der EuGH zumindest im streitgegenständlichen Fall als Kaufverträge i. S. v. Art. 7 Nr. 1 lit. b EuGVO ein[168]:

„Verträge über die Lieferung herzustellender oder zu erzeugender Ware sind auch bei bestimmten Vorgaben des Auftraggebers zu Beschaffung, Verarbeitung und Lieferung der Ware, ohne dass die Stoffe von diesem zur Verfügung gestellt wurden, und auch wenn der Lieferant für die Qualität und die Vertragsgemäßheit der Ware haftet, als ‚Verkauf beweglicher Sachen' i. S. v. Art. 5 Nr. 1 lit. b erster Gedankenstrich dieser Verordnung einzustufen."

Damit ist die Lieferung noch herzustellender oder zu produzierender Sachen Kauf-und nicht Dienstvertrag, solange nicht der Besteller einen wesentlichen Teil der Stoffe zur Verfügung stellt (dann erschöpft sich die Tätigkeit des Herstellers im Zusammenbau) und der Hersteller nicht nur für den ordnungsgemäßen Zusammenbau, sondern insgesamt für die Ordnungsgemäßheit der Ware haftet.[169]

---

[162] *Ferrari*, Zur autonomen Auslegung der EuGVVO, insbesondere des Begriffs des „Erfüllungsortes der Verpflichtung" nach Art. 5 Nr. 1 lit. b, IPRax 2007, 61, 65; Rauscher/*Leible*, EZPR, Art. 7 EuGVO Rn. 58.

[163] Richtlinie (EU) 2019/771 des Europäischen Parlaments und des Rates vom 20. Mai 2019 über bestimmte vertragsrechtliche Aspekte des Warenkaufs, zur Änderung der Verordnung (EU) 2017/2394 und der Richtlinie 2009/22/EG sowie zur Aufhebung der Richtlinie 1999/44/EG, ABl. L 136/28 vom 22.5.2019 S. 28: Art. 2: Im Sinne dieser Richtlinie bezeichnet der Ausdruck Nr. 1 „Kaufvertrag" jeden Vertrag, durch den der Verkäufer das Eigentum an Waren auf einen Verbraucher überträgt oder die Übertragung des Eigentums an dieser Ware auf den Verbraucher zusagt und der Verbraucher hierfür den Preis dafür zahlt oder dessen Zahlung zusagt.

[164] EuGH, Urteil vom 23.4.2009, Rs. C-533/07; Rauscher/*Leible*, EZPR, Art. 7 EuGVO Rn. 69.

[165] BGH, Urteil vom 28.2.2012, XI ZR 9/11 = NJW 2012, 1817 (Rn. 16); ebenso Nagel/*Gottwald*, IZPR, § 3 Rn. 68; *Kropholler/v. Hein*, EZPR, Art. 5 EuGVO Rn. 44 a.E.

[166] EuGH, Beschluss vom 14.11.2013, Rs. C-469/12 = BeckRS 2013, 82269.

[167] EuGH, Urteil vom 19.12.2013, Rs. C-9/12, *Corman-Collins SA/La Maison du Whisky SA* = EuZW 2014, 181.

[168] EuGH, Urteil vom 25.1.2010, Rs. C-381/08 = NJW 2010, 1059.

[169] Ebenso Rauscher/*Leible*, EZPR, Art. 7 EuGVO Rn. 61.

93   Im Ergebnis darf man grob davon ausgehen, dass sich die Abgrenzung von Kauf- und Dienstvertrag nach der Größe des Dienstleistungsanteils richtet.[170]

bb. Erfüllungsort

94   Der Begriff des Erfüllungsortes ist für Kauf- und Dienstverträge in Art. 7 Nr. 1 lit. b EuGVO selbst geregelt, da es unter Geltung des EuGVÜ, das eine entsprechende Regelung nicht enthielt, streitig war, wie der Erfüllungsort zu bestimmen war. Beim *Kauf beweglicher Sachen* ist Erfüllungsort der Ort in einem Mitgliedstaat, an dem sie nach dem Vertrag geliefert worden sind oder hätten geliefert werden müssen.[171] Für die *Erbringung von Dienstleistungen* ist dies der Ort in einem Mitgliedstaat, an dem sie nach dem Vertrag erbracht worden sind oder hätten erbracht werden müssen. Damit hat sich der Gesetzgeber dafür entschieden, eine vertragscharakteristische Leistung bei lit. b für maßgeblich zu erklären zu Lasten der Zahlungspflicht (s. u. Rn. 99).[172] Als die Norm eingefügt wurde, wollte man auf einen *faktischen* Erfüllungsort abstellen, also möglichst ohne einen Rückgriff auf normative, also national staatliche oder autonome Wertungen auskommen.[173] Das hat sich aber als nicht möglich erwiesen: wenn geliefert wurde oder die Dienstleistungspflicht erbracht wurde, kann man das tun. Wenn aber nicht oder noch nicht, muss man den Vertragsinhalt ermitteln und das geht nicht ohne normative Wertungen. So muss man bei einem Versendungskauf klären, wie die Pflichten zu bestimmen sind, man muss bei einer Annahmeverweigerung klären, ob diese berechtigt ist.[174] Ohne Recht geht das nicht. Insofern muss man dann wieder auf nationales Recht abstellen oder eine autonome Lösung auch hierfür innerhalb lit. b suchen.[175]

95   Besondere Schwierigkeiten bereiten daher natürlich **Versendungskäufe**. Hier war streitig, ob für die Bestimmung des Erfüllungsortes an den Ort der Übergabe an den ersten Beförderer oder an den Ort anzuknüpfen ist, an dem der Käufer selbst die Verfügungsgewalt über die Sache erhält.

Beispiel

Fall 8: Das Unternehmen *KeySafety* mit Sitz in Italien liefert Airbagsysteme an italienische Autohersteller und kaufte von Juli 2001 bis Dezember 2003 bei *Car Trim* mit Sitz in Chemnitz im Rahmen von fünf Lieferverträgen Komponenten, die in die Herstellung dieser Systeme eingingen. Dabei lag ein Versendungskauf zugrunde. *KeySafety* kündigte diese Verträge zum Jahresende 2003. *Car Trim*, die von Vertragslaufzeiten bis teilweise Sommer 2007 ausgeht, wertete die Kündigungen als Vertragsverletzung und verlangte Schadensersatz, den sie bei dem für den Produktionsort der Komponenten zuständigen *LG Chemnitz* gerichtlich geltend machte. Ist das LG Chemnitz zuständig? ◄

---

[170] Rauscher/*Leible*, EZPR, Art. 7 EuGVO Rn. 61; *Hess*, EZPR, Rn. 6.57.

[171] Dazu *Wipping*, Der europäische Gerichtsstand des Erfüllungsortes, S. 133; *Hager/Bentele*, IPRax 2004, 73.

[172] Rauscher/*Leible*, EZPR, Art. 7 EuGVO Rn. 57; *Hess*, EZPR, Rn. 6.60, 6.61.

[173] MüKo-ZPO/*Gottwald*, Art. 7 Brüssel Ia-VO Rn. 16.

[174] Rauscher/*Leible*, EZPR, Art. 7 EuGVO Rn. 74

[175] Rauscher/*Leible*, EZPR, Art. 7 EuGVO Rn. 75; *Hess*, EZPR, Rn. 6.60.

Der EuGH[176] entschied 2010, dass bei Versendungskäufen der Ort, an dem die **96** beweglichen Sachen nach dem Vertrag geliefert worden sind oder hätten geliefert werden müssen, zunächst auf der Grundlage der Bestimmungen dieses Vertrags zu bestimmen ist. Lässt sich der Lieferort auf dieser Grundlage nicht bestimmen, ist dieser Ort derjenige der körperlichen Übergabe der Waren, durch die der Käufer am endgültigen Bestimmungsort des Verkaufsvorgangs die tatsächliche Verfügungsgewalt über diese Waren erlangt hat oder hätte erlangen müssen. Damit ist bei Versendungskäufen bei Fehlen einer vertraglichen Vereinbarung der Sitz des Käufers maßgeblich.[177]

Bei **mehreren Lieferorten in einem Mitgliedstaat** hat der EuGH entschieden, **97** dass Art. 7 Nr. 1 lit. b erster Spiegelstrich anwendbar ist, da nur ein Gericht für die Entscheidung über alle Klagen aus dem Vertrag zuständig sein soll. Soweit es also möglich ist, einen Ort der Hauptlieferung zu bestimmen, ist dieser der gerichtsstandsbegründende Erfüllungsort.[178]

In einem Fall, der die Erbringung von **Dienstleistungen in mehreren Mitgliedstaaten** betraf, entschied der EuGH, dass Art. 7 Nr. 1 lit. b zweiter Spiegelstrich **98** anwendbar ist.[179]

Es ist zu erwarten, dass dies auch bei mehreren Lieferorten in unterschiedlichen Mitgliedstaaten zu gelten hat.[180]

cc. Einheitlichkeit des Erfüllungsortes
Der für diese Verpflichtung ermittelte Erfüllungsort gilt für **alle Leistungspflichten** **99** aus dem Vertrag einheitlich, erfasst also insbesondere die Geldzahlungspflicht. Auf die jeweilige Hauptpflicht oder die Klageart (auch negative Feststellungsklage) kommt es nicht an.[181] Es ist dadurch ein einziges Gericht für alle Streitigkeiten aus einem Vertrag zuständig.

d. Vorrang der Vereinbarung eines Erfüllungsortes
Dieser Erfüllungsort ist allerdings nur maßgeblich, solange nicht eine abweichende **100** Vereinbarung des Erfüllungsortes getroffen ist. Die Wirksamkeit dieser Vereinbarung beurteilt sich innerhalb des Art. 7 Nr. 1 lit. b EuGVO nach der *lex causae*,

---

[176] EuGH, Urteil vom 25.2.2010, Rs. C-381/0 = NJW 2010, 1059. Kritisch *Haas/Vogel*, Zum Erfüllungsortsgerichtsstand nach Art. 5 Nr. 1 lit. b EuGVVO im europäischen Warenhandelsverkehr, NZG 2011, 766.

[177] So auch BGH, Urteil vom 23.6.2010, VIII ZR 135/08 = GWR 2010, 407.

[178] EuGH, Urteil vom 3.5.2007, Rs. C-386/05, *Color Drack/Lexx International Vertriebs GmbH* (Rn. 36 und 38); *Rauscher/Leible*, EZPR, Art. 7 EuGVO Rn. 89; *Junker,* Der Gerichtsstand für internationale Verträge nach der Brüssel I Verordnung, FS Martiny, 2014, S. 761, 771.

[179] EuGH, Urteil vom 11.3.2010, Rs. C-19/09, *Wood Floor Solutions AndreasDomberger GmbH/ Silva Trade SA* = Slg. I 2010, 2161 = EuZW 2010, 378 (Rn. 30).

[180] *Rauscher/Leible*, EZPR, Art. 7 EuGVO Rn. 88.

[181] EuGH, Urteil vom 25.2.2010, Rs. C-381/08, *Car Trim GmbH/KeySafety Systems Srl* = NJW 2010, 1059; ebenso schon EuGH, Urteil vom 3.5.2007, Rs. C-386/05, *Color Drack GmbH/Lesese International Vertriebs GmbH* = NJW 2007, 1799; *Rauscher/Leible*, EZPR, Art. 7 EuGVO Rn. 37, 57, 73; *Hess*, EZPR, Rn. 6.54.

also nach Anwendung des Vertragskollisionsrechts der *lex fori*.[182] Auf Art. 7 Nr. 1
lit. a EuGVO ist hierzu nicht zurückzugreifen.[183] Die Vereinbarung – auch wenn
man sie nur in lit. b verortet – muss aber nicht zu einem für alle Vertragspflichten
einheitlichen Erfüllungsort führen,[184] auch wenn Art. 7 Nr. 1 lit. b EuGVO für eine
Zuständigkeitskonzentration sorgen sollte.[185] Eine solche Begrenzung der Befugnis
der Parteien hätte deutlich ausgesprochen werden müssen, auch wenn sie wünschenswert wäre.

101   Es muss genau zwischen materiellrechtlichen und abstrakten **Erfüllungsortvereinbarungen** unterschieden werden. *Materiellrechtliche* Erfüllungsortvereinbarungen begründen effektiv einen Erfüllungsort. Derartige Vereinbarungen, die
nach Art. 7 Nr. 1 EuGVO die Zuständigkeit am Erfüllungsort eröffnen, sind *ohne*
Einhaltung der Form des Art. 25 EuGVO zulässig.[186] *Abstrakte* Erfüllungsortvereinbarungen, die den Ort der Leistungshandlung unberührt lassen und nur dazu
dienen, eine internationale Zuständigkeit zu begründen, sind ebenfalls zulässig,
müssen jedoch als verkappte Gerichtsstandsvereinbarungen in der Form des
Art. 25 EuGVO vorgenommen werden.[187] Kritik am Institut der Erfüllungsort-
einbarung in der EuGVO ist vor allem deshalb entstanden, weil in der EuGVO
eine dem § 29 Abs. 2 ZPO entsprechende Vorschrift, die insbesondere Verbraucher
schützt, fehlt.

e. Erfüllungsort außerhalb EU
Liegt der **Erfüllungsort nicht in einem Mitgliedstaat**, ist der Erfüllungsort durch
Kollisionsrecht zu ermitteln (Art. 7 Nr. 1 lit. a EuGVO).[188]

f. Erfüllungsort bei anderen Vertragstypen
102   Für Ansprüche aus anderen Vertragstypen bleibt es bei der kollisionsrechtlichen Bestimmung des Erfüllungsortes nach Art. 7 Nr. 1 lit. a EuGVO nach der *lex causae*.[189]
Der EuGH hat es seit der Tessili/Dunlop-Entscheidung[190] im Jahr 1976 abgelehnt, den
Erfüllungsort einheitlich zu bestimmen. Als Begründung dient seither der Hinweis auf

---

[182] BGH, Urteil vom 1.6.2005 – VIII ZR 256/04 = IPRax 2006, 594, 595; Rauscher/*Leible*, EZPR,
Art. 7 EuGVO Rn. 97.

[183] Zutreffend *Mankowski*, LMK 2005, 155248; Rauscher/*Leible*, EZPR, Art. 7 EuGVO Rn. 57.

[184] So aber Rauscher/*Leible*, EZPR, Art. 7 EuGVO Rn. 95; *Rauscher*, FS Heldrich, 2005, S. 933,
946; Thomas/Putzo/*Hüßtege*, ZPO, Art. 7 EuGVVO, Rn. 7.

[185] MüKo-ZPO/*Gottwald*, Art. 7 Brüssel Ia-VO Rn. 31.

[186] EuGH, Urteil vom 17.1.1980, Rs. 56/79, *Zelger/Salinitri*, Slg. 1980, 89, 96 (Rn. 6); kritisch,
weil es keinen Bedarf an derartigen Vereinbarungen gebe, *Schack*, IZVR, Rn. 334.

[187] EuGH, Urteil vom 20.2.1997 – Rs. C-106/95, *MSG Mainschiffahrts-Genossenschaft eG/Les
Gravières Rhénanes SARL* = EuGHE 1997, I-911 = NJW 1997, 1431; MüKo-ZPO/*Gottwald*,
Art. 7 Brüssel Ia-VO Rn. 44; Rauscher/*Leible*, EZPR, Art. 7 EuGVO Rn. 98

[188] *Ferrari*, IPRax 2007, 61, 65; Rauscher/*Leible*, EZPR, Art. 7 EuGVO Rn. 49, 99; *Mankowski*,
LMK 2005, 155248; *Schack, IZVR*, Rn. 328; krit. *Hau*, Der Vertragsgerichtsstand zwischen judi-
zieller Konsolidierung und legislativer Neukonzeption, IPRax 2000, 360.

[189] MüKo-ZPO/*Gottwald*, Art. 7 Brüssel Ia-VO Rn. 3, 40.

[190] EuGH, Urteil vom 6.10.1976 – Rs. 12/76, *Tessili/Dunlop*, Slg. 1976, 1473, 1486.

das unterschiedliche Vertragsrecht der Mitgliedstaaten. Der BGH ist dieser Ansicht in ständiger Rechtsprechung gefolgt[191] und findet Unterstützung auch in der Literatur.[192] Maßgeblich ist nach dem klaren Wortlaut des lit. a „die Verpflichtung", also die im konkreten Fall in Streit stehende. Auch der Versuch, für lit. a (wie heute für lit. b, s. o. Rn. 99) auf eine vertragscharakteristische Leistungspflicht abzustellen, wie es in der Litertatur gefordert wurde,[193] widerspricht dem Wortlaut der Norm.

2. Gerichtsstand der unerlaubten Handlung Art. 7 Nr. 2 EuGVO

Beispiel

Fall 9: (nach EuGH, Urteil vom 10. Juni 2004, Rs. C–168/02) Der in Österreich wohnhafte *Rudolf Kronhofer* erhob vor einem österreichischen Gericht eine Schadensersatzklage gegen mehrere in Deutschland wohnhafte Personen in ihrer Eigenschaft als Geschäftsführer und Anlageberater einer Vermögensverwaltung. Begründet wurde die Klage damit, dass der Kläger aufgrund der Beratung 82500 $ auf ein Konto in Deutschland überwies, die Vermögensverwaltung diese durch sog. call-options-Geschäfte in London anlegte und dies mit dem Verlust eines Teils des Geldes endete. Der Kläger erhebt Klage vor dem LG Feldkirch in Österreich. Sein Schaden sei am Ort seines Wohnsitzes eingetreten. Das Verfahren beschäftigte letztlich den Obersten Gerichtshof, der dem EuGH die Frage vorlegte, ob der Begriff *Ort, an dem das schädigende Ereignis eintritt* in Art. 5 Nr. 3 EuGVO a. F. so auszulegen sei, dass er in Fällen reiner Vermögensschäden, die bei der Veranlagung von Vermögensteilen des Geschädigten eingetreten sind, jedenfalls auch den Ort umfasst, an dem sich der Wohnsitz des Geschädigten befindet, wenn die Veranlagung in einem anderen Mitgliedstaat der Gemeinschaft erfolgte. ◄

Das über Art. 7 Nr. 2 EuGVO zu bestimmende Gericht ist nicht nur international, **103** sondern auch örtlich zuständig. Auf die §§ 12 ff. ZPO zur Bestimmung der örtlichen Zuständigkeit darf nicht zurückgegriffen werden. Die Vorschrift enthält einen fakultativen, insbesondere mit Art. 4 EuGVO konkurrierenden, keinen ausschließlichen Gerichtsstand. Der so ermittelte Gerichtsstand muss aber in einem anderen Mitgliedstaat belegen sein als dem Wohnsitz des Beklagten (s. o. Rn. 75 (Eingangssatz Art. 7).[194] Der Gerichtsstand kommt nur in Betracht, wenn der Beklagte seinen (Wohn-) Sitz in einem anderen Mitgliedstaat hat. Gegenüber Beklagten aus Drittstaaten ist auf § 32 ZPO zurückzugreifen. Die verbraucherschützenden Vorschriften der Art. 17 ff. EuGVO gelten nur für Verträge, nicht aber für deliktische Ansprüche, so dass auch die Sperrwirkung der Art. 17 ff. EuGVO nicht eingreifen kann.[195]

---

[191] BGH, Urteil vom 1.6.2005 – VIII ZR 256/04 = IPRax 2006, 594, 595.

[192] MüKo-ZPO/*Gottwald*, Art. 7 Brüssel Ia-VO Rn. 34; krit. Rauscher/*Leible*, EZPR, Art. 7 EuGVO Rn. 49.

[193] *Piltz*, NJW 1981, 1877; *Pocar*, RabelsZ 42 (1978), 416.

[194] Thomas/Putzo/*Hüßtege*, ZPO, Art. 7 EuGVO, Rn. 1; LG Düsseldorf, Urteil vom 13.2.2007 – 4a O 124/05 = BeckRS 2008 07732.

[195] Rauscher/*Leible*, EZPR, Vorbem. zu Art. 17 ff. EuGVO Rn. 4; *von Hein*, JZ 2015, 946, 947.

a. Begriff der unerlaubten Handlung

104 Der Begriff der unerlaubten Handlung ist autonom in Abgrenzung zu dem der vertraglichen Verpflichtung zu bestimmen. Der EuGH legt den Begriff der unerlaubten Handlung seit *Kalfelis/Schröder* dahin aus, dass jede Schadenshaftung erfasst wird, die nicht an einen Vertrag i. S. v. Art. 7 Nr. 1 EuGVO anknüpft.[196]

105 Vertragliche Ansprüche sind solche, die auf einer freiwillig eingegangenen Verpflichtung beruhen (s. Rn. 78). Demnach fällt unter den Begriff der unerlaubten Handlung die gesamte Schadenshaftung aus außervertraglichen Schuldverhältnissen, einschließlich der Gefährdungshaftung und der *culpa in contrahendo*. Erfasst sind (zivilrechtliche, nicht hoheitliche) Ansprüche wegen Verletzung des Kartellrechts,[197] Ansprüche wegen Verletzung von Immaterialgüterrechten und Ansprüche wegen Persönlichkeitsrechtsverletzungen. Allerdings ist nach der *Brogsitter* Entscheidung des EuGH bei einer zu pauschalen Zuordnung von Anspruchsgruppen Vorsicht geboten,[198] weil es entscheidend darauf ankommt, ob für die Beurteilung der Widerrechtlichkeit einer Handlung eine Auslegung eines Vertrages erforderlich ist. Ist dies der Fall, spielt die Zuordnung des nationalen Rechts zum Deliktsrecht keine Rolle, weil es sich verordnungsautonom um eine vertragliche Streitigkeit handelt (s. o. Rn. 78).

106 Art. 7 Nr. 2 EuGVO gilt nach dem Wortlaut auch für (vorbeugende) **Unterlassungsklagen**. Ob Unterlassungsansprüche bestehen, bestimmt nicht das Verfahrensrecht, sondern die *lex causae* (z. B. § 1004 BGB).

107 Auch (positive wie **negative**) **Feststellungsklagen** können, soweit das nationale Prozessrecht solche Klagen kennt,[199] am Gerichtsstand der unerlaubten Handlung erhoben werden. Zu Recht entschied der EuGH 2012, dass Art. 7 Nr. 2 EuGVO auch hierfür anzuwenden ist.[200]

Negative Feststellungsklagen sind das zentrale Problem von sog. **Torpedoklagen**,[201] die vor allem in internationalen Patentverletzungsverfahren von besonderer Bedeutung sind (Kap. 4 Rn. 26). Einige Gerichte – vor allem bei Streitigkeiten um Patentverletzungen – hatten früher allerdings Klagen auf Feststellung,

---

[196] EuGH, Urteil vom 27.9.1988, Rs. 189/87, *Kalfelis/Schröder*, Slg. 1988, 5565 (Rn. 16); s. auch EuGH, Urteil vom 17.9.2002, Rs. C-334/00, *Fonderie Officine Meccaniche Tacconi SpA Heinrich Wagner Sinto Maschinenfabrik GmbH – HWS*, Slg. 2002 I-7357 (in der Entscheidung ging es um die Frage, ob es sich bei einem (italienischem Recht unterliegenden) Schadensersatzanspruch wegen Abbruchs von Vertragsverhandlungen um einen vertraglichen oder einen deliktischen Anspruch i.S. des EuGVÜ handelt).

[197] LG Dortmund, Urteil vom 1.4.2004, 13 O 55/02 = IPRax 2004, 542.

[198] Ebenso *Wendenburg/Schneider*, NJW 2014, 1633, 1635.

[199] Das ist im deutschen, englischen aber auch im französischen Recht der Fall (Art. L.615-9 CPI, action en déclarartion de non-contrefacon). Dazu *Lang*, Mitt 2005, 319.

[200] EuGH, Urteil vom 25.10.2012 – C-133/11, *Folien Fischer AG, Fofitec AG/Ritrama SpA*, NJW 2013, 287.

[201] Der Begriff des italienischen Torpedos stammt wohl von *Franzosi*, World Wide Patent Litigation and the Italian Torpedo, [1997] E.I.P.R. 382; s. auch *Franzosi/Sanctis*, The Increasing Worldwide Significance of European Patent Litigation, 25 AIPLA Qu.J., 67. Umfassend *Carl*, Einstweiliger Rechtsschutz bei Torpedoklagen, S. 49 ff.

dass eine Patentverletzung nicht erfolgt ist, als unzulässig abgewiesen, weil diese
Klage nicht am Gerichtsstand der unerlaubten Handlung, sondern am allgemeinen
Gerichtsstand des Verletzers anzubringen sei.[202] Die Literatur folgte dem zum
Teil.[203] Hintergrund war die Ansicht, dass hiermit keine sich aus einer unerlaubten
Handlung ergebende Schadenshaftung geltend gemacht wird. Dies verwunderte
deshalb, weil der EuGH im Rahmen des Art. 29 EuGVO, der die Rechtshängigkeit
regelt, zwischen Schadensersatzklage und negativer Feststellung, dass eine
Schadensersatzpflicht nicht besteht, angenommen hat, die Klagen betreffen den
gleichen Streitgegenstand, unabhängig davon, welche Klage zuerst erhoben wurde.
Denkt man diese Rechtsprechung fort, so liegt es bei dem klaren Wortlaut des Art. 7
Nr. 2 EuGVO nahe, dass es auch dort unerheblich ist, ob auf Schadensersatz oder
auf negative Feststellung der Schadensersatzpflicht geklagt wird. Die gegenteilige
Ansicht wollte verhindern, dass mit dem Mittel der negativen Feststellungsklage die
Sperrwirkung des Art. 29 EuGVO herbeigeführt wird. Wenngleich diese Sperr-
wirkung missbraucht wird (*italienischer Torpedo*), taugt diese Vorschrift nicht, um
das Problem zu lösen. Die Ansicht, die negative Feststellungsklage könne nicht am
Gerichtsstand der unerlaubten Handlung erhoben werden, verstieß gegen den klaren
Wortlaut der Vorschrift und negierte die systematisch gleich gelagerte Recht-
sprechung zu Art. 29 EuGVO, die auf der *Kernpunkttheorie* basiert.

Die Blockadewirkung kann besser durch restriktive Anwendung des Begriffs des
gleichen Anspruchs in Art. 29 EuGVO wegen der unterschiedlichen territorialen
Wirkungen der Patente[204] und durch effiziente Nutzung der Möglichkeiten einstweiligen Rechtsschutzes begegnet werden.[205]

Nicht erfasst werden Bereicherungsansprüche und Ansprüche aus Geschäfts-   **108**
führung ohne Auftrag.[206]

b. Anforderung an zuständigkeitsrechtliche Begründung einer
unerlaubten Handlung

Welche Anforderungen an die Prüfung des zuständigkeitsrechtlich relevanten Krite-   **109**
riums der unerlaubten Handlung gestellt werden, richtet sich nach der *lex fori*.[207]
Zur Begründung der internationalen Zuständigkeit deutscher Gerichte nach Art. 7
Nr. 2 EuGVO reicht es aus, dass die Verletzung des geschützten Rechtsguts im Inland behauptet wird und diese nicht von vornherein ausgeschlossen ist. Die Zu-

---

[202] Gerchtshof's-Gravenhage, Urteil vom 21.1.1998, Evans Medical v. Chiron B.V., [1998] 4 EIPR
N-61, 62. Dazu *Lundstedt*, GRURInt 2001, 103, 106 (m. w. Nw.); Nachweise bei Rauscher/*Leible*,
EZPR, Art. 7 EuGVO Rn. 114; *Zigann*, Entscheidungen inländischer Gerichte über ausländische
gewerbliche Schutzrechte und Urheberrechte, S. 115.

[203] *Schlosser*, EU-Zivilprozessrecht, 3. Aufl. 2009, Art. 5 Rn. 15; heute noch *Sack*, Negative Feststellungsklage und Torpedos, GRUR 2018, 893, 896.

[204] Siehe *Adolphsen*, Europäisches und internationales Zivilprozessrecht in Patentsachen, 3. Auflage 2021, Rn. 797.

[205] *Sack*, Negative Feststellungsklage und Torpedos, GRUR 2018, 893, 894.

[206] Rauscher/*Leible*, EZPR, Art. 7 EuGVO Rn. 112.

[207] MüKo-ZPO/*Gottwald*, Art. 7 Brüssel Ia-VO Rn. 63; Rauscher/*Leible*, EZPR, Art. 7 EuGVO
Rn. 106.

ständigkeit ist nicht davon abhängig, dass eine Rechtsverletzung tatsächlich eingetreten ist, eine umfassende Beweisaufnahme ist entbehrlich.[208] Dies ist eine Frage der Begründetheit.

c. Tatortbegriff – Unterscheidung von Handlungs- und Erfolgsort

Beispiel

Fall 10: (nach EuGH, Urteil vom 30.11.1976, Rs. 21/76 = NJW 1977, 493) Im Vorlageverfahren vor dem EuGH ging es darum, ob die niederländischen Gerichte für eine Klage zuständig sind, die ein dort ansässiger Gärtnereibetrieb gegen die in Mülhausen (Frankreich) ansässige *Mines de Potasse d'Alsace S. A.* wegen der Verschmutzung des Rheinwassers durch in den Rhein abgeleitete Salzabfälle aus dem Unternehmen der Beklagten erhoben hat. Die Anlagen des Gärtnereibetriebes waren bei der Bewässerung hauptsächlich von Wasser aus dem Rhein abhängig, dessen hoher Salzgehalt die Pflanzungen schädigte. Die Kläger führen den zu hohen Salzgehalt des Rheins hauptsächlich auf die großen Mengen der von der *Mines de Potasse d'Alsace S. A.* abgeleiteten Abwässer zurück. ◄

110   Nach Art. 7 Nr. 2 EuGVO ist die internationale Zuständigkeit dort begründet, wo „das **schädigende Ereignis** eingetreten ist". Der EuGH hat sich auch für den Tatortbegriff für eine autonome Qualifikation entschieden.[209]

111   Unter dem Begriff des Ortes, an dem das schädigende Ereignis eingetreten ist, werden sowohl der Handlungs- als auch der Erfolgsort verstanden.[210] Der Grund für die Relevanz beider Orte ist die Tatsache, dass an beiden Orten die besondere Nähebeziehung zwischen dem Ort der unerlaubten Handlung und dem Forum vorliegen kann. Die Relevanz des Handlungsortes berücksichtigt die verhaltenssteuernde Funktion des Deliktsrechts, die Relevanz des Erfolgsortes die Funktion des Rechtsgüterschutzes.

112   Der Kläger hat die Wahl, an welchem der beiden Orte er Klage erhebt.[211]
Im **Fall 10** entschied der EuGH,

„dass dann, wenn der Ort, an dem das für die Begründung einer Schadensersatzpflicht wegen unerlaubter Handlung in Betracht kommende Ereignis stattgefunden hat, nicht auch der „Ort ist, an dem aus diesem Ereignis ein Schaden entstanden ist, der Begriff ‚Ort, an dem das schädigende Ereignis eingetreten ist,' in Art. 5 Nr. 3 des Übereinkommens (bezog sich noch auf EuGVÜ, d. Verf.) so zu verstehen ist, dass er sowohl den Ort, an dem der Schaden eingetreten ist, als auch den Ort des ursächlichen Geschehens meint. Der Beklagte kann daher nach Wahl des Klägers vor dem

---

[208] EuGH, Urteil vom 28.1.2015, Rs. C-375/13, *Kolassa/Barclays Bank*, Rn. 62; dazu *von Hein*, JZ 2015, 946, 949; BGH, Urteil vom 13.10.2004 – I ZR 163/02 = NJW 2005, 1435; Rauscher/*Leible*, EZPR, Art. 7 EuGVO Rn. 106.

[209] EuGH, Urteil vom 30.11.1976, Rs. 21/79, *Bier/Mines de Potasse d'Alsace* = Slg. 1976, 1735, 1746.

[210] EuGH, Urteil vom 30.11.1976, Rs. 21/79, *Bier/Mines de Potasse d'Alsace* = Slg. 1976, 1735; *Schack*, IZVR, Rn. 361; Rauscher/*Leible*, EZPR, Art. 7 EuGVO Rn. 117.

[211] EuGH, Urteil vom 30.11.1976, Rs. 21/79, *Bier/Mines de Potasse d'Alsace* = Slg. 1976, 1735.

Gericht des Ortes, an dem der Schaden eingetreten ist, oder vor dem Gericht des Ortes des dem Schaden zugrunde liegenden ursächlichen Geschehens verklagt werden."

Im **Kollisionsrecht** ist diese alternative Anknüpfung (Ubiquität) an beide Orte für **113** die Bestimmung des anwendbaren Rechts aufgrund der Rom II-Verordnung entfallen. Art. 4 Abs. 1 Rom II-VO bestimmt als Grundregel der *lex loci delicti commissi*, dass das Recht des Staates anzuwenden ist, in dem der Schaden eintritt (*lex loci damni*), unabhängig davon, in welchem Staat das schadensbegründende Ereignis oder indirekte Schadensfolgen eingetreten sind. Die Rom II-Verordnung stellt also ausschließlich auf den **Erfolgsort** ab. Meist handelt es sich dabei zugleich um das Recht des Aufenthaltsstaates des Geschädigten. Eine Anknüpfung an den Handlungsort ist nicht, auch nicht nach Wahl des Geschädigten, möglich. Allerdings enthält Art. 4 Abs. 3 Rom II-VO eine Auflockerungsmöglichkeit und Art. 7 Rom II-VO sieht bei Umweltschädigungen eine Wahlmöglichkeit des Geschädigten vor. Der Unterschied des Art. 4 Rom II-VO zum internationalen Verfahrensrecht und zur Rechtsprechung des EuGH zu Art. 7 Nr. 2 EuGVO wird damit gerechtfertigt, dass die prozessuale Lösung zwar den besonderen Anforderungen im Bereich der internationalen Zuständigkeit der Gerichte gerecht werde, es den Parteien aber nicht erlaube, das auf ihre Situation anwendbare Recht mit hinreichender Sicherheit vorherzusehen. Der Vorschlag entspreche der modernen Konzeption der zivilrechtlichen Haftung, die anders als in der ersten Hälfte des 20. Jahrhunderts nicht mehr auf die Bestrafung eines schuldhaften Verhaltens ausgerichtet ist.[212]

d. Begriff des Handlungsortes
Handlungsort ist der Ort, an dem das dem Schaden zugrunde liegende ursächliche **114** Geschehen erfolgte. Auch an Orten, an denen Teilhandlungen einer unerlaubten Handlung erfolgen, können Handlungsorte sein. Orte, an denen Vorbereitungshandlungen vorgenommen werden, bleiben außer Betracht. Die Abgrenzung zwischen Vorbereitungs- und Teilhandlungen kann im Einzelfall zweifelhaft sein. In der Literatur gibt es Bemühungen, die Zahl der Handlungsorte zu reduzieren. Dies kann sinnvoll sein, um den Sinn des Gerichtsstands der unerlaubten Handlung zu wahren, nämlich ein sachnahes Gericht anzubieten.

In **Produkthaftungsfällen** liegt der Handlungsort am Herstellungsort des be- **115** treffenden Produkts.[213]

Wird ein **Schaden durch mehrere Verursacher** begründet, so kann der Bei- **116** helfende nicht am Handlungsort der Haupttat verklagt werden, eine Zurechnung der Tatbeiträge scheidet aus.[214]

e. Begriff des Erfolgsortes
Erfolgsort ist der Ort, an dem in das geschützte Rechtsgut eingegriffen wurde, nicht **117** aber der Ort des bloßen Schadenseintritts oder der Realisierung mittelbarer Schäden

---

[212] Erwägungsgrund 16 der Rom II-Verordnung.
[213] EuGH, Urteil vom 16.1.2014, Rs. C-45/13, *Andreas Kainz/Pantherwerke AG* = NJW 2014, 1166.
[214] EuGH, Urteil vom 16.5.2013, Rs. C-228/11, *Melzer/MF Global UK Ltd* = NJW 2013, 2099; ebenso bei Urheberrechtsverstoß EuGH, Urteil vom 3.4.2014, Rs. C-387/12, *Hi HotelHCFSARI/Spoering* = NJW 2014, 1793.

oder Folgeschäden.[215] Der Ort, an dem ein Vermögensschaden eintritt, wird demnach nicht erfasst.[216] Auf die Vorhersehbarkeit des Schadenseintritts kommt es nicht an.

118   Im **Fall 10** entschied der EuGH, dass als Erfolgsort nicht nur der Ort von Folge- und mittelbaren *Schäden* nicht in Betracht kommen sollte, sondern auch nicht der Ort eines Vermögensschadens, der sich zeitgleich und in gleichem Umfang in einem anderen Vertragsstaat auswirkt als in dem, in dem er entstanden und von dem Betroffenen erlitten worden ist. Handlungsort und Erfolgsort war Deutschland. Bezüglich des Erfolgsortes ist also auf den Ort abzustellen, wo der Kläger sein Geld auf ein Anlegerkonto einzahlt. Dass die Schädigung dieses Teilvermögens in Deutschland auch zu einer Schädigung des Gesamtvermögens in Österreich führt, ist unerheblich.

119   Das österreichische Landesgericht hatte dem EuGH im Zusammenhang mit Klagen gegen **VW wegen Abgasmanipulation** Vorlagefragen vorgelegt. Es ging letztlich darum, ob bei Lieferketten im internationalen Warenverkehr, bei denen keine vertragliche Verbindung zum Schädiger besteht, ein Erfolgsort durch den Erwerb der Ware, konkret eines manipulierten Autos, begründet wird. Der EuGH hat dies bejaht. Im Fall des Vertriebs von Fahrzeugen, die von ihrem Hersteller mit einer Software ausgerüstet sind, die die Daten über den Abgasausstoß manipuliert, ist der Schaden des Letzterwerbers weder ein mittelbarer Schaden noch ein reiner Vermögensschaden und tritt beim Erwerb eines solchen Fahrzeugs von einem Dritten ein.[217] Damit stellt der EuGH einen Klägergerichtsstand zur Verfügung.

120   Im Zuge der globale Finanzkrise ist es seit 2008 zu einer Fülle von Klagen gekommen, die auch der EuGH entschied und die die *Kronhofer*-Entscheidung nur mehr als Startpunkt einer schwierigen **Bestimmung des Erfolgsortes insbesondere bei reinen Vermögensschäden** erscheinen lassen. Gesichert ist, dass ein Vermögensschaden, der erst als Folge einer in einem anderen Mitgliedstaat eingetretenen Rechtsgutsverletzung erfolgt, als reiner Folgeschaden keinen weiteren Erfolgsort begründen kann. Das Problem stellt sich aber dann, wenn das Vermögen selbst das geschützte Rechtsgut ist, wie es z. B. bei § 826 BGB aber auch in anderen Rechtsordnungen der Fall ist, die im Deliktsrecht wie Frankreich eine große Generalklausel realisiert haben.[218] Hier ist der Vermögensschaden nicht Folgeschaden einer Rechtsgutsverletzung sondern die Rechtsgutsverletzung selbst. Ginge man einfach davon aus, dass das Vermögen einer Person an seinem Wohnsitz belegen ist, würde immer dieser Erfolgsort sein, der Deliktsgerichtstand würde zu

---

[215] EuGH, Urteil vom 19.9.1995, Rs. C-364/93, *Marinari/Lloyd's Bank u. a.*, Slg. 1995, I-2719 = JZ 1995, 1107; Rauscher/*Leible*, EZPR, Art. 7 EuGVO Rn. 121; *Schack*, IZVR, Rn. 371.

[216] EuGH, Urteil vom 19.9.1995, Rs. C-364/93, *Marinari/Lloyd's Bank u. a.*, Slg. 1995, I-2719 = JZ 1995, 1107.

[217] EuGH, Urteil vom 9.7.2020 – C-343/19, *Verein für Konsumenteninformation/VW AG* = NJW 2020, 2869; Generalanwalt Sánchez-Bordona, Schlussantrag vom 2.4.2020 – C-343/19, Verein für Konsumenteninformation/VW AG = BeckRS 2020, 4840; *Bachmeier/Freytag*, RIW 2020, 337.

[218] *Meyle*, Reine Vermögensschäden im Europäischen Internationalen Deliktsrecht, 2021, S. 31; Historisch und rechtsvergleichend MüKo-BGB/*Wagner*, vor § 823 Rn. 4 ff.

einem Klägergerichtsstand. Dieser Ergebnis will der EuGH in seiner Rechtsprechung erkennbar vermeiden.[219] In einem Urteil aus 2016 sah er dann aber in
Ermangelung anderer Anknüpfungspunkte des konkreten Falles nur die Möglichkeit, an den Ort anzuknüpfen, an dem das Bankkonto des Geschädigten belegen
war.[220] In der Literatur ist daraufhin vorgeschlagen worden, es müsse zur Bestimmung, ob ein reiner Vermögensschaden vorliege, durch eine kollisionsrechtliche Vorfrage erst geprüft werden, ob im anwendbaren Recht das Vermögen das
geschützte Rechtsgut sei und erst dann, wo das Vermögen konkret belegen sei.[221]
Diesen Rückgriff auf das materielle Recht hatte die deutsche Bundesregierung bereits 1995 im Verfahren *Marinari/Lloyds Bank* vorgeschlagen,[222] der EuGH wies
das als unkompatibel mit der EuGVO zurück.[223] Dagegen spricht, dass dies die Anwendung der EuGVO verkompliziert und eine zuständigkeitsrechtliche Entscheidung in die Abhängigkeit von einem nationalen Recht bringt, was einer verordnungsautonomen Lösung widerspricht.[224]

Durch die gleichberechtigte Anknüpfung an den Handlungs- und den Erfolgsort **121**
kann es in vielen Fällen mehrere internationale Deliktsgerichtsstände geben.

f. Distanz und Streudelikte

Persönlichkeitsverletzungen in Internet, Fernsehen, Rundfunk und Presse sind häu- **122**
fig **Distanzdelikte**. Das Recht des Geschädigten wird weit entfernt vom Ort, an dem
der Schädiger tätig wird, verletzt.

Sie sind häufig **Streudelikte**, weil das Recht einer Person aufgrund einer Hand- **123**
lung nicht nur in einer, sondern in mehreren Jurisdiktionsordnungen verletzt wird.
Dadurch kommt es zu einer **Vervielfältigung von Gerichtsständen**, die den Sinn
des Deliktsgerichtsstands, den Parteien ein sachnahes Forum zu bieten, in den
Hintergrund drängen kann. Die Rechtsprechung des EuGH ist inzwischen bemüht,
die Vervielfältigung insbesondere von Erfolgsortzuständigkeiten zu reduzieren.

Die Gerichte am Erfolgsort dürfen danach bei Streudelikten nur über den Teil **124**
des Schadens entscheiden, der in ihrem Hoheitsgebiet eingetreten ist.[225] Sinn der
Regelung des Gerichtsstands der unerlaubten Handlung ist es, ein Forum zu bieten,
das aufgrund der Tatnähe eine größere Sachnähe hat als andere Foren. Dieses hat
nach Ansicht des EuGH eine Begrenzung auf den Schaden zur Folge, der im Fo-
rumstaat eingetreten ist (*Mosaikprinzip*). Dies entspricht der Rechtsprechung des
EuGH in der *Shevill*-Entscheidung:

---

[219] Musielak/Voit/*Stadler*, EuGVO, Art. 7 Rn. 19; *Mankowski*, EuZW 2015, 585, 586.

[220] EuGH, Urteil vom 16.6.2016, Rs. C-12/15, *Universal Music International/Schilling* = EuZW
2016, 583.

[221] *Mankowski*, EuZW 2015, 585, 586.

[222] EuGH, Urteil vom 19.9.1995, Rs. C-364/93 BeckRS 2004, 76763 (Rn. 16).

[223] EuGH, Urteil vom 19.9.1995, Rs. C-364/93 BeckRS 2004, 76763 (Rn. 18).

[224] Rauscher/*Leible*, EZPR, Art. 7 EuGVO Rn. 124.

[225] EuGH, Urteil vom 7.3.1995, Rs. C-68/93, *Fiona Shevill, Ixora Trading Inc. Chequepoint SARL,
Chequepoint International Ltd./Presse Alliance SA*, Slg. 1995, I −415 = NJW 1995, 1881.

Beispiel

Fall 11: Die Klägerin *Fiona Shevill* wurde durch unwahre Behauptungen in der Zeitschrift *France Soir* in den Zusammenhang von Geldwäsche gerückt und dadurch in ihrem Persönlichkeitsrecht verletzt. Die Aussagen bezogen sich auf ihre Tätigkeit im Sommer in Paris. Die Klägerin war anschließend wieder an ihren Wohnsitz in *Yorkshire* zurückgekehrt und klagte dort auf Ersatz des Schadens, den sie in England und Wales erlitten hatte. In England und Wales waren nur 0,1 % der Auflage von 252 000 Exemplaren, in *Yorkshire* nur 5 Exemplare verkauft worden. ◄

Die geringe Verbreitung der Zeitschrift am Erfolgsort war ohne Belang; die Klägerin konnte aber nur den in England und Wales erlittenen Schaden vor den dortigen Gerichten einklagen.

125   Auch bei **horizontalen Klimaklagen**[226] ist es möglich, den Deliktsgerichtsstand zu nutzen. Dass treibhausgasemittierende Unternehmen, wie im Fall der Klage eines peruanischen Kleinbauern gegen RWE, an ihrem Sitz gerichtspflichtig sind (Art. 4, 63 EuGVO), ist an sich selbstverständlich.[227] Allerdings wird gerade bei globalen Klimaklagen die Lösung des allgemeinen Beklagtengerichtsstands vom Streitgegenstand[228] überdeutlich, bedarf aber keiner Korrektur, weil dieses Risiko für die Unternehmen vorhersehbar ist und durch die Vorteile des Beklagtengerichtsstands ausgeglichen wird. Die Frage ist hier jedoch, ob Unternehmen weltweit auch außerhalb ihres Sitzstaates wegen Schäden gerichtspflichtig sein können, die für die

---

[226] Man unterscheidet vertikale (gegen den Staat) von horizontalen (gegen Unternehmen) Klimaklagen. Von den vertikalen sind die Klage von Urgenda in den Niederlanden (Gerechtshof Den Haag, Urteil vom 9.10.2018, https://uitspraken.rechtspraak.nl/inziendocument?id (abgerufen am 21.12.2021) und der Klimabeschluss des BVerfG (BVerfG, Beschluss vom 24.3.2021 – 1 BvR 2656/18, 1 BvR 78/20, 1 BvR 96/20, 1 BvR 288/20 = NJW 2021, 1723) zu nennen. Von den horizontalen wurde die Klage gegen Royal Dutch Shell PLC in den NL entschieden: die Beklagte wurde verurteilt, die von ihr selbst und ihren Kunden verursachten Treibhausgasemissionen bis 2030 um 45 % zu senken (Übersicht bei *Wagner*, NJW 2021, 2256). Das Gericht zog die allgemeine deliktsrechtliche Sorgfaltspflicht gem. Art. 6:162 Burgerlijk Wetboek,11 ergänzt durch die Garantien der Art. 2, 8 EMRK als Anspruchsgrundlage heran. Materiellrechtliche Haftungsgrundlage für horizontale Klimaklagen in Deutschland wäre meist allgemeines Deliktsrecht. Dabei muss man zwischen der Haftung für einen bereits eingetretenen Schaden und dem Schutz vor zukünftigen Beeinträchtigungen unterscheiden. Für bereits eingetretene Schäden sind § 823 Abs. 1 BGB und § 1 UmweltHG mögliche Anspruchsgrundlagen. Für zukünftige Beeinträchtigungen kann auf den negatorischen Beseitigungs- und Unterlassungsanspruch aus § 1004 BGB abgestellt werden. In der horizontalen Dieselklage gegen die Volkswagen AG stützen die Kläger ihren Anspruch u. a. auf ein sonstiges Recht auf Erhalt treibhausgasbezogener Freiheit (Klageschrift unter https://d21buns5ku92am.cloudfront.net/69457/documents/45971-1636975264-VW_Klage-71f3bb.pdf (abgerufen am 24.12.2021).

[227] OLG Hamm, Beschluss vom 30.11.2017, Az. 5 U 15/17, *Saúl Lliuya ./.RWE AG*, ZUR 2018, 118; sämtliche Gerichtsdokumente sind online zugänglich unter https://germanwatch.org/de/14198 (abgerufen am 24.12.2021); *Weller/Nasse/Nasse*, Klimaklagen gegen Unternehmen im Lichte des IPR, FS Kronke 2020, 601, 609.

[228] *Adolphsen*, Zivilprozessrecht, 7. Auflage 2021, § 6 Rn. 43.

Emission von Treibhausgasen und die daraus resultierenden Klimafolgen verantwortlich sind. Die Anknüpfung an den Erfolgsort im Rahmen des Art. 7 Nr. 2
EuGVO könnte dazu eine Möglichkeit bieten. Die schwierige Frage der Kausalität[229] hat innerhalb der deliktischen Zuständigkeit keine Bedeutung, so dass *prima
facie* eine weltweite Gerichtspflichtigkeit droht, ohne dass ein Forum vorab erkennbar wäre und ohne dass der Schädiger vorab seine Gerichtspflichtigkeit steuern
könnte (z. B. durch gesellschaftsrechtsorganisatorische Maßnahmen). Individual-
schäden durch Klimawandel sind auch keine mittelbaren oder Folgeschäden im
Sinne der Rechtsprechung des EuGH,[230] weil es an einer vorherigen Rechtsgutsverletzung fehlt. Die Veränderung des Klimas ist nicht Rechtsgutsverletzung im Sinne
der Vorschrift, was aber erforderlich wäre, um den Individualschaden als Folgeschaden einzuordnen.[231] Auch ob auf die *Shevill* Doktrin (s. o. Rn. 124) zurückgegriffen werden kann, also die Kognitionsbefugnis auf den Schaden am Erfolgs-
ortforum begrenzt ist, erscheint fraglich. Begrenzt man das Phänomen des
Streuschadens auf die Verletzung der Rechte *einer* Person in einer Vielzahl von
Rechtsordnungen, wie bei Presse- und Internetdelikten, zeigt sich, dass es sich bei
Immissionen nicht um Streuschäden in diesem Sinne handelt, sondern um eine Vielzahl von Distanzdelikten, weil jeweils die einzelne Person (regelmäßig) nur an
einem Ort verletzt wird.[232]

Bei unerlaubten Handlungen durch das **Internet** treten deshalb Probleme auf,   **126**
weil der Erfolgsort schwer bestimmbar ist: Handlungsort bei unerlaubten Handlungen im Internet ist der Ort, an dem die Daten in das Internet gelangen bzw. der
Standort des *servers*.[233] Trotz des sog. *client-server-Prinzips* (es ist danach Sache
des Nutzers, eine Nachricht abzurufen und sie auf seinem PC sichtbar zu machen)
ist am Ort der Abrufbarkeit der Nachricht ein Erfolgsort gegeben.[234] Der Ort des
tatsächlichen Abrufs ist technisch meist nicht feststellbar. Dies kann zu weltweiter Gerichtspflichtigkeit führen, wenn man allein auf die Abrufmöglichkeit
abstellt.

---

[229] S. statt vieler *Chatzinerantzis/Appel*, Haftung für den Klimawandel, NJW 2019, 881, 882.

[230] So aber *Lehmann/Eichel*, RabelsZ 83 (2019), 77, 92.

[231] *Weller/Nasse/Nasse*, Klimaklagen gegen Unternehmen im Lichte des IPR, FS Kronke 2020,
601, 613; *Weller/Tran*, Klimawandelklagen im Rechtsvergleich – private enforcement als weltweiter Trend?, ZEuP 2021, 573, 594; a.A. *Lehmann/Eichel*, RabelsZ 83 (2019), 77, 92.

[232] So der einschränkende Gebrauch des Begriffs bei *Weller/Nasse/Nasse*, Klimaklagen gegen
Unternehmen im Lichte des IPR, FS Kronke 2020, 601, 612; *Weller/Tran*, Klimawandelklagen im
Rechtsvergleich – private enforcement als weltweiter Trend?, ZEuP 2021, 573, 594. Anders *Leh-
mann/Eichel*, RabelsZ 83 (2019), 77, 90.

[233] Rauscher/*Leible*, EZPR, Art. 7 EuGVO Rn. 142; *Berger*, Die internationale Zuständigkeit bei
Urheberrechtsverletzungen in Internet-Websites aufgrund des Gerichtsstands der unerlaubten
Handlung nach Art. 5 Nr. 3 EuGVO, GRUR Int 2005, 465; *Mankowski*, Das Internet im Inter-
nationalen Vertrags- und Deliktsrecht, RabelsZ 63 (1999), 203.

[234] Das Ergebnis entspricht auch der deutschen Rechtsprechung, vgl. LG München, Urteil vom
17.10.1996, 4 HKO 12190/96 = IPRax 1998, 208 zu § 24 UWG; KG Berlin, Urteil vom 25.3.1997,
5 U 659/97 = NJW 1997, 3321.

127 Insofern bemüht sich die Rechtsprechung um Eingrenzungskriterien (bestimmungsgemäße Auswirkung,[235] Spürbarkeit des Wettbewerbsverstoßes, Aufeinanderprallen von Interessen).[236]

Der BGH hatte dem EuGH 2009 die entsprechenden Fragen vorgelegt.

Beispiel

Fall 12 (nach BGH, Beschluss vom 10.11.2009– VI ZR 217/08): Der in Deutschland wohnhafte Kläger wurde 1993 zusammen mit seinem Bruder wegen Mordes an dem bekannten Schauspieler Walter Sedlmayr von einem deutschen Gericht zu einer lebenslangen Freiheitsstrafe verurteilt. Im Januar 2008 wurde er auf Bewährung entlassen. Die in Österreich niedergelassene Beklagte betreibt unter der Adresse www.rainbow.at ein Internetportal, das sich laut Impressum als „liberales und politisch unabhängiges Medium" an „Schwule, Bisexuelle und Transgender" richtet. In der Rubrik Info-News hielt sie bis zum 18.6.2007 auf den für Altmeldungen vorgesehenen Seiten eine auf den 23.8.1999 datierte Meldung zum Abruf bereit. Darin wurde unter Nennung des Namens des Klägers sowie seines Bruders mitgeteilt, die beiden hätten beim BVerfG in Karlsruhe Beschwerde gegen ihre Verurteilung eingelegt. Neben einer kurzen Beschreibung der im Jahre 1990 begangenen Tat wird der von den Verurteilten beauftragte Anwalt mit den Worten zitiert, sie wollten beweisen, dass mehrere Hauptbelastungszeugen im Prozess nicht die Wahrheit gesagt hätten. Der Kläger verlangt von der Beklagten die Unterlassung der Berichterstattung sowie die Abgabe einer Unterlassungsverpflichtungserklärung. Die Beklagte antwortete auf dieses Schreiben nicht, entfernte aber die beanstandete Meldung am 18.6.2007 aus ihrem Internetauftritt. Mit der Klage verlangt der Kläger von der Beklagten, es zu unterlassen, über ihn im Zusammenhang mit der Tat unter voller Namensnennung zu berichten. Die Beklagte hat die internationale Zuständigkeit der deutschen Gerichte gerügt. ◄

128 Eine Zuständigkeit deutscher Gerichte kann sich – so der BGH – nur gem. Art. 7 Nr. 2 EuGVO ergeben. Andere Gerichtsstände sind nicht gegeben, weil die Beklagte ihren allgemeinen Gerichtsstand in Österreich hat (Art. 4 Abs. 1, 63 EuGVO). In Deutschland besteht auch keine ausschließliche Zuständigkeit nach Art. 24 EuGVO, noch wurde eine Zuständigkeit vereinbart (Art. 25 EuGVO). Damit sind deutsche Gerichte für die Unterlassungsklage international nur dann zuständig, wenn die vom Kläger behauptete Verletzung seines Persönlichkeitsrechts durch die Meldung auf der Website der Beklagten in Deutschland eingetreten ist bzw. einzutreten droht.

---

[235] BGH, Urteil vom 13.10.2004, I ZR 163/02 = NJW 2005, 1435: „Nicht jedes im Inland abrufbare Angebot ausländischer Dienstleistungen im Internet kann bei Verwechslungsgefahr mit einem inländischen Kennzeichen i. S. von § 14 II Nr. 2 MarkenG kennzeichenrechtliche Ansprüche auslösen. Erforderlich ist, dass das Angebot einen wirtschaftlich relevanten Inlandsbezug aufweist."

[236] *Deister/Degen*, Darf der Gerichtsstand noch fliegen? – § 32 ZPO und das Internet, NJOZ 2010, 1; Rauscher/*Leible*, EZPR, Art. 7 EuGVO Rn. 131.

Der BGH hatte dem EuGH folgende Fragen vorgelegt (gekürzt):   **129**

1. Ist die Wendung „Ort, an dem das schädigende Ereignis einzutreten droht" in Art. 5 Nr. 3 der EuGVO bei (drohenden) Persönlichkeitsrechtsverletzungen durch Inhalte auf einer Internet-Website dahingehend auszulegen, dass der Betroffene eine Unterlassungsklage gegen den Betreiber der Website unabhängig davon, in welchem Mitgliedstaat der Betreiber niedergelassen ist, auch bei den Gerichten jedes Mitgliedstaats erheben kann, in dem die Website abgerufen werden kann, oder setzt die Zuständigkeit der Gerichte eines Mitgliedstaats, in dem der Betreiber der Website nicht niedergelassen ist, voraus, dass ein über die technisch mögliche Abrufbarkeit hinausgehender besonderer Bezug der angegriffenen Inhalte oder der Website zum Gerichtsstaat (Inlandsbezug) besteht?
2. Wenn ein solcher besonderer Inlandsbezug erforderlich ist: Nach welchen Kriterien bestimmt sich dieser Bezug?

Der EuGH entschied 2011 in der **e-date-Entscheidung**, dass sich die Recht-   **130**
sprechung zu Pressedelikten (Shevill) nur eingeschränkt auf die Verletzung von Persönlichkeitsverletzungen im Internet übertragen lasse. Die Veröffentlichung von Inhalten auf einer Website unterscheide sich von der gebietsabhängigen Verbreitung eines Mediums wie eines Druck-Erzeugnisses dadurch, dass es grundsätzlich auf die Ubiquität dieser Inhalte abzielt. Die Inhalte könnten von einer unbestimmten Zahl von Internetnutzern überall auf der Welt unmittelbar abgerufen werden, unabhängig davon, ob es in der Absicht ihres Urhebers lag, dass sie über seinen Sitzmitgliedstaat hinaus abgerufen werden, und ohne dass er Einfluss darauf hätte.[237] Wegen der möglichen Schwere der Verletzung, die aus der weltweiten Abrufbarkeit folgen könne, gewährt der EuGH dem Opfer einer im Internet begangenen Verletzung des Persönlichkeitsrechts die Möglichkeit, am Mittelpunkt seiner Interessen einen Gerichtsstand für den gesamten Schaden in Anspruch zu nehmen. Insofern gilt das Mosaikprinzip nicht. Ob es nötig war, ein neues Kriterium des Mittelpunkts der Interessen des Opfers in die EuGVO aufzunehmen, erscheint fraglich, in der Regel – so der EuGH – ist dies jedoch der gewöhnliche Aufenthalt. Daneben sind die Gerichte jedes Mitgliedstaats zuständig, in dessen Hoheitsgebiet ein im Internet veröffentlichter Inhalt zugänglich ist oder war. Diese sind nur für die Entscheidung über den Schaden zuständig, der im Hoheitsgebiet des Mitgliedstaats des angerufenen Gerichts verursacht worden ist. Insofern gilt das Mosaikprinzip.[238] Im Ergebnis antwortet der EuGH auf die Vorlagefrage wie folgt:

„Daher ist auf die ersten beiden Fragen in der Rechtssache C−509/09 und auf die einzige Frage in der Rechtssache C−161/10 zu antworten, dass Art. 5 Nr. 3 (heute Art. 7 Nr. 2 EuGVO) der Verordnung dahin auszulegen ist, dass im Fall der Geltendmachung einer Verletzung von Persönlichkeitsrechten durch Inhalte, die auf einer Website veröffentlicht worden sind, die Person, die sich in ihren Rechten verletzt fühlt, die Möglichkeit hat, entweder bei den Gerichten des Mitgliedstaats,

---

[237] EuGH, Urteil vom 25.10.2011, Rs. C-509/09, *eDateAdvertisingGmbH/X und Martinez/MGN Limited* = Slg. I 2011, 10302 = EuZW 2011, 962, Rn. 45.
[238] EuGH (a. a. O.) Rn. 51.

in dem der Urheber dieser Inhalte niedergelassen ist, oder bei den Gerichten des Mitgliedstaats, in dem sich der Mittelpunkt ihrer Interessen befindet, eine Haftungsklage auf Ersatz des gesamten entstandenen Schadens zu erheben. Anstelle einer Haftungsklage auf Ersatz des gesamten entstandenen Schadens kann diese Person ihre Klage auch vor den Gerichten jedes Mitgliedstaats erheben, in dessen Hoheitsgebiet ein im Internet veröffentlichter Inhalt zugänglich ist oder war. Diese sind nur für die Entscheidung über den Schaden zuständig, der im Hoheitsgebiet des Mitgliedstaats des angerufenen Gerichts verursacht worden ist."

131   Eine Konkretisierung hat der EuGH 2017 für diese Zuständigkeit am Erfolgsort vorgenommen. Hier stellt er klar, dass die eingeschränkte Kognitionsbefugnis der Gerichte an den einzelnen Schadensorten dazu führe, dass dort nicht über „unteilbare" Rechtsbehelfe entschieden werden dürfe, also vor allem nicht über den Anspruch eines Klägers auf Entfernung und/oder Richtigstellung verleumderischer oder beleidigender Äußerungen.[239] An diesen Orten kann demnach der jeweilige Teilschaden eingeklagt werden. Fraglich ist, ob die neue Rechtsprechung des EuGH generell auf Unterlassungsansprüche zu übertragen ist.[240]

132   Auch **juristische Personen** können am Mittelpunkt ihrer Interessen den Gesamtschaden wegen einer Persönlichkeitsverletzung einklagen. Art. 7 Nr. 2 EuGVO diene nicht dem Schutz der schwächeren Partei, sondern primär dem Ziel größtmöglicher Sachnähe.[241] Bei einer juristischen Person, die eine wirtschaftliche Tätigkeit ausübt, muss der Mittelpunkt der Interessen nach Ansicht des EuGH den Ort widerspiegeln, an dem ihr geschäftliches Ansehen am gefestigsten ist. Er sei daher anhand des Ortes zu bestimmen, an dem sie den wesentlichen Teil ihrer wirtschaftlichen Tätigkeit ausübt. Der Mittelpunkt der Interessen einer juristischen Person könne zwar mit dem Ort ihres satzungsmäßigen Sitzes zusammenfallen, wenn sie in dem Mitgliedstaat, in dem sich dieser Sitz befindet, ihre gesamte oder den wesentlichen Teil ihrer Tätigkeit ausübt und deshalb das Ansehen, über das sie dort verfügt, größer ist als in jedem anderen Mitgliedstaat, doch ist der Ort des Sitzes für sich genommen im Rahmen einer solchen Prüfung kein entscheidendes Kriterium.[242] Damit bestimmt der EuGH den Mittelpunkt der Interessen im Rahmen des Art. 7 Nr. 2 EuGVO anders, als er dies bei Art. 3 Abs. 1 EuInsVO tut, der Bestimmung, der er das Anknüpfungskriterium entliehen hatte. Denn für Art. 3 Abs. 1 EuInsVO bestehe eine Vermutung zugunsten des satzungsmäßigen Sitzes.[243]

133   Eine weitere Konkretisierung dieser spezifischen Rechtsprechung zu Persönlichkeitsverletzungen im Internet folgte 2021: Ein früherer KZ-Gefangener polnischer Staatsbürgerschaft machte geltend, in seinem Persönlichkeitsrecht, insbesondere seiner nationalen Identität und nationalen Würde verletzt worden zu sein. Eine von

---

[239] EuGH, Urteil vom 17.10.2017, Rs. C-194/16, *Bolagsupplysningen OÜ u. a./Svensk Handel AB* (Rn. 48) = EuZW 2018, 91.

[240] *Hau*, GRUR 2018, 163, 165.

[241] EuGH, Urteil vom 17.10.2017, Rs. C-194/16, *Bolagsupplysningen OÜ u. a./Svensk Handel AB* (Rn. 38) = EuZW 2018, 91. Dazu *Hau*, GRUR 2018, 163.

[242] EuGH, (a.a.O.) Rn. 40 ff.

[243] EuGH, Urteil vom 20.10.2011, Rs. C-396/09, *Interedil Srl, in Liquidation/Fallimento Interedil Srl u. a.* = EuZW 2011, 912 (*Mankowski*, NZI 2011, 994).

der Beklagten herausgegebene Online-Zeitung hatte über einen weiteren Holo-
caust-Überlebenden berichtet und dabei die Formulierung „polnisches Vernichtungslager Treblinka" verwendet. Ein konkreter Bezug zum Kläger fehlte. Das
vorlegende Gericht betonte, dass das Lager Treblinka ein deutsches national-
sozialistisches Lager auf dem Gebiet des besetzten Polens gewesen sei. Der Kläger
begehrte, der Beklagten die weitere Verwendung der Ausdrücke „polnisches Vernichtungslager" oder „polnisches Konzentrationslager" in Bezug auf die deutschen
Lager im Gebiet des besetzten Polens während des Zweiten Weltkriegs zu verbieten,
sowie sie zu einer dem Inhalt nach vorgegebenen Erklärung und Entschuldigung auf
ihrer Website und zur Zahlung einer Geldsumme an einen polnischen Verband ehe-
maliger KZ-Gefangener zu verpflichten.

Es geht also um die **Anwendung des Art. 7 Nr. 2 EuGVO bei kollektiven**   134
Persönlichkeitsrechtsverletzungen, infolge derer individuelle Ansprüche geltend
gemacht werden. In allen vorigen EuGH Entscheidungen ging es zuvor immer um
die Verletzung der Persönlichkeitsrechte vorab individualisierbarer Personen. Der
Kläger hatte die von ihm geltend gemachten Ansprüche darauf gestützt, dass er
durch die Verwendung des Ausdrucks „polnisches Vernichtungslager Treblinka" in
seiner nationalen Identität und Würde verletzt worden sei. Würde, so der EuGH,
dem Gericht des Ortes, an dem sich der Mittelpunkt der Interessen dieser Person
befindet, eine Zuständigkeit zugewiesen, um über die von dieser erhobene Klage
auf Ersatz des gesamten entstandenen Schadens zu entscheiden, würde dies, wenn
die Person in dem genannten Inhalt weder namentlich genannt wird noch sich
mittelbar individuell identifizieren lässt, der Vorhersehbarkeit der Zuständigkeitsvorschriften der EuGVO und der Rechtssicherheit abträglich sein, die die Verordnung insbesondere für den Verbreiter des betreffenden Inhalts gewährleisten soll.

Damit muss sich der deliktische Kläger im Rahmen der angegriffenen Ver-   135
letzungshandlung anhand objektiver und überprüfbarer Elemente unmittelbar oder
mittelbar individuell identifizieren lassen – und die betroffene Gruppe darf nicht zu
groß sein.[244]

Für die Bestimmung des Gerichtsstands der unerlaubten Handlung bei **Ver-**   136
letzung gewerblicher Schutzrechte im Internet wird diese Rechtsprechung wiederum modifiziert. Im Markenrecht kam es zu einem Rechtsstreit, der die Verletzung
einer in einem Mitgliedstaat eingetragenen Marke betraf, die dadurch begangen
wurde, dass ein Werbender auf der Website einer Suchmaschine, die unter einer
anderen Top-Level-Domain als der des Mitgliedstaats der Eintragung der Marke
betrieben wird, ein mit dieser Marke identisches Schlüsselwort verwendete.[245] Hier
stellt der EuGH nicht wie bei Persönlichkeitsverletzungen auf den Mittelpunkt der
Interessen ab, sondern auf das Schutzlandprinzip. Der Kläger könne den Gesamtschaden am Handlungsort (dem Ort der Niederlassung der Werbenden) und im
Schutzstaat als Erfolgsort einklagen.

---

[244] *Engel,* Internationale Zuständigkeit für individuelle Klagen bei kollektiven Persönlichkeitsrechtsverletzungen – Anmerkung zu EuGH, Urteil vom 17.6.2021 – C-800/19, *Mittelbayerischer
Verlag,* ZUM 2021, 843.
[245] EuGH, Urteil vom 19.4.2012, Rs. C-523/10, *Wintersteiger/Products 4U* = GRURInt 2012, 526.

137   Bei der **Verletzung von Urhebervermögensrechten** ist der EuGH allerdings wieder beim Mosaikprinzip geblieben, weil das Urheberecht aufgrund der Urheberrechtsrichtlinie 2001/29/EG in allen Mitgliedstaaten geschützt sei, anders als der nationale Markenschutz im Falle Wintersteiger.[246]

138   Den Erfolgsort in Verfahren auf **Kartellschadensersatz**, der durch eine Zuwiderhandlung gegen Art. 101 AEUV verursacht wurde, die in Preisabsprachen für LKW bestand, sah der EuGH an dem Ort, an dem die Preise des Marktes verfälscht wurden, auf dem dem Geschädigten nach dessen Aussage der Schaden entstanden ist.[247]

g. Gerichtsstand des Sachzusammenhangs?

139   Konkurrierende nicht-deliktische Ansprüche im Falle von Anspruchsgrundlagenkonkurrenz fallen nicht unter Art. 7 Nr. 2 EuGVO (s. o. Rn. 78, 82). Einen **Gerichtsstand des Sachzusammenhangs** lehnt der EuGH ab.[248] Allerdings kann das nach Art. 7 Nr. 2 EuGVO zuständige Gericht Vorfragen aus dem konkurrierenden nicht deliktischen Rechtsverhältnis entscheiden.[249]

3. Gerichtsstand für Adhäsionsklagen Art. 7 Nr. 3 EuGVO

140   Klagen wegen Schadensersatz können mit Strafverfahren verbunden werden. Art. 7 Nr. 3 EuGVO sieht eine zusätzliche internationale und örtliche Zuständigkeit vor, wenn die unerlaubte Handlung eine Straftat ist (z. B. Unfälle im Straßenverkehr) und das Strafgericht nach seiner *lex fori* befugt ist, auch über zivilrechtliche Ansprüche mit zu entscheiden. In Deutschland ist der Fall des §§ 403 ff. StPO bekannt, im gesamten romanischen Rechtskreis sind Adhäsionsverfahren verbreitet. Die Entscheidung über den zivilrechtlichen Anspruch durch ein Strafgericht ist innerhalb der Mitgliedstaaten grundsätzlich vollstreckbar (Art. 1 Abs. 1, 39 EuGVO), da es sich um eine Zivilsache handelt und die Art der Gerichtsbarkeit unerheblich ist. Art. 64 EuGVO schränkt die Vollstreckung allerdings in den dort genannten Fällen ein.

141   Die *Krombach*-Entscheidung, eine der für das Verfahrensrecht bedeutsamsten Entscheidung der letzten Jahre durch den EuGH, erging zur Anerkennung eines

---

[246] EuGH, Urteil vom 3.10.2013, Rs. C-170/12, *Peter Pinckney/KDG Mediatech AG*, (Rn. 45). Dazu *Picht/Kopp*, GRURInt 2016, 232; kritisch *Schack*, NJW 2013, 3627, 3629. Ähnlich EuGH, Urteil vom 22.1.2015, Rs. C-441/13, *Pez Hejduk/EnergieAgentur NRW GmbH* (Rn. 36) = GRURInt 2015, 288.

[247] EuGH, Urteil vom 29.7.2019 – C-451/18, *Tibor-Trans Fuvarozó és Kereskedelmi Kft./DAF Trucks NV* = EuZW 2019, 792.

[248] EuGH, Urteil vom 27.9.1988, Rs. 189/87, *Kalfelis/Schröder* = Slg. 1988, 5565. Für das deutsche nationale Zivilprozessrecht hat der BGH inzwischen nach langem Ringen mit der Literatur einen Gerichtsstand des Sachzusammenhangs anerkannt, dessen Anwendung für die Begründung der internationalen Zuständigkeit aber ausdrücklich abgelehnt BGH, Beschluss vom 10.12.2002, X ARZ 208/02 = BGHZ 153, 173 = NJW 2003, 828 = VersR 2003, 663 (*Spickhoff* 665).

[249] Rauscher/*Leible*, EZPR, Art. 7 EuGVO Rn. 113; MüKo-ZPO/*Gottwald*, Art. 7 Brüssel Ia-VO Rn. 53

Urteils einer in einem französischen Adhäsionsverfahren ergangenen Entscheidung.[250]

4. Gerichtsstand für die Wiedererlangung von Kulturgütern Art. 7 Nr. 4 EuGVO

Durch die Neufassung der Verordnung neu eingeführt wurde ein Gerichtsstand für die Wiedererlangung von Kulturgütern.[251]   **142**

Der **Begriff Kulturgut** nimmt die RiL 93/7/EWG („Kulturgüterrückgabe Richtlinie 1993) explizit in Bezug. Danach ist ein Kulturgut ein Gegenstand, der vor oder nach der unrechtmäßigen Verbringung aus dem Hoheitsgebiet eines Mitgliedstaats nach den einzelstaatlichen Rechtsvorschriften oder Verwaltungsverfahren im Sinne des Art. 36 AEUV als „nationales Kulturgut von künstlerischem, geschichtlichem oder archäologischem Wert" eingestuft wurde und unter eine der im Anhang genannten Kategorien fällt oder, wenn dies nicht der Fall ist, zu öffentlichen Sammlungen gehört, die im Bestandsverzeichnis von Museen, von Archiven oder von erhaltenswürdigen Beständen von Bibliotheken oder kirchlicher Einrichtungen aufgeführt sind.   **143**

Die Klage muss auf **Wiedererlangung** des Kulturgutes gerichtet sein, so dass unzweifelhaft Leistungsklagen auf Herausgabe erfasst sind. Überwiegend wird aus dem systematischen Zusammenhang mit Art. 7 Nr. 1 und Nr. 2 EuGVO gefolgert, dass auch (negative) Feststellungsklagen an diesem Gerichtsstand erhoben werden können.[252]   **144**

Zuständig ist international und örtlich das Gericht am Belegenheitsort der Sache (*forum lex rei sitae*).[253] Für die Belegenheit ist auf den Zeitpunkt der Anrufung des Gerichts abzustellen. Dieser Zeitpunkt sollte verordnungsautonom nach Art. 32 EuGVO bestimmt werden und nicht nach der *lex fori* des angerufenen Gerichts.   **145**

---

[250] EuGH, Urteil vom 28.3.2000, Rs. C-7/98, *Krombach/Bamberski* = Slg. 2000, I −1935; = EuGRZ 2000, 160, 161= ZIP 2000, 859 = JZ 2000, 723 (*v. Bar* 725). Dazu *Jayme*, Nationaler ordre public und europäische Integration, Betrachtungen zum Krombach Urteil des EuGH, 2000; *Gundel*, Der einheitliche Grundrechtsraum Europa und seine Grenzen – Zur EMRK-konformen Interpretation des Ordre-public-Vorbehalts des EuGVÜ durch den EuGH, EWS 2000, 442; *Hess*, Urteilsfreizügigkeit und ordre-public-Vorbehalt bei Verstößen gegen Verfahrensgrundrechte und Marktfreiheiten, IPRax 2001, 301; *Geimer*, Zur Auslegung des Begriffs öffentliche Ordnung des Vollstreckungsstaats im Sinne des VollstrZustÜbk Art 27 Nr 1, ZIP 2000, 863; *Matscher*, Der verfahrensrechtliche ordre public im Spannungsfeld von EMRK und Gemeinschaftsrecht, IPRax 2001, 428. Urteil des EGMR in der gleichen Sache vom 13.2.2001, No. 29731/96, IPRax 2001, 454.

[251] *Raach*, Herausgabeklagen in internationale Kulturgutleihgaben, 2020, S. 122; *Weller*, Rethinking EU Cultural Property Law: Towards Private Enforcement, 2018, S. 39; *v. Hein*, Der Kulturgütergerichtsstand in Art. 7 Nr. 4 der neu gefassten EuGVO, FS Lindacher, 2017, 151; *Siehr*, Das Forum rei sitae in der neuen EuGVO (Art. 7 Nr. 4 EuGVO n.F.) und der internationale Kulturgüterschutz, FS Martiny, 2014, 837.

[252] *Siehr*, Das Forum rei sitae in der neuen EuGVO (Art. 7 Nr. 4 EuGVO n.F.) und der internationale Kulturgüterschutz, FS Martiny, 2014, 837, 848; Rauscher/*Leible*, EZPR, Art. 7 EuGVO Rn. 150; *Hess*, EZPR, Rn. 6.81

[253] Zu weitergehenden Plänen im Vorschlag zur Neufassung der EuGVO, für sämtliche Streitigkeiten über dingliche Rechte und den Besitz an einer beweglichen Sachen ein *forum lex rei sitae* vorzusehen *Thürk*, Belegenheitsgerichtsstände, 2018, S. 202; Rauscher/*Leible*, EZPR, Art. 7 EuGVO Rn. 149.

Der Hinweis, dass es sich um die Geltendmachung eines zivilrechtlichen Anspruchs handeln muss, ist an sich überflüssig, weil der Anwendungsbereich der
EuGVO nur für Zivil- und Handelssachen eröffnet ist (s. o. Rn. 6).

5. Niederlassungsgerichtsstand Art. 7 Nr. 5 EuGVO

146 Die internationalen Zuständigkeitsordnungen kennen in verschiedener Form die
Möglichkeit, einen (ausländischen) Beklagten am Ort seiner Geschäftätigkeit zu
verklagen.[254] Dahinter steht der Gedanke, dass der, der sich (auch) im Inland ge-
schäftlich betätigt, dort für diese Tätigkeit gerade stehen soll. Diesem Ziel dienen
US-amerikanische *doing business* Gerichtsstände ebenso wie europäische Nieder-
lassungsgerichtsstände (Art. 7 Nr. 5 EuGVO/LGVÜ, § 21 ZPO). Art. 7 Nr. 5 EuGVO
legt die innerstaatliche Zuständigkeit selbst fest, ohne dass es auf die Bestimmung
eines örtlichen Gerichtsstands durch das nationale Gericht ankommt.[255] Da Art. 63
EuGVO bereits eine Gerichtspflichtigkeit am Ort der Hauptverwaltung bzw. Hauptniederlassung begründet, hat Art. 7 Nr. 5 EuGVO seinen Anwendungsbereich
bei sonstigen Niederlassungen, die der EuGH in autonomer Auslegung als Mittelpunkt geschäftlicher Tätigkeit ansieht, der auf Dauer als Außenstelle eines
Stammhauses auftritt und mit eigener Geschäftsführung befugt ist, Geschäfte mit
Dritten abzuschließen.[256]

147   Bei der heutigen vielfältigen internationalen Produktions- und Vertriebs-
organisation ist es nicht immer ganz einfach, den Terminus der (sonstigen) Niederlassung zu fixieren. Eine reine Kontaktadresse (c/o) reicht sicher nicht. Für eine
Niederlassung ist es erforderlich, dass diese so selbstständig ist, dass sie selbst in
der Lage ist, eigene Geschäfte abzuschließen und nicht lediglich Geschäfte für ein
Stammhaus vermittelt.[257] Andererseits erzeugt eine rechtliche Selbstständigkeit zumindest Begründungsbedarf, um noch von einer Niederlassung sprechen zu können, weil insoweit die Leitung und Aufsicht durch das Stammhaus nachgewiesen
werden müssten.[258] Zwar kann es als unschädlich angesehen werden, wenn der
„Stützpunkt" eine eigene Rechtspersönlichkeit aufweist;[259] im Verhältnis von Mut-

---

[254] Dies ist die Parallele zwischen Art. 7 Nr. 5 EuGVO, § 21 ZPO und dem *doing business* Gerichtsstand des US-amerikanischen Rechts. Zu den Unterschieden vgl. *H. Müller*, Doing business, 1992,
S. 221 ff.

[255] *Kropholler/v. Hein*, EZPR, vor Art. 5 EuGVO Rn. 99.

[256] EuGH, Urteil vom 18.3.1981, Rs. 139/80, *Blanckaert & Willems/Trost* = Slg. 1981, 819.

[257] MüKo-ZPO/*Gottwald*, Art. 7 Brüssel Ia-VO Rn. 79; *Schack*, IZVR, Rn. 392 erwägt de lege ferenda eine Anwendung des Niederlassungsgerichtsstandes auch bei bloßer Vermittlungstätigkeit.

[258] EuGH, Urteil vom 9.12.1987, Rs. 218/86, *Schotte/Parfums Rothschild* = Slg. 1987, 4905;
Kronke, Der Gerichtsstand nach Art. 5 Nr. 5 EuGVÜ – Ansätze einer Zuständigkeitsordnung für
grenz-überschreitende Unternehmensverbindungen, IPRax 1989, 81 f.

[259] EuGH, Urteil vom 22.2.1978, Rs. 33/78, *Somafer/SaarFerngas* = Slg. 1978, 2183; Nagel/*Gottwald*, IZPR, § 3 Rn. 79; *Geimer/Schütze*, EZVR, Art. 5 Rn. 232; *Kronke*, Der Gerichtsstand nach
Art. 5 Nr. 5 EuGVÜ – Ansätze einer Zuständigkeitsordnung für grenzüberschreitende Unternehmensverbindungen, IPRax 1989, 81, 82; *Linke*, Der „kleineuropäische" Niederlassungs-
gerichtsstand (Art. 5 Nr. 5 GVÜ), IPRax 1982, 46, 48 (dort weitere Nachweise in Fn. 43).

ter- und Tochtergesellschaften ist jedoch im Grundsatz trotz Beherrschung durch das Mutterunternehmen kein zuständigkeitsrechtlicher Durchgriff möglich.[260]

Im Falle eines Alleinvertriebshändlers[261] und eines selbstständigen Handelsver-   **148** treters[262] hat der EuGH die Niederlassungseigenschaft verneint, weil die Autonomie beider gegenüber dem Unternehmen zu stark ausgeprägt sei. Allerdings hat er hierbei jeweils auf die konkreten Umstände abgestellt, so dass gleichwohl auch Gebilde mit eigener Rechtspersönlichkeit Niederlassungen i. S. d. Art. 7 Nr. 5 EuGVO sein können. Regelmäßig sind bei juristischen Personen weitere Umstände erforderlich, damit sie als Niederlassungen eines Unternehmens angesehen werden können. Das sind z. B. gleiche firmenrechtliche Bezeichnung[263] sowie personale Identität der Geschäftsführung.

Zu berücksichtigen ist ferner, dass es nicht auf die tatsächliche Ausgestaltung des   **149** Innenverhältnisses zwischen Unternehmen und Niederlassung ankommt, sondern auf den gesetzten *Rechtsschein einer Niederlassung.*[264] Der EuGH hat bereits 1978 in der Entscheidung *Somafer*[265] auf den Rechtsscheins-Gesichtspunkt abgestellt und dies 1987[266] bestätigt.[267]

Unter Art. 7 Nr. 5 EuGVO fallen neben Vertragsklagen alle vermögensrecht-   **150** lichen Klagen einschließlich solcher aus Delikt.[268] Der Streit muss um eine Verpflichtung aus der Tätigkeit der Niederlassung gehen. Wo der Erfüllungsort der Pflicht ist, ist dagegen unerheblich.[269]

Art. 7 Nr. 5 EuGVO verlangt einen doppelten Bezug zum Vertragsgebiet. Die   **151** Vorschrift ist nach dem klaren Wortlaut nur anwendbar, wenn der Beklagte seinen Sitz in einem anderen Mitgliedstaat hat, als in dem des anhängigen Verfahrens.[270] Befindet sich der Sitz im Gerichtsstaat, ist die Vorschrift unanwendbar;[271] ist der Sitz des Beklagten außerhalb der EU gelegen, so ist in Deutschland gem. Art. 6

---

[260] MüKo-ZPO/*Gottwald*, Art. 7 Brüssel Ia-VO Rn. 81; *H. Müller*, Doing business, S. 228.

[261] EuGH, Urteil vom 6.10.1976, Rs. 14/76, *De Bloos/Bouyer* = Slg. 1976, 1497 = RIW/AWD 1977, 42; MüKo-ZPO/*Gottwald*, Art. 7 Brüssel Ia-VO Rn. 79.

[262] EuGH, Urteil vom 18.3.1981, Rs. 139/80, *Blanckaert & Willems/Trost* = EuGHE 1981, 838 = IPRax 1982, 64 (*Linke* 46); *Schack*, IZVR, Rn. 392.

[263] EuGH, Urteil vom 9.12.1987, Rs. 218/86, *Schotte/Parfums Rothschild* = Slg. 1987, 4905 = IPRax 1989, 96, 97 = RIW 1988, 138 = NJW 1988, 625.

[264] *Kropholler/v. Hein*, EZPR, Art. 5 EuGVO Rn. 108; Nagel/*Gottwald*, IZPR, § 3 Rn. 79.

[265] EuGH, Urteil vom 22.2.1978, Rs. 33/78, *Somafer/SaarFerngas* = Slg. 1978, 2183 = RIW/AWD 1979, 56, 57.

[266] EuGH, Urteil vom 9.12.1987, Rs. 218/86, *Schotte/Parfums Rothschild* = Slg. 1987, 4905 = IPRax 1989, 96, 97 = RIW 1988, 138 = NJW 1988, 625.

[267] Ebenso BGH, Beschluss vom 6.6.2007, III ZR 315/06 = BeckRS 2007, 10409.

[268] Nagel/*Gottwald*, IZPR, § 3 Rn. 76; MüKo-ZPO/*Gottwald*, Art. 7 Brüssel Ia-VO Rn. 88; *Kropholler/v. Hein*, EZPR, Art. 5 EuGVO Rn. 111.

[269] EuGH, Urteil vom 6.4.1995, Rs. C-439/93, *Lloyd's Register of Shipping/Société Campenon Bernard*, Slg. 1995. I –961.

[270] Rauscher/*Leible*, EZPR, Art. 7 EuGVO Rn. 153; MüKo-ZPO/*Gottwald*, Art. 7 Brüssel Ia-VO Rn. 85.

[271] *Kropholler/v. Hein*, EZPR, vor Art. 5 EuGVO Rn. 100.

Abs. 1 EuGVO auf § 21 ZPO zurückzugreifen.[272] Das gilt gem. Art. 11 Abs. 2, 17 Abs. 2 und 20 Abs. 2 EuGVO nicht in Versicherungs-, Verbraucher- und Arbeitssachen. Hier sind der Versicherer, der Vertragspartner des Verbrauchers und der Arbeitgeber auch dann am Gerichtsstand des Art. 7 Nr. 5 EuGVO gerichtspflichtig, wenn sie nur ihre Zweigniederlassung, Agentur oder sonstige Niederlassung in einem Mitgliedstaat und ihren Sitz in einem Drittstaat haben.

VII. Die Gerichtsstände des Sachzusammenhangs des Art. 8 EuGVO

1. Streitgenossenschaftsgerichtsstand Art. 8 Nr. 1 EuGVO

152   Mit dem Gerichtsstand in Art. 8 Nr. 1 EuGVO enthält die EuGVO einen einheitlichen internationalen Gerichtsstand der Streitgenossenschaft auf der Beklagtenseite,[273] der schon im EuGVÜ enthalten war und in zahlreichen Hoheitsgebieten der Mitgliedstaaten bekannt ist,[274] kaum jedoch in Deutschland.[275]

153   Gem. Art. 20 Abs. 1 EuGVO kann der Gerichtsstand auch bei Klagen gegen den Arbeitgeber genutzt werden.

154   Das deutsche Prozessrecht enthält lediglich eine Regelung der Zulässigkeit der Streitgenossenschaft in §§ 59, 60 ZPO, kennt jedoch keinen Gerichtsstand der Streitgenossenschaft. Die Streitgenossenschaft setzt vielmehr voraus, dass eine Zuständigkeit für die Klagen der/gegen alle Streitgenossen besteht.[276] Es besteht aber die Möglichkeit der Zuständigkeitsbestimmung gem. § 36 Abs. 1 Nr. 3 ZPO, die jedoch komplizierter ist, als von vornherein einen Gerichtsstand der Streitgenossen-

---

[272] Rauscher/*Leible*, EZPR, Art. 7 EuGVO Rn. 153; MüKo-ZPO/*Gottwald*, Art. 7 Brüssel Ia-VO Rn. 85.

[273] Die Streitgenossenschaft auf der Klägerseite ist nicht geregelt; *Geimer*, Fora Connexitatis – Der Sachzusammenhang als Grundlage der internationalen Zuständigkeit, WM 1979, 350, 356; *Kropholler/v. Hein*, EZPR, Art. 6 EuGVO Rn. 5.

[274] Nachweise bei *Otte*, Umfassende Streitentscheidung durch Beachtung von Sachzusammenhängen, 1998, S. 649 (Fn. 829); rechtsvergleichend *Schröder*, Internationale Zuständigkeit, 1971, S. 558 ff.; *Auer*, Die internationale Zuständigkeit des Sachzusammenhangs im erweiterten EuGVÜ-System nach Artikel 6 EuGVÜ, S. 145 ff.; *Geimer*, Fora Connexitatis – Der Sachzusammenhang als Grundlage der internationalen Zuständigkeit, WM 1979, 350, 351 ff.; *Spellenberg*, Örtliche Zuständigkeit kraft Sachzusammenhangs, ZVglRWiss. 1980, 89 ff.

[275] S. aber § 35a (Unterhaltsklage Kind gegen Eltern), § 603 Abs. 2 ZPO (Wechselklage), § 605a ZPO (Scheckklage); *Otte*, Umfassende Streitentscheidung durch Beachtung von Sachzusammenhängen, S. 649. Beachte jedoch die Rechtslage vor Inkrafttreten der Reichscivilprozeßordnung am 1.10.1879, dazu *Geimer*, Fora Connexitatis – Der Sachzusammenhang als Grundlage der internationalen Zuständigkeit, WM 1979, 350, 352 f.; zur Gerichtsstandsbestimmung des § 36 Abs. 1 Nr. 3 ZPO vgl. Rosenberg/Schwab/ *Gottwald*, ZPR, § 38 I 3; *Herz*, Die gerichtliche Zuständigkeitsbestimmung, 1990; *Geimer*, Fora Connexitatis – Der Sachzusammenhang als Grundlage der internationalen Zuständigkeit, WM 1979, 350, 353. Kritisch zum Fehlen einer solchen Zuständigkeit *Schröder*, Internationale Zuständigkeit, S. 569.

[276] Rosenberg/Schwab/*Gottwald*, ZPR, § 48 Rn. 14; *Rößler*, The Court of Jurisdiction for Joint Parties in International Patent Disputes, IIC 2007, 380, 385.

schaft auch im deutschen Recht zur Verfügung zu stellen.[277] Eine **Streitgenossen-schaft** liegt vor, wenn mehrere Personen gleichzeitig in einem Verfahren klagen oder verklagt werden. Es handelt sich dabei also um eine subjektive Klagehäufung. Diese kann bei der Klageerhebung oder nachträglich durch einen Parteibeitritt oder eine Prozessverbindung durch das Gericht (§ 147 ZPO) entstehen. Das deutsche Recht geht davon aus, dass die Verbindung von Streitgenossen „zufällig" oder „rechtsnotwendig" sein kann. Im ersten Fall spricht das Gesetz von einfacher, im zweiten Fall von notwendiger Streitgenossenschaft. Bei der einfachen Streit-genossenschaft ist die Verbindung der Verfahren sehr lose. Es handelt sich um eine aus Gründen der Zweckmäßigkeit erfolgte Verbindung mehrerer Prozesse zu ge-meinsamer Verhandlung und Entscheidung. Diese Verbindung kann durch das Ge-richt gemäß § 145 ZPO wieder gelöst werden und die Entscheidung kann uneinheit-lich ausfallen. Charakteristisch für die notwendige Streitgenossenschaft ist, dass aus Rechtsgründen eine einheitliche Entscheidung erforderlich ist. Dies kann prozessrechtliche und materiellrechtliche Gründe haben. Man kann grob davon ausgehen, dass eine notwendige Streitgenossenschaft immer dann vorliegt, wenn der Streitgegenstand der verbundenen Verfahren identisch ist.[278]

Durch Art. 8 Nr. 1 EuGVO ist es möglich, mehrere Beklagte am Wohnsitz eines Streitgenossen zu verklagen. Der Kläger spart sich dadurch mehrere Klagen in ver-schiedenen Mitgliedstaaten. Die Klage gegen den Streitgenossen (*anchor defen-dant*) muss auf Art. 4 Abs. 1 EuGVO gestützt sein, andere Vorschriften scheiden als Basis im Rahmen des Art. 8 Nr. 1 EuGVO aus.[279] Reformüberlegungen im Bericht zur Anwendung der EuGVO a. F. gingen dahin, auch andere Zuständigkeiten zu nutzen, soweit gewährleistet ist, dass eine hinreichende Verbindung zwischen Forum und den dort verklagten Streitgenossen besteht.[280] Letztlich ist der Gerichts-stand der Streitgenossenschaft aber unverändert in die reformierte EuGVO über-nommen worden.   **155**

Die Vorschrift ist mit **Art. 6 I EMRK** vereinbar, soweit ihr Anwendungsbereich nicht übermäßig ausgedehnt wird.[281]   **156**

Erforderlich ist aber, dass zwischen den Klagen ein **Zusammenhang** besteht, um nicht den Grundsatz des *actor sequitur forum rei* (Art. 4 Abs. 1 EuGVO) völlig auszuhöhlen. Der Begriff bedarf weiterer Konkretisierung; in den Mitgliedstaaten   **157**

---

[277] Forderung bei Rosenberg/Schwab/*Gottwald*, ZPR, § 48 Rn. 14.

[278] Rosenberg/Schwab/*Gottwald*, ZPR, §§ 48 f.

[279] MüKo-ZPO/*Gottwald*, Art. 8 Brüssel Ia-VO Rn. 16.

[280] Diskutiert im Study JLS/C4/2005/03 Report on the Application of Regulation Brussels I in the Member States, presented by *Hess*, *Pfeiffer* and *Schlosser*, Final Version September 2007, S. 105. http://courtesa.eu/wp-content/uploads/2019/03/study_application_brussels_1_en.pdf (abgerufen am 13.12.2021).

[281] Study JLS/C4/2005/03 Report on the Application of Regulation Brussels I in the Member States, presented by *Hess*, *Pfeiffer* and *Schlosser*, Final Version September 2007, S. 103, http://courtesa.eu/wp-content/uploads/2019/03/study_application_brussels_1_en.pdf (abgerufen am 13.12.2021).

wird er unterschiedlich ausgelegt.[282] Der Zusammenhang muss zwischen den einzelnen Klagen bestehen, nicht zwischen verschiedenen Verfahren, die untereinander durch einen gemeinsamen Beklagten (*anchor defendant*) verbunden sind. Englische Gerichte wenden den Gerichtsstand gelegentlich extensiv klägerfreundlich an.[283]

158   Zur **Bestimmung der Konnexität** hatte der EuGH auf **Art. 22 Abs. 3 EuGVÜ** abgestellt.[284] Danach stehen Klagen im Zusammenhang, wenn zwischen ihnen eine so enge Beziehung besteht, dass eine gemeinsame Verhandlung und Entscheidung geboten erscheint, um zu vermeiden, dass in getrennten Verfahren widersprechende Entscheidungen ergehen können. Diese Formel, die sich auch in Art. 30 Abs. 3 EuGVO findet, hat der Verordnungsgeber in Art. 6 Nr. 1 EuGVO a. F. aufgenommen und unverändert in Art. 8 Nr. 1 EuGVO beibehalten.

159   Es ist wohl schon im Grundsatz fragwürdig, den Konnexitätsbegriff einer Zuständigkeitsvorschrift wie Art. 8 Nr. 1 EuGVO durch die Definition einer Vorschrift zur Verfahrenskoordination (Art. 30 Abs. 3 EuGVO) auszufüllen, weil beide Vorschriften unterschiedlichen Zielen dienen. Die Vorschriften, die eine Aussetzung ermöglichen, dienen dazu, bei parallelen Verfahren einander widersprechende Entscheidungen zu verhindern. Die Zuständigkeitsnormen sollen dagegen zunächst nur eine gerechte, sinnvolle und effiziente Verteilung der internationalen Zuständigkeit zwischen den Mitgliedstaaten ermöglichen. Löste man daher den Begriff des Zusammenhangs in Art. 8 Nr. 1 EuGVO von dem des Art. 30 Abs. 3 EuGVO, wäre es auch möglich, stärker die Zweckmäßigkeit gemeinsamer Verhandlung zu berücksichtigen als nur auf das spätere Probleme widersprechender Entscheidungen abzustellen.[285]

160   Art. 8 Nr. 1 EuGVO ist selbst dann anwendbar, wenn die Klage gegen den Erstbeklagten schon zum Zeitpunkt der Klageerhebung unzulässig ist.[286] In jedem Fall anwendbar ist Art. 8 Nr. 1 EuGVO, wenn die Klage gegen den Erstbeklagten nachträglich unzulässig wird. Hier gilt der Grundsatz der *perpetuatio fori*. Auch wenn die Klage gegen den Erstbeklagten als unbegründet abgewiesen wird, sich erledigt

---

[282] Übersicht im Study JLS/C4/2005/03 Report on the Application of Regulation Brussels I in the Member States, presented by *Hess*, *Pfeiffer* and *Schlosser*, Final Version September 2007, S. 103 ff., http://courtesa.eu/wp-content/uploads/2019/03/study_application_brussels_1_en.pdf (abgerufen am 13.12.2021).

[283] Court of Appeal, *Masri v. Consolidated Contractors International (UK)* Ltd. [2005] All ER (D) 275; dazu *Knöfel*, Gerichtsstand der prozessübergreifenden Streitgenossenschaft gemäß Art. 6 Nr. 1 EuGVVO?, IPRax 2006, 503.

[284] Obwohl dies im Wortlaut des Art. 6 Nr. 1 EuGVÜ keinen Niederschlag gefunden hatte, war schon vor Geltung der EuGVO für die Anwendung des Art. 6 Nr. 1 EuGVÜ erforderlich, dass beide Klagen einen autonom zu bestimmenden Zusammenhang aufweisen müssen. EuGH, Urteil vom 27.9.1988, Rs. 189/87, *Kalfelis/Schröder* = Slg. 1988, 5565, 5584; IPRax 1989, 288 (*Gottwald* 272); *Otte*, Umfassende Streitentscheidung durch Beachtung von Sachzusammenhängen, S. 650 ff.

[285] *Adolphsen*, Renationalisierung von Patentstreitigkeiten in Europa, IPRax 2007, 15, 20; *ders.*, Das Territorialitätsprinzip im europäischen Patentrecht, ZZPInt 11 (2006), 137, 159.

[286] EuGH, Urteil vom 13.7.2006, Rs. C–103/05 = EuGHE 2006, I –6827 = NJW-RR 2006, 1568, 1569 = ZZPInt 11 (2006), 176 (*Würdinger* 180) = RIW 2006, 683.

oder zurückgenommen wird, ist der Zweitbeklagte gem. Art. 8 Nr. 1 EuGVO gerichtspflichtig.

Art. 8 Nr. 1 EuGVO regelt sowohl die internationale als auch die örtliche Zuständigkeit.[287] **161**

a. Räumlicher Anwendungsbereich des Art. 8 Nr. 1 EuGVO

Art. 8 Nr. 1 EuGVO regelt unstreitig den Fall, dass ein Beklagter, der im Hoheitsgebiet eines Mitgliedstaates domiziliert ist, am Wohnsitz eines anderen Beklagten aus einem anderen Mitgliedstaat verklagt wird.[288] Art. 8 Nr. 1 EuGVO gilt nach umstrittener, aber richtiger Ansicht auch, wenn der zweite Beklagte ebenfalls im Gerichtsstaat wohnt. Demnach ist es unerheblich, ob das dortige Prozessrecht einen Gerichtsstand der Streitgenossenschaft kennt.[289] **162**

Andererseits erfasst der Wortlaut des Art. 8 Nr. 1 EuGVO nur Klagen gegen Streitgenossen, die *alle* in Mitgliedsstaaten ihren Wohnsitz haben.[290] Die hieraus resultierende **Bevorzugung von Drittstaatlern** gegenüber Mitgliedsstaatlern ist schwer nachzuvollziehen.[291] Der Vorschlag für die Neufassung der EuGVO sah deshalb vor, dass die Vorschrift auf Beklagte aus Drittstaaten ausgedehnt werden sollte. Allerdings wurde Art. 6 Nr. 1 EuGVO a. F. inhaltlich unverändert in die revidierte EuGVO übernommen. Trotzdem wollen einige Art. 8 Nr. 1 EuGVO weiterhin zumindest analog heranziehen, wenn der weitere Beklagte in einem Drittstaat wohnt.[292] Da aber Art. 8 Nr. 1 EuGVO in der Neufassung der Brüssel Ia-VO unverändert blieb, ist es schwer, das Vorliegen einer Regelungslücke zu begründen.[293] Die Einbeziehung von Drittstaatlern kann daher nur *de lege ferenda* erfolgen. **163**

Zusammenfassend ergibt sich, dass Art. 8 Nr. 1 EuGVO immer dann anzuwenden ist, wenn einer von mehreren Beklagten seinen Wohnsitz in einem Mitgliedstaat hat und der weitere ebenfalls in einem Mitgliedstaat. **164**

b. Die Anwendung des Art. 8 Nr. 1 EuGVO bei Patentstreitigkeiten

Art. 8 Nr. 1 EuGVO wurde bis Mitte 2006 als eine Möglichkeit angesehen, internationale Patentverletzungsverfahren effektiv auch gegen mehrere Verletzer der Patente aus einem europäischen Bündelpatent (Anmeldung in einem Verfahren für bis zu 27 Mitgliedstaaten, dann aber Zerfall in Bündel von bis zu 27 nationalen Schutzrechten) zu gestalten („*spider in the web theory*"). Für den Kläger ist die Durch- **165**

---

[287] Rauscher/*Leible*, EZPR, Art. 8 EuGVO Rn. 5; *Geimer*, Fora Connexitatis – Der Sachzusammenhang als Grundlage der internationalen Zuständigkeit, WM 1979, 350, 357; MüKo-ZPO/*Gottwald*, Art. 8 Brüssel Ia-VO Rn. 2.

[288] Rauscher/*Leible*, EZPR, Art. 8 EuGVO Rn. 8; MüKo-ZPO/*Gottwald*, Art. 8 Brüssel Ia-VO Rn. 5.

[289] A.A. *Kropholler/v. Hein*, EZPR, Art. 6 EuGVO Rn. 7.

[290] EuGH, Urteil vom 11.42013, C-645/11 = NJW 2013, 1661.

[291] Kritisch MüKo-ZPO/*Gottwald*, Art. 8 Brüssel Ia-VO Rn. 6; Rauscher/*Leible*, EZPR, Art. 8 EuGVO Rn. 9; *Schack*, IZVR, Rn. 443.

[292] *Schack*, IZVR, Rn. 443 m. w. Nw.

[293] Daher heute skeptisch gegenüber einer Analogie Rauscher/*Leible*, EZPR, Art. 8 EuGVO Rn. 9; MüKo-ZPO/*Gottwald*, Art. 8 Brüssel Ia-VO Rn. 6.

setzung seines Rechts ungleich schwieriger, wenn er gezwungen wird, gegen eine Vielzahl von Verletzern einzeln in den verschiedenen Mitgliedstaaten vorzugehen. Zugunsten der Beklagten ist jedoch ein Entzug des Wohnsitzgerichtsstands nur angemessen, wenn ein wirklicher Zusammenhang gegeben ist.

166   Nach Ansicht des EuGH im *Roche*-**Verfahren**[294] ist Art. 8 Nr. 1 EuGVO so auszulegen, dass er im Rahmen eines Rechtsstreits wegen Verletzung eines europäischen Patents, der gegen mehrere in verschiedenen Vertragsstaaten ansässige Gesellschaften auf Grund von im Hoheitsgebiet eines oder mehrerer Vertragsstaaten begangenen Handlungen geführt wird, auch dann nicht anwendbar ist, wenn die demselben Konzern angehörenden Gesellschaften gemäß einer gemeinsamen Geschäftspolitik, die eine der Gesellschaften allein ausgearbeitet hat, in derselben oder in ähnlicher Weise gehandelt haben. Das Urteil hat international erhebliche Kritik hervorgerufen, vor allem weil die effektive Durchsetzung des Schutzrechts erheblich erschwert wird.[295]

167   Die **Studie zur Anwendung der EuGVO** schlug vor, Art. 8 EuGVO durch folgende Zuständigkeitsregel zu ergänzen:

„1a where he is one of a number of defendants engaging in coordinated activities resulting, or threatening to result, in infringement of intellectual property rights whose contents are determined by the same rule of law enshrined in secondary Community legislation or in international conventions to which all EU Member States have adhered, in the courts of the country where the defendant coordinating the activities or otherwise having the closest connection with the infringement in its entirety is domiciled".[296]

168   Der **Vorschlag für eine Neufassung der EuGVO** (Rn. 4) hatte diesen Vorschlag nicht übernommen, wohl um parallele Verhandlungen über ein Europäisches Patentgericht abzuwarten. Inzwischen liegt das sog. Patentreformpaket vor, ist aber noch nicht in Kraft getreten. [297]

---

[294] EuGH, Urteil vom 13.7.2006, Rs. C-539/03, *Roche Nederland BV u. a./Primus und Goldenberg* = EuZW 2006, 573 = NJW 2006, 3626.

[295] *Adolphsen*, Renationalisierung von Patentstreitigkeiten in Europa, IPRax 2007, 15, 19 ff.; *ders.*, Das Territorialitätsprinzip im europäischen Patentrecht, ZZPInt 11 (2006), 137; *Knöfel*, Kein „konzernübergreifender" europäischer Mehrparteiengerichtsstand für Patentverletzungsklagen!, MR Int 2006, 127; *Kur*, Farewell to Cross-Border Injunctions? The ECJ Decisions GAT v. LuK and Roche Nederland v. Primus and Goldenberg, IIC 2006, 844; *Lange*, Der internationale Gerichtsstand der Streitgenossenschaft im Kennzeichenrecht im Lichte der „Roche/Primus"-Entscheidung des EuGH, GRUR 2007, 107; *Luginbühl/Stauder*, Der Europäische Gerichtshof setzt den grenzüberschreitenden Entscheidungen in Patentsachen ein vorläufiges Ende, sic 2006, 876; MüKo-ZPO/*Gottwald*, Art. 8 Brüssel Ia-VO Rn. 10; *Schlosser*, Anmerkung zu EuGH, Urteil vom 13.7.2006– Rs. C-539/03, JZ 2007, 305.

[296] Study JLS/C4/2005/03 Report on the Application of Regulation Brussels I in the Member States, presented by *Hess*, *Pfeiffer* and *Schlosser*, Final Version September 2007, S. 348, 364, http://courtesa.eu/wp-content/uploads/2019/03/study_application_brussels_1_en.pdf (abgerufen am 13.12.2021).

[297] *Adolphsen*, Europäisches und internationales Zivilprozessrecht in Patentsachen, Rn. 79.

2. Gerichtsstand der Gewährleistungs- und Interventionsklage Art. 8 Nr. 2 EuGVO

Aufgrund des Interesses an der Einheitlichkeit der Entscheidung und aus Gründen **169** der Prozessökonomie hat die EuGVO einen dem romanischen Rechtskreis bekannten Gerichtsstand der Gewährleistungs- und Interventionsklage aufgenommen. Deutschland kennt einen solchen nicht. Hier löst das Prozessrecht die Probleme mit dem Mittel der Streitverkündung. Zur Veranschaulichung folgender Fall:

Beispiel

Fall 13: Ein deutscher Lieferant liefert ein Produkt an einen französischen Importeur nach Frankreich, der dieses an einen dortigen Käufer weiterverkauft. Der Käufer verklagt den Importeur in Frankreich wegen Mängeln auf Schadensersatz. Wie geht der Importeur sinnvoller Weise prozessual vor? ◄

Der Importeur wird, wenn er verurteilt wird, im Wege des Regresses beim deut-   **170** schen Lieferanten Rückgriff nehmen wollen. Dies müsste er in Deutschland tun, wenn man unterstellt, dass sich für eine Klage gegen den deutschen Lieferanten nur eine internationale Zuständigkeit gem. Art. 4 Abs. 1 EuGVO ergibt. Tut er dies *nach* einer Verurteilung, geht er das Risiko ein, dass er im Regressverfahren unterliegt, wenn der Richter in diesem die Kaufsache für einwandfrei hält, auch wenn der französische Richter im Schadensersatzprozess einen Mangel annahm. Dies ist möglich, weil die Rechtskraft der ersten Entscheidung unabhängig von ihrem objektiven Umfang nicht gegenüber dem deutschen Lieferanten wirkt. Aus diesem Grund muss der französische Importeur ein Interesse daran haben, dass die Entscheidung auch gegenüber dem deutschen Lieferanten wirkt. Dies kann er durch die Gewährleistungs- und Interventionsklage erreichen, indem er den deutschen Lieferanten in Frankreich mitverklagt. Dies erlaubt Art. 8 Nr. 2 EuGVO, so dass der Importeur nicht gezwungen ist, den Deutschen an seinem allgemeinen Gerichtsstand (Art. 4 Abs. 1 EuGVO) zu verklagen, unabhängig davon, wo der Erfüllungsort ist.

Art. 8 Nr. 2 EuGVO setzt einen bereits anhängigen Hauptprozess voraus. Der   **171** Beklagte des Hauptprozesses kann nur Regressansprüche, nicht aber weitergehende Schadensersatzansprüche geltend machen. Als Klageart kommt regelmäßig die Leistungsklage in Betracht, gleichwohl sind Feststellungs- oder Gestaltungsklagen möglich.

Umstritten ist, ob der deutsche Lieferant auf der Grundlage des Art. 8 Nr. 2   **172** EuGVO von sich aus die Interventions- oder Gewährleistungsklage erheben kann.[298] Dafür mögen neben prozessökonomischen Argumenten auch Gründe der Waffengleichheit der Parteien sprechen. Angesichts des Wortlauts ist diese Auslegung aber zweifelhaft.[299]

Art. 8 Nr. 2 EuGVO kann jedoch keine Zuständigkeit *in* Deutschland und Öster-   **173** reich begründen (Art. 65 Abs. 1 EuGVO). Beide Länder kennen keine Interventions- oder Gewährleistungsklage, sondern versuchen das Ziel durch das Institut der

---

[298] *Kropholler/v. Hein*, EZPR, Art. 6 EuGVO Rn. 27.
[299] Verneindend Rauscher/*Leible*, EZPR, Art. 8 EuGVO Rn. 28.

Streitverkündung (§§ 68, 72–74 ZPO)[300] zu erreichen. Daher wurde bei der Fassung der EuGVO 2002 der schon zum EuGVÜ enthaltene Protokollvorbehalt über die Anwendung von Art. 8 Nr. 2 EuGVÜ in Art. 65 Abs. 1 EuGVO a. F. aufgenommen. Trotzdem ist Art. 8 Nr. 2 EuGVO für Bürger dieser Länder von erheblicher Bedeutung, weil *gegenüber* Deutschen und Österreichern eine Gerichtspflichtigkeit im Ausland begründet werden kann und die dort ergangenen Urteile auch in Deutschland und Österreich anerkannt und vollstreckt werden (Art. 65 Abs. 2 EuGVO).

174 Da Art. 8 Nr. 2 EuGVO keinen ausschließlichen Gerichtsstand begründet, kann dieser durch eine Gerichtsstandsvereinbarung abbedungen werden. Haben im obigen Fall der deutsche Lieferant und der französische Importeur in ihrem Vertrag die ausschließliche Zuständigkeit deutscher Gerichte für alle Streitigkeiten aus diesem Vertragsverhältnis vereinbart, so ist damit auch der Gerichtsstand nach Art. 8 Nr. 2 EuGVO derogiert.[301]

3. Gerichtsstand der Widerklage Art. 8 Nr. 3 EuGVO

175 Art. 8 Nr. 3 EuGVO enthält den in den meisten Mitgliedstaaten bekannten Gerichtsstand der Widerklage. Ziel ist die Förderung der Prozessökonomie und die Vermeidung sich widersprechender Entscheidungen. Zusammengehörendes soll zumindest zusammen entschieden werden können. Nach Art. 8 Nr. 3 EuGVO kann der Beklagte vor dem Gericht, bei dem die Klage anhängig ist, eine Widerklage erheben, wenn sich diese auf denselben Vertrag oder Sachverhalt stützt. Die Widerklage ist ein Gegenangriff des Beklagten und kein Verteidigungsmittel gegen die Klage. Die Widerklage begründet die Rechtshängigkeit des neuen Streitgegenstandes.

176 Die **Aufrechnung** ist anerkanntermaßen Verteidigungsmittel gegen die Klage und kein selbstständiger Angriff.[302] Ob hier Art. 8 Nr. 3 EuGVO anzuwenden ist, ist streitig. Der EuGH hat dies verneint; nach seiner Ansicht werden in der EuGVO nicht Voraussetzungen für Verteidigungsmittel geregelt. Dies sei Sache des nationalen Rechts.[303] Die Folgen dieses Urteils sind streitig: Bei konnexen Forderungen könnte der Beklagte eine Widerklage erheben. Dann soll er auch die Möglichkeit der Aufrechnung am nach Art. 8 Nr. 3 EuGVO zuständigen Gericht haben. Bei unstreitigen oder festgestellten inkonnexen Forderungen ist es prozessökonomisch, dass das Gericht die Aufrechnung berücksichtigt. Lediglich bei streitigen inkonnexen Forderungen stellte sich dann die Frage, ob das Gericht für diese Aufrechnungsforderung international zuständig sein muss. Dies wird unterschiedlich beurteilt.[304]

---

[300] Dazu Rosenberg/Schwab/*Gottwald*, ZPR, § 51.

[301] Rauscher/*Leible*, EZPR, Art. 8 EuGVO Rn. 31.

[302] *Adolphsen*, Zivilprozessrecht, § 12 Rn. 41.

[303] EuGH, Urteil vom 13.7.1995, Rs. C–341/93, *Danvaern Production AS/Schuhfabriken Otterbeck GmbH&Co* = Slg. 1995, I –2053 = NJW 1996, 42.

[304] *Schack*, IZVR, Rn. 435 (Gericht muss international zuständig sein); MüKo-ZPO/*Gottwald*, Art. 8 Brüssel Ia-VO Rn. 29, Art. 25 Rn. 93 (keine internationale Zuständigkeit erforderlich).

VIII. Zuständigkeit in Versicherungssachen Art. 10–16 EuGVO

Der Abschn. 3 der EuGVO enthält mit den Art. 10–16 eine in sich geschlossene er- **177**
schöpfende Regelung für Versicherungssachen. Ein Rückgriff auf die allgemeinen
Zuständigkeitsregeln ist unzulässig. Die Regeln enthalten aus sozialpolitischen
Gründen besondere Vorschriften, die vor allem dem Schutz des Versicherungsnehmers[305] als meist schwächerer Vertragspartei dienen und dessen Rechtsverfolgung
erleichtern sollen. Hierzu werden dem Versicherungsnehmer mehrere Gerichtsstände zur Auswahl gestellt, der Versicherer jedoch auf den einen Gerichtsstand am
Wohnsitz des Versicherungsnehmers verwiesen.

Der Vorbehalt zugunsten des Art. 6 EuGVO soll klarstellen, dass der Beklagte **178**
grundsätzlich seinen Wohnsitz in einem Mitgliedstaat haben muss.[306] Ist das nicht der
Fall, so ist die internationale Zuständigkeit nach autonomem internationalem
Prozessrecht zu bestimmen. Das gilt allerdings nicht, wenn der Beklagte (nur) eine
Zweigniederlassung, Agentur oder sonstige Niederlassung in einem Mitgliedstaat
hat. Dann kann gegen ihn Klage erhoben werden auf der Grundlage der Zuständigkeitsvorschriften des 3. Abschnitts (Art. 11 Abs. 2 EuGVO). Hat der Versicherer
Wohnsitz und Zweigniederlassung in (verschiedenen) Mitgliedstaaten, so besagt der
Vorbehalt zugunsten Art. 7 Nr. 5 EuGVO, dass der Versicherungsnehmer wahlweise
auch am nach Art. 7 Nr. 5 EuGVO zu bestimmenden Gerichtsstand klagen kann,
wenn es sich um eine Streitigkeit aus dem Betrieb der Niederlassung handelt.[307]

Die Vorschriften dieses Abschnitts 3 regeln auch die örtliche Zuständigkeit; nur **179**
bei Art. 11 Abs. 1 und Art. 14 EuGVO erfolgt die isolierte Regelung der internationalen Zuständigkeit. Bei Art. 11 Abs. 1 EuGVO ergibt sich die örtliche Zuständigkeit aus §§ 12 ff. ZPO, 48 VVG, 109 VAG; bei Art. 14 EuGVO ergibt sich
die örtliche Zuständigkeit aus §§ 12 ff. ZPO, 36 VVG.[308]

Die Bedeutung der Vorschriften tritt im Verfahren der Anerkennung und Voll- **180**
streckung zutage: Entgegen dem grundsätzlichen Verbot, im Anerkennungs- und
Vollstreckungsverfahren die Zuständigkeit der Gerichte des Entscheidungsstaates
nachzuprüfen (Art. 45 Abs. 3 EuGVO), ist es dem Gericht ausdrücklich erlaubt, zu
kontrollieren, ob das entscheidende Gericht seine internationale Zuständigkeit im
Widerspruch zu den Art. 10–16 EuGVO bejaht hat (Art. 45 Abs. 1 lit. e EuGVO).
Ist das der Fall, so wird die Entscheidung nicht anerkannt und nicht vollstreckt
(Art. 45, 46 EuGVO).

Der **Begriff der Versicherungssache** ist autonom zu bestimmen, dabei ist der **181**
Anwendungsbereich der EuGVO zu beachten, so dass alle öffentlich-rechtlichen
Versicherungsverhältnisse, insbesondere die Sozialversicherung, nicht unter die

---

[305] Die Vorschrift betrifft den Versicherungsnehmer, den Versicherten (bei der Versicherung auf
fremde Rechnung) und den Begünstigten (zu den Genannten Rauscher/*Staudinger*, EZPR, Art. 10
EuGVO Rn. 19.). Im Folgenden wird wegen der Klarheit der Darstellung nur der Begriff des Versicherungsnehmers benutzt.

[306] Rauscher/*Staudinger*, EZPR, Art. 10 EuGVO Rn. 7.

[307] Rauscher/*Staudinger*, EZPR, Art. 10 EuGVO Rn. 8.

[308] Rauscher/*Staudinger*, EZPR, Art. 10 EuGVO Rn. 3.

Verordnung fallen (Art. 1 Abs. 1 EuGVO).[309] Auch der Rückversicherungsvertrag ist keine Versicherungssache im Sinne des 3. Abschnitts, da hier die typische Schutzbedürftigkeit des Versicherungsnehmers nicht gegeben ist.[310]

182   Der Versicherungsnehmer hat die Wahl, ob er einen Versicherer vor dessen (Wohn-) Sitzgerichten (Art. 11 Abs. 1 lit. a EuGVO), vor seinem (Wohn-)Sitzgericht (Art. 11 Abs. 1 lit. b EuGVO) oder wenn es sich um einen Mitversicherer handelt, vor dem für den federführenden Versicherer gegebenen Gerichtsstand verklagt. Hat der Versicherer nur eine Zweigniederlassung aber ansonsten keinen Wohnsitz in einem Mitgliedstaat (Art. 11 Abs. 1 lit. c EuGVO), so sind die Gerichte am Ort der Zweigniederlassung zuständig (Art. 11 Abs. 2 EuGVO). Bei Haftpflichtversicherungen oder bei Versicherungen über bewegliche Sachen kann der Versicherer vor den Gerichten des Ortes verklagt werden, an dem das schädigende Ereignis eingetreten ist (Art. 12 EuGVO).

183   Lässt die *lex fori* eine **Interventionsklage** zu, so kann der Haftpflichtversicherer vor dem Gericht verklagt werden, bei dem die Klage des Geschädigten gegen den Versicherten anhängig ist (Art. 13 Abs. 1 EuGVO). Das deutsche und das österreichische Recht kennen eine solche Klage nicht (Rn. 173). Nach Art. 65 Abs. 1 EuGVO kann die Zuständigkeit nach Art. 13 EuGVO weder in Deutschland noch in Österreich geltend gemacht werden. Hier bleibt nur das Mittel der Streitverkündung. Deutsche Versicherer können aber auf der Grundlage des Art. 13 Abs. 1 EuGVO im Ausland verklagt werden. Die Entscheidung würde in Deutschland vollstreckt.

184   Lässt die *lex fori* eine **Direktklage** des Geschädigten gegen den Versicherer des Schädigers zu, so ist der Versicherer an den nach Art. 10, 11 und 12 zu bestimmenden Gerichtsständen gerichtspflichtig (Art. 13 Abs. 2 EuGVO).[311] Nachdem der BGH diese Frage dem EuGH vorgelegt hatte,[312] entschied dieser, dass die Verweisung in Art. 13 Abs. 2 EuGVO auf Art. 11 Abs. 1 lit. b EuGVO dahin auszulegen ist, dass der Geschädigte vor dem Gericht des Ortes in einem Mitgliedstaat, an dem er seinen Wohnsitz hat, eine Klage unmittelbar gegen den Versicherer erheben kann, sofern eine solche unmittelbare Klage zulässig ist und der Versicherer im Hoheitsgebiet eines Mitgliedstaats ansässig ist.[313] Gem. Art. 3 der Vierten Kraftfahrzeughaftpflicht-Richtlinie vom 16.5.2000[314] müssen in allen Mitgliedstaaten Direktansprüche für die Haftpflicht von Kfz gegeben sein. In Deutschland lässt **§ 115 Abs. 1 Nr. 1 VVG i. V. m. § 3a Abs. 1 PflVG** eine Direktklage zu.

185   Sieht die *lex fori* eine Streitverkündung vor, so ist das Gericht der Direktklage auch für diese Personen zuständig (Art. 13 Abs. 3 EuGVO).

186   Durch eine **Gerichtsstandsvereinbarung** kann von diesen Zuständigkeiten nur abgewichen werden, wenn die Vereinbarung nach der Entstehung des Streits geschlossen wird (Art. 15 Nr. 1 EuGVO) oder dem Versicherungsnehmer die Befugnis

---

[309] Rauscher/*Staudinger*, EZPR, Art. 10 EuGVO Rn. 12.

[310] EuGH, Urteil vom 13.7.2000, Rs. C-412/98, *Group Josi/UGIC* = EuGHE 2000 I, 5925; Rauscher/*Staudinger*, EZPR, Art. 10 EuGVO Rn. 14.

[311] Rauscher/*Staudinger*, EZPR, Art. 10 EuGVO Rn. 16.

[312] BGH, Beschluss vom 26.9.2006, VI ZR 200/05 = NJW 2007, 71; s. dazu *Staudinger*, Gerichtsstand für Direktklage bei Verkehrsunfall innerhalb der EU, NJW 2007, 73.

[313] EuGH, Urteil vom 13.12.2007, Rs. C-463/06 = IPRax 2008, 123 (*Fuchs* 104).

[314] ABl. L 181 vom 20.7.2000, S. 65.

eingeräumt wird, andere als die im Abschn. 3 genannten Gerichte anzurufen (Art. 15 Nr. 2 EuGVO). Zu beachten ist, dass der Geschädigte nicht durch eine Gerichtsstandsvereinbarung zwischen Versicherer und Versicherungsnehmer gebunden werden kann.

Durch **rügelose Einlassung** des Beklagten kann eine Zuständigkeitsbegründung in Versicherungssachen erfolgen, wenn das Gericht, bevor es sich für zuständig erklärt, sicher stellt, dass der Beklagte über sein Recht, die Unzuständigkeit des Gerichts geltend zu machen, und über die Folgen der Einlassung oder Nichteinlassung auf das Verfahren belehrt wird (Art. 26 EuGVO).

IX. Zuständigkeit in Verbrauchersachen Art. 17–19 EuGVO

Der Abschn. 4 enthält in weitgehend paralleler Ausgestaltung zu Abschn. 3 eine in sich **187** geschlossenen Regelung für Verbraucherstreitigkeiten, die in der EU den prozessualen Verbraucherschutz leisten soll. Der Verbraucher als schwächere Partei erhält mehrere Gerichtsstände zur Wahl, während der Vertragspartner auf einen beschränkt wird, der auch nicht im Wege vorheriger Gerichtsstandsvereinbarung abbedungen werden kann. Ein Rückgriff auf die allgemeinen Regeln (Art. 4 ff. EuGVO) ist unzulässig.

Nur in Art. 18 Abs. 1 Alt. 2 und 18 Abs. 3 EuGVO wird auch die örtliche Zuständigkeit **188** geregelt, ansonsten nur die internationale. Die örtliche ergibt sich dann aus §§ 12 ff. ZPO.

Die hohe Bedeutung, die der Gesetzgeber dem prozessualen Verbraucherschutz **189** zumisst, zeigt sich in der Phase der Anerkennung und Vollstreckung: Im Anerkennungs- und Vollstreckungsverfahren kann die Einhaltung der Zuständigkeitsvorschriften des 4. Abschnitts nachgeprüft werden (Art. 45 Abs. 1 lit. e Ziff. i EuGVO), bei einem Verstoß wird die Entscheidung nicht vollstreckt (Art. 46 Abs. 1 EuGVO).

Der **Begriff der Verbrauchersache** ist in Art. 17 EuGVO festgelegt als Streit **190** aus den unter a) –c) genannten Verträgen,[315] die der Verbraucher zu einem Zweck geschlossen hat, der nicht der beruflichen oder gewerblichen Tätigkeit zugerechnet werden kann. Verbraucher kann nur eine natürliche Person sein.[316] Der **Verbraucherbegriff** ist unter Beachtung der Systematik und der mit der Verordnung verfolgten Ziele autonom auszulegen. Nach der Rechtsprechung des EuGH soll nur der nicht berufs- oder gewerbebezogen handelnde privaten Endverbraucher geschützt werden. Erfasst sind deshalb nur Verträge, die eine Einzelperson zur Deckung ihres Eigenbedarfs beim privaten Verbrauch schließt und die keinen Bezug zu einer gegenwärtigen oder zukünftigen beruflichen oder gewerblichen Tätigkeit dieser Person haben.[317] Eine natürliche Person, die an der Börse Differenzgeschäfte tätigt, kann als Verbraucher einzustufen sein, wenn der Abschluss dieses Vertrags nicht zu der beruflichen oder gewerblichen Tätigkeit dieser Person gehört. Generell besteht für die Anwendung des Verbrauchergerichtsstandes keine summenmäßige Obergrenze.[318] In Fällen, in denen der Gegenstand des Vertrages für einen

---

[315] Im Einzelnen Rauscher/*Staudinger*, EZPR, Art. 17 EuGVO Rn. 4 ff.

[316] Rauscher/*Staudinger*, EZPR, Art. 17 EuGVO Rn. 2.

[317] St. Rspr. seit EuGH, Urteil vom 19.1.1993, C-89/91, *Shearson Lehman Hutton* , Slg. 1993, I-139 Rn. 20 und 22; vom 3. Juli 1997, C-269/95, Benincasa, Slg. 1997, I-3767 Rn. 15; vom 14. März 2013, aaO Rn. 32 und 34).

[318] EuGH, Urteil vom 2.5.2019 – C-694/17, *Pillar Securitisation Sárl/Hildur Arnadottir* = EuZW 2019, 704.

Zweck bestimmt ist, der teilweise der beruflichen oder gewerblichen Tätigkeit der betreffenden Person zuzurechnen ist, sind die Art. 17 ff. EuGVVO unabhängig von der Gewichtung zwischen privatem und beruflich-gewerblichem Zweck nicht anwendbar. Das soll dann nicht gelten, wenn der beruflich-gewerbliche Zweck derart nebensächlich ist, dass er im Gesamtzusammenhang des betreffenden Geschäfts nur eine ganz untergeordnete Rolle spielt.[319] Insofern ergeben sich Auslegungsunterschiede zu § 13 BGB.[320] Da das Ziel der Regelung der Schutz der schwächeren Partei des Verbrauchers ist, sind die Vorschriften nicht anzuwenden, wenn ein Verbraucherschutzverband[321] oder ein Zessionar klagt, der die Forderung des Verbrauchers in Ausübung seiner beruflichen oder gewerblichen Tätigkeit erworben hat.[322] Im Falle des österreichischen Internet Aktivisten Schrems, der in Österreich wegen Datenschutzverstößen gegen Facebook klagte, entschied der EuGH, dass dieser als Nutzer eines privaten Facebook Accounts seine Verbrauchereigenschaft auch dann nicht verliere, wenn er Bücher publiziert, Vorträge hält, Websites betreibt, Spenden sammelt und sich die Ansprüche zahlreicher Verbraucher abtreten lässt. Er kann aber nur seine eigenen und nicht an ihn abgetretenen Ansprüche der anderen Verbraucher an seinem Verbrauchergerichtsstand geltend machen.[323] Der EuGH verhindert so praktische eine Art Sammelklage gegen Facebook. Quasi nebenbei entschied der EuGH auch die Frage, ob die Verbrauchereigenschaft, die bei Vertragsschluss besteht, verloren gehen kann. Der EuGH bejaht diese Frage wegen der notwendig engen Auslegung des Verbraucherbegriffes.[324]

191   Die Person des Vertragspartners wird nur als **Vertragspartner**, nicht aber als Unternehmer beschrieben. Deshalb könntet der 4. Abschnitt an sich auch Anwendung finden bei Verträgen, die Verbraucher untereinander abschließen.[325] Art. 6 Abs. 1 Rom I VO regelt dagegen ausdrücklich, dass reine Privatgeschäfte nicht erfasst sind. Das materielle deutsche Verbraucherschutzrecht ordnet ebenfalls nur Kaufverträge eines Verbrauchers mit einem Unternehmer als Verbrauchsgüterkäufe ein (§ 474 Abs. 1 BGB). Auch die EU-Warenhandelsrichlinie[326] definiert die Begriffe Verbraucher (Art. 2 Nr. 1) und Verkäufer (Art. 2 Nr. 3) derart, dass reine Ver-

---

[319] EuGH, Urteil vom 20.1.2005, C-464/01, *Gruber*, Slg. 2005, I-439 Rn. 44 und 47.

[320] *Bülow*, WM 2014, 1, 3; *Staudinger*, LMK 2014, 355575.

[321] Rauscher/*Staudinger*, EZPR, Art. 17 EuGVO Rn. 2a; MüKo-ZPO/*Gottwald*, Art. 17 Brüssel Ia-VO Rn. 3.

[322] EuGH, Urteil vom 19.1.1993, Rs. C–89/91, *Shearson Lehman Hutton/TVB Treuhandgesellschaft* = Slg. 1993 I, 139 = NJW 1993, 1251.

[323] EuGH, Urteil vom 25.1.2018, C-498/16, *Schrems/Facebook Ireland Limited* = NJW 2018, 1003 (*Paulus* 987).

[324] EuGH, Urteil vom 25.1.2018, C-498/16, *Schrems/Facebook Ireland Limited* Rn. 37; *Paulus*, NJW 2018, 987, 990.)

[325] Kritisch *Schack*, IZVR, Rn. 341.

[326] Richtlinie (EU) 2019/771 des Europäischen Parlaments und des Rates vom 20. Mai 2019 über bestimmte vertragsrechtliche Aspekte des Warenkaufs, zur Änderung der Verordnung (EU) 2017/2394 und der Richtlinie 2009/22/EG sowie zur Aufhebung der Richtlinie 1999/44/EG, ABl. EU Nr. L 136/28 vom 22.5.2019.

brauchergeschäfte nicht erfasst werden.[327] Der EuGH hat diese Frage 2013 geklärt: Danach bezieht sich der Begriff „Verbraucher" iSv Art. 6 EuVTVO (das Ergebnis ist auf Art. 17 EuGVO voll übertragbar), auf eine Person, die einen Vertrag zu einem Zweck, der nicht ihrer beruflichen oder gewerblichen Tätigkeit zugerechnet werden kann, mit einer Person geschlossen hat, die in Ausübung ihrer beruflichen oder gewerblichen Tätigkeit handelt. Daher ist die Vorschrift nicht auf Verträge anwendbar, die zwischen zwei Verbrauchern geschlossen wurden.

Der **Vertragsbegriff** ist parallel zu dem des Art. 7 Nr. 1 EuGVO autonom zu bestimmen (Rn. 77). Auch die Entscheidung *Brogsitter* ist zu übertragen.[328]   **192**

Art. 17 Abs. 1 lit. a EuGVO regelt **Teilzahlungskäufe**, eine entsprechende Vorschrift fand sich schon in Art. 13 Nr. 1 EuGVÜ, der Begriff ist autonom zu bestimmen.[329] Art. 17 Abs. 1 lit. b EuGVO erfasst das auf den Kauf beweglicher Sachen bezogene **Kreditgeschäft** wie zuvor Art. 13 Nr. 2 EuGVÜ. Art. 17 Abs. 1 lit. c EuGVO enthält letztlich eine **Generalklausel**, die die Fälle lit. a und lit. b umfasst und die größte Änderung gegenüber der entsprechenden Regelung des EuGVÜ beinhaltet. Die mangelnde Abstimmung der drei Buchstaben erklärt sich aus der nachträglichen Einfügung der lit. c durch die EuGVO a. F.[330]

Der Vertragspartner muss seine Tätigkeit entweder im Mitgliedstaat des Verbrauchers *ausüben* oder sie in irgendeiner Weise auf diesen *ausrichten* (Art. 17 Abs. 1 lit. c EuGVO). Art. 17 Abs. 1 lit. c EuGVO verlangt nicht, dass der Vertrag zwischen Verbraucher und Unternehmer im Fernabsatz geschlossen wurde.[331]   **193**

Die Bezugspunkte der gewerblichen oder beruflichen Tätigkeit des Vertragspartners auf den Mitgliedstaat des Wohnsitzes des Verbrauchers sind so gefasst, dass neben normaler **Werbung** und konventioneller Vertriebsformen (z. B. Vermittler etc. im Mitgliedstaat des Verbrauchers) auch elektronische Vertragsschlüsse erfasst werden. Hauptanwendungsfall für diese Ausrichtung ist die aktive Werbung, erfasst wird aber auch das Anklicken einer interaktiven Website. Umstritten war lange, ob eine passive Website ausreicht, die auf ausgewählte ortsansässige Vertreter verweist, die dann einen Vertrag schließen.[332] Heute wird die passive Website meist als ausreichend angesehen, um ein Ausrichten zu bejahen.[333] Zum Teil wird die Unterscheidung von   **194**

---

[327] Gesetzentwurf der Bundesregierung , Entwurf eines Gesetzes zur Regelung des Verkaufs von Sachen mit digitalen Elementen und anderer Aspekte des Kaufvertrags (https://www.bmjv.de/SharedDocs/Gesetzgebungsverfahren/Dokumente/RegE_Warenkaufrichtlinie.pdf;jsessionid=D9B0BF1A5C176330D93D6008D6322FA8.2_cid324?__blob=publicationFile&v=2 (abgerufen am 13.12.2021).

[328] Rauscher/*Staudinger*, EZPR, Art. 17 EuGVO Rn. 5.

[329] Umfassend Rauscher/*Staudinger*, EZPR, Art. 17 EuGVO Rn. 4.

[330] Hierzu Musielak/Voit/*Stadler*, EuGVO, Art. 17 Rn. 6; Rauscher/*Staudinger*, EZPR, Art. 17 EuGVO Rn. 7.

[331] EuGH, Urteil vom 6.9.2012, Rs. C-190/11, Mühlleitner/ Yusufi = NJW 2012, 3225; Rauscher/*Staudinger*, EZPR, Art. 17 EuGVO Rn. 14.

[332] Dagegen Gemeinsame Erklärung von Rat und Kommission, IPRax 2001, 259, einschränkend dann EuGH, Urteil vom 7.12.2010, Rs. C-585/08, C-144/09, *Peter Pammer/Reederei Karl Schlüter GmbH & Co. KG und Hotel Alpenhof GesmbH/Oliver Heller* = NJW 2011, 505, Rn. 79.

[333] Rauscher/*Staudinger*, EZPR, Art. 17 EuGVO Rn. 14b; MüKo-ZPO/*Gottwald*, Art. 17 Brüssel Ia-VO Rn. 10.

aktiven und passiven Websites abgelehnt.[334] Zur Zugänglichkeit einer Website muss nach Ansicht des EuGH hinzu kommen, dass „der Gewerbetreibende seinen Willen zum Ausdruck gebracht haben muss, Geschäftsbeziehungen zu Verbrauchern eines oder mehrerer anderer Mitgliedstaaten, darunter des Wohnsitzmitgliedstaats des Verbrauchers, herzustellen". Anhaltspunkte für das Ausrichten können sein: „der internationale Charakter der Tätigkeit, die Angabe von Anfahrtsbeschreibungen von anderen Mitgliedstaaten aus zu dem Ort, an dem der Gewerbetreibende niedergelassen ist, die Verwendung einer anderen Sprache oder Währung als der in dem Mitgliedstaat der Niederlassung des Gewerbetreibenden üblicherweise verwendeten Sprache oder Währung mit der Möglichkeit der Buchung und Buchungsbestätigung in dieser anderen Sprache, die Angabe von Telefonnummern mit internationaler Vorwahl, die Tätigung von Ausgaben für einen Internetreferenzierungsdienst, um in anderen Mitgliedstaaten wohnhaften Verbrauchern den Zugang zur Website des Gewerbetreibenden oder seines Vermittlers zu erleichtern, die Verwendung eines anderen Domänennamens oberster Stufe als desjenigen des Mitgliedstaats der Niederlassung des Gewerbetreibenden und die Erwähnung einer internationalen Kundschaft, die sich aus in verschiedenen Mitgliedstaaten wohnhaften Kunden zusammensetzt."[335] Die bedeutung der Geoblocking-VO[336] ist umstritten.[337]

195 **Disclaimer**, die einen geschäftlichen Kontakt mit Verbrauchern bestimmter Mitgliedstaaten ausdrücklich ausschließen, können eine Ausrichtung widerlegen.[338]

196 Das zum Ausrichten eingesetzte Mittel, z. B. die Internetseite, muss nach Ansicht des EuGH nicht kausal sein für den Vertragsschluss mit diesem Verbraucher.[339]

---

[334] Musielak/Voit/*Stadler*, EuGVO, Art. 17 Rn. 8.

[335] So ausdrücklich EuGH, Urteil vom 7. 12. 2010, Rs. C-585/08, C-144/09, *Peter Pammer/Reederei Karl Schlüter GmbH & Co. KG und Hotel Alpenhof GesmbH/Oliver Heller* = NJW 2011, 505.

[336] Verordnung (EU) 2018/302 des Europäischen Parlaments und des Rates vom 28. Februar 2018 über Maßnahmen gegen ungerechtfertigtes Geoblocking und andere Formen der Diskriminierung aufgrund der Staatsangehörigkeit, des Wohnsitzes oder des Ortes der Niederlassung des Kunden innerhalb des Binnenmarkts und zur Änderung der Verordnungen (EG) Nr. 2006/2004 und (EU) 2017/2394 sowie der Richtlinie 2009/22/EG, ABl. Nr. LI 60/1 vom 2.3.2018.

[337] *Hoffmann*, Verbraucherkollisionsrecht unter der Geoblocking-Verordnung, JZ 2018, 918; Musielak/Voit/*Stadler*, EuGVO, Art. 17 Rn. 8.

[338] Musielak/Voit/*Stadler*, EuGVO, Art. 17 Rn. 8 (dort auch zur Zulässigkeit einer derartigen Beschränkung nach der Geoblocking-VO).

[339] EuGH, Urteil vom 17.10.2013, Rs. C-218/12, *Emrek/Sabranovic* = NJW 2013, 3504. Anders BGH, Urteil vom 28. 2. 2012, XI ZR 9/11 = NJW 2012, 1817, Rn. 38: „Die auf den Wohnsitzstaat des Verbrauchers ausgerichtete Tätigkeit des Unternehmers muss nach der Rechtsprechung des BGH den späteren Vertragsschluss durch eine auf den Gewinn von Kunden gerichtete Handlung zumindest motiviert haben". 2014 hat der BGH dem EuGH wiederum eine Frage zum Ausrichten vorgelegt (BGH, Beschluss vom 15.5.2014 – III ZR 255/12, BeckRS 2014, 13042 (Anmerkung *v. Hein*, LMK 2014, 360325)): Der Gegenstand eines Geschäftsbesorgungsvertrags stand mit einem zunächst abgeschlossenen Optionsvertrag über den Erwerb von Wohneigentum an der Costa Blanca, für den das Ausrichten zu bejahen war, in einem engen inhaltlichen und wirtschaftlichen Zusammenhang. Umfassend zur Kausalität Rauscher/*Staudinger*, EZPR, Art. 17 EuGVO Rn. 15a ff.

Der Verbraucher muss an seinem Wohnsitz das Angebot oder die Werbung er- **197** halten und seine Vertragserklärung abgeben.[340]

Auf **Beförderungsverträge** sind die Art. 17–19 nicht anzuwenden; hier existie- **198** ren spezielle Staatsverträge, etwa das CMR, die nicht durch die EuGVO angetastet werden sollten. Soweit sich daraus keine Zuständigkeit ergibt, sind die allgemeinen Regeln (Art. 4 ff. EuGVO) anzuwenden. Anwendbar sind die Regeln aber für Pauschalreisen, wie Art. 17 Abs. 3 EuGVO klarstellt.

Der Verbraucher kann wahlweise vor den Wohnsitzgerichten des Mitgliedstaates **199** seines Vertragspartners oder vor dem Gericht des Ortes klagen, an dem er seinen eigenen Wohnsitz hat. Art. 18 Abs. 1 EuGVO gewährt dem Verbraucher daher einen Klägergerichtsstand sowohl gegen Beklagte aus Mitgliedstaaten als auch aus **Drittstaaten**.[341] Hat der Vertragspartner keinen Wohnsitz aber eine Zweigniederlassung in einem Mitgliedstaat, so kann er an den Gerichten verklagt werden, in deren Hoheitsgebiet die Zweigniederlassung liegt (Art. 17 Abs. 2 EuGVO). Auch hier reicht – wie bei Art. 7 Nr. 5 EuGVO – der Rechtsschein einer solchen Niederlassung.[342] Die Zweigniederlassung, Agentur oder sonstige Niederlassung darf bei Einreichung der Klage noch nicht aufgelöst sein.[343]

Der Vertragspartner des Verbrauchers kann nur vor den Gerichten des Mitglied- **200** staates gegen den Verbraucher klagen, in dessen Hoheitsgebiet der Verbraucher seinen Wohnsitz hat.

Das Recht zur Erhebung einer **Widerklage** wird nicht eingeschränkt (Art. 18 **201** Abs. 3 EuGVO).

Durch eine **Gerichtsstandsvereinbarung** kann von diesen Zuständigkeiten nur **202** abgewichen werden, wenn die Vereinbarung nach der Entstehung des Streits geschlossen wird (Art. 19 Nr. 1 EuGVO) oder dem Verbraucher die Befugnis eingeräumt wird, andere als die im Abschn. 4 genannten Gerichte anzurufen (Art. 19 Nr. 2 EuGVO).

Durch **rügelose Einlassung** des Beklagten kann eine Zuständigkeitsbegründung **203** in Verbrauchersachen erfolgen, wenn das Gericht, bevor es sich für zuständig erklärt, sicher stellt, dass der Beklagte über sein Recht, die Unzuständigkeit des Gerichts geltend zu machen, und über die Folgen der Einlassung oder Nichteinlassung auf das Verfahren belehrt wird (Art. 26 EuGVO).

X. Zuständigkeit in Arbeitssachen Art. 20–23 EuGVO

Mit der Regelung im 5. Abschnitt für Arbeitssachen vollendet die EuGVO den prozes- **204** sualen Schutz typisch schwächerer Parteien, indem die Regelung der Versicherungs- und Verbrauchersachen auf Arbeitsverträge übertragen wird. Wiederum hat der Arbeitnehmer mehrere Gerichtsstände zur Auswahl, der Arbeitgeber wird auf einen beschränkt, die Zulässigkeit von Gerichtsstandsvereinbarungen wird eingeschränkt. Ein Rückgriff auf die allgemeinen Regeln (Art. 4 ff. EuGVO) ist unzulässig.

---

[340] Nagel/*Gottwald*, IZPR, § 3 Rn. 155.

[341] Nagel/*Gottwald*, IZPR, § 3 Rn. 142.

[342] BGH, Urteil vom 6.6.2007, III ZR 315/06; Rauscher/*Staudinger*, EZPR, Art. 19 EuGVO Rn. 17.

[343] BGH, Urteil vom 12.6.2007, XI ZR 290/06 = IPRax 2008, 128 (*Staudinger* 107).

205   Wie in Versicherungs- und Verbrauchersachen darf bei der Anerkennung nunmehr nachgeprüft werden, ob das Gericht in Arbeitssachen seine Zuständigkeit zu Recht angenommen hat (Art. 45 Abs. 1 lit. c Ziff. i EuGVO).

206   Der **Begriff der Arbeitssache** ist autonom auszulegen, eine Rückkopplung an Art. 8 Rom II-Verordnung bietet sich an.

207   Der **Arbeitnehmer** kann Klage vor den Gerichten des Mitgliedstaats erheben, in dem der Arbeitgeber seinen Wohnsitz hat (Art. 21 Abs. 1 lit. a EuGVO) oder in einem anderen Mitgliedstaat vor dem Gericht, an dem der Arbeitnehmer gewöhnlich seine Tätigkeit verrichtet oder verrichtet hat (Art. 21 lit. b Ziff. i EuGVO). Art. 21 Abs. 1 lit. b Ziff. ii EuGVO trifft eine Regelung für die Fälle, in denen der Arbeitnehmer seine Arbeit in mehreren Staaten verrichtet. Während Art. 21 Abs. 1 lit. a EuGVO nur die internationale Zuständigkeit regelt, bestimmt Art. 21 Abs. 1 lit. b EuGVO auch das örtlich zuständige Gericht. Hat der Arbeitgeber keinen (Wohn-) Sitz in einem Mitgliedstaat, kann er vor dem Gericht eines Mitgliedstaats gemäß Abs. 1 lit. b verklagt werden (Art. 21 Abs. 2 EuGVO; zur Drittstaatenproblematik vgl. die Rn. 35 ff.). Hat er keinen Wohnsitz in einem Mitgliedstaat, aber eine Zweigniederlassung, so kann der Arbeitnehmer ihn vor den Gerichten verklagen, in deren Hoheitsgebiet die Zweigniederlassung liegt (Art. 20 Abs. 2 EuGVO).

208   Auch der Streitgenossenschaftsgerichtsstand (Art. 8 Nr. 1 EuGVO) ist eröffnet (Art. 20 Abs. 1 EuGVO).

209   Der **Arbeitgeber** kann nur vor den Gerichten des Mitgliedstaats klagen, in dessen Hoheitsgebiet der Arbeitnehmer seinen Wohnsitz hat (Art. 22 Abs. 1 EuGVO). Die Vorschrift regelt nur die internationale Zuständigkeit. Das Recht zur Erhebung einer Widerklage wird durch die Vorschriften des 5. Abschnitts nicht eingeschränkt (Art. 22 Abs. 2 EuGVO).

210   Durch eine **Gerichtsstandsvereinbarung** kann von diesen Zuständigkeiten nur abgewichen werden, wenn die Vereinbarung nach der Entstehung des Streits geschlossen wird (Art. 23 Nr. 1 EuGVO) oder dem Arbeitnehmer die Befugnis eingeräumt wird, andere als die im Abschn. 4 genannten Gerichte anzurufen (Art. 23 Nr. 2 EuGVO).

211   Durch **rügelose Einlassung** des Beklagten kann eine Zuständigkeitsbegründung in Arbeitssachen erfolgen, wenn das Gericht, bevor es sich für zuständig erklärt, sicher stellt, dass der Beklagte über sein Recht, die Unzuständigkeit des Gerichts geltend zu machen, und über die Folgen der Einlassung oder Nichteinlassung auf das Verfahren belehrt wird (Art. 26 EuGVO).

XI. Ausschließliche Zuständigkeiten Art. 24 EuGVO

212   Die in Art. 24 EuGVO enthaltenen ausschließlichen Zuständigkeiten erklären sich daraus, dass zwischen dem Rechtsstreit und dem Mitgliedstaat, dessen internationale Zuständigkeit begründet wird, eine Beziehung besteht, die insbesondere vom (Wohn-)Sitz des Beklagten unabhängig ist. Daher ist Art. 24 EuGVO unabhängig vom (Wohn-)Sitz des Beklagten anzuwenden, also auch wenn dieser seinen (Wohn-)

Sitz in einem Drittstaat hat.[344] Dies setzt aber voraus, dass die Gerichte über die in Art. 24 EuGVO genannten Fragen in der **Hauptsache** und nicht nur als Vorfrage entscheiden.[345] Sonst wäre die Verdrängung der allgemeinen Regeln (Art. 4 ff. EuGVO) nicht zu rechtfertigen. Der Katalog ist abschließend; den Mitgliedstaaten ist es untersagt, ergänzend weitere ausschließliche Zuständigkeiten im Anwendungsbereich der EuGVO heranzuziehen.

Art. 24 EuGVO begründet ausschließlich die internationale Zuständigkeit, die   **213** örtliche richtet sich nach nationalem Recht.

Durch die Vorschrift werden alle sonst gegebenen Zuständigkeiten verdrängt.   **214** Auch Gerichtsstandsvereinbarungen und rügelose Einlassung sind in ihrem Anwendungsbereich unzulässig (Art. 25 Abs. 4, Art. 26 Abs. 1 EuGVO). Wird ein Gericht eines Mitgliedstaates in einer Sache angerufen, für die Art. 24 EuGVO eine ausschließliche Zuständigkeit begründet, so hat es sich von Amts wegen für unzuständig zu erklären (Art. 27 EuGVO).

Die besondere Bedeutung des Art. 24 EuGVO kommt im Verfahren der An-   **215** erkennung und Vollstreckung zur Geltung: Entgegen des generellen Verbots, im Anerkennungs- und Vollstreckungsverfahren die Zuständigkeit der Gerichte des Entscheidungsstaates nachzuprüfen (Art. 45 Abs. 3 EuGVO), ist es dem Gericht ausdrücklich erlaubt, nachzuprüfen, ob das entscheidende Gericht entgegen einer ausschließlichen Zuständigkeit seine internationale Zuständigkeit bejaht hatte (Art. 45 Abs. 1 lit. e EuGVO). Dabei ist es jedoch an die tatsächlichen Feststellungen des entscheidenden Gerichts gebunden (Art. 45 Abs. 2 EuGVO). Hat das entscheidende Gericht sich für international zuständig gehalten und entgegen einer ausschließlichen Zuständigkeit eines anderen Mitgliedstaates entschieden, so wird die Entscheidung (auf Rechtsbehelf, s. Kap. 5 Rn. 78) in keinem anderen Mitgliedstaat vollstreckt. Art. 45 Abs. 1 lit. e EuGVO gilt aber nicht für die ausschließliche Wirkung von Gerichtstandsvereinbarungen, da Art. 25 EuGVO im Katalog des Art. 45 Abs. 1 lit. e EuGVO nicht genannt ist (zur Anerkennung und Vollstreckung von abredewidrig ergangenen Urteilen vgl. Rn. 295).

1. Unbewegliche Sachen (Nr. 1)

Der Gerichtsstand erfasst alle Klagen, die **dingliche Rechte an unbeweglichen Sa-**   **216** **chen** betreffen. Die Auslegung der Begriffe erfolgt nicht anhand der *lex rei sitae* (Recht am Belegenheitsort der Sache) sondern verordnungsautonom.[346] Will man dagegen auch den Begriff der unbeweglichen Sache verordnungsautonom auslegen, muss man schwierige Fragen wie die Einordnung eingebrachter Sachen als Zubehör oder wesentliche Bestandteile klären, die schon im materiellen nationalen Recht nicht eben einfach sind oder die Qualifikation von Rechten als dinglich oder persönlich.[347]

---

[344] *Coester-Waltjen*, Die Bedeutung des EuGVÜ und des Luganer Übereinkommens für Drittstaaten, FS Nakamura 1996, S. 89, 102.

[345] Rauscher/*Mankowski*, EZPR, Art. 24 EuGVO Rn. 6; Musielak/Voit/*Stadler*, EuGVO, Art. 24 Rn. 1.

[346] Rauscher/*Mankowski*, EZPR, Art. 24 EuGVO Rn. 13; Nagel/*Gottwald*, IZPR, § 3 Rn. 167.

[347] Daher will Rauscher/*Mankowski*, EZPR, Art. 24 EuGVO Rn. 12 hier nationales Recht anwenden.

217   Hierbei ist nach Ansicht des EuGH eine enge Auslegung der Begriffe zu wählen, um den grundsätzlichen Vorrang der allgemeinen Zuständigkeitsvorschriften zu sichern. [348] Daher werden nur solche Klagen erfasst, die Ausfluss der Ausübung eines dinglichen Rechts an einer Sache sind, wie die auf Eigentum gestützte Herausgabeklage oder die Klage des Hypothekengläubigers auf Duldung der Zwangsvollstreckung, da diese eine Klage aus einem beschränkt dinglichen Recht ist. Nicht erfasst werden z. B. Klagen auf Auflösung eines Kaufvertrages über eine bewegliche Sache (persönliche Klage) und Unterlassungsklagen. Eine Widerspruchsklage eines Gläubigers gegen die Verteilung des Erlöses der gerichtlichen Versteigerung einer Liegenschaft, mit der zum einen das Erlöschen einer konkurrierenden Forderung durch Aufrechnung und zum anderen die Unwirksamkeit der Begründung des Pfandrechts zur Besicherung dieser Forderung festgestellt werden soll, fällt nach Ansicht des EuGH nicht in die ausschließliche Zuständigkeit der Gerichte des Mitgliedstaats nach Art. 24 Nr. 1 EuGVO. Für die Zuständigkeit des Gerichts des Mitgliedstaats, in dem die Immobilie belegen ist, reicht es nicht aus, dass ein dingliches Recht an einer unbeweglichen Sache von der Klage berührt wird oder dass die Klage in einem Zusammenhang mit einer unbeweglichen Sache steht. Die Klage muss vielmehr auf ein dingliches und nicht auf ein persönliches Recht an einer unbeweglichen Sache gestützt sein.[349] Im zugrunde liegenden Fall sah der EuGH als Grundlage der Klage allein eine Forderung, also ein persönliches Recht des Gläubigers gegenüber seinem Schuldner. Grundlage dieses Widerspruchs, der vom vorlegenden Gericht der Gläubigeranfechtungsklage gleichgesetzt wird, ist eine Forderung, ein persönliches Recht des Gläubigers gegenüber seinem Schuldner. [350]

218   Klagen, die Miete oder Pacht von unbeweglichen Sachen zum Gegenstand haben, genauer die, die sich aus dem Mietvertrag ergebenden Verpflichtungen betreffen, fallen unter Nr. 1, wie z. B. Schadensersatzklagen wegen Beschädigung der Mietsache, Klagen auf Räumung bzw. Besitzverschaffung sowie Klagen auf Zahlung des Mietzinses.[351] Bei der Miete oder Pacht unbeweglicher Sachen zum vorübergehenden privaten Gebrauch für höchstens sechs aufeinander folgende Monate sind konkurrierend die Gerichte am Beklagtenwohnsitz zuständig, wenn der Mieter/Pächter eine natürliche Person ist (der Vermieter kann Unternehmer sein) und Eigentümer und Mieter/Pächter Wohnsitz im gleichen Mitgliedstaat haben. Die EuGVO erlaubt aus praktischen Gründen die Abweichung vom ausschließlichen Gerichtsstand, wenn z. B. der Vermieter und Mieter eines Ferienhauses auf Mallorca beide in Deutschland wohnen.

219   Eine Klage, die auf Feststellung der Ungültigkeit der Ausübung eines Vorkaufsrechts (§ 1094 BGB) gerichtet ist, das an diesem Grundstück besteht und gegenüber jedermann wirkt, unterfällt Nr. 1.[352]

---

[348] EuGH, Urteil vom 10.7.2019 – C-722/17, *Norbert Reitbauer u. a./Enrico Casamassima* (Rn. 38) = EuZW 2019, 738 (*Sujecki* 742).

[349] EuGH, Urteil vom 10.7.2019 – C-722/17, *Norbert Reitbauer u. a./Enrico Casamassima* (Rn. 45) = EuZW 2019, 738 (*Sujecki* 742).

[350] EuGH, Urteil vom 10.7.2019 – C-722/17, *Norbert Reitbauer u. a./Enrico Casamassima* (Rn. 49) = EuZW 2019, 738 (*Sujecki* 742).

[351] EuGH, Urteil vom 15.1.1985, Rs. 241/83, *Rösler/Rottwinkel* = Slg. 1985, 99.

[352] EuGH, Urteil vom 3.4.2014, Rs. C-438/12, *Irmengard Weber/Mechthilde Weber* = NJW 2014, 1871.

2. Gesellschaften und juristische Personen (Nr. 2)

> **Beispiel**
>
> **Fall 14** (nach OGH 8 Ob 86/06t): Der österreichische Skitrainer Mayer war bei den Olympischen Spielen in Turin in einen Dopingskandal verwickelt, weshalb ihn der Internationale Skiverband mit Sitz in der Schweiz weltweit „sperrte", obwohl der Trainer zu diesem in keiner Rechtsbeziehung stand. Daraufhin kündigte der nationale österreichische Skiverband den Vertrag mit dem Trainer weil dieser aufgrund der Sperre bei internationalen Wettkämpfen nicht weiter einsetzbar war. Der österreichische Skiverband war, als Mitglied des internationalen, satzungsrechtlich verpflichtet, die Sperre des internationalen Verbands umzusetzen. Der Trainer verklagte daraufhin in Österreich den nationalen und den internationalen Skiverband. Die Frage war, ob österreichische Gerichte auch für die Klage gegen den internationalen Skiverband zuständig sind oder ob dieser ausschließlich an seinem Sitz in der Schweiz verklagt werden kann. ◄

Klagen über den Bestand von Gesellschaften und die Wirksamkeit von Gesell- **220** schaftsbeschlüssen sind am ausschließlichen Gerichtsstand des Art. 24 Nr. 2 EuGVO zu erheben. Alle anderen Zuständigkeiten werden insofern verdrängt, Gerichtsstandsvereinbarungen und rügelose Einlassung sind ohne Wirkung. Das LugÜ enthält in Art. 22 Nr. 2 eine parallele Vorschrift und beansprucht im obigen Fall im Verhältnis Österreich – Schweiz Anwendung.

Die Klagen, die ausschließlich am Gerichtsstand des Art. 24 Nr. 2 EuGVO zu **221** erheben sind, müssen die Gültigkeit, die Nichtigkeit oder die Auflösung einer Gesellschaft oder juristischen Person oder die Gültigkeit der Beschlüsse ihrer Organe zum Gegenstand haben.[353]

Soweit **internationale Sportverbände** als rechtsfähige Vereine bestehen, sind sie **222** (z. B. nach deutschem Recht) juristische Personen[354] im Sinne von Art. 24 Nr. 2 EuGVO; soweit sie nicht rechtsfähige Vereine sind, sind sie als Gesellschaften[355] im Sinne des Art. 24 Nr. 2 EuGVO anzusehen. Insofern könnten Klagen gegen Beschlüsse ihrer Organe am Sitz des Verbandes geltend zu machen sein. Im obigen **Fall** könnte daher eine ausschließliche Zuständigkeit der Schweizer Gerichte begründet sein.[356]

Die ausschließliche Zuständigkeit des Art. 24 Nr. 2 EuGVO ist nur dann ge- **223** geben, wenn das Gericht über die aufgezählten Streitsachen in einem kontradiktorischen Verfahren als **Hauptsache** zu entscheiden hat.[357] Daher fallen Schadensersatzklagen wegen der Umsetzung eines Beschlusses nicht unter Nr. 2, da

---

[353] *Jenard*-Bericht, ABl. C 59 vom 5.3.1979, S. 1 (34).

[354] Die Frage, ob eine juristische Person vorliegt, ist nach *Geimer/Schütze*, EZVR, Art. 16 Rn. 143, nach dem Recht der *lex fori* incl. dessen Kollisionsrecht zu beurteilen.

[355] Der Begriff soll dagegen nach *Geimer/Schütze*, EZVR, Art. 16 Rn. 146 konventionsautonom zu definieren sein.

[356] Hierzu *Grothe*, Internationale Gerichtsstände für Klagen aufgrund von Dopingstreitigkeiten, FS Hoffmann 2014, S. 601, 603.

[357] *Jenard*-Bericht, ABl.EG C 59 vom 5.3.1979, S. 34; *Rauscher/Mankowski*, EZPR, Art. 24 EuGVO Rn. 136; *Kropholler/v. Hein*, EZPR, Art. 22 EuGVO Rn. 1.

der Beschluss nicht Haupt- sondern Vorfrage der Klage ist. Die Wirksamkeit des Beschlusses wird hierbei inzident geprüft.

224   Der **Begriff der juristischen Personen und Gesellschaften** erfasst neben Stiftungen auch Vereine sowie die KG und OHG und – nach der Anerkennung der Rechtsfähigkeit der BGB-Außengesellschaft – auch diese[358] sowie die englische Limited.

225   Streitigkeiten um die **Gültigkeit oder Nichtigkeit der Gesellschaft oder juristischen Person** sind z. B. die Nichtigkeitsklage gegen die AG (§ 275 AktG) oder die GmbH (§ 75 GmbHG).[359] Streitigkeiten um die Auflösung einer Gesellschaft oder juristischen Person sind Klagen auf Auflösung einer GmbH (§ 61 GmbHG) oder OHG (§ 133 HGB). Erfolgt die Auflösung wegen der Insolvenz der Gesellschaft oder juristischen Person, ist zu beachten, dass die EuGVO gem. Art. 1 Abs. 2 nicht anzuwenden ist auf Konkurse, Vergleiche und ähnliche Verfahren (s. Rn. 17). Die Abgrenzung kann im Einzelnen schwierig sein: Wird die Gesellschaft aufgelöst, weil ein Gesellschafter insolvent ist, so liegt keine „konkursrechtliche", die Anwendung der EuGVO ausschließende Streitigkeit vor.[360]

226   Wo sich der **Sitz** befindet, ist unter Rückgriff auf das IPR des Forums zu bestimmen (Art. 24 Nr. 2 S. 2 EuGVO), nicht gem. Art. 63 EuGVO. Dadurch kommen hier alle Streitfragen um die Anknüpfung im internationalen Gesellschaftsrecht ins Spiel. Damit sind z. B. bei einer Klage des Gesellschafter-Geschäftsführers einer englischen Limited, die ausschließlich in Deutschland tätig ist, über keine Adresse in England verfügt und deren beide Gesellschafter in Deutschland leben, gegen den Beschluss über seine Abberufung die englischen Gerichte ausschließlich zuständig.[361] Bei „Scheinauslandsgesellschaften" sind demnach die Gerichte des Gründungsstaats zuständig. Sie entscheiden nach ihrem Recht, so dass es zu einem Gleichlauf von internationaler Zuständigkeit und anwendbarem Recht kommt.

227   Eine Definition eines **Beschlusses** i. S. der EuGVO fehlt bislang. Wenn auch nach ständiger Rechtsprechung des EuGH keiner der Auslegungsarten (autonome Auslegung oder Anwendung des Rechts, auf das die Kollisionsnormen des mit der Sache befassten Gerichts verweisen) ein grundsätzlicher Vorrang zukommt,[362] hat der EuGH sich in der Vergangenheit meist gegen einen Rückgriff auf das anwendbare nationale Recht entschieden. Daher dürfte auch eine autonome Auslegung des Begriffs des *Beschlusses* näher liegen.[363]

228   Nicht ausreichend ist es, dass der Streitgegenstand überhaupt ein Beschluss ist.[364] Durch die redaktionelle Überarbeitung von Art. 24 Nr. 2 EuGVO gegenüber Art. 16 Nr. 2 EuGVÜ ist klargestellt, dass der Streit um die Gültigkeit eines Beschlusses

---

[358] Rauscher/*Mankowski*, EZPR, Art. 24 EuGVO Rn. 107.

[359] Weitere bei Rauscher/*Mankowski*, EZPR, Art. 24 EuGVO Rn. 124 ff.

[360] Rauscher/*Mankowski*, EZPR, Art. 24 EuGVO Rn. 144; *Kropholler/v. Hein*, EZPR, Art. 22 EuGVO Rn. 38.

[361] BGH, Urteil vom 3.2.2010, 21 U 54/09 = ZIP 2010, 800 (*Mankowski* 802).

[362] EuGH, Urteil vom 6.10.1976, Rs. 12/76, *Tessili/Dunlop* = Slg. 1976, 1473, 1486 (Rn. 14).

[363] Ebenso *Geimer*, Das Fehlen eines Gerichtsstandes der Mitgliedschaft als gravierender Mangel im Kompetenzsystem der Brüsseler und der Luganer Konvention, FS Schippel, 1996, S. 869, 871; zum Begriff *Adolphsen*, Internationale Dopingstrafen, S. 417.

[364] Rauscher/*Mankowski*, EZPR, Art. 24 EuGVO Rn. 74.

gehen muss. Schon zuvor bezogen sich in Art. 16 Nr. 2 EuGVÜ die Worte *Gültigkeit und Nichtigkeit* nicht nur auf „Gesellschaften und juristische Personen", sondern auch auf „Beschlüsse der Organe von Gesellschaften und juristischen Personen".

Gegen die Anwendung des Art. 24 Nr. 2 EuGVO auf **Klagen gegen Sperren von** **229** **Verbänden** spricht daher, dass der Organbeschluss über die Festsetzung der Dopingsperre ein Internum ohne unmittelbare Außenwirkung ist. Die Klage, die am Gerichtsstand gem. Art. 24 Nr. 2 EuGVO zu erheben ist, muss aber in der Hauptsache gegen die Gültigkeit oder Nichtigkeit eines Beschlusses gerichtet sein. Bei Klagen gegen Strafen internationaler Sportverbände wird der zugrunde liegende Beschluss des innerhalb des Verbandes zuständigen Organs lediglich inzident nachgeprüft, weil die Rechtsstellung des Betroffenen erst aufgrund der Verkündung, noch nicht aber durch den Beschluss betroffen wird. Dies gilt letztlich allgemein für Vereinsstrafen. Der Beschluss ist demnach nicht Hauptsache des Streits, so dass Klagen gegen Strafen internationaler Verbände nicht am ausschließlichen Gerichtsstand des Art. 24 Nr. 2 EuGVO zu erheben sind.[365]

Andere wollen dagegen Art. 24 Nr. 2 EuGVO auf Klagen gegen Sperren an- **230** wenden: Der OGH hat dies 2007 im Verfahren des österreichischen Trainers Mayer angenommen, jedoch ohne wirklich überzeugende Begründung.[366]

Wohl unstreitig fallen **Schadensersatzklagen** von Sportlern gegen einen Ver- **231** band wegen der Verhängung einer Sperre nicht in den Anwendungsbereich.[367] Die Wirksamkeit der Strafe, deren Festsetzung möglicherweise durch Beschluss im Sinne des Art. 24 Nr. 2 EuGVO erfolgt, ist Anlass, nicht aber Hauptsache des Streits, weil der Streit um die Verpflichtung zum Schadensersatz geführt wird. Die Wirksamkeit des Beschlusses wird inzident geprüft. Hierfür stellt die EuGVO die Gerichtsstände der Art. 4 ff. zur Verfügung.

Durch Art. 24 Nr. 2 EuGVO wird keine Zuständigkeitskonzentration am Sitz der **232** Gesellschaft oder juristischen Person erreicht, da zahlreiche Klagen auch aus Mitgliedschaftsverhältnissen nicht unter Art. 24 Nr. 2 EuGVO fallen.[368] Dagegen kennen das deutsche Recht mit §§ 17, 22 ZPO und das schweizerische Recht mit Art. 151 Abs. 1 IPRG einen umfassenden Gerichtsstand der Mitgliedschaft. Dies hat zu notwendigen Korrekturen durch den EuGH geführt und war schon bei Geltung des EuGVÜ kritisiert worden.[369] Eine Ausdehnung wäre trotz des Anwendungsvorrangs der allgemeinen Regeln sinnvoll gewesen.

---

[365] Nagel/*Gottwald*, IZPR, § 3 Rn. 192; *Adolphsen*, Internationale Dopingstrafen, S. 420; insoweit a. A. für einen Antrag auf Aufhebung einer Sperre *Haas*, ZaK 2007, 309, 311.

[366] OGH, Urteil vom 21.5.2007–8 ObA 68/06t = JBl. 2007, 804 = SpuRt 2007, 237. Kritisch zur Begründung *König*, SpuRt 2007, 241.

[367] So auch OGH, Urteil vom 21.5.2007–8 ObA 68/06t = JBl. 2007, 804 = SpuRt 2007, 237 (*König* 241); Rauscher/*Mankowski*, EZPR, Art. 24 Nr. 151; *Haas*, ZaK 2007, 309, 310.

[368] Rauscher/*Mankowski*, EZPR, Art. 24 EuGVO Rn. 148, 154.

[369] *Geimer*, Das Fehlen eines Gerichtsstandes der Mitgliedschaft als gravierender Mangel im Kompetenzsystem der Brüsseler und der Luganer Konvention, FS Schippel, 1996, S. 869; Rauscher/*Mankowski*, EZPR, Art. 24 EuGVO Rn. 154; positiv sieht *Schack*, IZVR, Rn. 395 dagegen die Beschränkung der Regelung.

3. Eintragung in öffentliche Register (Nr. 3)

233   Art. 24 Nr. 3 EuGVO enthält einen ausschließlichen Gerichtsstand, der bisher weithin ein Schattendasein fristet. Für Verfahren, welche die **Gültigkeit** von **Eintragungen** in öffentliche Register zum Gegenstand haben, sind die Gerichte des Mitgliedstaats zuständig, in dessen Hoheitsgebiet die Register geführt werden.

234   Öffentliche Register sind nicht offen zugängliche, sondern von einer hoheitlichen Stelle bzw. in ihrem Auftrag geführte Register. Für die Anwendung von Art. 24 Nr. 3 EuGVO ist es unerheblich, vor welchen Gerichten der Streit geführt wird, wenn der Mitgliedstaat eine Gliederung in Gerichtsbarkeiten kennt. Damit fallen in den Anwendungsbereich des Art. 24 Nr. 3 EuGVO Grund- und Hypothekenbücher, Handelsregister, Vereinsregister und andere öffentliche Register wie Schiffs- und Fahrzeugregister.

235   Klagen, die die **Wirkung** der Eintragung betreffen, fallen nicht darunter.[370]

236   Das Merkwürdige an der Zuständigkeitsvorschrift ist, dass die Registerführung eine hoheitliche Tätigkeit ist, die ja schon nicht im Anwendungsbereich der EuGVO liegt, weil dieser eine Zivil- und Handelssache (Art. 1 Abs. 1 S. 1 EuGVO) voraussetzt. Insofern stellt sich zunächst das gleiche Problem wie bei Art. 24 Nr. 4 EuGVO. Wenn man Art. 24 Nr. 3 EuGVO dann auch noch auf Streitigkeiten beschränken wollte, an denen ein Träger öffentlicher Gewalt als Registerführender beteiligt ist,[371] wäre das Problem des Verhältnisses von Anwendunsgbereich und Zuständigkeit noch größer als bei Art. 24 Nr. 4 EuGVO, weil es dort wenigstens noch einen Parteienstreit geben kann, die Entscheidung aber *erga omnes* wirkt. Gleichwohl könnte man – wie auch bei Art. 24 Nr. 4 EuGVO – annehmen, dass diese Streitigkeiten faktisch zu Zivilsachen erklärt werden, so dass Art. 24 Nr. 3 EuGVO einen Anwendungsbereich hätte.[372]

237   Aber nicht nur die Frage einer rein öffentlichrechtlichen Natur des Streits ist komplex, auch die horizontale Abgrenzung zu anderen Sekundärrechtsakten, weil es in anderen Verordnungen ebenfalls Streitigkeiten um Registereintragungen geben kann. Register, die im Anwendungsbereich von Verordnungen liegen, auf die Art. 1 Abs. 2 EuGVO verweist, fallen nicht unter Art. 24 Nr. 3 EuGVO: so werden Personenstandsregister wegen Art. 1 Abs. 2 lit. a nicht erfasst, ebenso wie Insolvenzregister wegen Art. 1 Abs. 2 lit. b EuGVO.

238   Fraglich ist, ob der **Streit um die Inhaberschaft eines gewerblichen Schutzrechts**, der sog. Prätendentenstreit, als ein Streit um die Gültigkeit einer Eintragung i.S. von Art. 24 Nr. 3 EuGVO angesehen werden kann. Nach der Rechtsprechung des EuGH fällt dieser jedenfalls nicht unter Art. 24 Nr. 4 EuGVO, weil die Gültigkeit des einzutragenden Rechts nicht von dessen Inhaberschaft abhängt.[373] Geht man davon aus, dass das Register materiell falsch ist, wenn der falsche Rechteinhaber ein-

---

[370] Rauscher/*Mankowski*, EZPR, Art. 24 EuGVO Rn. 163; *ders.*, IPRax 2018, 355, 358.

[371] So die überwiegende Ansicht *Hess*, EZPR, Rn. 6.140; Musielak/Voit/*Stadler*, EuGVO Art. 24 Rn. 8; *Schlosser*, in: Schlosser/Hess, EU-Zivilprozessrecht, Vorb. Art. 24 EuGVVO Rn. 20.

[372] So *Schlosser*, in: Schlosser/Hess, EU-Zivilprozessrecht, Vorb. Art. 24 EuGVVO Rn. 20; a. A. im Ergebnis Rauscher/*Mankowski*, EZPR, Art. 24 EuGVO Rn. 163; *ders.*, IPRax 2018, 355, 358.

[373] EuGH, Urteil vom 15.11.1983 – Rs. 288/82, *Duijnstee als Konkursverwalter der Firma Schroefoutenfabrik B. V./. Goderbauer* = GRUR Int 1984, 693; EuGH, Urteil vom 5.10.2017 – Rs. C-341/16, *Hanssen Beleggingen BV ./. Tanja Prast-Knipping* = GRUR 2017, 1167.

getragen ist, so müsste dies zu einer ungültigen Eintragung i.S. des Art. 24 Nr. 3 EuGVO führen. Man würde dann materiellrechtliche Voraussetzungen einer Eintragung in den Begriff der Gültigkeit einbeziehen. Teleologisch spricht vieles dafür, auch hier eine Zuständigkeitskonzentration zu ermöglichen. Denn sonst könnte bei einem Streit um die Verletzung eines Schutzrechts nicht nur der übliche Einwand der Nichtigkeit des Schutzrechts (der zur Zuständigkeitskonzentration im Registrierungsstaat nach Art. 24 Nr. 4 EuGVO führt), sondern (auch) der Einwand fehlender Inhaberschaft erhoben werden, der dann nicht im Registrierungsstaat zu führen wäre und die Zuständigkeitskonzentration durchbräche.[374]

4. Schutzrechte (Nr. 4)

Art. 24 Nr. 4 EuGVO begründet für Klagen, die die **Eintragung** oder die **Gültigkeit**   239
von Patenten, Marken, Mustern und Modellen zum Gegenstand haben, eine ausschließliche Zuständigkeit der Gerichte des Mitgliedstaates, in dessen Hoheitsgebiet die Hinterlegung oder Registrierung beantragt oder vorgenommen worden ist oder aufgrund eines Gemeinschaftsrechtsakts oder eines zwischenstaatlichen Übereinkommens als vorgenommen gilt. Ein Streit um die Gültigkeit einer Eintragung fällt nach der Rechtsprechung des EuGH nicht unter Art. 24 Nr. 4 EuGVO, weil die Gültigkeit des einzutragenden Rechts nicht von dessen Inhaberschaft abhängt.[375]

Die **Verletzung** von Immaterialgüterrechten kann nicht am Gerichtsstand des   240
Art. 24 Nr. 4 EuGVO, sondern muss am allgemeinen Beklagtengerichtsstand (Art. 4 EuGVO) oder am Deliktsgerichtsstand (Art. 7 Nr. 2 EuGVO) geltend gemacht werden. Eine ausschließliche Zuständigkeit auch für Verletzungsklagen ist damit in der EuGVO nicht verwirklicht.

Von besonderer Brisanz ist der **Einwand der Patentnichtigkeit im Verletzungs-**   241
verfahren, das gem. Art. 4 oder Art. 7 Nr. 2 EuGVO in zulässiger Weise am international zuständigen Gericht erhoben worden ist. Es ist für die Beklagten übliche Verteidigungstaktik, vorzubringen, eine Verletzung des Schutzrechts scheide aus, weil dieses schon nichtig sei.

Im Jahr 2001 stellte sich die Frage nach dem insoweit richtigen Vorgehen in   242
einem Fall vor dem LG Düsseldorf.[376] Das LG Düsseldorf hatte sich für die Entscheidung über einen Rechtsstreit wegen der Verletzung französischer Patente für international zuständig gehalten. Im Verletzungsverfahren wurde der Einwand der Nichtigkeit der Patente erhoben. Für die Beurteilung der Gültigkeit wären aber französische Gerichte nach Art. 24 Nr. 4 EuGVO zuständig. Das LG Düsseldorf hielt sich trotzdem für zuständig, über den Verletzungsrechtsstreit auch im Hinblick auf die Nichtigkeit bzw. die mangelnde Gültigkeit der betreffenden Patente zu entscheiden. Es stützte sich auf eine einschränkende Auslegung des (damaligen) Art. 16 Nr. 4 EuGVÜ, die erforderlich sei, um zu vermeiden, dass ein Gericht seine

---

[374] Rauscher/*Mankowski*, EZPR, Art. 24 EuGVO Rn. 164.

[375] EuGH, Urteil vom 15.11.1983 – Rs. 288/82, *Duijnstee als Konkursverwalter der Firma Schroefoutenfabriek B. V./. Goderbauer* = GRUR Int 1984, 693; EuGH, Urteil vom 5.10.2017 – Rs. C-341/16, *Hanssen Beleggingen BV ./. Tanja Prast-Knipping* = GRUR 2017, 1167.

[376] LG Düsseldorf, Urteil vom 31.5.2001, 4 O 128/00 = GRUR Int. 2001, 983.

internationale Zuständigkeit verliere, sobald der als Patentverletzer in Anspruch Genommene die Nichtigkeit des Patents einwende.

243   Die Sache ging später vor das OLG Düsseldorf, das die Frage dem EuGH vorlegte. Der EuGH[377] entschied, dass Art. 24 Nr. 4 EuGVO in dem Sinne auszulegen ist, dass die ausschließliche Zuständigkeitsregel, die er aufstellt, alle Arten von Rechtsstreitigkeiten über die Eintragung oder die Gültigkeit eines Patents betrifft, unabhängig davon, ob die Frage klageweise oder einredeweise aufgeworfen wird. Bei Erhebung des Einwandes der Nichtigkeit ist demnach nur das nach Art. 16 Nr. 4 EuGVÜ zuständige Gericht befugt, die Frage der Nichtigkeit zu entscheiden. Reine Patentverletzungsverfahren sind dagegen aus dessen Anwendungsbereich ausgegrenzt und den sonstigen Zuständigkeitsvorschriften zugewiesen.[378] Sobald aber auch der Bestand des Schutzrechts in Streit gestellt wird, schließt der EuGH aus dem Zweck des Art. 16 Nr. 4 EuGVÜ und dessen Stellung innerhalb der Systematik, dass sich der Nichtigkeitseinwand egal in welcher Form und zu welchem Zeitpunkt (Verteidigung, Widerklage) vorgetragen, immer dahin auswirke, dass die Gerichte des Registrierungsstaates ausschließlich zuständig seien, um über die Eintragung oder die Gültigkeit des Patents zu entscheiden. Damit ist jedenfalls eine Fortführung des Verletzungsverfahrens mit inzidenter Prüfung des Bestands des ausländischen Schutzrechts unzulässig.

244   Nicht geklärt hat der EuGH, wie sich der Einwand der Nichtigkeit auf das Verletzungsverfahren auswirkt. Man muss davon ausgehen, dass das Verletzungsgericht sein Verfahren aussetzen und nach der Entscheidung über die Nichtigkeit fortführen wird.[379]

245   Das Urteil ist zu Recht kritisiert worden. Im Ergebnis ist es sinnvoll, dass das zuerst angerufene Gericht über die Frage der Gültigkeit des Schutzrechts inzident entscheiden kann. Hierzu sind ausländische Gerichte auch im Bereich des Patentrechts grundsätzlich geeignet.

246   Insofern hätte es sich angeboten, die EuGVO bei der Überarbeitung entsprechend zu ändern. Dazu hatte die European Max Planck Group for Conflict of Laws in International Property (**CLIP**)[380] vorgeschlagen, Art. 24 Nr. 4 EuGVO wie folgt zu fassen:

The following courts shall have exclusive jurisdiction, regardless of domicile:

a) in proceedings *which have as their object* the registration or validity of patents, trade marks, designs, or other similar rights required to be deposited or registered, the courts of the Member State in which the deposit or registration has been applied for, has taken place or is under the terms of a Community instrument or an international convention deemed to have taken place.

---

[377] EuGH, Urteil vom 13.7.2006, Rs. C-4/03, *GAT/LuK* = Slg. 2006, I- 6509 = JZ 2007, 299 (*Gottschalk* 300) = IPRax 2007, 36 (*Adolphsen* 15) = EuZW 2005, 575; *Kubis*, Mitt. 2007, 220.

[378] EuGH (a. a. O.) Rn. 16.

[379] Dies entspricht wohl auch der Ansicht des Generalanwalts, der von einer fortbestehenden Zuständigkeit ausgeht, Schlussanträge des Generalanwalts Geelhoed vom 16.9.2004, Rs. C-4/03, Rn. 46.

[380] Als Buch bei Oxford University Press (https://global.oup.com/academic/product/conflict-of-laws-in-intellectual-property-9780199665082?cc=us&lang=en& (abgerufen am 13.12.2021)); im Netz unter https://www.ip.mpg.de/fileadmin/ipmpg/content/clip/Final_Text_1_December_2011.pdf , S. 11 (abgerufen am 13.12.2021).

Without prejudice to the jurisdiction of the European Patent Office under the Convention on the Grant of European Patents, signed at Munich on 5 October 1973, the courts of each Member State shall have exclusive jurisdiction, regardless of domicile, in proceedings which have as their object the registration or validity of any European patent granted for that State.

b) The provisions under lit. a do not apply where validity or registration arises in a context other than by principal claim or counterclaim. The decisions resulting from such proceedings do not affect the validity or registration of those rights as against third parties.   **247**

Der Vorschlag stellte zum einen klar, dass im ausschließlichen Gerichtsstand nur Verfahren durchgeführt werden, in denen es in der Hauptsache um den Bestand des Schutzrechts geht. Zum anderen erfolgte eine Begrenzung des Rechtskraftumfangs in der Zuständigkeitsvorschrift selbst.

Die **Studie zur Anwendung der EuGVO** nimmt zum einen Bezug auf die Vor- **248** schläge der European Max Planck Group for Conflict of Laws in International Property (CLIP). Sie erörtert aber auch weitere Möglichkeiten zukünftiger Gestaltung. Denkbar war es auch, das Schutzrecht so lange in einem Verletzungsverfahren ohne Notwendigkeit der Prüfung als wirksam zu behandeln, wie dieses nicht durch die ausschließlich zuständigen Gerichte im Registrierungsstaat aufgehoben ist.[381] Allerdings kann es bei diesem Weg zu zeitlichen Zufälligkeiten kommen. Man könnte dem Gericht auch Ermessen einräumen, das Verfahren auszusetzen und bei dieser Entscheidung die Erfolgsaussichten des Nichtigkeitsverfahrens zu berücksichtigen. Allerdings erschwert dies die Anwendung der EuGVO erheblich und würde die vom EuGH so stark in den Vordergrund gestellte einfache Handhabbarkeit und Rechtssicherheit in den Hintergrund rücken.

Im Vorschlag zur Neufassung der EuGVO (Rn. 4) sind diese Änderungsvor- **249** schläge sämtlich nicht aufgenommen worden, um das Ergebnis der Arbeiten an einem Europäischen Patentgericht abzuwarten.

Inzwischen steht die **Verwirklichung des Einheitspatentsystems**[382] *möglicher-* **250** *weise* bevor (zum Nichtigkeitseinwand vor dem EPG s. Rn. 258): der Begriff bezeichnet eine Regelungstrias aus der Verordnung über das einheitliche EU Patent,[383] der Verordnung über die dazugehörigen Übersetzungsregeln[384] und dem Überein-

---

[381] Study JLS/C4/2005/03 Report on the Application of Regulation Brussels I in the Member States, presented by *Hess, Pfeiffer* and *Schlosser*, Final Version September 2007, S. 337, http:// courtesa.eu/wp-content/uploads/2019/03/study_application_brussels_1_en.pdf (abgerufen am 13.12.2021).

[382] *Eck*, Europäisches Einheitspatent und Einheitspatentgericht – Grund zum Feiern?, GRUR Int. 2014, 114; *Giegerich*, BVerfG verzögert europäische Patentreform, EuZW 2020, 560; *Götting*, Das EU-Einheitspatent, ZEuP 2014, 349; *Jaeger*, Gerichtsorganisation und EU-Recht: Eine Standortbestimmung, EuR 2018, 611; *Luginbühl*, Das europäische Patent mit einheitlicher Wirkung, GRURInt 2013, 305; *Ohly*, Auf dem Weg zum Einheitspatent und zum Einheitlichen Patentgericht, ZEG 2012, 419; *Tillmann*, Zur Nichtigerklärung des -Ratifizierungsgesetzes, GRUR 2020, 441; *ders.*, Durchbruch: die Entscheidungen zum Einheitspatent und zum Europäischen Patentgericht, GRUR 2013, 157; Stand der Ratifikationen des EPGÜ https://www.consilium.europa.eu/en/documents-publications/treaties-agreements/agreement/?id=2013001 (abgerufen am 13.12.2021).

[383] Verordnung (EU) Nr. 1257/2012 des Europäischen Parlaments und des Rates vom 17.12.2012 über die Umsetzung der Verstärkten Zusammenarbeit im Bereich der Schaffung eines einheitlichen Patentschutzes, ABl. L 361 vom 31.12.2012, S. 1.

[384] Verordnung (EU) Nr. 1260/2012 des Rates vom 17.12.2012 über die Umsetzung der verstärkten Zusammenarbeit im Bereich der Schaffung eines einheitlichen Patentschutzes im Hinblick auf die anzuwendenden Übersetzungsregelungen, ABl. L 361 vom 31.12.2012, S. 89.

kommen (Staatsvertrag, nicht EU Norm!) über ein einheitliches Patentgericht. Das Ergebnis der Verhandlungen in Europa, die bis auf das Jahr 1959 zurückgehen, zur Schaffung eines einheitlichen Rechtstitels im Patentrecht für Europa ist ein Mischprodukt. Kein eigenständiges EU-Schutzrecht, weshalb es auch nicht als EU- Patent bezeichnet wird, aber doch mit einheitlicher Wirkung in der (nicht der gesamten) EU. Das Europäische Patent mit einheitlicher Wirkung (EPeW) ist ein auf dem EPÜ basierendes Europäisches Patent, das aufgrund der Verordnung zur Schaffung eines einheitlichen Patentschutzes EPeWVO) einheitliche Wirkung in den teilnehmenden Mitgliedstaaten entfaltet (Art. 2 lit. c EPeWVO). Es handelt sich also um einen EU-Rechtstitel, der auf einer völkerrechtlichen Basis fußt. Die einheitliche Wirkung entsteht, wenn sie im Register für den einheitlichen Patentschutz eingetragen wird (Art. 2 lit. e, 3 Abs. 1 EPeWVO).[385]

251 Durch die Verbindung des Inkrafttretens der EU-Verordnungen mit dem EPGÜ (Art. 18 Abs. 2 EPeWVO, Art. 89 EPGÜ) kommt es zu einer materiellrechtlichen und prozessualen Fragmentierung in der EU.[386]

Zunächst gilt die EPVO nur für die an der Verstärkten Zusammenarbeit teilnehmenden Mitgliedstaaten, aktuell sind nur Spanien[387] und Kroatien außen vor, nachdem Italien seinen Widerstand aufgegeben hat. Wenn aber 13 Mitgliedstaaten das EPGÜ (inkl. Großbritannien (bis zum Brexit), Frankreich und Deutschland) ratifiziert haben, gilt das Patentpaket nur in den entsprechenden Mitgliedstaaten, je nach Ratifikationsstand dehnt es sich später in der EU weiter aus.[388]

252 Um das EU Patentreformpaket zu realisieren wurde die EuGVO 2015 geändert (Kap. 1 Rn. 37) und die Artt. 71 a–d hinzugefügt.[389] Dadurch soll klargestellt werden, dass sowohl das einheitliche Patentgericht, als auch der Benelux-Gerichtshof, Gerichte im Sinne der EuGVO sind. Ferner soll die Zuständigkeit dieser Gerichte definiert werden. Schließlich soll die Anwendbarkeit der Bestimmungen über die Rechtshängigkeit für diese Gerichte festgelegt werden.

253 Das **Übereinkommen über ein Einheitliches Patentgericht** (EPGÜ) wurde am 19.2.2013 durch 25 EU-Mitgliedstaaten unterzeichnet. Es ist nicht – wie zunächst geplant – zu Beginn des Jahres 2014 in Kraft getreten. Es muss von mindestens 13 Staaten, darunter Deutschland, Frankreich und das Vereinigte Königreich (bis zum

---

[385] Weiterhin kritisch *Jaeger* „Unitary Patent system is an arbitrary and ailing hybris monster mix", http://patentblog.kluweriplaw.com/2021/12/09/unitary-patent-system-is-an-arbitrary-and-ailing-hybrid-monster-mix/ (abgerufen am 13.12.2021).

[386] Max Planck Institute for Intellectual Property and Competition Law, The Unitary Patent Package: Twelve Reasons for Concern, https://www.ip.mpg.de/en/publications/details/the-unitary-patent-package-twelve-reasons-for-concern.html (abgerufen am 9.2.2023).

[387] http://patentblog.kluweriplaw.com/2017/03/22/minister-de-guindos-says-spain-will-not-join-unitary-patent-system/ (abgerufen am 3.5.2021).

[388] *Hüttermann*, Einheitspatent und Einheitliches Patentgericht, 2016, Rn. 19. Zu den aufgeworfenen Rechtsfragen vgl. *Adolphsen*, Europäisches und internationales Zivilprozessrecht in Patentsachen, Rn. 89 ff.

[389] Verordnung (EU) Nr. 542/2014 des Europäischen Parlaments und des Rates vom 15.5.2014 zur Änderung der Verordnung (EU) Nr. 1215/2012 bezüglich der hinsichtlich des Einheitlichen Patentgerichts und des Benelux-Gerichtshofs anzuwendenden Vorschriften, ABl. L 163 vom 29.5.2014, S. 1. *Philipp*, Anpassungen im Zusammenhang mit dem Übereinkommen über ein Einheitliches Patentgericht, EuZW 2014, 406.

Brexit), ratifiziert werden, um in Kraft treten zu können (Art. 89 Abs. 1 EPGÜ). Die Ratifizierung durch 13 Staaten ist zwar erfolgt, jedoch haben weder Großbritannien wegen des Brexit noch Deutschland das Übereinkommen ratifiziert. Das BVerfG hat 2020 das erste Ratifizierungsgesetz zum Einheitlichen Patentgericht für verfassungswidrig erklärt, weil es nicht mit der erforderlichen Zweidrittelmehrheit beschlossen worden war.[390] Die anderen gegen das EPG und das EPGÜ selbst gerichteten Anträge wies das BVerfG als unzulässig ab. Daher war zunächst offen, wie in der Sache zu entscheiden wäre.[391] Seit Juni 2020 lag dann erneut der Entwurf des Gesetzes zu dem Übereinkommen über ein Einheitliches Patentgericht vor.[392] Der Bundestag hatte am 26. November 2020 den Gesetzentwurf unverändert angenommen.[393] Auch dieses Zustimmungsgesetz ist durch zwei Verfassungsbeschwerden Ende 2020 vorläufig gestoppt worden (Az. 2 BvR 2216/2020 und 2217/2020).[394]

Das Vereinigte Königreich hat 2020 erklärt,[395] nicht mehr am EPGÜ teilnehmen **254** zu wollen, womit das Inkrafttreten des gesamten Patentpaketes zweifelhaft geworden ist. Die Bundesregierung ging in ihrem Gesetzentwurf von 2020 davon aus, dass die fehlende Mitwirkung des Vereinigten Königreiches unproblematisch sei, ohne dieses aber zu begründen. Andere meinen, da Art. 89 Abs. 1 EPGÜ das Vereinigte Königreich nicht beim Namen nenne, es nach dem Wirksamwerden der Notifikation des Vereinigten Königreichs über sein Ausscheiden aus dem EPGÜ (vgl. Art. 25 Abs. 2 WVRK) seinen Status als Vertragsmitgliedstaat verliere, rücke Italien automatisch nach.[396]

Das Übereinkommen soll die Schwierigkeiten der prozessualen Durchsetzung **255** von Patenten durch die Einrichtung des „**Einheitlichen Patentgerichts**" (**EPG**) beseitigen, das eine ausschließliche gerichtliche Zuständigkeit hat für Streitigkeiten (Art. 32 Abs. 1 EPGÜ) in Bezug auf europäische Patente (das sind keine EU-Patente sondern solche auf der Grundlage des Europäischen Patent Übereinkommens) und europäische Patente mit einheitlicher Wirkung (einheitliche EU-Patente). Das

---

[390] BVerfG Beschl. v. 20.3.2020 – 2 BvR 739/17 – Einheitliches Patentgericht = GRUR 2020, 506.

[391] *Tillmann*, GRUR 2020, 441, 445; https://www.bardehle.com/de/ip-news-wissen/ip-news/news-detail/deutsches-gesetz-zur-ratifikation-des-epgue-nichtig-nur-ein-betriebsunfall-oder-eine-unheilbare-kra-1.html (abgerufen am 13.8.2020): „*Die Kommentare, die aus der Begründung des BVerfG abgeleitet haben, dass die materiellrechtlichen Angriffe der Beschwerde für die Zukunft des EPG bedeutungslos geworden sind, sind schlichtweg unzutreffend.*"

[392] https://www.bmjv.de/SharedDocs/Gesetzgebungsverfahren/Dokumente/RefE_EPGÜ_Vertragsgesetz.pdf;jsessionid=6CE198517494FE117DE178A8243A9274.2_cid297?__blob=publicationFile&v=3 (abgerufen am 12.8.2020).

[393] https://www.bundesrat.de/SharedDocs/beratungsvorgaenge/2020/0701-0800/0723-20.html (abgerufen am 29.4.2021).

[394] *Giegerich*, BVerfG verzögert europäische Patentreform, EuZW 2020, 560; *Götting*, Das EUEinheitspatent, ZEuP 2014, 349; *Tillmann*, Zur Nichtigerklärung des – Ratifizierungsgesetzes, GRUR 2020, 441.

[395] Erklärung unter https://www.unified-patent-court.org/news/uk-withdrawal-upca (abgerufen am 12.8.2020).

[396] *Tillmann*, GRUR 2020, 441.

EPG umfasst ein Gericht erster Instanz, ein Berufungsgericht und eine Kanzlei (Art. 6 EPGÜ). Das Gericht erster Instanz besteht aus einer Zentralkammer (mit Sitz in Paris und zwei Außenstellen in London und München) sowie mehreren örtlichen und regionalen Kammern in den Vertragsstaaten (Art. 7 EPGÜ). Das Berufungsgericht wird seinen Sitz in Luxemburg haben.

256   Die internationale Zuständigkeit des Gerichts wird im Einklang mit der Verordnung EuGVO bzw. dem LGVÜ bestimmt (Art. 31 EPGÜ).

257   Wichtig ist die Übergangsregelung in Art. 83 EPGÜ:[397] Gem. Abs. 1 können während einer Übergangszeit von sieben Jahren nach dem Inkrafttreten des EPGÜ Klagen wegen Verletzung bzw. auf Nichtigerklärung eines europäischen Patents (…) weiterhin bei nationalen Gerichten oder anderen zuständigen nationalen Behörden erhoben werden. Damit erhalten die Inhaber Europäischer Patente für eine Übergangszeit von sieben Jahren die Möglichkeit, über das „Opt-Out-Verfahren" die exklusive Zuständigkeit des Einheitspatentgerichts für Verletzungsverfahren auszuschließen. Tun sie dies, entscheiden über die Verletzung Europäischer Patente auch weiterhin die nationalen Gerichte auf der Zuständigkeitsordnung der EuGVO. Für einheitliche EU Patente gibt es keine Übergangsfrist.

Nach Art. 83 Abs. 3 EPGÜ kann die Zuständigkeit des EPG auch für ein konkretes Patent ausgeschlossen werden, so dass nationale Gerichte zuständig sind.[398] Patentanmelder eines europäischen Patents können die Zuständigkeit des EPG (dauerhaft[399]) ausschließen. Dies ergreift die gesamte Zuständigkeit des EPG und schließt nicht nur, wie es der unklare Wortlaut nahe legt, die Ausschließlichkeit zugunsten einer fakultativen Zuständigkeit aus.[400] Es bleibt damit beim derzeitigen Rechtszustand der Zuständigkeit nationaler Gerichte aus der Grundlage der EuGVO. Die Übergangszeit kann um bis zu sieben Jahre verlängert werden (Art. 83 Abs. 5 EPGÜ). Einzelne Klagen können nach Art. 83 Abs. 1 EPGÜ für sieben Jahre (incl. Verlängerungsmöglichkeit) auch weiterhin bei nationalen Gerichten erhoben werden.

258   Einem **Nichtigkeitseinwand vor dem EPG** kann flexibel begegnet werden: Im Ergebnis wird damit durch den völkerrechtlichen Vertrag EPG die Rechtsprechung des EuGH in Sachen Gat/ LUK (s. o. Rn. 243) ausgehebelt. Wenn das Ergebnis auch zu begrüßen ist, weil die vorgesehene flexible Regelung hilfreich ist, so ist es europarechtlich unzulässig, eine Rechtsprechung des EuGH durch einen völkerrechtlichen Vertrag zu umgehen. Isolierte Nichtigkeitsklagen sind bei der Zentralkammer zu erheben (Art. 33 Abs. 4 S. 1 EPG.). Das entspricht dem Ansatz der zentralisierten Zuständigkeiten, der sich auch in Art. 24 Nr. 4 EuGVO findet. Für EUPeW und Europäische Patente, für die kein opt-out (s. Rn. 257) erklärt wurde,

---

[397] *Schröer*, Einheitspatentgericht – Überlegungen zum Forum-Shopping im Rahmen der alternativen Zuständigkeit nach Art. 83 Abs. 1 EPGÜ, GRUR Int. 2013, 1102.

[398] *Schröer*, Einheitspatentgericht – Überlegungen zum Forum-Shopping im Rahmen der alternativen Zuständigkeit nach Art. 83 Abs. 1 EPGÜ, GRUR Int. 2013, 1102, 1104.

[399] Zu dieser Frage *Hüttermann*, Einheitspatent und Einheitliches Patentgericht, Rn. 314.

[400] *Hüttermann*, Einheitspatent und Einheitliches Patentgericht, Rn. 315; a. A. *Nieder* GRUR 2014, 627, 631.

entfällt damit die Zuständigkeit nationaler Gerichte. Die Zuständigkeit der Zentralkammer ist nicht gegeben, wenn bereits bei einer Lokal- oder Regionalkammer eine Verletzungsklage zwischen den Parteien zum selben Patent erhoben ist (Art. 33 Abs. 4 S. 2 EPG.). Dann ist nur die betreffende Lokal- oder Regionalkammer zuständig. Gegen eine Verletzungsklage (Art. 32 Abs. 1 lit. a EPG.) kann Widerklage auf Nichtigerklärung (Art. 32 Abs. 1 lit. e EPG.) erhoben werden. Die zuständige Lokal- oder Regionalkammer kann nach Anhörung der Parteien nach eigenem Ermessen beschließen, sowohl die Verletzungsklage als auch die Widerklage auf Nichtigerklärung zu verhandeln und den Präsidenten des Gerichts erster Instanz zu ersuchen, ihr aus dem Richterpool gem. Art. 18 Abs. 3 einen technisch qualifizierten Richter zuzuweisen, der über entsprechende Qualifikation und Erfahrung auf dem betreffenden Gebiet der Technik verfügt (lit. a), die Widerklage zur Entscheidung an die Zentralkammer zu verweisen und das Verletzungsverfahren auszusetzen oder fortzuführen (lit. b), oder den Fall mit Zustimmung der Parteien zur Entscheidung an die Zentralkammer zu verweisen (lit. c).

5. Verfahren der Zwangsvollstreckung (Nr. 5)

Das Zwangsvollstreckungsverfahren richtet sich im Europäischen Rechtsraum nach **259** nationalem Recht. Hintergrund ist der Grundsatz der Territorialität, der auf der völkerrechtlichen Souveränität der Staaten fußt. Auch die Zuständigkeit für Zwangsvollstreckungsmaßnahmen ergibt sich aus dem nationalen Recht der Mitgliedstaaten. Daran ändert auch der etwas merkwürdige („eher deklaratorische"[401]) Art. 24 Nr. 5 EuGVO nichts: Für Verfahren, welche die Zwangsvollstreckung aus Entscheidungen zum Gegenstand haben, sind die Gerichte des Mitgliedstaats ausschließlich zuständig, in dessen Hoheitsgebiet die Zwangsvollstreckung durchgeführt werden soll oder durchgeführt worden ist. Diese Vorschrift gilt nicht für Zwangsvollstreckungsmaßnahmen als solche, sondern für kontradiktorische Verfahren mit unmittelbarem Bezug zur Zwangsvollstreckung; dies sind alle Verfahren, die die Überprüfung und eventuelle Aufhebung einer Zwangsvollstreckungsmaßnahme zum Gegenstand haben.[402]

Letztlich führt die Vorschrift dazu (wie auch § 802 ZPO), dass eine Zuständigkeit **260** am Vollstreckungsort für die Geltendmachung vollstreckungsbezogener Klagen gegeben ist.

Der **Begriff Verfahren der Zwangsvollstreckung** erfasst alle Verfahren, die sich aus der Inanspruchname von Zwangsmitteln ergeben. Dabei wird ein abgeschlossenes Erkenntnisverfahren logisch vorausgesetzt.[403] Alle Verfahren, die einen Vollstreckungstitel erst schaffen, liegen außerhalb des Begriffs. Erfasst sind Verfahren, die den Ablauf und die Durchführung einer Zwangsvollstreckungsmaßnahme betreffen[404] einschließlich der Zwangsversteigerung und der Verwertung. Aus dem deutschen Zwangsvollstreckungsrecht sind dies die Vollstreckungs-

---

[401] Rauscher/*Mankowski*, EZPR, Art. 24 EuGVO Rn. 207.

[402] *Wolber*, EuZW 2019, 863, 864.

[403] Rauscher/*Mankowski*, EZPR, Art. 24 EuGVO Rn. 218.

[404] EuGH, Urteil vom 26.03.1992 – C-261/90 = EuZW 1992, 447.

erinnerung (§ 766 ZPO), die Drittwiderspruchsklage (§ 771 ZPO), die Vollstreckungsabwehrklage (§ 767 ZPO) und die Vorzugsklage (§ 805 ZPO).[405] Nicht erfasst werden bereicherungsrechtliche Klagen auf Herausgabe des durch die Vollstreckung Erlangten und Schadensersatzklagen (§§ 717 Abs. 2, 945 ZPO, 826 BGB).

261   Eine Widerspruchsklage eines Gläubigers gegen die Verteilung des Erlöses der gerichtlichen Versteigerung einer Liegenschaft, mit der zum einen das Erlöschen einer konkurrierenden Forderung durch Aufrechnung und zum anderen die Unwirksamkeit der Begründung des Pfandrechts zur Besicherung dieser Forderung festgestellt werden soll, fällt nach Ansicht des EuGH nicht in die ausschließliche Zuständigkeit der Gerichte des Mitgliedstaats der Zwangsvollstreckung. Der Grund liege darin, dass mit dem im Verfahren erhobenen Widerspruchsgrund nicht die Handlungen der mit der Zwangsvollstreckung beauftragten Behörden als solche angefochten werden, so dass diese Klage nicht den geforderten Grad der Nähe zu dieser Vollstreckung aufweise.[406]

XII. Gerichtsstandsvereinbarung Art. 25 EuGVO

262   **1. Forum Planning durch Gerichtsstandsvereinbarungen**
Soweit ersichtlich kennen fast alle internationalen Zuständigkeitsordnungen das Institut der Gerichtsstandsvereinbarung (*forum prorogatum*), das seine Ursprünge im römischen Recht hat.[407] Zu nennen sind z. B. § 104 JN, Art. 5 IPRG, Art. 48 NCPC, Art. 28, 29 ital. IPRG (1995). Aber auch dem englischen[408] und dem US-amerikanischen Recht[409] sind Gerichtsstandsvereinbarungen bekannt, ebenso sind sie in Staatsverträgen verbreitet. Zunächst findet man Bestimmungen im Haager Übereinkommen über einheitliche Regeln über die Gültigkeit und die Wirkungen der Gerichtsstandsvereinbarungen vom 25.11.1965[410] und im Haager Überein-

---

[405] Str. ist, ob Art. 24 Nr. 5 EuGVO auch dann greift, wenn der Schuldner im Rahmen der Vollstreckungsabwehrklage eigene Forderungen zur Aufrechnung nutzt, vgl. Rauscher/*Mankowski*, EZPR, Art. 24 EuGVO Rn. 212.

[406] EuGH, Urteil vom 10.7.2019 – C-722/17, *Norbert Reitbauer u. a./Enrico Casamassima* (Rn. 55) = EuZW 2019, 738 (*Sujecki* 742).

[407] *Schröder*, Internationale Zuständigkeit, S. 405; Rosenberg/Schwab/*Gottwald*, ZPR, § 37 I.

[408] *F.E. Sandrock*, Die Vereinbarung eines „neutralen" internationalen Gerichtsstandes, S. 159 ff.

[409] *Juenger*, Der Kampf ums Forum, Forum Shopping, RabelsZ 46 (1982), 708; *Heidenberger*, Sind Gerichtsstandsvereinbarungen im deutsch-amerikanischen Rechtsverkehr ratsam?, RIW/AWD 1981, 374; *Ochsenfeld*, Zuständigkeitsvereinbarungen im amerikanischen Zivilprozeßrecht, RIW 1995, 633; *Boehmer/Jander*, Anerkennung von Gerichtsstandsvereinbarungen in den USA, RIW/AWD 1972, 449.

[410] Abgedruckt in AJCompL 13 (1964), 629 (engl. Text); RabelsZ 30 (1966), 730 (franz. Text). Zum Übereinkommen s. *Arnold*, Die Ergebnisse der 10. Tagung der Haager Konferenz für internationales Privatrecht auf dem Gebiete des internationalen Zivilprozeßrechts, RIW/AWD 1965, 205 ff. Dieses ist bisher nicht in Kraft getreten.

kommen über den Gerichtsstand beim internationalen Kauf beweglicher Sachen vom 15.4.1958 sowie in weiteren Staatsverträgen.[411]

Die **Haager Konferenz für Internationales Privatrecht** hat am 30.6.2005 das **263** **Haager Übereinkommen über Gerichtsstandsvereinbarungen (HGÜ)** beschlossen (s. u. Rn. 263). Geregelt werden Gerichtsstandsvereinbarungen im *business-to-business* (B2B) Bereich (*Convention on exclusive choice of court agreements for business-to-business transactions*).[412] Das Übereinkommen ist inzwischen in 32 Staaten in Kraft getreten, wobei auch die EU als supranationale Oragnisation mitgezählt ist.[413]

Die europäisch wichtigste Vorschrift ist heute Art. 25 EuGVO.

Im grenzüberschreitenden Rechtsverkehr bieten Gerichtsstandsvereinbarungen **264** neben der Rechts- und Sprachwahl ein weiteres Gestaltungselement und die Möglichkeit, zu wählen, vor welchen Gerichten ein etwaiger Rechtsstreit ausgetragen wird oder werden kann.[414] Gerichtsstandsvereinbarungen sind unabdingbar für den internationalen Handel und wichtiger Baustein eines unionsweit freien Binnenmarktes, insbesondere weil dadurch im Rahmen von Vertragsbeziehungen Rechtssicherheit und Vorhersehbarkeit geschaffen werden kann.[415] So können die mit grenzüberschreitenden Prozessen verbundenen Risiken reduziert und Schwierigkeiten wie Sprachprobleme, erhöhte Kosten oder auch das Problem der Unkenntnis des anwendbaren Verfahrensrechts vermieden werden.[416] Mit der Vereinbarung einer bestimmten Zuständigkeit können die Vertragsparteien Rechtsstreitigkeiten kalkulierbarer machen und sich so auch über die Vermeidung der mit den gesetzlich normierten Zuständigkeiten einhergehenden Risiken zusätzliche Interessen sichern.[417] Eine Vertragspartei kann sich so durchaus Vorteile im Falle eines Rechtsstreits gegenüber der anderen Vertragspartei sichern.[418] Dem liegt ein grundsätzliches Risiko inne, dass die wirtschaftlich überlegene Vertragspartei die schwächere Partei bei Vertragsabschluss zur Vereinbarung eines Gerichtsstands zwingt, doch ist

---

[411] Zum Haager Übereinkommen über den Gerichtsstand beim internationalen Kauf beweglicher Sachen vom 15.4.1958, das ebenfalls nicht in Kraft getreten ist, s. *F.E. Sandrock*, Die Vereinbarung eines „neutralen" internationalen Gerichtsstandes, S. 262 ff.

[412] Convention als pdf. Datei abrufbar unter http://www.hcch.net/index_en.php?act=conventions. text&cid=98. (abgerufen am 14.4.2021). Dazu *Antomo*, NJW 2015, 2919; *Pfeiffer*, IWRZ 2016, 19; *Eichel*, RIW 2009, 289; *Huber*, IPRax 2016, 197; *Wagner*, RabelsZ 73 (2009), 100.

[413] Status der Beitritte unter https://www.hcch.net/de/instruments/conventions/status-table/?cid=98 (abgerufen am 20.11.2020). Übersicht über die Mitgliedstaaten unter https://www.hcch.net/en/instruments/conventions/status-table/?cid=98 (abgerufen am 14.4.2021).

[414] Vgl. *Nordmeier*, RIW 2016, 331.

[415] Vgl. *Hess*, EuZPR Rn. 6.150; *Westerhoven*, Gerichtsstandsklauseln in der privaten Durchsetzung des EU-Kartellrechts, S. 157; *Jungermann*, Die Drittwirkung internationaler Gerichtsstandsvereinbarungen nach EuGVÜ/EuGVO und LugÜ, S. 1.

[416] *Jungermann*, Die Drittwirkung internationaler Gerichtsstandsvereinbarungen nach EuGVÜ/EuGVO und LugÜ, S. 1.

[417] *Westerhoven*, Gerichtsstandsklauseln in der privaten Durchsetzung des EU-Kartellrechts, S. 157.

[418] *Stürner*, GPR 2013, 305 (306).

dieses Risiko letztlich mit der Privatautonomie verbunden und damit grundsätzlich akzeptabel (zu Fragen einer Mißbrauchskontrolle s. u. Rn. 299).[419]

2. Räumlicher Anwendungsbereich

265   Für Art. 25 Abs. 1 EuGVO ist nicht mehr Voraussetzung der Anwendbarkeit, dass eine Partei der Gerichtsstandsvereinbarung ihren Wohnsitz in einem Mitgliedstaat hat. Im Unterschied zu Art. 23 EuGVO a. F. kommt es explizit nicht mehr auf den Wohnsitz der Parteien an. Einzige Voraussetzung ist die Vereinbarung der internationalen Zuständigkeit eines Gerichts oder der Gerichte eines Mitgliedstaats. Gerichte von Drittstaaten können die Prorogation wie die Derogation nur nach ihrem eigenen internationalen Zivilprozessrecht akzeptieren.[420]

266   Vereinbaren **Parteien mit (Wohn-)Sitz im gleichen Mitgliedstaat** die Zuständigkeit dieses Mitgliedstaates, so liegt, wenn keine ausländische Zuständigkeit abbedungen wird und kein weiterer Auslandsbezug gegeben ist, ein Inlandsfall vor, der nach nationalem Zivilprozessrecht zu beurteilen ist.[421] Umstritten ist der Fall, dass die Parteien mit (Wohn-)Sitz im gleichen Mitgliedstaat zunächst ohne weiteren Auslandsbezug die Zuständigkeit eines anderen Mitgliedstaats vereinbaren. Einige meinen, Art. 25 EuGVO sei anzuwenden, weil *forum prorogatum* und gemeinsamer Wohnsitz auseinanderfallen und insofern ein ausreichender Auslandsbezug gegeben sei. Die Internationalität des Sachverhalts kann nach dieser Ansicht auch erst durch die Gerichtsstandsvereinbarung selbst hergestellt werden.[422] Andere folgern aus dem Gedanken des Art. 3 Abs. 3 Rom I-VO und Art. 1 Abs. 2 HGÜ („wobei der Ort des vereinbarten Gerichts unbeachtlich ist."), dass in diesem Fall kein Auslandsbezug vorliege.[423]

267   Selbstverständlich findet Art. 25 EuGVO Anwendung, wenn eine **Partei aus einem Mitgliedstaat** stammt, die andere aus einem Drittstaat und sie ein Gericht eines Mitgliedstaates als zuständig vereinbaren.

268   Vereinbaren **Parteien aus Drittstaaten** die Zuständigkeit eines mitgliedstaatlichen Gerichts, so ist dieses zuständig. Damit hat sich der europäische Gerichtsmarkt für Drittstaatenangehörige weit geöffnet. Wie drittstaatliche Gerichte zu einer solchen Vereinbarung stehen, ist für die Anwendung des Art. 25 EuGVO gänzlich unbeachtlich. Gerichte von Drittstaaten können die Prorogation wie die

---

[419] *Geimer*, IZPR, Rn. 1600; *Westerhoven*, Gerichtsstandsklauseln in der privaten Durchsetzung des EU-Kartellrechts, S. 158.

[420] Rauscher/*Mankowski*, EZPR, Art. 25 EuGVO Rn. 13; *Schlosser/Hess*, EU-Zivilprozessrecht, Art. 25 EuGVO Rn. 6a; MüKo-ZPO/*Gottwald*, Art. 25 Brüssel Ia-VO Rn. 3.

[421] Rauscher/*Mankowski*, EZPR, Art. 25 EuGVO Rn. 21; *Schlosser/Hess*, EU-Zivilprozessrecht, Art. 25 Rn. 6.

[422] *Hess*, in: Schlosser/Hess, EU-Zivilprozessrecht, Art. 25 Rn. 6; MüKo-ZPO/*Gottwald*, Art. 25 Brüssel Ia-VO Rn. 4; *Schack*, IZVR, Rn. 579.

[423] Rauscher/*Mankowski*, EZPR, Art. 25 EuGVO Rn. 24; *Jung*, Vereinbarungen über die internationale Zuständigkeit nach dem EWG-Gerichtsstands- und Vollstreckungsübereinkommen und nach § 38 Abs. 2 ZPO, S. 56.

Derogation nur nach ihrem eigenen internationalen Zivilprozessrecht akzeptieren.[424]

Nicht von Art. 25 EuGVO wird die **Prorogation eines drittstaatlichen Ge-** 269
richts erfasst. Dies liefe auf eine völkerrechtswidrige Souveränitätsverletzung durch den europäischen Gesetzgeber hinaus. Europa kann drittstaatlichen Gerichten keine Prorogation vorschreiben.[425] Ob man den **Derogationsaspekt** bei Prorogation der Gerichte eines Drittstaates innerhalb der Mitgliedstaaten einheitlich nach Art. 25 EuGVO beurteilen kann, ist wegen des Wortlauts der Norm und der dagegen sprechenden Berichte zum EuGVÜ[426] umstritten. Der BGH hat in einem Fall, in dem entgegen einer Gerichtsstandsvereinbarung zugunsten Schweizer Gerichte in Deutschland Klage erhoben wurde, die Derogation am Maßstab der §§ 38, 40 ZPO gemessen und nicht an dem des damaligen Art. 17 EuGVÜ.[427] Allerdings würde man auf diese Weise die in Art. 25 Abs. 4 EuGVO genannten Zuständigkeiten zur Disposition stellen, was zu dem eigentümlichen Ergebnis führte, dass sich die in Art. 25 Abs. 4 genannten Zuständigkeiten gegenüber Derogationen nur durchsetzen, wenn die Gerichte eines Mitgliedstaates prorogiert werden.[428] Daher sollte man innerhalb Europas die Derogationswirkungen einheitlich am Maßstab des Art. 25 EuGVO beurteilen.[429] Andere gehen den komplizierteren Weg und wollen für den Deragationaspakt das drittstaatliche Recht anwenden, dann aber die Derogationswirkung im Sinne des Art. 25 Abs. 4 EuGVO begrenzen.[430]

3. Rechtsnatur

Die Gerichtsstandsvereinbarung ist ein **Vertrag**, der nach h. M. selbstständig und 270
vom Schicksal des Hauptvertrages, dessen Bestandteil er meist ist, unabhängig ist
(*doctrine of separability*).[431] Das wurde in der EuGVO 2015 durch Art. 25 Abs. 5
EuGVO ausdrücklich fixiert. Dieser entspricht Art. 3 lit. d HGÜ.

---

[424] Rauscher/*Mankowski*, EZPR, Art. 25 EuGVO Rn. 13; *Schlosser/Hess*, EU-Zivilprozessrecht, Art. 25 EuGVO Rn. 6a; MüKo-ZPO/*Gottwald*, Art. 25 Brüssel Ia-VO Rn. 3.

[425] *Bachmann*, Universalisierung des Europäischen Zivilverfahrensrechts, S. 120.

[426] *Jenard*-Bericht ABl. C 59 vom 5.3.1979, S. 1 (34) zu Art. 16; Schlosser-Bericht Nr. 176.

[427] BGH, Urteil vom 20.1.1986, II ZR 56/85 = NJW 1986, 1438, 1439.

[428] MüKo-ZPO/*Gottwald*, Art. 25 Brüssel Ia-VO Rn. 12; *Kropholler/v. Hein*, EZPR, Art. 23 EuGVO Rn. 14, 83.

[429] *Bachmann*, Universalisierung des Europäischen Zivilverfahrensrechts, S. 121; Rauscher/*Mankowski*, EZPR, Art. 25 EuGVO Rn. 21.

[430] MüKo-ZPO/*Gottwald*, Art. 25 Brüssel Ia-VO Rn. 12.

[431] EuGH, Urteil vom 14.12.1976, Rs. 24/76, *Colzani/Rüwa* = Slg. 1976, 1831; Urteil vom 3.7.1997, Rs. C-269/95, *Benincasa/Dantalkrit Srl* = Slg. 1997, 3767, 3797 (Rn. 24); BGH, Urteil vom 19.1.1960, VIII ZR 35/59 = WM 1960, 320 = JR 1960, 264; KG Berlin, Urteil vom 28.9.1982, 5 U 3213/82 = BB 1983, 213; *Reiser*, Gerichtsstandsvereinbarungen nach dem IPR-Gesetz, 1989, S. 69.

271   Die Frage der **Rechtsnatur der Gerichtsstandsvereinbarung** ist national wie international umstritten, Konsequenzen hat der Streit in der Praxis meist nicht.[432] Vertreten wird, vor allem in Deutschland, dass es sich um einen Prozessvertrag[433], einen materiellen Vertrag[434] oder um einen materiellrechtlichen Vertrag über prozessuale Beziehungen[435] handelt. Der gleiche Streit wird auch um die Rechtsnatur der Schiedsvereinbarung geführt.[436] Wäre sie Prozessvertrag, würde dies für die Anwendbarkeit des Prozessrechts der *lex fori* sprechen. Dass dazu aber dann Prozessfähigkeit und Prozessvollmacht gehören sollen,[437] erscheint unzutreffend, weil die Gerichtsstandsvereinbarung natürlich vor- bzw. außerprozessual geschlossen wird.[438] Wäre sie rein materieller Vertrag, wäre jedenfalls das anwendbare Recht unter Rückgriff auf das Kollisionsrecht der *lex fori* zu ermitteln, was auch denkbar wäre, wenn man einen Vertrag über prozessuale Beziehungen annimmt. Die Einordnung als (rein) materieller Vertrag negierte aber, dass es sich um eine Verfügung über eine verfahrensrechtliche Position handelt.[439]

272   Man kann auch bei einer prozessrechtlich orientierten Einordnung einen materiellrechtlichen Gehalt der Gerichtsstands*vereinbarung* annnehmen, aber auch eine materiellrechtliche Verpflichtung, es zu unterlasssen, an einem anderen als dem vereinbarten Forum zu klagen. Wichtiger ist es, das anwendbare Recht für die verschiedenen Fragen, die sich bei einer Gerichtsstandsvereinbarung stellen, richtig zu bestimmen, wenn die Gerichtsstandsvereinbarung in verschiedenen Foren (das kann das prorogierte Gericht sein aber auch jedes andere möglicherweise derogierte Gericht) geprüft wird.

In Deutschland hat der BGH 2019 eine materielle Verpflichtung der Parteien aus der Gerichtsstandsvereinbarung angenommen, die sich aus Sicht des BGH aus der Rechtsnatur ergebe.[440] Auf dieser Grundlage hat der BGH einen **Schadensersatz-**

---

[432] Daher wird das Problem in der neueren Literatur zum Teil gar nicht erwähnt (so bei Linke/*Hau*, IZVR und bei der Kommentierung von Rauscher/*Mankowski*, EZPR, Art. 25 EuGVO) oder offengelassen (so *Hess*, EZPR, Rn. 6.152; *Schack*, IZVR, Rn. 543).

[433] So Rosenberg/Schwab/*Gottwald*, ZPR, § 37 I 1; *Geimer/Schütze*, Internationale Urteilsanerkennung I/1 S. 881; *Reiser*, Gerichtsstandsvereinbarungen nach dem IPR-Gesetz, S. 24, 47; *Wolff*, Grundriss des österreichischen Zivilprozeßrechts, 2. Aufl. 1947, S. 90; unklar ist die Rechtslage in England (vgl. *F.E. Sandrock*, Die Vereinbarung eines „neutralen" internationalen Gerichtsstandes, S. 164) und in den USA (hier geht *F.E. Sandrock*, a. a. O., S. 203 von einer ausschließlich prozessualen Qualifikation aus; *Ochsenfeld*, Zuständigkeitsvereinbarungen im amerikanischen Zivilprozeßrecht, RIW 1995, 633, 634 ermittelt dagegen, dass eine klare Tendenz in der Qualifikationsfrage nicht erkennbar ist).

[434] *Rosenberg*, Stellvertretung im Prozeß, 1908, S. 65, 100.

[435] So BGH, Urteil vom 17.5.1972, VIII ZR 76/71 = BGHZ 59, 26 = NJW 1972, 1622; ähnlich die Rechtslage in Frankreich: Dort wird die Gerichtsstandsvereinbarung als „*act juridique*" sowohl materiellrechtlich als auch prozessrechtlich qualifiziert. Nachweise bei *F.E. Sandrock*, Die Vereinbarung eines „neutralen" internationalen Gerichtsstandes, S. 137 f.

[436] Rn. 971.

[437] *Kornblum*, FamRZ 1973, 416, 423.

[438] Zutreffend *Schack*, IZVR, Rn. 543.

[439] BGH, Urteil vom 17.10.2019 – III ZR 42/19 = NJW 2020, 399 (Rn. 26).

[440] BGH, Urteil vom 17.10.2019 – III ZR 42/19 = NJW 2020, 399 (Rn. 26).

anspruch auf der Basis von § 280 Abs. 1 BGB angenommen.[441] Der BGH hat aber betont, dass auch bei Annahme eines Prozessvertrages die Annahme einer materiell-rechtlichen Pflicht möglich sei.[442]

Die Haager Gerichtsstandskonvention 2005 (Art. 6) ebenso wie Art. 25 EuGVO begründen die Pflicht, das Recht des prorogierten Gerichts anzuwenden.   **273**

4. Prorogationsbefugter Personenkreis

Art. 25 EuGVO schränkt den Personenkreis, der befugt ist, Gerichtsstandsvereinbarungen abzuschließen, kaum ein. Es ist daher unerheblich, ob ein Kaufmann, ein Unternehmer oder Privatpersonen untereinander handeln. Art. 25 Abs. 4 EuGVO enthält eine subjektive Prorogationsbeschränkung lediglich für Versicherungs-, Verbraucher- und Arbeitssachen. Dabei wird jedoch kein Prorogationsverbot normiert, sondern in diesen Fällen kann eine Gerichtsstandsvereinbarung nicht *vor* jedoch *nach* Entstehung des Streits geschlossen werden (Art. 15 Nr. 1, 19 Nr. 1, 23 Nr. 1 EuGVO). Damit wird das mit Gerichsstandsvereinbarungen verbundene Missbrauchsrisiko bei diesem Personenkreis reduziert.   **274**

5. Prorogierbarer Streitgegenstand

Art. 25 EuGVO verlangt nicht, dass die Gerichtsstandsvereinbarung einen vermögensrechtlichen Anspruch betrifft. Die EuGVO hat mit Art. 1 Abs. 2 typische nichtvermögensrechtliche Streitigkeiten aus ihrem Anwendungsbereich ausgenommen. Im verbleibenden Anwendungsbereich sind Zuständigkeitsvereinbarungen auch in nichtvermögensrechtlichen Streitigkeiten möglich.   **275**

6. Wirkung

Der erklärte Wille der Parteien muss dahin gehen, dass die Zuständigkeit eines bzw. mehrerer Gerichte **derogiert** und bzw. oder die eines anderen Gerichts **prorogiert** wird.   **276**

Man kann zwischen **exklusiven** und **nicht exklusiven** Gerichtsstandsvereinbarungen unterscheiden.[443] Die ersten sollen jede andere Zuständigkeit zugunsten des prorogierten Forums ausschließen, die zweiten den Parteien (oder nur einer von ihnen) am prorogierten Forum eine Zuständigkeit eröffnen, ohne andere Foren auszuschließen. Nach dem Wortlaut des Art. 25 Abs. 1 S. 2 EuGVO ist die prorogierte Zuständigkeit im Zweifel eine *ausschließliche*. Die Schweiz hat mit Art. 5 Abs. 1 S. 3 IPRG eine ausdrückliche Regelung aufgenommen, aus der   **277**

---

[441] Rechtsvergleichend zur Frage des Schadensersatzes nach Verletzung einer Gerichtsstandsvereinbarung *Antomo*, Schadensersatz wegen der Verletzung einer internationalen Gerichtsstandsvereinbarung, S. 271 ff.

[442] BGH, Urteil vom 17.10.2019 – III ZR 42/19 = NJW 2020, 399 (Rn. 27); dazu *Antomo*, EuZW 2020, 149; *Colberg*, Schadensersatz wegen Verletzung einer Gerichtsstandsvereinbarung, IPRax 2020, 246; *Peiffer/Weiler*, Vertraglicher Schadensersatzanspruch wegen Verletzung von Gerichtsstands- und Schiedsvereinbarungen – Teil I, RIW 2020, 321; Teil II, RIW 2020, 641; s. auch Rauscher/*Mankowski*, EZPR, Art. 25 EuGVO Rn. 405.

[443] *Merrett*, The enforcement of jurisdiction agreements within the Brussel regime, ICLQ 55 (2006), 315, 316.

hervorgeht, dass das vereinbarte Gericht solange ausschließlich zuständig ist, als aus der Vereinbarung nichts anderes hervorgeht, so dass hier eine widerlegliche Vermutung zugunsten der Ausschließlichkeit vorliegt.[444] In Österreich geht man im Zweifel nur von einem Wahlgerichtsstand aus.[445] Trotzdem haben die Parteien kraft ihrer Vertragsfreiheit die Möglichkeit, einen Gerichtsstand zu vereinbaren, der nur konkurrierend neben die weiteren Gerichtsstände tritt.[446] Sie können auch halbseitig zwingende, einseitig ausschließliche oder **asymetrische Gerichts-standsvereinbarungen** treffen.[447]

278   Ob eine Vereinbarung über den Gerichtsstand in der Hauptsache auch die Zuständigkeit der in der Hauptsache derogierten Gerichte für **Maßnahmen des einstweiligen Rechtsschutzes** erfasst, ist streitig (Kap. 7 Rn. 13). Durch eine weite Fassung der Klausel kann aber auch der einstweilige Rechtsschutz geregelt werden.

279   Der EuGH entschied Ende 2003, dass die Rechtshängigkeitssperre auch gegenüber einer Klage vor dem durch eine Gerichtsstandsvereinbarung zuständigen Gericht ausgelöst werde. Art. 21 EuGVÜ (= Art. 29 EuGVO) sei auch dann anzuwenden, wenn entgegen der Gerichtsstandsvereinbarung zuerst ein anderes Gericht angerufen wird und anschließend Klage vor dem prorogierten Gericht erhoben wird. In diesem Fall müsse das später angerufene (allerdings prorogierte) Gericht gleichwohl sein Verfahren aussetzen und die Entscheidung über die Derogation durch das zuerst angerufene Gericht abwarten.[448]

280   Dies widersprach u. a. der englischen Praxis, die in Fällen, in denen außerhalb Englands entgegen einer exklusiven Gerichtsstandsvereinbarung zugunsten englischer Gerichte Klage erhoben wird, mit einer *antisuit injunction* geantwortet hätte.[449] Derartige *injunctions* zur Durchsetzung von Gerichtsstandsvereinbarungen sind jedoch im Anwendungsbereich der EuGVO unzulässig (s. o. Rn. 48).

Das Urteil des EuGH war Auslöser für die Einfügung von **Art. 31 Abs. 2 EuGVO** in die neue EuGVO 2015 (s. u. Rn. 294, Kap. 4 Rn. 23). Er sieht bei Gerichtsstandsvereinbarungen nun eine Durchbrechung des Prioritätsprinzips vor. Das vereinbarte Gericht ist danach berufen, seine Zuständigkeit zu prüfen, nicht das zuerst angerufene.

---

[444] So schon *Keller/Siehr*, Allgemeine Lehren, S. 579 zum damaligen Art. 5 Abs. 1 S. 2 IPRG. Zum neuen Recht *Walter*, IZPR, S. 102 f.; *Vischer*, in: Das neue Bundesgesetz über das internationale Privatrecht in der praktischen Anwendung, hrsg. von der schweizerischen Vereinigung für internationales Recht, 1990, S. 9, 11.

[445] *Fasching/Konecny*, Kommentar zu den Zivilprozeßgesetzen, Bd. I, 3. Aufl. 2011, Rn. 196.

[446] *Schack*, IZVR, Rn. 44; *Hess*, in: Schlosser/Hess, EU-Zivilprozessrecht, Art. 25 EuGVO Rn. 33; MüKo-ZPO/*Gottwald*, Art. 25 Brüssel Ia-VO Rn. 81; Nagel/*Gottwald*, IZPR, § 3 Rn. 221.

[447] Rauscher/*Mankowski*, EZPR, Art. 25 EuGVO Rn. 343 m. w. Nw.

[448] EuGH, Urteil vom 9.12.2003, Rs. C-116/02, *Erich Gasser GmbH/Misat Srl* = Slg. 2003, I −14693 = IPRax 2004, 243.

[449] *Merrett*, The enforcement of jurisdiction agreements within the Brussel regime, ICLQ 55 (2006), 315, 317 f.

7. Wirksamkeit der Vereinbarung

a. Europäische Auslegung des Begriffs   281

Nach Ansicht des EuGH kann der Begriff der *Vereinbarung* nicht als Verweis auf nationales Recht aufgefasst werden, so dass sich nur Anforderungen an die Form aus der EuGVO ergäben, die materielle Wirksamkeit der Prorogation jedoch allein nach dem auf sie anwendbaren Recht zu beurteilen wäre.[450] Vielmehr ist der Begriff der Vereinbarung verordnungsautonom auszulegen,[451] dieser ist selbst Träger des materiellen Einigungstatbestandes.[452]

Die **generelle Statthaftigkeit** von Gerichtsstandsvereinbarungen wird durch   **282** Art. 25 EuGVO normiert, hier darf keine weitere Ergänzung durch nationales Recht erfolgen.[453]

Die strengen Formanforderungen in Art. 25 EuGVO sind der „Garant der tatsächlichen Willenseinigung".[454] Die Formvorschriften haben also eine dienende Funktion. Die *ratio* der Anforderungen an die Form in Art. 25 EuGVO ist es sicherzustellen, dass die Wirkung der Gerichtsstandsvereinbarung wirklich gewollt ist. Dazu enthalten die Formvorschriften allerdings materielle Begriffe (z. B. *Vereinbarung*, *Handelsbrauch*). Die materiellen Begriffe, die in Art. 25 EuGVO verwendet werden, sind z. T. unauflösbar eng mit den Formanforderungen verbunden.[455] Wo sich diese Verflechtung von Form und materiellem Recht nachweisen lässt, ist ausschließlich Raum für eine europäische Auslegung des materiellen Begriffs. Etwas anderes negierte die vereinheitlichende Funktion der Verordnung. Lässt sich diese Verflechtung jedoch nicht nachweisen, ist der Rückgriff auf staatliches Recht (zur Anknüpfung s. u. Rn. 284) erforderlich.

Deshalb sollte man die Elemente des Einigungstatbestandes nicht nach nationa-   **283** lem Recht, sondern europäisch einheitlich ermitteln, da hier eine untrennbare Einheit von Formvorschriften und materiellem Recht gegeben ist.[456] Dazu gehört die Zurechnung von Willenserklärungen und die Frage, ob eine Klausel überraschend

---

[450] So zu Unrecht OLG Saarbrücken, Urteil vom 2.10.1991, 5 U 21/91 = NJW 1992, 987 = IPRax 1992, 165.

[451] EuGH, Urteil vom 10.3.1992, Rs. 214/89, *Powell Duffryn/Petereit* = Slg. 1992, 1745 (Rn. 18); Rauscher/*Mankowski*, EZPR, Art. 25 EuGVO Rn. 216.

[452] Ebenso *Roth*, Internationalrechtliche Probleme bei Prorogation und Derogation, ZZP 93 (1980), 156, 162; *Kröll*, Gerichtsstandsvereinbarungen aufgrund Handelsbrauchs im Rahmen desGVÜ, ZZP 113 (2000), 135, 144.

[453] Rauscher/*Mankowski*, EZPR, Art. 25 EuGVO Rn. 76, 81; *Hess*, EZPR, Rn. 6.155.

[454] EuGH, Urteil vom 14.12.1976, Rs. 25/76, *Segoura/Bonakdarian* = Slg. 1976, 1851 (Fn. 10); so auch in EuGH, Urteil vom 19.6.1984, Rs. 71/83, *Russ/Nova* = Slg. 1984, 2417 und Urteil vom 16.3.1999, Rs. C-159/97, *Trasporti Castelletti Spedizioni Internazionali SpA/Hugo Trumpy SpA* = Slg. 1999 I, 1597.

[455] *Adolphsen*, Vermutung einer Gerichtsstandsklausel bei internationalem Handelsbrauch, ZZPInt 4 (1999), 243, 247; *Kröll*, Gerichtsstandsvereinbarungen aufgrund Handelsbrauchs im Rahmendes GVÜ, ZZP 113 (2000), 135, 143 ff.

[456] *Leipold*, Symposium Schwab, 2000, S. 51, 59, *Kröll*, Gerichtsstandsvereinbarungen aufgrund Handelsbrauchs im Rahmen des GVÜ, ZZP 113 (2000), 135, 145; a. A. Nagel/*Gottwald*, IZPR, § 3 Rn. 135; MüKo-ZPO/*Gottwald*, Art. 25 Brüssel Ia-VO Rn. 16.

ist und deshalb nicht Vertragsbestandteil wird. Diese Fragen sind nicht unter Rückgriff auf ein nationales Recht, sondern aus der EuGVO selbst zu entscheiden. Eine zusätzliche Einbeziehungskontrolle nach AGB-Regeln (§§ 305 ff. BGB) ist in jedem Fall unzulässig.[457]

b. Das Kollisionsrecht der Gerichtsstandsvereinbarung

284 Außerhalb dieser untrennbaren Einheit von Form und materiellem Recht ist ein Rückgriff auf nationales Recht erforderlich, um die Wirksamkeit der Gerichtsstandsvereinbarung zu beurteilen. Die Frage ist nur, welche Kollisionsnorm zum anwendbaren Recht führt.

Das **Haager Gerichtsstandsübereinkommen** verpflichtet die Vertragsstaaten, die Wirksamkeit der Derogation am Maßstab des Rechts des prorogierten Gerichts zu prüfen.

> **Art. 6 Obligations of a court not chosen** A court of a Contracting State other than that of the chosen court shall suspend or dismiss proceedings to which an exclusive choice of court agreement applies unless a) the agreement is null and void *under the law of the State of the chosen court*; b) a party lacked the capacity to conclude the agreement under the law of the State of the court seized; c) giving effect to the agreement would lead to a manifest injustice or would be manifestly contrary to the public policy of the State of the court seized; d) for exceptional reasons beyond the control of the parties, the agreement cannot reasonably be performed; or e) the chosen court has decided not to hear the case.

Alle nicht vereinbarten Gerichte, die in der Streitsache angerufen werden, müssen also die Wirksamkeit der Gerichtsstandsvereinbarung nach dem Recht des vereinbarten Gerichts prüfen. Nach dem Beitritt der EU zur Haager Konferenz[458] musste die Gerichtsstandskonvention (s. o. Rn. 263) bei der Reform der EuGVO berücksichtigt werden.[459]

Dort ist nun in **Art. 25 Abs. 1 Hs. 2 EuGVO** eine Kollisionsnorm vorgesehen,[460] so dass Gerichtsstandsvereinbarungen innerhalb des (begrenzten) Anwendunsgbereichs der Kollisionsnorm (s. u. Rn. 285) nach dem Recht des designierten Forums (*lex fori prorogatum*) zu beurteilen sind („… es sei denn, die Vereinbarung ist nach dem Recht dieses Mitgliedstaats materiell nichtig."). Das gilt für alle Gerichte, die mit der Streitsache befasst sind, also auch für nicht prorogierte. Wenn aber parallele

---

[457] Rauscher/*Mankowski*, EZPR, Art. 25 EuGVO Rn. 220.

[458] Beschluss des Rates 2006/719/EG vom 5.10.2006 über den Beitritt der Europäischen Gemeinschaft zur Haager Konferenz für Internationales Privatrecht.

[459] Ebenso die Forderung im Bericht zur Anwendung der EuGVO, Study JLS/C4/2005/03 Report on the Application of Regulation Brussels I in the Member States, presented by *Hess*, *Pfeiffer* and *Schlosser*, Final Version September 2007, S. 166, http://courtesa.eu/wp-content/uploads/2019/03/study_application_brussels_1_en.pdf (abgerufen am 26.4.2021).

[460] So schon Study JLS/C4/2005/03 Report on the Application of Regulation Brussels I in the Member States, presented by *Hess*, *Pfeiffer* and *Schlosser*, Final Version September 2007, S. 160, http://courtesa.eu/wp-content/uploads/2019/03/study_application_brussels_1_en.pdf (abgerufen am 26.3.2021).

Klagen rechtshängig sind, gilt **Art. 31 Abs. 2 EuGVO**, was zu einer Zuständigkeitskonzentration am Sitz des prorogierten Gerichts führt.

Der Umfang des materiellen Gehalts des Art. 25 EuGVO und der EuGVO ins-   **285**
gesamt ist gering, weil der EuGVO als Prozessordnung naturgemäß ein vertragsrechtliches Fundament fehlt.[461] Z.B. sind Fragen der Geschäftsfähigkeit, des Fehlens
von Willensmängeln, der Stellvertretung und der Rechtsnachfolge nach nationalem
Recht (zur Anknüpfung sogleich Rn. 290) zu beurteilen, sie können nicht autonom
der EuGVO entnommen werden.[462] Wie dieses Recht zu bestimmen war, wurde in
den Mitgliedstaaten unterschiedlich beurteilt. Einige griffen auf die *lex fori* des jeweils angerufenen Gerichts, andere auf die *lex causae* zurück. Eine kollisionsrechtliche Vereinheitlichung ist nicht durch die Rom I-Verordnung (s. Kap. 1 Rn. 45)
erfolgt, da diese durch Art. 1 Abs. 2 lit. e Schieds- und Gerichtsstandsvereinbarungen vom Anwendungsbereich der Verordnung ausnimmt. Auch deutsches IPR hilft
nicht weiter, weil die Art. 27 ff. EGBGB gestrichen wurden.

Auch heute noch ist die Frage offen, für welche Rechtfragen welches nationale   **286**
Recht gilt, bzw. wie es zu ermitteln ist. Das liegt letzlich an dem **beschränkten An-**
wendungsbereich der Kollisionsnorm des Art. 25 Abs. 1 Hs. 2 EuGVO. In diesem Anwendungsbereich sind die Gerichte der Mitgliedstaaten verpflichtet, die
Wirksamkeit nach dem Recht des prorogierten Gerichts zu prüfen. Es handelt sich
dabei, das macht die Rechtsanwendung nicht leichter, um eine Gesamtverweisung,
es ist also zunächst das IPR berufen, die Frage der Ermittlung des anwendbaren
Rechts zu klären. Dieses muss auch durch nicht prorogierte Gerichte erfolgen, wenn
diese entgegen der Gerichtstandsvereinabrung angerufen werden.

Die Kollisionsnorm des Art. 25 Abs. 1 Hs. 2 EuGVO betrifft aber nur die Frage   **287**
der „materiellen Nichtigkeit". Was damit gemeint ist, ist nicht eindeutig.[463]

Klar ist, dass keine formellen Fragen betroffen sind, die Form ist ja autonom und
abschließend in Art. 25 EuGVO geregelt (s. u. Rn. 302 ff.). Ein Teil der materiellen
Wirkamkeit der Gerichtsstandsvereinbarung wie z. B. die Frage, wer Partei der Gerichtsstandsvereinbarung ist, ob ein Konsens beim Abschluss vorliegt etc. lässt sich
sachrechtlich verordnungsautonom bestimmen (s. o. Rn. 283), hier gilt die
Kollisionsnorm des Art. 25 Abs. 1 Hs. 2 EuGVO nicht, ein Rückgriff auf nationales
Recht ist nicht erforderlich.

Klar ist auch, dass Art. 25 Abs. 1 Hs. 2 EuGVO nicht für *alle* sonstigen Fragen
der materiellen Wirksamkeit der Gerichsstandsvereinbarung eine kollisionsrechtliche Verweisung enthält. Damit ist sicher, dass es noch eine dritte kollsionsrechtli-

---

[461] *Adolphsen*, Vermutung einer Gerichtsstandsklausel bei internationalem Handelsbrauch, ZZPInt
4 (1999), 243, 246 f.; *Leipold*, Symposium Schwab, 2000, S. 51, 59; *Kröll*, Gerichtsstandsvereinbarungen aufgrund Handelsbrauchs im Rahmen des GVÜ, ZZP 113 (2000), 135, 140; umfassend
Rauscher, Gerichtsstandsbeeinflussende AGB im Geltungsbereich des EuGVÜ, ZZP 104 (1991),
271, 278.

[462] Rauscher/*Mankowski*, EZPR, Art. 25 EuGVO Rn. 214; *Rauscher*, Gerichtsstandsbeeinflussende
AGB im Geltungsbereich des EuGVÜ, ZZP 104 (1991), 271, 280; *Gottwald*, Internationale Gerichtsstandsvereinbarungen, FS Henckel, 1995, S. 295, 302.

[463] Rauscher/*Mankowski*, EZPR, Art. 25 EuGVO Rn. 57; *Magnus*, Sonderkollisionsnorm für das
Statut von Gerichtsstands- und Schiedsvereinbarungen, IPRax 2016, 521, 526.

che Verweisung gibt, die für die nicht von Art. 25 Abs. 1 Hs. 2 EuGVO erfassten Fragen gilt. Dieses ist das Recht, das das Gericht des Forums (das muss nicht das prorogierte Gericht sein!) anwendet (in diesem Zusammenhang meist als *lex causae* bezeichnet).

288   Es würde natürlich die Rechtsanwendung erheblich erleichtern, wenn man neben der verordnungsautonomen Regelung durch Art. 25 EuGVO nur noch das Recht anwenden müßte, auf das Art. 25 Abs. 1 Hs. 2 EuGVO verweist, diese Kollisionsnorm also als eine **Globalverweisung** konzipiert wäre. Sie ist es aber nicht und das ginge auch nicht, weil man es hier mit Regelungen des nationalen Vertragsrechts zu tun hat (Vertrag zugunsten Dritter, Zession, cessio legis (zur Drittwirkung s. u. Rn. 293)), bei denen spezielle kollisionsrechtliche Vorschriften existieren, die spezifische Interessen des materiellen Rechts berücksichtigen.[464] Zudem kann es nicht richtig sein, auch Fragen außerhalb der Gerichtsstandsvereinarung selbst in den Anwendungsbereich von Art. 25 Abs. 1 Hs. 2 EuGVO einzubeziehen, wie Vorfragen der Geschäftsfähigkeit oder der Stellvertretung. Dieses müssen sich weiterhin aus dem Kollisionsrecht des angerufenen Gerichts ergeben.[465]

289   Der **Begriff der materiellen Nichtigkeit** muss verordnungsautonom ausgelegt werden. Eine Klärung durch den EuGH fehlt bisher. Er ist von dem des Einigungstatbestandes zu trennen. Hierzu kann ein Rückgriff erfolgen auf die *grounds of invaliday* des Draft Common Frame of Reference (DCFR), auf die UNIDROIT Principles of International Commercial Contracts bzw. die Lando Principles.[466] Der Kollisionsnorm des Art. 25 Abs. 1 Hs. 2 EuGVO werden folgende Komplexe zugeordnet, über die damit das Recht der *lex fori prorogatum* entscheidet: Sittenwidrigkeit, Täuschung, Drohung, Nötigung, Irrtum, Scheingeschäft.[467] Ohne Bedeutung ist es, ob die Nichtigkeit unmittelbar oder erst durch Geltendmachung wie in der Form eines ausgeübten Gestaltungsrechts eintritt.

290   Außerhalb des durch Art. 25 Abs. 1 Hs. 2 EuGVO geregelten Bereiches gilt die sog. *lex causae*. Hierbei ist zunächst zu klären, ob das angerufene Gericht sein eigenes Sachrecht zur Beurteilung der Wirkamkeit der Gerichtsstandsvereinbarung anwendet oder das des prorogierten Gerichts. Um eine möglichst einheitliche Berurteilung der Wirksamkeit der Gerichtsstandsvereinbarung zu erreichen, ist die Beurteilung nach dem Recht des vereinbarten Gerichts vorzuziehen, auch wenn dann eine Fremdrechtsanwendung zu erfolgen hat.[468]

---

[464] *Magnus*, Sonderkollisionsnorm für das Statut von Gerichtsstands- und Schiedsvereinbarungen, IPRax 2016, 521, 529.

[465] *Magnus*, Sonderkollisionsnorm für das Statut von Gerichtsstands- und Schiedsvereinbarungen, IPRax 2016, 521, 529.

[466] Dazu *Magnus*, Sonderkollisionsnorm für das Statut von Gerichtsstands- und Schiedsvereinbarungen, IPRax 2016, 521, 525.

[467] Rauscher/*Mankowski*, EZPR, Art. 25 EuGVO Rn. 59; *Magnus*, FS Martiny, 2014, 785, 793; *Magnus*, Sonderkollisionsnorm für das Statut von Gerichtsstands- und Schiedsvereinbarungen, IPRax 2016, 521, 526; *Nunner-Krautgasser* ZZP 127 (2014), 461, 476; *Simotta*, FS Schütze, 2015, 541, 542; Musielak/Voit/*Stadler*, EuGVO Art. 25 Rn. 5.

[468] Ebenso *Magnus*, Sonderkollisionsnorm für das Statut von Gerichtsstands- und Schiedsvereinbarungen, IPRax 2016, 521, 528.

Der *lex causae* zugerechnet werden Fragen wie die Geschäftsfähigkeit,[469] Bin- **291**
dung Dritter an Gerichtsstandsvereinbarung durch Abtretung (Zession), Surrogation,
cessio legis,[470] Statthaftigkeit der Vertrages zugunsten Dritter und die Bindung von
Insolvenzverwaltern. Auch die Aufnahme von Gerichtsstandsklauseln in Satzungen
juristischer Personen beurteilt sich nach Ansicht des EuGH nach dem anwendbaren
staatlichen Recht, das die Willensbildung im Gesellschaftsrecht normiert.[471] Gleiches gilt für die Rechtsnachfolge in eine Gerichtsstandsvereinbarung und die Ver-
längerung der Laufzeit einer Zuständigkeitsvereinbarung.[472]

Kaum erörtert wird in der Literatur die Möglichkeit einer **Rechtswahl**, also die **292**
Frage, ob *de lege lata* oder *de lege ferenda*[473] eine Befugnis der Parteien der **Gerichtsstandsvereinbarung** besteht, das für die Beurteilung der Wirksamkeit anzuwendende Recht zu wählen. Eine derartige Rechtswahl ist für Schiedsvereinbarungen zulässig (Art. V Abs. 1 lit. a UNÜ), in der EuGVO aber nicht explizit
zugelassen. Es erscheint aber möglich, die Zulässigkeit einer Rechtswahl auch trotz
des Schweigens der EuGVO zuzulassen: die Gerichtsstandsvereinbarung fußt auf
der Privatautonomie, sie ist umfassend, auch hinsichtlich ihrer unterschiedlichen
Wirkungen (s. o. Rn. 276 ff.). Dabei wäre es wenig überzeugend, nun innerhalb der
umfassenden Zulassung der Privatautonomie eine Beschränkung vorzunehmen und
nur eine objektive Anknüpfung zu erlauben. Die Nichtzulassung der Rechtswahl in
Art. 25 EuGVO dürfte eher darauf zurückzuführen sein, dass der Gesetzgeber die
Problematik der Anknüpfung nicht voll durchschaut hat. Bei der Zulassung einer
konkludenten Rechtswahl muss man dann aber die Trennung von Gerichtsstandsvereinbarung und Hauptvertrag beachten (Art. 25 Abs. 5 EuGVO), so dass nicht
einfach aus der praktisch häufigeren Rechtswahl für den Hauptvertrag auf eine
Rechtswahl für die Gerichtstsandsvereinbarung geschlossen werden darf.[474]

8. Drittwirkung von Gerichtsstandsvereinbarungen

Eine Gerichtsstandsvereinbarung, die wirksam zwischen den Parteien geschlossen **293**
wurde, wirkt grundsätzlich auch nur zwischen diesen (*inter partes*).[475] Eine Dritt-

---

[469] Rauscher/*Mankowski*, EZPR, Art. 25 EuGVO Rn. 68.

[470] Rauscher/*Mankowski*, EZPR, Art. 25 EuGVO Rn. 245 f.

[471] EuGH 10.3.1992, C-214/89, *Powell Duffryn/Petereit*, ECLI:EU:C:1992:115, Rn. 19; *Melcher*,
GPR 2017, 246, 247; *Karré-Abermann*, Wirksamkeitsvoraussetzungen von Gerichtsstandsklau-
seln in Satzungen von Aktiengesellschaften, ZEuP 1994, 138, 143 ff.; *Stürner*, Gerichtsstands- und
Erfüllungsortvereinbarungen im europäischen Zivilprozessrecht, GPR 2013, 305, 307; *Gottwald*,
Internationale Gerichtsstandsvereinbarungen, FS Henckel, 1995, S. 295, 302.

[472] EuGH, Urteil vom 19.6.1984, Rs. 71/83, *Russ/Nova* = Slg. 1984, 2417; EuGH Urteil vom
11.11.1986, Rs. 313/85, *Iveco Fiat/van Hool* = Slg. 1986, 3337.

[473] So aber *de lege ferenda* bejahend *Magnus*, Sonderkollisionsnorm für das Statut von Gerichts-
stands- und Schiedsvereinbarungen, IPRax 2016, 521, 528.

[474] So aber *Magnus*, Sonderkollisionsnorm für das Statut von Gerichtsstands- und Schiedsvereinbarungen, IPRax 2016, 521, 528.

[475] EuGH, Urt. v. 10.3.1992 Rs. C-214/89 – *Powell Duffryn/Petereit*, ECLI:EU:C:1992:115, Rn. 14;
wiederholend in: EuGH, Urt. v. 18.11.2020 Rs. C-519/19 – *DelayFix*, ECLI:EU:C:2020:933,
Rn. 38; EuGH, Urt. v. 7.2.2013 Rs. C-543/10 – *Refcomp*, ECLI:EU:C:2013:62, Rn. 29; EuGH,

wirkung kann in Ausnahmefällen bestehen. Der EuGH hat insoweit wiederholt in Fällen eines Substitutionsverhältnisses entschieden, dass der Dritte, der in Rechte und Pflichten einer Partei eingetreten ist, auch an die Gerichtsstandsvereinbarung gebunden ist.[476] Grundvoraussetzung ist aber, dass die Gerichtsstandsvereinbarung im Ausgangsverhältnis zwischen den Ursprungsparteien wirksam ist („Zweitwirkung"). Dies kann an subjektiven Prorogationsbeschränkungen (wie Artt. 15 Nr. 1, 19 Nr. 1, 23 Nr. 1)[477] aber auch – wenn eine Gerichtsstandsvereinbarung in AGB enthalten ist – an den Anforderungen der EU-KlauselRiL scheitern.[478]

Die Rechtsstellung des Dritten ist richtigerweise nach der *lex causae* zu beurteilen (s. o. Rn. 291). Dies hat der EuGH meist anerkannt, so in seiner Rechtsprechung zu Konnossementen.[479] Allerdings hat er dann überraschend einen Rückgriff auf die *lex causae* abgelehnt im Fall einer Vertragskette.[480] Geht man von der Maßgeblichkeit der *lex causae* aus, kann der Zessionar an eine zwischen Zedenten und Schuldner wirksam geschlossene Gerichtsstandsvereinbarung gebunden sein.[481] Eine Gerichtsstandsvereinbarung bindet auch dann einen Dritten, wenn er dieser zugestimmt hat. Die Zustimmung wird ebenso wie der Konsens der Parteien dann vermutet, wenn die formalen Voraussetzungen des Art. 25 EuGVO erfüllt sind.[482] Auch kann sich der Dritte auf eine im Rahmen eines Vertrags zugunsten Dritter geschlossene Gerichtsstandsvereinbarung berufen.[483]

Urt. v. 8.3.2018 Rs. C-64/17 – *Saey Home & Garden*, ECLI:EU:C:2018:173, Rn. 30; EuGH, Urt. v. 21.5.2015 Rs. C-352/12 – *CDC Hydrogen Peroxide*, ECLI:EU:C:2015:335, Rn. 64; (dazu: Nagel/*Gottwald*, IZPR Rz. 3.278; Wieczorek/Schütze/*Weller* Art. 25 Brüssel Ia-VO Rn. 34).

[476] Zunächst in Konnossementen EuGH, Urt. v. 19.6.1984 Rs. C-71/83 – *Tilly Russ v Nova*, ECLI:EU:C:1984:217, Rn 24; EuGH, Urt. v. 16.03.1999 Rs. C-159/97 – *Castelletti*, ECLI:EU:C:1999:142, Rn. 41; EuGH, Urt. v. 9.11.2000 Rs. C-387/98 – *Coreck Maritime*, ECLI:EU:C:2000:606, Rn. 23; auch in Emissionsprospekten EuGH, Urt. v. 20.4.2016 Rs. C-366/13 – *Profit Investment*, ECLI:EU:C:2016:282, Rn. 37.

[477] Dazu *Mankowski*, Legal Tech im Inkassomodell und Gerichtsstandsvereinbarungen im europäischen Internationalen Zivilprozessrecht, RIW 2021, 397, 399.

[478] EuGH, Urt. v. 18.11.2020 – Rs. C-519/19 *Ryanair/DelayFix*, EuZW 2021, 398 (Rn. 41); *Rieländer*, Missbrauchskontrolle und Drittwirkung von Gerichtsstandsvereinbarungen bei der Rechtsnachfolge nach der EuGVVO, EuZW 2021, 391; *Mankowski*, Legal Tech im Inkassomodell und Gerichtsstandsvereinbarungen im europäischen Internationalen Zivilprozessrecht, RIW 2021, 397.

[479] EuGH, Urt. v. 19.6.1984 Rs. C-71/83 – *Tilly Russ v Nova*, ECLI:EU:C:1984:217, Rn 24; EuGH, Urt. v. 16.03.1999 Rs. C-159/97 – *Castelletti*, ECLI:EU:C:1999:142, Rn. 41; EuGH, Urt. v. 9.11.2000 Rs. C-387/98 – *Coreck Maritime*, ECLI:EU:C:2000:606, Rn. 23.

[480] EuGH, Urt. v. 7.2.2013 Rs. C-543/10 – *Refcomp*, ECLI:EU:C:2013:62. Kritik daran insbesondere *Weller*, IPRax 2013, 501ff.

[481] So EuGH, Urt. v. 18.11.2020 Rs. C-519/19 – *DelayFix*, ECLI:EU:C:2020:933, Rn. 47.

[482] Auch ein Aktionär, der nicht ausdrücklich der in der Gesellschaftssatzung enthaltenen Gerichtsstandsvereinbarung zugestimmt hat, ist an diese gebunden, EuGH, Urt. v. 10.3.1992 Rs. C-214/89 – *Powell Duffryn/Petereit*, ECLI:EU:C:1992:115.

[483] EuGH, Urt. v. 14.7.1983 Rs. 201/82 – *Gerling/Amministrazione del Tesoro dello Stato*, ECLI:EU:C:1983:217, Rn. 20.

9. Absicherung von Gerichtsstandsvereinbarungen

Keine Gerichtsstandsvereinbarung kann gegen mißbäuchliche Taktiken des Geg- **294** ners schützen. Immer kann der Gegner einen Torpedo abfeuern und ein derogiertes Gericht anrufen, um das Verfahren zu verzögern etc. Letztlich kommt es darauf an, dass der Preis dafür so hoch ist, dass beide Parteien sich an eine wirksame Gerichtsstandsvereinbarung halten.

Die neue Rechtshängigkeitsregel des **Art. 31 Abs. 2 EuGVO** (Kap. 4 Rn. 23) leistet sicher einen Beitrag zur Absicherung von Gerichtsstandsvereinbarungen. Die Regel ist die Reaktion des Gesetzgebers auf die *Gasser* Entscheidung des EuGH (dazu Rn. 279), die Gerichtsstandsvereinbarungen entwertet und faktisch den Weg in die internationale Schiedsgerichtsbarkeit gewiesen hatte, weil dort das Schiedsverfahren weiter betrieben werden kann, auch wenn abredewidrig vor staatlichen Gerichten geklagt wird (zum deutschen Recht vgl. § 1032 Abs. 3 ZPO). Sie gilt auch bei asymetrischen Gerichtsstandsvereinbarungen.[484]

Das Anerkennungsrecht der EuGVO hilft allerdings bei der Absicherung von **295** Gerichtsstandsvereinbarungen nicht. **Art. 45 Abs. 1 lit. e** verweist nicht auf Art. 25 EuGVO, so dass die Anerkennung und Vollstreckung von Entscheidungen aus abredewidrigen Foren möglich ist.[485] Im deutschen Recht ist es vor dem Hintergrund des Spiegelbildprinzips (dazu Kap. 5 Rn. 111) möglich, einer Entscheidung eines abredewidrig angerufenen Gerichts die Anerkennung zu versagen.

Wie gesehen (Rn. 48, 280) scheiden prozessuale Sanktionen in Form von *anti-* **296** *suit injunctions* im Anwendungsgereich der EuGVO aus, um Gerichtsstandsvereinbarungen abzusichern.

Die Geltendmachung eines **Schadensersatzanspruches** setzt voraus, dass das **297** zuständige Gericht einen aus der Gerichtsstandsvereinbarung folgenden Unterlassungsanspruch bejaht, an derogierten Gerichten zu klagen, bei dessen Nichterfüllung Schadensersatz zu leisten ist, wie es der BGH getan hat (s. Rn. 272). Als Kollisionsnorm, die auf das insoweit anwendbare Recht verweist, ist auf das Recht der Gerichtsstandsvereinbarung abzustellen, das die Wirksamkeit der Gerichtsstandsvereinbarung regelt, also deren *lex causae*. Daneben kann man eine deliktsrechtliche Qualifikation erwägen. Außer Betracht bleiben insoweit die *lex fori prorogati*, die *lex causae* des Hauptvertrages oder die *lex fori*.[486]

Zulässig ist es, ausdrücklich einen **Kostenerstattungsanspruch** für den Fall **298** einer abredewidrigen Klage zu vereinbaren,[487] wobei vorab zu klären ist, ob das

---

[484] BGH, Beschluss vom 15.6.2021 – II ZB 35/20 = NZI 2021, 739 (Rn. 62); *Bangha-Szabo*, NZI 2021, 864; *Schlosser*, in: Schlosser/Hess, EU-Zivilprozessrecht, Art. 31 EuGVO Rn. 2; a. A. Rauscher/*Mankowski*, EZPR, Art. 31 EuGVO Rn. 10a.

[485] Linke/*Hau*, IZVR, Rn. 6.22; 13.6; Musielak/Voit/*Stadler*, EuGVO, Art. 25 Rn. 16; *Brügge-mann*, Anerkennung prorogationswidriger Urteile, 2019, S. 308 fordert die Aufnahme eines weiteren Anerkennungsversagungsgrundes.

[486] Zu den Optionen einer Anknüpfung Rauscher/*Mankowski*, EZPR, Art. 25 EuGVO Rn. 405; zu den Schadenspositionen Rn. 413.

[487] MüKo-ZPO/*Gottwald*, Art. 25 Brüssel Ia-VO Rn. 101; *Hess*, EZPR, Rn, 6.170; *Pfeiffer*, FS Lindacher, 2007, 77; Rauscher/*Mankowski*, EZPR, Art. 25 EuGVO Rn. 420; *ders.*; Ist eine vertragliche Absicherung von Gerichtsstandsvereinbarungen möglich?, IPRax 2009, 23.

geltende Kostenerstattungsrecht einen Erstattungsanspruch überhaupt kennt und sich als zwingend sieht.[488]

Auch die **Vereinbarung von Vertragsstrafen** ist als wohl sicherste Option möglich.[489]

10. Missbrauchskontrolle

299 Art. 25 EuGVO kann nach weitgehend anerkannter Ansicht keine allgemeine Missbrauchskontrolle von Gerichtsstandsvereinbarungen entnommen werden.[490] Dies hat der Normsetzer nicht vorgesehen. Ob bei internationalen Prorogationen im Anwendungsbereich der EuGVO eine Missbrauchskontrolle zulässig ist, ist seit der EuGH-Entscheidung *Castelletti/Trumpy* aus dem Jahr 1999 fraglich geworden.[491] Zum Teil ist dies in der Literatur verneint worden.[492] Bis zu diesem Urteil stellte *Schlosser* noch fest, dass Einigkeit darüber bestehe, dass Gerichtsstandsvereinbarungen wegen Rechtsmissbräuchlichkeit unwirksam sein können.[493] Dies setzt aber eine Missbrauchskontrolle voraus. Der EuGH entschied, dass kein Zusammenhang zwischen dem streitigen Rechtsverhältnis und dem vereinbarten Gericht erforderlich sei,[494] dass eine Prüfung der Angemessenheit der Klausel und des vom Verwender verfolgten Zwecks ausgeschlossen sei[495] und das am gewählten Gerichtsstand geltende materielle Haftungsrecht keinen Einfluss auf die Wirksamkeit der Klausel habe.[496]

300 Nach wie vor aber – so formuliert es der EuGH ausdrücklich – kann die Wahl der vereinbarten Gerichtsstandsvereinbarung anhand der Erwägungen geprüft werden, die *„im Zusammenhang mit den Erfordernissen des Art. 17* (heute Art. 25 EuGVO) *stehen"*.[497] Damit ist zwar eine Missbrauchskontrolle nur noch eingeschränkt möglich, gänzlich ausgeschlossen ist sie jedoch nicht.[498] Ob Prorogationen aufgrund wirtschaftlichen, sozialen oder sonstigen faktischen Drucks zustande kommen, steht in direktem Zusammenhang mit den Erfordernissen des Einigungstatbestands

---

[488] Rauscher/*Mankowski*, EZPR, Art. 25 EuGVO Rn. 421.

[489] Rauscher/*Mankowski*, EZPR, Art. 25 EuGVO Rn. 422.

[490] Übersicht über den Meinungstand bei *Horn*, Einwand des Rechtsmissbrauchs gegen eine Gerichtsstandsvereinbarung i. S. d. Art. 23 EuGVO?, IPRax 2006, 2.

[491] EuGH, Urteil vom 16.3.1999, Rs. C-159/97, *Trasporti Castelletti Spedizioni Internazionali SpA/Hugo Trumpy SpA* = Slg 1999 I 1597, 1636 = ZZPInt 4 (1999), 233.

[492] *Girsberger*, Gerichtsstandsklausel im Konnossement: Der EuGH und der internationale Handelsbrauch, IPRax 2000, 87, 91.

[493] *Schlosser*, EuGVÜ, Art. 17 Rn. 31.

[494] EuGH, Urteil vom 16.3.1999, Rs. C-159/97, *Trasporti Castelletti Spedizioni Internazionali SpA/Hugo Trumpy SpA* = Slg. 1999 I 1597, 1656 (Rn. 50).

[495] EuGH, Urteil vom 16.3.1999, Rs. C-159/97, *Trasporti Castelletti Spedizioni Internazionali SpA/Hugo Trumpy SpA* = Slg 1999 I 1597, 1656 (Rn. 51).

[496] EuGH, Urteil vom 16.3.1999, Rs. C-159/97, *Trasporti Castelletti Spedizioni Internazionali SpA/Hugo Trumpy SpA* = Slg 1999 I 1597, 1656 (Rn. 51).

[497] EuGH, Urteil vom 16.3.1999, Rs. C-159/97, *Trasporti Castelletti Spedizioni Internazionali SpA/Hugo Trumpy SpA* = Slg 1999 I 1597, 1656 (Rn. 49).

[498] Ebenso MüKo-ZPO/*Gottwald*, Art. 25 Brüssel Ia-VO Rn. 72 f.

des Art. 25 EuGVO,[499] da gerade die Freiwilligkeit der Einigungserklärung einer Partei in Frage steht, so dass eine Missbrauchskontrolle von Gerichtsstandsvereinbarungen auch nach der Entscheidung *Castelletti/Trumpy* möglich ist.[500]

Maßstab für eine Missbrauchskontrolle könnte der Rechtsgedanke der §§ 1025 **301** ZPO a. F., 138 BGB sein.[501] Alternativ oder kumulativ lässt sich auf Art. 4 Abs. 3 des Haager Übereinkommens über Gerichtsstandsvereinbarungen von 1965[502] verweisen, nach dem eine Gerichtsstandsvereinbarung unwirksam ist, wenn ihr Abschluss durch Missbrauch wirtschaftlicher Macht oder durch unlautere Mittel erreicht wurde[503] und auf Art. 5 Abs. 2 (schweiz.) IPRG, der darauf abstellt, dass eine Gerichtsstandsvereinbarung unwirksam ist, wenn einer Partei ein Gerichtsstand des schweizerischen Rechts *missbräuchlich* entzogen wurde. Bei der Parallele zu den §§ 1025 ZPO a. F., 138 BGB, Art. 5 Abs. 2 IPRG ist jedoch der Eindruck zu vermeiden, sich am eigenen nationalen Maßstab orientieren zu wollen. Vielmehr sind die genannten gesetzlichen Regelungen Ausprägung eines übergeordneten Leitgedankens zum Schutz der schwächeren Partei vor dem Entzug staatlicher Gerichtszuständigkeit und als solche für eine autonome Auslegung des Art. 25 EuGVO nutzbar.

11. Formanforderungen
Die Gerichtsstandsvereinbarung kann   **302**

- schriftlich
- mündlich mit schriftlicher Bestätigung
- in einer den Gepflogenheiten der Parteien entsprechenden Form oder
- in einer einem internationalem Handelsbrauch entsprechenden Form geschlossen werden.

Die Anforderungen an die **Schriftlichkeit** nach Art. 25 Abs. 1 lit. a EuGVO sind **303** erfüllt, wenn sich die Einigung der Parteien aus der Vertragsurkunde selbst ergibt.

Dabei ist eine **Bezugnahme** auf ein externes Dokument, auch **AGB**, das eine **304** Gerichtsstandsklausel enthält, möglich. Die bloße Beifügung z. B. von AGB ist nicht ausreichend. Das externe Dokument kann auch eine Satzung oder ein Regel-

---

[499] *Kröll*, Gerichtsstandsvereinbarungen aufgrund Handelsbrauchs im Rahmen des GVÜ, ZZP 113 (2000), 135, 150.

[500] Einschränkend *Gottschalk/Breßler*, ZEuP 2007, 56, 78 f.

[501] *Gottwald*, Grenzen internationaler Gerichtsstandsvereinbarungen, FS Firsching, 1985, S. 89, 103; *Rauscher*, Gerichtsstandsbeeinflussende AGB im Geltungsbereich des EuGVÜ, ZZP 104 (1991), 271, 301; *Kröll*, Gerichtsstandsvereinbarungen aufgrund Handelsbrauchs im Rahmen des GVÜ, ZZP 113 (2000), 135, 151.

[502] Abgedruckt in: AmJCompL 13 (1964), 629.

[503] *Kohler*, Internationale Gerichtsstandsvereinbarungen: Liberalität und Rigorismus im EuGVÜ, IPRax 1983, 265, 270; *Gottwald*, Grenzen internationaler Gerichtsstandsvereinbarungen, FS Firsching, 1985, S. 89, 103.

werk eines Verbandes sein.[504] In diesen Fällen ist zu prüfen, wie die **Bezugnahme** ausgestaltet sein muss, um den Formanforderungen zu genügen. Eine Gerichtsstandsklausel ist unter Umständen überraschend, wenn in dem eigentlichen Vertrag ein Hinweis auf die Gerichtsstandsklausel fehlt. In diesem Fall käme keine Einigung zustande, wenn nicht ein derartiger Wille, obwohl subjektiv nicht vorhanden, objektiv zurechenbar wäre. Die Bejahung des Tatbestands der Willenserklärung ist weithin ein Akt normativer Zurechnung.[505] Ob eine Gerichtsstandsklausel überraschend ist und ein besonderer Hinweis auf eine Gerichtsstandsklausel erforderlich ist, ist ein Problem der Zurechnung einer Willenserklärung,[506] und damit ein Problem des materiellen Einigungstatbestandes der Gerichtsstandsvereinbarung. Trotzdem können die Anforderungen einheitlich der EuGVO entnommen werden. Ein Rückgriff auf nationales Recht nach Anwendung von Kollisionsrecht darf nicht erfolgen.[507]

305   Eine **Unterschrift** beider Parteien auf der Vertragsurkunde ist nach wohl h. M. nicht erforderlich.[508] Ein solches Erfordernis kann jedenfalls nicht aus § 126 BGB hergeleitet werden, da nationale Formvorschriften im Anwendungsbereich der Verordnung vollständig verdrängt werden[509]. Elektronische Übermittlungen, die eine dauerhafte Aufzeichnung ermöglichen, sind der Schriftlichkeit ausdrücklich gleichgestellt (Art. 25 Abs. 2 EuGVO).

306   Die sog. **halbe Schriftlichkeit** dient dazu, eine mündliche Gerichtsstandsvereinbarung schriftlich zu fixieren. Daher darf die schriftliche Bestätigung grds. keine über den Inhalt der mündlichen Vereinbarung hinausgehenden Inhalt haben, insbesondere nicht einfach AGB beifügen.

    Die Einhaltung einer Form, die den **Gepflogenheiten der Parteien** entspricht, verlangt eine Berücksichtigung der konkreten Parteibeziehungen und kann in erster Linie in dauernden Geschäftsbeziehungen konkludentem Handeln Wirkung verleihen.

307   Entspricht die Gerichtsstandsvereinbarung einer Form, die im internationalen Handel einem **Handelsbrauch** entspricht, den die Parteien kannten oder kennen mussten, so ist keine Schriftlichkeit erforderlich, es kann z. B. Schweigen auf ein kaufmännisches Bestätigungsschreiben, das eine Gerichtsstandsklausel enthält, ausreichen.[510] Der EuGH ist hier z. T. aufgrund praktischer Erwägungen derart

---

[504] EuGH, Urteil vom 10.3.1992, Rs. 214/89, *Powell Duffryn/Petereit* = EuGHE I 1992, 1756 = NJW 1992, 1671.

[505] *Lindacher*, Schiedsklauseln und Allgemeine Geschäftsbedingungen im internationalen Handelsverkehr, FS Habscheid, 1989, S. 167, 169.

[506] Ebenso *Mankowski*, Unwirksame Vereinbarung englischen Rechts zwischen deutschen Anlegern und ausländischem Terminbroker, RIW/AWD 1994, 420, 422 für überraschende Rechtswahlklausel.

[507] Zur autonomen Auslegung des Begriffs der Vereinbarung s. Rn. 269.

[508] Rauscher/*Mankowski*, EZPR, Art. 25 EuGVO Rn. 88; Nagel/*Gottwald*, IZPR, § 3 Rn. 207.

[509] EuGH, Urteil vom 24.6.1981, Rs. 150/80, *Elefanten Schuh/Jacqmain* = Slg. 1981, 1671, 1688; Rauscher/*Mankowski*, EZPR, Art. 25 EuGVO Rn. 88.

[510] EuGH, Urteil vom 20.2.1997, Rs. C-106/95, *MSG Mainschiffahrts-Genossenschaft eG/Les Gravières Rhénanes SARL* = Slg. 1997 I, 911; Urteil vom 16.3.1999, Rs. C-159/97, *Trasporti Castel-*

großzügig, dass er im Ergebnis unter dem Vorwand einer vermuteten Einigung ganz auf das Einigungserfordernis verzichtet.[511]

XIII. Rügelose Einlassung Art. 26 EuGVO

Die internationale Zuständigkeit kann unabhängig von der Einhaltung der Vor-   **308**
schriften für Gerichtsstandsvereinbarungen durch rügelose Einlassung begründet werden. Aus prozessökonomischen Gründen soll verhindert werden, dass der Beklagte zu einem beliebig späten Zeitpunkt die internationale Unzuständigkeit des Gerichts rügt und dadurch justizielle Ressourcen verschwendet werden. Vorschriften zur rügelosen Einlassung gründen daher auf dem Prinzip der Präklusion, dem Ausschluss verspäteten Vorbringens. Die rügelose Einlassung ist keine konkludente Gerichtsstandsvereinbarung, weil diese regelmäßig das Bewusstsein des Vertragsschlusses zur Begründung einer internationalen Zuständigkeit voraussetzt.[512]

Da Art. 26 EuGVO dem Art. 25 EuGVO direkt nachfolgt, wird vertreten, dass für   **309**
beide Vorschriften die gleichen Voraussetzungen für den **räumlichen Anwendungsbereich** gelten.[513] Danach ist bei einem Verfahren vor einem mitgliedstaatlichen Gericht der Wohnsitz der Parteien gänzlich irrelevant,[514] so dass der Beklagte seinen oder auch beide Parteien ihren Wohnsitz in einem Drittstaat haben können. Andere halten den Wohnsitz des Beklagten in einem Mitgliedstaat für erforderlich.[515] Für die Parallele zu Art. 25 EuGVO spricht auch, dass schon das EuGVÜ mit Drittstaatlern nicht zimperlich war, so dass sich gegenüber diesen durchaus die internationale Zuständigkeit aus Art. 26 EuGVO ergeben kann.

Nationale Vorschriften der rügelosen Einlassung wie § 39 ZPO werden durch   **310**
Art. 26 EuGVO verdrängt. Dies gilt auch für funktionsgleiche Vorschriften der Präklusion.

In Art. 24 EuGVO a. F. erfolgte die Zuständigkeitsbegründung noch ohne eine   **311**
Belehrung. Art. 26 Abs. 2 EuGVO sieht nun in den dort genannten Fällen eine Belehrung über die Folgen der rügelosen Einlassung vor.

---

letti *Spedizioni Internazionali SpA/Hugo Trumpy SpA* = Slg. 1999 I, 1597; dazu *Adolphsen*, Vermutung einer Gerichtsstandsklausel bei internationalem Handelsbrauch, ZZPInt 4 (1999), 243.

[511] *Adolphsen,* Vermutung einer Gerichtsstandsklausel bei internationalem Handelsbrauch, ZZPInt 4 (1999), 243; a. A. *Leipold*, Zuständigkeitsvereinbarungen in Europa, Symposium für Schwab, 2000, S. 51; s. zu Konnossementen im Seehandel BGH, Urteil vom 15.2.2007, I ZR 40/04 = BGHZ 171, 141 = NJW 2007, 2036.

[512] Nagel/*Gottwald*, IZPR, § 3 Rn. 245; *Schack*, IZVR, Rn. 599.

[513] MüKo-ZPO/*Gottwald*, Art. 26 Brüssel Ia-VO Rn. 4; Nagel/*Gottwald*, IZPR, § 3 Rn. 244; *Schack*, IZVR, Rn. 599.

[514] Rauscher/*Staudinger*, EZPR, Art. 26 EuGVO Rn. 3; *Huber/Stieber*, Anmerkung zu EuGH, Urteil vom 1.3.2005 – Rs. C-281/02, ZZPInt 10 (2005), 285, 289.

[515] *Habscheid*, Anerkennung und Vollstreckung von Urteilen aus EWG-Staaten in der Bundesrepublik Deutschland, ZfRV 1973, 266; *Samtleben*, Internationale Gerichtsstandsvereinbarungen nach dem EWG-Übereinkommen und nach der Gerichtsstandsnovelle, NJW 1974, 1594.

312   Der **Begriff Einlassung auf das Verfahren** wird verordnungsautonom ausgelegt. Eine Verhandlung zur Hauptsache ist – anders als nach § 39 ZPO – nicht
erforderlich. Ausreichend ist, dass der Beklagte Prozesshandlungen vornimmt, die
auf eine Klageabweisung gerichtet sind. Dies ist auch der Fall, wenn er über Pro-
zess- bzw. Sachurteilsvoraussetzungen verhandelt, ohne den Mangel der Zuständigkeit vorab zu rügen. Einlassungen um den Mangel der internationalen Zuständigkeit
zu rügen, wirken nie zuständigkeitsbegründend (Art. 26 Abs. 1 S. 2 EuGVO). Eine
hilfsweise erfolgte Sacheinlassung schadet nicht, auch wenn die deutsche Übersetzung der EuGVO dagegen spricht.[516]

313   Reine Untätigkeit oder Säumnis ist keine Einlassung und wirkt nicht zuständigkeitsbegründend.[517]

314   Die Rüge muss sich zwar inhaltlich auf die internationale Zuständigkeit beziehen, sie muss aber nicht konkret formulieren, dass das Fehlen der internationalen
Zuständigkeit gerügt wird. Dies entspricht der Rechtsprechung des EuGH[518] und
auch der BGH hat es im Jahr 2005 als ausreichend angesehen, dass die örtliche Zuständigkeit des Gerichts gerügt wurde, weil im konkreten Fall nur die internationale
Zuständigkeit umstritten sein konnte.[519] Letztlich lag ein Problem der fehlerhaften
Terminologie vor, so dass der BGH mit seiner Auslegung von Prozesshandlungen
richtig entschied.

315   Der **Zeitpunkt**, bis zu dem spätestens die Rüge vorzubringen ist, soll dagegen
auf der Grundlage der *lex fori* zu bestimmen sein.[520] Das kann aber nur in den durch
Art. 26 EuGVO vorgegebenen Grenzen gelten, da ansonsten der Vorrang der
EuGVO vor nationalem Prozessrecht missachtet würde.

316   Die rügelose Einlassung kann auch in der **Rechtsmittelinstanz** erfolgen, weil
Art. 26 EuGVO keine Beschränkung auf das erstinstanzliche Verfahren enthält wie
§ 39 ZPO. Soweit daher in der Rechtsmittelinstanz, wie in Deutschland, eine Kontrolle der internationalen Zuständigkeit möglich ist, muss der Rechtsmittelführer
seine Rüge der internationalen Zuständigkeit weiterverfolgen, d. h. wiederholen.[521]
Tut er dies nicht, obwohl er dies in erster Instanz getan hat, das Gericht aber gleichwohl seine internationale Zuständigkeit annahm, lässt er sich in der Rechtsmittelinstanz rügelos ein.[522]

---

[516] EuGH, Urteil vom 24.6.1981, Rs. 150/80, *Elefanten Schuh/Jacqmain* = Slg. 1981, 1671, 1688
(Rn. 14); Rauscher/*Staudinger*, EZPR, Art. 26 EuGVO Rn. 15; *Schack*, IZVR, Rn. 600.

[517] Rauscher/*Staudinger*, EZPR, Art. 26 EuGVO Rn. 4.

[518] EuGH, Urteil vom 24.6.1981, Rs. 150/80, *Elefanten Schuh/Jacqmain* = Slg. 1981, 1671, 1688
(Rn. 15).

[519] BGH, Urteil vom 1.6.2005, VIII ZR 256/04 = IPRax 2006, 594, 595; s. *Mankowski*, Anmerkung
zum Urteil des BGH vom 1.6.2005 (VIII ZR 256/04, NJW-RR 2005, 1518) – internationale Zuständigkeit, rügelose Einlassung und Bestimmung des Erfüllungsortes, LMK 2005, 155248.

[520] Rauscher/*Staudinger*, EZPR, Art. 26 EuGVO Rn. 16; Nagel/*Gottwald*, IZPR, § 3 Rn. 248;
Schack, IZVR, Rn. 603; für eine autonome Festlegung *Schulte-Beckhausen*, Internationale Zuständigkeit durch rügelose Einlassung im Europäischen Zivilprozessrecht, 1994, S. 186.

[521] BGH, Beschluss vom 27.6.2007, X ZR 15/05 = BGHZ 173, 40 = NJW 2007, 3501.

[522] Zustimmend Rauscher/*Staudinger*, EZPR, Art. 26 EuGVO Rn. 26; *Kropholler/v. Hein*, EZPR,
Art. 24 EuGVO Rn. 13; Zöller/*Geimer*, ZPO, Art. 26 Rn. 4.

Die rügelose Einlassung kann sich gegen eine entgegenstehende Gerichtsstands- 317
vereinbarung durchsetzen,[523] nicht aber gegen eine ausschließliche Zuständigkeit
(Art. 26 Abs. 1 S. 2 EuGVO).[524]

§ 2 Zuständigkeit nach deutschem IZPR

Die autonome internationale Zuständigkeit deutscher Gerichte wird im Folgenden 318
kürzer dargestellt als die nach der EuGVO. In vielen Fällen kann auf voran-
gegangene Ausführungen verwiesen werden. Soweit signifikante Unterschiede bestehen, wird darauf hingewiesen.

Das autonome internationale Zuständigkeitsrecht ist anwendbar, soweit nicht 319
völkerrechtliche Verträge oder europäisches Sekundärrecht vorgehen. Wird die
internationale Zuständigkeit bspw. über den allgemeinen Gerichtstand des Art. 4
Abs. 1 EuGVO begründet, bedarf es eines Rückgriffs auf die entsprechenden Regelungen des deutschen IZPR nicht mehr.

Im deutschen Recht findet man Regelungen der internationalen Zuständigkeit 320
ausgesprochen selten. In der Regel werden die Vorschriften über die örtliche auch
für die internationale Zuständigkeit genutzt (**doppelfunktionale Anwendung**). Die
örtliche Zuständigkeit indiziert die internationale.

Die internationale ist von der örtlichen, der sachlichen und der funktionellen Zu- 321
ständigkeit abzugrenzen.

Die **örtliche Zuständigkeit** stellt eine Beziehung zu dem räumlichen Wirkungs- 322
kreis des Gerichts her, indem jede Klage unter den vielen gleichartigen Gerichten
(Amtsgerichten und Landgerichten) an eines, zu dem eine räumliche Beziehung
besteht, zugewiesen wird. Die örtliche Zuständigkeit des Gerichts ist Prozessvoraussetzung und von Amts wegen zu prüfen, aber nur in erster Instanz (§ 513
Abs. 2 ZPO). Ist sie nicht gegeben, kann nach § 281 ZPO eine Verweisung erfolgen.

Die **sachliche Zuständigkeit** verteilt die Erledigung der Klagen unter die ver- 323
schiedenen Arten der erstinstanzlichen Gerichte, die Amtsgerichte und die Landgerichte, beantwortet also die Frage: Ist ein Amtsgericht oder ein Landgericht zur
Entscheidung berufen? Die Abgrenzung der erstinstanzlichen Zuständigkeit von
Amtsgericht und Landgericht erfolgt durch die §§ 23, 23a, 71 GVG. Auch bei falscher sachlicher Zuständigkeit ist eine Verweisung an das sachlich zuständige Gericht möglich (§ 281 ZPO).

Die **funktionelle Zuständigkeit** knüpft an die Art der Tätigkeit an, die das Ge- 324
richt in der zu ihrem Geschäftskreis gehörigen Sache entfalten soll. Sie wird auch
Verrichtungszuständigkeit oder Zuständigkeit nach Geschäften genannt. Eine wichtige Abgrenzung ist die zwischen dem Rechtspfleger und dem Richter (§§ 3,
20 RPflG).

Ebenso wie in der EuGVO unterscheidet man auch im deutschen Recht all- 325
gemeine und besondere, ausschließliche und fakultative Zuständigkeiten.

---

[523] Rauscher/*Staudinger*, EZPR, Art. 26 EuGVO Rn. 12.
[524] Rauscher/*Staudinger*, EZPR, Art. 26 EuGVO Rn. 12.

326　　Das deutsche System enthält traditionell **feste Regeln**, eine Anwendung der Lehre vom *forum non conveniens* wird abgelehnt.

327　　Die internationale Zuständigkeit ist in allen Instanzen zu prüfen. Dies wird nicht durch §§ 513 Abs. 2, 545 Abs. 2 ZPO ausgeschlossen (s. Rn. 66).

I. Allgemeiner Gerichtsstand

328　　Am allgemeinen Gerichtsstand einer Person können – unabhängig von der Art der Streitsache – *alle* Klagen gegen sie erhoben werden, wenn nicht ausschließliche Gerichtsstände begründet sind. Es gilt der Grundsatz *actor sequitur forum rei*. Aus Gründen des Beklagtenschutzes bestimmt der Wohnsitz den allgemeinen Gerichtsstand einer natürlichen Person ohne Rücksicht auf ihre Staatsangehörigkeit (§§ 12, 13 ZPO, 7 ff. BGB), hilfsweise ihr Aufenthaltsort (§ 16 ZPO). Der Wohnsitz ergibt sich aus §§ 7 ff. BGB. Für exterritoriale Deutsche und für im Ausland beschäftigte Angehörige des öffentlichen Dienstes fingiert § 15 ZPO einen Wohnsitz an ihrem früheren Wohnsitz im Inland oder, wenn sie einen solchen Wohnsitz nicht hatten, am Sitz der Bundesregierung. Ob ein Ausländer im Inland einen Wohnsitz hat, richtet sich nach deutschem Recht.

329　　Bei juristischen Personen und andere parteifähigen Gebilden, wie z. B. der offenen Handelsgesellschaft, der KG und der GbR befindet sich der allgemeine Gerichtsstand für Klagen gegen diese an ihrem Sitz, d. h. regelmäßig dem in der Satzung angegebenen Ort (z. B. § 23 Abs. 3 Nr. 1 AktG), im Zweifel am Ort der Verwaltung (§ 17 Abs. 1 ZPO). In Verbindung mit § 22 ZPO, der eine Zuständigkeit am Sitz der juristischen Person bei Klagen der juristischen Person gegen die Gesellschafter begründet, besteht damit im deutschen Recht im Unterschied zu Art. 24 Nr. 2 EuGVO ein umfassender Gerichtsstand für Streitigkeiten aus mitgliedschaftlichen Verhältnissen.

II. Besondere Gerichtsstände

330　　Besondere Gerichtsstände sind im Unterschied zu allgemeinen, die für alle Klagen gegen die Person gelten, nur für *einzelne* Klagen gegeben und bestehen nur für vermögensrechtliche Angelegenheiten. Sie sind in §§ 20 ff. ZPO geregelt. Die Ausgestaltung der besonderen Gerichtsstände knüpft meist an eine besondere Sachnähe des Gerichts an. Die besonderen Gerichtsstände ermöglichen teilweise dem Kläger eine Klage an seinem Wohnsitz (sog. Klägergerichtsstände).

1. Gerichtsstand des Erfüllungsortes § 29 ZPO

331　　Von besonderer Bedeutung ist der Gerichtsstand des Erfüllungsortes, § 29 ZPO, der Art. 7 Nr. 1 EuGVO entspricht, aber keine eigenständige Regelung des Erfüllungsortes enthält. Der Erfüllungsort ist nach dem anwendbaren materiellen Recht, in Inlandsfällen gemäß §§ 269, 270 BGB, zu bestimmen. Eine Bestimmung anhand prozessualer Kriterien erfolgt nicht. Maßgeblich ist die Verbindlichkeit, deren Erfüllung begehrt bzw. deren Nichterfüllung geltend gemacht wird.

Für Klagen aus **Haustürgeschäften** ist die Regelung des § 29c zu beachten. Der **332** Verbraucher *kann* gegen den Unternehmer immer, der Unternehmer *muss* gegen den Verbraucher an dessen Wohnsitz klagen. Auf den Erfüllungsort der streitigen Verpflichtung kommt es nicht an.

Bei **Geldschulden** ist Erfüllungsort der Wohnsitz des Schuldners (§ 270 Abs. 4 **333** i. V. m. § 269 BGB).

Gem. § 29 Abs. 2 ZPO ist eine gerichtsstandsbegründende **Vereinbarung des** **334** **Erfüllungsorts** nur unter Vollkaufleuten und gleichgestellten Personen zulässig. Der Gesetzgeber, der Gerichtsstandsvereinbarungen erkennbar skeptisch gegenüber steht, will so verhindern, dass die strengen Regeln über Gerichtsstandsvereinbarungen (§ 38 ZPO, Rn. 355 ff.) durch materiellrechtliche und damit gem. § 29 Abs. 1 ZPO grundsätzlich gerichtsstandsbeeinflussende Vereinbarungen umgangen werden. § 29 Abs. 2 ZPO soll aber nur sog. *abstrakten* Erfüllungsortvereinbarungen, mit denen in Wahrheit gar kein materiellrechtlicher Erfüllungsort vereinbart wird, die prozessuale Wirkung nehmen. Materiellrechtliche Erfüllungsortvereinbarungen, mit denen wirklich ein Wechsel des Erfüllungsortes (z. B. eine Lieferung an einen anderen Ort auf Risiko des Schuldners) bewirkt wird, haben zuständigkeitsbeeinflussende Wirkung gem. § 29 Abs. 1 ZPO, ohne dass die Parteien zu dem in § 29 Abs. 2 ZPO genannten Personenkreis zählen müssen.

2. Gerichtsstand der unerlaubten Handlung § 32 ZPO

§ 32 ZPO begründet eine Zuständigkeit am Ort der unerlaubten Handlung. Die Re- **335** gelung entspricht sehr weitgehend dem Art. 7 Nr. 2 EuGVO. Unerlaubte Handlungen im Sinne des § 32 sind vor allem die in §§ 823 ff. BGB enthaltenen Tatbestände einschließlich der Fälle der Gefährdungshaftung. Klagen wegen unerlaubten Handlungen sind auch Klagen auf Unterlassung des rechtswidrigen Eingriffs in ein absolutes Recht (§§ 12, 1004, 1065, 1227 BGB).

Begangen ist die Tat sowohl am Handlungs- als auch am Verletzungsort, nicht **336** aber an anderen Orten, an denen Schadensfolgen eingetreten sind oder der Geschädigte den Schaden empfunden hat.

Umstritten war lange, ob das nach § 32 ZPO zuständige Gericht auch befugt ist, **337** über **konkurrierende Ansprüche** z. B. aus Vertragsverletzung zu entscheiden. Das Problem stellt sich jedoch nur dann, wenn allgemeiner Beklagtengerichtsstand oder vertraglicher Erfüllungsort (dieser begründet auch eine besondere örtliche Zuständigkeit) und der Begehungsort der unerlaubten Handlung auseinander fallen. Dies wurde von vielen verneint,[525] die Kognitionsbefugnis des nach § 32 zuständigen Gerichts sei beschränkt. Das führte aber zu misslichen Konsequenzen: Erweist sich die Klage unter dem Aspekt der unerlaubten Handlung als unbegründet, wäre sie als unbegründet abzuweisen. Der vertragliche Anspruch läge außerhalb der Kognitions-

---

[525] BGH, Urteil vom 28.21996, XII ZR 181/93 = BGHZ 132, 105 = NJW 1996, 1413 = IPRax 1997, 187; *Spickhoff,* Gerichtsstand des Sachzusammenhangs und Qualifikation von Anspruchsgrundlagen, ZZP 109 (1996), 493, 500 ff.

befugnis des Gerichts, die Klage wäre insoweit als unzulässig abzuweisen. Dem Kläger musste aber gestattet werden, seine Klage trotz rechtskräftiger Abweisung durch das Gericht erneut am vertraglichen Gerichtsstand rechtshängig zu machen. Um diesen Unwägbarkeiten zu entgehen, hatte der Kläger aber immer die Möglichkeit, eine umfassende Entscheidung über alle Anspruchsgrundlagen am allgemeinen Beklagtengerichtsstand (§ 12 ZPO) zu erreichen.

338   Die immer stärker werdende Gegenansicht bejahte aus prozessökonomischen Gründen einen **Gerichtsstand kraft Sachzusammenhang**,[526] der zu einer Globalzuständigkeit des Gerichts führen sollte. Dem ist der BGH nunmehr für *nationale* Verfahren ausdrücklich gefolgt.[527] Das nach § 32 ZPO zuständige Gericht hat den Rechtsstreit daher unter allen in Betracht kommenden rechtlichen Gesichtspunkten zu entscheiden. Für die internationale Zuständigkeit gilt das jedoch *nicht*: Damit entspricht die deutsche Rechtslage weiterhin der europäischen in Art. 7 Nr. 1 und 2 EuGVO (Rn. 82, 139). Die Kognitionsbefugnis des international zuständigen Gerichts ist nach wie vor beschränkt, einen Gerichtsstand kraft Sachzusammenhang gibt es nicht. Auch dann nicht, wenn § 32 ZPO für die Begründung der internationalen Zuständigkeit herangezogen wird. Der BGH hat die Übertragung auf die internationale Zuständigkeit ausdrücklich verneint, da der internationalen Zuständigkeit wegen der generellen Schwierigkeit, im Ausland verklagt zu werden und wegen der Verzahnung mit dem Kollisions- und Verfahrensrecht ungleich höhere Bedeutung zukomme als der örtlichen Zuständigkeit.[528] Die Folge ist, dass die Entscheidungsbefugnis des Gerichts weniger weit reicht, wenn § 32 ZPO für die internationale Zuständigkeit maßgeblich ist, als für die örtliche. Prozessökonomische Argumente sprechen dafür, das nach § 32 ZPO international zuständige Gericht den Streit unter allen rechtlichen Gesichtspunkten entscheiden zu lassen. Ob dem aber die Parteiinteressen, insbesondere der Beklagtenschutz entgegensteht und der allgemeine Gerichtsstand zu stark entwertet wird, wird in der Literatur unterschiedlich gesehen.[529]

339   Der Gerichtsstand ist *nicht* ausschließlich, er ist durch Gerichtsstandsvereinbarungen abdingbar, rügelose Einlassung ist möglich.

3. Gerichtsstand des Vermögens § 23 ZPO

340   § 23 ZPO enthält den Gerichtsstand des Vermögens, der in der EuGVO ausgeschlossen ist (Art. 5 Abs. 2 i. V. m. den nach Art. 76 zu übermittelnden Informationen). Dieser begründet eine Zuständigkeit für alle vermögensrechtlichen An-

---

[526] KG Berlin, Beschluss vom 2.9.1999, 28 AR 90/99 = MDR 2000, 413 (m. Anm. *Peglau* S. 723); offen gelassen in BGH, Beschluss vom 19.2.2002, X ARZ 334/01 = NJW 2002, 1425, 1426; *Rosenberg/Schwab/Gottwald*, ZPR, § 36 Rn. 56; *Stein/Jonas/Roth*, ZPO, § 32 Rn. 6 ff.

[527] BGH, Beschluss vom 10.12.2002, X ARZ 208/02 = BGHZ 153, 173 = NJW 2003, 828 = VersR 2003, 663 m. Anm. *Spickhoff*, S. 665.

[528] BGH, Beschluss vom 10.12.2002, X ARZ 208/02 = BGHZ 153, 173 = NJW 2003, 828, 830.

[529] Gegen eine internationale Zuständigkeit kraft Sachzusammenhang durch § 32 ZPO *Geimer*, IZPR, Rn. 1023; *Schack*, IZVR, Rn. 427; dafür *Stein/Jonas/Roth*, ZPO, § 32 Rn. 11; *Nagel/Gottwald*, IZPR, § 3 Rn. 80; *Otte*, Umfassende Streitentscheidung durch Beachtung von Sachzusammenhängen, S. 504 ff.

sprüche (auch Feststellungsklagen) gegen Beklagte, die in Deutschland keinen Wohnsitz oder Sitz haben (sog. **Ausländerforum**). Er befindet sich da, wo sich Vermögen von ihnen oder das Streitobjekt befindet. Bei Forderungen ist der Wohnsitz des Drittschuldners oder der Ort, wo sich die für die Forderung haftende Sache befindet, bei dem Geschäftsanteil einer GmbH sowohl der Sitz der Gesellschaft als auch der Wohnsitz oder Sitz der Gesellschafter maßgebend. Vermögen ist jeder Gegenstand mit einem gewissen Geldwert. Zur Befriedigung des Klägers muss er nicht ausreichen, auch nicht der Höhe nach in einer angemessenen Relation zum Streitwert stehen. Auch Forderungen des Beklagten gegen den Kläger, selbst aus demselben Rechtsverhältnis, aus dem geklagt wird, begründen den Gerichtsstand des § 23 ZPO. Der Kläger hat die Existenz des Vermögens substanziiert zu behaupten und zu beweisen. Auf arglistig herbeigeschafftes Vermögen (z. B. Schadensersatz wegen Körperverletzung, Kostenerstattungsanspruch nach vorsätzlich unzulässiger Klage) kann der Gerichtsstand nicht gestützt werden. Das Vermögen einer Kapitalgesellschaft begründet keinen Gerichtsstand gegenüber ihrem Alleingesellschafter. Der Gerichtsstand ist nach Ansicht der BGH aber i. d. R nur gegeben, wenn die Sache einen hinreichenden Inlandsbezug aufweist, sofern nicht eine Notzuständigkeit zu eröffnen ist.[530]

Wird das Vermögen nach Rechtshängigkeit beiseite geschafft, so ändert das an der einmal begründeten Zuständigkeit nichts, da insofern § 261 Abs. 3 Nr. 2 ZPO (*perpetuatio fori*) eingreift.   **341**

4. Niederlassungsgerichtsstand § 21 ZPO

§ 21 ZPO soll eine Klagemöglichkeit gegen Gewerbetreibende (der Begriff ist weit   **342** auszulegen und erfasst auch freie Berufe) schaffen, die dort, wo sie Geschäfte tätigen, auch für die damit im Zusammenhang stehenden Klagen Rede und Antwort stehen sollen. Klagegrund muss jedoch kein rechtsgeschäftlicher Anspruch sein, es kann auch ein Anspruch aus Delikt, unlauterem Wettbewerb (§ 24 UWG), Bereicherung oder Eigentum am Gerichtsstand der Niederlassung eingeklagt werden.

Eine **Niederlassung** i. S. d. § 21 ZPO ist jede von dem Inhaber eines Geschäfts-   **343** betriebes an einem anderen Ort als dem seines Wohnsitzes für eine gewisse Dauer errichtete, auf seinen Namen und für seine Rechnung betriebene und selbständige, d. h. aus eigener Entscheidung zum Geschäftsabschluss und Handeln berechtigte Geschäftsstelle.[531] Dies kann – anders als im europäischen Recht (Art. 63 EuGVO i.V.m. Art. Abs. 1 ist ein allgemeiner Gerichtsstand) – auch eine Hauptniederlassung sein, weil diese nicht schon nach § 17 Abs. 1 ZPO den gesellschaftsrechtlichen Gerichtsstand begründet, da dort regelmäßig der satzungsmäßige Sitz maßgeblich ist. Keine

---

[530] BGH, Urteil vom 2.7.1991, XI ZR 206/90 = BGHZ 115, 90 = NJW 1991, 3092.

[531] BGH, Urteil vom 13.7.1987, II ZR 188/86 = NJW 1987, 3081, 3082; BayObLG, Beschluss vom 14.12.1988, AR 1 Z 90/88 = MDR 1989, 459 = BB 1989, 583; OLG München, Beschluss vom 14.12.1987, 11 W 3336/87 = MDR 1988, 324 = Rpfleger 1988, 162; OLG Köln, Beschluss vom 24.3.1993, 17 W 290/92 = VersR 1993, 1172 = Rpfleger 1993, 420; OLG Frankfurt, Urteil vom 11.7.1979, 17 U 188/78 = MDR 1979, 1027; MüKo-ZPO/*Patzina*, § 21 Rn. 2; *H. Müller*, Doing business, S. 140, 141.

Niederlassungen sind unselbstständige Einheiten wie bloße Repräsentanzen oder Agenturen. Der **Rechtsschein** einer Niederlassung ist jedoch ausreichend. Töchter in Konzernen sind dagegen so selbstständig, dass sie nicht als Niederlassung angesehen werden können. Ein Zuständigkeitsdurchgriff auf die Muttergesellschaft ist daher über § 21 ZPO nicht möglich.

344   Die Klage muss sich auf den Geschäftsbetrieb beziehen. Prozesspartei ist nicht die Niederlassung, diese ist nicht parteifähig, sondern der Inhaber der Niederlassung.

III. Gerichtsstand der Belegenheit der Sache § 24 ZPO

345   Für das Gebiet des Sachenrechts gilt der praktisch wichtige Gerichtsstand der belegenen Sache (*forum rei sitae*), auch dinglicher Gerichtsstand genannt (§ 24 ZPO). Er bezieht sich nur auf **unbewegliche Sachen**, d. h. auf Grundstücke und auf grundstücksgleiche Rechte. § 24 gilt für Klagen, durch die das Eigentum (z. B. im Wege der Herausgabe (§ 985 BGB), der Unterlassung (§ 1004 BGB) oder der Grundbuchberichtigung (§ 894 BGB) oder nur der Feststellung des Bestehens (§ 256)), dingliche Belastungen oder die Freiheit davon, Grenzscheidungs- (§ 919–923 BGB), Teilungs- (§ 749 BGB) oder Besitzklagen (§§ 861, 862, 869, 1029, 1090 BGB) geltend gemacht werden.

Es handelt sich um einen *ausschließlichen* Gerichtsstand.

IV. Zuständigkeit bei Sachzusammenhängen

346   Einen Gerichtsstand des Sachzusammenhangs bei Anspruchsgrundlagenkonkurrenz (vor allem Vertrag und Delikt) kennt das autonome deutsche IZPR nach wie vor nicht (Rn. 338).

1. Gerichtsstand der Widerklage § 33 ZPO

347   Aus prozessökonomischen Gründen soll das angerufene Gericht, wenn der Beklagte mit einer Widerklage selbst zum Angriff übergeht, auch über die mit der Erstklage im Zusammenhang stehende Widerklage entscheiden. Am Ort der Klage ist der Kläger daher stets gerichtspflichtig für konnexe Widerklagen, § 33 ZPO. Dies entspricht Art. 8 Nr. 3 EuGVO.

348   Die internationale Zuständigkeit für die Widerklage ist anhand der §§ 12 ff. ZPO zu prüfen. Ergibt sich daraus eine internationale Zuständigkeit, kommt es auf § 33 ZPO nicht an.

349   Ergibt sich die Zuständigkeit nicht aus §§ 12 ff. ZPO, kommt es auf § 33 ZPO an. Danach ist ein *Zusammenhang* erforderlich. Dieser ist ein prozessualer, der aber in Anlehnung an den in § 273 BGB genannten bestimmt wird. Im Grundsatz muss daher ein einheitlicher Lebenssachverhalt vorliegen.

350   Umstritten ist, ob § 33 ZPO auch eine Zulässigkeitsvoraussetzung für die Widerklage beinhaltet. Die Frage wird nur dann relevant, wenn die örtliche Zuständigkeit des Gerichts nicht nach § 33 ZPO, sondern nach den §§ 12 ff. ZPO begründet wurde,

da ansonsten der Zusammenhang schon für die Begründung der örtlichen Zuständigkeit geprüft und bejaht werden musste.[532]

2. Aufrechnung

Die Aufrechnung ist zwar kein Gegenangriff des Beklagten, sondern ein Ver-   **351**
teidigungsmittel. Die Entscheidung, dass die Forderung, mit der aufgerechnet wird,
nicht besteht, ist jedoch der Rechtskraft fähig (§ 322 Abs. 2 ZPO). Eine konnexe,
also im Zusammenhang stehende Forderung, könnte der Beklagte auch im Wege der
Widerklage geltend machen. Insofern muss das gleiche für die Aufrechnung bei
konnexen Forderungen gelten. Bei inkonnexen Forderungen ist streitig, ob das Gericht, vor dem die Forderung zur Aufrechnung gebracht wird, auch für diese Forderung international zuständig sein muss.[533]

Besteht für die Forderung, mit der aufgerechnet wird, aber eine Gerichtsstands-   **352**
vereinbarung zugunsten eines anderen Gerichts, die ausschließliche Wirkung hat,
oder eine Schiedsvereinbarung, so scheidet eine Aufrechnung aus. Dies gilt bei konnexen und inkonnexen Forderungen.

3. Interventionsklage

Einen Gerichtsstand der Interventionsklage kennt das deutsche IZPR nicht. Das Ziel   **353**
wird durch das Institut der Streitverkündung erreicht (vgl. Rn. 173).

4. Streitgenossenschaft

Das deutsche Recht kennt bis auf wenige Sonderfälle keinen gemeinsamen Ge-   **354**
richtsstand in Fällen subjektiver Klagenhäufung. Auch hier können die Institute der
Streitverkündung und der Nebenintervention genutzt werden. Es kann aber eine
Gerichtsstandsbestimmung gem. § 36 Abs. 1 Nr. 3 ZPO erfolgen.[534]

V. Gerichtsstandsvereinbarungen

Das deutsche Recht enthält in § 38 ZPO eine Regelung für Gerichtsstandsvereinba-   **355**
rungen. Den Parteien steht es frei, lediglich die Zuständigkeit eines zusätzlich zuständigen Gerichts zu vereinbaren oder eine ausschließliche Zuständigkeit des vereinbarten Gerichts vorzusehen. Was gewollt ist, muss im deutschen Recht durch
Auslegung ermittelt werden, eine Auslegungsregel kennt das deutsche Recht im
Unterschied z. B. zu Art. 25 Abs. 1 EuGVO (im Zweifel Ausschließlichkeit,
Rn. 277) nicht.[535]

---

[532] S. detailliert *Adolphsen*, Zivilprozessrecht, Rn. 81 ff.

[533] *Schack*, IZVR, Rn. 432 ff.; *Kannengießer*, Die Aufrechnung im internationalen Privat- und Verfahrensrecht, S. 157.

[534] *Adolphsen*, Zivilprozessrecht, § 6 Rn. 81.

[535] RG, Urteil vom 16.2.1929, IV 201/38 = RGZ 159, 254; BGH, Urteil vom 5.7.1972, VIII ZR
118/71 = BGHZ 59, 116, 119 = NJW 1972, 2179; Stein/Jonas/*Bork*, ZPO, § 38 Rn. 62; Zöller/*Vollkommer*, ZPO, § 38 Rn. 14; a. A. Thomas/Putzo/*Hüßtege*, ZPO, § 38 Rn. 32, der für eine Ver-

356   Wie bereits bei den Erfüllungsortvereinbarungen erwähnt, steht der deutsche
Gesetzgeber Gerichtsstandsvereinbarungen skeptisch gegenüber. Merkwürdiger-
weise lässt er sie eingeschränkter zu als Schiedsvereinbarungen, mit denen immerhin nicht nur eine sachliche oder örtliche Zuständigkeit innerhalb der bestehen
bleibenden staatlichen Gerichtsbarkeit abbedungen wird, sondern die staatliche Gerichtsbarkeit insgesamt (Kap. 15 Rn. 21).

357   **Kaufleute** (sowie juristische Personen des öffentlichen Rechts und öffentlich-
rechtliche Sondervermögen) können Gerichtsstandsvereinbarungen *vor* und *nach*
der Entstehung eines Streits *ohne* besondere Formanforderungen auch in AGB
schließen (§ 38 Abs. 1 ZPO). Außerhalb dieses Personenkreises sind Gerichtsstandsvereinbarungen aber in nationalen Fällen grundsätzlich unzulässig und nur
unter den besonderen Voraussetzungen der §§ 38 Abs. 2, 3 ZPO zulässig. In Abs. 2
wird die Vereinbarung der *internationalen* Zuständigkeit geregelt. Danach können
Gerichtsstandsvereinbarungen ohne weitere subjektive Prorogationsbeschränkung
abgeschlossen werden, wenn *mindestens eine der Parteien keinen allgemeinen Gerichtsstand im Inland hat.*

358   Die Vereinbarung hat schriftlich oder mit schriftlicher Bestätigung zu erfolgen.
Zulässig ist die Prorogation deutscher Gerichte auch dann, wenn die Parteien und
der Rechtsstreit keinerlei Beziehung zu Deutschland haben. Deutschland kann
somit als neutraler Gerichtsstand gewählt werden.

VI. Rügelose Einlassung

359   Ebenfalls durch Parteiverhalten wird eine (sachliche und örtliche) Zuständigkeit
infolge rügeloser Einlassung des Beklagten zur Hauptsache begründet (§ 39 ZPO),
soweit keine ausschließliche Zuständigkeit gegeben ist (§ 40 Abs. 2, S. 2 ZPO). Im
Verfahren vor dem AG kommt es nur dann zur Wirkung der rügelosen Einlassung,
wenn das Gericht den Beklagten auf die Unzuständigkeit und die Folgen einer rügelosen Einlassung hingewiesen hat (§ 39 Satz 2, § 504 ZPO).

360   § 39 ZPO führt aber nur zur Zuständigkeitsbegründung, wenn der Beklagte ohne
die Unzuständigkeit geltend zu machen, *zur Hauptsache mündlich verhandelt*, weil
man in diesem Zeitpunkt davon ausgehen darf, dass der Beklagte mit der an sich
nicht gegebenen Zuständigkeit einverstanden ist. Verhandlung zur Hauptsache bedeutet, dass der Beklagte sachlich über den streitgegenständlichen Anspruch verhandelt und nicht bloß über Verfahrensfragen wie Sachurteilsvoraussetzungen oder
dass er Prozesshindernisse geltend macht. Darin liegt ein Unterschied zu Art. 26
EuGVO: Dort reicht schon die Vornahme von Prozesshandlungen, die auf eine
Klageabweisung gerichtet sind, also auch die Verhandlung über Prozessvoraussetzungen (Rn. 264 ff.).

---

mutung zugunsten der Ausschließlichkeit plädiert; das OLG München, Urteil vom 11.5.1989, 29
U 1537/89 = RIW 1989, 643 geht im Zweifel von einem Wahlgerichtsstand aus, (weitere Nw.
Stein/Jonas/*Bork*, ZPO, § 38 Rn. 62 (Fn. 214)).

Im Unterschied zu Art. 26 EuGVO (Rn. 312) kann durch rügelose Einlassung **361** nur die Zuständigkeit eines Gerichts des ersten Rechtszugs, nicht eines Rechtsmittelgerichts begründet werden.[536]

VII. Notzuständigkeit

Um dem verfassungsrechtlichen Justizgewährungsanspruch zu genügen, kennt das **362** deutsche Recht eine internationale Notzuständigkeit, um Rechtsverweigerung zu vermeiden, die aufgrund eines sog. negativen Kompetenzkonflikts entstehen kann. Die Notzuständigkeit ist zu eröffnen, wenn der Fall einen ausreichenden Inlandsbezug hat, eine inländische Zuständigkeit nach §§ 12 ff. ZPO nicht gegeben ist und eine Klagemöglichkeit im Ausland nicht besteht oder nicht zumutbar ist.

§ 3 Zusammenfassung

- Die internationale Zuständigkeit für Streitigkeiten in Zivil- und Handels- **363**
  sachen wird in Europa vor allem durch die EuGVO geregelt. Ihre Regeln
  verdrängen nationales Recht. Sie sind in allen Instanzen zu beachten.
- Die EuGVO unterscheidet allgemeine und besondere Zuständigkeiten.
- *Forum shopping* ist möglich, wenn mehrere Zuständigkeiten gegeben sind
  und der Kläger die Wahl unter den Gerichtsständen hat.
- Ausschließliche Zuständigkeiten setzen sich gegen andere Zuständigkeiten
  durch und können weder durch Gerichtsstandsvereinbarungen noch durch
  rügelose Einlassung abbedungen werden.
- Im deutschen IZPR werden die Vorschriften über die örtliche auch für die
  internationale Zuständigkeit genutzt (doppelfunktionale Anwendung).

---

[536] BGH, Beschluss vom 27.6.2007, X ZR 15/05 = BGHZ 173, 40 = NJW 2007, 3501.

4. Kapitel Verfahrenskoordination bei internationalen Prozessen

Die Koordination internationaler Prozesse, also Verfahren, die in verschiedenen Staaten rechtshängig sind, kann durch **Regelungen** der Rechtshängigkeit erfolgen, und durch die Möglichkeit der Aussetzung des Verfahrens, regelmäßig des später angerufenen Gerichts, wegen **Konnexität**. **1**

Regeln finden sich in den verschiedenen Sekundärrechtsakten: Art. 29, 30 EuGVO; Art. 19 EuEheVO; Art. 12, 13 EuUnthVO; Art. 17, 18 EuErbVO. Im Folgenden werden die Vorschriften der EuGVO dargestellt; die weiteren Regelungen entsprechen diesen weitgehend. Soweit Abweichungen bestehen wird dies in den entsprechenden Kapiteln zur Brüssel IIa-Verordnung (Kap. 12 Rn. 52), zur EU-Unterhaltsverordnung (Kap. 12 Rn. 84), und zur EU-Erbrechtsverordnung (Kap. 13 Rn. 21) dargestellt.

Ziel der Regelungen der Rechtshängigkeit in **Art. 29 EuGVO** ist es, parallele Prozesse zwischen denselben Parteien über denselben Streitgegenstand, und damit die doppelte Befassung von Gerichten (ökonomisches Argument) und potenziell sich widersprechende Entscheidungen verschiedener Gerichte (Argument der Rechtssicherheit, des Vertrauens in die Rechtsprechung), zu verhindern. Dieses Bedürfnis besteht in nationalen und internationalen Verfahren gleichermaßen, jedenfalls soweit eine Anerkennung der Rechtskraft einer ausländischen Entscheidung in Betracht kommt. Nur wenn ein Staat ausländische Entscheidungen für gänzlich irrelevant hielte, könnte er auf eine Regelung für die Beachtung ausländischer Rechtshängigkeit verzichten. Die Regel gilt gem. Art. 71d EuGVO auch im Verhältnis des Europäischen Patentgerichts (EPG) zu Mitgliedstaaten, die Nichtvertragsstaaten des EPGÜ sind (Abs. 1).[1] **2**

---

[1] Dazu *Adolphsen*, Europäisches und Internationales Zivilprozessrecht in Patentsachen, Rn. 770; *Mankowski*, Die neuen Regeln über gemeinsame Gerichte in Artt. 71a-71d Brüssel Ia-VO, GPR 2014, 330, 339.

Die Originalversion dieses Kapitels wurde korrigiert. Ein Erratum finden Sie unter https://doi.org/10.1007/978-3-662-63558-2_16

© Springer-Verlag GmbH Deutschland, ein Teil von Springer Nature 2022, korrigierte Publikation 2023
J. Adolphsen, *Europäisches Zivilverfahrensrecht*, Springer-Lehrbuch,
https://doi.org/10.1007/978-3-662-63558-2_4

3   Aber auch wenn der Streitgegenstand beider Verfahren nicht identisch ist, können unvereinbare Entscheidungen in verschiedenen Staaten drohen, so dass es im Sinne einer international geordneten Rechtspflege sinnvoll ist, dass die Verfahren entweder verbunden und durch ein Gericht entschieden werden, oder zeitweilig ein Verfahren ausgesetzt und das Ergebnis eines früheren Verfahrens abgewartet wird. Hierzu gibt **Art. 30 EuGVO** die Möglichkeit.

4   Nach dem Ende der Rechtshängigkeit wird die Funktion der Vermeidung widersprechender Entscheidungen bei gleichem Streitgegenstand für aufeinander folgende Prozesse von der materiellen **Rechtskraft** übernommen. Diese sichert das Ergebnis des ersten Verfahrens zwischen den Parteien für die Zukunft.

5   Im Grundsatz ist es sinnvoll, das Betreiben paralleler Klagen durch das Institut der Rechtshängigkeit nur insoweit zu verhindern, wie später ein Rechtskraftkonflikt droht. Dieses wird allerdings im Zeitpunkt, in dem die ausländische Rechtshängigkeit von Bedeutung ist, nicht immer sicher zu prognostizieren sein, weil nicht feststeht, wie das ausländische Verfahren endet. Trotzdem ist es zumindest sinnvoll, bei der Rechtshängigkeit den gleichen *Bezugspunkt* wie bei der Rechtskraft zugrunde zu legen. Dies ist der *Streitgegenstand*. Nur soweit der Streit um die gleiche Sache geht oder gegangen ist, ist es erforderlich, parallele Verfahren zu verhindern bzw. die Anerkennung wegen Unvereinbarkeit zu versagen.

6   Die Rechtsprechung des EuGH hat in der Vergangenheit das **Verhältnis von Art. 29 und Art. 30 EuGVO** deutlich zu Lasten von Art. 30 EuGVO verschoben, indem der EuGH auf einen weiten, nicht am nationalen Streitgegenstandsbegriff orientierten europäischen Streitgegenstand abstellt. Dadurch kommt es in vielen Fällen zu Klageabweisungen nach Art. 29 Abs. 3 EuGVO, obwohl nach den beteiligten Rechtsordnungen ein Rechtskraftkonflikt nicht droht und deshalb eine Aussetzung des zweiten Verfahrens sinnvoller wäre.[2]

§ 1 Rechtshängigkeit in der EuGVO

Beispiel

Fall 15: (nach EuGH, Urt. vom 9.12.2003, Rs. C-116/02[3]) Am 19. April 2000 erhob die Beklagte gegen die Klägerin vor dem Tribunale civile e penale Rom (Italien) Klage auf Feststellung, dass der zwischen ihnen bestehende Vertrag aufgelöst worden sei.

Am 4. Dezember 2000 erhob die Klägerin beim Landesgericht Feldkirch (Österreich) gegen die Beklagte Klage auf Begleichung unbezahlter Rechnungen. Zur Begründung der Zuständigkeit dieses Gerichts trug die Klägerin vor, dass das Gericht aufgrund einer Gerichtsstandsklausel zuständig sei, die in sämtlichen Rechnungen der Klägerin an die Beklagte aufgeführt sei, ohne dass die

---

[2] *Adolphsen*, Zur Frage der Anwendbarkeit des Art. 21 EuGVÜ trotz fehlender Parteiidentität, ZZP Int 3 (1998), 249, 258.

[3] EuGH, Urteil vom 9.12.2003, Rs. C-116/02, *Erich Gasser GmbH/MISAT Srl.* = IPRax 2004, 243 (*Grothe* 205).

Letztgenannte dem widersprochen habe. Diese Umstände belegten, dass nach dem zwischen Österreich und Italien bestehenden Handelsbrauch die Parteien eine Gerichtsstandsvereinbarung im Sinne von Art. 17 EuGVÜ (heute Art. 25 EuGVO) getroffen hätten.

Die Beklagte wandte die Unzuständigkeit des Landesgerichts Feldkirch ein und bestritt das Zustandekommen einer Gerichtsstandsvereinbarung. Sie führte aus, sie habe vor der Klageerhebung durch die Klägerin beim Landesgericht Feldkirch eine auf derselben geschäftlichen Verbindung beruhende Klage beim Tribunale civile e penale Rom erhoben.

Am 21. Dezember 2001 setzte das Landesgericht Feldkirch gemäß Art. 21 EuGVÜ (heute Art. 29 EuGVO) das Verfahren von Amts wegen aus, bis die Zuständigkeit des Tribunale civile e penale Rom feststehe. Es bejahte seine eigene Zuständigkeit als Gerichtsstand des Erfüllungsorts, ließ jedoch die Frage, ob eine Gerichtsstandsvereinbarung getroffen wurde, offen; es führte aus, dass die von der Klägerin ausgestellten Rechnungen jeweils den Vermerk Gerichtsstand Dornbirn enthalten hätten, während in den Bestellungen kein Gerichtsstand gewählt worden sei. Die Klägerin legte gegen diese Entscheidung Rekurs zum Oberlandesgericht Innsbruck mit dem Antrag ein, die Zuständigkeit des Landesgerichts Feldkirch auszusprechen und das Verfahren nicht auszusetzen.

Besteht eine Pflicht, das Verfahren auszusetzen? ◄

I. Das System der Rechtshängigkeit in der EuGVO

Werden im Anwendungsbereich der EuGVO bei Gerichten verschiedener Mitgliedstaaten Klagen wegen desselben Anspruchs zwischen denselben Parteien erhoben, so hat das später angerufene Gericht sein Verfahren von Amts wegen auszusetzen, bis die Zuständigkeit des zuerst angerufenen Gerichts feststeht (Art. 29 Abs. 1 EuGVO). Ist dies der Fall, hat sich gem. Art. 29 Abs. 3 EuGVO das später angerufene Gericht für unzuständig zu erklären. Umstritten ist, wie das Zweitverfahren zu beenden ist, weil Art. 29 Abs. 3 EuGVO insofern nur vorschreibt, dass sich das Gericht „für unzuständig erklären muss". In Deutschland hatte ein Kläger im Zweitverfahren das Verfahren einseitig für erledigt erklärt, als sich das erstangerufene österreichische Gericht für zuständig erklärte. Wäre die Klage bis dahin zulässig gewesen, hätte sich dem Kläger in Deutschland die Möglichkeit geboten, durch die Umstellung auf die Feststellungsklage dem Beklagten die Kosten des Verfahrens aufzubürden. Der BGH geht aber davon aus, dass die Klage auch in der Phase zwischen der Aussetzung und der Erklärung der Unzuständigkeit (Art. 29 Abs. 3 EuGVO) schon unzulässig ist. Diese Rechtslage folge aus nationalem Recht, da eine Regelung in Art. 29 EuGVO fehle.[4] Damit fehlt es an einer zulässigen und begründeten Klage bei Eintritt des erledigenden Ereignisses. Die Klage ist als unzulässig abzuweisen, der Kläger trägt die Kosten des unzulässigen Zweitverfahrens.

Die Zuständigkeit des zuerst angerufenen Gerichts steht in diesem Sinn fest, wenn nicht eine ausschließliche Zuständigkeit des später angerufenen Gerichts be-

7

8

---

[4] BGH, Urteil vom 22.2.2018 – IX ZR 83/17, LMK 2018, 406708 (*Antomo*); zur Anknüpfung an nationales Recht auch Rauscher/*Leible*, EZPR, Art. 29 EuGVO Rn. 40.

steht, wenn sich dieses Gericht nicht von Amts wegen für unzuständig erklärt hat, und keine der Parteien seine Zuständigkeit vor oder mit der Stellungnahme, die nach dem innerstaatlichen Prozessrecht als das erste Verteidigungsvorbringen zur Sache vor diesem Gericht anzusehen ist, gerügt hat.[5] Eine durch rügelose Einlassung begründete Zuständigkeit ist schon als feststehend im Sinne des Abs. 2 anzusehen. Einer Entscheidung des zuerst angerufenen Gerichts bedarf es nicht. Daraus ist zu folgern, dass das Gericht vor der Aussetzung zu prüfen hat, ob eine Entscheidung des erstangerufenen Gerichts deshalb nicht anzuerkennen wäre, weil es gegen Art. 24 EuGVO verstoßen hat (Art. 45 Abs. 1 lit. e Ziff. ii EuGVO).

9   Ob die Durchführung national **obligatorischer Schlichtungsverfahren** (in Deutschland landesrechtlich geregelt auf der Grundlage von § 15a EGZPO) eine Rechtshängigkeitssperre begründet, ist umstritten. Das ArbG Mannheim hat dies 2007 ebenso verneint wie das ArbG Barcelona.[6] Eine teleologische, den Wortlaut weniger in den Vordergrund stellende Auslegung des Art. 29 Abs. 1 EuGVO kann durchaus dazu führen, dass die Einleitung eines im nationalen Recht eines Mitgliedstaates vorgesehenen obligatorischen Schlichtungsverfahrens, das z. B. Einfluss auf den Lauf der Verjährung hat, dem Anhängigmachen einer Klage gleichgesetzt wird. Der EuGH hat dies 2017 für eine obligatorische Streitschlichtung bei einer Schlichtungsbehörde nach Schweizer Recht angenommen.[7]

10   Die Erhebung einer **Schiedsklage** hat keine Rechtshängigkeit zur Folge; die entsprechende Funktion übernimmt die Einrede des Schiedsvertrages (Art. II Abs. 3 UNÜ, § 1032 Abs. 1 ZPO, s. Kap. 15 Rn. 25).

11   Ob sich das erste Gericht zu Recht oder zu Unrecht für zuständig hält, ist unerheblich, da diese Zuständigkeit auch bei der Anerkennung und Vollstreckbarerklärung nicht nachgeprüft wird (s. Kap. 5 Rn. 65). Eine Prüfung der potenziellen Anerkennungsfähigkeit der Entscheidung unter Berücksichtigung anderer Fragen (*ordre public*) scheidet ebenfalls aus. Eine Anerkennungsprognose ist aber vorzunehmen, wenn ein Verfahren in einem Drittstaat anhängig ist, gem. Art. 33 Abs. 1 lit. a EuGVO (s. u. Rn. 35). Das Erstgericht kann seine Zuständigkeit sowohl auf die EuGVO als auch auf das autonome Prozessrecht gestützt haben.[8]

12   Hintergrund der Regelung ist die Annahme formal gleichwertiger Justiz in den Mitgliedstaaten, die Ausdruck völkerrechtlicher Rücksichtnahme ist, in der Realität aber nicht existiert.[9] Faktisch gibt es in Europa erhebliche Effektivitätsdivergenzen,

---

[5] EuGH, Urteil vom 27.2.2014, Rs. C-1/13, *Cartier parfums – lunettes SAS ua/Ziegler France SA ua* = EuZW 2014, 340 (*Thormeyer* 342).

[6] ArbG Mannheim, Beschluss vom 6.6.2007, 5 Ca 90/07 = IPRax 2008, 37 (*Stumpe* 22); ArbG Barcelona, Beschluss vom 26.6.2007, Despido 304/2007-C (unveröffentlicht, besprochen von *Stumpe*, Torpedo-Klagen im Gewand obligatorischer Schlichtungsverfahren – Zur Auslegung des Art. 27 EuGVVO, IPRax 2008, 22).

[7] EuGH, Urteil vom 20.12.2017– C-467/17, *Schlömp/Landratsamt Schwäbisch Hall* = EuZW 2018, 136.

[8] EuGH, Urteil vom 27.6.1991, Rs. 35/89, *Overseas Union/New Hampshire Insurance* = Slg. 1991, 3317 (Rn. 14).

[9] Übersicht über die Verfahrensdauer in den Mitgliedstaaten im EU Justice Scoreboard 2021 (https://ec.europa.eu/commission/presscorner/detail/en/IP_21_3523) (abgerufen am 4.1.2022).

die eine Missbrauchsgefahr beinhalten. Daher birgt die Vorschrift des Art. 29 EuGVO auch in einem zusammenwachsenden und sich erweiternden Europa ein erhebliches Konfliktpotenzial.

Die Durchsetzung der Rechtshängigkeit mit Hilfe von *antisuit injunctions* ist im **13** Anwendungsbereich der EuGVO unzulässig (s. Kap. 3 Rn. 48).

II. Zeitpunkt der Rechtshängigkeit

Zu Art. 21 EuGVÜ hatte der EuGH entschieden, dass die Voraussetzungen für die **14** Annahme der Rechtshängigkeit nicht einheitlich für das europäische Zivilprozessrecht entschieden werden, sondern maßgeblich sei, wann die endgültige Rechtshängigkeit nach dem jeweiligen nationalen Prozessrecht eintrete.[10] Nach deutschem Prozessrecht ist hierzu die Zustellung der Klageschrift an den Beklagten erforderlich (§§ 253, 261 ZPO). Die Folge war, dass bei Klageerhebung in Deutschland erst noch die international langwierige Zustellung durchzuführen war, bis das Verfahren ein anderes sperren konnte. Andere Länder lassen dagegen die Wirkungen der Rechtshängigkeit früher eintreten: hier reicht z. T. schon die Einreichung bei Gericht oder der Eintrag der Klage in ein Klageregister. Dies hatte zur Folge, dass ein Beklagter, der Kenntnis davon erlangte, dass gegen ihn eine Klage in Deutschland eingereicht wurde, diese noch durch eine negative Feststellungsklage z. B. in Italien (dort ist für die Annahme der Rechtshängigkeit die Einreichung plus Mitteilung per Fax erforderlich) blockieren konnte. Da im Verwaltungsprozess die Rechtshängigkeit bereits mit Klageeinreichung eintritt (§ 90 VwGO), konnte man zu dieser Zeit erwägen, in einer Zivil- und Handelssache absichtlich falsch das VG anzurufen, um die Fristwahrung des § 17b Abs. 1 S. 2 GVG i. V. mit § 83 VwGO zu nutzen. Zu erwägen war neben einer teleologischen Reduktion des § 17b Abs. 1 S. 2 GVG auch die Frage, ob in einem solchen Fall ein Rechtsmissbrauch vorliegt.[11]

Dem beugt heute Art. 32 Abs. 1 EuGVO (s. die entsprechenden Bestimmungen **15** in Art. 16 EuEheVO, Art. 9 EuUnthVO, Art. 14 EuErbVO) vor. Danach gilt einheitlich für das europäische Prozessrecht ein Gericht als angerufen: 1) zu dem Zeitpunkt, zu dem das verfahrenseinleitende Schriftstück oder ein gleichwertiges Schriftstück bei Gericht eingereicht worden ist (lit. a), *oder* 2) falls die Zustellung an den Beklagten vor Einreichung des Schriftstücks bei Gericht zu bewirken ist, zu dem Zeitpunkt, zu dem die für die Zustellung verantwortliche Stelle das Schriftstück erhalten hat (lit. b).

In beiden Fällen muss der Kläger die ihm obliegenden Maßnahmen treffen, um **16** die endgültige Rechtshängigkeit herbeizuführen.[12] Durch diese Regelung wird er-

---

[10] So EuGH, Urteil vom 7.6.1984, Rs. 129/83, *Zelger/Salinitri* = Slg. 1984, 2397 = NJW 1984, 2759 = RIW 1984, 737.

[11] OVG Koblenz, Beschluss vom 11.5.1995, 10 A 11400/95 = NVwZ-RR 1996, 181, 182; Beck'scher Online-Kommentar VwGO/*Wolff*, § 90 Rn. 4.

[12] Hierzu BGH, Urteil vom 13.9.2016 – VI ZB 21/15 = BGHZ 212, 1 = NJW 2017, 564. Dazu *Kern/Uhlmann*, IPRax 2020, 12, 14.

reicht, dass die Regelung des Art. 29 EuGVO zu einem frühen Zeitpunkt anwendbar ist; für verfahrenstaktische Erwägungen bei außerprozessualer Kenntniserlangung von einer Klage bleibt kaum Raum.

III. Anwendung von Art. 29 EuGVO bei ausschließlichen Zuständigkeiten und Gerichtsstandsvereinbarungen

17   Umstritten war, ob der Vorrang der Zuständigkeit des zuerst angerufenen Gerichts auch dann bestand, wenn das später angerufene Gericht aufgrund einer *ausschließlichen* Zuständigkeit zuständig war oder aufgrund einer *Gerichtsstandsvereinbarung* (s. Fall 15 (Rn. 6) Kap. 3 Rn. 279). Zum Teil wurde vertreten, dass, auch wenn das Zweitgericht in der Sache eine **ausschließliche Zuständigkeit** beanspruche, es sein Verfahren aussetzen bzw. sich für unzuständig erklären müsse.[13]

18   Die Pflicht zur Aussetzung zugunsten des zuerst angerufenen Gerichts bestand nach der Rechtsprechung des EuGH (s. Fall 15, Rn. 6) auch, wenn das später angerufene Gericht aufgrund einer **Gerichtsstandsvereinbarung** zuständig war, und zwar selbst dann, wenn davon auszugehen war, dass das Verfahren vor dem zuerst angerufenen Gericht so lang dauern würde, dass eine Verletzung des Art. 6 EMRK gegeben war.[14] Diese Entscheidung stützte sicherlich die Systematik der Verordnung, die auf dem gegenseitigen Vertrauen der Mitgliedstaaten in das Funktionieren des eigenen Justizsystems gründet. Es bestand ein relativ einfach zu handhabendes Vorrangverhältnis der ersten vor der zweiten Klage. Zweifel über die Zuständigkeit ließen sich so vermeiden. Trotzdem war es zweifelhaft, ob das Verhältnis von ausschließlichen Zuständigkeiten und Gerichtsstandsvereinbarungen auf der einen Seite und der Regelung der Rechtshängigkeit auf der anderen Seite, zutreffend gelöst war. Im Ergebnis widersprach eine Anwendung des Art. 27 EuGVO a. F. bei Gerichtsstandsvereinbarungen ihrer Intention. Gerichtsstandsvereinbarungen sollen für Rechtssicherheit in Vertragsbeziehungen des internationalen Handels sorgen (*forum planning*). Dieses Ziel wird konterkariert, wenn die Wirkung einer Gerichtsstandsvereinbarung dadurch (zumindest) zeitweilig unterlaufen werden kann, dass eine Partei entgegen der Gerichtsstandsvereinbarung ein derogiertes Gericht anruft und damit das Verfahren blockieren kann, zumal dieses Verhalten nicht durch *antisuit injunctions* verhindert werden darf (s. o. Kap. 3 Rn. 48).

19   Besser ist es, in Fällen von ausschließlichen Zuständigkeiten und Gerichtsstandsvereinbarungen vorzusehen, dass abweichend vom Prioritätsprinzip nicht das zuerst angerufene Gericht über die Zuständigkeit entscheidet, sondern das prorogierte, weil insofern eine Vermutung besteht, dass dieses Gericht zuständig ist. Die Justizsysteme der Mitgliedstaaten sind leider nicht alle in der Lage, zeitnah effektiven

---

[13] *Schack*, IZVR, Rn. 846.

[14] EuGH, Urteil vom 9.12.2003, Rs. C-116/02, *Erich Gasser GmbH/Misat Srl.* = IPRax 2004, 243. S. auch das Verfahren OLG München, Beschl. vom 2.6.1998, 7 W 1461/98 = RIW 1998, 631 (dazu *Prütting*, Die Rechtshängigkeit im europäischen Zivilprozessrecht, GS Lüderitz, 2000, S. 623, 624 ff.). Der EuGH hatte die Frage bis dahin offen gelassen, EuGH, Urteil vom 27.6.1991, Rs. 35/89, *Overseas Union/New Hampshire Insurance* = Slg. 1991 I-3317 (Rn. 26).

Rechtsschutz zu bieten. Die Aufnahme weiterer Mitglieder in die EU hat dieses Problem im Zweifel noch verschärft.[15]

Zu Recht wurde daher in der **EuGVO 2015** das Verhältnis des Art. 25 EuGVO **20** einerseits und Art. 29 EuGVO andererseits neu geregelt, um nicht die Abwanderung auch mittelständischer Unternehmen in die internationale Schiedsgerichtsbarkeit weiter zu fördern. Denn die Schiedsgerichtsbarkeit kann diese Probleme lösen, weil beim Ausscheren aus einer Schiedsvereinbarung das Schiedsgericht zumindest die Möglichkeit hat, das Schiedsverfahren weiter zu betreiben. Es muss nicht aussetzen (§ 1032 Abs. 3 ZPO).

Der **Bericht zur Anwendung der EuGVO** wollte die Anwendung des Art. 27 **21** EuGVO a. F. bei Gerichtsstandsvereinbarungen modifizieren, wenn ein Standardformular verwendet wird.[16]

Der **Vorschlag für eine Neufassung der EuGVO** (s. Kap. 3 Rn. 4) sah dagegen **22** vor, dass grundsätzlich das prorogierte Gericht seine Zuständigkeit prüft, und andere Gerichte, auch wenn sie zuerst angerufen wurden, abzuwarten bzw. die Zuständigkeit des prorogierten Gerichts zu akzeptieren haben.[17]

Diesen Weg ist die neue EuGVO gegangen. Gem. **Art. 31 Abs. 2 EuGVO** prüft **23** das prorogierte Gericht die Wirksamkeit der Gerichtsstandsvereinbarung. Die anderen Gerichte haben ihr Verfahren auszusetzen, bis das prorogierte Gericht über seine Zuständigkeit entschieden hat. Bejaht es seine Zuständigkeit, müssen die anderen Gerichte sich für unzuständig erklären (Art. 31 Abs. 3 EuGVO). Wie man in der Zukunft mit Fällen offensichtlichen Rechtsmissbrauchs umgeht, wird noch zu erörtern sein. Unklar ist, ob man dem zuerst angerufenen Gericht nicht wenigstens die Möglichkeit einer Evidenzprüfung zubilligt.[18] Ist die Gerichtsstandsvereinbarung offensichtlich unwirksam, könnte die Kompetenz-Kompetenz des prorogierten Gerichts wegfallen; es droht sonst eine weitere Torpedo Problematik.[19]

Im **Fall 15** bestand daher nach Ansicht des EuGH die Pflicht, das Verfahren aus- **24** zusetzen. Nach der neuen EuGVO besteht eine solche Pflicht nicht mehr.

---

[15] Außerhalb des Anwendungsbereichs der EuGVO kann eine jahrelange Verzögerung eines Rechtsstreits im Ausland dazu führen, dass die ausländische Rechtshängigkeit nicht (mehr) beachtet wird, BGH, Urteil vom 26.1.1983, IVb ZR 335/81 = NJW 1983, 1269 = IPRax 1984, 152; BGH, Urteil vom 10.10.1985, I ZR 1/83 = NJW 1986, 2195, 2196 = WM 1986, 115. Lösungsvorschlag für den Anwendungsbereich des europäischen Zivilprozessrechts zu Gunsten einer in sechs Monaten nach der Feststellungsklage erhobenen Leistungsklage bei *Prütting*, Die Rechtshängigkeit im europäischen Zivilprozessrecht, GS Lüderitz, 2000, S. 623, 631 f.; *Otte*, Umfassende Streitentscheidung durch Beachtung von Sachzusammenhängen, S. 466 ff.

[16] Study JLS/C4/2005/03 Report on the Application of Regulation Brussels I in the Member States, presented by *Hess, Pfeiffer* and *Schlosser*, Final Version September 2007, S. 197.

[17] S. *Czernich*, Reform des Rechts der Gerichtsstandsvereinbarungen im europäischen Zuständigkeitsrecht, Jahrbuch Zivilverfahrensrecht 2010, 97 sowie *McGuire*, Reformbedarf der Rechtshängigkeitsregel?, Jahrbuch Zivilverfahrensrecht 2010, 133.

[18] *Schlosser*, in: Schlosser/Hess, EU-Zivilprozessrecht, Art. 31 EuGVO Rn. 2; *Domej*, RabelsZ 78 (2014), 508, 536; Rauscher/*Leible*, EZPR, Art. 31 EuGVO Rn. 14 f.; *Kindler*, Gerichtsstandsvereinbarung und Rechtshängigkeitssperre: Zum Schutz vor Torpedo-Klagen nach der Brüssel Ia-Verordnung, FS Coester-Waltjen 2015, S. 485, 494; dagegen *Mankowski*, RIW 2015, 17, 20.

[19] Nagel/*Gottwald*, IZPR, § 6 Rn. 213.

IV. Die Kernpunkttheorie des EuGH

25 Bei der Bestimmung des Begriffs „**wegen desselben Anspruchs**" stellt der EuGH auf einen verordnungsautonom zu ermittelnden Streitgegenstand ab. Entscheidende Bedeutung erlangten in diesem Zusammenhang die Urteile des EuGH in den Sachen *Gubisch/Palumbo*[20] und *Tatry*.[21] Im ersten Urteil entschied der EuGH, dass eine nachfolgend erhobene Feststellungsklage durch eine zuvor in einem anderen Mitgliedstaat erhobene Leistungsklage gesperrt wird, weil beide im Sinne des Art. 29 EuGVO denselben Streitgegenstand haben. In der *Tatry*-Entscheidung war zunächst negative Feststellungsklage in den Niederlanden erhoben worden und darauf in London dingliche Klagen (*actions in rem*[22]) gegen die Schiffe „*Tatry*" und „*Maciej Rataj*". Der EuGH sah auch hier den Streitgegenstand der in London erhobenen Leistungsklage unabhängig von Rechtsschutzziel und Form des Antrags von der in den Niederlanden erhobenen negativen Feststellungsklage als umfasst an.

26 Diese Entscheidung ermöglicht heute einen sog. **italienischen Torpedo**, also eine Blockade des Verfahrens, indem eine Sache dort rechtshängig gemacht wird, wo die Prüfung der Zuständigkeit erfahrungsgemäß lange Zeit in Anspruch nimmt. Es gab durchaus Stimmen, die forderten, dass bei der Neufassung der EuGVO dieser Vorrang der negativen Feststellungsklage vor einer nachfolgenden Leistungsklage durch eine Regelung beseitigt werden sollte. Der Gesetzgeber hat das Prioritätsprinzip aber nur modifiziert, wenn eine Gerichtsstandsvereinbarung vorliegt.

27 Entscheidend bei der Bestimmung des Streitgegenstandes ist nach Ansicht des EuGH, dass in beiden Verfahren bei natürlicher Betrachtungsweise über die gleiche Sache gestritten wird. Dieses sei der Fall, wenn beide Verfahren im Kern übereinstimmten. Der EuGH stellt nicht auf einen dem deutschen Recht entsprechenden engen Streitgegenstand ab, sondern auf einen europäisch autonomen Streitgegenstand, dem ein einheitlicher Lebenssachverhalt zugrunde liegt, der den Kern des Streits bildet (**Kernpunkttheorie**).[23] Auf die Formulierung der Anträge kommt es daher im Rahmen dieses Streitgegenstandsbegriffs gar nicht an, während im deutschen Recht gilt, dass ein anderer Antrag immer einen anderen Streitgegenstand begründet.[24]

---

[20] EuGH Urteil vom 8.12.1987, Rs. 144/86, *Gubisch Maschinenfabrik/Palumbo* = Slg. 1987, S. 4871 ff.

[21] EuGH Urteil vom 6.12.1994, Rs. C-406/92, *Tatry/Maciej Rataj* = Slg. 1994, S. 5460 ff.; *Huber*, JZ 1995, 603, 610.

[22] S. zur Unterscheidung zwischen *actions in personam* und *actions in rem Geimer/Schütze*, Internationale Urteilsanerkennung, Bd. I, 1. Halbband, S. 1027 f.; *Lenenbach*, Gerichtsstand des Sachzusammenhangs nach Art. 21 EuGVÜ?, EWS 1995, 361, 365 f.

[23] *Hess*, EZPR, Rn. 6.184; Rauscher/*Leible*, EZPR, Art. 29 EuGVO Rn. 15.

[24] Auch in das deutsche Recht hat die Kernpunkttheorie vereinzelt Einzug gehalten: Das OLG Hamm, Urteil vom 30.10.2000, 1 U 1/00 = FamRZ 2001, 1015 entschied unter direkter Bezugnahme auf die EuGH-Rechtsprechung, dass die Unvereinbarkeit von Unterhaltsentscheidungen danach zu beurteilen sei, ob der Kernpunkt beider Rechtsstreitigkeiten übereinstimme.

§ 2 Aussetzung bei Konnexität

Beispiel

Fall 16: A ist Inhaber eines europäischen Patents. Er klagt gegen B vor dem nach Art. 4 Abs. 1 EuGVO international zuständigen LG Düsseldorf auf Unterlassung und Schadensersatz wegen der Verletzung des deutschen, englischen, und französischen Teils des europäischen Patents, das B durch Vertriebshandlungen verletzt haben soll. Während dieses Verfahrens erhebt B vor französischen Gerichten eine Nichtigkeitsklage. Wie soll das LG Düsseldorf entscheiden? ◄

I. Verfahren in anderem Mitgliedstaat

Art. 30 Abs. 1 EuGVO (s. die entsprechenden Normen Art. 19 EuEheVO, Art. 13   **28**
EuUnthVO, Art. 18 EuErbVO) gibt dem später angerufenen Gericht die Möglichkeit, sein Verfahren auszusetzen und den Ausgang des ersten Verfahrens abzuwarten, oder aber sich gem. Art. 30 Abs. 2 EuGVO für unzuständig zu erklären, wenn zwischen den Verfahren ein Zusammenhang besteht, das zuerst angerufene Gericht auch für die zweite Klage zuständig ist, und eine Verbindung der beiden Verfahren nach dem Recht des *zuerst* angerufenen Gerichts möglich ist. Die Aufgabe, eine sinnvolle Verfahrenskoordination herbeizuführen, ist damit dem *später* angerufenen Gericht übertragen worden.

Art. 30 EuGVO setzt zwei in verschiedenen Mitgliedstaaten rechtshängige Ver-   **29**
fahren bereits voraus, er begründet keinen Gerichtsstand des Sachzusammenhangs. Der Sinn des Art. 30 EuGVO muss die Entstehungsgeschichte des EuGVÜ und den Grad der Prozessrechtsvereinheitlichung in Europa berücksichtigen. Praktischer und ökonomischer als das Verfahren der Aussetzung wäre auf jeden Fall eine Verweisung des Rechtsstreits an das zuerst angerufene Gericht. Dieses Gericht müsste an die Verweisung gebunden sein. Hierfür war die Zeit beim Abschluss des EuGVÜ ohne Zweifel noch nicht reif, beim Erlass und der Neufassung der EuGVO offenbar immer noch nicht. In der Zukunft ist es erstrebenswert, diese **Verweisungsmöglichkeit** in die EuGVO aufzunehmen.

Ein **Zusammenhang** liegt nach Art. 30 Abs. 3 EuGVO vor, wenn zwischen zwei   **30**
Verfahren eine so enge Beziehung gegeben ist, dass eine gemeinsame Verhandlung und Entscheidung geboten erscheint, um zu vermeiden, dass in getrennten Verfahren *widersprechende* Entscheidungen ergehen können. Der EuGH befürwortet im Interesse einer effektiven Verfahrenskoordination eine weite Auslegung des Begriffs. Der Begriff der widersprechenden Entscheidungen hat eine weitere Bedeutung als der der Unvereinbarkeit in Art. 45 Abs. 1 lit. c und d EuGVO. Es genügt auch ein Widerspruch in tragenden Urteilsgründen. Durch die EuGVO 2002 wurde dieser Begriff der Unvereinbarkeit auch in Art. 8 Nr. 1 EuGVO aufgenommen, obwohl die Frage der gerechten Zuständigkeitsverteilung und der Rechtshängigkeit eigentlich unterschiedliche Interessen zu berücksichtigen hätten. Dies führte zur Versagung einer effektiven Dursetzung europäischer Patente (*spider in the web-*Theorie, s. Kap. 3 Rn. 165)

31   Ob sich die Zuständigkeit für die Klagen aus der EuGVO oder dem nationalen IZPR ergeben, ist irrelevant.

32   Die Möglichkeit der **Aussetzung** nach Art. 30 Abs. 1 EuGVO ist unabhängig davon, ob die Klagen noch in erster Instanz anhängig sind. Bei der Aussetzung kann das Gericht, da die Aussetzung sowohl in Art. 29 Abs. 1 als auch in Art. 30 Abs. 1 EuGVO vorgesehen ist, offen lassen, ob es wegen anderweitiger Rechtshängigkeit oder wegen eines Zusammenhangs aussetzt. Auf diese Weise kann die schwierige Abgrenzung zwischen beiden Vorschriften in der Praxis umgangen werden.

33   Die **Klageabweisung** nach Art. 30 Abs. 2 EuGVO setzt dagegen voraus, dass beide Klagen noch in erster Instanz anhängig sind, und dass das zuerst angerufene Gericht auch für beide Klagen international zuständig ist, damit es nicht zu einem negativen Kompetenzkonflikt kommt. Weiter muss das später angerufene Gericht prüfen, ob das Recht des erstangerufenen Gerichts eine Verfahrensverbindung von Klagen, die bei verschiedenen Gerichten rechtshängig sind, zulässt. Wäre das zuerst angerufene Gericht ein deutsches, so würde ein später angerufenes Gericht eines anderen Mitgliedstaates dabei feststellen, dass es in Deutschland diese Möglichkeit nicht gibt, da § 147 ZPO zwar eine Verbindung zweier Verfahren ermöglicht, aber nur unter der Voraussetzung, dass diese bei dem gleichen Gericht rechtshängig sind.

34   Neben der Aussetzungsmöglichkeit nach Art. 30 Abs. 1 EuGVO kann das Gericht auch von **nationalen Vorschriften** Gebrauch machen, die eine Aussetzung ermöglichen. Ein deutsches Gericht kann daher in einem Patentverletzungsverfahren das Verfahren nach § 148 ZPO aussetzen, wenn der Beklagte vor dem nach Art. 24 Nr. 4 EuGVO ausschließlich zuständigen Gericht Klage wegen Patentnichtigkeit erhebt. Das ist im obigen **Fall 16** gegeben. Eine Aussetzung nach Art. 30 Abs. 1 EuGVO ist nicht möglich, weil nach der Reaktion des zuerst angerufenen Gerichts gefragt ist. Bei Art. 30 Abs. 1 EuGVO muss das später angerufene Gericht auf die bereits rechtshängige Klage reagieren. Das LG Düsseldorf kann aber nach § 148 ZPO das Verfahren aussetzen und den Ausgang des Verfahrens vor dem nach Art. 24 Nr. 4 S. 2 EuGVO zuständigen französischen Gericht abwarten.

II. Verfahren in Drittstaat

35   Eine Gesamtregelung der sog. **Drittstaatenproblematik** (Kap. 3 Rn. 35) ist in der neuen EuGVO nicht gelungen. Eine wichtige Regelung für Drittstaaten wurde aber bei den Regeln der Rechtshängigkeit geschaffen: Gem. Art. 33 Abs. 1 EuGVO kann ein in einem Drittstaat rechtshängiges Verfahren dazu führen, dass ein mitgliedstaatliches Gericht, das seine Zuständigkeit auf Art. 4, 7, 8 oder 9 EuGVO gründet, ein bei ihm anhängiges Verfahren auf Antrag oder von Amts wegen (Art. 33 Abs. 4 EuGVO) aussetzt, wenn zu erwarten ist, dass das Gericht des Drittstaats eine Entscheidung erlassen wird, die in dem betreffenden Mitgliedstaat anerkannt und gegebenenfalls vollstreckt werden kann (lit. a), und das Gericht des Mitgliedstaats davon überzeugt ist, dass eine Aussetzung des Verfahrens im Interesse einer geordneten Rechtspflege erforderlich ist (lit. b).

Art. 33 EuGVO soll eine flexible Möglichkeit bieten, Verfahren in Drittstaaten **36** angemessen zu berücksichtigen (Erwägungsgrund 23 der EuGVO).[25]

Bei der Feststellung, ob dies im Interesse einer geordneten Rechtspflege ist, **37** sollte das Gericht des betreffenden Mitgliedstaats alle Umstände des bei ihm anhängigen Falles prüfen. Hierzu können Verbindungen des Streitgegenstands und der Parteien zu dem betreffenden Drittstaat zählen wie auch die Frage, wie weit das Verfahren im Drittstaat zu dem Zeitpunkt, an dem ein Verfahren vor dem Gericht des Mitgliedstaats eingeleitet wird, bereits fortgeschritten ist, sowie die Frage, ob zu erwarten ist, dass das Gericht des Drittstaats innerhalb einer angemessenen Frist eine Entscheidung erlassen wird (so wörtlich Erwägungsrund 24 der EuGVO).

§ 3 Deutsches IZPR

Die Klageerhebung vor einem ausländischen Gericht außerhalb des Anwendungs- **38** bereichs der EuGVO hat die Rechtshängigkeit nach dem dort geltenden Recht zur Folge, wenn mit der Anerkennung der Entscheidung zu rechnen ist.[26] Im europäischen Prozess kommt es auf eine derartige Anerkennungsprognose nicht an.

Die **Rechtshängigkeit beginnt** mit Klageerhebung, ein im laufenden Verfahren **39** erhobener Anspruch wird rechtshängig, wenn er in der mündlichen Verhandlung geltend gemacht oder ein § 253 Abs. 2 Nr. 2 ZPO entsprechender Schriftsatz zugestellt wird (§ 261 Abs. 2 ZPO).[27] Ob die Klage zulässig ist, ist grundsätzlich unerheblich.

In Deutschland haben eine Klage auf Feststellung der Unwirksamkeit des Ver- **40** trages und eine Leistungsklage aus demselben Vertrag zwei unterschiedliche Streitgegenstände, der zweiten Leistungsklage steht keine Rechtshängigkeitssperre entgegen und auch die Wirksamkeit des Vertrages wird nicht von der Rechtskraft der Leistungsklage erfasst.

Nach h. M. in Deutschland entfällt in dem Zeitpunkt das Feststellungsinteresse **41** für die negative Feststellungsklage, wenn die nachfolgende Leistungsklage erhoben ist und nicht mehr einseitig zurückgenommen werden kann.[28] Das soll ausnahmsweise dann nicht gelten, wenn die negative Feststellungsklage entscheidungsreif ist.[29] Diese Lösung ist wenig befriedigend, weil sie häufig prozessunökonomisch ist, da wesentliche Ergebnisse des bisherigen Verfahrens nicht weiter genutzt werden können (Unmittelbarkeitsgrundsatz). Sinnvoller ist es, dem Beklagten des

---

[25] *Hess*, EZPR, Rn. 6.191; *Heckel*, GPR 2012, 272.

[26] BGH, Urteil vom 10.10.1985, I ZR 1/83 = NJW 1986, 2195 = WM 1986, 115.

[27] Vgl. BGH, Urteil vom 17.5.2001, IX ZR 256/99 = NJW 2001, 3713 = MDR 2001, 1071.

[28] BGH, Urteil vom 2.3.1999, VI ZR 71/98 = NJW 1999, 2516, 2517; BGH, Urteil vom 11.12.1999, VIII ZR 154/95 = BGHZ 134, 201 = NJW 1997, 870, 872; BGH, Urteil vom 7.7.1994, I ZR 30/92 = NJW 1994, 3107 = MDR 1995, 492; BGH, Urteil vom 22.1.1987, I ZR 230/85 = BGHZ 99, 340, 342 = NJW 1987, 2680, 2681.

[29] BGH, Urteil vom 22.1.1987, I ZR 230/85 = BGHZ 99, 340 = NJW 1987, 2680; *Schramm*, Der Patentverletzungsprozess, 6. Aufl. 2010, S. 271 f.

Erstverfahrens eine Konzentrationslast aufzubürden, so dass er gezwungen wird, eine Leistungswiderklage am Erstgericht zu erheben. Dann könnten die bisherigen Ergebnisse des Erstverfahrens genutzt werden.

42   In europäischen Fällen entfiele das Feststellungsinteresse nicht, da der nachfolgenden Leistungsklage der Einwand der Rechtshängigkeit entgegengehalten werden kann, weil die **Kernpunkttheorie** des EuGH weiter ist als der deutsche Streitgegenstandsbegriff, der für die Rechtshängigkeit im deutschen Recht maßgeblich ist. Hier wäre der Beklagte gezwungen, Leistungswiderklage am Gerichtsstand der negativen Leistungsklage zu erheben.[30]

§ 4 Zusammenfassung

43

- Die Koordination internationaler Prozesse erfolgt während der Rechtshängigkeit durch die Institute der Rechtshängigkeit und der Konnexität, nach Ende der Rechtshängigkeit durch die Rechtskraft.
- Ein später angerufenes Gericht hat sich für unzuständig zu erklären, wenn wegen desselben Anspruchs ein früher angerufenes Gericht eines anderen Mitgliedstaates zuständig ist.
- Ein Gericht eines Mitgliedstaates kann sein Verfahren aussetzen, wenn ein Gericht in einem Drittstaat bereits mit der Sache befasst ist.
- Der Zeitpunkt der Rechtshängigkeit wird durch Art. 32 EuGVO einheitlich fixiert.
- Der EuGH hat mit der Kernpunkttheorie einen europäischen Streitgegenstandsbegriff entwickelt. Dieser ist unabhängig vom gestellten Antrag.
- Negative Feststellungsklage und Leistungsklage können daher denselben Anspruch zum Gegenstand haben. Dies ermöglicht einen sog. italienischen Torpedo.
- Im Verhältnis von Hauptsacheverfahren und einstweiligem Rechtsschutz greift der Rechtshängigkeitseinwand nicht ein. Es erfolgt keine Verfahrenskoordination.
- Im deutschen IZPR haben negative Feststellungsklage und Leistungsklage immer unterschiedliche Streitgegenstände. Eine Koordination paralleler Verfahren erfolgt durch das Institut des Feststellungsinteresses.

---

[30] EuGH Urteil vom 6.12.1994, Rs. C-406/92, *Tatry/Maciej Rataj* = Slg. 1994, I- 5439; *Kropholler/v. Hein*, EZPR, Art. 27 EuGVO Rn. 10; Nagel/*Gottwald*, IZPR, § 6 Rn. 207.

5. Kapitel Anerkennung und Vollstreckung ausländischer Entscheidungen

Der Erlass einer gerichtlichen Entscheidung ist Ausdruck staatlicher Souveränität. **1**
Diese Souveränität endet an der Staatsgrenze. Nur innerhalb der eigenen Staatsgrenzen entfaltet eine gerichtliche Entscheidung die ihr durch das staatliche Prozessrecht zugedachten Wirkungen.[1] Soll sie diese Grenze überschreiten, um in einem
anderen Staatsgebiet die ihr eigenen oder wenigstens die in dem anderen Staat bekannten Wirkungen zu entfalten, so muss der jeweilige staatliche Souverän darin
einwilligen. Eine völkerrechtliche Pflicht hierzu besteht nach überwiegender Ansicht nicht.[2] In Deutschland kann man aber eine verfassungsrechtliche Pflicht zur
Anerkennung ausländischer Entscheidungen bejahen.[3]

In dem angestrebten Rechtsraum Europa ist aber längst anderes Realität. Urteils- **2**
freizügigkeit erfolgt durch **Anerkennung**. Der (Rechts-)Begriff der Anerkennung
hat sich von seiner ursprünglichen Herkunft im Völkerrecht inzwischen weit entfernt: nach der Anerkennung von Qualitätsnormen für Waren ist das Anerkennungs-
prinzip in Europa auf sämtliche Grundfreiheiten erstreckt worden,[4] man diskutiert
daneben die gegenseitige Anerkennung von Hoheitsakten (die nicht Gerichtsent-

---

[1] *Jakowski*, Das Anerkennungsregime des europäischen Zivilprozessrechts für mitgliedstaatliche
Entscheidungen, S. 27.

[2] *Schack*, IZVR, Rn. 923; Nagel/*Gottwald,* IZPR, § 12 Rn. 102.

[3] Nagel/*Gottwald,* IZPR, § 12 Rn. 103.

[4] *Mansel*, RabelsZ 70 (2006), 651, 665 m. w. Nw. in Fn. 53. Allgemein zur Bedeutung der Grundfreiheiten in IPR und IZPR *Roth*, Der Einfluss der Grundfreiheiten auf das internationale Privat-
und Verfahrensrecht, in: Baur/Mansel, Systemwechsel im europäischen Kollisionsrecht, S. 47 ff.;
Jakowski, Das Anerkennungsregime des europäischen Zivilprozessrechts für mitgliedstaatliche
Entscheidungen, S. 44; *Hess*, EZPR, Rn. 3.22. (insbes. zum Binnenmarktprozess).

© Springer-Verlag GmbH Deutschland, ein Teil von Springer Nature 2022,   191
korrigierte Publikation 2023
J. Adolphsen, *Europäisches Zivilverfahrensrecht*, Springer-Lehrbuch,
https://doi.org/10.1007/978-3-662-63558-2_5

scheidung o. ä. sind),[5] auch die von Statusentscheidungen, Gerichtsentscheidungen, Schiedssprüchen, Gesellschaften, aber auch von Patenten.[6]

3   Der Grundsatz der gegenseitigen Anerkennung ist die Säule, auf der nicht nur die Bildung des Europäischen Verfahrensrechts, sondern auch des gesamten angestrebten Europäischen Rechtsraums ruht.[7] Anerkennung geht davon aus, dass eine umfassende Rechtsvereinheitlichung in einem Rechtsraum ohne Binnengrenzen nicht erfolgt ist. Sie setzt – im Bereich des Zivilverfahrensrechts – darauf, dass Titel in den Mitgliedstaaten auf der Grundlage (mehr oder weniger) unterschiedlichen Rechts ergehen und trotzdem in Europa zirkulieren können. Anerkennung bedeutet daher **Akzeptanz der Unterschiedlichkeit**, nicht Herstellung der Gleichheit. Die Kommission hat 2004 betont, dass die Rechts- und Gerichtssysteme der Mitgliedstaaten nicht in Frage gestellt werden.[8]

4   Innerhalb dieses einheitlichen Rechtsraums sollen gerichtliche Entscheidungen frei zirkulieren und ihre Wirkungen entfalten können. Hierzu ist es erforderlich, dass Entscheidungen in den Mitgliedstaaten anerkannt und zur Vollstreckung zugelassen werden. Diese Möglichkeit sah schon das EuGVÜ vor, die Brüssel I-VO hat die Entwicklung vorangetrieben, vor allem, indem im Exequaturverfahren die Anerkennungsversagungsgründe nur noch auf Initiative des Vollstreckungsschuldners nachgeprüft werden. Die Brüssel Ia-VO hat schließlich das Exequaturverfahren beseitigt aber die Versagungsgründe beibehalten. Zwischenzeitlicher Höhepunkt der europäischen Integration im Europäischen Zivilverfahrensrecht war 2005 die Einführung des Europäischen Vollstreckungstitels durch die EuVTVO, der die Vollstreckung aus dem Urteil eines Mitgliedstaates automatisch in allen Mitgliedstaaten ermöglichte (s. Kap. 6). Die EU Kommission hat eine Studie in Auftrag gegeben, die klären soll, ob sich die Verordnungen, die eine erleichterte Vollstreckung ermöglichen, bewährt haben.[9]

5   Die Abschaffung aller Zwischenverfahren ist seit dem Ratsgipfel von Tampere 1999 (s. Kap. 1 Rn. 98) das vorrangige Ziel der EU-Kommission im Europäischen Zivilprozessrecht.

Dort heißt es:

„Im Bereich des Zivilrechts fordert der Europäische Rat die Kommission auf, einen Vorschlag für den weiteren Abbau der Zwischenmaßnahmen zu unterbreiten, die nach wie vor notwendig sind, um die Anerkennung und die Vollstreckung einer Entscheidung oder eines Urteils im ersuchten Staat zu ermöglichen.“

6   Aber auch außerhalb Europas ist die Anerkennung und Vollstreckung ausländischer Entscheidungen Normalität, da innerhalb einer globalen Weltordnung die Staaten auch an der Freizügigkeit gerichtlicher Entscheidungen interessiert sind,

---

[5] *Michaels*, Anerkennungspflichten im Wirtschaftsverwaltungsrecht der Europäischen Gemeinschaft und der Bundesrepublik Deutschland, 2004, S. 213 f.

[6] *Schmalenberg*, Anerkennung von Patenten in Europa, 2009.

[7] *Mansel*, Anerkennung als Grundprinzip des Europäischen Rechtsraums, RabelsZ 70 (2006), 651.

[8] Mitteilung der Kommission an den Rat und das Europäische Parlament: Raum der Freiheit, der Sicherheit und des Rechts: Bilanz des Tampere-Programms und Perspektiven, KOM (2004) 401 endg. S. 10 f.

[9] IC²BE - Informed Choices in Cross-Border Enforcement, https://www.jura.uni-freiburg.de/de/institute/ipr3/ic2be-1 (abgerufen am 30.5.2022); Die Studie wurde in Buchform veröffentlicht, s. *von Hein/Kruger*, Informed Choices in Cross-Border Enforcement, 2021.

um den liberalisierten Welthandel nicht einzuschränken. Im Jahr 2019 wurde das Haager Anerkennungs- und Vollstreckungsübereinkommen geschlossen (Kap. 1 Rn. 83) und die Singapur Konvention für Mediationsvergleiche (Kap. 1 Rn. 84). Die Anerkennung und Vollstreckbarerklärung sind in zahlreichen multi- und bilateralen Verträgen geregelt.[10]

§ 1 Die Unterscheidung von Anerkennung und Vollstreckung

I. Notwendigkeit von Anerkennung und Vollstreckung

Die Begriffe der Anerkennung, Vollstreckbarerklärung und Vollstreckung sind zu tren- **7** nen, auch wenn Anerkennung und Vollstreckbarerklärung durch die EuGVO a. F. und die nationalen Prozessgesetze zueinander in Bezug gesetzt werden, indem bei der Vollstreckbarerklärung die Anerkennungsversagungsgründe zum Prüfungsmaßstab erhoben werden. In früherer Zeit stand noch die Vollstreckbarkeit des ausländischen Urteils im Vordergrund.[11] Eine Anerkennungsfähigkeit wurde mangels normativer Grundlage aus der Vollstreckungsfähigkeit abgeleitet und nicht umgekehrt wie heute. Heute muss man feststellen, dass insbesondere das Verhältnis der Anerkennung zur Vollstreckung seltsam unklar geblieben ist, was sich daran zeigt, dass es unsicher ist, inwieweit der Wegfall des Vollstreckbarerklärungsverfahrens in der EuGVO Einfluss auf die eigentlich unverändert gebliebenen Regeln der Anerkennung hat.[12]

Nicht alle ausländischen Entscheidungen sind, genau wie inländische, einer Voll- **8** streckung fähig. Feststellungs- und Gestaltungsurteile können nicht vollstreckt werden. Das Urteil: *„Das Eigentum an der Sache steht dem Kläger zu"*, erschöpft sich in der Feststellungswirkung. Vollstreckungsfähig ist es nicht. Von anderen – Personen oder Gerichten – kann nur gefordert werden, diese Feststellungswirkung des Urteils zu beachten. Von einem anderen Staat bzw. dessen Gerichten, kann daher nur verlangt werden, die Wirkungen dieser Urteile auf seinem Territorium anzuerkennen.

Leistungsklagen enthalten dagegen eine inzidente Feststellung plus einen staatli- **9** chen Leistungsbefehl als Folge der Feststellung. Dieser Leistungsbefehl ist einer Zwangsvollstreckung fähig. Der im Urteil enthaltene Leistungsbefehl: *„Der Beklagte wird verurteilt, die Sache an den Beklagten herauszugeben,"* wird, wenn der Beklagte diesem Leistungsbefehl nicht nachkommt, dadurch vollstreckt, dass der Gerichtsvollzieher die Sache dem Beklagten wegnimmt und sie dem Kläger übergibt (§ 883 Abs. 1 ZPO). Hier kann sich die Notwendigkeit ergeben, auf anderem als dem Territorium des Urteilsstaates zu vollstrecken, wenn sich die Sache dort befindet.

---

[10] *Jayme/Hausmann*, IPR, Nr. 180 ff.; *Jakowski*, Das Anerkennungsregime des europäischen Zivilprozessrechts für mitgliedstaatliche Entscheidungen, S. 33; Kommentierung bei MüKo-ZPO, Bd. 3 Internationales und Europäisches Zivilprozessrecht, Schlussanhang C.

[11] *Matscher*, Grundfragen der Anerkennung und Vollstreckung ausländischer Entscheidungen in Zivilsachen, ZZP 103 (1990), S. 294, 299 f.

[12] *Jakowski*, Das Anerkennungsregime des europäischen Zivilprozessrechts für mitgliedstaatliche Entscheidungen, S. 21, 81 ff.

II. Anerkennung

1. Theorie der Wirkungserstreckung

10   **Anerkennung** einer Entscheidung bedeutet nach überwiegender Ansicht die Erstreckung der Wirkungen, die der Urteilsstaat der Entscheidung verleiht, auf das Territorium des anerkennenden Staates. Dieses Konzept entspricht der Rechtsprechung des EuGH. Dieser urteilte im Verfahren *Hoffmann/Krieg* 1988:

> „Insoweit ist darauf hinzuweisen, daß durch das Übereinkommen „so weit wie möglich die Freizügigkeit der Urteile hergestellt werden" soll und dass das Übereinkommen „in diesem Sinne … auszulegen" ist. Durch die Anerkennung sollen also den Entscheidungen die Wirkungen beigelegt werden, die ihnen in dem Staat zukommen, in dessen Hoheitsgebiet sie ergangen sind. Eine gemäß Artikel 26 des Übereinkommens (heute Art. 2 lit. a EuGVO) anerkannte ausländische Entscheidung muß grundsätzlich im ersuchten Staat dieselbe Wirkung entfalten wie im Urteilsstaat."[13]

11   Diese Sicht wird als **Theorie der Wirkungserstreckung** bezeichnet. Dabei bleibt die anerkannte Entscheidung eine des ausländischen Staates, also ein staatlicher Hoheitsakt. Die Theorie der Wirkungserstreckung wird allerdings, ohne dass dies ganz offengelegt wird, in unterschiedlichen Ausprägungen vertreten. Man könnte, auch auf die Gefahr hin, eine weitere bedingt nützliche Untergliederung in die Dogmatik einzuführen, von einer *relativen* und einer *absoluten* Theorie der Wirkungserstreckung sprechen.[14] In ihrer absoluten Ausprägung müsste die ausländische Urteilswirkung ohne jedes Korrektiv auf das Inland wirken. Dies kann – jedenfalls außerhalb eines einheitlichen Rechtsraums Europas – nicht mit den Souveränitätserwägungen der Staaten vereinbar sein. In ihrer relativen Ausprägung bildet der *ordre public*- Vorbehalt (Art. 45 Abs. 1 lit. a EuGVO) die Grenze für die Anerkennung.

2. Gleichstellungstheorie

12   Die Gegenansicht will die Entscheidung des Erststaates hinsichtlich ihrer Wirkungen einer Entscheidung des Anerkennungsstaates gleichstellen.[15] Der Geltungsgrund für die Wirkung der Entscheidung im Anerkennungsstaat ist damit nicht mehr dem Recht des Entscheidungsstaates zu entnehmen, sondern dem Recht des Anerkennungsstaates.

3. Kumulationstheorie

13   Die Kumulationstheorie belässt dagegen den Geltungsgrund der Entscheidung im ausländischen Recht, reduziert jedoch überschießende Urteilswirkungen auf den Umfang deutschen Rechts.[16]

---

[13] EuGH, Urteil vom 4.2.1988, Rs. 145/86, *Hoffmann/Krieg* = Slg. 1988, 645.

[14] *Bungert*, Rechtskrafterstreckung eines österreichischen Einantwortungsbeschlusses, IPRax 1992, 225, 226.

[15] BGH, Urteil vom 6.10.1982, IVb ZR 729/80 = NJW 1983, 514, 515 = MDR 1983, 118; *Schack*, IZVR, Rn. 941 ff.; *Geimer*, Exequaturverfahren, FS Georgiades, 2006, S. 489, 495.

[16] Diese Ansicht vertritt *Schack*, IZVR, Rn. 944.

4. Folgen des Theorienstreits

Unterschiedliche Ergebnisse entstehen dann, wenn dem Urteil im Erststaat andere, **14** dem Zweitstaat unbekannte Urteilswirkungen zukommen:

a) Ist die Wirkung einer konkreten Entscheidung des Urteilsstaates *eingeschränkter* als die einer vergleichbaren hypothetischen Entscheidung des Anerkennungsstaates, bleibt es nach der Theorie der Wirkungserstreckung bei den eingeschränkten Wirkungen des Urteilsstaates.

b) Sind die Wirkungen der Entscheidung des Urteilsstaates *umfassender* als die des Anerkennungsstaates, so werden diese unbekannten Wirkungen gleichwohl anerkannt. Nach der Gleichstellungstheorie würden der Entscheidung zwangsläufig nur die Urteilswirkungen zukommen, die dem Anerkennungsstaat bekannt sind. Umgekehrt würden einem ausländischen Urteil (auch gegen den Willen der Parteien) umfassendere Urteilswirkungen verliehen, wenn ein entsprechendes deutsches Urteil mehr Wirkungen hätte. Dies führt dazu, dass eine Entscheidung in verschiedenen Ländern ganz unterschiedliche Wirkungen hat und diese den Parteien auch gegen deren Willen aufgedrängt werden. Das kann nicht richtig sein. Die Kumulationstheorie würde ausländische Urteilswirkungen eventuell reduzieren.

5. Stellungnahme

Die Gleichstellungstheorie und die Kumulationstheorie versuchen letztlich, über **15** das Kriterium der „dem deutschen Recht bekannten Urteilswirkung" einen Filter einzubauen, um einen ungebremsten Import unbekannter ausländischer Urteilswirkungen zu verhindern. Letztlich lässt sich dieses Ergebnis bei einer grundsätzlichen Wirkungserstreckung aber durch differenzierte Anwendung des *ordre public*-Vorbehalts in Ausnahmefällen erreichen, so dass es unnötig ist, die dem deutschen Recht bekannten Urteilswirkungen im Regelfall zum Maßstab zu machen. Nur wenn es nicht gelingen kann, die ausländischen unbekannten Urteilswirkungen in deutsches Recht einzupassen, kann – vorbehaltlich einer Anpassung gem. Art. 54 Abs. 1 EuGVO (dazu s. u. Rn. 135) – eine Wirkungserstreckung nicht erfolgen. Zu folgen ist damit der Theorie der (relativen) Wirkungserstreckung.[17]

Wird die Entscheidung im Erststaat aufgehoben, entfallen ihre Wirkungen auch **16** im Anerkennungsstaat.

Art. 20 EuInsVO kann man als mittelbare Anerkennung der Theorie der Wir- **17** kungserstreckung ansehen.[18] Dort heißt es:

Art. 20 EuInsVO Wirkungen der Anerkennung
(1) Die Eröffnung eines Verfahrens nach Art. 3 Abs. 1 entfaltet in jedem anderen Mitgliedstaat, ohne dass es hierfür irgendwelcher Förmlichkeiten bedürfte, die Wirkungen, die das Recht des Staates der Verfahrenseröffnung dem Verfahren beilegt, sofern diese Verordnung nichts anderes bestimmt und solange in diesem anderen Mitgliedstaat kein Verfahren nach Art. 3 Abs. 2 eröffnet ist.

---

[17] Deutlich Stein/Jonas/*Oberhammer*, EuGVVO, Art. 33 Rn. 10, der davon ausgeht, das andere Theorien als die der Wirkungserstreckung kaum noch vertretbar sind und letztlich zu einer partiellen Anerkennungsversagung führten.

[18] MüKo-InsO/*Thole*, Bd. 3, 2. Aufl. 2021, Art. 20 EuInsVO, Rn. 4.

III. Vollstreckbarerklärung

18   Vollstreckbarerklärung bezeichnet die Zulassung der ausländischen Entscheidung zum staatlichen Zwangsvollstreckungsverfahren (z. B. durch Vollstreckungsurteil §§ 722 ff. ZPO). Der synonyme Begriff des *Exequaturverfahrens* kennzeichnet ebenfalls dieses prozessuale Verfahrensstadium. Die Vollstreckbarerklärung erfolgt nur dann, wenn der Entscheidung keine Anerkennungsversagungsgründe entgegenstehen. Hier findet sich in den Prozessordnungen die angesprochene Verzahnung beider Begriffe, die die logische Vorrangigkeit der Feststellung innerhalb eines Urteils vor dem Leistungsbefehl berücksichtigt. In Europa wurde das Vollstreckbarerklärungsverfahren zuletzt in der EuGVO abgeschafft (s. u. Rn. 125); in anderen Verordnungen wie bspw. der Brüssel IIa-Verordnung (Kap. 12 Rn. 57, 61, 65) und der EuErbVO (Kap. 13 Rn. 22) ist es noch vorgesehen. Das Vollstreckbarerklärungsverfahren verleiht einer ausländischen Entscheidung die Vollstreckbarkeit im Inland. Die Vollstreckbarkeit ist demnach – soweit es ein Vollstreckbarerklärungsverfahren gibt – keine anzuerkennende Urteilswirkung.

§ 2 Anerkennung ausländischer Entscheidungen nach der EuGVO

I. Anerkennungsfähige Entscheidungen

19   Gem. Art. 36 Abs. 1 EuGVO sind Entscheidungen anzuerkennen. Zu ergänzen ist, dass es nur um Entscheidungen geht, die eine Zivil- und Handelssache i. S. d. Art. 1 Abs. 1 EuGVO darstellen. Insofern kann im Grundsatz auf die Ausführungen zum sachlichen Anwendungsbereich der EuGVO verwiesen werden (s. Kap. 3 Rn. 6). Art. 2 lit. a EuGVO stellt ausdrücklich klar, dass der **Begriff der Entscheidung** weit zu verstehen ist. Entscheidend ist letztlich, dass das Gericht dem Bürger etwas zu- oder aberkennt. Dies kann durch Urteile, Beschlüsse, Vollstreckungsbescheide oder Kostenfestsetzungsbeschlüsse erfolgen. In welcher Form das geschieht (mit oder ohne Begründung, in abgekürzter Form) ist ebenso unerheblich wie die Rechtskraft der Entscheidung.

20   Auch **Prozessurteile** sind Entscheidungen in diesem Sinne.[19] In der Sache binden sie aber kein Gericht eines anderen Mitgliedstaates.

21   Auch **Versäumnis- und Anerkenntnisurteile** sowie vorläufig vollstreckbare Entscheidungen sind anerkennungsfähig. Bei letzteren ist aber erforderlich, dass das Verfahrensrecht des Urteilsstaates bereits Urteilswirkungen zuerkennt.

22   Auch **einstweilige Maßnahmen** fallen demnach unter Art. 2 lit. a EuGVO. Dies wurde in der EuGVO 2015 ausdrücklich normiert: Danach erfasst der Begriff der Entscheidung auch einstweilige Maßnahmen einschließlich Sicherungsmaßnah-

---

[19] EuGH, Urteil vom 15.11.2012, Rs. C-456/11, *Gothaer Allgemeine Versicherung AG u. a./ Samskip GmbH* = IPRax 2014, 163 Rn. 32 (*Roth* 136); *Schack*, IZVR, Rn. 960; a. A. Geimer/ Schütze/*Geimer*, EuZVR, Art. 36 Rn. 18; Linke/*Hau*, IZVR, Rn. 12.32.

men, die von einem nach der EuGVO in der Hauptsache zuständigen Gericht angeordnet wurden. Hierzu gehören keine einstweiligen Maßnahmen einschließlich Sicherungsmaßnahmen, die von einem solchen Gericht angeordnet wurden, ohne dass der Beklagte vorgeladen wurde, es sei denn, die Entscheidung, welche die Maßnahme enthält, wird ihm vor der Vollstreckung zugestellt.[20] Der EuGH hatte bis dahin gefordert, dass die Entscheidung nach der Gewährung rechtlichen Gehörs in einem kontradiktorischen Verfahren erlassen wurde.[21]

Nicht anerkennungsfähig sind nach h. M. dagegen Entscheidungen, die nur als **23** **Zwischenentscheidung** anzusehen sind, wie Beweisbeschlüsse,[22] selbstständige Beweisverfahren[23] oder Entscheidungen, die lediglich innerprozessuale Bindungswirkung entfalten, wie ein Grundurteil.[24] Diese Entscheidungen regeln nicht Rechtsverhältnisse gegenüber den Parteien.

Bei Urteilen, die in wie auch immer gearteten **Musterverfahren** ergehen, stellt **24** sich die Frage, ob sie als Entscheidung i. S. d. Art. 36 EuGVO anzuerkennen sind. Bei der Bindung des im Musterfeststellungsverfahrens ergehenden Urteils gem. § 613 Abs. 1 S. 1 ZPO muss man beachten, dass es sich hierbei um ein Endurteil handelt, so dass es auf Rechtskraft nicht ankommt. Dieses ist anzuerkennen.[25] Für die Bindung an den Musterbescheid des KapMuG gem. § 22 Abs. 2 KapMuG ist dies strittig.[26]

Schiedssprüche sind keine gerichtlichen Entscheidungen i. S. d. Art. 2 lit. a **25** EuGVO, weil sie vom Anwendungsbereich der EuGVO ausgeschlossen sind (Art. 1 Abs. 2 lit. e EuGVO). Das gilt auch dann noch, wenn sie in einem Mitgliedstaat für vollstreckbar erklärt worden sind (z. B. nach dem UNÜ oder gem. § 1060 ZPO).[27] Auch wenn sie nach *der doctrine of merger* (dazu Kap. 15 Rn. 86) in einem staatlichen Urteil aufgehen, ist dieses Urteil nicht anzuerkennen.[28]

---

[20] Nagel/*Gottwald*, IZPR, § 12 Rn. 8.

[21] EuGH, Urteil vom 21.5.1980, Rs. 125/79, *Denilauler/Couchet Frères* = Slg. 1980, 1553 = RIW 1980, 510.

[22] Nagel/*Gottwald*, IZPR, § 12 Rn. 9; *Schack*, IZVR, Rn. 9.61.

[23] EuGH, Urteil vom 28.4.2005, Rs. C-104/03, *St. Paul Dairy Industries NV/Unibel Exser BVBA* = JZ 2005, 1166 (*Mankowski* 1144).

[24] *Kropholler/v. Hein*, EZPR, Art. 32 EuGVO Rn. 24; *Hess*, in: Schlosser/Hess, EU-Zivilprozessrecht, Art. 36 EuGVO Rn. 3 (betont aber, dass ein Grundurteil dann anzuerkennen ist, wenn ihm im Ursprungsmitgliedstaat Rechtskraft zukommt).

[25] *Horn*, Grenzüberschreitende Musterfeststellungsklagen, ZVglRWiss 118 (2019), 314, 318; Musielak/Voit/*Stadler*, EuGVO, Art. 36 Rn. 2; *dies.*, NJW 2020, 265, 268.

[26] Dagegen MüKo-ZPO/*Gottwald*, Art. 36 Brüssel Ia-VO Rn. 20; Rauscher/*Leible*, EZPR, Art. 2 EuGVO Rn. 10. Dafür *Hess*, in: Schlosser/Hess, EU-Zivilprozessrecht, Art. 2 EuGVO Rn. 17; *Hess*, EZPR, Rn. 6.218.

[27] Nagel/*Gottwald*, IZPR, § 12 Rn. 13.

[28] *Hess*, JZ 2014, 538, 541 zu einem *declaratory relief* auf der Grundlage des Art. 66 Abs. 2 Arbitration Act.

II. Zeitpunkt der Anerkennung/Art der Wirkung der Entscheidung

26   Der genaue Zeitpunkt der Anerkennung und damit letztlich auch die Art der Wirkung ist umstritten. Dies hängt letztlich auch an dem Begriff selbst, weil Anerkennung etwas Aktives, ja Gestaltendes zu meinen scheint, was sie aber gerade nicht ist. Im Ergebnis wäre es klarer, ausschließlich den Begriff der **Wirkung** zu verwenden (s. u. Rn. 31).

27   Wenn Art. 36 EuGVO auch klar sagt, dass die Anerkennung ohne gesondertes Verfahren erfolgt (s. u. Rn. 49) so wirkt sich die Anerkennung einer ausländischen Entscheidung doch innerhalb irgendeines Verfahrens im Inland aus. Kommt es nicht zu einem solchen Verfahren im Inland, ist die ausländische Entscheidung faktisch gänzlich irrelevant. Wird in Frankreich eine Ehe geschieden, ist das in allen anderen Mitgliedstaaten insoweit irrelevant, als es dort nicht zu Verfahren kommt (z. B. Wiederverheiratung, Unterhalt), in denen es um die Ehescheidung aus dem Ursprungsmitgliedstaat geht.

28   Daraus wird zum Teil gefolgert, der Zeitpunkt der Anerkennung sei gegeben, wenn die Voraussetzungen der Anerkennung vorliegen und ein **Inlandsbezug** besteht.[29] Danach muss sich die Anerkennung also in einem Verfahren erst auswirken.

29   Andere meinen, die Anerkennung wirke ab dem **Zeitpunkt des Erlasses** der ausländischen Entscheidung, soweit keine Versagungsgründe entgegenstehen in allen Mitgliedstaaten, auf einen Inlandsbezug komme es nicht an.[30]

30   Im Ergebnis ist der letztgenannten Ansicht zu folgen. Sie ist am ehesten mit der Theorie der Wirkungserstreckung kompatibel und führt dazu, dass Entscheidungswirkungen zeitgleich im Inland und im gesamten europäischen Ausland vorliegen und keine Unsicherheit über den Zeitpunkt der Anerkennung bestehen kann.

31   An dieser Stelle wird offenbart, dass man besser von „**Wirkung**" bzw. „**Geltung**" einer Entscheidung in den anderen Mitgliedstaaten sprechen sollte als von Anerkennung. Diesen Weg ist das EPGÜ gegangen, das in Art. 34 formuliert: „Die Entscheidungen des Gerichts gelten im Falle eines europäischen Patents für das Hoheitsgebiet derjenigen Vertragsmitgliedstaaten, für die das europäische Patent Wirkung hat."[31]

III. Anerkennungsfähige Urteilswirkungen

32   Wenn auch Art. 36 EuGVO von der Anerkennung von *Entscheidungen* spricht, so sind damit Entscheidungs*wirkungen* gemeint. Diese Wirkungen werden aus dem

---

[29] *Schütze*, NJW 1966, 1598, 1599.

[30] *Jakowski*, Das Anerkennungsregime des europäischen Zivilprozessrechts für mitgliedstaatliche Entscheidungen, S. 78; MüKo-ZPO/*Gottwald*, § 328 Rn. 9; *Martiny*, Handbuch des Internationalen Zivilverfahrensrechts, Band III/1 Rn. 298; *Geimer/Schütze*, EuZVR, Art. 36 EuGVVO Rn. 86; *Schack*, IZVR, Rn. 1034; Linke/*Hau*, IZVR, Rn. 12.46.

[31] Dazu *Adolphsen*, Europäisches und internationales Zivilprozessrecht in Patentsachen, Rn. 894.

Mitgliedstaat, dessen Gericht die Entscheidung getroffen hat, in den anderen Mitgliedstaat erstreckt. Welche Wirkung ein Urteil hat, bestimmt das Prozessrecht des Urteilsstaates, so dass jede Darstellung von Entscheidungswirkungen nur als beispielhaft verstanden werden kann.

1. Rechtskraft

Wichtigste Urteilswirkung ist die materielle Rechtskraft der Entscheidung. Diese **33** legt dauerhaft fest, was zwischen den Parteien Recht ist.[32] Die Rechtskraft als Urteilswirkung ist bisher (s. aber Rn. 37) europaweit nicht vereinheitlicht. Formelle und materielle Rechtskraft sichern den Bestand der gerichtlichen Entscheidung.

Die **formelle Rechtskraft** beendet den Rechtsstreit im Urteilsstaat, indem das **34** Prozessrecht keine weiteren, eine Abänderung ermöglichenden, Rechtsbehelfe zur Verfügung stellt. Der Streit findet dadurch sein prozessuales Ende.[33] Die formelle Rechtskraft ist keine anerkennungsfähige Entscheidungswirkung, sondern eine Urteilseigenschaft, die nach deutschem Recht notwendige Voraussetzung des Eintritts materieller Rechtskraft ist. Sie ist an das nationale Verfahrensorganisationsrecht gebunden, andere Länder entscheiden selbst, ob Entscheidungen noch mit Rechtsbehelfen anfechtbar sind.[34]

Die **materielle Rechtskraft** fixiert das Ergebnis der gerichtlichen Entscheidung **35** dauerhaft zwischen den Parteien des Rechtsstreits und schließt ein erneutes Instreitstellen der rechtskräftig festgestellten Rechtsfolge in der Zukunft aus. Dies erfolgt, indem das rechtskräftige Ergebnis, wenn es für eine spätere Entscheidung präjudiziell ist, dieser zwingend zu Grunde zu legen ist oder, bei Identität des Streits, schon die Erhebung einer neuen Klage verhindert (Prozesssperre der Rechtskraft als negative Prozessvoraussetzung).[35] Auswirkung auf ein weiteres Verfahren hat also nur die materielle Rechtskraft.

Das Europäische Zivilverfahrensrecht kannte bisher keine einheitlichen Urteils- **36** wirkungen für Urteile aller Mitgliedstaaten.[36] Da die Rechtskraft ein prozessuales Rechtsinstitut ist, entscheidet über die Frage, ob und in welchem Umfang ein Urteil materiell rechtskräftig wird, die zur Zeit des Eintritts der Rechtskraft geltende *lex fori*. Über die Wirkung auf den zweiten Prozess bestimmt jedoch autonom das für diesen maßgebende Prozessrecht.

Im November 2012 hat der EuGH auf Vorlage des LG Bremen die Frage ent- **37** schieden, ob das Gericht eines Mitgliedstaates an die Entscheidung, mit der das Gericht des Ursprungsmitgliedstaats seine Zuständigkeit wegen einer Gerichtsstandsvereinbarung verneint hat, auch durch die in den Gründen des rechtskräftigen

---

[32] Zum Streit um die materiellrechtliche oder prozessuale Rechtskrafttheorie Rosenberg/Schwab/*Gottwald*, ZPR, § 150 Rn. 3 ff.

[33] *Adolphsen*, ZPO, § 28 Rn. 3.

[34] *Schack*, IZVR, Rn. 924.

[35] *Adolphsen*, ZPO, § 28 Rn. 12, 13; Rosenberg/Schwab/*Gottwald*, ZPR, §§ 149 f.

[36] *Althammer*, Streitgegenstand und Interesse, S. 644.

Urteils enthaltene Feststellung zur Wirksamkeit dieser Vereinbarung gebunden ist.[37] Ein Gericht in Antwerpen hatte sich für unzuständig gehalten und die Klage abgewiesen, dabei in den Entscheidungsgründen ausgeführt, dass eine Gerichtsstandsvereinbarung zugunsten isländischer Gerichte vorliege. Die Frage vor dem LG Bremen war letztlich, ob es nur dahin gebunden sei, dass belgische Gerichte nicht zuständig seien, oder weiter, dass isländische Gerichte zuständig seien. Der EuGH hat diese Frage im Anschluss an den Generalanwalt *Bot*[38] bejaht. Dieses Urteil etabliert ein **europäisches autonomes Rechtskraftkonzept bei Zuständigkeitsentscheidungen**, das sich von dem System der Anerkennung nationaler Rechtskraftwirkungen (Wirkungserstreckung) unterscheidet und führt eine Art Verweisung im europäischen Zivilverfahrensrecht ein.[39]

38   Der **Umfang der Rechtskraft** variiert international aber schon innerhalb der europäischen Mitgliedstaaten erheblich.[40] Während z. B. in Deutschland die objektiven Grenzen der Rechtskraft eng gezogen werden, indem auf einen zweigliedrigen Streitgegenstandsbegriff abgestellt wird und die Rechtskraftwirkung objektiv auf die Entscheidung über den Anspruch (den sog. Tenor) beschränkt (§ 322 Abs. 1 ZPO) und grundsätzlich die Rechtskraft subjektiv auf die Parteien begrenzt wird (vgl. aber § 325 ZPO), gehen andere Staaten wesentlich weiter und beziehen auch die Entscheidung über präjudizielle Rechtsverhältnisse (Frankreich)[41] oder gar über alle strittigen Punkte (*issue estoppel*, England,[42] *issue preclusion*, USA) in die Rechtskraft ein.[43] Der Maßstab für die Urteilswirkung der Rechtskraft ist der Streitgegenstand des Urteilsstaates. Bezieht der Urteilsstaat die Entscheidungsgründe in den Umfang der Rechtskraft mit ein, so ist dies auch von einem Anerkennungsstaat zu akzeptieren, der selbst nur den Tenor und nicht die Gründe in den Umfang der Rechtskraft einbezieht.[44]

39   Die Anerkennung der Rechtskraftwirkung hat daher besonders häufig zur Folge, dass Entscheidungswirkungen anzuerkennen sind, deren Umfang dem nationalen Recht unbekannt ist. Das allein ist aber kein Grund, die Anerkennung zu versagen.

---

[37] EuGH, Urteil vom 15.11.2012, Rs. C-456/11, *Gothaer Allgemeine Versicherung AG u. a./ Samskip GmbH* = IPRax 2014, 163 (*Roth* 136); s. auch *Hau*, LMK 2013, 341521.

[38] Schlussanträge vom 6.9.2012, Rs. C-456/11.

[39] *Hau*, LMK 2013, 341521; *Jakowski*, Das Anerkennungsregime des europäischen Zivilprozessrechts für mitgliedstaatliche Entscheidungen, S. 68; *Schack*, IZVR, Rn. 1074; *Roth*, IPRax 2014, 136; Thomas/Putzo/*Hüßtege*, ZPO, Art. 36 EuGVVO, Rn. 3.

[40] *Schack*, IZVR, Rn. 925; *Germelmann*, Die Rechtskraft von Gerichtsentscheidungen in der Europäischen Union, 2009; *Lauk*, Die Rechtskraft ausländischer Zivilurteile im englischen und deutschen Recht, 1989; *Stürner*, Rechtskraft in Europa, FS Schütze 1999, S. 913; *Zeuner*, Rechtsvergleichende Bemerkungen zur objektiven Begrenzung der Rechtskraft im Zivilprozeß, FS Zweigert 1981, S. 603; *Jakowski*, Das Anerkennungsregime des europäischen Zivilprozessrechts für mitgliedstaatliche Entscheidungen, S. 61.

[41] *Germelmann*, Die Rechtskraft von Gerichtsentscheidungen in der Europäischen Union, 2009, S. 169 ff.

[42] *Germelmann*, Die Rechtskraft von Gerichtsentscheidungen in der Europäischen Union, S. 235 ff.

[43] *Schack*, IZVR, Rn. 1007 ff.

[44] *Roth*, IPRax 2014, 136, 137.

Da der EuGH für die Rechtshängigkeit von einem sehr weiten Streitgegenstands- **40**
begriff ausgeht (**Kernpunkttheorie des EuGH**) und der gleiche Streitgegenstand
grundsätzlich auch für die Bestimmung des Umfangs der Rechtshängigkeit gilt
(Einheitstheorie),[45] ist vertreten worden, es müsse auch eine einheitliche Rechts-
kraftkonzeption für den europäischen Rechtsraum entwickelt werden,[46] wobei die
Rechtskraft dann wie in Frankreich und England auch präjudizielle Rechtsverhältnisse erfassen würde.[47] In der Vergangenheit wurde jedoch hervorgehoben, dass ein
einheitliches europäisches Rechtskraftkonzept keine vom bis 2003 geltenden
EuGVÜ vorgesehene und vom Souveränitätsverzicht der Vertragsstaaten gedeckte
Lösung sei. Betont wurde, dass das EuGVÜ auf die Anerkennung der Wirkungen
der Urteilsstaaten beschränkt und ein europäisches Rechtskraftkonzept nicht mit
dem Vertragszweck des EuGVÜ vereinbar sei.[48] Dieses könnte sich jedoch nach der
Vergemeinschaftung des EuGVÜ durch die EuGVO (s. Kap. 1 Rn. 30, 37) und
durch das Ziel, einen einheitlichen europäischen Rechtsraum zu bilden, geändert
haben. Der EuGH scheint damit 2012 einen ersten Anstoß geliefert zu haben. Die
Frage wird sein, ob man das zu einer Zuständigkeitsentscheidung gefundene Ergebnis auf Sachurteile überträgt.[49]

2. Vollstreckbarkeit

Bisher entsprach es h. M., dass die Vollstreckbarkeit, obwohl Entscheidungswir- **41**
kung, nicht anerkannt wird, sondern im Vollstreckbarerklärungsverfahren durch den
Vollstreckungsmitgliedstaat verliehen wird.[50] Nach der weitgehenden Abschaffung
des Vollstreckbarerklärungsverfahrens im Europäischen Rechtsraum kann daran
nicht mehr festgehalten werden. Die ausländische Vollstreckbarkeit ist damit anzuerkennende Entscheidungswirkung.[51] Sie wird in der Bescheinigung gem. Art. 53
EuGVO im Anhang I (s. u. Rn. 130) unter Ziff. 4.4. dokumentiert. Mit der Einordnung der Vollstreckbarkeit in den Kreis der anzuerkennenden Urteilswirkungen ist

---

[45] BGH, Urteil vom 13.9.2012 – I ZR 230/11 = BGHZ 194, 314 (Rn. 21); differenzierend *Roth*,
IPRax 2014, 136, 139.

[46] S. *Böhm*, Der Streitgegenstandsbegriff des EuGH, in: Bajons/Mayr/Zeiler, Die Übereinkommen
von Brüssel und Lugano, 1997, S. 141, 155 ff.; *Rüßmann*, Die Streitgegenstandslehre und die
Rechtsprechung des EuGH – nationales Recht unter gemeineuropäischem Einfluß?, ZZP 111
(1998), 399, 425; vgl. auch *Gottwald*, Dogmatische Grundfragen des Zivilprozesses im geeinten
Europa, Symposium Schwab 2000, S. 85, 95 ff.

[47] *Koch*, Unvereinbare Entscheidungen, 1993, S. 160 ff.

[48] *Wolf*, Einheitliche Urteilsgeltung im EuGVÜ, FS Schwab, 1990, S. 561, 572; *Lenenbach*, Die
Behandlung von Unvereinbarkeiten zwischen rechtskräftigen Zivilurteilen nach deutschem und
europäischem Prozeßrecht, S. 138 f.

[49] Dagegen *Schack*, FS Geimer, S. 615; *Jakowski*, Das Anerkennungsregime des europäischen Zivilprozessrechts für mitgliedstaatliche Entscheidungen, S. 63 ff., die Zweifel an der Komepetenz
der EU hat und derzeit die Integrationstiefe des europäischen Prozessrechts nicht für ausreichend hält.

[50] *Kropholler/v. Hein*, EZPR, vor Art. 33 EuGVO Rn. 18; *Schack*, IZVR, Rn. 868.

[51] *Jakowski*, Das Anerkennungsregime des europäischen Zivilprozessrechts für mitgliedstaatliche
Entscheidungen, S. 59, 97; Rauscher/*Leible*, EZPR, Art. 36 EuGVO Rn. 13; *Schack*, IZVR,
Rn. 1128.

ein echter Systemwechsel erfolgt, den der europäische Gesetzgeber nicht konsequent umgesetzt hat. So ist das Vollstreckungsversagungsverfahren (Art. 46 EuGVO) neben dem Anerkennungsversagungsverfahren (Art. 45 IV EuGVO) überflüssig geworden. Der Gesetzgeber dachte aber, er müsse nach Wegfall der Exequaturverfahrens und des dagegen gerichteten Rechtsbehelfs einen Rechtsbehelf im Vollstreckungsverfahren zur Verfügung stellen, was aber nicht erforderlich war. (s. u. Rn. 96).

3. Gestaltungswirkung

42 Gestaltungsurteile gestalten die Rechtslage mit Wirkung für und gegen alle (*erga omnes*) um. Die Ehe ist mit der Rechtskraft des Scheidungsurteils aufgelöst (§ 1564 S. 2 BGB). Will der geschiedene Ehegatte im Ausland erneut heiraten, so begehrt er von den Behörden dieses Staates die Anerkennung der Gestaltungswirkung des Scheidungsurteils, weil diese sonst regelmäßig eine Eheschließung wegen der Gefahr einer Doppelehe verweigern würden.

Die Gestaltungswirkung des Eröffnungsbeschlusses eines Insolvenzverfahrens ordnet das Schuldnervermögen dem Verfahren zu.[52] Bei rechtsgestaltenden Urteilen erstreckt sich die Wirkung der Anerkennung auch auf diese Gestaltungswirkung. Diese ist auch dann anzuerkennen, wenn das Erstgericht nach Meinung der Behörden oder Gerichte des Anerkennungsstaates ein nach dem IPR des Erststaates falsches Recht angewendet hat und das richtige Recht die anzuerkennende Gestaltungswirkung nicht oder nicht in diesem Umfang kennt.[53]

4. Drittwirkungen

43 Gesteht das Prozessrecht des Erststaates einem Urteil über die Parteien des Rechtsstreits hinausgehend Drittwirkung zu, so ist diese ebenfalls anzuerkennen.[54]

a. Interventionswirkung

44 Nebenintervention ist die Beteiligung eines Dritten an der Führung eines fremden Rechtsstreits im eigenen Interesse zur Unterstützung einer Partei, die das Gesetz Hauptpartei nennt (§ 66 ZPO). Der Nebenintervenient wird nicht selbst Partei, er ist auch kein Streitgenosse oder Vertreter der Partei und führt keinen eigenen, sondern unterstützt einen fremden Prozess. Neben der Möglichkeit, die Partei im Verfahren effektiv zu unterstützen, liegt die entscheidende Funktion der Nebenintervention in der Herbeiführung der sog. *Interventionswirkung* des § 68 ZPO. Der Nebenintervenient kann die Richtigkeit des der unterstützten Hauptpartei gegenüber ergangenen Urteils nicht bestreiten und die praktisch nicht sehr bedeutsame Einrede mangelhafter Prozessführung nur in sehr beschränktem Umfang vorbringen, nämlich insoweit, als sie Handlungen betrifft, die vor dem Beitritt als Nebenintervenient im Erstverfahren erfolgt sind. Die Interventionswirkung des § 68 ZPO ist ausschließlich in einem (auch ausländischen) Folgeprozess zu prüfen und nicht in dem Pro-

---

[52] MüKO-InsO/*Thole*, Bd. 3, 2. Aufl. 2021, Art. 20 EuInsVO, Rn. 6.

[53] *Kropholler/v. Hein*, EZPR, vor Art. 33 EuGVO Rn. 15.

[54] *M. Meier*, Grenzüberschreitende Drittbeteiligung, 1994.

zess, dem der Nebenintervenient beigetreten ist. Die Interventionswirkung wird erst bedeutsam, wenn es zu einem Urteilsverfahren zwischen der unterstützten Hauptpartei und dem Nebenintervenienten kommt.

Die Interventionswirkung ist der Rechtskraft ähnlich, geht jedoch in ihrem Umfang darüber hinaus, da ihr Gegenstand insgesamt die Richtigkeit der Erstentscheidung ist. Die Interventionswirkung erfasst daher nicht nur den prozessualen Anspruch wie die Rechtskraft, sondern auch die das Urteil tragenden tatsächlichen und rechtlichen Feststellungen.[55] **45**

Findet der **Folgeprozess in einem anderen Mitgliedstaat** statt, so haben dessen Gerichte die Interventionswirkung auch dann anzuerkennen, wenn deren Prozessrecht derartige Wirkungen eines Urteils nicht kennt. **46**

b. Streitverkündungswirkung

Die Parteien eines Rechtsstreits in Deutschland sind befugt, einen Dritten von dem Schweben eines Prozesses gegen sie zu benachrichtigen und ihm den Streit zu verkünden (§ 72 ZPO). **47**

Dem Dritten, dem sog. Streitverkündungsempfänger, steht es dann frei, ob er von dieser Möglichkeit, als Nebenintervenient beizutreten, Gebrauch macht oder nicht. Tritt er bei, so wird er Nebenintervenient und es gelten die Interventionswirkungen des § 68 ZPO. Entscheidend ist jedoch, dass auch dann, wenn der Dritte nicht beitritt, gemäß § 74 Abs. 3 i. V. m. § 68 ZPO die Interventionswirkung eingreift. Das hauptsächliche Ziel der Streitverkündung besteht darin, die Interventionswirkung auch gegen den Willen des beitrittsberechtigten Streitverkündungsempfängers herbeizuführen. Das später mit der Sache befasste Gericht, auch das eines anderen Mitgliedstaates, dessen Prozessrecht eine Streitverkündung nicht kennt, hat daher die gerichtliche Entscheidung des Erststaates im Umfang der Interventionswirkung zugrunde zu legen.

5. Tatbestandswirkung

Gerichtliche Urteile (und schon die Klageerhebung) können Wirkungen im materiellen Recht entfalten. Die praktisch bedeutsamsten Wirkungen ergeben sich im Zusammenhang mit der Verjährung. So wird gem. § 204 Abs. 1 Nr. 1 BGB die Verjährung durch Erhebung der Klage gehemmt. Die Anerkennung derartiger Wirkungen ist jedoch keine Frage des Prozessrechts, sondern ein kollisionsrechtliches Problem. Dieses stellt sich erst, wenn das zweite Gericht auf der Grundlage seines IPR das anwendbare Recht ermittelt hat. Ist dies im obigen Beispiel deutsches Recht, so stellt sich die Frage, ob die Hemmung der Verjährung auch durch Erhebung einer Klage vor einem ausländischen Gericht eingetreten ist. Zu fragen ist, ob der ausländischen Klageerhebung im Rahmen des § 204 BGB die gleiche Wirkung zukommt wie einer inländischen. Hierbei handelt es sich um das kollisionsrechtliche Problem der *Substitution*.[56] **48**

---

[55] *Adolphsen*, ZPO, § 36 Rn. 8; Rosenberg/Schwab/*Gottwald*, ZPR, § 50 Rn. 61.

[56] *Hess*, EZPR, Rn. 6.222.

IV. Anerkennung ex lege ohne Verfahren

49   Nach Art. 36 Abs. 1 EuGVO erfolgt die Anerkennung ohne besonderes Verfahren. Entgegenstehende Regeln nationalen Rechts, die für die Anerkennung ein Verfahrenserfordernis aufstellen (nach romanischem Vorbild, *Delibation* etc.), werden verdrängt.[57] In Deutschland gibt es (bis auf § 107 FamFG[58]) derartige Verfahrensregeln nicht, schon das EuGVÜ hatte die dem deutschen Recht entstammende Automatik übernommen.

50   Besteht ein Bedürfnis nach rechtskräftiger Klärung der Anerkennung, so ist nach Art. 36 Abs. 2 EuGVO ein **Beschlussverfahren** durchzuführen (s. u. Rn. 87).

51   Im Normalfall entscheidet das Gericht, dessen Entscheidung von der Anerkennung abhängt, inzident über die Anerkennung (Art. 36 Abs. 3 EuGVO), wenn sich eine Partei auf eine ausländische Entscheidung beruft, in der z. B. über ein präjudizielles Rechtsverhältnis entschieden wurde. Es erfolgt keine eigenständige Entscheidung über die Anerkennung, sondern die anzuerkennende Entscheidung wird der Entscheidung zugrunde gelegt.

V. Anerkennungsversagungsgründe

52   Art. 45 EuGVO enthält eine katalogartige abschließende Aufzählung sog. Anerkennungsversagungsgründe. Diese lassen sich **zwei Kategorien** zuordnen:[59] zur ersten gehören Versagungsgründe, die auf die Unzulänglichkeit der anzuerkennenden Entscheidung abstellen, weil diese inhaltliche Mängel hat oder verfahrensfehlerhaft zustande gekommen ist. Die Versagungsgründe der zweiten Kategorie dienen, ganz unabhängig vom Inhalt der anzuerkennenden Entscheidung, dem Schutz der inländischen Rechtspflege, in dem sie den Vorrang inländischer Entscheidungen statuieren.

53   Die Anerkennungsversagungsgründe sind gleichzeitig Maßstab für die Versagung der Vollstreckung (Art. 46 EuGVO (s. u. Rn. 125)). Diese werden seit dem Inkrafttreten der EuGVO 2002 nicht von Amts wegen geprüft, sondern nur noch auf Einrede. Für das Vollstreckbarerklärungsverfahren folgte dies deutlich aus Art. 41 EuGVO a. F. Für die isolierte Anerkennung galt das Gleiche. Das ergibt sich heute

---

[57] MüKo-ZPO/*Gottwald*, Art. 36 Brüssel Ia-VO Rn. 1; *Kropholler/v. Hein*, EZPR, Art. 33 EuGVO Rn. 1.

[58] § 107 FamFG lautet: Anerkennung ausländischer Entscheidungen in Ehesachen (1) Entscheidungen, durch die im Ausland eine Ehe für nichtig erklärt, aufgehoben, dem Ehebande nach oder unter Aufrechterhaltung des Ehebandes geschieden oder durch die das Bestehen oder Nichtbestehen einer Ehe zwischen den Beteiligten festgestellt worden ist, werden nur anerkannt, wenn die Landesjustizverwaltung festgestellt hat, dass die Voraussetzungen für die Anerkennung vorliegen.

[59] So *Jakowski*, Das Anerkennungsregime des europäischen Zivilprozessrechts für mitgliedstaatliche Entscheidungen, S. 114.

aus dem Wortlaut der Artt. 45, 46 EuGVO (... „wird auf Antrag eines Berechtigten versagt, ...").[60]

Die neue EuGVO hat das Vollstreckbarerklärungsverfahren abgeschafft (Art. 39 **54** EuGVO), aber die Versagungsgründe in Art. 45 EuGVO beibehalten. Es ist also zu einer **Entkoppelung von Vollstreckbarerklärungsverfahren und Prüfung von Versagungsgründen** gekommen. Daher können Versagungsgründe erst geprüft werden, wenn sich der Schuldner im Vollstreckungsmitgliedstaat gegen die Vollstreckung wendet (Art. 46, 47 EuGVO).

Die Abschaffung von Versagungsgründen und die Abschaffung der Zwischen- **55** maßnahmen schienen lange logisch verknüpft zu sein. Die Fassung der europäischen Sekundärrechtsakte der zweiten Generation formuliert in Anlehnung an die Regelung im Pilotprojekt Art. 5 EuVTVO einheitlich: „... ohne dass es einer Vollstreckbarerklärung bedarf und ohne dass die Anerkennung angefochten werden kann." (Art. 20 Abs. 1 EuBagatellVO, Art. 19 EuMahnVO). Diese Verbindung ist aber weder historisch noch rechtsvergleichend zwingend. Auf dem *Tampere*-Gipfel wurden aber nur Maßnahmen gefordert zum weiteren Abbau der Zwischenmaßnahmen, von Versagungsgründen war nicht ausdrücklich die Rede.

Rechtsvergleichend zeigt sich am Beispiel des schweizerischen Rechts, dass Ver- **56** sagungsgründe auch mit den Rechtsbehelfen des Vollstreckungsrechts berücksichtigt werden können. In Österreich gab es bis zur Novelle der Exekutionsordnung 1995 kein Vollstreckbarerklärungsverfahren, sondern nur den Rechtsbehelf gegen die Exekutionsbewilligung aufgrund ausländischer Titel.[61] Die Prüfung, ob ein ausländischer Titel vollstreckt werden kann, erfolgte nicht im Vollstreckbarerklärungsverfahren, sondern *incident* im Exekutionsbewilligungsverfahren.[62]

1. Ordre public-Vorbehalt

Art. 45 Abs. 1 lit. a EuGVO enthält den Vorbehalt des *ordre public*. Ein solcher **57** findet sich in allen multi- und bilateralen Verträgen und auch im deutschen autonomen Recht.

In Europa gab es eine Tendenz, den *ordre public*-Vorbehalt ganz abzuschaffen.[63] **58** Angesichts von Urteilen, wie der *Krombach*-Entscheidung (s. Kap. 3 Rn. 141), die verdeutlichen, dass selbst in Frankreich der gesetzgeberische Mindeststandard nicht immer erreicht ist,[64] schien einiges darauf hin zu deuten, dass die Zeit für die Abschaffung des Vorbehalts noch nicht reif war. Die Bedenken wegen der bereits erfolgten und weiter bevorstehenden Erweiterung der Union dürften diese Ansicht bestätigen. Der Vorschlag für die Neufassung der EuGVO (s. Kap. 3 Rn. 4) sah dann

---

[60] Nagel/*Gottwald*, IZPR, § 21 Rn. 30; *Jakowski*, Das Anerkennungsregime des europäischen Zivilprozessrechts für mitgliedstaatliche Entscheidungen, S. 111.

[61] *Oberhammer*, JBl. 2006, 477.

[62] *Rechberger/Oberhammer*, Exekutionsrecht, 5. Aufl. 2009 Rn. 120.

[63] Kropholler/v. *Hein*, EZPR, Art. 34 EuGVO Rn. 3.

[64] So *Geimer*, Das Brüssel I-System und seine Fortentwicklung im Lichte der Beschlüsse von Tampere, FS Németh 2003, S. 231; 240; *ders.*, Salut für die Verordnung (EG) Nr. 44/2001 (Brüssel I-VO), IPRax 2002, 69, 74 nach dem *Krombach*-Urteil des EuGH.

auch die Beibehaltung eines europäisch vereinheitlichten (verfahrensrechtlichen) *ordre public*-Vorbehalts vor, obwohl ein Vollstreckbarerklärungsverfahren abgeschafft werden sollte.[65] Die revidierte EuGVO hat den *ordre public*-Vorbehalt unverändert beibehalten.

59   Die Anerkennung ist zu versagen, wenn sie der öffentlichen Ordnung des Mitgliedstaates, in dem sie geltend gemacht wird, offensichtlich widersprechen würde. Trotz des Wortlauts, der auf die öffentliche Ordnung des einzelnen Mitgliedstaates abstellt, wird die öffentliche Ordnung nicht mehr rein national, sondern in europäischen Fällen gemeineuropäisch (*ordre public europeane*) verstanden.[66]

60   Gegenstand dieses gemeineuropäischen *ordre public* ist die **EMRK**. Der EuGH nutzt seit längerem die EMRK neben den gemeinsamen Verfassungstraditionen der Mitgliedstaaten als Erkenntnisquelle für die allgemeinen Grundsätze des Gemeinschaftsrechts, die er selbst zu sichern hat und leitet daraus auch einen Anspruch auf ein faires Verfahren ab.[67]

61   Seit Inkrafttreten des **Lissabon-Vertrags** zählen zum europäischen *ordre public* auch die Europäischen Grundrechte der Grundrechtecharta.

62   Der EuGH überwacht, auch wenn ihm die Definition der nationalen öffentlichen Ordnung entzogen ist, die Einhaltung der Grenzen der Anwendung des Vorbehalts.[68] In der für das Verfahrensrecht bedeutsamen *Krombach*-Entscheidung (s. Kap. 3 Rn. 141) führt der EuGH aus, dass die Grundrechte zu den allgemeinen Rechtsgrundsätzen gehören, deren Wahrung der Gerichtshof zu sichern hat. Darin hat er selbst die Grenzen des verfahrensrechtlichen europäischen *ordre public* unter Rückgriff auf Art. 6 Abs. 1 EMRK fixiert und die Freizügigkeit eines Urteils aufgrund des Verstoßes gegen diesen gemeinschaftsrechtlichen Schutzstandard verhindert. Dabei lässt er sich von den gemeinsamen Verfassungstraditionen der Mitgliedstaaten und den Hinweisen leiten, die die völkerrechtlichen Verträge über den Schutz der Menschenrechte geben, an deren Abschluss die Mitgliedstaaten beteiligt sind. In diesem Rahmen kommt der Konvention zum Schutz der Menschenrechte und Grundfreiheiten (EMRK) besondere Bedeutung zu.[69]

---

[65] Dazu *Oberhammer*, Freier Urteilsverkehr durch Abschaffung des Vollstreckbarerklärungsverfahrens und der Anerkennungsversagungsgründe, Jahrbuch Zivilverfahrensrecht 2010, 69.

[66] Nagel/*Gottwald*, IZPR, § 12 Rn. 32; *Föhlisch*, Der gemeineuropäische ordre public, 1997.

[67] Nachweise bei *Krüger/Polakiewicz*, Vorschläge für ein kohärentes System des Menschenrechtsschutzes in Europa, EuGRZ 2001, 92, 97 Fn. 36; *Wildhaber*, Eine verfassungsrechtliche Zukunft für den Europäischen Gerichtshof für Menschenrechte?, EuGRZ 2002, 569, 573; *Frowein/Peukert*, Europäische Menschenrechts-Konvention, EMRK-Kommentar, Einl. N. 14 a. E; *Matscher*, Der verfahrensrechtliche ordre public im Spannungsfeld von EMRK und Gemeinschaftsrecht, IPRax 2001, 428; *Zuleeg*, Zum Verhältnis nationaler und europäischer Grundrechte, EuGRZ 2000, 511.

[68] Stein/Jonas/*Oberhammer*, EuGVVO, Art. 34 Rn. 14.

[69] EuGH, Urteil vom 28.3.2000, Rs. C-7/98, *Krombach/Bamberski* = Slg. 2000, I-1935; abgedruckt auch EuGRZ 2000, 160, 161; ZIP 2000, 859. Dazu *Jayme*, Nationaler ordre public und europäische Integration, Betrachtungen zum Krombach Urteil des EuGH, 2000; *Gundel*, Der einheitliche Grundrechtsraum Europa und seine Grenzen – Zur EMRK-konformen Interpretation des Ordre-public-Vorbehalts des EuGVÜ durch den EuGH, EWS 2000, 442; *Hess*, Urteilsfreizügigkeit und ordre-public-Vorbehalt bei Verstößen gegen Verfahrensgrundrechte und Marktfreiheiten, IPRax 2001, 301; *Geimer*, Zur Auslegung des Begriffs öffentliche Ordnung des Vollstreckungs-

Die Vorschrift des Art. 45 Abs. 1 lit. a EuGVO ist eine **Notbremse** und keine 63 normale Bremse gegen falsche oder dem Inland inhaltlich unbekannte oder unangemessene Entscheidungen. Die Integration in die internationale Staatengemeinschaft, besonders in die EU, verlangt eine zurückhaltende, die Lösungen nationalen Rechts nicht als einzigen Maßstab erachtende Anwendung des Vorbehalts. Dieser kann deshalb nur in extremen Fällen angewendet werden.[70]

Der *ordre public* Verstoß kann sich als Folge der Geltung bzw. Anwendung materiellen Rechts[71] oder Verfahrensrechts[72] ergeben. 64

Art. 52 EuGVO ordnet eindeutig an, dass eine Nachprüfung der anzuerkennenden Entscheidung in sachlicher Hinsicht ausgeschlossen ist. Eine Prüfung der internationalen Zuständigkeit darf nie, auch nicht bei offensichtlicher Fehlanwendung der Zuständigkeitsvorschriften der EuGVO, erfolgen, auch nicht mit dem Mittel des *ordre public*-Vorbehalts (Art. 45 Abs. 3 EuGVO). 65

Die Ausnahmen ergeben sich aus Art. 45 Abs. 1 lit. e EuGVO (der Beklagte ist Versicherungsnehmer, Versicherter, Begünstigter des Versicherungsvertrags, Geschädigter, Verbraucher oder Arbeitnehmer oder es bestand eine ausschließliche Zuständigkeit (Art. 24 EuGVO).

Auch bei einer Nachprüfung der ursprungsmitgliedstaatlichen Zuständigkeit ist 66 aber zu beachten, dass der Richter bei der Prüfung der Entscheidungszuständigkeit des Erstrichters an die dem Erstgericht vorliegenden Tatsachenfeststellungen gebunden ist (Art. 45 Abs. 2 EuGVO).

2. Verletzung des rechtlichen Gehörs

Nach Art. 45 Abs. 1 lit. b EuGVO wird eine Entscheidung nicht anerkannt, wenn 67 dem Beklagten, der sich auf das Verfahren nicht eingelassen hat, das verfahrenseinleitende Schriftstück oder ein gleichwertiges Schriftstück nicht so rechtzeitig und in einer Weise zugestellt worden ist, dass er sich verteidigen konnte, es sei denn, der Beklagte hat gegen die Entscheidung keinen Rechtsbehelf eingelegt, obwohl er die Möglichkeit dazu hatte.

Eine weitergehende doppelte Sicherung zugunsten des Beklagten dahingehend, 68 dass das Verfahren einleitende Schriftstück nicht ordnungsgemäß *und* nicht so rechtzeitig zugestellt worden war, dass er sich verteidigen konnte, hält der europäische Gesetzgeber schon seit 2002 für entbehrlich. Das Fehlen einer der beiden

---

staats im Sinne des VollstrZustÜbk Art. 27 Nr. 1, ZIP 2000, 863; *Matscher*, Der verfahrensrechtliche ordre public im Spannungsfeld von EMRK und Gemeinschaftsrecht, IPRax 2001, 428. Urteil des EGMR in der gleichen Sache vom 13.2.2001, No. 29731/96 = NJW 2001, 2387 = IPRax 2001, 454.

[70] EuGH, Urteil vom 28.3.2000, C-7/98, *Krombach/Bamberski* = Slg. 2000, 1956; *Schack*, IZVR, Rn. 952.

[71] Dazu Nagel/*Gottwald*, IZPR, § 12 Rn. 33.

[72] Nagel/*Gottwald*, IZPR, § 12 Rn. 38.

Voraussetzungen führte bis 2002 bereits zur Versagung der Anerkennung.[73] Seit der EuGVO 2002 wird auf das Erfordernis der ordnungsgemäßen Zustellung verzichtet.

69   Daraus folgt zunächst, dass einer Entscheidung nicht ohne Weiteres deshalb die Anerkennung zu versagen ist, weil gegen Zustellungsvorschriften der EuZustVO verstoßen wurde. Die Regelung ist auch unter Berücksichtigung des Art. 6 Abs. 1 EMRK ein angemessener Ausgleich von Kläger- und Beklagteninteressen. Die bis 2002 bestehende Kumulation der beiden Voraussetzungen konnte in der Vergangenheit den Justizgewährungsanspruch des Klägers aus Art. 6 Abs. 1 EMRK unzumutbar beeinträchtigen, wenn die Zustellung im Erststaat zwar nicht ordnungsgemäß war, der Beklagte aber gleichwohl rechtzeitig Kenntnis erlangt hatte und seinem Anspruch auf rechtliches Gehör genügt war. Das Zustellungserfordernis wurde hier zur Förmelei, der EuGH hielt dennoch daran fest.[74] Zwar ist es richtig, dass Zustellungsvorschriften gerade dazu dienen, das rechtliche Gehör des Beklagten zu sichern. Für diesen ist aber nicht so sehr die Einhaltung dieser Regeln als vielmehr die effektive Kenntnis von dem verfahrenseinleitenden Schriftstück von Bedeutung.[75] Die Fassung des Art. 45 Abs. 1 lit. b EuGVO ist daher geeignet, dem Maßstab des Art. 6 Abs. 1 EMRK zu genügen.

70   Auch wenn die Zustellung nicht rechtzeitig erfolgte, kann die Anerkennung einer Entscheidung erfolgen, wenn es der Beklagte unterlässt, einen Rechtsbehelf einzulegen. Reine Passivität wird daher nicht belohnt.

3. Unvereinbare Entscheidung im Anerkennungsstaat

71   Nach Art. 45 Abs. 1 lit. c EuGVO ist die Anerkennung einer Entscheidung zu versagen, wenn diese mit einer Entscheidung unvereinbar ist, die zwischen denselben Parteien im Anerkennungsstaat ergangen ist. Bei Art. 45 Abs. 1 lit. c EuGVO kommt es nur darauf an, dass im Inland im Zeitpunkt der beantragten Anerkennung auch eine inländische Entscheidung besteht.

72   Der **Vorrang der inländischen vor der ausländischen Entscheidung** gilt in der EuGVO (anders Art. 22 Abs. 1 EuMahnVO, (s. Kap. 11 Rn. 35); Art. 21 Abs. 1 EuVTVO (s. Kap. 6 Rn. 44); Art. 22 Abs. 1 EuBagatellVO (s. Kap. 10 Rn. 49)) entgegen dem Prioritätsprinzip auch dann, wenn die inländische nach der ausländischen Entscheidung rechtshängig wurde, weil das Zweitgericht unter (bewusster oder unbewusster, mangels Kenntnis) Missachtung der Rechtshängigkeitssperre entschieden hat.[76] Damit wird zwar die Rechtskraft des inländischen Urteils unangetastet gelassen, die Koordination der Verfahren aber auf eine für die ansonsten dem Prioritätsprinzip verbundene EuGVO seltsam nationalistische Weise gelöst.[77]

---

[73] *Schack*, IZVR, Rn. 935; s. aber OLG Köln, Urteil vom 6.12.2002, 16 W 12/02 = IPRax 2004, 115 im Vorgriff auf die Rechtsänderung durch die EuGVO (*Geimer* 97).

[74] EuGH, Urteil vom 3.7.1990, Rs. 305/88, *Lancray/Peters* = Slg. 1990, 2725.

[75] *Geimer*, Salut für die Verordnung (EG) Nr. 44/2001 (Brüssel I-VO), IPRax 2002, 69, 72; *ders.*, Gegenseitige Urteilsanerkennung im System der Brüssel I – Verordnung, FS Beys, 2003, S. 391, 397.

[76] *Kropholler/v. Hein*, EZPR, Art. 34 EuGVO Rn. 54.

[77] Kritisch *Geimer*, IZPR, Rn. 2891; *Schack*, IZVR, Rn. 945.

Der Bericht zur Anwendung der EuGVO hatte den Übergang zum reinen Prioritätsprinzip vorgeschlagen.[78] Der Gesetzgeber ist dem aber nicht gefolgt.

Wann eine **Unvereinbarkeit** von Urteilen besteht, ermittelt der EuGH auto-   **73**
nom.[79] Er hat bisher in seiner Rechtsprechung zu Art. 27 Nr. 3 EuGVÜ, der dem
Art. 45 Abs. 1 lit. c EuGVO entspricht, keine greifbaren Kriterien zur Auslegung der
Unvereinbarkeit genannt. Er hat aber den Begriff der Rechtskraft in seine Rechtsprechung zu Art. 21 EuGVÜ (heute Art. 29 EuGVO) eingeführt, die wegen des
betont engen Zusammenhangs auch für die Auslegung des Art. 45 Abs. 1 lit. c
EuGVO Bedeutung hat.[80] Die Bedenken ergeben sich daraus, dass der EuGH offenbar den Umfang der Rechtskraft nicht am nationalen Streitgegenstand des Erst-
oder Zweitgerichts bemisst, sondern anhand eines autonomen europäischen Streitgegenstandes.[81] Wenn er aber dieses für die Rechtshängigkeit anerkannte autonome
Rechtskraftkonzept auf die Auslegung des Begriffs der *Unvereinbarkeit* in Art. 45
Abs. 1 lit. c EuGVO überträgt, führt dies dazu, dass Urteile nicht anerkannt werden,
obwohl sich die Urteilswirkungen der beteiligten Verfahrensordnungen nicht widersprechen.[82] Bei der Anerkennung einer Entscheidung war es jedoch auch nach Ansicht des EuGH bislang notwendig, die Urteilswirkung der materiellen Rechtskraft
nach dem Recht des Urteilsstaates und nicht nach einem europäischen Rechtskraftkonzept zu bestimmen. Für Zuständigkeitsentscheidungen scheint der EuGH nun
den Weg zu einem europäischen Rechtskraftkonzept beschreiten zu wollen (s. o.
Rn. 37).

Eine Unvereinbarkeit dürfte heute immer dann zu bejahen sein, wenn sich die   **74**
Rechtsfolgen der Entscheidungen gegenseitig ausschließen. Dabei ist die Bestimmung nationaler Streitgegenstände ohne Bedeutung.[83] Feststellung der Nichtigkeit
eines Vertrages und Schadensersatz wegen Vertragsverletzung schließen sich aus.
Ebenso ein Scheidungsurteil und ein Urteil auf Zahlung von Trennungsunterhalt.[84]

Damit ergibt sich innerhalb der EuGVO das wenig befriedigende Ergebnis, dass   **75**
der EuGH bei der Rechtshängigkeit und der Nichtanerkennung wegen einer unver-
einbaren Entscheidung im Inland einem europäisch einheitlichen Rechtskraftkonzept folgt, bei der Anerkennung der Urteilswirkung der materiellen Rechtskraft wie
auch bei den sonstigen Urteilswirkungen auf das nationale Recht des Urteilsstaates
abstellt. Eine einheitliche Lösung wäre wünschenswert; sie führt aber nur über die
Entwicklung eines europäisch einheitlichen Streitgegenstandsbegriffs, der so-

---

[78] Study JLS/C4/2005/03 Report on the Application of Regulation Brussels I in the Member States,
presented by *Hess, Pfeiffer* and *Schlosser*, Final Version September 2007, S. 253.

[79] *Althammer*, Streitgegenstand und Interesse, S. 630; *Schack*, IZVR, Rn. 849.

[80] EuGH, Urteil vom 19.5.1998, Rs. C-351/96, *Drouot Assurances SA/Consolidated metallurgical
industries* = Slg. 1998, I-3075 = EWS 1998, S. 261; *Adolphsen*, Zur Frage der Anwendbarkeit des
Art. 21 EuGVÜ trotz fehlender Parteiidentität, ZZPInt. 3 (1998), 249.

[81] Darauf deuten die Aussagen in Rn. 19 und 22 f. des Urteils hin.

[82] *Adolphsen*, Zur Frage der Anwendbarkeit des Art. 21 EuGVü trotz fehlender Parteiidentität, ZZ-
PInt. 3 (1998), 249.

[83] *Kropholler/v. Hein*, EZPR, Art. 34 EuGVO Rn. 49; Nagel/*Gottwald*, IZPR, § 12 Rn. 69.

[84] EuGH, Urteil vom 4.2.1988, Rs. 145/86, *Hoffmann/Krieg* = Slg. 1988, 645.

wohl bei der Rechtshängigkeit, bei der Anerkennung materieller Rechtskraft und bei der Unvereinbarkeit Anwendung findet. Damit nimmt man in Kauf, stärker zu intervenieren, als dies bei der Beteiligung von Mitgliedstaaten, die einen engen Streitgegenstandsbegriff haben, im Einzelfall nötig wäre.

4. Unvereinbarkeit mit anerkennungsfähiger Entscheidung aus anderem Staat

76   Nach Art. 45 Abs. 1 lit. d EuGVO ist die Anerkennung einer Entscheidung zu versagen, wenn die Entscheidung mit einer früheren Entscheidung unvereinbar ist, die in einem anderen Mitgliedstaat oder in einem Drittstaat in einem Rechtsstreit wegen desselben Anspruchs zwischen denselben Parteien ergangen ist, sofern die frühere Entscheidung die notwendigen Voraussetzungen für ihre Anerkennung im ersuchten Mitgliedstaat erfüllt. Die Vorschrift ergänzt lit. e. Bei diesem Versagungsgrund ist die zeitliche Priorität des Erlasses der Entscheidung maßgeblich.

77   Jüngst entschied der EuGH, dass Art. 45 Abs. 1 lit. d EuGVO unvereinbare Entscheidungen, die von Gerichten ein und desselben Mitgliedstaats erlassen wurden, nicht erfasst.[85]

5. Versagung bei Verstoß gegen Zuständigkeitsvorschriften

78   Der Versagungsgrund des Art. 45 Abs. 1 lit. e EuGVO stellt eine Ausnahme zum Verbot der Nachprüfung der internationalen Zuständigkeit in Art. 45 Abs. 3 EuGVO dar.

Er ist gegeben, wenn die Vorschriften des 3., 4. oder 5. Abschnitts des Abschn. II, die Vorschriften über Versicherungssachen, über Verbrauchersachen oder über den individuellen Arbeitsvertrag verletzt worden sind. Dahinter steht der Gedanke, dass es sich bei den dort geschützten Personen um typischerweise **schwächere Parteien** handelt. Insofern soll deren Schutz auch noch in das Anerkennungsstadium ausgedehnt werden.

Zusätzlich ist er einschlägig, wenn eine **ausschließliche Zuständigkeitsvorschrift** (Art. 24 EuGVO) missachtet wurde.

79   Art. 45 Abs. 1 lit. e EuGVO verweist allerdings nicht auf Art. 25 EuGVO, so dass die Anerkennung und Vollstreckung von Entscheidungen aus abredewidrig angerufenen Foren möglich ist (s. o. Kap. 3 Rn. 295).[86]

80   Das mit dem Antrag befasste Gericht ist bei der Prüfung, ob eine der in Abs. 1 lit. e angeführten Zuständigkeiten gegeben ist, an die tatsächlichen Feststellungen gebunden, aufgrund deren das Ursprungsgericht seine Zuständigkeit angenommen hat (Art. 45 Abs. 2 EuGVO).

---

[85] EuGH, Urteil vom 26.9.2013, Rs. C-157/12, *Salzgitter Mannesmann Handel GmbH/SC Laminorul SA* = NJW 2014, 203, Kritisch *Mäsch*, EuZW 2013, 903.

[86] Linke/*Hau*, IZVR, Rn. 6.22; 13.6; Musielak/Voit/*Stadler*, EuGVO, Art. 25 Rn. 16; *Brüggemann*, Anerkennung prorogationswidriger Urteile, 2019, S. 308 fordert die Aufnahme eines weiteren Anerkennungsversagungsgrundes.

VI. Wirkung der Versagungsgründe – die Nichtwirkung der ausländischen Entscheidung

Weitgehend ungeklärt ist die Frage, wie sich das Vorliegen von Versagungsgründen **81** auswirkt.[87] Das zeigt sich auch an der Ausgestaltung der Rechtsbehelfe, die gleichsam willkürlich mal als feststellende, mal als gestaltende Entscheidung ausgestaltet sind oder eingeordnet werden. (s. u. Rn. 87). Die Frage läßt sich zumindest einfach formulieren. Entfaltet eine Entscheidung, die ja automatisch ab dem Zeitpunkt ihres Erlasses in allen Mitgliedstaaten wirkt (s. o. Rn. 30), trotz Vorliegen von Versagungsgründen eben diese Wirkung oder wirkt die Entscheidung von vornherein nicht? Die Frage für die Ausgestaltung von Rechtsbehelfen gegen die Anerkennung und Vollstreckung ist also, ob die Wirkung beseitigt werden muss oder nur festgestellt werden muss, dasss die Entscheidung nicht wirkt.

Komplizierter wird das Problem noch, wenn Versagungsgründe erst später vor- **82** liegen oder nach dem Erlass der Entscheidung zunächst vorliegen aber dann wieder entfallen (s. u. Rn. 86).

Der Wortlaut des Art. 45 Abs. 1 EuGVO hilft nicht wirklich weiter, wenn er da- **83** von spricht, dass die Anerkennung *„versagt"* wird. Tendenziell spricht dieses aber eher dafür, dass der europäische Gesetzgeber davon ausgeht, dass die Wirkung beseitigt werden muss. Der deutsche Gesetzbeger ist ebenfalls in seiner Entwurfsbegründung zu § 1115 ZPO 2014 davon ausgegangen, dass eine Beseitigung erforderlich ist: *„Damit* (gemeint sind die Verfahren Art. 45 bis 47 EuGVO, d. Verf.) *kann der Schuldner in den in Artikel 45 der Brüssel-Ia-Verordnung genannten Fällen die gesetzlich vorgesehene automatische Anerkennung beseitigen bzw. die Vollstreckung der ausländischen Entscheidung rückwirkend versagen lassen."*[88]

In der Literatur wird das Problem regelmäßig nicht erkannt, so dass bei der Be- **84** urteilung der einzelnen Stellungnahmen Vorsicht geboten ist. Vereinzelt wird formuliert, dass eine Wirkung nicht erfolgt, wenn Versagungsgründe vorliegen.[89] Andere scheinen eher von einer Wirkung bis zur Einlegung eines Rechtsbehelfs auszugehen.[90]

Wenn man aber von einer automatischen Wirkung ab Urteilserlass ausgeht, er- **85** scheint auch nur eine automatische Nichtwirkung bei Vorliegen von Versagungsgründen denkbar. Das aber führt zu einer erheblichen Unsicherheit, ob eine Entscheidung nun in einem bestimmten Mitgliedstaat wirkt oder nicht. Die Wirkung ist zudem in Europa ab Urteilserlass uneinheitlich.

---

[87] S. aber *Jakowski*, Das Anerkennungsregime des europäischen Zivilprozessrechts für mitgliedstaatliche Entscheidungen, S. 106 ff. Dieser Argumentation folgt der nachfolgende Text weitgehend.

[88] Entwurf der BReg für ein Gesetz zur Durchführung der Verordnung (EU) Nr. 1215/2012 sowie zur Änderung sonstiger Vorschriften, Bt. Drs. 18/823 S. 22.

[89] So Rauscher/*Leible*, EZPR, Art. 36 EuGVO Rn. 2; *Schack*, IZVR, Rn. 1034, der das Problem offenbar erkennt, weil sonst seine Ausführungen zur Änderung von Anerkennungsvoraussetzungen (Rn. 1035) nicht logisch wären.

[90] MüKo-ZPO/*Gottwald*, Art. 45 Brüssel Ia-VO Rn. 1.

86   Da die Anerkennunsgversagungsgründe nicht statisch sind, kann eine Wirkung nachträglich entfallen bzw. eintreten. Daher erscheint es sinnvoll, dass insofern für die Frage der Wirkung auf den Zeitpunkt der Entscheidung im Anerkennunsgmitgliedstaat abgestellt wird. Eine einmal eingetreten Gestaltungswirkung entfällt aus Gründen der Rechtssicherheit nicht rückwirkend, eine Entscheidung, die zunächst nicht wirkte, wirkt ab dem Zeitpunkt, in dem ein Versagungsgrund entfällt.[91]

VII. Rechtsbehelfe im Bereich der Anerkennung

87   Nach **Art. 36 Abs. 2 EuGVO** kann jeder Berechtigte (also auch Rechtsnachfolger der Parteien der Entscheidung oder sonstige berechtigte Dritte) ein Beschlussverfahren durchführen auf Feststellung, dass Versagungsgründe nicht vorliegen. Das Verfahren dient dazu, mögliche divergierende Inzidententscheidungen nach Art. 36 Abs. 1 EuGVO zu vermeiden und die Frage der Anerkennung insoweit bindend feststellen zu lassen. Die Entscheidung erwächst *inter partes* in materielle Rechtskraft.[92]

88   Das Verfahren richtet sich aufgrund des in Art. 36 Abs. 2 EuGVO enthaltenen Verweises nach den Artt. 46 ff. EuGVO i. V. m. § 1115 Abs. 1 ZPO (auch wenn Art. 36 Abs. 2 EuGVO in § 1115 ZPO nicht genannt ist). Die Regelung führt unmittelbar zur Existenz eines vereinfachten Feststellungsverfahrens und verdrängt entsprechendes nationales Recht: In Deutschland ist § 256 Abs. 1 ZPO nicht anwendbar,[93] so dass kein zusätzliches Feststellungsinteresse gefordert werden darf.[94]

89   Obwohl sich das Institut der Anerkennung nicht pauschal auf Entscheidungen sondern auf Entscheidungswirkungen bezieht (s. o. Rn. 32) muss nicht eine spezifische fehlende Wirkung gerügt werden. Es reicht aus (selbstverständlich kann es ratsam sein, den Antrag auf eine bestimmte Wirkung zu beziehen[95]), wenn das Feststellunsgverfahren auf das Vorliegen bzw. Nichtvorliegen der Anerkennung gerichtet ist.[96]

90   Auf der Grundlage der EuGVO a. F. wurde meist vertrteten, dass anders als bei einer Feststellungsklage auf der Grundlage des § 256 Abs. 1 ZPO – nur die positive und keine **negative Feststellung** beantragt werden kann.[97] Das muss heute zumin-

---

[91] *Jakowski*, Das Anerkennungsregime des europäischen Zivilprozessrechts für mitgliedstaatliche Entscheidungen, S. 109; *Schack*, IZVR, Rn. 1035.

[92] *Geimer/Schütze*, EuZVR, Art. 36 EuGVVO Rn. 159, 182.

[93] MüKo-ZPO/*Gottwald*, Art. 36 Brüssel Ia-VO Rn. 17; so wohl auch *Schack*, IZVR, Rn. 1041.

[94] Rauscher/*Leible*, EZPR, Art. 36 EuGVO Rn. 17; *Geimer/Schütze*, EuZVR, Art. 36 EuGVVO Rn. 198.

[95] *Geimer/Schütze*, EuZVR, Art. 36 EuGVVO Rn. 170.

[96] *Jakowski*, Das Anerkennungsregime des europäischen Zivilprozessrechts für mitgliedstaatliche Entscheidungen, S. 125.

[97] Zur Möglichkeit, eine negative Feststellungsklage auf der Grundlage des § 256 Abs. 1 ZPO zu erheben MüKo-ZPO/*Gottwald*, 4. Aufl., Art. 33 EuGVO Rn. 13; Rauscher/*Leible*, EZPR, Bearbeitung 2011, Art. 33 EuGVO Rn. 13.

dest terminologisch klar gestellt werden, weil sich der Wortlaut des Art. 36 Abs. 2 EuGVO gegenüber dem des Art. 33 Abs. 2 Brüssel I-VO geändert hat. Heute muss der Antrag darauf gerichtet sein, dass kein Versagungsgrund gegeben ist (das ist im Ergebnis ein positiver Antrag). Daher ist ein Antrag auf Feststellung, dass ein Versagungsgrund besteht, die Entscheidung also nicht wirkt (negativer Feststellungsantrag), vom Wortlaut nicht erfasst.[98]

Dafür spricht auch die Regelung des Art. 21 Abs. 3 Brüssel IIa-VO: Dort wird **91** jeder Partei, die ein Interesse hat, die Möglichkeit gegeben, eine Entscheidung über die Anerkennung *oder* Nichtanerkennung der Entscheidung zu beantragen. Wenn also die EuGVO nicht beide Alternativen geregelt habe, sei dies bewußt erfolgt.[99]

Allerdings läßt sich der Wortlaut des Art. 38 lit. b EuGVO auf den ersten Blick **92** nur schwer mit dem beschränkenden des Art. 36 Abs. 2 EuGVO vereinbaren. Danach kann das Gericht oder die Behörde, (…) das Verfahren ganz oder teilweise aussetzen, wenn die Feststellung, dass keiner der in Art. 45 EuGVO genannten Gründe für eine Versagung der Anerkennung gegeben ist, *oder* die Feststellung, dass die Anerkennung aus einem dieser Gründe zu versagen ist, beantragt worden ist. Daraus schließen einige, dass Art. 36 Abs. 2 EuGVO entgegen dem engen Wortlaut beide Anträge, den positiven wie den negativen erfasse.[100]

Wenn man den Antrag des Art. 36 Abs. 2 EuGVO auf den positiven Feststel- **93** lungsantrag beschränkte, könnte man erwägen, den negativen nach nationalem Recht zu gewähren.[101] Dies könne durch eine Feststellungskage nach nationalem Recht, in Deutschland § 256 Abs. 1 ZPO erfolgen. Das aber verkompliziert die Lösung: Der Grundsatz der Waffengleichheit der Parteien spricht allerdings dafür, beiden Parteien eine Möglichkeit zu geben, die für sie jeweils günstige Feststellung über die Anerkennung der Entscheidung beantragen zu können. Warum soll der Beklagte gezwungen sein abzuwarten, bis der Kläger ein Verfahren nach Art. 36 Abs. 2 oder Art. 46 EuGVO einleitet? Der Rückgriff auf nationales Recht führt potenziell zu einer uneinheitlichen Rechtslage.

Die Lösung muss aber heute nicht mehr dadurch erfolgen, dass man entgegen **94** dem klaren Wortlaut Art. 36 Abs. 2 EuGVO auf negative Feststellungsanträge ausdehnt. Dieser ist entsprechend seinem Wortlaut auf einen positiven Feststellunsgantrag begrenzt. Denn es besteht die Möglichkeit, einen negativen Feststellungsantrag im Verfahren nach Art. 45 Abs. 4 EuGVO zu stellen.[102]

Nach **Art. 45 Abs. 4** kann die **Versagung der Anerkennung** beantragt werden. **95** Das Nebeneinander beider Rechtsbehelfe überrascht, sie werden zudem durch die deutsche Ausführungsvorschrift des § 1115 ZPO zu einem Verfahren zusammenge-

---

[98] *Geimer/Schütze*, EuZVR, Art. 36 EuGVVO Rn. 180.

[99] Rauscher/*Leible*, EZPR, Art. 36 EuGVO Rn. 16.

[100] Musielak/Voit/*Stadler*, EuGVO, Art. 36 Rn. 4; *Hess*, EZPR, Rn. 6.276; MüKo-ZPO/*Gottwald*, Art. 36 Brüssel Ia-VO Rn. 19, der die Argumentation mit Art. 45 Abs. 4 EuGVO für entbehrlich hält.

[101] So *Schack*, IZVR, Rn. 1041.

[102] *Jakowski*, Das Anerkennungsregime des europäischen Zivilprozessrechts für mitgliedstaatliche Entscheidungen, S. 123.

führt. Zum Teil wird dem Verfahren des Art. 45 Abs. 4 EuGVO eine Gestaltungswirkung zugemessen, was einen Unterschied zu dem Verfahren nach Art. 36 Abs. 2 EuGVO darstelle.[103] Dies setzt aber voraus, dass die Anerkennungsversagungsgründe der Wirkung der Entscheidung solange nicht entgegen stehen, wie dies nicht im Verfahren nach Art. 45 Abs. 4 EuGVO geregelt wurde, was wie gesehen (s. o. Rn. 85) unzutreffend ist.

Daher handelt es sich auch bei Art. 45 Abs. 4 EuGVO um einen reinen Anerkennungsrechtsbehelf ohne Gestaltungswirkung.[104]

96 Insgesamt zeigt sich, dass die Ausgestaltung und Abgrenzung der Verfahren des Art. 36 Abs. 2 EuGVO und des Art. 45 Abs. 4 EuGVO nicht sinnvoll erfolgt ist.[105] Ein Verfahren hätte ausgereicht.

§ 3 Anerkennung nach deutschem IZPR

97 Die Anerkennung ausländischer Entscheidungen ist im deutschen Recht in § 328 ZPO geregelt. Zwar wird das autonome Recht grundsätzlich von der EuGVO und bi- bzw. multilateralen Staatsverträgen verdrängt. Dies hindert einen Staat aber nicht, in weiterem Umfang ausländische Entscheidungen anzuerkennen, da insofern nur ein internationaler Mindeststandard festgelegt wird. Ist das autonome Recht anerkennungsfreundlicher, so erfolgt die Anerkennung in diesem weiteren Umfang (**Günstigkeitsprinzip**).

I. Anerkennungsfähige Entscheidungen

98 Anzuerkennen sind nach § 328 ZPO Urteile eines ausländischen Gerichts. Gemeint sind alle endgültigen Entscheidungen (unabhängig von ihrer Bezeichnung als Urteil) in Sachen, die einer deutschen **zivilrechtlichen Streitigkeit** entsprechen.[106] Der Begriff ist nicht mit dem des verordnungsautonomen in Art. 1 Abs. 1 EuGVO identisch. Überwiegend meint man, es sei der deutsche Maßstab des § 13 GVG entscheidend.[107] Trotzdem gilt es auch hier, unterschiedliche Ausgestaltungen aus-

---

[103] *Geimer/Schütze*, EuZVR, Art. 36 EuGVVO Rn. 159; Saenger/*Dörner*, Art. 45 EuGVVO, Rn. 33; unklar Rauscher/*Mankowski*, EZPR, Art. 45 EuGVO Rn. 50, der offenbar für das Verfahren nach Art. 46 EuGVO von einer Gestaltungswirkung, für eines nach Art. 45 Abs. 4 aber nur von einer Feststellungswirkung ausgeht.

[104] Ebenso *Jakowski*, Das Anerkennungsregime des europäischen Zivilprozessrechts für mitgliedstaatliche Entscheidungen, S. 107.

[105] Ebenso *Geimer/Schütze*, EuZVR, Art. 36 EuGVVO Rn. 157.

[106] *Schütze*, Das internationale Zivilprozessrecht in der ZPO, S. 89; MüKo-ZPO/*Gottwald*, § 328 Rn. 57.

[107] MüKo-ZPO/*Gottwald*, § 328 Rn. 57 („Entscheidungen (…) sind (…) anzuerkennen, solange nicht ein Grund für die Versagung der Anerkennung festgestellt ist."); *Hess*, EZPR, Rn. 6.227 („Art. 45 I EUGVO enthält einen (begrenzten) Katalog von Gründen, welche die Vollstreckungswirkung des ausländischen Urteils aufheben können.").

ländischen Rechts angemessen zu berücksichtigen und nicht nationale Vorstellungen zum alleinigen internationalen Maßstab zu erheben. So sind US-amerikanische Urteile, die *punitive damages* zusprechen, zivilrechtlich zu qualifizieren. Der *ordre public*-Vorbehalt wirkt jedoch insofern korrigierend, als für einen den Kompensationsgedanken übersteigenden Teil die Anerkennung versagt wird.

Auch Entscheidungen in **Kartellsachen** sind, soweit sie Ansprüche unter Priva-   **99** ten regeln,[108] zivilrechtlich einzuordnen, selbst wenn auf der Grundlage US-amerikanischen Rechts eine Verurteilung zu *treble damages* erfolgt. Richtiger Ansatzpunkt aus deutscher Sicht ist auch hier nicht die Qualifikation als zivilrechtlich, sondern der *ordre public*-Vorbehalt.

Zivilrechtlich einzuordnen sind auch ausländische Urteile, die in einem *Adhäsi-*   **100** *onsverfahren* ergehen. Die Anerkennung von *Schiedssprüchen* richtet sich nicht nach § 328 ZPO, sondern nach dem UNÜ (§ 1061 ZPO, s. Kap. 15 Rn. 86, 89). Ausländische Privatscheidungen werden nicht nach § 328 ZPO anerkannt, da es sich nicht um die Entscheidungen eines staatlichen Gerichts handelt. Die Wirkungen einer solchen Scheidung werden kollisionsrechtlich gem. Art. 17 EGBGB anerkannt.

Es muss sich aber um eine **Sachentscheidung** handeln.[109] Zwischenentscheidun-   **101** gen und Prozessurteile[110] sind nicht anerkennungsfähig. Die Wirkung einer Exequaturentscheidung beschränkt sich auf das Inland, im Ausland kann sie nicht anerkannt werden.[111] Bei *antisuit injunctions*, mit denen im angloamerikanischen Rechtsraum der Partei die Prozessführung im Ausland untersagt wird (s. Kap. 3 Rn. 48), kann man die Qualität der Sachentscheidung bezweifeln oder die Anerkennung wegen Verstoßes gegen den *ordre public* verweigern.

II. Bestandskraft im Ausland als Anerkennungsvoraussetzung

Die ausländische Entscheidung muss im Ausland bestandskräftig sein, also nach   **102** den dort geltenden Verfahrensregeln zumindest nicht mehr mit Rechtsbehelfen anfechtbar sein (formelle Rechtskraft). Dies wird, da § 328 ZPO dazu schweigt, überwiegend aus § 723 Abs. 2 S. 1 ZPO hergeleitet. Wenn der Entscheidung nach ausländischem Recht schon vor Eintritt der formellen Rechtskraft Wirkungen zukommen, sollten bereits diese anerkannt werden.

Nicht anzuerkennen sind wie im Rahmen der EuGVO *Zwischenentscheidungen*,   **103** die nur innerprozessuale Bedeutung im ausländischen Prozessrecht haben. Entscheidungen, die im Ausland lediglich vorläufig vollstreckbar sind, sind nicht anerkennungsfähig. Ob Entscheidungen, die im Verfahren des vorläufigen Rechtsschutzes ergehen, anerkennungsfähig sind, wird nicht einheitlich beurteilt. In der EuGVO

---

[108] Immenga/Mestmäcker/*Rehbinder*, Gesetz gegen Wettbewerbsbeschränkungen, 4. Aufl. 2007, § 130 Abs. 2 Rn. 402.

[109] *Schütze*, Das internationale Zivilprozessrecht in der ZPO, S. 86.

[110] So jedenfalls die h. M. vgl. MüKo-ZPO/*Gottwald*, § 328 Rn. 57.

[111] MüKo-ZPO/*Gottwald*, § 328 Rn. 58.

sind diese im Grundsatz anerkennungsfähig nach Art. 36 ff., wenn auch die Rechtsprechung des EuGH die Anerkennung einschränkt (s. Kap. 7 Rn. 20).

104   Nach autonomem Recht werden einstweilige Maßnahmen, da sie eben nicht endgültige sind, entweder gänzlich vom Kreis anerkennungsfähiger Entscheidungen ausgenommen oder es wird versucht, nach solchen Maßnahmen, die nicht rechtlich aber doch faktisch einen Streit endgültig beenden, zu unterscheiden. Danach wären z. B. Leistungsverfügungen, die zu einer Vorabbefriedigung des Antragstellers und damit zu einer Vorwegnahme der Hauptsache führen, anzuerkennen, Arreste, die nur der Sicherung dienen, dagegen nicht.[112] Gerade im Bereich des einstweiligen Rechtsschutzes im deutschen IZPR ist die internationale Zusammenarbeit noch ausbaufähig. Langfristig kann sich der deutsche Gesetzgeber der international erkennbaren Tendenz, auch Maßnahmen des einstweiligen Rechtsschutzes zu vollstrecken, nicht entziehen.

III. Grundsatz automatischer Anerkennung

105   Auch im deutschen Recht erfolgt die Anerkennung *ex lege* ohne gesondertes Verfahren. Die deutsche Regelung war Vorbild für die europäische. Bei Bedürfnis für eine Feststellung der Anerkennungsfähigkeit einer Entscheidung kann positive wie negative Feststellungsklage nach § 256 Abs. 1 ZPO erhoben werden. Ein Feststellungsinteresse besteht bereits aufgrund der abstrakten Möglichkeit, dass unterschiedliche Entscheidungen ergehen können.

IV. Anzuerkennende Urteilswirkungen

106   Anzuerkennende Urteilswirkungen ergeben sich aus dem Recht des Urteilsstaates, wenn man der Theorie der Wirkungserstreckung folgt (dazu Rn. 11). Überwiegend wird die Grenze durch den *ordre public* gebildet. Ob dagegen nur dem deutschen Recht bekannte oder alle Urteilswirkungen bis zur Grenze des *ordre public* anerkannt werden, ist strittig. Richtigerweise ist auch außerhalb der EuGVO der Maßstab deutschen Rechts zurückzunehmen. Danach sind alle Urteilswirkungen anzuerkennen, solange kein Verstoß gegen die öffentliche Ordnung erfolgt. Die bekanntesten Urteilswirkungen sind die Rechtskraftwirkung, die Gestaltungswirkung sowie Drittwirkungen.[113] Die Wirkung auf das Prozessrecht des Anerkennungsstaates bestimmt aber dieser selbst. Es erfolgt dabei dogmatisch eine Anpassung an deutsches Recht.

107   Schwierigkeiten ergeben sich regelmäßig bei der Anerkennung ausländischer Rechtskraft. Die materielle Rechtskraft kann sich dabei als Prozesssperre oder als präjudizierend auswirken, da dies die Wirkungen sind, die das deutsche Recht nach

---

[112] *Matscher*, Vollstreckung im Auslandsverkehr von vorläufig vollstreckbaren Entscheidungen und von Maßnahmen des provisorischen Rechtsschutzes, ZZP 95 (1982), 170.

[113] *Schütze*, Das internationale Zivilprozessrecht in der ZPO, S. 84.

der prozessualen Rechtskrafttheorie einem Urteil beimisst.[114] Einer Klage über den gleichen Streitgegenstand steht die Rechtskraft entgegen, soweit diese anzuerkennen ist. Soweit ein ausländisches Urteil nur durch Vollstreckungsurteil für vollstreckbar erklärt werden kann, wollen die Rechtsprechung und die Literatur in diesen Fällen eine neue Leistungsklage im Inland über den gleichen Streit zulassen, aber eine Präjudizialität annehmen, mit der Folge, dass ein inhaltlich gleichlautendes Urteil zu ergehen hat.[115] Dieser Weg soll deshalb nötig sein, weil das inländische Klageverfahren schneller durchzuführen sei als eine inländische Vollstreckungsklage. Zu erwägen wäre, die Vollstreckungsklage zu beschleunigen.

Es besteht, solange man der Theorie der Wirkungserstreckung folgt, kein Grund, **108** dem deutschen Recht unbekannte oder von seinem Umfang abweichende Urteilswirkungen nicht anzuerkennen. Die Grenze bildet der *ordre public*. Ausländische Rechtsordnungen kennen deutlich weitere objektive Rechtskraftgrenzen als die deutsche. So wird nach angloamerikanischem Prozessrecht auch rechtskräftig über Vorfragen, die tatsächlich Gegenstand eines früheren Verfahrens waren, (*collateral estoppel/issue preclusion*) und über im Erstprozess festgestellte entscheidungserhebliche Tatsachen (*issue estoppel*) entschieden. In Frankreich wird mit Rechtskraft über Einwendungen entschieden, die der Beklagte geltend gemacht hat. Die nachvollziehbare Lösung ist nun nicht, hinsichtlich der Anerkennungsfähigkeit dieser dem deutschen Recht fremden Rechtskraftwirkungen danach zu unterscheiden, welcher Teil anerkennungsfähig ist, weil er deutschen Vorstellungen entspricht und welcher nicht (und diesen Teil dann nicht anzuerkennen)[116] oder danach, ob diese Wirkungen möglicherweise doch eine gewisse Ähnlichkeit zu Lösungen haben, die auch im deutschen Recht realisierbar wären,[117] sondern im Grundsatz solche weiten Wirkungen anzuerkennen und ausnahmsweise den *ordre public* als Notfallinstrument einzusetzen.

V. Voraussetzungen der Anerkennung

Die Voraussetzungen der Anerkennung sind negativ formuliert in § 328 ZPO aufge- **109** führt. Nicht ausdrücklich genannt ist die Notwendigkeit, dass überhaupt eine anerkennungsfähige ausländische Entscheidung vorliegt, diese also nicht nichtig oder unwirksam sein darf und die Gerichtsbarkeit des ausländischen Staates eröffnet war. Eine Entscheidung, die unter Verstoß gegen Völkerrecht zustande kommt, wird in Deutschland nicht anerkannt.

---

[114] *Adolphsen*, Zivilprozessrecht, § 28 Rn. 10.

[115] BGH, Urteil vom 20.3.1964, V ZR 34/62 = NJW 1964, 1626 = JR 1964, 384; BGH, Urteil vom 26.11.1986, IVb ZR 90/85 = NJW 1987, 1146 = MDR 1987, 393; *Schack*, IZVR, Rn. 980; Nagel/*Gottwald*, IZPR, § 12 Rn. 118.

[116] So *Geimer*, IZPR, Rn. 2780.

[117] So MüKo-ZPO/*Gottwald*, § 328 Rn. 165.

1. Internationale Anerkennungszuständigkeit

110 Außerhalb international vereinheitlichter Zuständigkeitsordnungen wie der EuGVO bietet der Zeitpunkt der Anerkennung für einen Staat die erste Möglichkeit, auf eine seiner Ansicht nach akzeptable Abgrenzung nationaler Jurisdiktionshoheiten durch den Urteilsstaat zu achten. Daher ist die Prüfung der ausländischen Entscheidungszuständigkeit erforderlich. Kein ausländischer Staat kann erwarten, er könne bestimmte Entscheidungen einfach an sich ziehen, auch wenn diese keine Berührungspunkte zu seinem Territorium haben und anschließend von anderen die Anerkennung verlangen.

111 Im Unterschied zur Anerkennung nach der Grundsatzentscheidung der EuGVO, die die Nachprüfung der internationalen Zuständigkeit ausschließt (Art. 45 Abs. 3 EuGVO), prüft das um Anerkennung angerufene deutsche Gericht die Zuständigkeit des ausländischen Gerichts von Amts wegen nach.[118] Die Frage ist nur, welcher Maßstab an die Prüfung der Zuständigkeit des Erstgerichts anzulegen ist. Deutsche Gerichte prüfen im Rahmen der Anerkennung, ob das entscheidende Gericht bei Zugrundelegung deutscher Zuständigkeitsregeln zuständig war (§ 328 Abs. 1 Nr. 1 ZPO, **Spiegelbildprinzip**).[119] Dieses zugegeben für den deutschen Richter simple Vorgehen, das die nationale Zuständigkeitsordnung international zum Maßstab der Anerkennung macht, wird überwiegend nach wie vor akzeptiert. Es wurde bereits 1842 von Wächter vertreten („*... der auswärtige Richter wird nur dann als zuständig angenommen werden, wenn das Ausland, sobald man dasselbe wie einen Sprengel des Inlandes behandeln würde, nach den einheimischen Gesetzen als competent erscheint.*“).[120] Dies geschah aber zu einer Zeit, als der Nationalstaat eine ganz andere Bedeutung als heute hatte. Begründet wird das Spiegelbildprinzip heute mit der Notwendigkeit des Beklagtenschutzes. In zahlreichen Fällen ist diese Regelung der Anerkennung sogar förderlich, weil die ZPO durch die Ableitung der internationalen von der örtlichen Zuständigkeit relativ großzügige internationale Zuständigkeiten bereit hält und diese so auch in das Anerkennungsrecht transformiert werden. Schwierigkeiten entstehen dann, wenn das ausländische Gericht auf eine dem deutschen Recht unbekannte Zuständigkeit abgestellt hat, die aber aus deutscher Sicht akzeptabel ist. Hier wäre eine Anerkennung nicht möglich. Das befriedigt nicht. Andere Alternativen statt des Spiegelbildprinzips wären *de lege ferenda* die Auflistung bestimmter internationaler Zuständigkeiten, bei deren Nutzung eine Anerkennung im Inland ausgeschlossen wäre (schwarze Liste) oder eine Generalklausel, dass eine Entscheidung nicht anerkannt wird, wenn kein hinreichender Kontakt zwischen Forum und Streitgegenstand bestanden hat. Hiergegen wird jedoch die Unbestimmtheit einer solchen Generalklausel geltend gemacht.

112 Welche Entscheidungszuständigkeit das ausländische Gericht wirklich genutzt hat, ist unerheblich. Entscheidend ist, dass sich eine internationale Zuständigkeit

---

[118] Nagel/*Gottwald*, IZPR, § 12 Rn. 157; a. A. *Geimer*, IZPR, Rn. 2903.

[119] BGH, Urteil vom 26.3.1969, VIII ZR 194/68 = BGHZ 52, 30, 37 = WM 1969, 571; *Schütze*, Das internationale Zivilprozessrecht in der ZPO, S. 91; *Schack*, IZVR, Rn. 982.

[120] *Wächter*, Über die Collision der Privatrechtsgesetze verschiedener Staaten, AcP 25 (1842), 361, 417.

mit deutschen Vorschriften hätte begründen lassen. Bei dieser Prüfung ist das anerkennende Gericht nicht an die tatsächlichen Feststellungen des ausländischen Gerichts gebunden. Eine ausschließliche Zuständigkeit, die die *deutsche* Entscheidungszuständigkeit begründet hätte, führt immer zur Verweigerung der Anerkennung.[121]

2. Rechtliches Gehör bei Verfahrensbeginn

Nach § 328 Abs. 1 Nr. 2 ZPO findet die Anerkennung nicht statt, wenn dem Beklagten, der sich auf das Verfahren nicht eingelassen hat und sich hierauf beruft, das verfahrenseinleitende Schriftstück nicht ordnungsgemäß oder nicht so rechtzeitig zugestellt worden ist, dass er sich verteidigen konnte. § 328 Abs. 1 Nr. 2 ZPO soll dem Beklagtenschutz dienen, der sich auf die Anwendung berufen muss. Die Regelung entspricht ansonsten im Grundsatz Art. 45 Abs. 1 lit. b EuGVO. **113**

Anders als bei Art. 45 Abs. 1 lit. b EuGVO hindert entweder der Verstoß gegen die Zustellungsregeln *oder* die mangelnde Rechtzeitigkeit der Zustellung die Anerkennung. Daraus kann sich die Situation ergeben, die überwiegend als nicht akzeptabel angesehen wird und zur Neuregelung in der EuGVO 2002 führte (s. o. Rn. 68): Im Erststaat wird zwar gegen Zustellungsregeln verstoßen, der Beklagte erhält aber trotzdem Kenntnis vom Verfahren, seine Verteidigungsmöglichkeiten sind nicht durch den Zustellungsfehler beeinträchtigt worden. Eine Anerkennung erfolgt trotzdem nicht! **114**

Welches Schriftstück das Verfahren einleitet, entscheidet der Urteilsstaat. Werden verfahrens*leitende* Schriftstücke nicht rechtzeitig oder ordnungsgemäß zugestellt, kann nicht auf Nr. 2, sondern nur auf den *ordre public*-Vorbehalt abgestellt werden. Die Regeln für die Zustellungen (auch die für eine eventuelle Heilung von Mängeln) ergeben sich aus dem Recht des Urteilsstaates bzw. aus den in diesem geltenden völkerrechtlichen Verträgen. **115**

Hat sich der Beklagte auf das Verfahren im Ausland eingelassen, so kann er sich nicht mehr auf die nicht ordnungsgemäße oder nicht rechtzeitige Zustellung berufen. **116**

Anders als in Art. 45 Abs. 1 lit. b EuGVO („es sei denn, der Beklagte hat gegen die Entscheidung keinen Rechtsbehelf eingelegt, obwohl er die Möglichkeit dazu hatte;") kann der Beklagte im Urteilsverfahren passiv bleiben. Von ihm wird nicht gefordert, dass er im Urteilsstaat Rechtsmittel einlegt.[122]

3. Unvereinbare Entscheidung

In Anlehnung an Art. 45 Nr. 3 EuGVO regelt § 328 Abs. 1 Nr. 3 ZPO einen weiteren Anerkennungsversagungsgrund. Bei Kollision mit einem anderen in- oder ausländischen Urteil kommt dem inländischen immer der Vorrang zu, dem ausländischen dann, wenn dieses früher rechtskräftig wurde. Das Prioritätsprinzip wird also nur im Verhältnis zweier kollidierender ausländischer Entscheidungen gewahrt, während nationale Urteile auch dann vorgehen, wenn sie unter Missachtung der ausländi- **117**

---

[121] *Schack*, IZVR, Rn. 985.
[122] MüKo-ZPO/*Gottwald*, § 328 Rn. 104; a. A. *Geimer*, IZPR, Rn. 2921.

schen Rechtshängigkeit bzw. Rechtskraft ergangen sind. Diese nationalistische Lösung überzeugt ebenso wenig wie die entsprechende Regel in der EuGVO.

118 Eine ausländische Entscheidung ist weiterhin nicht anzuerkennen, wenn dieses Verfahren nach Missachtung der inländischen Rechtshängigkeit mit einem früher in Deutschland rechtshängig gewordenen unvereinbar ist. Nur wenn die kollidierenden Entscheidungen miteinander **unvereinbar** sind, erfolgt keine Anerkennung. Dies ist nicht nur dann der Fall, wenn die Streitgegenstände identisch sind, sondern auch bereits dann, wenn sich die Urteilswirkungen gegenseitig ausschließen, was der Fall sein soll, wenn die Kernpunkte beider Verfahren übereinstimmen.[123] Auf die formal identischen Anträge kommt es nicht an. Hier hat sich ganz still und leise die *Kernpunkttheorie* Eingang in das deutsche Prozessrecht verschafft!

4. Ordre public-Vorbehalt

119 Eine Anerkennung erfolgt nach § 328 Abs. 1 Nr. 4 ZPO nicht, wenn die Anerkennung des Urteils zu einem Ergebnis führt, das mit wesentlichen Grundsätzen des deutschen Rechts offensichtlich unvereinbar ist, insbesondere wenn die Anerkennung mit den Grundrechten unvereinbar ist. Die Formulierung ist an die des Art. 6 EGBGB angeglichen worden. Der Vorbehalt greift bei verfahrens- und materiellrechtlichen Verstößen gleichermaßen ein und bietet eine letzte Notbremse gegen die Anerkennung von Entscheidungen. Sie soll weder eine inhaltliche Nachprüfung der ausländischen Entscheidung (*révision au fond*), noch soll sie eine grundsätzliche Bewertung ausländischer Rechtsvorschriften aus deutscher Sicht ermöglichen. Auch die Anwendung des „richtigen" Rechts wird nicht geprüft. Entscheidend ist allein, dass das *konkrete Ergebnis* der Anerkennung des ausländischen Urteils deutschen Vorstellungen zuwiderläuft.

120 Eine Unvereinbarkeit mit wesentlichen Grundsätzen der deutschen Rechtsordnung soll gegeben sein, wenn die tragenden Grundlagen des deutschen staatlichen, wirtschaftlichen oder sozialen Lebens angegriffen werden.[124] Dabei ist, in Abhängigkeit von der Stärke des Inlandsbezuges, ausschließlich auf den Einzelfall abzustellen und ein liberaler Maßstab anzulegen, der deutsche Nationalismen vermeidet und nicht eigene Regelungstechniken zum internationalen Maßstab erhebt. In der Praxis ist jedoch immer wieder zu erkennen, dass eigene richterliche Vorstellungen *ad absolutum* gesetzt werden und eine einfache Abwehr gegen Unbekanntes aus dem Ausland durch die *ordre public*-Klausel gesucht wird.

121 Eine Anerkennung darf nicht erfolgen, wenn diese mit den *Grundrechten* unvereinbar ist. Dazu gehören alle deutschen Grundrechte (auch landesrechtliche und europäische der EMRK und der europäischen Grundrechtecharta). Unvereinbarkeit ist nicht bei jeder Beeinträchtigung von Grundrechten gegeben. Es besteht erkennbar ein verminderter Anwendungswille des Grundgesetzes bei Sachverhalten mit

---

[123] OLG Hamm, Urteil vom 30.10.2000, 1 U 1/00 = FamRZ 2001, 1015; *Lenenbach*, Die Behandlung von Unvereinbarkeiten zwischen rechtskräftigen Zivilurteilen nach deutschem und europäischem Prozeßrecht, S. 204 f.; MüKo-ZPO/*Gottwald*, § 328 Rn. 115.

[124] BGH, Urteil vom 21.11.1958, IV ZR 107/58 = BGHZ 28, 375, 385 = NJW 1959, 529.

Auslandsberührung. Das BVerfG hat dies mehrfach für Art. 6 EGBGB betont:[125] Das rechte Maß (für die Anwendung des *ordre public*) ergebe sich aus der Prüfung, ob und inwieweit das betroffene Grundrecht nach Wortlaut, Inhalt und Funktion unter Berücksichtigung der Gleichstellung anderer Staaten und der Eigenständigkeit ihrer Rechtsordnungen für auslandsbezogene Sachverhalte Geltung beansprucht.

Urteile, die *punitive damages* oder *treble damages* zusprechen, werden überwiegend als *ordre public*-widrig angesehen und, da bei quantitativ teilbaren Entscheidungen eine teilweise Anerkennung möglich ist, hinsichtlich des Teils, der den gewöhnlichen Schaden zuzüglich Schmerzensgeld und Prozesskosten übersteigt, nicht anerkannt.[126]   **122**

Die Anerkennung einer *antisuit injunction*, die einer Partei eine Klageerhebung im Inland verbietet (dazu Kap. 3 Rn. 48), kann gegen den deutschen *ordre public* verstoßen, weil die Gerichte eines Staates selbstständig über ihre Zuständigkeit entscheiden.[127] Man kann aber schon die für § 328 ZPO erforderliche Qualität der Sachentscheidung bezweifeln.[128]   **123**

5. Gegenseitigkeit

Im Grundsatz werden nur Entscheidungen der Gerichte solcher Staaten anerkannt, die (ohne inhaltliche Prüfung) auch deutsche Urteile unter im Wesentlichen gleichen Bedingungen anerkennen.[129] Der Sinn der Gegenseitigkeitsklausel des § 328 Abs. 1 Nr. 5 ZPO wird zunehmend bezweifelt. Weder kann sie für einen gewissen qualitativen Standard ausländischer Urteile sorgen noch fördert sie die globale Umlauffähigkeit von Entscheidungen. Der untaugliche Versuch, auf diese Weise internationale Rechtspolitik zu betreiben, läuft häufig den Parteiinteressen zuwider. Die seit langem in der Literatur gegen das Gegenseitigkeitsprinzip vorgebrachten Bedenken haben bisher keinen grundsätzlichen Erfolg gehabt. Für die in § 328 Abs. 2 ZPO aufgeführten Fälle (nicht vermögensrechtliche Streitigkeit ohne inländischen Gerichtsstand, Kindschaftssache, Lebenspartnerschaftssache) besteht kein Gegenseitigkeitserfordernis.   **124**

---

[125] BVerfG, Entscheidung vom 4.5.1971, 1 BvR 636/68 = BVerfGE 31, 58, 76 ff. = NJW 1971, 1509 (*Spanier*-Entscheidung); BVerfG, Beschluss vom 30.6.1964, 1 BvR 93/64 = BVerfGE 18, 112, 116 = NJW 1964, 1783 (Entscheidung über den deutsch-französischen Auslieferungsvertrag).

[126] BGH, Urteil vom 4.6.1992, IX ZR 149/91 = BGHZ 118, 312 = NJW 1992, 3096, 3102; zur Entwicklung der US-amerikanischen Rechtsprechung *Reinhard, Philip Morris v. Williams* – eine neue Leitentscheidung des US-Supreme Court zu den punitive damages im US-amerikanischen Recht, IPRax 2008, 49.

[127] *Maack*, Englische antisuit injunctions im europäischen Zivilrechtsverkehr, S. 156; MüKo-ZPO/ *Gottwald*, § 328 Rn. 127; *Schack*, IZVR, Rn. 862.

[128] *Geimer*, IZPR, Rn. 1014.

[129] Staatenverzeichnis der Verbürgung der Gegenseitigkeit bei MüKo-ZPO/*Gottwald*, § 328 Rn. 135 ff.

§ 4 Vollstreckung ausländischer Entscheidungen nach der EuGVO

125 Das Vollstreckbarerklärungsverfahren ist in der neuen EuGVO abgeschafft worden, die Versagungsgründe werden in einem eigenständigen Rechtsbehelfsverfahren auf Initiative des Schuldners geprüft. Sie wurden zu Vollstreckungsversagungsgründen. Der Streit um die Notwendigkeit der Beibehaltung von Versagungsgründen auch im Rechtsraum Europa hatte sich in der Reformphase vor allem am *ordre public*-Vorbehalt entzündet, den einige wegen der mangelnden praktischen Relevanz streichen, andere gerade auch vor dem Hintergrund der seltenen Notwendigkeit der Nutzung als Notbremse erhalten wollten.[130] Die EuVTVO hatte eben diesen Versagungsgrund gestrichen und die anderen aus der EuGVO bekannten Gründe zum Großteil in das Bestätigungsverfahren in den Ursprungsmitgliedstaat verlagert (s. u. Kap. 6 Rn. 4, 44).

126 Der Vorschlag für die Neufassung der EuGVO hatte die Prüfung der Versagungsgründe aufgeteilt: Wegen unvereinbarer Entscheidungen im Vollstreckungsmitgliedstaat (oder aus einem Drittstaat) sollte der Schuldner im Vollstreckungsmitgliedstaat die Verweigerung der Vollstreckung beantragen können (Art. 43 EuGVO-E). Die Prüfung der Zustellung des verfahrenseinleitenden Schriftstücks sollte dagegen im Ursprungsmitgliedstaat zu rügen sein (Art. 45 Abs. 1 lit. a und b EuGVO-E). Die Einhaltung eines verfahrensrechtlichen *ordre public* sollte im Vollstreckungsmitgliedstaat geprüft werden können (Art. 46 Abs. 1 EuGVO-E). Ein materiell rechtlicher *ordre public*-Vorbehalt war nicht vorgesehen.[131]

127 Die EuGVO hat die bekannten Versagungsgründe beibehalten und ihre Prüfung einheitlich im Vollstreckungsmitgliedstaat angesiedelt. Dort können die Versagungsgründe im Verfahren zur Versagung der Vollstreckung (Art. 46 EuGVO) und anschließend im einheitlichen Rechtsbehelfsverfahren der Art. 49, 50 EuGVO geprüft werden.

Im 11. Buch der ZPO ist ein Abschn. 7 eingefügt worden, der die Anerkennung und Vollstreckung nach der neuen EuGVO regelt.

128 Für die Vollstreckung muss die Entscheidung im Ursprungsmitgliedstaat vollstreckbar sein (Art. 42 Abs. 1 lit. b EuGVO). Wie bisher reicht hierfür auch die vorläufige Vollstreckbarkeit, Rechtskraft ist nicht gefordert.[132] Die Vollstreckbarkeit wird rein formal (abstrakt) geprüft: das Vorliegen konkreter Vollstreckungshindernisse ist nicht Gegenstand dieser Prüfung.[133] Das Erfordernis der abstrakten oder

---

[130] Überblick bei Stein/Jonas/*Oberhammer*, EuGVVO, Art. 34 Rn. 8 ff.; *Hess*, Urteilsfreizügigkeit nach der VO Brüssel Ia: beschleunigt oder ausgebremst?, FS Gottwald 2014, S. 273.

[131] S. die Darstellung bei *Adolphsen*, Perspektive der Europäischen Union – Gegenwartsfragen der Anerkennung im Internationalen Zivilverfahrensrecht, S. 1, 19, in: Die Anerkennung im Internationalen Zivilprozessrecht, 2014.

[132] Statt Vieler Stein/Jonas/*Oberhammer*, EuGVVO, Art. 38 Rn. 30 (auch zu den Problemen, die die Regelung aufgrund der Unterschiede der Aufgabenverteilung von Titel- und Vollstreckungsgericht in den Mitgliedstaaten mit sich bringt).

[133] EuGH, Urteil vom 29.4.1999, Rs. C-267/97, *Eric Coursier/Fortis Bank and Martine Coursier, née Bellami* = Slg 1999 I 2543. Rn. 29 lautet: „Somit ergibt sich aus der allgemeinen Systematik

formellen Vollstreckbarkeit im Ursprungsmitgliedstaat ist grundsätzlich als ein Verweis auf das jeweilige nationale Recht zu verstehen.[134]

Zu dieser abstrakten Vollstreckbarkeit zählt bei **Zug-um-Zug- Titeln** das ordnungsgemäße Angebot der Gegenleistung nicht.[135] Materiellrechtlich resultieren Zug-um-Zug Titel aus der Geltendmachung von Zurückbehaltungsrechten, wie sie sich beispielsweise im deutschen Recht aus den §§ 273, 320 und 1000 BGB ergeben. Nach diesen Vorschriften kann der Schuldner die ihm obliegende Leistung verweigern, bis der Gläubiger im Gegenzug – „Zug-um-Zug" – seine Gegenleistung erbringt. Der Gläubiger kann die Leistung des Schuldners also erst dann fordern, wenn dieser durch die Gegenleistung des Gläubigers befriedigt ist, oder dieser sich im Verzug der Annahme befindet. Nach der deutschen Zivilprozessordnung liegt Vollstreckbarkeit in diesem Sinne generell ab Klauselerteilung vor.[136] Bei Zug-um-Zug Titeln wird die Klausel nach § 726 Abs. 2 ZPO erteilt, ohne dass eine Prüfung der Vollstreckungsvoraussetzungen überhaupt vorgenommen würde. Diese findet nach den §§ 756, 765 ZPO erst zu Beginn des Vollstreckungsverfahrens statt. Ist der Gerichtsvollzieher zuständig, muss er dem Schuldner die Gegenleistung des Gläubigers in Annahmeverzug begründender Weise tatsächlich anbieten, § 756 ZPO, soweit nicht Befriedigung oder Annahmeverzug des Schuldners nachgewiesen wird. Bei Zuständigkeit des Vollstreckungsgerichts ist die Befriedigung bzw. der Annahmeverzug des Schuldners nachzuweisen, § 765 ZPO. Dann erst ist eine Zwangsvollstreckung möglich. Probleme mit Zug-um-Zug Titeln bestehen im Europäischen Rechtsraum, weil offenbar viele Mitgliedstaaten Zug-um-Zug Verurteilungen, bzw. Titel, nicht kennen.[137] Soll ein deutscher Zug-um-Zug Titel im Ausland vollstreckt werden, muss daher das deutsche Gericht bei Ausstellung der Bescheinigung nach Art. 53 EuGVO in der Anlage I unter Ziff. 4.4. ankreuzen, dass die Entscheidung in Deutschland vollstreckbar ist, ohne dass weitere Bedingungen erfüllt sein müssen. Es ist dann Sache des Vollstreckungsmitgliedstaates, ob er überhaupt Zug-um-Zug Titel kennt und in welchem Verfahren er das Angebot der Gegenleistung berücksichtigt. Auf diese Weise kann, wenn der Vollstreckungsmitgliedstaat einfach von einem unbedingten Titel ausgeht, der durch die Zug-um-Zug Verbindlichkeit bezweckte Schuldnerschutz leerlaufen.

129

---

des Brüsseler Übereinkommens, daß der Begriff „vollstreckbar" in Artikel 31 des Übereinkommens lediglich die Vollstreckbarkeit der ausländischen Entscheidungen in formeller Hinsicht betrifft, nicht aber die Voraussetzungen, unter denen diese Entscheidungen im Urteilsstaat vollstreckt werden können.".

[134] Rauscher/*Pabst*, EuZPR/EuIPR, Art. 6 Rn. 14 EG-VollstrTitelVO; *Schlosser*, EUZPR, Art. 6 Rn. 2 EuVTVO.

[135] Stein/Jonas/*Oberhammer*, EuGVVO, Art. 38 Rn. 27; *Adolphsen/Bachmann*, IPRax 2014, 267, 270; a. A. Rauscher/*Mankowski*, EuZPR/EuIPR, Art. 30 Rn. 14a Brüssel I-VO.

[136] Rauscher/*Pabst*, EuZPR/EuIPR, Art. 6 Rn. 14 EG-VollstrTitelVO.

[137] Verwiesen wird auf *Kessler*, Die Vollstreckbarkeit und ihr Beweis gem. Art. 31 und 47 Nr. 1 EuGVÜ, 1998, S. 193 ff. *Kessler* untersucht dort lediglich Rechtsordnungen von drei Mitgliedstaaten und der Schweiz. Er kommt zu dem Ergebnis, dass teilweise die Zug-um-Zug Verurteilungen, teilweise die Zug-um-Zug Vollstreckung unbekannt ist. Aktuelle rechtsvergleichende Untersuchungen liegen zu dieser Frage offenbar nicht vor.

I. Bescheinigung zur Vollstreckung einer deutschen Entscheidung

130   Durch das Gericht im Ursprungsmitgliedstaat ist eine Bescheinigung auszustellen, die die Grundlage der weiteren Vollstreckung bildet. Diese findet sich in Anhang I der EuGVO. Das Gericht hat vor Ausstellung zu prüfen, ob der sachliche Anwendungsbereich der EuGVO überhaupt eröffnet war.[138] Hierfür findet sich allerdings kein Bestätigungsfeld in der Bescheinigung. Zu bestätigen ist, dass die Entscheidung im Ursprungsmitgliedstaat vollstreckbar ist, ohne dass weitere Bedingungen erfüllt sein müssen.

131   Soll eine Bescheinigung für ein deutsches Urteil ausgestellt werden, sind gem. § 1110 ZPO die Gerichte oder Notare zuständig, denen die Erteilung einer vollstreckbaren Ausfertigung des Titels obliegt. Damit berücksichtigt der Gesetzgeber die Funktionsgleichheit von EuGVO-Bescheinigung und Vollstreckungsklausel. Es geht darum, Funktion, Bestand und Vollstreckbarkeit des Titels zu dokumentieren. Gem. § 1111 ZPO ist der Schuldner vor Ausstellung der Bescheinigung nicht anzuhören, auch das Vollstreckbarerklärungsverfahren lief ohne rechtliches Gehör des Schuldners ab (Art. 41 EuGVO a. F.). Gleiches gilt auch für die Erteilung der funktionsgleichen nationalen Vollstreckungsklausel (§ 724 ZPO). Nur im Fall der Titelergänzung oder Titelumschreibung steht es im Ermessen des Gerichts, den Schuldner vorab anzuhören.

132   Die Bescheinigung muss dem Schuldner vor der ersten Vollstreckungsmaßnahme zugestellt werden (Art. 43 Abs. 1 S. 1 EuGVO).[139] Die Entscheidung über die Ausstellung der Bescheinigung ist gem. Art. 54 Abs. 2 EuGVO anfechtbar. Der deutsche Gesetzgeber hat die entsprechende Anwendung der Regeln über die Anfechtbarkeit der Entscheidung zur Erteilung der Vollstreckungsklausel angeordnet (§ 1111 Abs. 2 i. V. m. § 732 ZPO).

II. Vollstreckung in Deutschland

133   Soll eine im Ursprungsmitgliedstaat mit einer Bescheinigung versehene Entscheidung in Deutschland vollstreckt werden, ist eine Vollstreckungsklausel entbehrlich, da das Vollstreckbarerklärungsverfahren ja gerade abgeschafft wurde (§ 1112 ZPO). Bisher war die Vollstreckbarerklärung für einen ausländischen Titel in Deutschland durch eine Vollstreckungsklausel erteilt worden (§ 9 AVAG).

134   Für die Zwangsvollstreckung selbst gilt deutsches Recht (Art. 41 Abs. 1 S. 1 EuGVO). Vor der Zwangsvollstreckung ist die gem. Art. 53 EuGVO erforderliche Bescheinigung dem Schuldner zuzustellen (Art. 43 Abs. 1 S. 1 EuGVO). Vorzulegen sind gem. Art. 42 EuGVO eine Ausfertigung der Entscheidung und die Bescheinigung gem. Art. 53 EuGVO (Art. 42 Abs. 1 EuGVO). Der Verweis auf das nationale Zwangsvollstreckungsrecht gilt auch für die Rechtsbehelfe des Vollstreckungsrechts. Gegen die Art und Weise der Vollstreckung ist daher die

---

[138] *Pohl*, IPRax 2013, 109, 113.

[139] *Mäsch/Peiffer*, RIW 2019, 245, 248.

Erinnerung (§ 766 ZPO) statthaft. Gem. § 1117 ZPO besteht – wie gem. § 1086 ZPO auch gegen einen Europäischen Vollstreckungstitel (s. Kap. 6 Rn. 43) – auch die Möglichkeit, Vollstreckungsabwehrklage zu erheben (dazu u. Rn. 146).

Art. 54 Abs. 1 EuGVO bietet die Möglichkeit, die ausländische Entscheidung an **135** das Recht des Vollstreckungsmitgliedstaates anzupassen, was aber nicht dazu führen darf, dass Wirkungen entstehen, die über die im Recht des Ursprungsmitgliedstaats vorgesehenen Wirkungen hinausgehen. Die Anpassung ist dann erforderlich, wenn der ausländische Titel die Anordnung einer Maßnahme enthält, die deutschem Vollstreckungsrecht unbekannt ist. Eine mögliche Anpassung des ausländischen Titels an das nationale Zwangsvollstreckungsrecht erfolgte bisher im Exequaturverfahren. In welchem Verfahren die Anpassung erfolgt, regelt die EuGVO nicht. Der deutsche Gesetzgeber hat kein gesondertes Verfahren vorgesehen, sondern will die Auslegung durch das Vollstreckungsorgan vornehmen lassen, wie es auch im nationalen Recht erfolgt.[140]

Die Anpassung kann angefochten werden, die Rechtsgrundlagen hierfür sind in **136** Deutschland in § 1114 ZPO geregelt.

III. Antragsverfahren auf Versagung der Vollstreckung

Die Urteilswirkung der Vollstreckbarkeit ist die einzige Entscheidungswirkung, die **137** eine Sonderregelung für ihre Anerkennung erfahren hat (Art. 39 EuGVO). Gegen die Vollstreckung wurde gar ein ganzes Verfahren der Vollstreckungsversagung gesondert geregelt (Art. 46–48 EuGVO), dessen detaillierte Ausgestaltung durch die Mitgliedstaaten zu erfolgen hat.

Dass der Gesetzgeber neben der Anerkennungsversagung ein Verfahren der Volstreckungsversagung eingerichtet hat, obwohl der Maßstab der Prüfung in beiden Verfahren identisch ist, zeigt, wie stark seine Tätigkeit an der Reform der Volstreckung ausgerichtet war, dass er die Regeln der Anerkennung nicht genügend bedacht hat.

Die Versagungsgründe für die Vollstreckung können nach Wegfall des Voll- **138** streckbarerklärungsverfahrens in diesem speziellen Antragsverfahren geltend gemacht werden (Art. 46–48 EuGVO). Das Vollstreckungsversagungsverfahren wurde für erforderlich gehalten, weil ja der Rechtsbehelf gegen die Exequaturentscheidung entfallen mußte, da es eine solche nicht mehr gibt.[141] Im Ergebnis ist der Rechtsbehelf allerdings überflüssig, die feststellenden Anerkennunsgrechtsbehelfe (s. o. Rn. 87 ff.) hätten ausgereicht.

Dieses Verfahren wird durch § 1115 ZPO ausgestaltet. Der deutsche Gesetzge- **139** ber hat dabei ein Klageverfahren eingerichtet, das der Vollstreckungsgegenklage

---

[140] BGH, Urteil vom 23.10.03 – I ZB 45/02 = BGHZ 156, 335. Vgl. auch BGH, Beschluss vom 26.11.2009 – VII ZB 42/08 = NJW 2010, 2137 zur Auslegung eines ausländischen Versäumnisurteils, das als EuVT bestätigt wurde.

[141] Kindl/Meller-Hannich/*Mäsch*, Gesamtes Recht der Zwangsvollstreckung, Art. 46 Brüssel Ia-VO Rn. 1; *Mäsch*, RIW 2019, 245, 249.

nach § 767 ZPO nachempfunden ist und eine prozessuale Gestaltungsklage darstellt. Dies ist schon im Ansatz falsch (s. u. Rn. 141), weil nichts beseitigt werden muss. Nach § 1115 ZPO ist das Landgericht ausschließlich sachlich zuständig. Örtlich zuständig ist gem. § 1115 Abs. 2 ZPO ausschließlich das Landgericht, in dessen Bezirk der Schuldner seinen Wohnsitz hat. Hat der Schuldner im Inland keinen Wohnsitz, ist ausschließlich das Landgericht zuständig, in dessen Bezirk die Zwangsvollstreckung durchgeführt werden soll. Der Antrag auf Versagung kann bei dem zuständigen Landgericht schriftlich eingereicht oder mündlich zu Protokoll der Geschäftsstelle erklärt werden (§ 1115 Abs. 3 ZPO). Anwaltszwang besteht nicht (§ 78 Abs. 3 ZPO). Dort ist der Vorsitzende einer Zivilkammer zuständig, er entscheidet durch Beschluss. Die Verhandlung kann ohne mündliche Verhandlung ergehen, das Verfahren ist gleichwohl kontradiktoisch, der Antragsgegner ist zuvor zu hören.

140   Der Rechtsbehelf des Art. 47 EuGVO i. V. m. § 1115 ZPO wird regelmäßig als der Vollstreckungsgegenklage nach § 767 ZPO nachempfunden und als prozessuale Gestaltungsklage bezeichnet.[142] Die Vollstreckungsgegenklage nach § 767 ZPO ist nach h. M. prozessuale Gestaltungsklage, die die Vollstreckbarkeit des Titels rechtsgestaltend beseitigt.[143] Sie muss vor dem Hintergrund der Formalisierung des Vollstreckungsverfahrens gesehen werden, weil die Vollstreckung als hoheitliche Tätigkeit durch Titel und Vollstreckungsklausel gedeckt ist, unabhängig von der materiellen Rechtslage.

141   Gerade das ist aber bei einer ausländischen Entscheidung nicht der Fall. Diese ist wirkungslos, es muss keine Vollstreckbarkeit beseitigt werden, sondern nur aus Gründen der Rechtssicherheit geklärt werden, dass die Vollstreckbarkeit fehlt, weil das Urteil nicht wirkt. Dazu aber reicht eine Feststellungsklage aus, das Feststellungsurteil kann in Deutschland der Vollstreckung entgegegehalten werden gem. §§ 775 Nr. 1, 776 S. 1 ZPO.[144] Die Vollstreckungsorgane sind an dieses Urteil gebunden, eine Vollstreckung darf nicht erfolgen. Daher reicht das Feststellungsverfahren gem. Art. 45 Abs. 4 EuGVO vollkommen aus.

142   Aktuell ist es ausgesprochen schwierig, das Verhältnis des Anerkennungsversagungs- und des Vollstreckungsversagungsverfahrens zu ermitteln.[145] Das ist nur logisch, wenn ein Verfahren überflüssig ist. Insoweit war es folgerichtig, dass der Gesetzber in Deutschland die Unterschiede dadurch beseitigt hat, dass das Verfahren nach § 1115 ZPO sowohl für Anerkennungsversagungs- als auch für Vollstreckungsversagungsverfahren gilt. Unzutreffend ist es, offenbar vor dem Hintergrund

---

[142] Musielak/Voit/*Stadler*, EuGVO, Art. 46 Rn. 1; *Hess*, EZPR, Rn. 6.272; MüKo-ZPO/*Gottwald*, Art. 46 Brüssel Ia-VO Rn. 3; *Hau*, MDR 2014, 1417, 1419. Interessanterweise formuliert *Geimer/Schütze*, EuZVR, Art. 46 EuGVVO Rn. 2, dass das Ziel primär die *Feststellung* eines Versagungsgrundes sei, um dann aber doch wieder die Gestaltung zu betonen.

[143] Nachweise zum Streitstand MüKo-ZPO/*Schmidt/Brinkmann,* § 767 Rn. 3.

[144] *Jakowski*, Das Anerkennungsregime des europäischen Zivilprozessrechts für mitgliedtstaatliche Entscheidungen, S. 133.

[145] Linke/*Hau*, IZVR, Rn. 14.24; Rauscher/*Mankowski*, EZPR, Art. 46 EuGVO Rn. 2 (Art. 46 „sekundiere" Art. 45 Abs. 4 EuGVO).

der deutschen Vollstreckungsgegenklage anzunehmen, dass durch das Vollstreckungsversagungsverfahren dem ausländischen Urteil nur die Vollstreckbarkeit genommen werde, während im Anerkennungsfeststellungsverfahren weitergehend festgestellt werde, dass einer ausländischen Entscheidung keinerlei Wirkungen zukämen.[146] Das Verfahren nach § 1115 ZPO nimmt dem Titel nicht nur die Vollstreckbarkeit.[147] Beide Verfahren haben vielmehr die gleiche Reichweite, so dass es entbehrlich ist, den Vorrang des einen vor dem anderen Verfahren unter Rückgriff auf das Rechtsschutzbedürfnis zu bestimmen.

IV. Verhältnis des Vollstreckungsversagungsverfahrens zur Vollstreckungsabwehrklage

Umstritten ist, ob im Vollstreckunsgversagungsverfahren neben den Versagungsgründen auch weitere materiellrechtliche Einwendungen vorgebracht werden können, die im Rahmen einer Vollstreckungsgegenklage statthaft wären wie nachträgliche Erfüllung, Aufrechnung etc. Zum Teil wird auch danach differenziert, ob diese Einwendungen unstreitig sind. Davon hängt die weitere Frage des Verhältnisses des Vollstreckunsgversagungsverfahrens zu einer Vollstreckungsabwehrklage ab. **143**

Der Wortlaut des Art. 46 EuGVO enthält keine Begrenzung auf die Versagungsgründe des Art. 45 EuGVO.[148] Ebenso sprechen Art. 41 Abs. 2 EuGVO[149] und Erwägungsgrund 30[150] dafür, auch weitere Versagungsgründe des nationalen Rechts zu prüfen. Der EuGH hatte zur Brüssel I VO entschieden, dass im Exequaturverfahren nur die Versagungsgründe der Artt. 34, 34 Brüssel I-VO geprüft werden können, Art. 45 Brüssel I-VO also eine abschließende Regelung enthielt.[151] Allerdings galt diese Beschränkung nur für das nun entfallene Exequaturverfahren und nicht für die Zwangsvollstreckung. Dort konnten materiellrechtliche Einwendungen nach nationalem Recht geltend gemacht werden. Das hat der EuGH in der *Prism Invest* Entscheidung exlizit ausgesprochen.[152] **144**

---

[146] So Saenger/*Dörner*, Art. 45 EuGVVO, Rn. 34.

[147] Ebenso *Geimer/Schütze*, EuZVR, Art. 46 EuGVVO Rn. 3.

[148] Rauscher/*Mankowski*, EZPR, Art. 46 EuGVO Rn. 24.

[149] Ungeachtet des Absatzes 1 gelten die im Recht des ersuchten Mitgliedstaats für die Verweigerung oder Aussetzung der Vollstreckung vorgesehenen Gründe, soweit sie nicht mit den in Artikel 45 aufgeführten Gründen unvereinbar sind.

[150] Eine Partei, die die Vollstreckung einer in einem anderen Mitgliedstaat ergangenen Entscheidung anficht, sollte so weit wie möglich im Einklang mit dem Rechtssystem des ersuchten Mitgliedstaats in der Lage sein, im selben Verfahren, außer den in dieser Verordnung genannten Versagungsgründen, auch die im einzelstaatlichen Recht vorgesehenen Versagungsgründe innerhalb der nach diesem Recht vorgeschriebenen Fristen geltend zu machen.

[151] EuGH Urteil vom 13.10.2011 – C-139/10, *Prism Investments BV/Jaap Anne van der Meer* = NJW 2011, 3506.

[152] EuGH, a.a.O. (Rn. 40): Ein solcher Grund kann hingegen vom Vollstreckungsgericht des Vollstreckungsmitgliedstaats geprüft werden. Denn sobald die Entscheidung in die Rechtsordnung des Vollstreckungsmitgliedstaats integriert wurde, gelten nach ständiger Rechtsprechung die Rechtsvorschriften dieses Mitgliedstaats über die Zwangsvollstreckung ebenso wie für Entscheidungen, die von nationalen Gerichten erlassen wurden ....

145   Der deutsche Gesetzgeber geht offenbar davon aus, dass materiellrechtliche Einwendungen über die Versagungsgründe hinaus geltend gemacht werden können, aber in einem gesonderten Verfahren nach § 1117 ZPO. Ähnliches hat er auch für den EuVT in § 1086 ZPO angeordnet (s. u. Kap. 6 Rn. 43).

146   In dieser rechtlichen Ausgangssituation gibt es keine richtige Entscheidung. Es scheint der Ruf nach einer ordnenden Hand des Gesetzgebers angezeigt. Verfahrensökonomisch mag etwas dafür sprechen, alles in einem Verfahren abzuwickeln und nicht noch eine Vollstreckungsabwehrklage an das Vollstreckungsversagungsverfahren anzuschließen.[153] Allerdings kann dies auch zu einer Aufblähung des Vollstreckungsversagungsverfahrens führen. Die formalen Friktionen bleiben: so die unterschiedliche sachliche Zuständigkeit für beide Verfahren (LG ausschließlich sachlich zuständig für das Verfahren nach § 1115 ZPO), die Prüfung von Versagungsgründen auf Antrag und von Amts wegen und der fehlende Anwaltszwang im Verfahren nach § 1115 ZPO und der Anwaltszwang bei der Vollstreckungsabwehrklage. Und es bleiben die Prämissen des Art. 41 Abs. 2 EuGVO und Erwägungsgrund 30.

V. Rechtsbehelfe gegen Entscheidung auf Versagung der Anerkennung und Vollstreckung

147   Gegen die Entscheidung über den Antrag auf Versagung der Vollstreckung kann jede Partei einen Rechtsbehelf einlegen (Art. 49 EuGVO). Gegen die Entscheidung findet gem. § 1115 Abs. 5 ZPO die **sofortige Beschwerde** (§ 567 Abs. 1 Nr. 1 ZPO) statt. Die Notfrist des § 569 Abs. 1 S. 1 ZPO ist verlängert und beträgt einen Monat. Sie beginnt mit der Zustellung der Entscheidung.

148   Gegen den Beschluss des Beschwerdegerichts findet die **Rechtsbeschwerde** zum BGH statt (Art. 50 EuGVO, § 574 Abs. 1 Nr. 1 ZPO).

§ 5 Vollstreckbarerklärung nach deutschem IZPR

149   Die Vollstreckbarerklärung nach autonomem deutschem Recht ist zahlenmäßig ohne echte Bedeutung, da etwa 95 % der Vollstreckungsverfahren auf der Grundlage der EuGVO und völkerrechtlicher Verträge erfolgen. Im Verhältnis z. B. zu den USA ist jedoch § 722 ZPO anzuwenden.

I. Vollstreckbarerklärung durch Urteil

150   Anders als die Anerkennung, die automatisch ohne ein gesondertes Verfahren erfolgt, bedarf es zur Vollstreckbarerklärung eines gesonderten titelschaffenden Verfahrens. Dieses erfolgt nach § 722 ZPO durch ein Vollstreckungsurteil. Die Vollstreckungsklage ist eine *Gestaltungsklage*, die das ausländische Urteil im Inland für

---

[153] Rauscher/*Mankowski*, EZPR, Art. 46 EuGVO Rn. 25.

vollstreckbar erklärt und dieses dabei gleichzeitig anerkennt. Geltungsgrund der Vollstreckung ist nach überwiegender Ansicht nicht das ausländische Urteil, sondern das nationale Vollstreckungsurteil, das mit der Vollstreckungsklausel versehen wird. Begründet wird dies damit, dass Vollstreckungsorgane nicht dem ausländischen richterlichen Befehl gehorchten. Dies ist zutreffend, verlangt aber nicht danach, ausschließlich im inländischen Vollstreckungsurteil den Geltungsgrund der Vollstreckung zu sehen.

Streitgegenstand der Vollstreckungsklage ist der Anspruch gegen den Staat auf **151** Vollstreckbarerklärung, nicht der dem ausländischen Rechtsstreit zugrunde liegende zivilrechtliche Anspruch. Deshalb wird von der Rechtsprechung bei Zweifeln über die Erfolgsaussichten der Vollstreckungsklage auch eine erneute Leistungsklage für zulässig gehalten, auch wenn bereits Antrag auf Vollstreckungsklage erhoben worden ist, weil wegen des unterschiedlichen Streitgegenstands keine Rechtshängigkeitssperre einträte.[154] Nach hier vertretener Ansicht ist jedoch die Leistungsklage im Inland wegen der vom ausländischen Urteil ausgehenden Prozesssperre als unzulässig abzuweisen. Die Gegenmeinung nimmt eine inhaltliche Bindungswirkung wegen Präjudizialität an.

Den Sinn der Vollstreckungsklage kann man bezweifeln. Bedenken sollte man in **152** diesem Zusammenhang, dass im deutschen Recht ein Vollstreckungsbescheid als Folge des einseitigen Mahnverfahrens ohne richterliche Sachprüfung ergehen kann. Bei ausländischen Entscheidungen muss es aber eine aufwendige Klage sein. Die Folge ist der Ausweg in die erneute Leistungsklage. Besser und auch dogmatisch begründbar wäre es aber, die Vollstreckungsklage durch ein Beschlussverfahren in Anlehnung an Art. 38 EuGVO a. F. (die Vollstreckbarerklärung durch Beschluss ist mit der EuGVO 2015 entfallen, vgl. Rn. 125) zu ersetzen.

II. Vollstreckbarerklärungsfähige Entscheidungen

Nur ausländische Leistungsurteile können für vollstreckbar erklärt werden. Bei **153** Feststellungs- und Gestaltungsurteilen kommt es zur Anerkennung. Die ausländische Entscheidung muss formell rechtskräftig sein (§ 723 Abs. 2 S. 1 ZPO). Entscheidungen des einstweiligen Rechtsschutzes können im Gegensatz zur EuGVO und bilateralen Vollstreckungsverträgen nicht zur Vollstreckung zugelassen werden. Für Schiedssprüche gilt wiederum § 1061 ZPO.

III. Prüfungsgegenstand

Die Zulässigkeit der Klage als normales erstinstanzliches Streitverfahren erfordert **154** das Vorliegen der Prozessvoraussetzungen, der Prozessführungsbefugnis und des Rechtsschutzbedürfnisses, das immer vorliegt, solange die ausländische Entscheidung einen vollstreckungsfähigen Inhalt hat. Die sachliche Zuständigkeit des AG

---

[154] MüKo-ZPO/*Gottwald*, § 722 Rn. 47.

oder LG ergibt sich aus dem Streitgegenstand des ausländischen Verfahrens. Örtlich zuständig ist das Gericht, bei dem der Schuldner seinen allgemeinen Gerichtsstand hat (§§ 12, 13 ZPO). Kläger der Vollstreckungsklage ist der Inhaber des ausländischen Titels.

155   Anders als im Vollstreckbarerklärungsverfahren nach der EuGVO werden die Anerkennungsversagungsgründe im Rahmen der Vollstreckungsklage geprüft. Nicht geprüft wird die inhaltliche Richtigkeit i. S. einer *révision au fond*.

156   Im Rahmen der Vollstreckungsklage kann der Schuldner grundsätzlich auch Einwendungen gegen den ausländischen Titel geltend machen, auch dann, wenn er sich im Ausland passiv verhalten hat. Eine eventuelle Präklusion ist dem ausländischen Recht zu entnehmen. Eine nach deutschem Recht zu beurteilende Frage ist, ob der Schuldner die Einwendungen im Rahmen der Vollstreckungsklage vorbringen muss und sonst damit in der anschließenden Vollstreckungsgegenklage nach § 767 ZPO präkludiert ist, wenn die Einwendung schon während der Rechtshängigkeit der Vollstreckungsklage gegeben war. Eine entsprechende Anordnung im deutschen Recht fehlt. Trotzdem wird von der h. M. die Präklusion angenommen.[155]

§ 6 Zusammenfassung

157
- Anerkennung einer Entscheidung bedeutet Erstreckung der Wirkungen, die der Urteilsstaat der Entscheidung verleiht, in einen anderen Staat (Wirkungserstreckung).
- Das Urteil wirkt ab Erlass im Urteilstaat auch in anderen Mitgliedstaaten.
- Die Anerkennung in der EuGVO erfolgt *ex lege* ohne gesondertes Verfahren.
- Das Urteil wirkt von Anfang an nicht, wenn Anerkennungsversagungsgründe entgegenstehen.
- Vollstreckbarerklärung ist die Zulassung einer (in- oder ausländischen) Entscheidung zum staatlichen Zwangsvollstreckungsverfahren. Sie erfolgt, wenn keine Anerkennungsversagungsgründe entgegenstehen. Die EuGVO hat dieses Verfahren abgeschafft.
- Die Prüfung von Versagungsgründen gegen die Anerkennung erfolgt in dem Verfahren, in dem die Wirkung von Bedeutung ist oder in einem gesonderten Feststellungsverfahren.
- Die Prüfung von Versagungsgründen gegen die Vollstreckung erfolgt in einem gesonderten Antragsverfahren im Rahmen der Zwangsvollstreckung.
- Durch Schaffung eines Europäischen Vollstreckungstitels ist erstmals 2005 ein Vollstreckbarerklärungsverfahren im Vollstreckungsmitgliedstaat entfallen. Auch die Prüfung von Versagungsgründen ist im Unterschied zur EuGVO ausgeschlossen. Der Europäische Vollstreckungstitel steht einem nationalen Vollstreckungstitel gleich.

---

[155]Anders wohl die h. M. BGH, Urteil vom 25.11.1993, IX ZR 32/93 = BGHZ 124, 237 = NJW 1994, 1413, 1416; *Schuschke/Walker/Jennissen*, Zwangsvollstreckungsrecht, 7. Aufl. 2020, § 723 Rn. 4.

6. Kapitel Europäischer Vollstreckungstitel

Der europäische Vollstreckungstitel genießt Urteilsfreizügigkeit in allen Mitgliedstaa- **1** ten, für die die EuVTVO gilt. Mit der Einführung eines Vollstreckungstitels für unbestrittene Forderungen im Oktober 2005 wurde in Europa ein Pilotprojekt lanciert, das mittelfristig zu einer vollkommenen Abschaffung aller Exequaturverfahren führen und die effektive Errichtung eines einheitlichen Europäischen Rechtsraums ermöglichen sollte. Dabei wurde das Herkunftslandprinzip für Entscheidungen, gerichtliche Vergleiche und öffentliche Urkunden (Kap. V bezieht gerichtliche Vergleiche (Art. 24 EuVTVO) und öffentliche Urkunden (Art. 25 EuVTVO) als EU-Vollstreckungstitel ein) realisiert,[1] und das Prinzip der Anerkennung im europäischen Raum revolutioniert. Inzwischen finden sich vergleichbare Regelungen zur Abschaffung des Exequaturverfahrens in der Brüssel IIa-Verordnung (dazu Kap. 12 Rn. 65), in der EuUnthVO (dazu Kap. 12 Rn. 86), der EuMahnVO (dazu Kap. 11 Rn. 34) und der EuBagVO (dazu Kap. 10 Rn. 44). 2015 wurde das Vollstreckbarerklärungsverfahren in der Brüssel Ia-VO abgeschafft, allerdings unter Beibehaltung der Versagungsgründe, die Anerkennung und Vollstreckung hindern können (dazu Kap. 5 Rn. 125).

Die Abschaffung des Vollstreckbarerklärungsverfahrens und der Versagung- **2** gründe der Anerkennung und Vollstreckbarerklärung verwirklicht die politischen Vorgaben des Tampere- und des Haager-Programms (s. Kap. 1 Rn. 103, 104). Ziel

---

[1] *Kohler*, Das Prinzip der Anerkennung in Zivilsachen im europäischen Justizraum, ZSchR 2005, 263. *Hess*, Neue Rechtsakte und Rechtssetzungsmethoden im Europäischen Justizraum, ZSchR 2005, 183, 189. Allerdings geschieht dies nicht umfassend, weil im Vollstreckungsmitgliedstaat die Vollstreckung gem. Art. 21 EuVTVO verweigert werden oder Maßnahmen gem. Art. 23 EuVTVO ergriffen werden können. Auch die Statthaftigkeit der Vollstreckungsabwehrklage reduziert das Herkunftslandprinzip, *R. Wagner*, Das Gesetz zur Durchführung der Verordnung (EG) Nr. 805/2004 zum Europäischen Vollstreckungstitel – unter besonderer Berücksichtigung der Vollstreckungsabwehrklage, IPRax 2005, 401, 405.

Die Originalversion dieses Kapitels wurde korrigiert. Ein Erratum finden Sie unter https://doi.org/10.1007/978-3-662-63558-2_16

ist die Bildung eines einheitlichen Rechtsraums Europa. Die Entscheidungen der Gerichte des Ursprungsstaates müssen europaweit so behandelt werden, als seien es Entscheidungen der Gerichte des Vollstreckungsmitgliedstaates.[2] Rechtspolitische Prämisse ist die Gleichwertigkeit der Justizsysteme der Mitgliedstaaten.

§ 1 Einleitung

3   Die EuVTVO fußt auf den Art. 61 lit. c, 65 EGV (heute Art. 67, 81 AEUV). Als erster Rechtsakt aus dem Bereich der Justiziellen Zusammenarbeit in Zivilsachen ist sie im Mitentscheidungsverfahren nach Art. 251 EGV erlassen worden. Der Rat hatte beschlossen, dass alle Maßnahmen des Titels IV mit Ausnahme der legalen Zuwanderung ab 1.1.2005 im Mitentscheidungsverfahren mit qualifizierter Mehrheit entschieden werden.[3]

4   Die Einführung eines Europäischen Vollstreckungstitels stellte in Europa 2005 die höchste Stufe der gegenseitigen Anerkennung dar. Diese höchste Integrationsstufe, die durch die EuVTVO erreicht wurde, stellte zugleich einen Systemwechsel dar.[4] Die Prüfung der Anerkennung wird aus dem Anerkennungs- und Vollstreckungsstaat in den Urteilsstaat verlagert und mit dem Verbot verbunden, die Entscheidung bzw. ihre Anerkennung im Vollstreckungsstaat nachzuprüfen. Damit entscheidet ausschließlich der Urteilsstaat über die europaweite Anerkennung und Vollstreckung einer Entscheidung. Die anderen Mitgliedstaaten, die ihr Zwangsvollstreckungsverfahren zur Verfügung stellen müssen, ohne selbst konstitutiv beteiligt zu werden, haben sich jeder Kontrolle zu enthalten (einziger Versagungsgrund ist der der widersprechenden Entscheidung im Vollstreckungsmitgliedstaat, s. u. Rn. 44). Der *ordre public* -Vorbehalt wurde gänzlich abgeschafft, nachdem er durch die EuGVO 2002 bereits „privatisiert" worden war, indem seine Prüfung in das Beschwerdeverfahren verschoben wurde.[5] Damit wurde für Urteile und Entscheidungen das Herkunftslandprinzip realisiert.

5   Der notwendige **grenzüberschreitende Bezug** weicht von dem anderer Sekundärrechtsakte deutlich ab: Ob die erfassten Titel in einem nationalen Verfahren oder einem Verfahren mit einem bereits bestehenden Auslandsbezug ergehen, ist für die Anwendung der EuVTVO unerheblich. Jeder nationale Titel kann, wenn die Mindestvorschriften (dazu Rn. 33) erfüllt sind, als EuVT bestätigt und in anderen Mit-

---

[2] Erwägungsgrund 8; s. Art. 20 Abs. 1.

[3] Beschluss des Rates 2004/927/EG vom 22.12.2004 über die Anwendung des Verfahrens des Artikels 251 des Vertrags zur Gründung der Europäischen Gemeinschaft auf bestimmte Bereiche, die unter Titel IV des Dritten Teils dieses Vertrags fallen (ABl. L 396 vom 31.12.2004, S. 45); *Stein*, Der Europäische Vollstreckungstitel für unbestrittene Forderungen tritt in Kraft – Aufruf zu einer nüchternen Betrachtung, IPRax 2004, 181, 182.

[4] *Kohler*, Systemwechsel im europäischen Anerkennungsrecht: Von der EuGVVO zur Abschaffung des Exequatur, in Baur/Mansel (Hrsg.), Systemwechsel im europäischen Kollisionsrecht, S. 147 ff.; *Rauscher*, Der Europäische Vollstreckungstitel für unbestrittene Forderungen, Rn. 13; *Kropholler/v. Hein*, EZPR, Art. 5 EuVTVO Rn. 10.

[5] Vgl. hierzu auch BGH, Beschluss vom 24.4.2014, VII ZB 28/13 = BeckRS 2014, 10341.

gliedstaaten vollstreckt werden. Der grenzüberschreitende Bezug kann also erst in der Vollstreckungsphase entstehen.

Das deutsche EG-VTDG[6] enthält Regelungen zur Durchführung der **6** EuVTVO. Die überwiegende Zahl der Vorschriften findet man im 11. Buch der ZPO (§§ 1079 ff.). Diese Vorschriften gelten gem. § 13a ArbGG auch für die Arbeitsgerichtsbarkeit. In den §§ 1079–1081 ZPO ist die Bestätigung inländischer Titel als EuVT normiert, in den §§ 1082–1086 ZPO die Vollstreckung von im Ausland als EuVT bestätigten Titeln. Das EG-VTDG hat darüber hinaus die ZPO an die Mindeststandards des Kap. III der EuVTVO (s. u. Rn. 34) angepasst, wozu zusätzliche Belehrungspflichten in die Bücher 2 und 3 der ZPO aufgenommen wurden.

§ 2 Anwendungsbereich der EuVTVO

I. Sachlicher Anwendungsbereich

Art. 2 EuVTVO enthält eine Teilregelung des **sachlichen Anwendungsbereichs** **7** der EuVTVO. Der weitergehende sachliche Anwendungsbereich ergibt sich aus Art. 3 EuVTVO.

Art. 2 EuVTVO entspricht weitestgehend Art. 1 EuGVO. Insofern kann auf die **8** autonome Auslegung des Begriffs der **Zivil- und Handelssache** und die autonome Auslegung der in Art. 1 Abs. 2 EuGVO ausdrücklich ausgeschlossenen Regelungsbereiche (dazu Kap. 3 6 ff.) zurückgegriffen werden. Trotz seines repressiven Charakters[7] stellt die Vollstreckung eines in einem Ordnungsmittelverfahren gem. § 890 ZPO ergangenen Beschlusses (Ordnungsmittelbeschluss) nach der Rechtsprechung des EuGH[8] eine Zivil- und Handelssache im Sinne der EuGVO, nach der Rechtsprechung des BGH[9] eine solche im Sinne der EuVTVO dar.[10]

Art. 3 EuVTVO regelt ergänzend zu Art. 2 EuVTVO den sachlichen Anwen- **9** dungsbereich der EuVTVO, die Definition der verwendeten Begriffe erfolgt größtenteils an anderer Stelle. Zentraler Regelungsgegenstand des Art. 3 EuVTVO ist die Klärung, was unter **unbestrittenen Forderungen** i. S. der VO zu verstehen ist.

---

[6] Gesetz zur Durchführung der Verordnung 805/2004 über einen Europäischen Vollstreckungstitel für unbestrittene Forderungen, BGBl. 2005 I S. 2477. Hierzu *Reichel*, Das EG-Vollstreckungstitel-Durchführungsgesetz und die Auswirkungen auf das arbeitsgerichtliche Verfahren, NZA 2005, 1096; *R. Wagner*, Das Gesetz zur Durchführung der Verordnung (EG) Nr. 805/2004 zum Europäischen Vollstreckungstitel – unter besonderer Berücksichtigung der Vollstreckungsabwehrklage, IPRax 2005, 401; *Rellermeyer*, Der Europäische Vollstreckungstitel für unbestrittene Forderungen, Rpfleger 2005, 389, 390. Zum Referentenentwurf *Franzmann*, Die Verordnung (EG) Nr 805/2004– notarielle Urkunden europaweit vollstreckbar, MittBayNot 2004, 404, 406; *Leible/Lehmann*, Die Verordnung über den Europäischen Vollstreckungstitel für unbestrittene Forderungen und ihre Auswirkungen auf die notarielle Praxis, NotBZ 2004, 453, 458. Materialien: Br.Drs. 88/05; Bt.Drs. 55/5222.

[7] MüKo-ZPO/*Adolphsen*, Anh. §§ 1079 ff., Art. 2 EG-VollstrTitelVO Rn. 13.

[8] EuGH, Urteil vom 18.10.2011, Rs. C-406/09, *Realchemie Nederland/Bayer CropScience AG* = EuZW 2012, 157 (*Sujecki* 159).

[9] BGH, Beschluss v. 25.3.2010, I ZB 116/08 = NJW 2010, 1883, 1884 f.

[10] Hierzu ausführlich MüKo-ZPO/*Adolphsen*, Anh. §§ 1079 ff., Art. 2 EG-VollstrTitelVO Rn. 10 ff. (m. w. N.).

Die Definition der Forderung folgt aus Art. 4 EuVTVO, in Art. 3 Abs. 1 S. 2 EuV-TVO wird nur das Kriterium *unbestritten* geregelt.

10   Der **Begriff der Forderung** ist in Art. 4 Nr. 2 EuVTVO legal definiert als Forderung auf Zahlung einer bestimmten Geldsumme. Demnach können ausschließlich Titel über Geldforderungen als EuVT vollstreckt werden. Titel auf Herausgabe oder Unterlassung erfasst die VO nicht.[11]

Die Forderung muss fällig oder ihr Fälligkeitsdatum muss angegeben sein. Hieraus folgert ein Teil der Literatur, dass **Zug-um-Zug Verurteilungen** nicht als Vollstreckungstitel bestätigt werden können.[12] Tatsächlich ist eine Bestätigung aber jedenfalls dann möglich, wenn der Gläubiger seine „Vorleistung" im Bestätigungsverfahren nachweist;[13] zur Vollstreckung von Zug-um-Zug Verurteilungen nach der EuGVO s. Kap. 5 Rn. 129.

11   Der Definition des Begriffs der **unbestrittenen Forderungen** kommt zentrale Bedeutung für den sachlichen Anwendungsbereich der VO zu. Der Gesamtkomplex unbestrittener Forderungen zerfällt in zwei Teile: zum einen in die **aktiv unbestrittenen Forderungen**, dies sind die in Art. 3 Abs. 1 lit. a und d EuVTVO, zum anderen in die **passiv unbestrittenen Forderungen,** dies sind die Art. 3 Abs. 1 lit. b und c EuVTVO.[14] Im ersten Fall hat sich der Schuldner ausdrücklich der Forderung unterworfen, sei es durch Vergleich, Anerkenntnis (lit. a), oder in öffentlicher Urkunde (lit. d). Dies erfolgt in aller Regel erst nach entsprechender Belehrung durch das zuständige Rechtspflegeorgan, so dass Schutzmaßnahmen zugunsten des Schuldners in geringerem Maße erforderlich sind als in der zweiten Fallgruppe. Durch lit. b und c werden auch „zu keinem Zeitpunkt bestrittene Forderungen" und „nicht mehr bestrittene Forderungen" in den Anwendungsbereich der VO einbezogen. Demnach werden **Säumnisentscheidungen** und auch **Vollstreckungsbescheide** erfasst. Sie sind es auch, die die Notwendigkeit der Statuierung von Mindestvorschriften mit sich bringen. Die Mindeststandards des Kap. III gelten ausschließlich für die passiv unbestrittenen Forderungen (Art. 12 Abs. 1 EuVTVO, s. u. Rn. 33). Kann ein Gericht die Anschrift des Beklagten nicht ermitteln, darf eine Säumnisentscheidung, die nach einer mündlichen Verhandlung ergeht, an der der Beklagte nicht teilgenommen hat, nicht als EuVT bestätigt werden.[15]

---

[11] *Wagner*, Die neue EG-Verordnung zum Europäischen Vollstreckungstitel, IPRax 2005, 189, 192.

[12] Rauscher/*Pabst*, EuZPR/EuIPR, Art. 4 Rn. 14 EG-VollstrTitelVO; *Kropholler/von Hein*, EZVR, Art. 4 EuVTVO Rn. 5; Gebauer/Wiedmann/*Bittmann*, Zivilrecht unter europäischem Einfluss, Art. 4 EuVTVO Rn. 34 (S. 1514); *Wagner*, Die neue EG-Verordnung zum Europäischen Vollstreckungstitel, IPRax 2005, 189, 192; Nagel/*Gottwald*, IZPR, § 14 Rn. 15.

[13] OLG Karlsruhe, 30.4.2013 – 8 W 6/13 = IPRax 2014, 287; MüKo-ZPO/*Adolphsen*, Anh. §§ 1079 ff., Art. 2 EG-VollstrTitelVO Rn. 10 ff. *Adolphsen/Bachmann*, Die Bestätigung von Zug-um-Zug-Titeln als Europäische Vollstreckungstitel, IPRax 2014, 267.

[14] Bezeichnung nach *Rauscher*, Der Europäische Vollstreckungstitel für unbestrittene Forderungen, Rn. 52, 54.

[15] EuGH, Urteil vom 27.6.2019, Rs. C-518/18, *RD/SC* = NJW 2019, 2688.

II. Räumlicher Anwendungsbereich

Der räumliche Anwendungsbereich ist einfach zu bestimmen: Es muss sich um eine **12** Entscheidung handeln, die in einem Mitgliedstaat ergeht und dort als europäischer Vollstreckungstitel bestätigt wird. Diesen Mitgliedstaat definiert die EuVTVO in Art. 4 Nr. 4 als Ursprungsmitgliedstaat. Der europäische Vollstreckungstitel wird sodann in einem anderen Mitgliedstaat, dem Vollstreckungsmitgliedstaat (Art. 4 Nr. 5 EuVTVO) vollstreckt. Die EuVTVO gilt als sekundäres Gemeinschaftsrecht (Art. 288 AEUV) unmittelbar in allen Mitgliedstaaten. Das Vereinigte Königreich und Irland haben mitgeteilt, dass sie sich an der Annahme und Anwendung dieser Verordnung beteiligen (*opt in*).[16] Dänemark beteiligt sich nicht an der Annahme dieser Verordnung, die für Dänemark somit nicht bindend oder anwendbar ist.[17] Mitgliedstaaten im Sinne der EuVTVO sind damit alle Mitgliedstaaten der EU ohne Dänemark (Art. 2 Abs. 3 EuVTVO). Das Vereinigte Königreich ist nach dem **Brexit** Drittstaat. Für Europäische Vollstreckungstitel findet sich eine Regelung in Art. 67 Abs. 2 lit. d des Austrittsabkommens (s. Kap. 3 Rn. 30): Für die Fortdauer der Vollstreckbarkeit ist entscheidend, ob die Bestätigung bis zum 31.12.2020 beantragt wurde.

§ 3 Alternativität des Vollstreckungssystems

Der Gläubiger hat die freie Wahl, ob er eine unbestrittene Forderung nach dem Voll- **13** streckungssystem der EuVTVO durchsetzt oder ob er das Vollstreckungssystem der EuGVO nutzt (Art. 27 EuVTVO). Das ist schon deshalb zwingend, weil die Mitgliedstaaten nicht verpflichtet sind, ihr Recht den Mindestvorschriften anzupassen (dazu Rn. 33) und eine Vollstreckungsmöglichkeit nach der EuGVO erhalten bleiben muss. Vor allem in Fällen, in denen in mehreren Mitgliedstaaten eine Vollstreckung erfolgen soll, bietet der EuVT klare Vorteile für den Gläubiger.

Selbst das **parallele Betreiben beider Verfahren** ist zulässig. Hierzu hat das **14** OLG Stuttgart – zur EuGVO a. F. – ausgeführt[18]:

"Die Antragstellerin hat zwar grundsätzlich gem. Art. 27 EuVTVO ein Wahlrecht zwischen den Vollstreckungssystemen nach der EuVTVO und der EuGVVO. Dies entspricht der Forderung in Erwägungsgrund 20 der EuVTVO, wonach es dem Gläubiger „frei stehen" sollte, eine Bestätigung als Europäischer Vollstreckungstitel für unbestrittene Forderungen zu beantragen oder sich für das Anerkennungs- und Vollstreckungsverfahren nach der EuGVVO zu entscheiden. Der Gläubiger kann auch beide Verfahren gleichzeitig einleiten und dann den Weg weiterverfolgen, den das zuerst ausgestellte Dokument weist. Liegt allerdings bereits eine Bescheinigung als Europäischer Vollstreckungstitel nach Anhang I der EuVTVO vor, bedarf es eines Anerkennungs- und Vollstreckbarkeitsverfahrens nach den Vorschriften der EuGVVO nicht mehr. Für das Vollstreckbarkeitsverfah-

---

[16] Erwägungsgrund 24.

[17] Gemäß den Art. 1 und 2 des dem Vertrag über die Europäische Union und dem Vertrag zur Gründung der Europäischen Gemeinschaft beigefügten Protokolls über die Position Dänemarks. S. auch Erwägungsgrund 25.

[18] Insoweit offen gelassen aber vom BGH, Urteil vom 4.2.2010, IX ZB 57/09 = IPRax 2011, 81 (*Bittmann* 55).

ren entfällt das Rechtsschutzbedürfnis, wenn im Ursprungsmitgliedstaat der betreffende Titel als Europäischer Vollstreckungstitel bestätigt worden ist."[19]

15 Wird eine Bestätigung als EuVT abgelehnt, kann der Gläubiger immer noch die Vollstreckbarerklärung im Vollstreckungsmitgliedstaat nach der EuGVO betreiben. An der Parallelität der beiden Verfahren hat auch die Abschaffung des Exequaturverfahrens in der neugefassten EuGVO nichts geändert: Während der Kommissionsvorschlag zur Reform der Verordnung vom 14.12.2010 in Art. 92 Abs. EuGVO-E noch vorsah, dass die neugefasste EuGVO die EuVTVO weitgehend verdrängt, fehlt der revidierten Verordnung eine solche Vorschrift. Gegenüber der EuGVO 2015 besteht damit der klare Vorteil, dass im Vollstreckungsmitgliedstaat keine Versagungsgründe gegen die Anerkennung und Vollstreckung geltend gemacht werden können.

§ 4 Bestätigung als EuVT

I. Das Bestätigungsverfahren

16 Eine in einem Mitgliedstaat über eine unbestrittene Forderung ergangene Entscheidung kann auf jederzeitigen Antrag an das Ursprungsgericht unter den in Art. 6 EuVTVO genannten Voraussetzungen als Europäischer Vollstreckungstitel bestätigt werden. Das Erkenntnisverfahren im Ursprungsmitgliedstaat muss keinerlei Auslandsbezug haben und kann rein nach nationalen Vorschriften ablaufen. Erst wenn eine Vollstreckungsnotwendigkeit im Ausland entsteht, kann die Entscheidung als EuVT bestätigt werden.

17 Das Bestätigungsverfahren im Ursprungsmitgliedstaat ersetzt letztlich das (nach der EuGVO a. F. erforderliche) Vollstreckbarerklärungsverfahren im Vollstreckungsmitgliedstaat und nimmt die Vollstreckbarerklärungsversagungsgründe teilweise auf. Dieses Vorgehen entspricht dem Systemwechsel im Rahmen der Vollstreckung, der nationale Souveränitätserwägungen zugunsten von Effektivitätserwägungen zurückgedrängt hat (s. o. Rn. 189). Neben der eingeschränkten Kontrollmöglichkeit im Rahmen des Art. 10 EuVTVO (s. Rn. 195) ist das Bestätigungsverfahren die einzige vorgesehene Kontrolle der zu vollstreckenden Entscheidung.

18 Für die Bestätigung ist ein **Antrag** erforderlich, der *jederzeit* gestellt werden kann. Eine Anhörung des Schuldners im Bestätigungsverfahren erfolgt weder nach der EuVTVO, noch ist sie im deutschen Recht vorgesehen (§ 1080 Abs. 1 ZPO). Dies entsprach dem Vollstreckbarerklärungsverfahren nach der EuGVO a. F., das ebenfalls als einseitiges Verfahren ausgestaltet war. Heute ist für die Vollstreckung nach der EuGVO im Ausland die Ausstellung einer Bescheinigung erforderlich. Gem. § 1111 ZPO ist der Schuldner vor Ausstellung der Bescheinigung nicht anzuhören (Kap. 5 Rn. 131).

---

[19]BGH, Beschluss vom 4.2.2010, IX ZB 57/09; OLG Stuttgart, Beschluss vom 20.4.2009, 5 W 68/08 = NJW-RR 2010, 134; Rauscher/*Pabst*, EuZPR/EuIPR, Art. 27 EG-VollstrTitelVO Rn. 4; *Bittmann*, Das Verhältnis der EuVTVO zur EuGVVO, IPRax 2011, 55.

Für gerichtliche Entscheidungen wird die Bestätigung unter Verwendung des **19** Formblattes in Anhang I erteilt.

II. Zuständigkeit für das Bestätigungsverfahren

Die EuVTVO normiert keine Zuständigkeit für das Bestätigungsverfahren. Art. 6 **20** Abs. 1 EuVTVO sieht lediglich vor, dass das Ursprungsgericht für die *Empfangnahme* des Antrags auf Bestätigung zuständig ist. In Deutschland ist gem. § 1079 ZPO die Stelle zuständig, der die Erteilung einer vollstreckbaren Ausfertigung des Titels obliegt. Dies ist bei gerichtlichen Entscheidungen das Gericht, das in der Sache entschieden hat, also entweder das Gericht erster Instanz oder das höhere Gericht. Funktionell zuständig ist jedoch entgegen § 724 Abs. 2 ZPO nicht der Urkundsbeamte der Geschäftsstelle, sondern der Rechtspfleger (§ 20 Nr. 11 RPflG[20]), der in den meisten Fällen bereits für die Erteilung der zugrunde liegenden Entscheidung, wie bei Vollstreckungsbescheiden (§ 20 Nr. 1 RPflG) zuständig ist.[21] Der EuGH ist 2015 allerdings davon ausgegangen, dass die Bestätigung einem Richter vorbehalten sein muss.[22]

III. Voraussetzungen der Bestätigung

Die Voraussetzungen für die Bestätigung differieren danach, ob eine aktiv oder pas- **21** siv unbestrittene Forderung (zu dieser Unterscheidung s. Rn. 11) bestätigt werden soll und danach, ob eine Entscheidung gegen einen Verbraucher zu bestätigen ist.

Die für die Bestätigung zuständige Stelle hat zu prüfen, ob überhaupt der **An-** **22** **wendungsbereich** der EuVTVO eröffnet ist. Es muss sich also um eine Entscheidung handeln, die in den zeitlichen und sachlichen Anwendungsbereich der Verordnung fällt. Weiter muss es sich um eine unbestrittene Forderung i. S. d. Art. 3 EuVTVO handeln.

Nach Art. 6 Abs. 1 lit. b EuVTVO erfordert die Bestätigung, dass die Entschei- **23** dung nicht im Widerspruch zu den **Zuständigkeitsregeln** in Kap. II Abschn. 3 und 6 der EuGVO ergangen ist. Dabei handelt es sich um die Zuständigkeit in Versicherungssachen (Art. 10 ff. EuGVO) und die ausschließlichen Zuständigkeiten in Art. 24 EuGVO. Lit. b entspricht im Wesentlichen Art. 45 Abs. 1 lit. e EuGVO. Bei passiv unbestrittenen Forderungen (Art. 3 Abs. 1 lit. b oder lit. c EuVTVO) muss das gerichtliche Verfahren im Ursprungsmitgliedstaat den Voraussetzungen des Kap. III entsprochen haben (dazu Rn. 33). Dies folgt aus Art. 6 Abs. 1 lit. c EuVTVO und

---

[20] Nr. 11 neu gefasst mit Wirkung vom 21.10.2005 durch Gesetz vom 18.8.2005, BGBl. I S. 2477.

[21] *R.Wagner*, Das Gesetz zur Durchführung der Verordnung (EG) Nr. 805/2004 zum Europäischen Vollstreckungstitel – unter besonderer Berücksichtigung der Vollstreckungsabwehrklage, IPRax 2005, 401, 403.

[22] EuGH, Urteil vom 17.12.2015, Rs. C-300/14, *Imtech Marine Belgium/Radio Hellenic* = EuZW 2016, 235 (Rn. 50).

entsprechend Art. 12 Abs. 1 EuVTVO. Für Verbrauchersachen ist in Art. 6 Abs. 1 lit. d EuVTVO eine zusätzliche Bestätigungsvoraussetzung normiert worden, die sichert, dass ein als EuVT zu bestätigendes Urteil über eine passiv unbestrittene Forderung immer im Heimatstaat des Verbrauchers ergangen ist. Art. 6 Abs. 1 lit. d EuVTVO bezieht sich jedoch ausschließlich auf passiv unbestrittene Forderungen, bei aktiv unbestrittenen Forderungen i. S. d. Art. 3 lit. a und lit. d EuVTVO ist kein besonderer Schutz vorgesehen. Art. 6 Abs. 1 lit. d EuVTVO bezieht sich nach der Rechtsprechung des EuGH nicht auf Verträge zwischen zwei Verbrauchern, weil hier kein Machtungleichgewicht bestehe, das die Norm rechtfertige.[23]

IV. Rechtsbehelf des Gläubigers gegen Bestätigung

24 Wird der Antrag des Gläubigers auf Ausstellung der Bestätigung zurückgewiesen, ist die Anordnung eines Rechtsbehelfs Sache nationalen Rechts, weil die EuVTVO keine Regelung trifft. Art. 10 Abs. 4 EuVTVO steht der Gewährung eines Rechtsbehelfes zugunsten des Gläubigers nicht entgegen, weil dieser nur einen Rechtsbehelf „gegen" die Bestätigung ausschließt. In Deutschland sind gem. § 1080 Abs. 2 ZPO die Vorschriften über die Anfechtung der Entscheidung über die Erteilung einer Vollstreckungsklausel entsprechend anzuwenden. Insofern hat der Gläubiger jedenfalls die Möglichkeit der Erinnerung (§ 573 ZPO) und der sofortigen Beschwerde (§ 567 Abs. 1 Nr. 2 ZPO).[24]

V. Rechtsbehelf des Schuldners gegen Bestätigung

25 Der Schuldner hat gegen die Bestätigung keinen Rechtsbehelf (Art. 10 Abs. 4 EuVTVO). Auch die Anordnung von Rechtsbehelfen im nationalen Recht wäre unzulässig. Möglich sind jedoch der Antrag auf Berichtigung oder Widerruf der Bestätigung gem. Art. 10 Abs. 1 EuVTVO.

VI. Berichtigung oder Widerruf der Bestätigung

26 Im Verordnungsvorschlag war zunächst kein Rechtsbehelf gegen die Bestätigung vorgesehen. Dies wurde damit begründet, dass der Beklagte am Verfahren aktiv teilnehmen und so die Entscheidung dem Anwendungsbereich der Verordnung entziehen könne; damit, dass die Voraussetzungen für die Bestätigung, insbesondere die Mindestvorschriften sorgfältig geprüft würden; mit dem Vertrauen der Mitgliedstaa-

---

[23] EuGH, Urteil vom 5.12.2013, Rs. C-508/12, *Walter Vapenik/Josef Turner* = EuZW 2014, 147 (*Sujecki* 149).

[24] *Rellermeyer*, Der Europäische Vollstreckungstitel für unbestrittene Forderungen, Rpfleger 2005, 389, 400; *Coester-Waltjen*, Der neue europäische Vollstreckungstitel, JURA 2005, 394, 396; Thomas/Putzo/*Hüßtege*, ZPO, § 1080 Rn. 3; für eine Präzisierung *Leible/Lehmann*, Die Verordnung über den Europäischen Vollstreckungstitel für unbestrittene Forderungen und ihre Auswirkungen auf die notarielle Praxis, NotBZ 2004, 453, 459.

ten in die ordnungsgemäße Rechtspflege; und mit der Möglichkeit der Wiedereinsetzung in den vorigen Stand, wenn der Schuldner nicht in der Lage war, die Forderung anzufechten.[25] Der Gemeinsame Standpunkt hat dann jedoch die Berichtigung und den Widerruf eingeführt, allerdings mit dem ausdrücklichen Hinweis, dass trotzdem kein Rechtsbehelf gegen die Bestätigung zur Verfügung gestellt würde.[26]

1. Berichtigung

Die Berichtigung erfolgt, wenn die Entscheidung und die Bestätigung aufgrund eines   **27** materiellen Fehlers voneinander abweichen (Art. 10 Abs. 1 lit. a EuVTVO). Der deutsche Gesetzgeber geht davon aus, dass damit Fälle gemeint sind, in denen Angaben aus dem Titel, z. B. durch falsche Schreibweise des Namens oder der Anschrift des Gläubigers oder Schuldners, unzutreffend in die Bestätigung übertragen wurden.[27]

Erfasst werden soll trotz des Bezugs auf einen *materiellen Fehler* jedes Abwei-   **28** chen von Entscheidung und Bestätigung.[28] Damit können alle Inhalte der Entscheidung, die fehlerhaft in das Formblatt in Anhang I übertragen worden sind, berichtigt werden. Dies entspricht im deutschen Recht der Berichtigung offenbarer Unrichtigkeiten nach § 319 ZPO. Insofern ist es konsequent, dass der Gesetzgeber dieses Verfahren auch zur Ausgestaltung des Berichtigungsverfahrens nutzt (§ 1081 Abs. 3 i. V. m. § 319 Abs. 2, 3 ZPO).

2. Widerruf

Der Widerruf ist die notwendige Möglichkeit, den Beklagtenschutz im Ursprungs-   **29** mitgliedstaat zu gewährleisten. Die Bestätigung ist zu widerrufen, wenn sie hinsichtlich der in der EuVTVO festgelegten Voraussetzungen eindeutig zu Unrecht erteilt wurde (Art. 10 Abs. 1 lit. b EuVTVO).

VII. Das Verfahren der Berichtigung und des Widerrufs

Gem. Art. 10 Abs. 2 EuVTVO ist es Sache der Mitgliedstaaten, das Verfahren der   **30** Berichtigung und des Widerrufs auszugestalten. In Deutschland wird das Verfahren einheitlich für Berichtigung und Widerruf durch § 1081 Abs. 2 und 3 ZPO ausgestaltet. Dieses Vorgehen vermeidet Abgrenzungsschwierigkeiten zwischen Berichtigung und Widerruf. Die nationale Ausgestaltung ist der Kommission mitzuteilen (Art. 30 Abs. 1 lit. a EuVTVO). Gem. § 1081 Abs. 1 ZPO ist der Antrag auf Berichtigung oder Widerruf einer gerichtlichen Entscheidung bei dem Gericht zu stellen, das die Bestätigung ausgestellt hat. Funktionell zuständig ist der Rechtspfleger (§ 20 Nr. 11 RPflG). Die Vorschrift gibt nur den Inhalt von Art. 10 Abs. 1 EuVTVO wieder. Dieses Gericht hat auch über den Antrag zu entscheiden. Diese Zuständigkeit ist nicht durch die EuVTVO vorgegeben.

---

[25] KOM(2002) 159 endg. S. 10.

[26] Gemeinsamer Standpunkt (EG) Nr. 19/2004 vom Rat festgelegt am 6.2.2004, ABl. C 79 E vom 30.3.2004, S. 59 (80).

[27] Bt.Drs. 55/5222 S. 13.

[28] Ebenso *Kropholler/v*. Hein, EZPR, Art. 10 EuVTVO Rn. 4.

Der Antrag auf Berichtigung ist nicht befristet. Der Antrag auf Widerruf ist in Deutschland nur binnen einer Frist von einem Monat zulässig. Ist die Bestätigung im Ausland zuzustellen, beträgt die Frist zwei Monate. Bei der Frist handelt es sich um eine Notfrist (§ 224 Abs. 1 ZPO). Die Befristung des Widerrufsrechts ist in der EuVTVO selbst nicht vorgesehen. Sie soll der Rechtssicherheit dienen, da der Gläubiger nach Ablauf der Frist, abgesehen von der Berichtigungsmöglichkeit, auf die Bestätigung vertrauen kann.[29] Gegen die Vereinbarkeit der Befristung mit der EuVTVO, die nur Raum für die Ausgestaltung des Verfahrens gibt, wurden Bedenken angemeldet.[30]Allerdings dürfte sich der Gesetzgeber bei der Einführung einer Frist noch im Rahmen zulässiger Verfahrensausgestaltungsfreiheit auf der Grundlage des Art. 10 Abs. 2 EuVTVO bewegen.

31   In dem Antrag auf Berichtigung und Widerruf sind die Gründe darzulegen, weshalb die Bestätigung eindeutig zu Unrecht erteilt worden ist.

32   Gem. Art. 23 EuVTVO kann das zuständige Gericht oder die befugte Stelle im Vollstreckungsmitgliedstaat, wenn der Schuldner einen Antrag auf Berichtigung oder Widerruf der Bestätigung gestellt hat, auf Antrag des Schuldners das Vollstreckungsverfahren auf Sicherungsmaßnahmen beschränken, oder die Vollstreckung von der Leistung einer von dem Gericht oder der befugten Stelle zu bestimmenden Sicherheit abhängig machen, oder unter außergewöhnlichen Umständen das Vollstreckungsverfahren aussetzen (s. u. Rn. 45).

§ 5 Die Mindestvorschriften

33   Die EuVTVO hat Mindestvorschriften für die Bestätigung eingeführt. Diese dienen der **Gewährleistung der Verteidigungsrechte des Beklagten**. Sie sollen sicherstellen, dass der Schuldner in einer Weise über das gegen ihn eingeleitete Verfahren, die Notwendigkeit seiner aktiven Teilnahme am Verfahren, wenn er die Forderung bestreiten will, und über die Folgen seiner Nichtteilnahme unterrichtet wird, und dass er Vorkehrungen für seine Verteidigung treffen kann.[31]

Die Mindestvorschriften gelten nicht für das Erkenntnisverfahren, in dem die zu bestätigende Entscheidung ergeht. Ein unmittelbarer Einfluss auf nationales Prozessrecht schied mangels Kompetenz der EU von vornherein aus, da auch rein nationale Entscheidungen als EuVT bestätigt werden können und Art. 65 EGV einen grenzüberschreitenden Bezug erfordert, der erst bei der Vollstreckung im Ausland vorliegen kann (s. o. Rn. 5). Anhand der Mindestvorschriften wird daher nur die Entscheidung im Bestätigungsverfahren kontrolliert, jedoch die Entscheidung im Erkenntnisverfahren selbst nicht unmittelbar normiert: Die Mindestvorschriften

---

[29] Bt.Drs. 15/5222 S. 14.

[30] *Leible/Lehmann*, Die Verordnung über den Europäischen Vollstreckungstitel für unbestrittene Forderungen und ihre Auswirkungen auf die notarielle Praxis, NotBZ 2004, 453, 460.

[31] Erwägungsgrund 10, 12.

sind erst im Bestätigungsverfahren zu prüfen, das entscheidende Gericht im Ursprungsmitgliedsstaat ist nicht unmittelbar gebunden.

Allerdings erzeugen derartige Mindeststandards einen **faktischen Anpassungs-** **34** **druck** auf nationale Gesetzgeber, weil ansonsten nationale Entscheidungen, die den Mindestvorschriften nicht genügen, nie als EuVT bestätigt werden könnten. Daher ist in Deutschland eine Anpassung an die Mindestvorschriften erfolgt, indem durch das EG-VTDG zusätzliche Belehrungspflichten in die Bücher 2 und 3 der ZPO aufgenommen wurden.

Die Einhaltung der Mindestvorschriften ist Voraussetzung der Bestätigung gem. **35** Art. 6 Abs. 1 lit. c EuVTVO, also ausschließlich von dem für die Bestätigung zuständigen Gericht im Ursprungsmitgliedstaat und nicht später von einem Gericht des Vollstreckungsmitgliedstaats zu prüfen (Art. 21 Abs. 2 EuVTVO).

Art. 13–15 EuVTVO enthalten Zustellungsvorschriften, die eingehalten sein müs- **36** sen, damit eine Bestätigung erfolgen kann.[32] Art. 16 EuVTVO regelt dagegen die ordnungsgemäße Unterrichtung des Schuldners über die Forderung,[33] Art. 17 EuVTVO die ordnungsgemäße Unterrichtung des Schuldners über die Verfahrensschritte zum Bestreiten der Forderung.[34] Art. 18 EuVTVO enthält eine Heilungsvorschrift.[35]

Art. 19 EuVTVO statuiert einen weiteren Mindeststandard, der die Gewährung **37** rechtlichen Gehörs absichern soll. Ziel ist es, in Fällen, in denen trotz der Sicherungen, die die Mindeststandards der Art. 13–17 EuVTVO einführen, keine effektive Kenntnisnahme von dem zuzustellenden Schriftstück erfolgt ist, eine Rechtsbehelfsmöglichkeit im nationalen Recht zu fordern, die abstrakt Voraussetzung für die Bestätigung als EuVT ist. Art. 19 EuVTVO enthält demnach keine Voraussetzungen für eine Überprüfung in den dort genannten Ausnahmefällen, sondern macht die Bestätigung als EuVT von entsprechenden einzelstaatlichen Verfahrensvorschriften abhängig.[36] Das Rechtsbehelfsverfahren haben die Mitgliedstaaten der Kommission mitzuteilen (Art. 30 Abs. 1 lit. a EuVTVO). Im Formblatt Anhang I ist kein entsprechender Eintrag erforderlich, weil das Rechtsbehelfsverfahren abstrakt im Ursprungsmitgliedstaat zur Verfügung stehen muss und nicht im konkreten Fall. Welcher Art dieses Rechtsbehelfsverfahren ist, wird nationalem Recht der Mitgliedstaten überlassen.

Im deutschen Recht bestand kein Anpassungsbedarf an Art. 19 EuVTVO: Die **38** §§ 338, 700 ZPO gehen über das Mindestmaß des Art. 19 EuVTVO hinaus, indem der Partei, gegen die ein Versäumnisurteil oder ein Vollstreckungsbescheid erlassen worden ist, der Einspruch unabhängig von einem etwaigen Verschulden zusteht. Die

---

[32] Detailliert MüKo-ZPO/*Adolphsen*, Anh. §§ 1079 ff., Art. 12 EG-VollstrTitelVO Rn. 3, sowie die Kommentierung der Art. 13–15.

[33] MüKo-ZPO/*Adolphsen*, Anh. §§ 1079 ff., Art. 16 EG-VollstrTitelVO Rn. 1 ff.

[34] MüKo-ZPO/*Adolphsen*, Anh. §§ 1079 ff., Art. 17 EG-VollstrTitelVO Rn. 1 ff.

[35] MüKo-ZPO/*Adolphsen*, Anh. §§ 1079 ff., Art. 18 EG-VollstrTitelVO Rn. 1 ff.

[36] KOM(2004) 90 endg., S. 11 zu Artikel 20; MüKo-ZPO/*Adolphsen*, Anh. §§ 1079 ff., Art. 19 EG-VollstrTitelVO Rn. 1 ff.; *Rauscher*, Der Europäische Vollstreckungstitel für unbestrittene Forderungen, Rn. 156; *Kropholler/v. Hein*, EZPR, Art. 19 EuVTVO Rn. 1.

Einspruchsfrist nach § 339 Abs. 1 ZPO sei an die – wirksame – Zustellung des Urteils bzw. des Vollstreckungsbescheides gebunden und bei unverschuldeter Fristver-
säumung gebe es die Möglichkeit der Wiedereinsetzung in den vorigen Stand nach
§ 233 ZPO.[37]

§ 6 Vollstreckung des Europäischen Vollstreckungstitels

39   Art. 20–23 EuVTVO (Kap. IV) enthalten die Regelungen der Vollstreckung. In
Art. 20 Abs. 1 EuVTVO wird dazu zunächst die Maßgeblichkeit des Rechts des
Vollstreckungsmitgliedstaats statuiert.

I. Gleichsetzung mit nationalen Titeln

40   Kernaussage ist letztlich der Art. 20 Abs. 1 S. 2 EuVTVO: Eine als EuVT bestätigte
Entscheidung wird unter den gleichen Bedingungen wie eine im Vollstreckungsmitgliedstaat ergangene Entscheidung vollstreckt.[38] Einer Vollstreckbarerklärung bedarf es in Deutschland nicht (Art. 5, 24 Abs. 2 (gerichtliche Vergleiche), 25 Abs. 2
(öffentliche Urkunden) EuVTVO). Gem. § 1082 ZPO bedarf es keiner Vollstreckungsklausel; diese wird durch die Bestätigung als EuVT ersetzt. Die Maßgeblichkeit des Rechts des Vollstreckungsmitgliedstaates, die Art. 20 Abs. 1 S. 1 EuVTVO
anordnet, ist angesichts des S. 2 folgerichtig. Inwieweit der Verweis auf nationales
Vollstreckungsrecht auch nationale Rechtsbehelfe im Vollstreckungsverfahren erfasst, ist nicht abschließend geklärt (dazu Rn. 42).

II. Zwangsvollstreckung aus EuVT in Deutschland

41   Soweit die EuVTVO keine Vorgaben enthält, finden auf die Zwangsvollstreckung in
Deutschland die allgemeinen Vorschriften (§§ 704 ff. ZPO) Anwendung. Es gelten die
Regeln über Voraussetzungen und Durchführung der Zwangsvollstreckung ein-
schließlich der Bestimmungen zum Schuldnerschutz (§§ 811, 811c, 812, 850 ff.
ZPO). Die §§ 724–734 ZPO gelten gem. Art. 5 EuVTVO i.V.m. § 1082 ZPO nicht.
§ 750 Abs. 1 ZPO gilt nur insoweit, als nicht eine Vollstreckungsklausel gefordert wird.

III. Zulässigkeit vollstreckungsrechtlicher
nationaler Rechtsbehelfe

42   Durch Art. 20 Abs. 1 EuVTVO werden **Rechtsbehelfe im Vollstreckungsmitgliedstaat** jedenfalls insoweit ausgeschlossen, als die EuVTVO selbst eine Regelung

---

[37] Bt.Drs. 15/5222 S. 10.
[38] KOM(2004) 90 endg., S. 11 zu Artikel 21.

trifft (Art. 10 Abs. 1, 23 EuVTVO) oder einen Rechtsbehelfsausschluss vorsieht (Art. 5, 10 Abs. 4 EuVTVO). Rechtsbehelfe des Klauselerteilungsverfahrens sind sämtlich ausgeschlossen, da es ein solches nicht gibt. Rechtsbehelfe, die sich gegen die Vollstreckung selbst, insbesondere gegen die Art und Weise der Zwangsvollstreckung richten, sind aufgrund der Maßgeblichkeit nationalen Vollstreckungsrechts in vollem Umfang zulässig.[39] Daher ist die Erinnerung (§ 766 ZPO) statthaft,[40] sowie ein Antrag nach § 765a ZPO[41] und § 775 Nr. 5 ZPO.[42] Ein Dritter kann Vorzugs- (§ 805 ZPO) oder Drittwiderspruchsklage (§ 771 ZPO) erheben.

Die **Vollstreckungsabwehrklage** (§ 767 ZPO) ist nach dem Willen des Gesetz-   **43** gebers und der überwiegenden Ansicht in der Literatur[43] statthaft (§ 1086 ZPO), weil darin keine unzulässige Überprüfung der Entscheidung in der Sache selbst zu sehen ist, da diese Einwendungen vom Richter im Ursprungsmitgliedstaat noch nicht berücksichtigt werden konnten und weil die Vollstreckungsabwehrklage im 8. Buch der Zivilprozessordnung dem Vollstreckungsverfahren zugeordnet sei, das die EuVTVO gem. Art. 20 Abs. 1 unberührt lässt.

IV. Anerkennungs- und Versagungsgründe

Art. 21 EuVTVO enthält den einzigen **Anerkennungs- und Versagungsgrund**,   **44** wenn die als EuVT bestätigte Entscheidung mit einer früheren Entscheidung unvereinbar ist. Dies ist kein Systembruch, weil es nicht darum geht, die ausländische Entscheidung nachzuprüfen, sondern darum, den Vorrang einer anderen Entscheidung durchzusetzen.[44] Entsprechend Art. 52 EuGVO darf weder die Entscheidung noch ihre Bestätigung als EuVT im Vollstreckungsmitgliedstaat in der Sache selbst nachgeprüft werden (Art. 21 Abs. 2 EuVTVO).

V. Aussetzung oder Beschränkung der Vollstreckung

Unter den in Art. 23 EuVTVO genannten Voraussetzungen kann eine Aussetzung   **45** oder Beschränkung der Vollstreckung im Vollstreckungsmitgliedstaat erfolgen. Ein Titel soll im Vollstreckungsmitgliedstaat nicht leichter als im Ursprungsmitglied-

---

[39] KOM(2002) 159 endg. S. 15 zu Art. 22 Abs. 2; *McGuire*, ecolex 2006, 83, 84.

[40] *Kropholler/v. Hein*, EZPR, Art. 20 EuVTVO Rn. 12; *R. Wagner*, Das Gesetz zur Durchführung der Verordnung (EG) Nr. 805/2004 zum Europäischen Vollstreckungstitel – unter besonderer Berücksichtigung der Vollstreckungsabwehrklage, IPRax 2005, 401, 405; *Coester-Waltjen*, Der neue europäische Vollstreckungstitel, JURA 2005, 394, 397.

[41] *Coester-Waltjen*, Der neue europäische Vollstreckungstitel, JURA 2005, 394, 397.

[42] *Kropholler/v. Hein*, EZPR, Art. 20 EuVTVO Rn. 12.

[43] *Coester-Waltjen*, Der neue europäische Vollstreckungstitel, JURA 2005, 394, 397; *Kropholler/v. Hein*, EZPR, Art. 20 EuVTVO Rn. 12; Thomas/Putzo/*Hüßtege*, ZPO, § 1086 Rn. 1.

[44] *Stein*, Der Europäische Vollstreckungstitel für unbestrittene Forderungen – Einstieg in den Ausstieg aus dem Exequaturverfahren bei der Auslandsvollstreckung, EuZW 2004, 679, 682.

staat vollstreckt werden können. Die Aussetzung oder Beschränkung im Vollstreckungsmitgliedstaat darf gem. Art. 21 Abs. 2 EuVTVO nicht zu einer inhaltlichen Nachprüfung der Entscheidung oder Bestätigung, auch nicht unter *ordre public* Gesichtspunkten, genutzt werden.[45]

46   Die Entscheidung liegt im Ermessen des Gerichts oder der befugten Stelle und ergeht nur auf Antrag, nicht von Amts wegen. Maßgebend sind dabei die Beurteilung der Erfolgsaussichten des Antrags sowie die Wahrscheinlichkeit, dass eine bedingungslose Vollstreckung einen nicht wiedergutzumachenden Schaden verursachen würde.[46]

47   Das Gericht oder die befugte Stelle kann wahlweise das Vollstreckungsverfahren auf Sicherungsmaßnahmen beschränken (lit. a), oder die Vollstreckung von der Leistung einer von ihm zu bestimmenden Sicherheit abhängig machen (lit. b). Nachrangig kann unter außergewöhnlichen Umständen das Vollstreckungsverfahren ausgesetzt werden. Ein außergewöhnlicher Fall liegt wegen eines Verstoßes gegen Art. 21 Abs. 2 EuVTVO nicht dann vor, wenn ein Mangel gerügt wird, der den *ordre public* des Vollstreckungsmitgliedstaates verletzt.[47]

48   Im deutschen Recht gilt, wie auch für den Antrag nach Art. 21 EuVTVO, § 1084 ZPO. Der Richter entscheidet durch einstweilige Anordnung. Diese ist in Anlehnung an § 707 Abs. 2 S. 2 ZPO unanfechtbar.

§ 7 Zusammenfassung

- Der Europäische Vollstreckungstitel genießt Urteilsfreizügigkeit in allen Mitgliedstaaten, für die die EuVTVO gilt.
- Damit der räumliche Anwendungsbereich der EuVTVO eröffnet ist, muss es sich um eine Entscheidung handeln, die in einem Mitgliedstaat ergeht und dort als europäischer Vollstreckungstitel bestätigt wird. Dieser kann dann in einem anderen Mitgliedstaat vollstreckt werden.
- Es entscheidet ausschließlich der Urteilsstaat über die europaweite Anerkennung und Vollstreckung einer Entscheidung.

---

[45] Vgl. hierzu BGH, Beschluss vom 24.4.2014, VII ZB 28/13 = BeckRS 2014, 10341.

[46] KOM(2002) 159 endg. S. 15 f. zu Art. 23.

[47] A. A. *Rauscher*, Der Europäische Vollstreckungstitel für unbestrittene Forderungen, Rn. 182.

- Die EuVTVO gilt für unbestrittene Forderungen. Hierunter fallen die aktiv unbestrittenen Forderungen und die passiv unbestrittenen Forderungen.
- Der Gläubiger hat die freie Wahl, ob er eine unbestrittene Forderung nach dem Vollstreckungssystem der EuVTVO durchsetzt, oder ob er das Vollstreckungssystem der EuGVO nutzt.
- Eine in einem Mitgliedstaat über eine unbestrittene Forderung ergangene Entscheidung kann auf jederzeitigen Antrag an das Ursprungsgericht als Europäischer Vollstreckungstitel bestätigt werden.
- Die EuVTVO hat Mindestvorschriften für die Bestätigung eingeführt. Diese gelten nur für passiv unbestrittene Forderungen. Die Mindestvorschriften gelten nicht für das Verfahren, in dem die zu bestätigende Entscheidung ergeht, sondern nur für die spätere Bestätigung.
- Eine als EuVT bestätigte Entscheidung wird unter den gleichen Bedingungen wie eine im Vollstreckungsmitgliedstaat ergangene Entscheidung vollstreckt. Einer Vollstreckbarerklärung bedarf es in Deutschland nicht.
- Die Vollstreckungsabwehrklage ist trotz des Verbots einer Nachprüfung im Vollstreckungsmitgliedstaat statthaft (§ 1086 ZPO).

7. Kapitel Internationaler einstweiliger Rechtsschutz

Seit Jahren ist vor allem in Europa zu beobachten, dass schnelle richterliche Ent- **1** scheidungen aufgrund summarischer Prüfung und einstweilige Maßnahmen zur Sicherung von Gläubigerrechten stark an Bedeutung gewonnen haben.[1] Der Grund hierfür liegt in der Rechtslage der EuGVO, der Rechtsprechung des EuGH, aber auch der nationaler Gerichte, die den einstweiligen Rechtsschutz zu einer scharfen Waffe gemacht haben.[2] Zudem besteht gerade in internationalen Verfahren, die gegenüber inländischen Verfahren nach wie vor länger dauern, das Bedürfnis nach schnellem Rechtsschutz.

Ansätze einer internationalen Vereinheitlichung des Internationalen einst- **2** weiligen Rechtsschutzes gibt es derzeit ausschließlich in der Form von Principles, die als Unterstützung und Anregung der Rechtssetzung gedacht sind, nicht aber als verbindliche Normen. Seit 1996 gibt es die sog. Helsinki-Regeln (Principles on Provisional and Protective Measures in International Litigation) der International Law Association (ILA).[3]

---

[1] *Stadler*, Erlaß und Freizügigkeit einstweiliger Maßnahmen im Anwendungsgebiet des EuGVÜ, JZ 1999, 1089, 1090; *Hess/Vollkommer*, Die begrenzte Freizügigkeit einstweiliger Maßnahmen nach Art. 24 EuGVÜ, IPRax 1999, 220.

[2] *Hess/Vollkommer*, Die begrenzte Freizügigkeit einstweiliger Maßnahmen nach Art. 24 EuGVÜ, IPRax 1999, 220. Zu den sonstigen Gründen, aus denen in internationalen Prozessen einstweiliger Rechtsschutz besonders wichtig ist vgl. Nagel/*Gottwald*, § 17 Rn. 3 ff. Zur Rechtslage nach der EuGVO sogleich.

[3] S. dazu *Ehrenzeller*, Der vorläufige Rechtsschutz im internationalen Verhältnis, S. 521 ff.

Die Originalversion dieses Kapitels wurde korrigiert. Ein Erratum finden Sie unter https://doi.org/10.1007/978-3-662-63558-2_16

J. Adolphsen, *Europäisches Zivilverfahrensrecht*, Springer-Lehrbuch, https://doi.org/10.1007/978-3-662-63558-2_7

3   Allein die Zahl der niederländischen *kort geding* -Verfahren (Art. 289 WBRv)[4]
ist von 3412 im Jahr 1975 auf 14.774 im Jahr 1996 angestiegen.[5] Prozentual stieg
der Anteil der einstweiligen Verfügungen an der Gesamtzahl der Zivilurteile in den
Niederlanden von 1,7 % im Jahr 1927 auf 30,0 % im Jahr 1989.[6] Damit bestätigt
sich die Aussage, dass in den Niederlanden das *kort geding*-Verfahren zu einem
Quasi-Hauptsacheverfahren geworden ist, das zu einer weitgehend endgültigen Lösung des Rechtsstreits führt.[7] In 95 % der Fälle wird die Entscheidung im Verfügungsverfahren angenommen und das ordentliche Verfahren vermieden.[8]

4   Die englische *freezing injunction* (CPR r. 25.1 (f.), diese hat die *Mareva injunction* abgelöst)[9] wurde nach zunächst zurückhaltendem Einsatz zu einer *world wide
injunction* ausgebaut, die ein Verfügungs- und Veräußerungsverbot (in personam)
begründet, und zu einem äußerst effektiven Instrument in der Hand des sicherungs-
bewussten Gläubigers wurde.[10]

5   Die nationalen Rechte der Vertragsstaaten sind im Bereich des einstweiligen
Rechtsschutzes sehr unterschiedlich gestaltet.[11] Vor allem bei der Vorwegnahme der
Hauptsache sind einige Länder wenig zurückhaltend, wie die Niederlande[12] und

---

[4] Zum *kort geding*-Verfahren *Groen*, Het kort Geding naar Nederlands recht, Tijdschrift voor Pri-
vaatrecht 28 (1991), 1025.

[5] *Stadler*, Erlaß und Freizügigkeit einstweiliger Maßnahmen im Anwendungsgebiet des EuGVÜ,
JZ 1999, 1089, 1090; *Schulz*, Einstweilige Maßnahmen nach dem Brüsseler Gerichtsstands- und
Vollstreckungsübereinkommen in der Rechtsprechung des Gerichtshofs der Europäischen Ge-
meinschaften (EuGH), ZEuP 2001, 805, 819.

[6] Angaben bei *Brinkhof*, Das einstweilige Verfügungsverfahren und andere vorläufige Maßnahmen
im Zusammenhang mit Patentverletzungen, GRURInt 1993, 387, 389.

[7] *Bertrams*, Das grenzüberschreitende Verletzungsverbot im niederländischen Patentrecht, GRU-
RInt 1995, 193, 197.

[8] *Brinkhof*, Das einstweilige Verfügungsverfahren und andere vorläufige Maßnahmen im Zusammenhang mit Patentverletzungen, GRURInt 1993, 387, 389.

[9] *Ehrenzeller*, Der vorläufige Rechtsschutz im internationalen Verhältnis, S. 135.

[10] *Grunert*, Die „worldwide" Mareva Injunction, 1998; *B. Müller*, Die worldwide Mareva injunction, 2002; *Schack*, IZVR, Rn. 488; s. auch Study JLS/C4/2005/03 Report on the Application of
Regulation Brussels I in the Member States, presented by *Hess, Pfeiffer* and *Schlosser*, Final Version September 2007, S. 298 ff. Abrufbar unter http://courtesa.eu/wp-content/uploads/2019/03/
study_application_brussels_1_en.pdf (abgerufen am 14.12.2021).

[11] Rechtsvergleichend *Ehrenzeller*, Der vorläufige Rechtsschutz im internationalen Verhältnis,
S. 16 ff.; *Morbach*, Einstweiliger Rechtsschutz in Zivilsachen, 1988; *Eilers*, Maßnahmen des einst-
weiligen Rechtsschutzes im europäischen Zivilrechtsverkehr, 1991; *Heiss*, Einstweiliger Rechtsschutz im europäischen Zivilrechtsverkehr, 1987; *Gronstedt*, Grenzüberschreitender einstweiliger
Rechtsschutz, 1994; *Stürner*, Einstweilige Verfügung auf Durchführung von Austauschverträgen,
FS Zeuner, 1994, S. 513; *ders.*, Der einstweilige Rechtsschutz in Europa, FS Geiss, 2000, S. 199;
Study JLS/C4/2005/03 Report on the Application of Regulation Brussels I in the Member States,
presented by *Hess, Pfeiffer* and *Schlosser*, Final Version September 2007, S. 292 ff. Abrufbar unter
http://courtesa.eu/wp-content/uploads/2019/03/study_application_brussels_1_en.pdf (abgerufen
am 14.12.2021).

[12] *Bertrams*, Das grenzüberschreitende Verletzungsverbot im niederländischen Patentrecht, GRU-
RInt 1995, 193; *Brinkhof*, Das einstweilige Verfügungsverfahren und andere vorläufige Maß-

Frankreich.[13] Andere, wie die Schweiz[14] und Deutschland,[15] setzen das Instrument der Leistungsverfügung nach wie vor zurückhaltend ein. Sehr unterschiedlich ist auch der Zwang zur Einleitung eines Hauptsacheverfahrens geregelt (s. in Deutschland § 926 Abs. 1 ZPO).

Diese Unterschiede der nationalen Regelungen hatten letztlich eine Vereinheit- **6** lichung für das EuGVÜ unmöglich gemacht, und beim Erlass der EuGVO a. F. erneut dazu geführt, dass trotz Forderungen aus der Literatur[16] eine einheitliche Lösung gar nicht erst versucht wurde.

Naheliegend war es daher, dass die Regelung des einstweiligen Rechtsschutzes **7** einen der Schwerpunkte der Reformdiskussion bildeten. Der **Bericht zur Anwendung der EuGVO** hat im Zusammenhang mit Art. 31 EuGVO sechs zentrale Probleme ermittelt, unter ihnen das der Rechtshängigkeit, also der fehlenden europäischen Abstimmung von Hauptsacheverfahren und einstweiligen Verfahren, der Einordnung von Maßnahmen zur Informationsbeschaffung, und grenzüberschreitende internationale Anordnungen.[17]

Der **Vorschlag** für eine Neufassung der EuGVO (s. Kap. 3 Rn. 4) sah bei paral- **8** leler Befassung der Gerichte verschiedener Mitgliedstaaten mit Hauptsacheverfahren und einstweiligen Maßnahmen eine direkte Kooperation der Gerichte zur Abstimmung der Verfahren vor (Art. 31 EuGVO-E).[18]

---

nahmen im Zusammenhang mit Patentverletzungen, GRURInt 1993, 387; *Zigann*, Entscheidungen inländischer Gerichte über ausländische gewerbliche Schutzrechte und Urheberrechte, S. 194.

[13] Dazu *Stürner*, Einstweilige Verfügung auf Durchführung von Austauschverträgen, FS Zeuner, S. 513, 516; *ders.*, Der einstweilige Rechtsschutz in Europa, FS Geiss, 2000, S. 199, 209 f.; *Weber*, Die Verdrängung des Hauptsacheverfahrens durch den einstweiligen Rechtsschutz, 1993.

[14] Vgl. Tribunal de Première Instance, Genf 14.9.1995, C/23106/1995–9-SP = SpuRt 1996, 166. In dem Verfahren wies das Gericht eine einstweilige Verfügung eines Motorradfahrers gegen den internationalen Verband FIM auf Zulassung zur Weltmeisterschaft zurück, weil es sich bei der beantragten Maßnahme um eine echte Leistungsverfügung handele, die mit dem materiellrechtliche Anspruch in der Hauptsache „verschmelze" und deshalb unzulässig sei.

[15] OLG Frankfurt, Urteil vom 18.4.2001, 13 U 66/01 = SpuRt 2001, 159, 160; *Stürner*, Der einstweilige Rechtsschutz in Europa, FS Geiss, 2000, S. 199, 211 (zur Abschlagzahlung); Übersicht über die Arten der Leistungs- und Befriedigungsverfügung bei *Stürner*, Einstweilige Verfügung auf Durchführung von Austauschverträgen, FS Zeuner, S. 513 f.; für die summarische richterliche Entscheidung auf Vertragsdurchführung hält *Stürner* (a. a. O., S. 520 ff.) die Zurückhaltung für berechtigt; anders *Schlosser*, Auf dem Weg zu neuen Dimensionen des einstweiligen Rechtsschutzes, FS Odersky, 1996, S. 669, 674 ff.

[16] *Andrews*, Judicial Co-operation: Recent Progress, S. 33 plädiert für eine Vereinheitlichung auf der Grundlage der Helsinki Principles der International Law Association.

[17] Study JLS/C4/2005/03 Report on the Application of Regulation Brussels I in the Member States, presented by *Hess, Pfeiffer* and *Schlosser*, Final Version September 2007, S. 305. Abrufbar unter http://courtesa.eu/wp-content/uploads/2019/03/study_application_brussels_1_en.pdf (abgerufen am 14.12.2021).

[18] Dazu *Hess*, IPRax 2011, 125, 130.

§ 1 Einstweiliger Rechtsschutz und EuGVO

9   Im Folgenden wird die Rechtslage nach der EuGVO vorgestellt. In Art. 38 Eu-InsVO, Art. 20 EuEheVO und Art. 14 EuUnthVO finden sich weitere Vorschriften des einstweiligen Rechtsschutzes. Dabei sind folgende Fragestellungen zu unterscheiden: 1. die Zuständigkeit für den Erlass einer Maßnahme, 2. der Begriff der einstweiligen Maßnahme, 3. die Koordinierung der Maßnahmen des Gerichts in der Hauptsache und anderer Gerichte, und 4. die Anerkennung und Vollstreckung von Maßnahmen des einstweiligen Rechtsschutzes.

I. Internationale Zuständigkeit

10 Nach der EuGVO sind Hauptsachegerichte, die nach der EuGVO zuständig sind, auch für den Erlass einstweiliger Maßnahmen zuständig. Dies ist zwar nicht explizit in Art. 35 EuGVO geregelt, ist jedoch aus dem Umkehrschluss („... auch dann ...") zu folgern.[19]

11 Daneben können Gerichte, für die keine Hauptsachezuständigkeit nach der EuGVO besteht, einstweilige Maßnahmen nach nationalem Recht zur Verfügung stellen (Art. 35 EuGVO). Voraussetzungen, Form und Inhalt ergeben sich aus dem jeweiligen nationalen Recht.[20] Die Gerichte, die keine Zuständigkeit auf der Grundlage der EuGVO haben, können die Eilzuständigkeit dabei sogar auf die Zuständigkeiten stützen, die für die Hauptsache in der EuGVO auf die schwarze Liste gesetzt worden sind (Art. 5 Abs. 2 i. V. m. Art. 76 Abs. 1 lit. a EuGVO). Dies betrifft in Deutschland die Zuständigkeit nach § 23 ZPO.

12 Der EuGH hatte unter der Geltung der alten EuGVO versucht, trotz der offenen Formulierung des Art. 31 EuGVO a. F., die voll dem Art. 35 EuGVO entspricht, den Rückgriff auf nationale Eilzuständigkeiten zu begrenzen. Dazu forderte er, dass das Gericht, das seine Zuständigkeit auf nationale Vorschriften gründet, einstweilige Maßnahmen nur erlässt, wenn eine „**reale Verknüpfung**" zwischen dem Gegenstand der beantragten Maßnahme und der gebietsbezogenen Zuständigkeit des Vertragsstaates, in dem das angerufene Gericht seinen Sitz hat, besteht.[21] Diese reale Verknüpfung ist dann gegeben, wenn sich Vollstreckungsobjekte in diesem Mitgliedstaat befinden. So wird mittelbar auch die Vollstreckungsnotwendigkeit in

---

[19] *v. Hein*, RIW 2013, 97, 107.

[20] MüKo-ZPO/*Gottwald*, Art. 35 Brüssel Ia-VO Rn. 1.

[21] EuGH, Urteil vom 17.1.1998, Rs. C-391/95, *van Uden/Maritime BV/Deco-Line* KG = Slg. 1998, I-7091, 7135 (Rn. 40); *Beraudo*, JIA 18 (2001), 13, 17; *Nagel/Gottwald*, IZPR, § 17 Rn. 16; *Schulz*, Einstweilige Maßnahmen nach dem Brüsseler Gerichtsstands- und Vollstreckungsübereinkommen in der Rechtsprechung des Gerichtshofs der Europäischen Gemeinschaften (EuGH), ZEuP 2001, 805, 817.

anderen Mitgliedstaaten reduziert. Heute ist nicht klar, ob dieses Erfordernis der realen Verknüpfung nach wie vor erforderlich ist.[22]

Strittig ist, ob sich eine **Gerichtsstandsvereinbarung** in der Hauptsache ohne   **13** ausdrückliche Regelung auch auf das Verfahren des einstweiligen Rechtsschutzes erstreckt, so dass ausschließlich das prorogierte Gericht zuständig ist.[23] Ein wegen einer Gerichtsstandsvereinbarung derogiertes Gericht eines Mitgliedstaates ist durch die Gerichtsstandsvereinbarung gehindert, seine Zuständigkeit für den Erlass einstweiliger Maßnahmen auf die EuGVO zu stützen. Es ist jedoch nur dann an dem Erlass einer einstweiligen Maßnahme gehindert, wenn es nach seinem autonomen Recht zu dem Ergebnis kommt, die Erstreckung der Gerichtsstandsvereinbarung auch auf den einstweiligen Rechtsschutz sei wirksam, so dass die eigene Zuständigkeit nach nationaler Eilzuständigkeit wegen der Vereinbarung der Parteien entfällt. Eine ausdrückliche Einbeziehung auch des einstweiligen Rechtsschutzes in den Umfang der Gerichtsstandsvereinbarung würde diesem Streit die Spitze nehmen. Gerichte der Mitgliedstaaten hätten jedenfalls auf der Grundlage der EuGVO die Derogation der eigenen internationalen Zuständigkeit anzuerkennen.

II. Der Begriff der einstweiligen Maßnahme

Der Begriff der einstweiligen Maßnahme war schon nicht in der EuGVO a.F. defi-   **14** niert. In der neugefassten Verordnung ist nach wie vor keine Definition enthalten. In Art. 2 lit. a EuGVO wird jedoch der Begriff der Entscheidung definiert. Dieser erfasst Maßnahmen, die von einem nach der EuGVO in der Hauptsache zuständigen Gericht angeordnet werden. Da nur Entscheidungen i. S. des Art. 2 EuGVO anerkannt und vollstreckt werden, hat dieser begrenzte Einschluss einstweiliger Maßnahmen Auswirkungen auf die Anerkennung und Vollstreckung (dazu Rn. 25).

1. Die einstweilige Maßnahme

In autonomer Auslegung der EuGVO versteht der EuGH darunter solche Maß-   **15** nahmen, die auf den in den Anwendungsbereich der EuGVO fallenden Rechtsgebieten eine **Veränderung der Sach- und Rechtslage verhindern** sollen, um Rechte zu sichern, deren Anerkennung im Übrigen bei dem in der Hauptsache zuständigen Gericht beantragt wird.[24]

Auch **Leistungsverfügungen** deutschen Rechts oder ähnliche, die Hauptsache   **16** vorwegnehmende Institute ausländischen Rechts wie *interim payments, kort geding*

---

[22] Dafür *Eichel*, ZZP 131 (2018), 71; offen gelassen Musielak/Voit/*Stadler*, EuGVVO Art. 35 Rn. 3; MüKo-ZPO/*Gottwald*, Art. 35 Brüssel Ia-VO Rn. 15; *v. Hein*, RIW 2013, 97, 107.

[23] Dafür *Schlosser*, in: Schlosser/Hess, EU-Zivilprozessrecht, Art. 25 EuGVO Rn. 42; Geimer/ Schütze, EuZVR, Art. 25 EuGVVO Rn. 158 f. („*soweit nicht ausdrücklich das Gegenteil vereinbart ist*"); Rauscher/*Mankowski*, EZPR, Art. 25 EuGVO Rn. 377; dagegen MüKo-ZPO/*Gottwald*, Art. 35 Brüssel Ia-VO Rn. 16.

[24] EuGH, Urteil vom 28.4.2005, Rs. C-104/03, *St. Paul Dairy Industries NV/Unibel Exser BVB* (Rn. 13) = EuZW 2005, 401 = JZ 2005, 1166 (*Mankowski* 1144); EuGH, Urteil vom 17.1.1998, Rs. C-391/95, *van Uden/Maritime BV/Deco-Line* KG = Slg. 1998, I-7091 (Rn. 37).

und *juge des référés* fallen (grundsätzlich) darunter.[25] Das Gericht kann auch eine Leistungsverfügung erlassen, da der EuGH in *van Uden* Leistungsverfügungen nicht aus dem Anwendungsbereich des Art. 24 EuGVÜ ausgenommen hat.[26] Allerdings stellt der EuGH speziell für den Erlass von Leistungsverfügungen die Bedingungen auf, dass die Rückzahlung eines zugesprochenen Betrags durch den Antragsteller gesichert ist, wenn dieser in der Hauptsache unterliegt, und dass die Anordnung nur Vermögensgegenstände betrifft, die sich im örtlichen Zuständigkeitsbereich des Gerichts befinden oder befinden müssten.[27] Ein Gericht hat daher **Sicherheitsleistung** anzuordnen; allein die Existenz einer Vorschrift wie § 945 ZPO ist nicht ausreichend.

Der **Bericht zur Anwendung der EuGVO** erachtete diese Beschränkung als sachgerecht.[28]

2. Beweissicherung

17   Schwierig gestaltet sich die Einordnung von Maßnahmen, die im Vorfeld eines Hauptsacheverfahrens Informationen beschaffen und Beweise sichern sollen. Die EuGVO fasst **Sicherungsmaßnahmen** nunmehr unter den Begriff der einstweiligen Maßnahmen, ohne jedoch eine klare Abgrenzung zu liefern. Auch in Art. 35 EuGVO wird der Begriff der Sicherungsmaßnahme verwendet. Aus Erwägungsgrund 25 folgt, dass unter den Begriff Anordnungen zur Beweiserhebung oder Beweissicherung im Sinne der Art. 6 und 7 der *Enforcement*-Richtlinie (s. Kap. 1 Rn. 98) fallen sollen. Maßnahmen, die nicht auf eine Sicherung gerichtet sind, sollen nicht darunter fallen.

18   2005 entschied der EuGH, dass eine Maßnahme, durch die (nach niederländischem Recht) die **Vernehmung eines Zeugen** mit dem Ziel angeordnet wird, es dem Antragsteller zu ermöglichen, die Zweckmäßigkeit einer eventuellen Klage einzuschätzen, die Grundlage für eine solche Klage festzustellen, und die Erheblichkeit der Klagegründe, die in diesem Rahmen geltend gemacht werden könnten, zu beurteilen, nicht unter den Begriff der „einstweiligen Maßnahmen einschließlich

---

[25] Musielak/Voit/*Stadler*, EuGVVO, Art. 35 Rn. 2; *Geimer/Schütze*, EuZVR, Art. 35 EuGVVO Rn. 34 ff.; weiter Mankowski, JZ 2005, 1144, 1145; Study JLS/C4/2005/03 Report on the Application of Regulation Brussels I in the Member States, presented by *Hess*, *Pfeiffer* and *Schlosser*, Final Version September 2007, S. 295, 305. Abrufbar unter http://courtesa.eu/wp-content/uploads/2019/03/study_application_brussels_1_en.pdf (abgerufen am 14.12.2021).

[26] EuGH, Urteil vom 17.1.1998, Rs. C-391/95, *van Uden/Maritime BV/Deco-Line* KG = Slg. 1998, I-7091, 7136 (Rn. 43 ff.); *Stadler*, Erlaß und Freizügigkeit einstweiliger Maßnahmen im Anwendungsgebiet des EuGVÜ, JZ 1999, 1089, 1096; *Schulz*, Einstweilige Maßnahmen nach dem Brüsseler Gerichtsstands- und Vollstreckungsübereinkommen in der Rechtsprechung des Gerichtshofs der Europäischen Gemeinschaften (EuGH), ZEuP 2001, 805, 817.

[27] EuGH, Urteil vom 17.1.1998, Rs. C-391/95, *van Uden/Maritime BV/Deco-Line* KG = Slg. 1998, I-7091, 7137 (Rn. 47).

[28] Study JLS/C4/2005/03 Report on the Application of Regulation Brussels I in the Member States, presented by *Hess*, *Pfeiffer* and *Schlosser*, Final Version September 2007, S. 325. Abrufbar unter http://courtesa.eu/wp-content/uploads/2019/03/study_application_brussels_1_en.pdf (abgerufen am 14.12.2021).

solcher, die auf eine Sicherung gerichtet sind", fällt.[29] Die Frage ist letztlich, ob dieses Judikat für alle Fälle der Informationsbeschaffung und Beweissicherung verallgemeinerungsfähig ist.[30]

Bei der Einordnung derartiger Maßnahmen als einstweilige i. S. der EuGVO ist **19** auch zu bedenken, dass u. U. eine Umgehung der EuBewVO ermöglicht wird. Das Verhältnis der EuGVO und der EuBewVO ist streitig.[31]

Vor dem Hintergrund der EuGH-Rechtsprechung dürften alle Verfahren wie das **selbstständige Beweisverfahren** deutschen Rechts (§ 485 ff. ZPO) und die *saisie contrefaçon* französischen Rechts[32] nicht unter den Begriff der einstweiligen Maßnahme fallen, da kein bisheriger Zustand gesichert, sondern eine Klage vorbereitet wird.[33] Bei der Einordnung von **Auskunfts- und Besichtigungsansprüchen** führt die Tatsache, dass diese nach deutschem Recht mit dem Mittel der einstweiligen Verfügung durchgesetzt werden können, die einstweilige Verfügung aber generell als einstweilige Maßnahme anerkannt ist, nicht schon dazu, dass sie ohne Weiteres unter Art. 35 EuGVO fallen. Hier ist aber zu bedenken, dass es sich um selbstständige Auskunfts- und Besichtigungsansprüche handelt, die auch isoliert in einem Hauptsacheverfahren (in Deutschland meist durch Stufenklage, § 254 ZPO) eingeklagt werden können. Dies spricht dafür, die einstweilige Verfügung, mit der diese nach deutschem Recht durchgesetzt werden, als einstweilige Maßnahme i. S. der EuGVO anzusehen.

3. Ex parte Verfahren

Einstweilige Maßnahmen, die ohne rechtliches Gehör des Gegners erlassen wurden **20** (sog. *ex parte*-Entscheidungen) fallen nicht unter den Begriff der Entscheidungen gem. Art. 2 EuGVO und genießen daher keine Freizügigkeit. Danach fallen einstweilige Maßnahmen einschließlich Sicherungsmaßnahmen, die angeordnet wurden, ohne dass der Beklagte vorgeladen wurde, nicht unter den Begriff der Entscheidung, es sei denn, die Entscheidung, welche die Maßnahme enthält, wird dem

---

[29] EuGH, Urteil vom 28.4.2005, Rs. C-104/03, *St. Paul Dairy Industries NV/Unibel Exser BVB* = EuZW 2005, 401 = JZ 2005, 1166 (*Mankowski* 1144).

[30] Ausführlich Study JLS/C4/2005/03 Report on the Application of Regulation Brussels I in the Member States, presented by *Hess*, *Pfeiffer* and *Schlosser*, Final Version September 2007, S. 321 f. Abrufbar unter http://courtesa.eu/wp-content/uploads/2019/03/study_application_brussels_1_en.pdf (abgerufen am 14.12.2021).

[31] *Heinze*, Beweissicherung im europäischen Zivilprozessrecht, IPRax 2008, 480; *Hess/Zhou*, Beweissicherung und Beweisbeschaffung im europäischen Justizraum, IPRax 2007, 183; *Mankowski*, Selbständiges Beweisverfahren und einstweiliger Rechtsschutz in Europa, JZ 2005, 1144; *v. Hein*, Drawing the line between Brussels I and the Evidence Regulation, EuLF 2008, I-34.

[32] Es handelt sich um ein einseitiges Beweissicherungsverfahren des gewerblichen Rechtschutzes, vgl. *Hye-Knudsen*, Marken-, Patent- und Urheberrechtsverletzungen im europäischen Internationalen Zivilprozessrecht, 2005, S. 216; *Treichel*, Die Sanktionen der Patentverletzung und ihre gerichtliche Durchsetzung im deutschen und französischen Recht, S. 137.

[33] Ebenso Rauscher/*Leible*, EuZPR/EuIPR, Art. 35 EuGVO Rn. 16; *Treichel*, Die Sanktion der Patentverletzung und ihre gerichtliche Durchsetzung im deutschen und französischen Recht, S. 61 (für *saisie contrefaçon*); *Mankowski*, Selbständiges Beweisverfahren und einstweiliger Rechtsschutz in Europa, JZ 2005, 1144, 1149 f.

Beklagten vor der Vollstreckung zugestellt. Ein echter Überraschungseffekt ist daher ausgeschlossen.

Bisher fielen einstweilige Maßnahmen nach der einschränkenden Rechtsprechung des EuGH nur unter Art. 32 EuGVO a. F., wenn sie nach der Gewährung rechtlichen Gehörs in einem kontradiktorischen Verfahren erlassen wurden (s. Kap. 5 Rn. 22). Für eine echte Überraschungsentscheidung, die in einem Verfahren ohne mündliche Verhandlung ergehen kann (vgl. im deutschen Recht § 937 Abs. 2 ZPO), war insofern kein Raum; der Antragsteller musste sich entscheiden, ob ihm eine europaweite Vollstreckung wichtiger war oder der Überraschungseffekt. Der Vorschlag für die Neufassung der EuGVO wollte den Schuldner weniger schützen und auch solche einstweilige Maßnahmen in die Definition des Entscheidungsbegriffs einbeziehen, die ohne rechtlichen Gehör und ohne vorherige Zustellung der Entscheidung an den Schuldner erlassen wurden, wenn dieser die Möglichkeit hatte, die Maßnahme nach dem Recht des Ursprungsmitgliedstaates anzufechten. Dies wurde letztlich jedoch nicht umgesetzt.

III. Keine Koordination von Hauptsacheverfahren und einstweiligen Maßnahmen

21   Die Möglichkeit, bei einem Gericht einstweiligen Rechtsschutz zu erlangen, besteht auch, wenn bereits ein Hauptsacheverfahren in einem anderen Mitgliedstaat rechtshängig ist. Dies ergibt sich schon aus dem Wortlaut des Art. 35 EuGVO. Außerdem greift der **Rechtshängigkeitseinwand** wegen des unterschiedlichen Streitgegenstandes von Hauptsacheverfahren und einstweiligem Rechtsschutz nicht ein.[34] Auch wenn ein in der Hauptsache angerufenes Gericht wegen Rechtshängigkeit desselben Anspruchs in einem anderen Mitgliedstaat sein Verfahren in der Hauptsache aussetzt (Art. 29 Abs. 1 EuGVO) oder sich für unzuständig erklärt hat (Art. 29 Abs. 3 EuGVO), soll es nicht gehindert sein, auf der Grundlage der EuGVO oder nationaler Vorschriften eine einstweilige Maßnahme zu erlassen.[35] Die Art. 29 ff. EuGVO dienen nur dazu, unvereinbare Entscheidungen in der Hauptsache, nicht den Erlass einstweiliger Maßnahmen zu verhindern.[36]

22   Diese fehlende Koordination von Hauptsacheverfahren und Verfahren des einstweiligen Rechtsschutzes ist wenig befriedigend, vor allem, weil es durch Leistungsverfügungen, die im Anwendungsbereich der EuGVO grundsätzlich zulässig sind, in vielen Fällen zu einer Vorwegnahme der Hauptsache kommt.

---

[34] *Otte*, Verfahrenskoordination und einstweiliger Rechtsschutz bei der Verletzung eines europäischen Patents, IPRax 1999, 440, 441; *Zigann*, Entscheidungen inländischer Gerichte über ausländische gewerbliche Schutzrechte und Urheberrechte, S. 199; Geimer/Schütze, EuZVR, Art. 25 EuGVVO Rn. 16, 60.

[35] *Otte*, Verfahrenskoordination und einstweiliger Rechtsschutz bei der Verletzung eines europäischen Patents, IPRax 1999, 440, 441.

[36] *Geimer/Schütze*, EuZVR, Art. 25 EuGVVO Rn. 60.

Der **Heidelberg Report zur Anwendung der EuGVO** schlug vor, das Gericht   23
der Hauptsache mit der Befugnis auszustatten, einstweilige Maßnahmen, die in der
Sache in anderen Mitgliedstaaten erlassen wurden, aufheben oder ändern zu können. In diesem Fall könne es bei dem liberalen Grundkonzept der EuGVO bleiben.[37]

Der Vorschlag für eine Neufassung der EuGVO (s. Kap. 3 Rn. 4) setzte stärker   24
auf eine Kooperation der Gerichte, die mit Hauptsacheverfahren und Verfahren des
einstweiligen Rechtsschutzes befasst sind (Art. 31 EuGVO-E).

IV. Anerkennung und Vollstreckung

Die Freizügigkeit der Entscheidungen ist jedoch eingeschränkt. Stützt sich das Ge-   25
richt auf eine andere als die nach der EuGVO gegebene Zuständigkeit, schließt die
Definition des Art. 2 lit. a UAbs. 2 EuGVO die Freizügigkeit aus. Danach umfasst
der Ausdruck „Entscheidung" auch (aber eben nur) einstweilige Maßnahmen einschließlich Sicherungsmaßnahmen, die von einem nach dieser Verordnung in der
Hauptsache zuständigen Gericht angeordnet werden. Art. 36, 39 EuGVO regeln die
Anerkennung und Vollstreckung von Entscheidungen i. S. des Art. 2 lit. a UAbs. 2
EuGVO und damit auch die Anerkennung und Vollstreckung einstweiliger Maßnahmen. Eine Anerkennung und Vollstreckung im Ausland scheidet damit aus,
wenn nicht ein auch in der Hauptsache zuständiges Gericht entscheidet.[38]

Da einstweilige Maßnahmen einschließlich Sicherungsmaßnahmen, die an-   26
geordnet wurden, ohne dass der Beklagte vorgeladen wurde, nicht unter den Begriff
der Entscheidung fallen, es sei denn, die Entscheidung, welche die Maßnahme enthält, wird ihm vor der Vollstreckung zugestellt, können sie auch nicht im Ausland
anerkannt und vollstreckt werden.

§ 2 Regelung des einstweiligen Rechtsschutzes in Deutschland

In Deutschland wird der einstweilige Rechtsschutz im Zwangsvollstreckungsrecht   27
in den §§ 916 ff. ZPO geregelt, da er der Sicherung der Zwangsvollstreckung dient.
Tatsächlich handelt es sich um ein abweichend vom Hauptsacheverfahren geregeltes
Erkenntnisverfahren, dem wiederum ein Zwangsvollstreckungsverfahren nachfolgt.

---

[37] Study JLS/C4/2005/03 Report on the Application of Regulation Brussels I in the Member States,
presented by *Hess, Pfeiffer* and Schlosser, Final Version September 2007, S. 325, 327. Abrufbar
unter http://courtesa.eu/wp-content/uploads/2019/03/study_application_brussels_1_en.pdf (abgerufen am 14.12.2021). Vorgeschlagen wird die Ergänzung des Art. 31 EuGVO um einen entsprechenden Abs. 3: (*3*) *The court vested with jurisdiction for, and seised by either party with the
substance of the matter, has power to discharge, to modify or to adapt to its own legal system any
provisional measure granted by a court of another Member State.*

[38] *Geimer/Schütze*, EuZVR, Art. 35 EuGVVO Rn. 97; Musielak/Voit/*Stadler*, EuGVVO,
Art. 35 Rn. 3.

28   In diesem Verfahren werden die Parteien nicht Kläger und Beklagter, sondern **Antragsteller** und **Antragsgegner** genannt.

29   Durch eine **Schiedsvereinbarung** entfällt der Anspruch gegen den Staat auf Gewährung einstweiligen Rechtsschutzes grundsätzlich nicht (§ 1033 ZPO).[39] Davon zu trennen ist die Frage, ob die Parteien des Schiedsvertrages ausschließlich die Zuständigkeit des Schiedsgerichts für die Gewährung einstweiligen Rechtsschutzes vereinbaren können (s. Kap. 15 Rn. 137).

I. Arten

30   Das Gesetz trennt den Arrest (§ 916 bis § 934 ZPO) und die einstweilige Verfügung (§ 935 bis § 945 ZPO). Beide sind im Grundsatz als Maßnahmen i. S. des Art. 35 EuGVO anerkannt.

31   Der **Arrest** dient zur Sicherung der Zwangsvollstreckung in das bewegliche oder unbewegliche Vermögen wegen einer *Geldforderung* oder wegen eines Anspruchs, der in eine Geldforderung übergehen kann.

32   Die **einstweilige Verfügung** regelt die Verwirklichung anderer Ansprüche. Soweit das Gesetz nicht eine besondere Regelung trifft gelten im Verfügungsverfahren die Regeln des Arrestverfahrens (§ 936 ZPO).

II. Voraussetzungen

33   Alle Verfügungsarten verlangen die **Glaubhaftmachung** eines Verfügungs**anspruchs** und eines Verfügungs**grundes**.

34   **Verfügungsanspruch** ist der materielle Anspruch, der geltend gemacht wird. Dies kann, in Abgrenzung zum Arrest, jedes Recht sein, durch das der Gläubiger eine nicht in Geld bestehende Leistung fordern kann.

35   **Verfügungsgrund** ist der jeweilige Grund, wegen dem eine Entscheidung im Verfahren des einstweiligen Rechtsschutzes erforderlich ist (s. § 935 und § 940 ZPO). Beides muss nicht zur vollen Überzeugung des Gerichts bewiesen werden, vielmehr reicht die sog. Glaubhaftmachung (§§ 936, 920 Abs. 2 i. V. m. § 294 ZPO).[40]

36   **Glaubhaftmachung** ist eine Art der Beweisführung, die dem Richter abweichend vom Gebot des Vollbeweises einen geringeren Grad von Wahrscheinlichkeit vermittelt. Nach § 294 Abs. 2 ZPO sind nur präsente Beweismittel zulässig, d. h. etwaige Zeugen sind mitzubringen, Urkunden vorzulegen. Ein Sachverständiger kann demnach nicht eingesetzt werden.

---

[39] Verkannt OLG Nürnberg, Beschluss vom 30.11.2004, 12 U 2881/04 = IPRax 2006, 468 = SchiedsVZ 2005, 50.

[40] *Brox/Walker*, Zwangsvollstreckungsrecht, Rn. 1632.

III. Verfahren

Zuständig ist grundsätzlich das Gericht, das in der Hauptsache zuständig wäre   **37**
(§§ 937, 943 ZPO). Insoweit kommt in den Verfügungsverfahren die Zuständigkeitskonzentration auf 12 Landgerichte zum Tragen (§ 143 Abs. 2 PatG). Die Entscheidung kann in dringenden Fällen sowie dann, wenn der Antrag auf Erlass einer
einstweiligen Verfügung zurückzuweisen ist, **ohne mündliche Verhandlung** ergehen (§ 937 Abs. 2 ZPO). Dies ist nach der Gesetzeslage der **Ausnahmefall**, hat
sich aber in bestimmten Bereichen wie denen des Presserechts und denen des
gewerblichen Rechtsschutzes offenbar als Regelfall etabliert.[41] Das BVerfG hat die
Anforderungen an die Wahrung rechtlichen Gehörs im Verfahren des einstweiligen
Rechtsschutzes in mehreren aufsehenerregenden Entscheidungen bis 2020 verschärft.[42] Das BVerfG ist der Ansicht, dass von der Erforderlichkeit einer Über-
raschung des Gegners bei der Geltendmachung von Ansprüchen (im Presse- und
Äußerungsrecht) jedenfalls nicht als Regel ausgegangen werden kann. Allerdings
gesteht das BVerfG den Fachgerichten einen weiten Wertungsrahmen zu, wann ein
dringender Fall i. S. d. 937 Abs. 2 ZPO vorliegt und damit auf eine mündliche Verhandlung verzichtet werden kann.[43]
   Die generelle Dringlichkeit der Maßnahme genügt für den Verzicht auf eine
mündliche Verhandlung nicht, weil sie schon für das Vorliegen eines Verfügungsgrundes erforderlich ist. Eine derartige Dringlichkeit ist daher wegen der grundsätzlich erforderlichen Gewährung rechtlichen Gehörs nur gegeben, wenn die Durchführung einer mündlichen Verhandlung den Zweck der einstweiligen Verfügung
gefährden würde. In diesen Fällen reicht es aus, nachträglich Gehör zu gewähren.
Voraussetzung der Verweisung auf eine nachträgliche Anhörung ist aber, dass ansonsten der Zweck des einstweiligen Verfügungsverfahrens in Form wirksamen
vorläufigen Rechtsschutzes in Eilfällen, verhindert würde.[44] In dringenden Fällen
hat das AG, in dessen Bezirk sich der Streitgegenstand befindet, eine Notzuständigkeit (§ 942 ZPO).
   Der Verzicht auf eine mündliche Verhandlung berechtigt aber nicht ohne weiteres dazu, die Gegenseite bis zur Entscheidung über den Verfügungsantrag ganz aus
dem Verfahren herauszuhalten. Das BVerfG trennt in seinen jüngeren Entscheidungen streng den Verzicht auf eine mündliche Verhandlung und den Verzicht
auf die Einbeziehung des Antragsgegners in das Verfahren. Nach dem **Grundsatz**

---

[41] *Mantz*, Das Recht auf Waffengleichheit und die Praxis im Verfahren der einstweiligen Verfügung,
NJW 2019, 953, 954.

[42] BVerfG, Beschluss vom 3.6.2020 – 1 BvR 1246/20 = NJW 2020, 2021; Beschluss vom 30.9.2018 – 1 BvR 2421/17 = NJW 2018, 3634; BVerfG, Beschluss vom 30.9.2018 – 1
BvR 1783/17 = NJW 2018, 3631.

[43] BVerfG, Beschluss vom 30.9.2018 – 1 BvR 2421/17 = NJW 2018, 3634 (Rn. 32).

[44] BVerfG, Beschluss vom 30.9.2018 – 1 BvR 2421/17 = NJW 2018, 3634 (Rn. 28); *Brox/Walker*,
Zwangsvollstreckungsrecht, Rn. 1634.

der prozessualen Waffengleichheit[45] kommt eine stattgebende Entscheidung über den Verfügungsantrag vielmehr grundsätzlich nur in Betracht, wenn die Gegenseite zuvor die Möglichkeit hatte, auf das mit dem Antrag geltend gemachte Vorbringen zu erwidern. Dabei kann nach Art und Zeitpunkt der Gehörsgewährung differenziert und auf die Umstände des Einzelfalls abgestellt werden. Außerdem fordert das *BVerfG*, dass der Antragsgegner in bestimmten Situationen nachträglich benachrichtigt wird. Ferner müssen erteilte Hinweise (§ 139 ZPO) vollständig und umfassend in den Akten dokumentiert werden. Das BVerfG hat dies überdeutlich formuliert:

> „Ein einseitiges Geheimverfahren über einen mehrwöchigen Zeitraum, in dem sich Gericht und Antragsteller über Rechtsfragen austauschen, ohne den Antragsgegner in irgendeiner Form einzubeziehen, ist mit den Verfahrensgrundsätzen des Grundgesetzes […] unvereinbar."[46]

38   Vor dem Erlass einer einstweiligen Verfügung muss daher regelmäßig eine **mündliche Verhandlung** durchgeführt werden, vor allem wenn es um ein Unterlassungsgebot geht, weil dieses während der Dauer der einstweiligen Verfügung u. U. gravierende Folgen für die unternehmerische Tätigkeit des Antragsgegners hat. Der Antragsteller muss auch berücksichtigen, dass eine einstweilige Verfügung, die ohne mündliche Verhandlung ergeht, international nicht vollstreckbar ist, weil es sich insoweit schon um keine Entscheidung i. S. d. Art. 2 lit. UAbs. 2 EuGVO handelt.

39   Den **Inhalt der einstweiligen Verfügung** bestimmt das Gericht nach freiem Ermessen (§ 938 ZPO). In dringenden Fällen kann der Vorsitzende, sofern die Erledigung der Gesuche eine mündliche Verhandlung nicht erfordert, anstatt des Gerichts entscheiden (§ 944 ZPO).

40   In der Praxis große Bedeutung hat die **Schutzschrift,** die bisher gesetzlich nicht geregelt ist.[47] Eine Definition der Schutzschrift findet sich in § 945a Abs. 1 S. 2 ZPO. Die Schutzschrift ist ein vorbeugendes Verteidigungsmittel gegen einen potenziellen Antrag auf Erlass einer einstweiligen Verfügung. Sie dient dazu, die Glaubhaftmachung von Verfügungsanspruch und Verfügungsgrund zu erschweren und eine mündliche Verhandlung herbeizuführen. Hierzu wird die Schutzschrift bei all den Gerichten hinterlegt, bei denen eine einstweilige Verfügung beantragt werden könnte. Um diese vielfache Hinterlegung künftig zu vermeiden, hat das Gesetz zur Förderung des elektronischen Rechtsverkehrs mit den Gerichten[48] den ab 1.1.2016 geltenden § 945a Abs. 1 S. 1 eingeführt,[49] der eine partielle Regelung der

---

[45] Zur Herleitung BVerfG, Beschluss vom 3.6.2020 – 1 BvR 1246/20 = NJW 2020, 2021, 2023 (Rn. 16); Beschluss vom 30.9.2018 – 1 BvR 2421/17 = NJW 2018, 3634 (Rn. 27).

[46] Beschluss vom 30.9.2018 – 1 BvR 2421/17 = NJW 2018, 3634 (Rn. 36); *Mantz*, Konkretisierung des Rechts auf prozessuale Waffengleichheit durch das BVerfG, NJW 2020, 2007.

[47] *May*, Die Schutzschrift im Arrest- und einstweiligen Verfügungsverfahren, 1983.

[48] Gesetz vom 10.10.2013, BGBl. I S. 3786. Dazu *Brox/Walker*, Zwangsvollstreckungsrecht, Rn. 1633a.

[49] Dazu *Apel/Drescher*: Die Schutzschrift (§ 945a ZPO) – Eine Einführung, Jura 2017, 427; *Huber*, Zivilprozessrecht: Schutzschrift und Schutzschriftenregister, JuS 2018, 1266; *Wehlau/Kalbfus*, Die Schutzschrift im elektronischen Rechtsverkehr, ZRP 2012, 101; *Walker*, Die Schutzschrift und das elektronische Schutzschriftenregister nach §§ 945a, 945b ZPO, FS Schilken, 2015, S. 815.

Schutzschrift enthält und vorsieht, dass die Länder ein zentrales, länderübergreifendes elektronisches Schutzschriftenregister führen.[50] Eine Schutzschrift gilt dann als bei allen ordentlichen Gerichten der Länder eingereicht, sobald sie in das zentrale Schutzschriftenregister eingestellt ist.[51]

Einstweiliges Verfügungsverfahren und Hauptsacheverfahren können neben- **41** einander betrieben werden, da der Rechtshängigkeitseinwand (§ 261 Abs. 3 Nr. 1 ZPO) nicht eingreift, da unterschiedliche Streitgegenstände vorliegen. **Streitgegenstand** des Verfügungsverfahrens ist nicht der Anspruch selbst, sondern die Zulässigkeit seiner zwangsweisen Durchsetzung.[52] Zwischen mehreren Anträgen auf Erlass einer einstweiligen Verfügung greift jedoch der Rechtshängigkeitsweinwand ein, so dass der nachfolgende Antrag unzulässig ist.

Ein dem Verfügungsverfahren nachfolgendes **Hauptsacheverfahren** ist nicht **42** zwingend durchzuführen. Stellt der Schuldner aber einen Antrag und ist zu diesem Zeitpunkt noch keine Hauptsache anhängig, hat das Gericht nach **§ 926 Abs. 1 ZPO** binnen einer zu bestimmenden Frist die Klageerhebung anzuordnen.

Erweist sich die Anordnung einer Maßnahme des einstweiligen Rechtsschutzes **43** (Arrest oder Verfügung) als von Anfang an ungerechtfertigt, oder wird die angeordnete Maßregel aufgehoben (auf Grund des § 926 Abs. 2 ZPO oder des § 942 Abs. 3 ZPO), so ist die Partei, die die Anordnung erwirkt hat, **zum Ersatz des Schadens** verpflichtet, der dem Gegner aus der Vollziehung der angeordneten Maßregel entsteht (§ 945 ZPO). Bei § 945 ZPO handelt es sich um einen verschuldensunabhängigen Schadensersatzanspruch.[53] Durch diese Schadensersatzpflicht soll Missbräuchen des Instituts des einstweiligen Rechtsschutzes vorgebeugt werden (Risikohaftung).[54]

IV. Regelung der einstweiligen Verfügung

Die einstweilige Verfügung ist im Gesetz wiederum zweigeteilt.   **44**

1. Sicherungsverfügung
Die Sicherungsverfügung ist in § 935 ZPO normiert. Sie betrifft Ansprüche (Ver- **45** fügungs*anspruch)*, die auf eine *Individualleistung* gerichtet sind, etwa die Herausgabe einer Sache. Die Sicherungsverfügung darf wie der Arrest ausschließlich zu einer Sicherung des Gläubigers führen. Es kann die Herausgabe der Sache nicht an

---

[50] Das Schutzschriftenregister wird durch die Landesjustizverwaltung Hessen geführt, https://schutzschriftenregister.hessen.de (abgerufen am 10.2.2023). Dazu *Brox/Walker*, Zwangsvollstreckungsrecht, Rn. 1633a; *Walker*, FS Schilken, 2015, 815.

[51] Dazu *Wehlau/Kalbfus*, Die Schutzschrift im elektronischen Rechtsverkehr, ZRP 2012, 101.

[52] Thomas/Putzo/*Reichold*, ZPO, Vorbem. § 916 Rn. 2.

[53] Str. aber im Ergebnis irrelevant ist die Frage der dogmatischen Einordnung als Gefährdungshaftung, Haftung aus unerlaubter Handlung im weiteren Sinne, Risikohaftung oder privatrechtliche Aufopferung. S. insoweit Musielak/Voit/*Huber*, § 945 Rn. 1.

[54] Zu Voraussetzungen und Umfang des Schadensersatzanspruchs Musielak/Voit/*Huber*, § 945 Rn. 8 ff.

den Gläubiger angeordnet werden, sondern nur die an einen Sequester. Oder das Gericht erlässt ein Veräußerungsverbot mit den Wirkungen der §§ 135, 136 BGB. Verfügungs*grund* ist die Besorgnis, dass durch eine Veränderung des bestehenden Zustandes die Verwirklichung des Rechtes einer Partei vereitelt oder wesentlich erschwert werden könnte. Das Gericht hat bei der Würdigung der glaubhaft gemachten Tatsachen einen Beurteilungsspielraum, ob angesichts des behaupteten Maßes der Gefährdung und der zur Abwendung der Gefährdung erforderlichen einstweiligen Maßnahmen die Tatsachen des Verfügungsgrundes hinreichend glaubhaft gemacht sind.[55]

2. Regelungsverfügung

46   Die **Regelungsverfügung** ist in § 940 ZPO enthalten. Ziel ist die einstweilige Regelung eines Zustands in Bezug auf ein streitiges Rechtsverhältnis. Dieses Rechtsverhältnis muss zwischen den Parteien bestehen. Beispielsfälle sind Streitigkeiten unter Mietern zur Nutzung gemeinsamer Einrichtungen oder Streitigkeiten unter Gesellschaftern, z. B. um die Geschäftsführungsbefugnis.

47   **Verfügungsgrund** der Regelungsverfügung ist, dass die Regelung, insbesondere bei dauernden Rechtsverhältnissen, zur Abwendung wesentlicher Nachteile, oder zur Verhinderung drohender Gewalt, oder aus anderen Gründen nötig erscheint (§ 940 Hs. 2 ZPO).

Hierbei kommt es zu einer Abwägung der Interessen des Antragsgegners mit denen des Antragstellers.[56]

48   Zögert der Antragsteller die Stellung des Antrags übermäßig lange hinaus, spricht das dafür, dass er auf die Verfügung nicht angewiesen ist, so dass kein Verfügungsgrund besteht. Allerdings muss ausreichend Zeit zur rechtlichen Prüfung zugebilligt werden.[57] Die Statuierung von Fristen, in denen nach Erlangung der Kenntnis der Antrag gestellt werden muss, hat keine Grundlage im Gesetz. Abzustellen ist vielmehr auf den Einzelfall, auch wenn dies nicht vorhersehbar ist.[58]

3. Leistungsverfügung

49   Die Leistungsverfügung gewährt dem Antragsteller bereits eine Befriedigung, ist also an sich keine vorläufige Maßnahme. Trotzdem lässt die Rechtsprechung die Leistungsverfügung zu, wenn der Antragsteller auf die sofortige Befriedigung derart angewiesen ist, dass das Abwarten eines Hauptsacheverfahrens ausgeschlossen ist und zu irreparablen Schäden führen würde.

50   Eine gesetzliche Regelung fehlt. Z. T. wird die Leistungsverfügung als Fall der Regelungsverfügung angesehen, z. t. als richterliche Rechtsfortbildung.[59] Ausgangspunkt der Rechtsprechung waren Unterhaltsforderungen (§ 1615o BGB,

---

[55] MüKoZPO/*Drescher* § 935 Rn. 21.

[56] *Brox/Walker*, Zwangsvollstreckungsrecht, Rn. 1592.

[57] *Kühnen/Geschke*, Die Durchsetzung von Patenten in der Praxis, Rn. 471; *Holzapfel*, Zum einstweiligen Rechtsschutz im Wettbewerbs- und Patentrecht, GRUR 2003, 287, 289.

[58] *Holzapfel*, Zum einstweiligen Rechtsschutz im Wettbewerbs- und Patentrecht, GRUR 2003, 287, 289.

[59] Musielak/Voit/*Huber*, § 935 Rn. 2; § 940 Rn. 1.

§ 620 ZPO a. F.), auf die der Antragsteller angewiesen war, so dass eine Zahlung an ihn erforderlich war. Später hat die Rechtsprechung den Anwendungsbereich der Leistungsverfügung ausgedehnt.[60]

Als **Verfügungsanspruch** kommt jeder Anspruch in Betracht, auch der auf eine **51** Geldleistung gerichtete, da der Arrest aufgrund seines nur vorläufigen Charakters ausscheidet.[61]

Verfügungsgrund können die Existenzgefährdung bzw. die Notlage des Antrag- **52** stellers sein, sowie die Abwendung eines endgültigen Rechtsverlusts des Antragstellers.[62]

Da der Erlass einer Leistungsverfügung häufig endgültige Verhältnisse schafft und die Rückzahlung einer nach § 945 ZPO zu leistenden Geldsumme meist scheitert, sind an die Glaubhaftmachung des Verfügungsgrundes sehr hohe Anforderungen zu stellen.

§ 3 Zusammenfassung

- Der einstweilige Rechtsschutz ist europäisch nicht vereinheitlicht. Die na- **53** tionalen Rechte enthalten stark unterschiedliche Regelungen.
- Geregelt ist die Anerkennung und Vollstreckung einstweiliger Maßnahmen.
- Einstweilige Maßnahmen werden nach Art. 35 EuGVO international anerkannt und vollstreckt, wenn sie von einem nach der EuGVO auch für die Hauptsache zuständigen Gericht erlassen wurden.
- Ex parte Entscheidungen, vor deren Erlass der Schuldner nicht gehört wurde, werden anerkannt und vollstreckt, wenn die Entscheidung, welche die Maßnahme enthält, dem Schuldner vor der Vollstreckung zugestellt wurde.
- Selbstständige Beweisverfahren fallen nicht, die einstweilige Verfügung, mit der Auskunfts- und Besichtigungsansprüche durchgesetzt werden, fällt jedoch unter den Begriff der einstweiligen Maßnahme.
- Die Zuständigkeit zum Erlass einstweiliger Maßnahmen kann sich aus dem nationalen Recht ergeben oder folgt der Hauptsachezuständigkeit nach der EuGVO.
- Eine Koordinierung von Hauptsacheverfahren und einstweiligem Rechtsschutz durch das Institut der Rechtshängigkeit erfolgt nicht.

---

[60] Musielak/Voit/*Huber*, § 940 Rn. 13.

[61] *Brox/Walker*, Zwangsvollstreckungsrecht, Rn. 1609.

[62] *Brox/Walker*, Zwangsvollstreckungsrecht, Rn. 1611 ff.

8. Kapitel Internationales Zustellungsrecht

§ 1 Ausgangslage und Interessen

Der nationale wie internationale Zivilprozess wird in erheblichem Umfang schrift- **1** lich abgewickelt. Zustellungen in internationalen Verfahren sind meist zeitraubend, kostenintensiv und z. T. wenig effektiv.[1] Nach Belgien sowie nach Dänemark dauerte die Zustellung vor dem Inkrafttreten der EuZustVO a. F. 4–5 Monate, nach Finnland 5–6, nach Frankreich 6, und nach Großbritannien 6–8 Monate. Nach Spanien waren zwei Jahre einzukalkulieren.[2] Diese Schwierigkeiten hatten die Bildung eines europäischen Justizraumes erschwert. Früher war es so, dass die Entscheidung, im In- oder Ausland zu klagen, maßgeblich von der Notwendigkeit einer Auslandszustellung beeinflusst wurde.[3] Durch das Inkrafttreten der EuZustVO a. F. haben sich diese Zustellungszeiten zwar reduziert, sind jedoch noch immer zu lang. So wurde der für die Übermittlung und Zustellung benötigte Zeitaufwand auf regelmäßig 1–3 Monate reduziert, im Verhältnis zu Großbritannien und Spanien waren aber auch sechs Monate einzukalkulieren.[4] Durch die Neufassung der EuZustVO will der europäische Gesetzgeber das Zustellungsverfahren insbesondere durch Einsatz elektronischer Kommunikationsmittel effektuieren.

---

[1] Zu praktischen Problemen außereuropäischer Zustellungen vgl. *Strasser*, Auslandszustellungen in die Karibik – Exotische Prozessparteien als Herausforderung für die Justiz, Rpfl.Stud. 2011, 25.

[2] Zahlen nach *Gottwald*, Sicherheit vor Effizienz? – Auslandszustellung in der Europäischen Union in Zivil- und Handelssachen, FS Schütze, 1999, S. 225, 226 m. w. N. Grundlage ist die Rechtslage vor der EuZustVO. Aber auch danach muss von einer Zustelldauer von ca. 3 Monaten ausgegangen werden, *Gottwald*, a. a. O., S. 227.

[3] *Gottwald*, Sicherheit vor Effizienz? – Auslandszustellung in der Europäischen Union in Zivil- und Handelssachen, FS Schütze, 1999, S. 225.

[4] Bericht der Kommission an den Rat, das Europäische Parlament und den Wirtschafts- und Sozialausschuss über die Anwendung der Verordnung (EG) Nr. 1348/2000 des Rates über die Zustellung gerichtlicher und außergerichtlicher Schriftstücke in Zivil- oder Handelssachen in den Mitgliedstaaten, KOM(2004) 603 endg., S. 4.

© Springer-Verlag GmbH Deutschland, ein Teil von Springer Nature 2022   263
J. Adolphsen, *Europäisches Zivilverfahrensrecht*, Springer-Lehrbuch,
https://doi.org/10.1007/978-3-662-63558-2_8

2   Wegen der Zeitdauer internationaler Zustellungen wurde bei Erlass der **Eu-Mahn-VO** nur ein einstufiges Verfahren eingeführt, das es dem Antragsgegner ermöglicht, sich gegen die Forderung zu wehren (dazu Kap. 11 Rn. 8). Erste Pläne, wie im deutschen Mahnverfahren ein zweistufiges Verfahren (Widerspruch gegen den Mahnbescheid (§ 694 ZPO) und Einspruch gegen den Vollstreckungsbescheid (§§ 700 Abs. 1, 338 ZPO)) einzuführen, wurden eben wegen der Dauer einer dann notwendigen zweiten Zustellung nicht realisiert.

3   Die Zustellung eines Schriftstückes im Prozess hat zwei **Ziele**: Sie soll dem Empfänger eine sichere Kenntnisnahme des Inhalts ermöglichen, also dessen rechtliches Gehör sichern, und sie soll dem Absender einen urkundlichen Nachweis über die Mitteilung geben.

4   Dabei steht die Zustellung im Spannungsfeld verschiedener, ja konträrer Interessen:[5]

- dem **Justizgewährungsanspruch** des Klägers, der seinerseits durch Art. 6 Abs. 1 EMRK[6] und Art. 47 EU-GRCharta[7] abgesichert ist und nach einer schnellen, nicht überkomplizierten Gestaltung der Zustellung verlangt;
- dem ebenfalls aus Art. 6 Abs. 1 EMRK[8] und Art. 47 EU-GRCharta[9] folgenden **Anspruch auf rechtliches Gehör** des Beklagten, der rechtzeitig und sicher, d. h. auch in seiner oder zumindest einer Sprache, die er versteht, von der gegen ihn im Ausland erhobenen Klage Kenntnis erlangen muss; und
- dem **Souveränitätsanspruch** der beteiligten Staaten, soweit diese die Zustellung prozessualer Schriftstücke als Hoheitsakt ansehen.[10]

Diese Interessengemengelage hatte in der Vergangenheit die allseits als notwendig erachtete Reform des internationalen Zustellungsrechts erschwert und verhindert in der Gegenwart den für den internationalen Rechtsverkehr notwendigen Durchbruch wirklich effektiver flexibler Regeln.

5   Regelmäßig setzt die Zustellung der Klageschrift Einlassungsfristen des ausländischen Beklagten im Inland in Gang. Trotzdem sind auch in Europa die nationalen Gesetzgeber mit ausländischen Beklagten keineswegs zimperlich.

6   Schwierigkeiten und überlange Dauer der Zustellung werden immer noch derart umgangen, dass von *fiktiven Zustellungen* Gebrauch gemacht wird.[11] Die Zustellung geschieht im Inland durch Übergabe an einen Amtsträger (in Frankreich Staatsanwalt) oder durch Aufgabe zur Post im Inland. Aus Polen wurde eine Regelung bekannt (Art. 11355 des polnischen Zivilverfahrensgesetzbuchs (ZVGB)), wonach für

---

[5] *Sujecki*, Neufassung der Europäischen Zustellungsverordnung, EuZW 2021, 286, 290.

[6] *G. Geimer*, Neuordnung des internationalen Zustellungsrechts, S. 6.

[7] *Jarass*, Charta der Grundrechte der EU, 4. Auflage 2021, Art. 47 Rn. 23.

[8] *G. Geimer*, Neuordnung des internationalen Zustellungsrechts, S. 8.

[9] *Jarass*, Charta der Grundrechte der EU, Art. 47 Rn. 32.

[10] So Deutschland und die Schweiz, vgl. *Linke*, in: Gottwald (Hrsg.), Grundfragen der Gerichtsverfassung, S. 95, 99; *Sharma*, Zustellungen im Europäischen Binnenmarkt, S. 28, 41.

[11] *Sharma*, Zustellungen im Europäischen Binnenmarkt, S. 57 ff.

eine Person mit Wohnsitz oder gewöhnlichem Aufenthalt in einem anderen Mitgliedstaat bestimmte gerichtliche Schreiben in der Gerichtsakte verbleiben können,
mit der Rechtsfolge, dass die Schreiben als zugestellt gelten, wenn die Person keinen Zustellbevollmächtigten in Polen benannt hat.[12] Die Folge ist, dass die Zustellung fingiert wird, die Transportdauer und das Transportrisiko des Schriftstücks zu
Lasten des ausländischen Beklagten gehen und seine Einlassungsfrist reduziert wird.[13] Derartige Zustellungen kennen Frankreich, Belgien, die Niederlande,
Luxemburg, Italien und Griechenland (*remise au parquet*) und wie gesehen Polen.[14]
Aber auch Deutschland hat nach dem Zustellungsreformgesetz nicht auf eine fiktive
Inlandszustellung verzichtet (§ 184 Abs. 2 ZPO).[15]

Offenbar aufgrund eines neuen Verständnisses auch der Beklagteninteressen und   **7**
dem Druck, der von Art. 6 Abs. 1 EMRK ausgeht, der ein faires Verfahren garan-
tiert, sind die Staaten dazu übergegangen, die Folgen derart fiktiver Zustellungen
abzumildern.[16] Z. T. wird die Zustellung durch *remise au parquet* durch eine Information des Zustellungsadressaten ergänzt[17] oder es wird die Zustellung erst nach
Ablauf einer bestimmten Frist fingiert, deren Dauer zudem in das Ermessen des
Gerichts gestellt wird. Die ab 2022 geltende EuZustVO soll fiktive Zustellungen
weitgehend ausschließen (s. u. Rn. 14).

Welche Schriftstücke im Prozess überhaupt der Zustellung und welche nur der   **8**
schlichten Mitteilung bedürfen, hängt von der Entscheidung des nationalen Gesetzgebers ab. Umfang und Anforderungen des Zustellungserfordernisses hängen eng
von der Einordnung der amtlichen Zustellung als Hoheits- oder Privatakt ab. Das
BVerfG sieht in jeder Zustellung einen Hoheitsakt,[18] wohingegen das US-
amerikanische Recht die Zustellung als private Mitteilung von der Klageerhebung
ansieht, die der Kläger selbst besorgt.[19] Die Konsequenz der deutschen Einordnung
ist, dass Zustellungen an Inländer nicht unmittelbar erfolgen dürfen, weil darin die
Verletzung der Souveränität der Bundesrepublik Deutschland gesehen wird. So hat

---

[12] EuGH, Urteil vom 19.12.2012, Rs. C-325/11, *Krystyna Alder u. a./Sabina Orłowska u. a.* = NJW
2013, 443.

[13] § 175 Abs. 1 S. 3 ZPO a. F.: Die Zustellung wird mit der Aufgabe zur Post als bewirkt angesehen,
selbst wenn die Sendung als unbestellbar zurückkommt.

[14] *Hess*, Die Zustellung von Schriftstücken im europäischen Justizraum, NJW 2001, 15, 18; *Heinze*,
Fiktive Inlandszustellungen und der Vorrang des europäischen Zivilverfahrensrechts, IPRax 2010,
155, 156; Nagel/*Gottwald*, IZPR, § 8 Rn. 16.

[15] Nagel/*Gottwald*, IZPR, § 8 Rn. 12. S. aber BGH, Urteil vom 2.2.2011, VIII ZR 190/10 = NJW
2011, 1885.

[16] Nagel/*Gottwald*, IZPR, § 8 Rn. 17; *Hess*, Die Zustellung von Schriftstücken im europäischen
Justizraum, NJW 2001, 15, 18; *Heckel*, Die fiktive Inlandszustellung auf dem Rückzug – Rückwirkungen des europäischen Zustellungsrechts auf das nationale Recht, IPRax 2008, 218.

[17] Hierzu *Hess*, Die Zustellung von Schriftstücken im europäischen Justizraum, NJW 2001, 15, 18.

[18] BVerfG, Urteil vom 22.3.1983, 2 BvR 475/78 = BVerfGE 63, 343, 372 = NJW 1983, 2757;
BVerfG, Beschluss vom 7.12.1994, 1 BvR 1279/94 = BVerfGE 91, 335, 339 = NJW 1995, 649.

[19] Rechtsvergleichend Nagel/*Gottwald*, IZPR, § 8 Rn. 12 ff.; *Schack*, IZVR, Rn. 716.

das BVerfG ernsthaft in der Postzustellung eines österreichischen Abgabenbescheides eine Verletzung der nationalen Souveränität erblickt.[20]

9   Im internationalen Rechtsverkehr war Deutschland daher stets bemüht, die Zustellung ohne deutsche Rechtshilfe, z. B. direkt durch die Post (aber auch durch ausländische Diplomaten oder Konsuln) zu verhindern. Die Zustellung durch die Post ist zwar im Haager Zustellungsübereinkommen von 1965 (HZÜ) in Art. 10 vorgesehen, jedoch hat Deutschland einen Vorbehalt dagegen geltend gemacht.[21] Bis heute ist nicht ersichtlich, dass die Bundesregierung willens ist, diesen Widerspruch zurückzunehmen.[22] Hintergrund dieser Haltung ist die Idee, die Verweigerung der Zustellung im Wege der Rechtshilfe verhindere, dass Inländer in ausländische, zu missbilligende Verfahren hineingezogen würden.[23] Allerdings wird die Zustellung in diesen Fällen meist durch öffentliche oder fiktive Inlandszustellungen ersetzt, so dass die Verweigerung der Rechtshilfe nicht vor der Einleitung des Verfahrens schützen kann, sondern zukünftig nur die Anerkennung ausschließt. Der Moment des Eingreifens nationaler Gerichte ist daher richtigerweise gekommen, wenn aus dem Urteil im Inland vollstreckt werden soll.[24]

Innerhalb Europas war diese Ansicht jedoch nicht durchzuhalten: Art. 14 EuZustVO a. F. erlaubte erstmals die unmittelbare Zustellung durch die Post.

§ 2 Europäische Zustellungsverordnung (EuZustVO)

10   Die EuZustVO liegt nunmehr bereits in einer dritten Version vor. Nachdem die erste Verordnung am 31.5.2001 in Kraft trat (im Folgenden EuZustVO a. F.), gilt seit dem 13.11.2008 die EuZustVO,[25] die gleichzeitig die alte Verordnung aufgehoben hat (Art. 25 EuZustVO 2008).

Inzwischen hat der europäische Gesetzgeber die Neufassung beschlossen, die zum 1. Juli 2022 gilt.[26]

11   Neben den Zustellungsregeln der EuZustVO enthält das europäische Sekundärrecht in den einzelnen Verordnungen noch weitere Zustellungsregeln. So enthält die

---

[20] BVerfG, Urteil vom 22.3.1983, 2 BvR 475/78 = BVerfGE 63, 343, 372 = NJW 1983, 2757.

[21] § 6 HZÜ-AusfG.

[22] Deutlich für Rücknahme *Linke*, in: Gottwald (Hrsg.), Grundfragen der Gerichtsverfassung, 1999, S. 95, 123.

[23] Ausdrücklich BVerfG, einstweilige Anordnung vom 25.7.2003, 2 BvR 1198/03 = BVerfGE 108, 238 = JZ 2003, 956, 957 = NJW 2003, 2598, 2599. Kritisch zu Recht *Hess*, Transatlantischer Rechtsverkehr heute: Von der Kooperation zum Konflikt?, JZ 2003, 923, 925.

[24] *Schack*, IZVR, Rn. 665.

[25] Verordnung (EG) Nr. 1393/2007 des Europäischen Parlaments und des Rates vom 13.11.2007 über die Zustellung gerichtlicher und außergerichtlicher Schriftstücke in Zivil- oder Handelssachen in den Mitgliedstaaten (Zustellung von Schriftstücken) und zur Aufhebung der Verordnung (EG) Nr. 1348/2000 des Rates, ABl. L 324 vom 10.12.2007, S. 79.

[26] VO (EU) Nr. 2020/1784 des Europäischen Parlaments und des Rates v. 25.11.2020 über die Zustellung gerichtlicher und außergerichtlicher Schriftstücke in Zivil- und Handelssache in den Mitgliedstaaten (Zustellung von Schriftstücken), ABl. 2020 L 405, 40.

EuVTVO in den Art. 13–15 eigene Vorschriften, die von denen der EuZustVO abweichen, aber nur Voraussetzung der Bestätigung als Europäischer Vollstreckungstitel, nicht Maßstab für das Erkenntnisverfahren sind. Die EuUnthVO führt ebenfalls zu einem unmittelbar vollstreckbaren Titel, enthält aber keine eigenen Regeln als Mindeststandard für eine Bestätigung, sondern verweist in Art. 11 Abs. 2 EuUnthVO auf die EuZustVO, in Art. 11 Abs. 1 EuUnthVO wird aber ein eigener Mechanismus für das Verfahren der Zustellung normiert. Auch in Art. 13, 14 der EuBagVO und Art. 13–15 der EuMahnVO finden sich eigene Zustellungsregeln. Insbesondere das Verhältnis der Vorschriften zur EuZustVO ist kompliziert, die derzeitige Rechtslage ein Beispiel dafür, dass im einheitlichen Rechtsraum Uneinheitlichkeit durch Aktionismus des Normsetzers und nicht abgestimmte Regeln drohen.[27]

Die Kompetenzgrundlage der EuZustVO bildete Art. 61 lit. c EGV. Zur Durchführung gelten die Regelungen im 1. Abschnitt des 11. Buches der ZPO, die durch das Gesetz zur Verbesserung der grenzüberschreitenden Forderungsdurchsetzung und Zustellung geändert wurden.[28] **12**

Die EuZustVO hat innerhalb der Mitgliedstaaten Vorrang vor anderen multi- oder bilateralen (Art. 20 EuZustVO) bzw. autonomen Zustellungsregeln (klarstellend § 183 Abs. 5 ZPO). Die EuZustVO bindet Irland (Irland hat von seiner *opt in*-Möglichkeit Gebrauch gemacht) und auch Dänemark.[29] **13**

Sie gilt in **Zivil- und Handelssachen**, wenn ein gerichtliches oder außergerichtliches Schriftstück von einem Mitgliedstaat in einen anderen Mitgliedstaat zum Zwecke der Zustellung zu übermitteln ist (Art. 1 Abs. 1 EuZustVO). 2015 hatte der EuGH aufgrund mehrerer deutscher Vorlageverfahren[30] zu klären, ob unter den Begriff „Zivil- oder Handelssachen" Klagen auf Entschädigung wegen Besitz- und Eigentumsstörung, auf Vertragserfüllung und auf Schadensersatz fallen, wie sie in den Ausgangsverfahren von Privatpersonen, die Staatsanleihen erworben haben, gegen den die Republik Griechenland (zur Frage der Staatenimmunität s. o. Kap. 2 Rn. 21) als emittierenden Staat einer Anleihe erhoben worden sind. Der EuGH bejahte dies und legte den Anwendungsbereich der EuZustVO weit aus, indem er Verfahren nur dann vom Anwendungsbereich ausschloss, die „offenkundig keine Zivil- **14**

---

[27] *Rauscher*, Der Wandel von Zustellungsstandards zu Zustellungsvorschriften im Europäischen Zivilprozessrecht, FS Kropholler, 2008, S. 851; Rauscher/Pabst, EuZPR/EuIPR, Art. 28 EG-VollstrTitelVO, Rn. 3 f.; Rauscher/*Heiderhoff*, EuZPR/EuIPR, Einl. EG-ZustVO, Rn. 18.

[28] Gesetz zur Verbesserung der grenzüberschreitenden Forderungsdurchsetzung und Zustellung vom 30.10.2008, BGBl. I S. 2122. Zur Entwicklung *Jastrow*, Europäische Zustellung und Beweisaufnahme 2004 – Neuregelungen im deutschen Recht und konsularische Beweisaufnahme, IPRax 2004, 11.

[29] Gemäß Art. 3 Abs. 2 des Abkommens zwischen der Europäischen Gemeinschaft und dem Königreich Dänemark über die Zustellung gerichtlicher und außergerichtlicher Schriftstücke in Zivil- oder Handelssachen, abgeschlossen durch den Beschluss 2006/326/EG des Rates, teilt Dänemark der Kommission bei jeder Annahme von Änderungen der Verordnung (EG) Nr. 1348/2000 des Rates mit, ob es diese Änderungen umsetzen wird. Dänemark hat mit Schreiben vom 20.11.2007 der Kommission mitgeteilt, dass es den Inhalt der Verordnung (EG) Nr. 1393/2007 umsetzen wird.

[30] Vorabentscheidungsersuchen des LG Wiesbaden an den EuGH vom 3.5.2013, Rs. C-247/13 und vom 2.5.2013, Rs. C-245/13.

oder Handelssachen sind", was vorliegend nicht der Fall war.[31] 2018 hat er dann aber bei der Prüfung der Eröffnung des Anwendungsbereichs der EuGVO entschieden, dass dieser mangels Zivil- und Handelssache nicht eröffnet sei,[32] ohne eine Abgrenzung zum Urteil Fahnenbrock vorzunehmen.[33]

Wann ein Schriftstück von einem in einen anderen Mitgliedstaat zum Zwecke der Zustellung zu übermitteln ist, ergibt sich nicht aus nationalem Recht der Mitgliedstaaten,[34] sondern unmittelbar aus der EuZustVO.[35] Würde dem nationalen Gesetzgeber die Entscheidung überlassen, wann eine Notwendigkeit der Auslandszustellung besteht, würde eine einheitliche Anwendung der EuZustVO verhindert, weil die Mitgliedstaaten voneinander abweichende Lösungen vorsehen könnten.[36] Die EuZustVO ist damit nur dann nicht anwendbar, wenn die Anschrift des Empfängers des Schriftstücks unbekannt ist (Art. 1 Abs. 2 EuZustVO) oder aber der Empfänger im Gerichtsstaat einen Zustellbevollmächtigten benannt hat (Erwägungsgrund 8). Die ab 2022 geltende Neufassung sieht vor, dass auch bei unbekannter Zustelladresse die VO anwendbar sein soll und nicht von einer fiktiven Zustellung Gebrauch zu machen ist (Erwägungsgrund 7).[37]

I. Zustellungsarten

15   Die EuZustVO kennt **vier Arten der Zustellung,** von denen drei gleichberechtigt nebeneinander stehen.[38] Der EuGH entschied 2006, dass zwischen der in Art. 4 bis 11 EuZustVO a. F. vorgesehenen Art der Übermittlung und Zustellung und der in Art. 14 vorgesehenen Art der Zustellung kein Rangverhältnis besteht und dass ein gerichtliches Schriftstück daher auf einem dieser beiden Wege oder kumulativ auf beiden zugestellt werden kann. Nur die Übermittlung auf konsularischem oder diplomatischem Weg ist subsidiär. Die Zustellungsarten sind die im Rechtshilfeverkehr

---

[31] EuGH, Urteil vom 11.6.2015 – C-226/13, C-245/13, C-247/13, C-578/13, *Fahnenbrock ua/Hellenische Republik* = EuZW 2015, 633 (dazu *Wagner*, EuZW 2015, 636, 637).

[32] EuGH, Urteil vom 15.11.2018 – C-308/17 = EuZW 2019, 88.

[33] *Kehrberger*, EuZW 2019, 90; *Weller/Walter*, Kurzer Prozess – Neues zur Zulässigkeit von Anlegerklagen gegen den griechischen Schuldenschnitt, BKR 2019, 123, 124.

[34] So *Heckel*, Die fiktive Inlandszustellung auf dem Rückzug – Rückwirkungen des europäischen Zustellungsrechts auf das nationale Recht, IPRax 2008, 218, 221.

[35] Unter Geltung des HZÜ ist dies anders, s. u. Rn. 26; vgl. BGH, Urteil vom 25.9.2012, VI ZR 382/11 = BeckRS 2012, 21862.

[36] EuGH, Urteil vom 19.12.2012, Rs. C-325/11, *Krystyna Alder u. a./Sabina Orłowska u. a.* = NJW 2013, 443, 444 (Rn. 27). Zustimmend *Düsterhaus*, NJW 2013, 445, 446; so schon Rauscher/*Heiderhoff*, EuZPR/EuIPR, Art. 1 EG-ZustVO, Rn. 16; *Heinze*, Fiktive Inlandszustellungen und der Vorrang des europäischen Zivilverfahrensrechts, IPRax 2010, 155, 159.

[37] *Sujecki*, Neufassung der Europäischen Zustellungsverordnung, EuZW 2021, 286, 287.

[38] EuGH, Urteil vom 9.2.2006, Rs. C-473/04, *Plumex/Young Sports NV* = NJW 2006, 975 = EuZW 2006, 186. Dies war von Anfang an str., vgl. *Stadler*, Neues europäisches Zustellungsrecht, IPRax 2001, 514, 516; *Hess*, Die Zustellung von Schriftstücken im europäischen Justizraum, NJW 2001, 15, 19.

(Rn. 16), die Direktzustellung durch diplomatische oder konsularische Vertretungen (Rn. 17), die Direktzustellung durch die Post (Rn. 18) und die unmittelbare Zustellung im Parteiauftrag (Rn. 19). Die ab 2022 geltende Neufassung führt als weitere Art der Zustellung die elektronische Zustellung ein: Nach Art. 19 Abs. 1 EuZustVO (2022) können gerichtliche Schriftstücke einer Person, die eine bekannte Zustelladresse in einem anderen Mitgliedstaat hat, unmittelbar durch elektronische Mittel zugestellt werden, die nach dem Recht des Forummitgliedstaats für die inländische Zustellung von Schriftstücken vorhergesehen sind. Die elektronische Zustellung wird aber von einer vorher erteilten Zustimmung des Empfängers abhängig sein.[39]

1. Die Zustellung kann durch **Übermittlungs- und Empfangsstellen** des Emp- **16** fangsstaates erfolgen (Art. 2 EuZustVO). Dieses System entspricht dem des HZÜ.[40] Zwischen diesen Stellen soll die Übermittlung unmittelbar und so schnell wie möglich erfolgen (Art. 4 Abs. 1 EuZustVO). Die Empfangsstelle soll gem. Art. 7 Abs. 2 EuZustVO die Zustellung des Schriftstücks in jedem Fall binnen eines Monats nach Eingang ausführen. Konnte die Zustellung nicht binnen eines Monats nach Eingang vorgenommen werden, teilt die Empfangsstelle dies der Übermittlungsstelle unverzüglich mit und unternimmt weiterhin, sofern die Übermittlungsstelle nichts anderes angibt, alle für die Zustellung des Schriftstücks erforderlichen Schritte, falls die Zustellung innerhalb einer angemessenen Frist möglich scheint. Eine Sanktion für Verzögerungen ist jedoch nicht vorgesehen.

Der Ort, an dem zuzustellen ist, der Kreis der Empfangsberechtigten und die Möglichkeiten der Ersatzzustellung sind nicht vereinheitlicht worden. Hier erfolgt der Verweis auf nationales Recht (Art. 7 Abs. 1 EuZustVO). Art. 4 Abs. 2 EuZust-VO lässt im direkten Behördenverkehr die Übermittlung per Telefax und die elektronische Übermittlung zu, weil nur gefordert wird, dass das empfangene Dokument mit dem versandten Dokument inhaltlich genau übereinstimmt und alle darin enthaltenen Angaben mühelos lesbar sind.[41] Dies setzt aber voraus, dass die Behörden entsprechend ausgestattet sind. Die weitere Zustellung von der hoheitlichen Empfangsstelle an den Zustellungsadressaten hat dagegen wiederum auf herkömmlichem Weg zu erfolgen. Elektronische Zustellung ist hier nicht vorgesehen.[42]

---

[39] *Sujecki*, Neufassung der Europäischen Zustellungsverordnung, EuZW 2021, 286, 289.

[40] *Gottwald*, Sicherheit vor Effizienz? – Auslandszustellung in der Europäischen Union in Zivil- und Handelssachen, FS Schütze, 1999, S. 225; *Stadler*, Neues europäisches Zustellungsrecht, IPRax 2001, 514, 516.

[41] *Stadler*, Neues europäisches Zustellungsrecht, IPRax 2001, 514, 517; Nagel/*Gottwald*, IZPR, § 7 Rn. 49; *Gottwald*, Sicherheit vor Effizienz? – Auslandszustellung in der Europäischen Union in Zivil- und Handelssachen, FS Schütze, 1999, S. 225, 231; Rauscher/*Heiderhoff*, EuZPR/EuIPR, Art. 4 EG-ZustVO Rn. 6.

[42] Für eine Fortentwicklung in technischer Hinsicht *Gottwald*, Sicherheit vor Effizienz? – Auslandszustellung in der Europäischen Union in Zivil- und Handelssachen, FS Schütze, 1999, S. 225, 231.

Eine Regelung der **Zustellungskosten** ist in Art. 11 EuZustVO erfolgt. Gem. Abs. 1 darf für die Zustellung keine Zahlung oder Erstattung von Gebühren und Auslagen für die Tätigkeit des Empfangsmitgliedstaats verlangt werden. Zu tragen hat der Antragsteller aber die Auslagen, die dadurch entstehen, dass bei der Zustellung eine Amtsperson oder eine andere nach dem Recht des Empfangsmitgliedstaats zuständige Person (in einigen Staaten ist die Tätigkeit privatisiert) mitwirkt oder dadurch, dass ein besonderes Verfahren der Zustellung gewählt wird. Diese Kosten müssen aber fest und transparent sein (Art. 11 Abs. 2 a. E.).

17   2. Nach wie vor können in Ausnahmefällen Schriftstücke im Empfangsstaat durch **diplomatische oder konsularische Vertretungen** unmittelbar zugestellt werden (Art. 12 EuZustVO), soweit die Mitgliedstaaten dieses nicht ausschließen (Art. 13 Abs. 2 EuZustVO). Dies ist eine weitgehend antiquierte Zustellungsform, die in einem einheitlichen europäischen Rechtsraum keine Existenzberechtigung mehr hat.[43] In Deutschland ist diese Form der Übermittlung nur zugelassen, wenn der Zustellungsempfänger Staatsangehöriger des Übermittlungsstaates ist (§ 1067 ZPO).

18   3. Art. 14 EuZustVO ermöglicht die **Postzustellung**, die die Mitgliedstaaten nicht ausschließen und nunmehr auch nicht mehr modifizieren können.[44] Die Zustellung erfolgt aufgrund der Neufassung der EuZustVO europaweit einheitlich durch Einschreiben mit Rückschein oder gleichwertigem Beleg. Den Mitgliedstaaten ist es nicht mehr erlaubt, Bestimmungen über die Modalitäten der Postzustellung zu treffen. § 1068 ZPO ist an die EuZustVO angepasst worden.

19   4. Die **unmittelbare Zustellung** im Parteibetrieb durch Amtspersonen, Beamte oder sonstige zuständige Personen des Empfangsstaates wird durch Art. 15 EuZust-VO ermöglicht, soweit eine solche unmittelbare Zustellung nach dem Recht des Empfangsmitgliedstaates zulässig ist. Dabei entfällt die Einschaltung der Übermittlungsstelle im Absendestaat. Der Absender kann sich direkt an die Stellen im Empfängerstaat wenden. Die Mitgliedstaaten können nicht mehr erklären, dass sie diese Zustellung in ihrem Hoheitsgebiet generell nicht zulassen. Deutschland hatte dies getan (§ 1071 ZPO a. F.). Danach war für die Zustellung aus dem Ausland nach Deutschland die unmittelbare Parteizustellung ausgeschlossen. § 1071 ZPO ist im Zuge der Anpassung an die neue EuZustVO gestrichen worden.

---

[43] *Schack*, IZVR, Rn. 742; *Hess*, Die Zustellung von Schriftstücken im europäischen Justizraum, NJW 2001, 15, 19.

[44] *Stadler*, Neues europäisches Zustellungsrecht, IPRax 2001, 514, 515, 519; *dies.*, Die Reform des deutschen Zustellungsrechts und ihre Auswirkungen auf die internationale Zustellung, IPRax 2002, 471, 472.

II. Sprachregelung

Ein wichtiges Problem bei internationalen Zustellungen ist das **Sprachenproblem,**   20
das auch in den ersten Jahren der EuZustVO a. F. die Diskussion bestimmt hat. Das
Sprachenproblem steht in engstem Zusammenhang mit dem Grundsatz rechtlichen
Gehörs. Kenntnis von Schriftstücken kann eine Partei nur sicher haben, wenn sie die
Sprache, in der das Schriftstück abgefasst ist, sicher beherrscht. Daher sehen die
autonomen Prozessordnungen, aber auch die internationalen Staatsverträge vor,
dass Schriftstücke begleitet von einer Übersetzung zuzustellen sind. Denn man
kann auch in Europa nicht davon ausgehen, dass alle Unionsbürger alle Sprachen
der Mitgliedstaaten verstehen, dass sie die Amtssprachen verstehen, oder dass sie
überhaupt eine weitere als ihre Heimatsprache sprechen. Andererseits gibt es bestimmte Personen, bei denen man die Kenntnis einer in ihrem Verkehrskreis verbreiteten Sprache voraussetzen kann. Dies kann z. B. der Fall sein im internationalen Handel oder in dauernden Geschäftsbeziehungen, die in einer anderen als der
Sprache des Empfangsmitgliedstaates oder des Beklagten erfolgt sind.[45] Das Übersetzungserfordernis, das ohne Zweifel geeignet ist, die Rechte des Beklagten effektiv zu sichern, hat zur Folge, dass internationale Zustellungen kompliziert und kostenintensiv sind. Insofern ist es naheliegend, dass man in einem einheitlichen
Rechtsraum Europa, in dem die Souveränität der Staaten eingeschränkt ist,[46] versucht, das Sprachproblem bei internationalen Zustellungen anders zu lösen als im
Rahmen des weltweiten HZÜ.

Art. 5 HZÜ i. V. m. § 3 AusfG hatte noch bei förmlichen Zustellungen eine Übersetzung ins Deutsche für erforderlich erklärt.[47]

Die europäische Regelung versucht dagegen, um Zustellungen zu vereinfachen   21
und zu beschleunigen, einen anderen Weg zu gehen: Nach Art. 8 EuZustVO besteht
kein generelles *Übersetzungserfordernis* mehr. Der Absender kann also wählen, ob
er eine Übersetzung spart. Allerdings besteht dann ein **Zurückweisungsrecht** des
Empfängers, wenn das Schriftstück in einer anderen als der Amtssprache des Empfangsmitgliedstaates verfasst ist oder irgendeiner Sprache (keine Begrenzung auf
Sprache des Übermittlungsmitgliedstaates mehr!), die der Empfänger versteht. Die
Empfangsstelle hat den Empfänger unter Verwendung des Formblattes in Anhang II
davon in Kenntnis zu setzen, dass er die Annahme des Schriftstücks verweigern
darf, wenn dieses in einer anderen als der Amtssprache des Empfangsmitgliedstaates oder in einer anderen als der Sprache abgefasst ist, die der Empfänger versteht.

---

[45] *Gottwald*, Sicherheit vor Effizienz? – Auslandszustellung in der Europäischen Union in Zivil-
und Handelssachen, FS Schütze, 1999, S. 225, 233.

[46] Zum Zusammenhang von Sprachregelung bei Zustellungen und staatlichem Souveränitätsprin-
zip s. *Bajons*, Internationale Zuständigkeit und Recht auf Verteidigung, FS Schütze, 1999, S. 49, 71.

[47] *G. Geimer*, Neuordnung des internationalen Zustellungsrechts, S. 240 ff.

Dass damit die Zustellung durch den Vorwand mangelnder Sprachkenntnisse vereitelt werden kann, ist systemimmanent.[48]

22   2008 hat der EuGH diese Regelung für die Übersetzung von Anlagen zur Klageschrift dahin präzisiert, dass der Empfänger eines zuzustellenden verfahrenseinleitenden Schriftstücks nicht berechtigt ist, dessen Annahme zu verweigern, sofern es ihn in die Lage versetzt, im Rahmen eines gerichtlichen Verfahrens im Übermittlungsmitgliedstaat seine Rechte geltend zu machen, wenn diesem Schriftstück Anlagen beigefügt sind, die aus Beweisunterlagen bestehen, die nicht in der Sprache des Empfangsmitgliedstaats oder einer Sprache des Übermittlungsmitgliedstaats, die der Empfänger versteht, abgefasst sind, aber lediglich Beweisfunktion haben und für das Verständnis von Gegenstand und Grund des Antrags nicht unerlässlich sind. Es ist Sache des nationalen Gerichts, zu prüfen, ob der Inhalt des verfahrenseinleitenden Schriftstücks ausreicht, es dem Beklagten zu ermöglichen, seine Rechte geltend zu machen, oder ob es dem Absender obliegt, dem Fehlen einer Übersetzung einer unerlässlichen Anlage abzuhelfen.[49]

Das Annahmeverweigerungsrecht besteht gem. Art. 8 Abs. 4 EuZustVO auch bei den Zustellungsformen des Abschn. 2 der EuZustVO.

Weist der Empfänger das Schriftstück zurück, ist die Übermittlungsstelle hiervon unverzüglich in Kenntnis zu setzen (Art. 8 Abs. 2 EuZustVO).

23   Die **Reform des Annahmeverweigerungsrechtes** war das zentrale Ziel der Neufassung der EuZustVO. In der alten EuZustVO war keine Regelung über die **Folgen der Annahmeverweigerung** enthalten. Die Folgen regelt Art. 8 Abs. 3 EuZustVO nunmehr europaweit einheitlich. Hat der Empfänger die Annahme des Schriftstücks gem. Art. 8 Abs. 1 verweigert, kann die Zustellung dadurch bewirkt werden, dass dem Empfänger im Einklang mit der EuZustVO das Dokument zusammen mit einer Übersetzung des Schriftstücks in eine der in Art. 8 Abs. 1 vorgesehenen Sprachen zugestellt wird. Es ist also ein Nachschieben der Übersetzung möglich.[50] Damit ist jedoch das Folgeproblem zu klären, ob das Datum des Nachschiebens der Übersetzung oder der ursprüngliche Zustellungsversuch für die Zustellung entscheidend ist. Art. 8 Abs. 3 EuZustVO sieht eine Mischlösung vor: Im Grundsatz ist das Datum der Zustellung des Schriftstücks das Datum, an dem die Zustellung des Dokuments zusammen mit der Übersetzung nach dem Recht des Empfangsmitgliedstaats bewirkt wird. Abzustellen ist also auf die den Zustellungsmangel heilende Übersetzung des Schriftstücks. Muss jedoch nach dem Recht eines Mitgliedstaats ein Schriftstück innerhalb einer bestimmten Frist zugestellt werden, so ist im Verhältnis zum Antragsteller als Datum der Zustellung der nach Art. 9 Abs. 2 ermittelte Tag maßgeblich, an dem das erste Schriftstück zugestellt worden ist. Abzustellen ist also auf den Zeitpunkt der unwirksamen Zustellung. Ob diese

---

[48] *Schütze*, Übersetzung im europäischen und internationalen Zivilprozessrecht – Probleme der Zustellung, RIW 2006, 352, 353.

[49] EuGH, Urteil vom 8.5.2008, Rs. C-14/07, *Ingenieurbüro M. Weiss und Partner GbR/IHK Berlin* = NJW 2008, 1721. Im Anschluss daran LG Bonn, Urteil vom 30.11.2010, 10 O 502/09 = IPRax 2013, 80.

[50] Rauscher/*Heiderhoff*, EuZPR/EuIPR, Art. 8 EG-ZustVO Rn. 23.

Lösung handhabbar ist, insbesondere in den Fällen der unberechtigten Annahme-verweigerung sachgerechte Ergebnisse liefert, darf man bezweifeln.[51] Vielleicht hätte sich der Normsetzer doch an Art. 16 HZÜ orientieren sollen, der eine erleichterte Wiedereinsetzung in den vorigen Stand ermöglicht.

Hintergrund dieser Regelung der Folgen einer Annahmeverweigerung war das **24** *Leffler*-Urteil des EuGH aus dem Jahr 2006.[52] § 1070 ZPO, der eine eigenständige Regelung der Annahmeverweigerung enthielt, ist in Folge der Anpassung an die EuZustVO ersatzlos gestrichen worden.

In der ab 2022 geltenden Neufassung der EuZustVO findet man die Neufassung des Annahmeverweigerungsrechtes in Art. 12. Die Frist zur Annahmeverweigerung wurde auf zwei Wochen verlängert; aus Erwägungsgrund 26 ergibt sich, dass das verfahrensführende Gericht die Rechtmäßigkeit der Verweigerung, also die Sprachkenntnisse überprüfen soll.[53]

III. Bewertung

Die EuZustVO stellt einen weiteren Schritt zur Bildung eines einheitlichen europä- **25** ischen Rechtsraums dar. Die starken Anklänge an den völkervertraglichen Rechtshilfeverkehr wurden reduziert, Eingriffe in nationales Prozessrecht deutlich vermieden. Wiederum nicht geregelt wurde der notwendige Grad des Verständnisses und die Zurechnung bei juristischen Personen (auf wessen Kenntnisse kommt es an?).[54]

Wegen der Unklarheiten des Art. 8 EuZustVO, vor allem des Grades der Sprachkenntnis des Empfängers, der Qualität der Übersetzung (reichen grobe[55] oder computererstellte Grobübersetzungen?) und der Nachprüfung der Sprachkenntnisse,[56]

---

[51] Kritisch *Schütze*, Übersetzung im europäischen und internationalen Zivilprozessrecht – Probleme der Zustellung, RIW 2006, 352, 3555; *Sujecki*, Die reformierte Zustellungsverordnung, NJW 2008, 1628, 1630; Rauscher/*Heiderhoff*, EuZPR/EuIPR, Art. 8 EG-ZustVO Rn. 26.

[52] EuGH, Urteil vom 8.11.2005, Rs. C-443/03, *Götz Leffler/Berlin Chemie AG* = NJW 2006, 491 = EuZW 2006, 22 = NVwZ 2006, 558.

[53] *Sujecki*, Neufassung der Europäischen Zustellungsverordnung, EuZW 2021, 286, 290.

[54] Kritisch zur EuZustVO a. F. schon *Schütze*, Übersetzung im europäischen und internationalen Zivilprozessrecht – Probleme der Zustellung, RIW 2006, 352, 353; *Stadler*, Neues europäisches Zustellungsrecht, IPRax 2001, 514, 518; *Gottwald*, Sicherheit vor Effizienz? – Auslandszustellung in der Europäischen Union in Zivil- und Handelssachen, FS Schütze, 1999, S. 225, 233. Nunmehr *Sujecki*, Die reformierte Zustellungsverordnung, NJW 2008, 1628, 1631.

[55] Als Beispiel diene die Übersetzung aus dem Fall OLG Nürnberg, Urteil vom 15.2.2005, 4 VA 72/05 = IPRax 2006, 38 (*Wilske/Krapfl* 10), abgedruckt auch bei *Schütze*, Übersetzung im europäischen und internationalen Zivilprozessrecht – Probleme der Zustellung, RIW 2006, 352.

[56] *J. Meyer*, Europäisches Übereinkommen über die Zustellung gerichtlicher und außergerichtlicher Schriftstücke in Zivil- und Handelssachen in den Mitgliedstaaten der Europäischen Union, IPRax 1997, 401, 403 sieht das Prozessgericht für zuständig an, vor dem der Streit rechtshängig ist. Ebenso *Stadler*, Neues europäisches Zustellungsrecht, IPRax 2001, 514, 518. Anders *Schütze*, Übersetzung im europäischen und internationalen Zivilprozessrecht – Probleme der Zustellung, RIW 2006, 352, 353, der den Zustellungsadressaten selbst entscheiden lassen will.

wird abzuwarten sein, ob die Praxis nicht dazu übergehen wird, grundsätzlich doch wieder Übersetzungen beizufügen.

Insgesamt stellt die EuZustVO keine umfassende Harmonisierung des Rechts der internationalen Zustellung im europäischen Rechtsraum dar. Die Neufassung wird daran zwar nichts ändern, wird aber durch den Einsatz digitaler Technik für eine mittelfristige Effektuierung des Systems sorgen.

§ 3 Zustellungen nach dem HZÜ (1965)

26 Das HZÜ ist in Deutschland am 26.6.1979 in Kraft getreten.[57] Im Anwendungsbereich der EuZustVO wird das HZÜ verdrängt (Art. 20 Abs. 1 EuZustVO). Es gilt für **Auslandszustellungen** in Zivil- und Handelssachen, wobei es allerdings – nunmehr im Gegensatz zur Rechtslage nach der EuZustVO (s. o. Rn. 14) – Sache der Vertragsstaaten ist, festzulegen, wann eine Auslandszustellung erforderlich ist.[58] Überließe man diese Festlegung uneingeschränkt den Vertragsstaaten, so würde die fiktive Inlandszustellung mit anschließender bloßer Benachrichtigung des Empfängers von der schon vollzogenen Zustellung (*remise au parquet*) vom Begriff der Zustellung ins Ausland nicht erfasst.[59] Den Vertragsstaaten stünde es frei, das HZÜ zu umgehen (auch wenn dabei eine spätere Nichtanerkennung riskiert würde). Insofern erscheint es zutreffend, dem HZÜ selbst immanente Grenzen zu entnehmen, die die Freiheit der Vertragsstaaten begrenzen, eine Zustellung als Inlandszustellung zu qualifizieren. Dies führt aber nicht dazu, dass jede fiktive Inlandszustellung, die die Sicherungen der Art. 15, 16 HZÜ umgeht, als vertragswidrig eingeordnet werden

---

[57] BGBl. 1979 II S. 779. **Vertragsstaaten** sind (Stand Dezember 2021): Ägypten, Albanien, Andorra, Antigua und Barbuda, Argentinien, Armenien, Australien, Bahamas, Barbados, Belarus, Belgien, Belize, Botsuana, Bosnien-Herzegowina, Brasilien, Bulgarien, China, Costa Rica, Dänemark, Deutschland, Estland, Finnland, Frankreich, Griechenland, Indien, Irland, Island, Israel, Italien, Japan, Kanada, Kasachstan, Kolumbien, Korea (Republik, Südkorea), Kroatien, Kuwait, Lettland, Litauen, Luxemburg, Malawi, Malta, Marokko, Marshallinseln, Mazedonien, Mexiko, Moldau Republik, Monaco, Montenegro, die Niederlande, Norwegen, Österreich, Pakistan, Philippinen, Polen, Portugal, Rumänien, Russische Föderation, San Marino, Schweden, Schweiz, Seychellen, Slowakei, Slowenien, Spanien, Sri Lanka, St. Vincent und die Grenadinen, Tschechische Republik, Tschechoslowakei (ehemalige), Tunesien, Türkei, Ukraine, Ungarn, Venezuela, Vereinigtes Königreich von Großbritannien und Nordirland (zugleich für Anguilla, Bermuda, British Honduras, British Salomon Islands Protectorate, British Virgin Islands, Cayman Islands, Central and Southern Line Islands, Falkland Islands, Fiji, Gibraltar, Gilbert and Ellise Islands, Guernsey, Isle of Man, Jersey, Montserrat, Pit-cairn, Turks and Caicos Islands), Vereinigte Staaten von Amerika (auch für Guam, Puerto Rico, Virgin Islands und Nördliche Marianen), Vietnam, Zypern. (Liste der Vertragsstaaten abrufbar auf den Seiten von Justiz NRW Online unter http://www.justiz.nrw.de/Bibliothek/ir_online_db/ir_htm/vertragsstaaten-hzue65.htm (abgerufen am 14.12.2021).

[58] BGH, Urteil vom 25.9.2012, VI ZR 382/11 = BeckRS 2012, 21862; *Stadler*, Ordnungsgemäße Zustellung im Wege der remise au parquet und Heilung von Zustellungsfehlern nach der Europäischen Zustellungsverordnung, IPRax 2006, 116, 117; *Schack*, IZVR, Rn. 739; Nagel/*Gottwald*, IZPR, § 8 Rn. 87.

[59] Zum Streit umfassend *Schlosser*, in: Schlosser/Hess, EU-Zivilprozessrecht, Art. 1 HZÜ Rn. 5 ff.

muss.[60] Bei der *remise au parquet* bietet es sich an, obwohl die *notification* nicht die Zustellung ist, sondern die Information über diese, darauf das HZÜ anzuwenden.[61]

Der **Begriff der Zivil- und Handelssache** soll entweder (wegen der im angloa- **27** merikanischen Rechtskreis nicht bekannten Trennung von Zivil- und Verwaltungssachen[62]) vertragsautonom auszulegen sein, wobei allerdings anders als in Europa (EuGH) eine zentrale verbindliche Auslegungsinstanz fehlt,[63] oder alternativ bzw. kumulativ nach den beiden beteiligten Rechtsordnungen.[64]

Auf der Grundlage des HZÜ wird der Rechtshilfeverkehr mit den USA abgewi- **28** ckelt. Der **Beitritt der USA zum HZÜ** war in Europa zunächst mit großer Freude aufgenommen worden, weil man sich davon gleiche Chancen für Europäer um eine Rechtshängigkeit versprach, die im internationalen Wettlauf nicht gegeben waren, weil das US-amerikanische Zuständigkeitsrecht auf dem System der Parteizustellung beruht, das natürlich schnellere Zustellungen ermöglicht.[65] Vor allem im Verhältnis von Leistungsklage und negativer Feststellungsklage war dadurch meist die Klage in den USA schneller rechtshängig als in Europa. Dann aber entschied der Supreme Court, dass das HZÜ keine Ausschließlichkeit beanspruchen könne und eine Zustellung daher nach nationalem Zuständigkeitsrecht möglich sei.[66] Dadurch ist es auch heute noch möglich, ausländischen Tochtergesellschaften als sog. *involuntary agent* Klagen gegen die Mutter in den USA zuzustellen.

Die Zustellung erfolgt in erster Linie über **zentrale Behörden** (Art. 2 HZÜ), die **29** die Vertragsstaaten einzurichten verpflichtet sind. Im deutschen Ausführungsgesetz[67] ist bestimmt, dass die Bundesländer die Stellen bestimmen, wobei es in jedem Bundesland nur eine derartige Zentralstelle gibt. In Nordrhein-Westfalen ist dies der Präsident des OLG Düsseldorf.[68]

Die im Ursprungsstaat zuständige Behörde, in der Regel ebenfalls die zentrale Behörde, richtet das Zustellgesuch an die zentrale Behörde des ersuchten Landes (Art. 3 HZÜ). Diese hat dem Ersuchen grundsätzlich nachzukommen.

Nur bei einer Gefahr für die Hoheitsrechte oder die Sicherheit des ersuchten **30** Staates kann dieser die Erledigung des Antrags ablehnen (Art. 13 HZÜ).[69] Von die-

---

[60] So *Schlosser*, in: Schlosser/Hess, EU-Zivilprozessrecht, Art. 1 HZÜ Rn. 7.

[61] *Stadler*, Ordnungsgemäße Zustellung im Wege der remise au parquet und Heilung von Zustellungsfehlern nach der Europäischen Zustellungsverordnung, IPRax 2006, 116, 118.

[62] Das englische und das US-amerikanische Recht verzichten auf eine strenge Trennung, vgl. *Hay*, US-amerikanisches Recht, S. 80; *Blumenwitz*, Einführung in das anglo-amerikanische Recht, S. 20.

[63] *Schack*, IZVR, Rn. 732; Nagel/*Gottwald*, IZPR, § 8 Rn. 98.

[64] Streitstand *Schlosser*, in: Schlosser/Hess, EU-Zivilprozessrecht, Art. 1 HZÜ Rn. 2 ff.

[65] Übersicht bei *Manteuffel*, Die Zustellung von Klageschriften von Deutschland in die USA und vice versa – The Service of Process from the United States to Germany and vice versa, IDR 2005, 37.

[66] *Volkswagen Aktiengesellschaft v. Schlunk*, 56 U.S.L.W. 4595.

[67] *Jayme/Hausmann*, IPR, Nr. 212a.

[68] Liste der zentralen Behörden der Vertragsstaaten bei *Schlosser*, in: Schlosser/Hess, EU-Zivilprozessrecht, Anh. Art. 2 HZÜ.

[69] *Hopt/Kulms/v. Hein*, Zur Zustellung einer US-amerikanischen Class Action in Deutschland, ZIP 2006, 973, 975.

ser *ordre public* -**Klausel**, die in der EuZustVO keine Parallele mehr hat, machte bspw. das BVerfG Gebrauch, als es die Zustellung einer Sammelklage gegen die Bertelsmann AG einstweilig untersagte.[70] Die Zustellung einer Klage, mit der Strafschadensersatz geltend gemacht wird, verstößt aber nach Ansicht des BVerfG nicht gegen Art. 13 HZÜ.[71] Die Justizverwaltung Berlins verweigerte im Februar 2002 die Zustellung der Klage des *Herero*-Volkes gegen die Bundesrepublik Deutschland. Die Justizverwaltung hatte Bedenken, ob überhaupt eine Zivil- oder Handelssache gegeben war. Zudem verwies die Pressesprecherin darauf, dass sich die Bundesrepublik Deutschland nur ungern im Ausland verklagen lasse und die Justizverwaltung sich deshalb im Einvernehmen mit dem BMJ entschlossen habe, von der *ordre public*-Klausel (Art. 13 HZÜ) Gebrauch zu machen.[72]

31   Bei der Nutzung der *ordre public*-Klausel muss man bedenken, dass dies erstens zu diplomatischen Verwicklungen führt und zweitens den Fortgang des Verfahrens nicht ausschließt, weil die Prozessordnungen, auch die US-amerikanische und deutsche, nach einer Zustellungsverweigerung im Inland die fiktive Zustellung oder aber die Zustellung an konzernabhängige Töchter oder die öffentliche Zustellung erlauben.[73] Zudem ist richtiger Ort für die Durchsetzung von Bedenken das Verfahren der Vollstreckbarerklärung und nicht das der Zustellung.

32   Die zentrale Behörde kann verlangen, dass das Schriftstück in der **Amtssprache des ersuchten Staates** abgefasst wird. In Deutschland ist dies wegen § 3 AusfG immer erforderlich.[74] Dieses Übersetzungserfordernis ist gerade im internationalen Handel nicht zeitgemäß.

§ 4 Deutsches Zustellungsrecht

33   Die Regeln des deutschen Rechts sind subsidiär gegenüber der EuZustVO (Art. 20 Abs. 1 EuZustVO, § 183 Abs. 5 ZPO) und multi- oder bilateralen Vereinbarungen. Soweit völkervertragliche Übereinkommen bzw. die EuZustVO anwendbar sind, verdrängen sie demnach autonomes nationales Recht in ihrem Regelungsbereich. Soweit das nationale Recht fiktive Inlandszustellungen zulässt (§ 184 Abs. 2 ZPO), muss im Anwendungsbereich von EuZustVO und HZÜ von ihrer Anwendung abge-

---

[70] BVerfG, einstweilige Anordnung vom 25.7.2003, 2 BvR 1198/03 = BVerfGE 108, 238 = JZ 2003, 956 = NJW 2003, 2598; kritisch *Stürner*, Die verweigerte Zustellungshilfe für U.S.-Klagen oder der „Schuss übers Grab", JZ 2006, 60.

[71] BVerfG, Beschluss vom 7.12.1994, 1 BvR 1279/94 = BVerfGE 91, 335, 344 = NJW 1995, 649. S. auch *Hopt/Kulms/v. Hein*, Zur Zustellung einer US-amerikanischen Class Action in Deutschland, ZIP 2006, 973, 975; *Stürner*, Die verweigerte Zustellungshilfe für U.S.-Klagen oder der „Schuss übers Grab", JZ 2006, 60, 61.

[72] Die Angaben erfolgten in einem Telefonat mit dem Verfasser am 10.2.2004.

[73] Deutlich *Stürner*, Die verweigerte Zustellungshilfe für U.S.-Klagen oder der „Schuss übers Grab", JZ 2006, 60, 62.

[74] *Nagel/Gottwald*, IZPR, § 8 Rn. 109.

sehen werden.[75] Die §§ 183, 184 ZPO, die die autonomen Regeln für Auslandszustellungen enthalten, sind demnach dann anzuwenden, wenn eine Zustellung in einem Nicht-Vertragsstaat des HZÜ und Nichtmitgliedstaat der EU zu erfolgen hat
oder der Regelungsbereich von HZÜ bzw. EuZustVO begrenzt ist. Da EuZustVO
und HZÜ weitestgehend nur Verfahrensregeln bei grenzüberschreitenden Zustellungen enthalten, sind beide darauf angewiesen und auch angelegt, durch das autonome
Recht ergänzt zu werden.[76]

Das autonome Recht hat daher zwei Funktionen im internationalen Rechtsver- **34**
kehr: Es regelt selbstständig Zustellungen im Rechtsverkehr mit Staaten, die weder
Vertragsstaat des HZÜ sind noch Mitgliedstaat der EU (dazu Rn. 35). Zusätzlich
trifft das deutsche Recht im Anwendungsbereich von HZÜ und EUZustVO diese
komplettierende Regelungen (dazu Rn. 40).

I. Grundlagen autonomen deutschen Zustellungsrechts

Das deutsche Recht der Auslandszustellung ist durch das Zustellungsreformgesetz **35**
vom 25.6.2001[77] und durch das Gesetz zur Verbesserung der grenzüberschreitenden
Forderungsdurchsetzung und Zustellung[78] geändert worden. Die Regeln sind in
§§ 183, 184 ZPO enthalten. Ergänzt werden diese durch eine Verwaltungsvorschrift,
die Rechtshilfeordnung in Zivilsachen von 1956 (ZRHO).[79]

Die Auslandszustellung ist auf das **verfahrenseinleitende Schriftstück be-** **36**
grenzt. Danach ist entweder ein Verfahrensbevollmächtigter zu bestimmen oder
fiktiv zuzustellen.

§ 183 Abs. 1 ZPO enthält eine Regelung der **Postzustellung** (Einschreiben mit **37**
Rückschein), die Vorrang vor der Zustellung durch Behörden des ersuchten Staates
hat. Die Norm wird durch die EuZustVO verdrängt (§ 183 Abs. 5 ZPO). Der Rückschein gilt als Zustellungsnachweis (§ 183 Abs. 4 S. 1 ZPO). Dies gilt aber nur,
soweit eine völkerrechtliche Vereinbarung diese Zustellungsform ausdrücklich zu-

---

[75] EuGH Urteil vom 13.10.2005, Rs. C-522/03, *Scania Finance France SA/Rockinger* = NJW 2005,
3627 = EuZW 2005, 753; *Heiderhoff*, Keine Inlandszustellung an Adressaten mit ausländischem
Wohnsitz mehr?, EuZW 2006, 235, 237; schon *Hess*, Neues deutsches und europäisches Zustellungsrecht, NJW 2002, 2417, 2424.

[76] *Stadler*, Die Reform des deutschen Zustellungsrechts und ihre Auswirkungen auf die internationale Zustellung, IPRax 2002, 471, 472.

[77] BGBl. 2002 I S. 1205.

[78] Bt.Drs 16/8839.

[79] Die ZRHO ist eine vom Bund und den Ländern erlassene Verwaltungsvorschrift. Sie ist für die
Abwicklung des Rechtshilfeverkehrs bindend und verletzt – als Verwaltungshandeln – auch nicht
die richterliche Unabhängigkeit (BGH, Urteil vom 14.6.1983, RiZ (R) 2/83 = NJW 1983, 2769).
Im Internet auf den Seiten von NRW Justiz online unter http://www.ir-online.nrw.de/index2.jsp
(abgerufen am 14.12.2021). Neufassung anlässlich der Umsetzung der EG-Beweisaufnahmever-
ordnung zum 1.1.2004, s. *Jastrow*, Europäische Zustellung und Beweisaufnahme 2004 – Neuregelungen im deutschen Recht und konsularische Beweisaufnahme, IPRax 2004, 11. Auf eine einge-
hende Darstellung wird in diesem Rahmen verzichtet.

lässt. Außerhalb des hier dargestellten Anwendungsbereichs von HZÜ, EuZustVO oder sonstigen bilateralen Übereinkommen ist diese Zustellungsform daher ausgeschlossen. Das bedeutet, dass die Postzustellung von Deutschland in das Ausland selbst dann nicht möglich ist, wenn der ersuchte Staat Zustellungen nicht als Hoheitsakte ansieht und folglich in dieser Zustellungsform auch definitiv keine Souveränitätsverletzung erblickt. Diese Einschränkung ist unnötig und erschwert (in der begrenzten Zahl der Fälle) unnötig den internationalen Rechtsverkehr. Es wurde bereits vorgeschlagen, die Regelung insoweit teleologisch zu reduzieren, als Postzustellungen dann möglich sind, wenn der ersuchte Staat dies nicht als Souveränitätsverletzung ansieht.[80]

38   Ist die Zustellung nach § 183 Abs. 1 ZPO nicht möglich, so sind die Zustellungsformen der Abs. 2 und 3 zu nutzen. Nach § 184 ZPO kann das Gericht die Benennung eines **Zustellungsbevollmächtigten** anordnen. Kommt die Partei dem nicht nach, können spätere Zustellungen durch Aufgabe zur Post bewirkt werden, wobei die Zustellung im Inland fingiert wird (§ 184 Abs. 1 S. 2 ZPO).

39   Als ultima ratio, die im Interesse des Antragstellers an einer späteren Vollstreckung zurückhaltend zu wählen ist, kommt die öffentliche Zustellung in Betracht (§ 185 ZPO). Unstreitig scheidet die öffentliche Zustellung gem. § 185 Nr. 2 ZPO im Anwendungsbereich der EuZustVO aus, weil die Zustellung im europäischen Rechtsraum möglich ist. § 185 Nr. 1 ZPO (öffentliche Zustellung bei unbekanntem Aufenthaltsort) ist dagegen neben der EuZustVO anwendbar, weil diese keine Anwendung findet, wenn die Anschrift des Empfängers unbekannt ist (Art. 1 Abs. 2 EuZustVO).[81]

II. Ergänzung des HZÜ

40   Insbesondere das HZÜ ist darauf angelegt, durch autonomes Recht der Vertrags- bzw. Mitgliedstaaten ergänzt zu werden. Im Folgenden werden hierzu einige nicht abschließende Beispiele gegeben.

Wenn das HZÜ auf *Auslandszustellungen* anzuwenden ist, entscheidet das autonome deutsche Recht, wann eine solche erforderlich ist (s. § 184 ZPO). So ist eine *Auslandszustellung* auf das verfahrenseinleitende Schriftstück beschränkt, da dann entweder ein Verfahrensbevollmächtigter ernannt wird oder im Inland durch Aufgabe zur Post fiktiv zugestellt wird.

Gem. Art. 5 Abs. 1 HZÜ erfolgt die Zustellung im Empfangsstaat in einer *Form*, die demjenigen Recht dieses Staates entspricht, das für die Zustellung der in seinem Hoheitsgebiet ausgestellten Schriftstücke an dort befindliche Personen gilt. Hier erfolgt also die notwendige Ergänzung des HZÜ durch nationales Zustellungsrecht.

---

[80] *Stadler*, Die Reform des deutschen Zustellungsrechts und ihre Auswirkungen auf die internationale Zustellung, IPRax 2002, 471, 473.

[81] *Heiderhoff*, Keine Inlandszustellung an Adressaten mit ausländischem Wohnsitz mehr?, EuZW 2006, 235, 237.

§ 5 Zusammenfassung

- Die Zustellung eines Schriftstückes im Prozess soll dem Empfänger si- **41**
  chere Kenntnisnahme des Inhalts ermöglichen und sie soll dem Absender
  einen urkundlichen Nachweis über die Mitteilung geben.
- Welche Schriftstücke im Prozess zugestellt werden müssen, ist europäisch
  nicht vereinheitlicht; dieses hängt von der Entscheidung des nationalen
  Gesetzgebers ab.
- Nach deutschem Recht ist jede Zustellung als Hoheitsakt anzusehen.
- Seit 2008 gilt die neue EuZustVO. Diese hat innerhalb der Mitgliedstaaten
  Vorrang vor anderen multi- oder bilateralen (auch dem HZÜ) bzw. autonomen Zustellungsregeln. Die Neufassung gilt ab 2022.
- Die EuZustVO kennt vier Arten der Zustellung. Drei davon stehen gleichberechtigt nebeneinander. Diese Zustellungsarten sind die im Rechtshilfe-
  verkehr, die Direktzustellung durch die Post und die unmittelbare Zustel-
  lung im Parteiauftrag. Die Direktzustellung durch diplomatische oder
  konsularische Vertretungen ist dagegen subsidiär. Die Neufassung 2022
  wird als weitere Art der Zustellung die elektronische Zustellung einführen.
- Das HZÜ gilt außerhalb des Anwendungsbereichs der EuZustVO für Auslandszustellungen in Zivil- und Handelssachen.
- Die Zustellung erfolgt in erster Linie über zentrale Behörden.
- Bei einer Gefahr für die Hoheitsrechte oder die Sicherheit des ersuchten
  Staates kann dieser die Erledigung des Antrags unter Rückgriff auf die
  ordre public-Klausel ablehnen.
- Die Zustellungsvorschriften des deutschen Rechts sind subsidiär gegenüber der EuZustVO und multi- oder bilateralen Vereinbarungen. Die
  §§ 183, 184 ZPO, die die autonomen Regeln für Auslandszustellungen enthalten, sind anzuwenden, wenn eine Zustellung in einem Nicht--
  Vertragsstaat des HZÜ und Nichtmitgliedstaat der EU zu erfolgen hat oder
  der Regelungsbereich von HZÜ bzw. EuZustVO begrenzt ist.

9. Kapitel Internationales Beweisrecht

In internationalen Verfahren ist es selbstverständlich, dass Beweismittel im Ausland **1** belegen sein können bzw. Beweiserhebungen im Ausland notwendig werden können. Der Zeuge eines Autounfalls, der im Ausland stattfand (die Klage kann gem. Art. 4 Abs. 1 EuGVO am allgemeinen Beklagtengerichtsstand im Inland erhoben worden sein), wohnt am Unfallort oder an einem anderen Ort in einem dritten Mitgliedstaat. Oder der Richter möchte die Kreuzung, an der der Unfall stattfand, in Augenschein nehmen.

Der Kläger braucht für eine erfolgreiche Klage (z. B. Formulierung der Klage- **2** schrift (§ 253 Abs. 2 Nr. 2 ZPO), Stellung von Beweisanträgen), der Beklagte für eine erfolgreiche Verteidigung umfassende Informationen über den der Klage zugrunde liegenden Sachverhalt. Das Gericht, das mit der Klage als einer *Rechtsbehauptung* konfrontiert ist, benötigt ebenfalls Informationen, um seiner Rolle als neutraler Entscheider nachkommen zu können.

Die ZPO überlässt die Beweisbeschaffung den Parteien, sieht allerdings vor, dass **3** die Beweisaufnahme im Verfahren selbst unter richterlicher Leitung und Kontrolle erfolgt (§ 279 Abs. 2 ZPO). Die ZPO enthält *keine* allgemeine **prozessuale Pflicht** einer Partei, der anderen alle relevanten Informationen zu vermitteln, die diese nicht hat.[1] Diese Entscheidung ist schon in Deutschland nicht unumstritten[2] und auch keineswegs zwingend, wie der Blick auf das wohl bekannteste Gegenstück zur deutschen Beweisaufnahme, das *pretrial-discovery* Verfahren, zeigt. Im US-amerikanischen Prozessrecht besteht eine umfassende Garantie des Zugangs zu Informationen und Beweisen der Gegenseite. Das *discovery* Verfahren ist der eigentlichen Hauptverhandlung vorgeschaltet und dient dazu, die notwendigen Tatsachen in Erfahrung zu bringen. Das Verfahren obliegt den Anwälten unter geringster richterli-

---

[1] BGH, Urteil vom 7.12.1999, XI ZR 67/99 = NJW 2000, 1108, 1109 = WM 2000, 186; BGH, Urteil vom 17.10.1995, X ZR 293/95 = NJW 1997, 128, 129 = WM 1996, 2253; BGH, Urteil vom 11.6.1990, II ZR 159/89, NJW 1990, 3151 = WM 1990, 1844; Rosenberg/Schwab/*Gottwald*, ZPR, § 108 Rn. 8.

[2] *Stürner*, Die Aufklärungspflicht der Parteien, S. 85 ff.

© Springer-Verlag GmbH Deutschland, ein Teil von Springer Nature 2022
J. Adolphsen, *Europäisches Zivilverfahrensrecht*, Springer-Lehrbuch,
https://doi.org/10.1007/978-3-662-63558-2_9

cher Kontrolle und führt zur Preisgabe auch interner Informationen und Geschäfts-
geheimnisse durch die Vorlagepflicht von Aktenmaterial und Dokumenten.[3]

4   In Deutschland enthält das materielle Recht zahlreiche **materiellrechtliche An-
sprüche** auf Auskunft, Rechnungslegung und Vorlage von Belegen, nicht nur in
BGB und HGB, sondern auch im PatG und MarkenG, die durch das Gesetz zur
Umsetzung der EU-Durchsetzungsrichtlinie geändert wurden.[4]

5   Zusätzlich erkennt die Rechtsprechung gewohnheitsrechtlich einen **Auskunftsanspruch nach Treu und Glauben** (§ 242 BGB) an.[5]

6   Seit der Zivilprozessreform 2002 kann das Gericht unabhängig von einem Vorla-
geanspruch nach materiellem Recht anordnen, dass eine Partei oder ein Dritter Urkunden oder andere Unterlagen in ihrem Besitz, auf die sich eine Partei bezogen
hat, vorzulegen hat (**§ 142 Abs. 1 ZPO**).[6]

7   Prozessual fördert die Pflicht der Parteien zum substanziierten Vortrag (§ 138
Abs. 2 ZPO) die Informationsvermittlung. Auch das selbstständige Beweisverfahren (§ 485 ZPO) kann zur Klärung der Tatsachengrundlage beitragen. Nach § 144
Abs. 1 S. 1 ZPO kann das Gericht die Einnahme des Augenscheins sowie die Begut-
achtung durch Sachverständige anordnen.

8   Da die staatliche Souveränität an der Staatsgrenze endet und die Beweisaufnahme zu den hoheitlichen Tätigkeiten auf der Grundlage der Gerichtsgewalt ge-
rechnet wird, muss die Beweisaufnahme im Ausland unter Mitwirkung des Staates
erfolgen, in dem sie stattfinden soll, sobald fremde Staatsangehörige betroffen sind.
Dies geschieht im Wege der **Rechtshilfe**. Insofern ist die völkerrechtliche Lage
klar: Die staatliche Souveränität verbietet die unmittelbare Beweiserhebung im
Ausland.

9   Daneben besteht die Möglichkeit der **extraterritorialen Beweisbeschaffung**,
also des Imports der Beweismittel in den Gerichtsstaat. Der im Ausland wohnhafte
Zeuge wird geladen, die im Ausland befindliche Urkunde im Inland vorgelegt. In-

---

[3] *Stadler*, Der Schutz des Unternehmensgeheimnisses im deutschen und U.S.-amerikanischen Zivilprozess und im Rechtshilfeverfahren, S. 66 ff.; *v. Hülsen*, Gebrauch und Mißbrauch US-amerikanischer „pre-trial-discovery" und die internationale Rechtshilfe, RIW/AWD 1982, 225; *ders.*,
Vorlage von Dokumenten und Zeugenvernehmungen für U.S.-Zivilprozesse (Pre Trial Discovery),
RIW/AWD 1974, 315; *Geimer*, IZPR, Rn. 88 ff.

[4] §§ 259, 260, 371, 402, 666, 667, 681, 687, 713, 716, 809 (dazu BGHZ 93, 191, 198), 810, 985 mit
952, 1144, 1840, 2130, 2218, 2314 BGB. §§ 87c, 101 f., 118, 166, 233 HGB. § 84a AMG. § 140b
PatG (Auskunftsanspruch gegen Benutzer und Dritte), § 140c Abs. 1 PatG (Vorlage Urkunde, Be-
sichtigung Sache). § 19 MarkenG (Auskunftsanspruch des Markeninhabers).

[5] Seit RG, Urteil vom 4.5.1923, II 310/22 = RGZ 108, 1, 7; BGH, Urteil vom 24.3.1994, I ZR 42/93
= BGHZ 125, 322 = NJW 1994, 1958; BGH, Urteil vom 7.6.1971, I ZR 32/70 = BGHZ 56, 256 =
NJW 1971, 2021; BGH, Urteil vom 23.2.1995, I ZR 75/93 = NJW 1995, 1965 = WM 1995, 945.

[6] *Lüpke/Müller*, „Pre-Trial Discovery of Documents" und § 142 ZPO, NZI 2002, 588; *Prütting*,
Informationsbeschaffung durch neue Urkundenvorlagepflichten, FS Nemeth 2003, S. 701; Stadler,
Inquisitionsmaxime und Sachverhaltsaufklärung; erweiterte Urkundenvorlagepflichten von Par-
teien und Dritten nach der Zivilprozeßrechtsreform, FS Beys 2003, S. 1625; *Zekoll/Bolt*, Die
Pflicht zur Vorlage von Urkunden im Zivilprozess – Amerikanische Verhältnisse in Deutschland?,
NJW 2002, 3129.

wieweit für diese Beweisbeschaffung völkerrechtliche Grenzen bestehen, ist streitig (s. Rn. 34).

Die Beweisaufnahme ist in der Europäischen Beweisverordnung (**EuBVO**), im **10** Haager Beweisübereinkommen von 1970 (**HBÜ**), im Haager Übereinkommen über den Zivilprozess von 1954, in zahlreichen bilateralen Verträgen, und letztlich im autonomen deutschen Recht geregelt.

Im Folgenden werden die EuBVO und das Haager Beweisübereinkommen in Grundzügen dargestellt.[7]

§ 1 Europäische Beweisverordnung

Am 28.5.2001 ist die EG-Verordnung Nr. 1206/2001 des Rates über die Zusammen- **11** arbeit zwischen den Gerichten der Mitgliedstaaten auf dem Gebiet der Beweisauf- nahme in Zivil- und Handelssachen erlassen worden.[8] Sie gilt für Beweisaufnahmen ab dem 1.1.2004[9] und verdrängt in allen Mitgliedstaaten nationales Recht sowie in den Mitgliedstaaten der EU, die zugleich Vertragspartner des Haager Beweisüber- einkommens (HBÜ) sind, dieses in ihrem Anwendungsbereich. Dies betrifft 11 Mit- gliedstaaten der EU, die zugleich Vertragsstaaten des HBÜ sind. Die eingeschränkte Geltung des HBÜ nur unter 11 Mitgliedstaaten der EU diente zugleich dazu, die Notwendigkeit des Erlasses der Europäischen Beweisaufnahmeverordnung (Eu- BVO) zu rechtfertigen.[10] Die EuBVO gilt nicht im Verhältnis zu Dänemark;[11] hier bleibt es bei der Anwendung des HBÜ.

Die Europäische Beweisaufnahmeverordnung (EuBVO) ist neu gefasst worden durch Verordnung (EU) 2020/1783 des Europäischen Parlaments und des Rates vom 25. November 2020 über die Zusammenarbeit zwischen den Gerichten der Mitgliedstaaten auf dem Gebiet der Beweisaufnahme in Zivil- oder Handelssachen und gilt ab 1.7.2022.[12]

Das Beweisrecht selbst ist in Europa nach wie vor nicht vereinheitlicht, so dass **12** die EuBVO immer wieder auf nationales Verfahrensrecht verweisen muss, das z. T. auch noch kumulativ angewendet wird. Ein *einheitlicher* Rechtsraum besteht daher im Beweisrecht keinesfalls.

Auch die EuBVO ist noch immer stark im territorialen Souveränitätsdenken ver- **13** haftet. Man kann sicher darüber streiten, ob bei dem jetzigen Stand der justiziellen

---

[7] Für das Haager Zivilprozessübereinkommen (1954) wird verwiesen auf Nagel/*Gottwald*, IZPR, § 8 Rn. 82 ff. und für die bilateralen Verträge auf Nagel/*Gottwald*, IZPR, § 8 Rn. 132 ff.

[8] Verordnung (EG) Nr. 1206/2001 des Rates vom 28.5.2001 über die Zusammenarbeit zwischen den Gerichten der Mitgliedstaaten auf dem Gebiet der Beweisaufnahme in Zivil- oder Handelssa- chen, ABl. L 174 vom 27.6.2001, S. 1; *Jayme/Hausmann,* IPR, Nr. 225.

[9] Gem. Art. 24 Abs. 2 EuBVO. Die Art. 19, 21, 22 sind seit 1.7.2001 in Kraft.

[10] Erwägungsgrund 6 EuBVO.

[11] Erwägungsgrund 22 EuBVO.

[12] Dazu *Knöfel*, Die Neufassung der Europäischen Beweisaufnahmeverordnung (EuBewVO), RIW 2021, 247.

Integration vielleicht Weniger mehr ist. Trotzdem fragt man sich, ob die genommenen Anleihen am HBÜ wirklich das derzeit erreichbare Höchstmaß an Integration bedeuten. Als wesentliche Neuerungen sind jedenfalls die Einführung des direkten Verkehrs zwischen dem um Beweisaufnahme ersuchenden und dem ersuchten Gericht, und die Möglichkeit der direkten Beweisaufnahme durch das ersuchende Gericht im Ausland anzusehen.

I. Anwendungsbereich

14   Die Verordnung ist in **Zivil- und Handelssachen** anwendbar; auf die Rechtsprechung zu dem Begriff in Art. 1 Abs. 1 EuGVO (dazu Kap. 3 Rn. 6 ff.), Art. 1 Abs. 1 EuZustVO und Art. 1 Abs. 1 HBÜ kann zurückgegriffen werden. Zusätzlich gilt die EuBVO in den Zivil- und Handelssachen, die durch das Zuständigkeitsrecht explizit ausgeschlossen werden (Art. 1 Abs. 2 lit. a EuGVO), wie das Erbrecht und das eheliche Güterrecht.[13] Die Neufassung 2022 bringt keine Änderungen.

15   Durch die **Auslegungskompetenz des EuGH** auch für die EuBVO ist eine einheitliche Auslegung in den Mitgliedstaaten weitgehend sichergestellt. Der **Vertrag von Lissabon** hat die Vorlagekompetenz geändert. Das Vorabentscheidungsverfahren ist in Art. 267 AEUV einheitlich geregelt. Danach besteht keine Beschränkung mehr auf letztinstanzlich entscheidende Gerichte. Die Sonderregelung in Art. 68 EGV findet im Lissabon Vertrag keine Entsprechung.

16   Die Beweisaufnahme kann sich sowohl auf Beweise zur Verwendung in einem bereits eingeleiteten Verfahren beziehen als auch zur Verwendung in einem „zu eröffnenden" Verfahren. Damit werden auch die aus dem Immaterialgüterrecht bekannten Informationsbeschaffungsmaßnahmen erfasst.[14] Umstritten ist, ob die in den *common law* Ländern verbreiteten *pretrial discovery*-Verfahren (Beweiserhebung zwischen Klageerhebung und Hauptverhandlung durch die Parteien ohne Mitwirkung des nur kontrollierenden Gerichts) erfasst sind.[15]

17   Für **Schiedsgerichte** gilt die EuBVO nach h. M. nicht, auch wenn ein ausdrücklicher Ausschluss, wie er in Art. 1 Abs. 1 EuGVO getroffen wurde, fehlt.[16] Die EuBVO spricht von „Gerichten des Mitgliedstaates". Dies sind ohne Zweifel staatliche Gerichte. Das Schiedsgericht ist daher gezwungen, wenn es eine Beweisaufnahme im Ausland für erforderlich hält und auf Zwangsmittel angewiesen ist, bei einem staatlichen Gericht am Schiedsort Unterstützung bei der Beweisaufnahme zu beantragen. Ist der Schiedsort Deutschland gilt § 1050 ZPO. Dieses Gericht ersucht dann

---

[13] *Leipold*, Neue Wege im Recht der internationalen Beweiserhebung – einige Bemerkungen zur Europäischen Beweisaufnahmeverordnung, FS Schlechtriem, 2003, S. 91, 93.

[14] *Schlosser*, in: Schlosser/Hess, EU-Zivilprozessrecht, Art. 1 EuBVO Rn. 6.

[15] *Berger*, Die EG-Verordnung über die Zusammenarbeit der Gerichte auf dem Gebiet der Beweisaufnahme in Zivil- und Handelssachen, IPRax 2001, 522, 523; *Schlosser*, in: Schlosser/Hess, EU-Zivilprozessrecht, Art. 1 EuBVO Rn. 4; zweifelnd angesichts der Protokollerklärung 54/01 Rauscher/*v. Hein*, EuZPR/EuIPR, Art. 1 EuBVO Rn. 41 ff.

[16] Rauscher/*v. Hein*, EZPR, Art. 1 EuBVO Rn. 9.

das Gericht des Mitgliedstaates, in dem die Beweiserhebung erfolgen soll, um diese, bzw. ersucht darum, unmittelbar selbst Beweis zu erheben. Dies macht das Verfahren unnötig kompliziert und langwierig. Der Ausschluss der Schiedsgerichtsbarkeit macht wenig Sinn.[17]

Die Neufassung bringt zwar eine Definition des Gerichts in Art. 2 Nr. 1 EUBewVO n.f., schafft aber bezüglich der Einordnung von Schiedsgerichten keine Klarheit. Die Neufassung dient dazu, zu klären, unter welchen Voraussetzungen Notare unter den Begriff fallen.[18]

Der **Begriff der Beweisaufnahme** ist *autonom* und *weit* auszulegen. Er umfasst alle justiziellen Informationsbeschaffungen.[19] Diese Auslegung ist sinnvoll und vermeidet Qualifikationsprobleme, die z. B. durch die unterschiedliche Einordnung der Aussagen der Partei als Parteivernehmung und Parteianhörung in den Mitgliedstaaten entstehen würden.[20]   **18**

II. Organisation der Rechtshilfe

Die EuBVO ist von dem wenig erfolgreichen Modell der Rechtshilfe durch Einschaltung von Zentralstellen nach Art. 2 HBÜ abgegangen und hat sich für den **unmittelbaren Geschäftsverkehr** zwischen den Gerichten entschieden (Art. 2 Abs. 1 EuBVO). Die in Art. 3 EuBVO vorgesehenen **Zentralstellen** haben gänzlich andere Aufgaben als die Zentralstellen nach Art. 2 HBÜ, nämlich vor allem Koordinierungs- und Leitungsaufgaben (Art. 3 Abs. 1 EuBVO).   **19**

Die **Kommunikation** zwischen ersuchendem und ersuchtem Gericht soll durch Einführung von Formblättern (im Anhang der EuBVO sind 10 Formblätter aufgenommen) standardisiert und erleichtert werden. Zugleich erhofft man sich so die Vermeidung von formellen Mängeln, die zur Ablehnung führen könnten (Art. 14 Abs. 2 lit. c EuBVO). Die Einführung von Formblättern wird als ein Hauptgrund für die Vereinfachung und Beschleunigung der Beweisaufnahme angesehen.[21]   **20**

Das Ersuchen selbst und die beigefügten Unterlagen müssen keine **Formanforderungen** erfüllen, insbesondere nicht beglaubigt sein (Art. 4 Abs. 2 EuBVO).

Das Ersuchen muss grds. in der **Amtssprache** des ersuchten Mitgliedstaates abgefasst sein, ebenso die angefügten Mitteilungen und sonstige für die Erledigung notwendige Schriftstücke. Das Ersuchen soll auf dem schnellstmöglichen Weg

---

[17] Kritisch auch *Berger*, Die EG-Verordnung über die Zusammenarbeit der Gerichte auf dem Gebiet der Beweisaufnahme in Zivil- und Handelssachen, IPRax 2001, 522, 523.

[18] *Knöfel*, Die Neufassung der Europäischen Beweisaufnahmeverordnung (EuBewVO), RIW 2021, 247, 259.

[19] *Schlosser*, in: Schlosser/Hess, EU-Zivilprozessrecht, Art. 1 EuBVO Rn. 6; Rauscher/*v. Hein*, EuZPR/EuIPR, Art. 1 EuBVO Rn. 11, 13.

[20] Dazu *Coester-Waltjen*, Parteiaussage und Parteivernehmung am Ende des 20. Jahrhunderts, ZZP 113 (2000), 284; Rauscher/*v. Hein*, EuZPR/EuIPR, Art. 1 EuBVO Rn. 15.

[21] KOM(2007) 769 endg.

übermittelt werden, bei Einverständnis des ersuchten Mitgliedstaates auch per
E-Mail (Art. 6 EuBVO).[22]

III. Beweisaufnahme durch ersuchtes Gericht

21 Die EuBVO unterscheidet die Beweisaufnahme im Wege der Rechtshilfe durch das
ersuchte Gericht (**aktive Rechtshilfe,** Art. 1 Abs. 1 lit. a, 10 EuBVO) und die unmittelbare Beweisaufnahme durch das ersuchende Gericht im Ausland (**passive
Rechtshilfe,** Art. 1 Abs. 1 lit. b EuBVO, dazu IV.). Die Neufassung 2022 knüpft
hieran an.[23]

Im ersten Fall erledigt das ersuchte Gericht das Ersuchen nach seinem Recht
unverzüglich, spätestens nach 90 Tagen. Es darf nur unter engen Voraussetzungen
abgelehnt werden (Art. 14 EuBVO).

22 Ein *ordre public* -Vorbehalt besteht nicht und auch eine ausschließliche Zuständigkeit der Gerichte des ersuchten Mitgliedstaates nach seinem Recht in der betreffenden Sache stellt keinen Ablehnungsgrund dar (Art. 14 Abs. 3 EuBVO).

23 Liegt ein Ersuchen um Vernehmung einer Person vor und beruft sich diese auf
ein **Aussageverweigerungsrecht** nach dem Recht des ersuchten oder des ersuchenden Staates (in diesem Fall muss dieses bereits im Ersuchen bezeichnet sein), so ist
die Erledigung abzulehnen (Art. 14 Abs. 1 EuBVO)[24] und das ersuchende Gericht
davon unter Nutzung eines Formblattes in Kenntnis zu setzen.

24 Die **Parteien** und ihre Vertreter können bei der Beweisaufnahme passiv zugegen
sein, soweit das Recht des *ersuchenden* Gerichts dies vorsieht (Art. 11 Abs. 1 EuB-
VO).[25] Ob das Recht des ersuchten Mitgliedstaates dies zulässt, ist unerheblich; das
ersuchte Gericht kann nur Bedingungen für die aktive Teilnahme festlegen (Art. 11
Abs. 3 EuBVO).

25 Passiv zugegen sein können auch **Beauftragte** des ersuchenden Gerichts. Dieses
können Gerichtsangehörige oder andere Personen wie Sachverständige sein. Hierdurch soll der Grundsatz der Unmittelbarkeit auch innerhalb der Rechtshilfe verwirklicht werden. Über das passive Anwesenheitsrecht entscheidet wie bei Art. 11
EuBVO das Recht des ersuchenden Mitgliedstaates, nicht (wie im HBÜ) die *lex
fori.* Die Anwesenheit steht unter keinem Genehmigungsvorbehalt des ersuchten
Mitgliedstaates.

---

[22] Alle Mitgliedstaaten akzeptieren Ersuchen auf dem Postweg, die meisten (alle außer Polen und
Spanien) auch per Fax. E-Mail wird nur in 13 Mitgliedstaaten akzeptiert (Tschechische Republik,
Estland, Finnland, Frankreich, Griechenland, Ungarn, Irland, Italien, Lettland, Malta, Portugal,
Slowenien und Slowakei). Vgl. KOM(2007) 769 endg., S. 5 (Fn. 4).

[23] *Knöfel,* Die Neufassung der Europäischen Beweisaufnahmeverordnung (EuBewVO), RIW 2021,
247, 248.

[24] *Berger,* Die EG-Verordnung über die Zusammenarbeit der Gerichte auf dem Gebiet der Beweisaufnahme in Zivil- und Handelssachen, IPRax 2001, 522, 524.

[25] Rauscher/*v. Hein,* EuZPR/EuIPR, Art. 1 EuBVO Rn. 2.

Das ersuchte Gericht wendet bei der Beweisaufnahme wie im Fall einer nationa- **26** len Beweisaufnahme **Zwang** nach seiner *lex fori* an.

Nach Durchführung der Beweisaufnahme übermittelt das ersuchte Gericht un- **27** verzüglich die Schriftstücke, aus denen sich die Erledigung ergibt (Art. 16 EuBVO). Dies wird meist (nur) das Protokoll sein, aus dem sich das Ergebnis der Beweisaufnahme ergibt.[26]

Der Nachteil dieser Form aktiver Rechtshilfe ist überdeutlich: Der Grundsatz der **28** Unmittelbarkeit wird erheblich tangiert und für die Beweiserhebung und für die Beweiswürdigung gelten unterschiedliche Verfahrensrechte.

IV. Unmittelbare Beweisaufnahme durch das ersuchende Gericht

Die EuBVO lässt in Art. 17 die unmittelbare Beweisaufnahme durch das ersuchende **29** Gericht auf fremdem Hoheitsgebiet zu. Dies kann durchaus als Zeichen eines geänderten Souveränitätsverständnisses gedeutet werden.[27] Hiervon wird jedoch noch wenig Gebrauch gemacht.[28] Rechtshilfe ist insoweit nicht mehr nötig. Hierdurch wird der Unmittelbarkeitsgrundsatz gewahrt und Beweisaufnahme und Beweiswürdigung können nach einem Verfahrensrecht erfolgen. Obwohl dies ohne Zweifel eine begrüßenswerte Neuerung ist, werden in diesem Abschnitt erhebliche „Souveränitätsverlustängste" sichtbar.

Das Ersuchen muss an die Zentralstelle gerichtet sein und steht unter einem **Ge- 30 nehmigungs-** (Art. 17 Abs. 4 EuBVO) und unter einem *ordre public*-**Vorbehalt** (Art. 17 Abs. 5 lit. c EuBVO). Die Genehmigung kann unter Bedingungen erteilt werden, die bis zur Benennung eines Gerichts des ersuchten Staates gehen kann, das an der Beweisaufnahme teilnimmt, um die Einhaltung der Bedingungen zu überwachen (Art. 17 Abs. 4 EuBVO, *Gouvernantenklausel*).

Zwang ist in jedem Fall gänzlich unzulässig, worauf eine zu vernehmende Person durch das ersuchende Gericht hinzuweisen ist (Art. 17 Abs. 2 EuBVO). Eine Möglichkeit, ein Gericht des Belegenheitsstaates um Unterstützung durch Zwangsmittel anzurufen, ist für die passive Rechtshilfe gem. Art. 17 EuBVO nicht unmittelbar vorgesehen. Wenn man nicht den Anwendungsbereich des Art. 13 EuBVO, der nur für die aktive Rechtshilfe gilt, ausdehnt, bleibt nur der Übergang zu einer Beweisaufnahme durch das ersuchte Gericht.

Ob es notwendig ist, bei freiwilliger Mitwirkung der Beweisperson noch einen **31** *ordre public*- Vorbehalt aufzustellen, ist fraglich.[29] Allerdings sind Konstellationen

---

[26] *Schlosser*, in: Schlosser/Hess, EU-Zivilprozessrecht, Art. 16 EuBVO Rn. 1.

[27] *Hess*, Neue Formen der Rechtshilfe in Zivilsachen im Europäischen Justizraum, GS Blomeyer, 2004, S. 617, 618.

[28] Vgl. KOM(2007) 769 endg. S. 6.

[29] Kritisch *Alio*, Änderungen im deutschen Rechtshilferecht – Beweisaufnahme nach der Europäischen Beweisaufnahmeverordnung, NJW 2004, 2706, 2709; *Hess*, Aktuelle Perspektiven der europäischen Prozeßrechtsangleichung, JZ 2001, 573, 580; *Schlosser*, in: Schlosser/Hess, EU-Zivilprozessrecht, Art. 17 EuBVO Rn. 1.

denkbar, in denen Aussageverweigerungsrechte nicht nur zum Schutz der Beweisperson bestehen und insoweit disponibel sind, sondern auch im Allgemeininteresse liegen.[30]

32   Die unmittelbare Beweisaufnahme durch das ersuchende Gericht wird wohl zunächst vor allem in Grenzgebieten Bedeutung erlangen. Angesichts der immer billiger werdenden Flüge etc. ist diese Beschränkung in der Zukunft aber nicht zwingend.

33   Die größte Fortschrittsmöglichkeit ist aber wohl in Art. 10 Abs. 4 EuBVO angelegt: Danach ist der Einsatz von Kommunikationstechnologie, wie **Video- und Telefonkonferenzen,** zu fördern. Mit der zunehmenden Verbreitung dieser Techniken auch in der Justiz könnte es gelingen, den praktischen Anwendungsbereich der unmittelbaren Beweisaufnahme deutlich zu erweitern. Auf der Homepage der Kommission ist ein praktischer Leitfaden zur Durchführung von Videokonferenzen im Anwendungsbereich der EuBVO verfügbar.[31]

Der **Schwerpunkt der Neufassung 2022** liegt denn auch in dem Ausbau des Einsatzes von Videotechnik und anderen Kommunikationstechnologien zur Beweisaufnahme. Bei der Bewältigung der Coronapandemie ist der Ausbau und Einsatz von Videotechnik, zum Teil auch auf privaten Endgeräten der Richter erfolgt, so dass man davon ausgehen darf, dass der Einwand, aufwendige Technik sei nicht an jedem Gerichtsstandort verfügbar, der Vergangenheit angehört. Die Neufassung ordnet die unmittelbare Beweisaufname per Videokonferenz der Rechtshilfe zu, was auf einem strengen völkerrechtlichen Verständnis fußt und den Einsatz der Videotechnik mit einer Beweisaufnahme im Ausland gleichstellt.[32] Es ist zumindest zweifelhaft, ob durch eine Videovernehmung wirklich in die Souveränität eines ausländischen Staates eingegriffen wird. Die h. M. geht aber, auch unter Hinweis auf die Parallele zu Strafverfahren, davon aus.[33] Da auch andere Kommunikationstechnologien in Art. 20 EuBewVO n.F. genannt werden, kann auch der Einsatz reiner Telefonvernehmungen erfolgen, wenn das nationale Rechts dies zuläßt.[34]

V. Extraterritoriale Beweisbeschaffung

34   Den **Import von Beweismitteln** aus dem Ausland ins Inland regelt die EuBVO nicht. Sie regelt nur das *Wie* der Beweisaufnahme im Ausland, nicht aber die Frage,

---

[30] *Stadler*, Grenzüberschreitende Beweisaufnahmen in der Europäischen Union – die Zukunft der Rechtshilfe in Beweissachen, FS Geimer, 2002, S. 1281, 1299.

[31] https://e-justice.europa.eu/printContentPdf.do?plang=de&idTaxonomy=71&action=printContentPdf&initExpCourtRes=1 (abgerufen am 14.12.2021).

[32] Kritisch *Knöfel*, Die Neufassung der Europäischen Beweisaufnahmeverordnung (EuBewVO), RIW 2021, 247, 250.

[33] Zum Streitstand s. *Labonté/Rohrbeck*, Grenzüberschreitende Beweisaufnahmen im Zivilprozess unter Einsatz von Fernkommunikationsmitteln, IWRZ 2021, 99, 101 f.

[34] *Knöfel*, Die Neufassung der Europäischen Beweisaufnahmeverordnung (EuBewVO), RIW 2021, 247, 250.

ob ein Gericht von einer solchen Gebrauch macht oder auf Rechtshilfe verzichtet. In Anlehnung an die zum HBÜ diskutierte Parallelfrage wird heute auch zur EuBVO mehrheitlich die Ansicht vertreten, eine Beweisbeschaffung sei weder durch die Existenz der EuBVO im Allgemeinen noch durch die Regelung der unmittelbaren Beweisaufnahme (Art. 17 EuBVO) ausgeschlossen.[35]

Die Entsendung eines im Inland bestellten Sachverständigen ins Ausland, um   **35** dort bestimmte Tatsachen zu ermitteln, ist keine Ausübung hoheitlicher Tätigkeit im Ausland und daher zulässig, solange dort kein Zwang ausgeübt wird.[36] Auch ist es möglich, einer Prozesspartei aufzugeben, eine im Ausland befindliche Urkunde im Inland vorzulegen.[37] Eine im Ausland wohnhafte Partei kann zum persönlichen Erscheinen aufgefordert werden.

Bei der Beweisbeschaffung aus dem Ausland ist die Ausübung von **Zwang** im-   **36** mer unzulässig.[38]

§ 2 Haager Beweisübereinkommen

Das Haager Beweisübereinkommen tritt im Verhältnis der Vertragsstaaten an die   **37** Stelle der Art. 8–16 des Haager Übereinkommens über den Zivilprozess (1954) (Art. 29 HBÜ). Vertragsstaaten sind Argentinien, Australien, Barbados, Bulgarien, China, Dänemark, Deutschland, Estland, Finnland, Frankreich, Israel, Italien, Lettland, Litauen, Luxemburg, Mexiko, Monaco, Niederlande, Norwegen, Polen, Portugal, Schweden, Schweiz, Singapur, Slowakei, Slowenien, Spanien, Sri Lanka, Südafrika, Tschechische Republik, das Vereinigte Königreich von Großbritannien und Nordirland, Venezuela, die Vereinigten Staaten von Amerika, Zypern.

I. Anwendungsbereich

Das HBÜ regelt das Verfahren der Vornahme von Beweisaufnahmen oder anderen   **38** gerichtlichen Handlungen[39] im Ausland in Zivil- und Handelssachen in anhängigen oder künftigen gerichtlichen Verfahren. Es regelt dagegen *nicht,* ob sich das Gericht des ersuchenden Staates der im HBÜ vorgesehenen Möglichkeiten bedienen muss oder auf andere Verfahren der Beweisbeschaffung ausweichen kann.[40] Das HBÜ regelt die Zulässigkeit extraterritorialer Beweisbeschaffungen daher ebenso wenig

---

[35] *Berger*, Die EG-Verordnung über die Zusammenarbeit der Gerichte auf dem Gebiet der Beweisaufnahme in Zivil- und Handelssachen, IPRax 2001, 522, 527; *Hess*, Aktuelle Perspektiven der europäischen Prozeßrechtsangleichung, JZ 2001, 573, 580; Rauscher/*v. Hein*, EuZPR/EuIPR, Art. 1 EuBVO Rn. 18.

[36] Nagel/*Gottwald*, IZPR, § 9 Rn. 143; *Schack*, IZVR, Rn. 846.

[37] Nagel/*Gottwald*, IZPR, § 9 Rn. 144; *Schack*, IZVR, Rn. 847.

[38] *Schack*, IZVR, Rn. 853.

[39] Zum Begriff *Schlosser*, in: Schlosser/Hess, EU-Zivilprozessrecht, Art. 1 HBÜ Rn. 3.

[40] Nagel/*Gottwald*, IZPR, § 9 Rn. 44; *Schack*, IZVR, Rn. 864.

wie nunmehr die EuBVO, was letztlich, obwohl die im HBÜ erreichten Kompromisse gerade dazu dienen sollten, den Ländern des anglo-amerikanischen Rechtskreises den Beitritt zu ermöglichen, einen Justizkonflikt mit den USA herbeigeführt hat.[41]

39   Das HBÜ hindert nach Ansicht des US-Supreme Court nicht den Rückgriff auf nationales Beweisbeschaffungsrecht. Daher seien *discovery* -Maßnahmen im Rahmen eines Verfahrens auf Zahlung von Schadensersatz auf Grundlage nationalen Rechts möglich.[42]

40   Der **Begriff der Zivil- und Handelssache** ist weit und trotz Fehlens einer zentralen Auslegungsinstanz – wie es der EuGH für das Europäische Zivilprozessrecht ist – vertragsautonom auszulegen.[43] Nicht erfasst werden Verwaltungssachen und Steuersachen. Wie in der EuBVO werden auch *discovery*-Verfahren vom Anwendungsbereich erfasst; diese können jedoch gem. Art. 23 HBÜ ausgenommen werden, um derartige Tatsachenermittlungen US-amerikanischer Prägung zu verhindern.[44]

41   **Schiedsgerichte** können das HBÜ nicht direkt nutzen. Sie sind, wie auch im Rahmen der EuBVO, dazu gezwungen, sich am Schiedsort an ein Gericht zu wenden (in Deutschland § 1050 ZPO), das ein Rechtshilfeersuchen stellt.[45] Damit dürfte die Beweisaufnahme im Ausland auf der Grundlage des HBÜ für Schiedsgerichte nur in Ausnahmefällen ein geeigneter, zeitlich kalkulierbarer Weg sein, sich Informationen zu beschaffen.

II. Beweisaufnahme durch das ersuchte Gericht

42   Das HBÜ hat in Art. 2 Abs. 1 zentrale Behörden zur Abwicklung von Rechtshilfegesuchen installiert.

43   Art. 3 HBÜ spezifiziert den notwendigen Inhalt des Ersuchens,[46] die Verwendung standardisierter Formblätter wurde jedoch noch nicht erreicht. Das ersuchende Gericht wendet sich an die Zentralstelle, die die Voraussetzungen des Ersuchens prüft (Art. 5 HBÜ) und dieses an das innerstaatlich zuständige Gericht weiterleitet, das die Beweisaufnahme durchführt. Dies geschieht grundsätzlich in den Formen des ersuchten Staates; es kann beantragt werden, die Beweisaufnahme in einer im Recht des ersuchenden Staates vorgesehenen Form durchzuführen, wenn dies mit

---

[41] *Schack*, IZVR, Rn. 873 ff.; s. auch *Schütze*, Zum Stand des deutsch-amerikanischen Justizkonfliktes, RIW 2004, 162.

[42] *Societé Aerospitale v. US States*, District Court for the Southern District of Iowa 482 U.S. 522, 107 S.Ct. 2542, 96 L.Ed. 2d 461 (1987). Abgedruckt bei *Schack*, Höchstrichterliche Rechtsprechung zum Internationalen Privat- und Verfahrensrecht, Nr. 42, S. 181.

[43] Nagel/*Gottwald*, IZPR, § 9 Rn. 41; *Schack*, IZVR, Rn. 873.

[44] *Schlosser*, in: Schlosser/Hess, EU-Zivilprozessrecht, Art. 23 HBÜ Rn. 1; *Schack*, IZVR, Rn. 873.

[45] *Schlosser*, in: Schlosser/Hess, EU-Zivilprozessrecht, Art. 1 HBÜ Rn. 2.

[46] *Bimboese/Reufels*, Pre-Trial-Discovery und Haager Beweisübereinkommen: jüngste Entwicklungen und Hinweise für die Praxis, IDR 2004, 189, 190.

dem Recht des ersuchten Staates vereinbar ist (Art. 9 HBÜ). Nach Durchführung der Beweisaufnahme leitet das zuständige Gericht das Ergebnis zunächst wieder an die Zentralstelle zurück, die die ersuchende Stelle informiert (Art. 13 HBÜ).

Das Ersuchen wird nicht erledigt, wenn sich die zu vernehmende Person auf ein **44** **Aussageverweigerungsrecht** des Rechts des ersuchten Staates oder des ersuchenden Staates, wenn dies im Rechtshilfeersuchen bezeichnet ist, beruft (Art. 11 Abs. 1 HBÜ). Insofern entspricht die Regelung Art. 14 Abs. 1 EuBVO, der diese Frage jedoch dogmatisch unscharf unter Ablehnung der Erledigung erfasst.

Das Ersuchen darf unter den Voraussetzungen des Art. 12 HBÜ abgelehnt werden. Hier findet sich ein *ordre public*-**Vorbehalt.** Die Erledigung darf nicht deshalb abgelehnt werden, weil der ersuchte Staat für die Sache eine ausschließliche Zuständigkeit in Anspruch nimmt.

Mitglieder des ersuchenden Gerichts können bei der Beweisaufnahme zugegen **45** sein, wenn der Vertragsstaat erklärt hat, dass er dies zulässt (Art. 8 HBÜ).[47]

III. Unmittelbare Beweisaufnahme durch diplomatische oder konsularische Vertreter

Im zweiten Kapitel (Art. 15 ff. HBÜ) ist die Beweisaufnahme durch diplomatische **46** oder konsularische Vertreter oder Beauftragte des Gerichts geregelt.

Diplomatische oder konsularische Vertreter können auf fremdem Hoheitsgebiet Beweis aufnehmen, wenn nur Angehörige des von ihnen vertretenen Staates betroffen sind und kein Zwang angewendet wird (Art. 15 Abs. 1 HBÜ).

Sofern Angehörige des Empfangsstaates oder eines dritten Staates betroffen **47** sind, ist dies nur möglich, wenn der ersuchte Staat eine Genehmigung generell oder für den Einzelfall erteilt. Deutschland erteilt diese Genehmigung im Einzelfall für Angehörige dritter Staaten oder Staatenlose, nicht aber für eigene Staatsangehörige. Nach Art. 11 AusfG[48] ist eine Beweisaufnahme durch diplomatische oder konsularische Vertreter unzulässig, wenn sie deutsche Staatsangehörige betrifft.

Ist **Zwang** erforderlich, kann um Unterstützung durch Behörden des ersuchten **48** Staates nachgesucht werden (Art. 18 HBÜ). Von der Genehmigungsmöglichkeit in Art. 15 Abs. 2, 16 Abs. 2, 17 Abs. 2 HBÜ haben zahlreiche Staaten Gebrauch gemacht.[49]

Deutschland ist nur ein Beispiel für eine Praxis, die deutlich von völkerrechtlichen **49** Bedenken und Souveränitätserwägungen geprägt ist, obwohl die Beweisaufnahmen auf der Grundlage der Art. 15 ff. HBÜ allesamt freiwillig erfolgen.

---

[47] Überblick über die Staaten, die dies ohne oder mit Genehmigungsvorbehalt erklärt haben bei *Jayme/Hausmann*, IPR, Nr. 212, HBÜ, Fn. 7.

[48] *Jayme/Hausmann*, IPR, Nr. 212a.

[49] Nachweise bei *Jayme/Hausmann*, IPR, Nr. 212, HBÜ, Fn. 9–12.

§ 3 Zusammenfassung

50
- Die Beweisaufnahme ist in der Europäischen Beweisverordnung (EuBVO) geregelt.
- Die EuBVO ist noch immer stark im territorialen Souveränitätsdenken verhaftet, wesentliche Neuerungen sind aber die Einführung des direkten Verkehrs zwischen dem um Beweisaufnahme ersuchenden und dem ersuchten Gericht, und die Möglichkeit der direkten Beweisaufnahme durch das ersuchende Gericht im Ausland.
- Die 2022 in Kraft tretende Neufassung der EuBVO wird den Einsatz von Videotechnik und anderen Kommunikationstechnologien erleichtern.
- Für Schiedsgerichte gilt die EuBVO nicht.
- Die EuBVO unterscheidet die Beweisaufnahme im Wege der Rechtshilfe durch das ersuchte Gericht (aktive Rechtshilfe) und die unmittelbare Beweisaufnahme durch das ersuchende Gericht im Ausland (passive Rechtshilfe).
- Das Haager Beweisübereinkommen (HBÜ) tritt im Verhältnis der Vertragsstaaten an die Stelle der Art. 8–16 des Haager Übereinkommens über den Zivilprozess (1954).

10. Kapitel Europäisches Bagatellverfahren

§ 1 Einleitung

Die Einführung eines einheitlichen europäischen Verfahrens für geringfügige For- **1** derungen (EU-Bagatell-Verfahren) ist Teil des Aufbaus des Raumes der Freiheit, der Sicherheit und des Rechts. Der Erlass der Verordnung (EG) Nr. 861/2007 des Europäischen Rates vom 11. Juli 2007 zur Einführung eines europäischen Verfahrens für geringfügige Forderungen (EuBagVO) verlief zeitlich in etwa parallel zum Erlass der Europäischen Mahnverordnung, so dass vielfach Übereinstimmungen in den technischen Ansätzen bestehen. Der Erlass beider Verordnungen lässt sich auf die Beschlüsse des Rates von Tampere 1999 (s. Kap. 1 Rn. 103) zurückführen.[1]

Ziel ist es, den Zugang der Bürger zum Recht zu verbessern.[2] Bisher war die **2** Durchsetzung einer Forderung in Höhe von 2000 € (dies war bis 2017 die Bagatellgrenze der VO), heute 5000 €, faktisch unsinnig, da die Kosten einer Rechtsdurchsetzung und Vollstreckung im Ausland zu hoch waren.[3] Dazu wird ein weitgehend schriftliches Verfahren unter Nutzung von standardisierten Formularen durchgeführt. Dieses Verfahren soll zügig ablaufen, die Entscheidung soll, wie auch beim Europäischen Vollstreckungstitel, ohne notwendiges Vollstreckbarerklärungsverfahren in den anderen Mitgliedstaaten vollstreckbar sein.

Aktuelle Zahlen zur Nutzung der Verordnung sind in Deutschland, schon wegen **3** der unzureichenden Justizstatistik, kaum verfügbar. Im Jahr 2012 wurden 500 Ver-

---

[1] Erwägungsgrund 4.

[2] S. dazu auch den Praktischen Leitfaden für das europäische Verfahren für geringfügige Forderungen https://e-justice.europa.eu/content_small_claims-42-de.do (abgerufen am 14.12.2021).

[3] *Ivanc*, Effizienz und Anwendung der EU-VO bei grenzüberschreitenden Verfahren für geringfügige Forderungen in Slowenien, WiRO 2015, 102.

Die Originalversion dieses Kapitels wurde korrigiert. Ein Erratum finden Sie unter https://doi.org/10.1007/978-3-662-63558-2_16

© Springer-Verlag GmbH Deutschland, ein Teil von Springer Nature 2022, korrigierte Publikation 2023
J. Adolphsen, *Europäisches Zivilverfahrensrecht*, Springer-Lehrbuch, https://doi.org/10.1007/978-3-662-63558-2_10

fahren in Deutschland auf dieser Basis erledigt. 2013 waren es von 1.138.823 vor
den AG geführten Verfahren 471. Im Jahr 2011 waren es im Vergleich 332 Verfahren.[4] Im europäischen Ausland sind die Zahlen offensichtlich noch deutlich geringer. Aus Slowenien wird entsprechendes berichtet.[5]

4   Das Verfahren nach der EuBagVO tritt alternativ neben Verfahren nach anderen
Sekundärrechtsakten wie der EuGVO und der EuMahnVO, aber auch – soweit de-
ren Anwendungsbereich eröffnet ist – neben Verfahren, die in den nationalen
Rechten der Mitgliedstaaten vorgesehen sind. Im Ergebnis hat man heute gerade bei
Zahlungsklagen unter 5000 € eine verwirrende Auswahlvielfalt (dazu Rn. 21).

5   Die EuBagVO ist neben der EuMahnVO das erste **einheitliche europäische Zivilverfahren** in den Mitgliedstaaten. Wenn es auch keine komplett geschlossene
Regelung eines Verfahrens darstellt, sondern in Teilbereichen auf anderes Sekundärrecht, aber auch auf nationales Recht verweist (vor allem Art. 19 EuBagVO), ist
es doch gegenüber den bisherigen, eher auf Kooperation angelegten Verordnungen,
ein großer Schritt. Zwar hatte die Kommission festgestellt, dass viele Mitgliedstaaten vereinfachte zivilrechtliche Verfahren für Bagatellsachen eingeführt haben. In
Deutschland sind die Regeln der §§ 495a ff. ZPO zu nennen. Die Verzerrung des
Wettbewerbs im Binnenmarkt aufgrund des unterschiedlichen Funktionierens der
verfahrensrechtlichen Instrumente, die den Gläubigern in den einzelnen Mitgliedstaaten zur Verfügung stehen, machten jedoch eine Gemeinschaftsregelung erforderlich, die für Gläubiger und Schuldner in der gesamten Europäischen Union gleiche Bedingungen gewährleistet.[6]

6   Die Verordnung gilt seit dem 1.1.2009. Als nationale Ausführungsvorschriften
sind die §§ 1097–1109 als neuer Abschn. 6 in das 11. Buch der ZPO eingefügt worden. Seit 2017 liegt die geänderte Fassung vor, die die Bagatellgrenze von 2000 €
auf 5000 € angehoben hat.[7]

§ 2 Das Verfahren im Überblick

7   Das Verfahren ist grundsätzlich **schriftlich** (Art. 5 Abs. 1 S. 1 EuBagVO)
zu führen.

Eine **mündliche Verhandlung** findet auf Anordnung des Gerichts nur statt,
wenn es diese für erforderlich hält (Art. 5 Abs. 1 S. 1 EuBagVO). Die mündliche
Verhandlung kann auch durch Video-Konferenz oder andere Kommunikationstech-

---

[4] Nachweise bei *Hau*, Zur Fortentwicklung des europäischen Verfahrens für geringfügige Forderungen – die große Zukunft der kleinen Münze, FS Gottwald 2014, S. 255, 256.

[5] *Ivanc*, Effizienz und Anwendung der EU-VO bei grenzüberschreitenden Verfahren für geringfügige Forderungen in Slowenien, WiRO 2015, 102.

[6] Erwägungsgrund 7.

[7] Verordnung (EU) 2015/2421 des Europäischen Parlaments und des Rates vom 16. Dezember
2015 zur Änderung der Verordnung (EG) Nr. 861/2007 zur Einführung eines europäischen Verfahrens für geringfügige Forderungen und der Verordnung (EG) Nr. 1896/2006 zur Einführung eines
Europäischen Mahnverfahrens, ABl. EU L 341 S. 1; Vorschlag für eine Verordnung des Europäischen Parlaments und des Rates zur Änderung der Verordnung (EG) Nr. 861/2007, KOM(2013)
794 final. *Sujecki*, EuZW 2014, 291.

nologien (Telefonkonferenz) erfolgen, wenn die technischen Mittel dazu verfügbar sind (Art. 8 EuBagVO). In Deutschland regelt § 1100 ZPO die mündliche Verhandlung. Parteien (§ 1100 Abs. 1 ZPO), aber auch Zeugen (§ 1101 Abs. 2 ZPO) können per Videokonferenz zugeschaltet werden.

Für das gesamte Verfahren sind **Formulare** zu nutzen, die im Anhang der Eu- **8** BagVO und im Europäischen Justizportal zu finden sind.[8] Dem Anwender stehen drei Möglichkeiten zur Verfügung:

- Formblatt online ausfüllen (auf „Formular online ausfüllen" klicken)
- Formblatt ausdrucken und per Post schicken (auf „Leeres Formular herunterladen" klicken)
- Formblatt direkt per E-Mail abschicken (auf „Leeres Formular verschicken" klicken) Dabei können die Formulare in allen Sprachen der Mitgliedstaaten durch Anklicken des Landes auf der EU-Karte bzw. Auswahl der Landessprache in der Navigationsleiste ausgefüllt werden.

Es gibt ein Klageformblatt, ein Formblatt, in dem das Gericht Ergänzungen anfordert, ein Antwortformblatt für den Beklagten und das Formblatt für die Bestätigung des Urteils.

Die Nutzung dieser Formblätter ist zwingend vorgeschrieben, daher hat es der deutsche Gesetzgeber nicht erlaubt, dass die Klageerhebung durch Erklärung zu Protokoll der Geschäftsstelle möglich ist, wie dies sonst im nationalen vereinfachten Verfahren gem. § 496 ZPO möglich ist. Gem. § 1097 ZPO kann das Klageformblatt aber auch per Fax und als elektronisches Dokument eingereicht werden.

§ 3 Anwendungsbereich der EuBagVO

I. Sachlicher Anwendungsbereich

Der sachliche Anwendungsbereich ergibt sich aus Art. 2 EuBagVO. Danach gilt **9** diese für grenzüberschreitende Rechtssachen in **Zivil- und Handelssachen.** Der Begriff entspricht dem der anderen parallelen Verordnungen, in erster Linie Art. 1 Abs. 1 EuGVO (dazu Kap. 3 Rn. 6 ff.).

Bei der Liste der ausdrücklich **ausgeschlossenen Bereiche** in Art. 2 Abs. 2 Eu- **10** BagVO findet man jedoch einige wichtige Abweichungen:

Ausgeschlossen ist das Unterhaltsrecht (Art. 2 Abs. 2 lit. b EuBagVO), das inzwischen eigenständig in der UnterhaltsVO geregelt ist. Ferner das Arbeitsrecht (lit. f), Miete und Pacht unbeweglicher Sachen mit Ausnahme von Klagen wegen Geldforderungen (wie z. B. Mietzins) (lit. g), sowie Ansprüche aus Verletzung der Privatsphäre, Persönlichkeitsrechtsverletzung und Ehrverletzung (lit. h).

Der Anwendungsbereich ist anders als der der EuMahnVO (Art. 4 EuMahnVO, **11** bezifferte Geldforderungen) und der EuVTVO (Art. 4 Nr. 2 EuVTVO) nicht auf Zahlungsklagen beschränkt. Da es auch auf die Art der Klagen nicht ankommt,

---

[8] https://e-justice.europa.eu/content_small_claims-42-de.do (abgerufen am 14.12.2021).

können dies Leistungsklagen (Zahlung, Herausgabe etc.), positive wie negative Feststellungsklagen,[9] aber auch Gestaltungs- und Unterlassungsklagen sein.

12   Der Streitwert der Klage, ohne Zinsen, Kosten und Auslagen (das entspricht § 4 ZPO), darf die **Bagatellgrenze von 5000 €** nicht überschreiten. Entscheidend ist der Zeitpunkt der Einleitung des Verfahrens, spätere Änderungen sind unerheblich.

Im Vorschlag für die Änderung der Verordnung sollte die Bagatellgrenze auf 10.000 € angehoben werden. Die Kommission wollte damit die bisher fehlende Akzeptanz der EUBagVO steigern. Sie war der Ansicht, dass die Bagatellgrenze von 2000 € für Verbraucher keine Rolle spiele, weil deren Forderungen in den meisten Fällen noch darunter lägen, für kleinere und mittlere Unternehmen (KMU) aber viel zu gering sei, so dass diese das Verfahren gar nicht nutzten. Die Kommission verwies darauf, dass nur 20 % der Forderungen der KMU weniger als 2000 € betrügen, während sich 30 % der Forderungen im Bereich von 2000 bis 10.000 € bewegten.[10] Im Ergebnis hat man sich auf die Bagatellgrenze von 5000 € geeinigt.

13   Wie die Bestimmung des Streitwerts zu erfolgen hat, wird in der EuBagVO nicht festgelegt, so dass dieser nach dem jeweiligen nationalen Recht zu berechnen ist.[11] In Deutschland gelten die §§ 3 ff. ZPO. Das kann allerdings zu einer uneinheitlichen Handhabung in den Mitgliedstaaten führen.

14   Wird eine **Widerklage** erhoben, so sind die Streitwerte von Klage und Widerklage für die Bestimmung der Bagatellgrenze nicht zu addieren. Dies entspricht § 5 Hs. 2 ZPO. Überschreitet aber der Streitwert der Widerklage allein die Bagatellgrenze, so ist gem. Art. 5 Abs. 7 EuBagVO ein normales streitiges Verfahren durchzuführen; die EuBagVO ist nicht anzuwenden (§ 1099 Abs. 2 ZPO).

15   Macht der Beklagte die **Aufrechnung** geltend, so ist die Höhe der Aufrechnungsforderung für die Geltung der EuBagVO unerheblich, weil es sich nicht um eine Klage, sondern um ein Verteidigungsmittel handelt.[12]

16   Schwierigkeiten bereiten **Teilklagen.** Diese werden genutzt, um das Prozess- und Kostenrisiko zu begrenzen.[13] Der Kläger geht dabei quasi in zwei Etappen vor, was sicherlich dem Vereinfachungszweck der EuBagVO widerspricht.[14] Allerdings sind gerade verdeckte Teilklagen als solche nicht erkennbar, so dass es in dem for-

---

[9] *Kropholler/v. Hein*, EZPR, Art. 2 EuGFVO Rn. 8; *Hau*, Das neue europäische Verfahren zur Betreibung geringfügiger Forderungen, JuS 2008, 1057; *Freitag/Leible*, Erleichterung der grenzüberschreitenden Forderungsbeitreibung in Europa: Das europäische Verfahren für geringfügige Forderungen, BB 2008, 2.

[10] Vorschlag für eine Verordnung des Europäischen Parlaments und des Rates zur Änderung der Verordnung (EG) Nr. 861/2007, KOM(2013) 794, S. 6. Dazu *Hau*, Zur Fortentwicklung des europäischen Verfahrens für geringfügige Forderungen – die große Zukunft der kleinen Münze, FS Gottwald 2014, S. 255.

[11] Kindl/Meller-Hannich/*Netzer*, Gesamtes Recht der Zwangsvollstreckung, 4. Aufl. 2021, Art. 2 EuBagatellVO, Rn. 4.

[12] Dies folgt aus Erwägungsgrund 17.

[13] S. *Adolphsen*, ZPO, § 8 Rn. 28; § 28 Rn. 34.

[14] So MüKo-ZPO/*Rauscher*, Anh. II zu Buch 11, Rn. 12.

malisierten Verfahren möglich ist, auch einen die Bagatellgrenze nicht überschreitenden Teilanspruch geltend zu machen.[15]

II. Räumlicher Anwendungsbereich

Die EuBagVO gilt in **allen Mitgliedstaaten** (bis zum Brexit auch im Vereinigten   **17**
Königreich und in Irland) außer in **Dänemark** (Art. 2 Abs. 3 BagatellVO).[16] Damit
findet die EUBagVO keine Anwendung vor dänischen Gerichten und der grenzüberschreitende Bezug kann nicht durch einen Wohnsitz oder gewöhnlichen Aufenthalt in Dänemark begründet werden. Urteile nach der EUBagVO sind in Dänemark nicht nach der EUBagVO, sondern nach der Brüssel Ia-VO vollstreckbar. Seit
dem Ende des Übergangszeitraums ist das Vereinigte Königreich nicht mehr Mitgliedstaat i.S. der EuBagVO. Wurde das Verfahren vorher eingeleitet, besteht die
Pflicht zur Anerkennung und Vollstreckung auch dann, wenn das Bagatellurteil danach ergeht (Art. 67 Abs. 3 lit. e Austrittsabkommen (s. Kap. 3 Rn. 30)).

Erforderlich ist in jedem Fall ein **grenzüberschreitender Bezug** des Streits.   **18**
Hierzu trifft Art. 3 EuBagVO eine ausdrückliche Anordnung, die Art. 3 EuMahnVO
entspricht. Eine grenzüberschreitende Rechtssache im Sinne der EuBagVO liegt
vor, wenn mindestens eine der Parteien ihren Wohnsitz oder gewöhnlichen Aufenthalt (der gem. Art. 62, 63 EuGVO zu bestimmen ist) in einem anderen Mitgliedstaat
als dem des angerufenen Gerichts hat.

Die Kommission hatte ursprünglich geplant, auch reine Inlandssachverhalte zu
erfassen. Sie begründete dies in ihrem Entwurf damit, dass eine auch auf reine Inlandssachen anwendbare Maßnahme, die für das reibungslose Funktionieren des
Binnenmarkts notwendig ist, weil auf diese Weise Wettbewerbsverzerrungen zwischen Wirtschaftsbeteiligten aus verschiedenen Mitgliedstaaten beseitigt werden,
notwendigerweise einen Auslandsbezug aufweist, weil die Einführung eines effizienten Verfahrens für geringfügige Forderungen in allen Mitgliedstaaten zu gleichen
Bedingungen in Bezug auf den Zugang zur Justiz beiträgt.[17] Dieser Ansatz war
rechtspolitisch nicht durchsetzbar, weil mit dieser Begründung nationales Prozessrecht hätte vereinheitlicht werden können, obwohl der damalige EGV, wie auch
heute der Amsterdamer Vertrag, die Kompetenz der Union auf die Regelung grenzüberschreitender Sachverhalte begrenzt.

Der Vorschlag für die Änderung der Verordnung wollte die Regelung des Aus-   **19**
landsbezugs ändern, um den räumlichen Anwendungsbereich zu erweitern. Nach
Art. 2 Abs. 2 EuBagVO-E sollte die Verordnung nicht gelten, wenn sich der Wohnsitz oder gewöhnliche Aufenthalt der Parteien, der Ort der Vertragserfüllung, der
Ort, an dem der die Forderung begründende Sachverhalt entstanden ist, der Ort der

---

[15] Ebenso *Hau*, Das neue europäische Verfahren zur Beitreibung geringfügiger Forderungen,
JuS 2008, 1056, 1059; a. A. MüKo-ZPO/*Rauscher*, Anh. II zu Buch 11, Rn. 12; *Kropholler/v.
Hein*, EZPR, Art. 2 EuGFVO Rn. 11 (jedenfalls bei Missbrauch).
[16] S. auch Erwägungsgrund 37, 38 und Erwägungsgrund 26 der ÄndVO (EU) 2015/2421.
[17] KOM(2005) 87.

Urteilsvollstreckung und das zuständige Gericht in einem einzigen Mitgliedstaat befinden.[18] Es wäre damit auch möglich gewesen, dass beide Parteien aus einem Mitgliedstaat stammen, der Auslandsbezug also wie in der EuGVO durch ein weiteres Element vermittelt wird. Auch in Fällen, die einen Bezug zu Drittstaaten aufweisen, wäre das Bagatellverfahren anwendbar geworden. Dieser Vorschlag würde nicht in die geänderte VO aufgenommen.

§ 4 Alternativität des Verfahrens

20   Mit dieser Verordnung wird ein europäisches Verfahren für geringfügige Forderungen eingeführt, damit Streitigkeiten in grenzüberschreitenden Rechtssachen mit geringem Streitwert einfacher und schneller beigelegt und die Kosten hierfür reduziert werden können. Das europäische Verfahren für geringfügige Forderungen steht den Rechtssuchenden als eine Alternative zu den in den Mitgliedstaaten bestehenden innerstaatlichen Verfahren zur Verfügung. So formuliert Art. 1 EuBagVO die Alternativität des Bagatellverfahrens.

21   Wenn man die Frage aber näher untersucht, merkt man, dass der Rechtsanwender vielleicht auch irgendwann zu viel der Alternativen haben könnte. Das zeigt sich noch weniger bei nicht auf Geldzahlung gerichteten Forderungen (dazu Rn. 22). Bei den bezifferten Geldforderungen, die die Bagatellgrenze nicht überschreiten, hat der Rechtsanwender dann aber eine Vielzahl von Wahlmöglichkeiten (dazu Rn. 25).

I. Alternativität bei nicht auf Geldzahlung gerichteten Forderungen

22   Vom Anwendungsbereich der EuBagVO werden alle Klageverfahren erfasst, die in den sachlichen Anwendungsbereich der VO fallen und deren Streitwert unter der Bagatellgrenze liegt. Insofern unterscheidet sich die EuBagVO von der EuMahnVO und auch der EuVTVO.

23   Statt des Bagatellverfahrens kann auch ein normales Gerichtsverfahren durchgeführt werden; internationale Zuständigkeit, Anerkennung und Vollstreckbarerklärung richten sich dann nach der EuGVO. In Deutschland kämen die §§ 495a ff. ZPO zur Anwendung.

24   Nicht zur Verfügung stünden das nationale Mahnverfahren (§ 688 Abs. 1 ZPO, Zahlung einer bestimmten Geldsumme), das Europäische Mahnverfahren (Art. 4 EuMahnVO, Beitreibung bezifferter Geldforderungen) und die Vollstreckung auf der Grundlage der EuVTVO (Art. 4 Nr. 2 EuVTVO, Zahlung einer bestimmten Geldsumme).

---

[18] Vorschlag für eine Verordnung des Europäischen Parlaments und des Rates zur Änderung der Verordnung (EG) Nr. 861/2007, KOM(2013) 794, S. 6 f. *Hau*, Zur Fortentwicklung des europäischen Verfahrens für geringfügige Forderungen – die große Zukunft der kleinen Münze, FS Gottwald 2014, S. 255, 258 hält dies mit Art. 81 Abs. 1 AEUV für vereinbar.

II. Alternativität bei auf Geldzahlung gerichteten Forderungen

Statt des Europäischen Bagatellverfahrens kann das **nationale Mahnverfahren** 25 durchgeführt werden, der Vollstreckungsbescheid (§ 700 ZPO) ist Entscheidung i. S. d. Art. 2, 36, 39 EuGVO und kann im Vollstreckungsmitgliedstaat nach den Regeln der EuGVO anerkannt und vollstreckt werden.

Der Vollstreckungsbescheid kann aber auch als **Europäischer Vollstreckungsti-** 26 **tel** bestätigt werden. Eine Entscheidung, die im Ursprungsmitgliedstaat als Europäischer Vollstreckungstitel bestätigt worden ist, wird in den anderen Mitgliedstaaten anerkannt und vollstreckt, ohne dass es einer Vollstreckbarerklärung bedarf und ohne dass die Anerkennung angefochten werden kann (Art. 5 EuVTVO).

Auch die Nutzung des **Europäischen Mahnverfahrens** ist denkbar. Der im Ur- 27 sprungsmitgliedstaat vollstreckbar gewordene Europäische Zahlungsbefehl wird in den anderen Mitgliedstaaten anerkannt und vollstreckt, ohne dass es einer Vollstreckbarerklärung bedarf und ohne dass seine Anerkennung angefochten werden kann (Art. 19 EuMahnVO).

Statt des Europäischen Bagatellverfahrens und der verschiedenen Mahnverfah- 28 ren kann auch ein **normales Gerichtsverfahren** durchgeführt werden; internationale Zuständigkeit, Anerkennung und Vollstreckbarerklärung richten sich dann nach der EuGVO. Wird in diesem Verfahren ein Vergleich geschlossen, oder erkennt der Beklagte an, oder ergeht ein Versäumnisurteil, kann das Urteil, weil es sich dann um eine unbestrittene Forderung handelt, als Europäischer Vollstreckungstitel bestätigt werden.

III. Koordination der Verfahren

Die Koordination parallel betriebener Verfahren erfolgt durch die Anwendung von 29 Rechtshängigkeitsvorschriften (*lis pendens*).

Art. 29 EuGVO dürfte sowohl Anwendung finden, wenn zuerst ein normales Klageverfahren beginnt (Zeitpunkt der Rechtshängigkeit gem. Art. 32 Abs. 1 EuGVO) als auch dann, wenn Klage im Bagatellverfahren erhoben wird. In beiden Fällen wird das zweite durch das erste Verfahren gesperrt.[19]

Wird zunächst ein Europäisches Mahnverfahren eingeleitet, so sperrt ebenfalls Art. 29 EuGVO die Durchführung.

Wird ein nationales Mahnverfahren eingeleitet, so gilt § 261 Abs. 3 Nr. 1 ZPO (Rechtshängigkeitssperre) gegenüber einem später in gleicher Sache eingeleiteten Klageverfahren.

---

[19] So auch *Hau*, Das neue europäische Verfahren zur Beitreibung geringfügiger Forderungen, JuS 2008, 1056, 1058; a. A. MüKo-ZPO/*Rauscher*, Anh. II zu Buch 11, Rn. 21, der offenbar Art. 29 EuGVO in einem Bagatellverfahren nicht anwenden will.

§ 5 Durchführung des Verfahrens

I. Einleitung

30 Das Verfahren beginnt, indem der Kläger das **Klageformular** ausfüllt. **Anwalts-zwang** besteht nicht (Art. 10 EuBagVO).

Das Klageformblatt, die Antwort, eventuelle Widerklagen, die Antwort auf eine Widerklage und eine etwaige Beschreibung von Beweisunterlagen sind in der **Spra-che** oder einer der Sprachen des Gerichts vorzulegen (Art. 6 Abs. 1 EuBagVO). In Deutschland ist allein die deutsche Sprache zu benutzen.

Das Formblatt ist an das zuständige Gericht zu senden.

31 Eigene Zuständigkeitsregeln sind in der EuBagVO nicht enthalten. Daher ist auf die **EuGVO** für die Bestimmung der internationalen Zuständigkeit zurückzugrei-fen. Soweit Gerichtsstandsvereinbarungen geschlossen wurden, ist Art. 25 EuGVO, bei Verbraucherbeteiligung auch Art. 17 EuGVO zu beachten. Soweit deren Vor-schriften auch die örtliche Zuständigkeit regeln, werden deutsche Vorschriften (§§ 12 ff. ZPO) verdrängt. Die sachliche Zuständigkeit folgt weder aus der Eu-BagVO noch der EuGVO; hier ist auf nationales Recht abzustellen (§§ 23, 71 GVG). Davon geht die EuBagVO in Art. 25 Abs. 1 lit. a aus. In Deutschland sind die Amtsgerichte zuständig. Da Deutschland mitteilungspflichtig ist, welche Gerichte zuständig sind, findet man im Europäischen Justizportal eine Suchfunktion für die in der EU zuständigen Gerichte einschließlich der Adressen aller (!) deutschen Amtsgerichte.[20]

32 Liegt eine Klage außerhalb des Anwendungsbereichs der EuBagVO, teilt das Gericht dies dem Kläger mit (Art. 4 Abs. 3 EuBagVO). Nimmt der Kläger die Klage daraufhin nicht zurück, so verfährt das Gericht mit ihr nach Maßgabe des Verfah-rensrechts des Mitgliedstaats, in dem das Verfahren durchgeführt wird.

II. Weitere Durchführung des Verfahrens

33 Nach Eingang des ordnungsgemäß ausgefüllten Klageformblatts stellt das Gericht dem Beklagten eine Kopie des Klageformblatts und gegebenenfalls der Beweisun-terlagen zusammen mit dem entsprechend ausgefüllten Antwortformblatt zu (Art. 5 Abs. 2 EuBagVO).

Der Beklagte hat innerhalb von 30 Tagen nach Zustellung des Klageformblatts und des Antwortformblatts zu antworten, indem er Teil II des Formblatts C ausfüllt und es gegebenenfalls mit als Beweismittel geeigneten Unterlagen an das Gericht zurücksendet.

---

[20] https://e-justice.europa.eu/content_small_claims-354-de.do?clang=de (abgerufen am 14.12.2021).

Die Antwort des Beklagten ist wiederum dem Kläger zuzusenden. Der Beklagte hat die Möglichkeit, eine **Widerklage** zu erheben (Art. 5 Abs. 6 EuBagVO). Der Begriff der Widerklage ist Art. 8 Nr. 3 EuGVO zu entnehmen.[21]

III. Säumnis des Beklagten

Erfolgt keine Antwort des Beklagten oder erscheint dieser nicht zu einer mündli-   **34**
chen Verhandlung, so ist dieser säumig. Ein Versäumnisurteil darf jedoch nicht ergehen, dies schließt Art. 7 Abs. 3 EuBagVO aus. Zulässig ist eine **Entscheidung
nach Lage der Akten,** wobei es keine Geständnisfiktion wie in § 331 Abs. 1 ZPO
gibt. Die in diesen Fällen mögliche Entscheidung nach Lage der Akten ist in § 1103
ZPO normiert.

IV. Entscheidung des Gerichts

1. Klage offensichtlich unbegründet oder offensichtlich unzulässig

Ist die Klage offensichtlich unbegründet oder offensichtlich unzulässig oder ver-   **35**
säumt es der Kläger, das Klageformblatt fristgerecht zu vervollständigen oder zu
berichtigen, so wird die Klage zurück- bzw. abgewiesen (Art. 4 Abs. 4 EuBagVO).

2. Der Weg zum Urteil

Ist dies nicht der Fall, hat das Gericht drei Optionen, um zu einem Urteil   **36**
zu kommen:

Auf der Grundlage der Klage und der Antwort kann das Gericht ein **Urteil** fällen
(Art. 7 Abs. 1 EuBagVO).

Stattdessen kann das Gericht **weitere Angaben** von den Parteien verlangen
(Art. 7 Abs. 1 lit. a EuBagVO) oder eine **Beweisaufnahme** anordnen (Art. 7 Abs. 1
lit. b, 9 EuBagVO) oder die Parteien zu einer mündlichen Verhandlung laden (Art. 7
Abs. 1 lit. c EuBagVO).

Das schriftliche Verfahren soll die Regel sein. Das Gericht hält eine **mündliche**   **37**
Verhandlung ab, wenn es diese für erforderlich hält oder wenn eine der Parteien
einen entsprechenden Antrag stellt. Das Gericht kann einen solchen Antrag ablehnen, wenn es der Auffassung ist, dass in Anbetracht der Umstände des Falles ein
faires Verfahren offensichtlich auch ohne mündliche Verhandlung sichergestellt
werden kann. Die Ablehnung ist schriftlich zu begründen. Gegen die Abweisung
des Antrags ist kein gesondertes Rechtsmittel zulässig (Art. 5 Abs. 1, 7 Abs. 1 lit. b,
8 EuBagVO).

Das Gericht erlässt sein **Urteil** entweder innerhalb von 30 Tagen nach einer et-   **38**
waigen mündlichen Verhandlung oder nach Vorliegen sämtlicher Entscheidungs-
grundlagen (Art. 7 Abs. 2 EuBagVO). Gem. § 1102 ZPO bedürfen Urteile, die im

---

[21] Erwägungsgrund 16.

Bagatellverfahren ergehen, keiner Verkündung, denn diese wird durch die Zustellung ersetzt.

V. Zustellungen

39   Die EuBagVO enthält eine eigene Zustellungsvorschrift in Art. 13. Danach werden Unterlagen durch Postdienste mit Empfangsbestätigung zugestellt, aus der das Datum des Empfangs hervorgeht. Das ist ein Einschreiben mit Rückschein.

Unklar ist insoweit, ob es sich um eine unmittelbar anzuwendende Zustellungsvorschrift der EuBagVO handelt oder nur um einen Mindeststandard. Nach Art. 13 Abs. 2 EuBagVO kann die Zustellung, wenn die Zustellung durch Einschreiben mit Rückschein nicht möglich ist, auf eine der Arten bewirkt werden, die in den Art. 13 und 14 der EuVTVO festgelegt sind. Diese Vorschriften sind nur Mindeststandard für das Bestätigungsverfahren, aber nicht unmittelbar anwendbares Recht.

Daher spricht einiges dafür, dass bei Zustellungen innerhalb der EU-Mitgliedstaaten die EuZustVO anzuwenden ist und Art. 13 Abs. 1 EuBagVO nur einen Mindeststandard bildet.[22] Andere sehen in Art. 13 EuBagVO dagegen operative Verfahrensvorschriften, die unmittelbar anzuwenden sind.[23]

VI. Rechtsmittel

1. Überprüfung gem. Art. 18 EuBagVO

40   Gem. Art. 18 EuBagVO ist der Beklagte berechtigt, beim zuständigen Gericht des Mitgliedstaats, in dem das Urteil im europäischen Verfahren für geringfügige Forderungen ergangen ist, eine Überprüfung des Urteils zu beantragen. Es handelt sich nicht technisch um ein Rechtsmittel, sondern um eine Möglichkeit, das Urteil für nichtig erklären zu lassen. Hierzu sind die Voraussetzungen in Art. 18 EuBagVO im Einzelnen aufgeführt. Dies ist vor allem unverschuldete Säumnis. Die Vorschrift wird ergänzt durch § 1104 ZPO: In den in Art. 18 EuBagVO genannten Fällen wird das Verfahren fortgeführt; es wird in die Lage zurückversetzt, in der es sich vor Erlass des Urteils befand.

2. Rechtsmittel im nationalen Recht

41   Rechtsmittel gegen Bagatellentscheidungen ergeben sich aus dem nationalen Recht, in dem diese Entscheidung ergangen ist (Art. 17 EuBagVO). Die zuständigen Gerichte sind der Kommission mitzuteilen, sie sind im Europäischen Justizportal gelistet.[24] Die Mitgliedstaaten müssen der Kommission mitteilen, ob ihr Verfahrensrecht ein Rechtsmittel gegen ein im europäischen Verfahren für geringfügige

---

[22] So MüKo-ZPO/*Rauscher*, Anh. II zu Buch 11, Rn. 26.

[23] *Hess*, EZPR, § 10 Rn. 95.

[24] https://e-justice.europa.eu/content_small_claims-354-de.do?clang=de (abgerufen am 14.12.2021).

Forderungen ergangenes Urteil zulässt und innerhalb welcher Frist das Rechtsmittel einzulegen ist. Rechtsmittel gegen eine erstinstanzliche Entscheidung ist die Berufung (§ 511 ZPO), soweit der Wert des Beschwerdegegenstandes 600 € übersteigt (§ 511 Abs. 2 Nr. 1 ZPO) oder das Gericht die Berufung zugelassen hat (§ 511 Abs. 2 Nr. 2 ZPO).

Funktionell zuständig sind die **Landgerichte**.[25] **42**

Da kein Versäumnisurteil ergehen darf, scheidet der Einspruch (§ 338 ZPO) aus. **43**

§ 6 Anerkennung und Vollstreckbarerklärung

Bei der Regelung der Anerkennung und Vollstreckbarerklärung folgt die EuBagVO **44** dem Modell der EuVTVO: Bagatellentscheidungen werden in einem anderen Mitgliedstaat anerkannt und vollstreckt, **ohne** dass es einer **Vollstreckbarerklärung** bedarf und ohne dass die Anerkennung angefochten werden kann (Art. 20 Abs. 1 EuBagVO). Für die **Zwangsvollstreckung** gilt das Vollstreckungsrecht des Vollstreckungsmitgliedstaats (Art. 21 EuBagVO).

Voraussetzung für die Vollstreckung ist die **Bestätigung** der Entscheidung gem. **45** Art. 20 Abs. 2 EuBagVO, die unter Verwendung des Formblatts D zu erteilen ist. Die Bestätigung nach der EuBagVO ist insoweit von der nach der EuVTVO zu unterscheiden, weil bei der EuBagVO keinerlei inhaltliche Prüfung erfolgt, während die Bestätigung in der EuVTVO dazu dient, eine Kontrolle der Entscheidung auf Einhaltung der Mindeststandards durchzuführen.

Gem. § 1106 ZPO ist für die Ausstellung der Bestätigung nach Erlass einer deut- **46** schen Bagatellentscheidung das Gericht zuständig, dem die Erteilung einer vollstreckbaren Ausfertigung des Titels obliegt. Damit wird die Bestätigung einer Vollstreckungsklausel gem. § 724 ZPO gleichgestellt. Funktionell zuständig ist der Rechtspfleger (§ 20 Nr. 11 RPflG).

Überraschend ist die Regelung des § 1106 Abs. 2 ZPO. Danach ist der Schuldner **47** vor Erteilung der Bestätigung anzuhören. Ein Sinn der Regelung ist nicht erkennbar, weil der Bestätigung jeglicher Prüfungsmaßstab fehlt und daher die Anhörung auch nicht in der EuBagVO vorgesehen ist.[26] Der Gesetzgeber hat die Regelung damit begründet, dass in diesem Verfahren kein Berichtigungs- oder Widerspruchsverfahren wie in der EuVTVO vorgesehen und daher auf diese Weise das rechtliche Gehör des Schuldners zu sichern ist.[27] Das überzeugt nicht, weil es im Verfahren nach der EuBagVO ja um ein kontradiktorisches Verfahren geht, in dem der Schuldner gehört wurde. Zudem verzögert eine solche Anhörung das Verfahren erheblich und widerspricht damit dem Ziel der EuBagVO, ein schnelles und effektives

---

[25] https://e-justice.europa.eu/content_small_claims-354-de.do?clang=de (abgerufen am 14.12.2021).

[26] Ebenso Kindl/Meller-Hannich/*Netzer*, Gesamtes Recht der Zwangsvollstreckung, 4. Aufl. 2021, § 1106 ZPO, Rn. 4

[27] Begründung zum RegE, Bt.Drs. 16/8839, S. 46.

Verfahren zur Verfügung zu stellen. Daher ist diese Vorschrift wegen des Verstoßes gegen die EuBagVO unanwendbar.[28]

48   Ist eine Bagatellentscheidung im Ausland ergangen und bestätigt worden, so findet die Zwangsvollstreckung im Inland statt, ohne dass es einer Vollstreckungsklausel bedarf (§ 1107 ZPO). Die nationale Vollstreckungsklausel wird durch die ausländische Bestätigung ersetzt.

49   Gem. Art. 22 EuBagVO wird die Vollstreckung auf Antrag des Schuldners vom zuständigen Gericht im Vollstreckungsmitgliedstaat abgelehnt, wenn das im europäischen Verfahren für geringfügige Forderungen ergangene Urteil mit einem früheren in einem Mitgliedstaat oder einem Drittland ergangenen Urteil unvereinbar ist (in Art. 22 Abs. 1 lit. a–c EuBagVO werden weitere einschränkende Voraussetzungen genannt). Die Bagatellentscheidung darf keinesfalls in der Sache nachgeprüft werden (Art. 22 Abs. 2 EuBagVO).

50   Die Regelung in Art. 23 EuBagVO erklärt sich vor dem Hintergrund, dass die Vollstreckung einer Bagatellentscheidung nicht davon abhängt, dass diese rechtskräftig ist (Art. 15 Abs. 1 EuBagVO). Hat eine Partei ein im Bagatellverfahren ergangenes Urteil angefochten oder ist eine solche Anfechtung noch möglich oder hat eine Partei eine Überprüfung nach Art. 18 EuBagVO beantragt, kann das zuständige Gericht im Vollstreckungsmitgliedstaat auf Antrag des Schuldners das Vollstreckungsverfahren auf Sicherungsmaßnahmen beschränken (lit. a), die Vollstreckung von der Leistung einer von dem Gericht zu bestimmenden Sicherheit abhängig machen (lit. b), oder unter außergewöhnlichen Umständen das Vollstreckungsverfahren aussetzen (lit. c). Art. 23 EuBagVO entspricht Art. 23 EuMahnVO und Art. 23 EuVTVO.

51   In der EuBagVO wurde eine Regelung vergessen für den Fall, dass der Schuldner zwischenzeitlich gezahlt hat. Hier sieht die EuMahnVO vor, dass die Vollstreckung ebenfalls verweigert werden muss, sofern und soweit der Antragsgegner den Betrag, der dem Antragsteller in einem Europäischen Zahlungsbefehl zuerkannt worden ist, an diesen entrichtet hat (Art. 22 Abs. 2 EuMahnVO, s. Kap. 11 Rn. 36). Das deutsche Recht kompensiert dieses Fehlen, indem es in § 1109 Abs. 2 ZPO auf § 1086 ZPO verweist, der wiederum auf die Vollstreckungsabwehrklage (§ 767 ZPO) weiter verweist. Mit dieser Klage kann dann der Einwand der Erfüllung geltend gemacht werden.

---

[28] So schon *Freitag/Leible*, Erleichterung der grenzüberschreitenden Forderungsbeitreibung in Europa: Das europäische Verfahren für geringfügige Forderungen, BB 2008, 2; *Hess*, EZPR, § 10 Rn. 104.

§ 7 Zusammenfassung

- Die EuBagVO ist neben der EuMahnVO das erste **einheitliche Zivilver-**   **52**
  fahren in den Mitgliedstaaten.
- Das Verfahren nach der EuBagVO tritt alternativ neben Verfahren nach
  anderen Sekundärrechtsakten wie der EuGVO und der EuMahnVO sowie
  neben Verfahren, die in den nationalen Rechten der Mitgliedstaaten vorgesehen sind.
- Der Streitwert der Klage ohne Zinsen, Kosten und Auslagen, darf die Ba-
  gatellgrenze von 5000 € nicht überschreiten.
- Das Verfahren ist grundsätzlich schriftlich unter Verwendung einheitlicher
  Formulare zu führen.
- Eigene Zuständigkeitsregeln sind in der EuBagVO nicht enthalten. Es ist
  auf die EuGVO zurückzugreifen.
- Bei der Regelung der Anerkennung und Vollstreckbarerklärung folgt die
  EuBagVO dem Modell der EuVTVO: Bagatellentscheidungen werden in
  einem anderen Mitgliedstaat anerkannt und vollstreckt, ohne dass es einer
  Vollstreckbarerklärung bedarf und ohne dass die Anerkennung angefoch-
  ten werden kann.
- Für die Zwangsvollstreckung gilt das Vollstreckungsrecht des Vollstre-
  ckungsmitgliedstaats.

11. Kapitel Europäisches Mahnverfahren

§ 1 Einleitung

Die Einführung eines europäischen Mahnverfahrens (**EuMahnVO**) ist Teil des Aufbaus des Raumes der Freiheit, der Sicherheit und des Rechts. Der Erlass verlief parallel zum Erlass der Europäischen Bagatellverordnung, so dass vielfach Übereinstimmungen in den technischen Ansätzen bestehen. Der Erlass beider Verordnungen lässt sich auf die Beschlüsse des Rates von Tampere 1999 (s. Kap. 1 Rn. 103) zurückführen.[1] **Ziel** der EuMahnVO ist ebenso wie das der EuBagVO, den Zugang der Bürger zum Recht zu verbessern.[2]   **1**

Die Kommission betont in den Erwägungsgründen der EuMahnVO zudem die Bedeutung für die Liquidität kleiner und mittlerer Unternehmen: **2**

Für die Wirtschaftsbeteiligten der Europäischen Union sei die rasche und effiziente Beitreibung ausstehender Forderungen, die nicht Gegenstand eines Rechtsstreits sind, von größter Bedeutung, da Zahlungsverzug eine der Hauptursachen für Zahlungsunfähigkeit ist, die vor allem die Existenz von kleinen und mittleren Unternehmen bedroht und für den Verlust zahlreicher Arbeitsplätze verantwortlich ist.[3]

In den Mitgliedstaaten gibt es nationale Verfahren zur Beitreibung von Forderungen außerhalb eines gerichtlichen Verfahrens. Diese Verfahren unterscheiden sich erheblich. Zudem zeigten sich nach Ansicht der Kommission bei der Effizienz der Verfahren erhebliche Unterschiede. Zudem stellte die Kommission fest, dass die bestehenden nationalen Verfahren in Verfahren mit grenzüberschreitenden Rechtssachen häufig entweder unzulässig oder praktisch undurchführbar sind.[4]   **3**

---

[1] Erwägungsgrund 3.

[2] Hierzu auch der Leitfaden zur Anwendung der Verordnung über das europäische Mahnverfahren, abrufbar unter https://op.europa.eu/de/publication-detail/-/publication/e0bd66c6-0a09-464e-928f-10cfe4c06b1c (abgerufen am 14.12.2021).

[3] Erwägungsgrund 6.

[4] Erwägungsgrund 7.

© Springer-Verlag GmbH Deutschland, ein Teil von Springer Nature 2022   307
J. Adolphsen, *Europäisches Zivilverfahrensrecht*, Springer-Lehrbuch,
https://doi.org/10.1007/978-3-662-63558-2_11

4   Das Europäische Mahnverfahren tritt als Alternative neben bestehende nationale, aber auch supranationale Verfahren wie solchen nach der EuBagVO.

5   Das Verfahren nach der EuMahnVO ist zusammen mit dem nach der EuBagVO ein **eigenes europäisches Verfahren**, nicht mehr nur der Versuch, nationale Verfahrensrechte bzw. die daraus hervorgehenden Entscheidungen zu koordinieren. Insofern stellt es eine erhebliche Fortentwicklung des europäischen Rechtsraums im Bereich des Zivilrechts dar. Allerdings handelt es sich nicht um eine gänzlich geschlossene eigenständige prozessuale Regelung. Die EuMahnVO verweist generell, soweit sie keine eigene Regelung enthält, auf die Verfahrensvorschriften der Mitgliedstaaten (Art. 26 EuMahnVO).

6   Die Verordnung gilt seit dem 12.12.2008. Als nationale Ausführungsvorschriften sind die §§ 1087–1096 als neuer Abschn. 5 in das 11. Buch der ZPO eingefügt worden. Mit Wirkung von 2017 an wurde die EuMahnVO geändert.[5]

§ 2 Das Verfahren im Überblick

7   Mit dem Europäischen Mahnverfahren können **bezifferte Geldforderungen** unabhängig von ihrer Höhe beigetrieben werden. Das entspricht § 688 Abs. 1 ZPO. Anders als bei der EuBagVO (Kap. 10 Rn. 11) ist es nicht möglich, sonstige Ansprüche auf diesem Weg durchzusetzen.

Für das gesamte Verfahren sind wiederum **Formulare** zu nutzen, die im Anhang der EuMahnVO und im Europäischen Justizportal zu finden sind.[6]

Aufgrund eines **Antrags** auf Erlass eines europäischen Zahlungsbefehls erlässt das zuständige Gericht diesen innerhalb von 30 Tagen (wenn es den Antrag nicht zurückweist). Der **europäische Zahlungsbefehl** wird dem Antragsgegner zugestellt. Dieser hat die Möglichkeit, einen **Einspruch** einzulegen. Tut er dies, wird das Verfahren in ein normales Gerichtsverfahren oder in ein Bagatellverfahren nach der EuBagVO übergeleitet.[7] Erfolgt kein Einspruch wird der europäische Zahlungsbefehl für vollstreckbar erklärt. Der für **vollstreckbar erklärte europäische Zahlungsbefehl** kann anschließend in allen Mitgliedstaaten anerkannt und für vollstreckbar erklärt werden, ohne dass ein Zwischenverfahren durchgeführt wird und ohne dass eine weitere Prüfung erfolgen dürfte.

8   Der Verfahrensablauf entspricht weitgehend dem des deutschen Rechts. Die Bezeichnungen sind unterschiedlich. Der europäische Zahlungsbefehl entspricht dem deutschen Mahnbescheid, der für vollstreckbar erklärte europäische Zahlungsbefehl entspricht dem Vollstreckungsbescheid (§ 700 Abs. 1 ZPO). Im Unterschied zum

---

[5] Verordnung (EU) 2015/2421 des Europäischen Parlaments und des Rates vom 16. Dezember 2015 zur Änderung der Verordnung (EG) Nr. 861/2007 zur Einführung eines europäischen Verfahrens für geringfügige Forderungen und der Verordnung (EG) Nr. 1896/2006 zur Einführung eines Europäischen Mahnverfahrens, ABl. EU L 341 S. 1; *Ulrici*, Aktuelle Entwicklungen des Europäischen Mahnverfahrens, EuZW 2016, 369.

[6] https://e-justice.europa.eu/content_order_for_payment_procedures-41-de.do (abgerufen am 14.12.2021).

[7] Erwägungsgrund 22 Verordnung (EU) 2015/2421.

deutschen Recht hat der Antragsgegner nur die Möglichkeit, sich einmal mit dem Mittel des Einspruchs gegen den Zahlungsbefehl zu wehren. Im deutschen Recht hat der Antragsgegner dagegen zwei Reaktionsmöglichkeiten: Er kann gegen den Mahnbescheid Widerspruch einlegen oder gegen den Vollstreckungsbescheid Einspruch (zur Überprüfung des europäischen Zahlungsbefehls in Ausnahmefällen s. u. Rn. 32).

§ 3 Anwendungsbereich der EuMahnVO

I. Sachlicher Anwendungsbereich

Der sachliche Anwendungsbereich ergibt sich aus Art. 2 EuMahnVO. Danach gilt **9** diese für grenzüberschreitende Rechtssachen in **Zivil- und Handelssachen**. Der Begriff entspricht dem der anderen parallelen Verordnungen, in erster Linie Art. 1 Abs. 1 EuGVO.

Bei der Liste der ausdrücklich ausgeschlossenen Bereiche in Art. 2 Abs. 2 EuMahnVO findet man die komplette Ausgrenzung von **Ansprüchen aus außervertraglichen Schuldverhältnissen**, soweit diese nicht Gegenstand einer Vereinbarung zwischen den Parteien oder eines Schuldanerkenntnisses sind (lit. d i) oder diese sich nicht auf bezifferte Schuldbeträge beziehen, die sich aus gemeinsamem Eigentum an unbeweglichen Sachen ergeben (lit. d ii). Im Ergebnis sind deliktische Ansprüche und auch Unterhaltsansprüche ausgeschlossen (diese unterfallen der EuUnthVO, s. Kap. 12 Rn. 70 ff.).

Nicht ausgeschlossen wurden Ansprüche, für die die Zuständigkeit eines **10** **Schiedsgerichts** vereinbart ist. Daher wird die Ansicht vertreten, im Falle eines Einspruchs müsse das Schiedsverfahren eingeleitet werden.[8] Dabei ergibt sich eigentlich die Verpflichtung der EU-Mitgliedstaaten aus dem New Yorker Übereinkommen von 1958 (UNÜ), dessen Vertragsstaaten sie sind, die Parteien auf das schiedsrichterliche Verfahren zu verweisen (Art. II Abs. 3 UNÜ). Dies ist jedoch technisch nicht realisierbar, weil der Antragsteller im Mahnverfahren kaum so dumm sein wird, auf das Vorliegen einer Schiedsvereinbarung hinzuweisen (zumal das Antragsformular dies nicht zulässt).[9]

II. Räumlicher Anwendungsbereich

Die EuMahnVO gilt in **allen Mitgliedstaaten** (auch im Vereinigten Königreich und **11** in Irland) außer in **Dänemark** (Art. 2 Abs. 3 EuMahnVO).[10]

Nach dem Brexit ist das Vereinigte Königreich Drittstaat. Gem. Art. 67 Abs. 3 lit. e Austrittsabkommen (s. Kap. 3 Rn. 30) ist es für die Vollstreckung des Zahlungsbefehls entscheidend, ob das Verfahren vor Ablauf des Übergangszeitraums ein-

---

[8] *Schlosser*, in: Schlosser/Hess, EU-Zivilprozessrecht, Art. 2 EuMahnVO, Rn. 6; *Hess*, EZPR, Rn. 10.54; a. A. Geimer/Schütze/*Garber*, EuZVR, Art. 2 EuMVVO Rn. 1.

[9] *Ulrici*, Aktuelle Entwicklungen des Europäischen Mahnverfahrens, EuZW 2016, 369, 370.

[10] S. auch Erwägungsgrund 31, 32.

geleitet wurde. Erforderlich ist – wie bei der EuBagVO – in jedem Fall ein **grenz-überschreitender Bezug** des Streits. Hierzu trifft Art. 3 EuMahnVO eine ausdrückliche Anordnung. Eine grenzüberschreitende Rechtssache im Sinne der EuMahnVO liegt vor, wenn mindestens eine der Parteien ihren Wohnsitz oder ge-wöhnlichen Aufenthalt (der gem. Art. 62, 63 EuGVO zu bestimmen ist) in einem anderen Mitgliedstaat als dem des angerufenen Gerichts hat.

Pläne der Kommission, den grenzüberschreitenden Bezug deutlich weiter zu ver-stehen, waren am Widerstand des Europäischen Rates gescheitert.[11]

§ 4 Alternativität des Verfahrens

12   Das Europäische Mahnverfahren steht den Rechtssuchenden als eine Alternative zu den in den Mitgliedstaaten bestehenden innerstaatlichen Mahnverfahren und ande-ren Verfahren des Gemeinschaftsrechts zur Verfügung (Art. 1 Abs. 2 EuMahnVO). Das gilt allerdings nur dann, wenn insbesondere der räumliche Anwendungsbereich der EuMahnVO eröffnet ist.

I. Alternativen

13   Neben dem Europäischen Mahnverfahren kann daher ein **nationales Mahnver-fahren** gem. § 688 ZPO durchgeführt werden. Vorteil für den Antragsteller ist in jedem Fall, dass hierfür ausschließlich das AG zuständig ist, bei dem der Antrag-steller seinen allgemeinen Gerichtsstand hat (wobei aber die Einführung zentraler Mahngerichte gem. § 689 Abs. 3 ZPO beachtet werden muss). Wird das nationale Mahnverfahren durchgeführt, ist der Vollstreckungsbescheid (§ 700 Abs. 1 ZPO) Entscheidung i. S. d. Art. 2 lit. EuGVO und kann im Vollstreckungsmitgliedstaat nach den Regeln der EuGVO (Art. 39 ff.) vollstreckt werden. Der Vollstreckungs-bescheid kann auch als Vollstreckungstitel nach der EuVTVO bestätigt und auf die-ser Grundlage ohne jegliches Vollstreckbarerklärungsverfahren zur Zwangsvoll-streckung genutzt werden (Art. 5 EuVTVO).

14   Dem Gläubiger steht es auch frei, ein **nationales Gerichtsverfahren** durchzu-führen und dessen Entscheidung entweder nach den Regeln der Art. 39 ff. EuGVO oder denen der EuVTVO (Art. 5 EuVTVO, soweit es zu einer unstreitigen Ent-scheidung i. S. d. Art. 3 EuVTVO kommt) zu vollstrecken.

15   Handelt es sich um eine bezifferte Geldforderung, deren Nettowert 5000 € nicht übersteigt, kann der Gläubiger auch ein **Europäisches Bagatellverfahren** durchführen.

II. Koordination der Verfahren

16   Eine Koordination erfolgt in erster Linie durch Anwendung der Rechtshängigkeits-vorschrift des Art. 29 EuGVO (s. Kap. 10 Rn. 29).

---

[11] S. Gutachten des Juristischen Dienstes vom 4.6.2004, Ratsdokument 10 107/04 JUSTCIV 80; Vermerk des Ratsvorsitzes vom 29.11.2005, Ratsdokument 15048/05 JUSTCIV 219.

§ 5 Durchführung des Verfahrens

I. Einleitung

Das Verfahren beginnt, indem der Antragsteller das **Antragsformular (Formular** 17
A, Anhang I) ausfüllt. Hierzu sind vor allem Kreuze und Zahlencodes erforderlich,
nur eingeschränkt Worte. Im Antrag muss der Antragsteller erklären, dass er die Angaben nach bestem Wissen und Gewissen gemacht hat, und anerkennen, dass jede
vorsätzlich falsche Auskunft angemessene Sanktionen nach dem Recht des Ursprungsmitgliedstaats nach sich ziehen kann (Art. 7 Abs. 3 EuMahnVO). Ziel der
Regelung ist es, den missbräuchlichen Einsatz des Verfahrens möglichst zu
verhindern.

Die **Einreichung des Antrags** erfolgt in Papierform oder durch andere – auch 18
elektronische – Kommunikationsmittel, die im Ursprungsmitgliedstaat zulässig
sind und dem Ursprungsgericht zur Verfügung stehen (Art. 7 Abs. 5 EuMahnVO).
Gem. § 1088 Abs. 1 ZPO können in Deutschland der Antrag und der Einspruch in
einer nur maschinell lesbaren Form bei Gericht eingereicht werden, wenn diese dem
Gericht für seine maschinelle Bearbeitung geeignet erscheint. Durch den Verweis
auf § 130a Abs. 3 ZPO kann auch ein elektronisches Dokument genutzt werden.
Den Zeitpunkt, ab dem das möglich ist, bestimmt gem. § 1088 Abs. 2 ZPO das Land
Berlin durch Rechtsverordnung (zur Zuständigkeit des AG Wedding als zentrales
Mahngericht s. u. Rn. 19). Die Mitgliedstaaten müssen der Kommission mitteilen,
welche Mittel zugelassen sind (Art. 29 Abs. 1 lit. c EuMahnVO). Derzeit lautet die
Mitteilung der Bundesrepublik Deutschland:

„Der Antrag auf einen Europäischen Zahlungsbefehl kann neben der Papierform auch in elektronischer Form gestellt werden, wenn das zuständige Gericht diese Form der Antragstellung zulässt.
Beim Amtsgericht Wedding ist die elektronische Antragstellung möglich. Technische Voraussetzung für eine elektronische Antragstellung beim Amtsgericht Wedding ist eine spezielle
Software. Nähere Informationen hierzu können Sie unter https://service.berlin.de/dienst-
leistung/327380/ erhalten."[12]

Eine elektronische Signatur kann genutzt werden (Art. 7 Abs. 6 EuMahnVO).

II. Zuständigkeit

Die EuMahnVO enthält keine eigenständige Regelung der internationalen Zu- 19
ständigkeit. Sie verweist stattdessen auf die **EuGVO** (Art. 6 EuMahnVO).

Was auf den ersten Blick plausibel erscheint, offenbart sich beim zweiten Blick
wohl eher als Fehler: Mahnverfahren sollen in Zukunft automatisiert ablaufen. Das
erfordert spezielle Gerichte, so dass eine Möglichkeit bestehen muss, zentralisierte
Mahngerichte zu schaffen, wie es in Deutschland für nationale Mahnverfahren gem.

---

[12] https://e-justice.europa.eu/content_european_payment_order-353-de-de.do?mem-
ber=1#a_21(abgerufen am 14.12.2021).

§ 689 Abs. 3 ZPO der Fall ist. Die generelle Verweisung auf die EuGVO wäre unproblematisch, wenn diese in jedem Fall nur die internationale Zuständigkeit vor-
gäbe. Dann wäre die Ausgestaltung der sachlichen und örtlichen Zuständigkeit
Sache nationalen Rechts. Die EuGVO gibt aber in zahlreichen Fällen nicht nur die
internationale, sondern auch die örtliche Zuständigkeit vor (so bei Art. 7, 24, 27).
Hier wäre eigentlich die davon abweichende Einführung eines zentralen Mahn-
gerichts ausgeschlossen. Trotzdem hat der deutsche Gesetzgeber das **AG Wedding**,
Berlin, als **zentrales Mahngericht** benannt (§ 1087 ZPO).[13] Das AG Wedding ist
gem. § 689 Abs. 2 S. 2 ZPO auch für alle ZPO-Mahnverfahren zuständig, wenn der
Antragsteller im Inland keinen allgemeinen Gerichtsstand hat. Von der Zulässigkeit
der Einführung nationaler zentraler Mahngerichte ist auch der Normsetzer ausgegangen: Erwägungsgrund 12 liegt die Vorstellung zugrunde, dass die Ausgestaltung der Zuständigkeit Sache nationalen Rechts ist. Welche Gerichte zuständig sind, ist der Kommission gem. Art. 29 Abs. 1 lit. a EuMahnVO mitzuteilen.

20   Im Ergebnis wird hierdurch der generelle Verweis auf die EuGVO in seiner Wirkung
beschränkt: Die EuGVO gibt – soweit ein Mitgliedstaat ein zentrales Mahngericht eingeführt hat – nur die internationale Zuständigkeit vor; die Ausgestaltung der sachlichen
und örtlichen ist in diesem Fall Sache des Verfahrensrechts des Mitgliedstaats.[14]

21   Durch Art. 6 Abs. 2 EuMahnVO sichert der Gesetzgeber den **Verbraucherschutz**: Betrifft die Forderung einen Vertrag, den ein Verbraucher geschlossen hat,
und ist der Verbraucher Antragsgegner, so sind nur die Gerichte des Mitgliedstaats
zuständig, in welchem der Antragsgegner seinen Wohnsitz hat.

III. Prüfung des Antrags

22   Die Prüfung des Antrags erfolgt nach dem in Art. 8 EuMahnVO genannten Maßstab. Dabei gilt es im Auge zu behalten, dass das Europäische Mahnverfahren auf
eine komplett automatisierte Durchführung in der Zukunft ausgerichtet ist. Trotzdem schreibt Art. 8 EuMahnVO vor, dass zu prüfen ist, *„ob die Forderung begründet
erscheint"*.

Hintergrund dieser Formulierung ist letztlich ihr Kompromisscharakter: Die nationalen Mahnverfahren unterscheiden sich gerade in diesem Punkt erheblich, so
dass der Normgeber an dieser Stelle Streit vermeiden wollte.[15] Zu berücksichtigen
ist hier auch Art. 11 EuMahnVO, der die Zurückweisung nur bei offensichtlich un-
begründeten Forderungen vorsieht. Daraus folgt im Ergebnis, dass keinesfalls eine
inhaltliche Überprüfung in Verbindung mit einem Beweisverfahren erfolgen darf.
Dies wäre mit dem Sinn und Zweck der Verordnung völlig unvereinbar. Aber auch
eine Schlüssigkeitsprüfung (in Anlehnung an die deutsche Vorschrift des § 331

---

[13] S. dazu auch die Mitteilung an die Kommission unter https://e-justice.europa.eu/content_euro-
pean_payment_order-353-de-de.do?member=1#a_21(abgerufen am 14.12.2021).

[14] Vgl. zu diesem Problem *Hess*, EZPR, Rn. 10.58; *Sujecki*, Das Europäische Mahnverfahren, NJW
2007, 1622, 1623 f.

[15] S. *Hess*, EZPR, Rn. 10.64.

Abs. 1 ZPO) hat in einem automatisierten Verfahren nichts zu suchen. Daher spricht alles dafür, dass nur die Plausibilität und innere Stimmigkeit der Angaben des Formulars zu prüfen sind.[16]

Das Gericht kann die **Vervollständigung** und **Berichtigung** des Antrags verlangen (Art. 9 EuMahnVO) oder auf eine **Änderung** des Antrags hinwirken (Art. 10 EuMahnVO). **23**

Das Gericht weist den Antrag zurück, wenn die in Art. 11 EuMahnVO genannten Voraussetzungen erfüllt sind. Hiervon wird der Antragsteller zwar in Kenntnis gesetzt, ein Rechtsmittel gegen die **Zurückweisung** hat er aber nicht (Art. 11 Abs. 2 EuMahnVO). Er kann aber jederzeit einen neuen Antrag stellen oder den Anspruch gerichtlich oder in einem sonstigen anderen Verfahren geltend machen (Art. 11 Abs. 3 EuMahnVO).

IV. Erlass des europäischen Zahlungsbefehls

Das Gericht erlässt den europäischen Zahlungsbefehl so bald wie möglich und in der Regel binnen 30 Tagen nach Einreichung des Antrags. Hierbei ist wiederum ein Formblatt (E gemäß Anhang V) zu verwenden (Art. 12 Abs. 1 EuMahnVO). **24**

V. Zustellung

Gem. Art. 12 Abs. 5 EuMahnVO ist der Zahlungsbefehl dem Antragsgegner nach den nationalen Rechtsvorschriften des Ursprungsmitgliedstaats zuzustellen. Diese müssen allerdings den in Art. 13 und 14 EuMahnVO aufgeführten Mindestvorschriften genügen. Diese Mindeststandards entsprechen den Art. 16 und 17 EuVTVO. Allerdings sind sie in der EuMahnVO unmittelbar Maßstab im Erkenntnisverfahren und nicht nur Kontrollmaßstab im Bestätigungsverfahren. **25**

In Deutschland erfolgt die Zustellung gem. § 1089 ZPO. Es gelten die Vorschriften für die Zustellung von Amts wegen. Dies sind §§ 166–182, 189–190 ZPO. Diese Vorschriften entsprechen den Mindestvorschriften der EuMahnVO. Eine öffentliche Zustellung ist unzulässig (Art. 143 Abs. 2 EuMahnVO). **26**

Für Zustellungen in das Ausland verweist § 1089 Abs. 2 ZPO auf die EuZustVO.

VI. Rechtsbehelfe gegen europäischen Zahlungsbefehl

Gegen den Zahlungsbefehl gibt es in erster Linie den Einspruch (Art. 16 EuMahnVO), in Ausnahmefällen auch den Antrag auf Überprüfung (Art. 20 EuMahnVO). **27**

---

[16] Ebenso *Schlosser*, in: Schlosser/Hess, EU-Zivilprozessrecht, Art. 8 EuMahnVO Rn. 1 ff.; *Hess*, EZPR, Rn. 10.64; *Sujecki*, Das Europäische Mahnverfahren, NJW 2007, 1622, 1624; *Walker*, Das Europäische Mahnverfahren, FS Konuralp, 2009, S. 655, 662; a. A. MüKo-ZPO/*Ulrici*, Anh. §§ 1087 ff., Art. 8 EG-MahnVO, Rn. 12 f.

1. Einspruch

28 Der Antragsgegner kann beim Ursprungsgericht Einspruch gegen den europäischen Zahlungsbefehl einlegen. Hierbei ist wieder ein Formblatt zu verwenden (Art. 16 Abs. 1 EuMahnVO, Formblatt F gem. Anhang VI). Für den Einspruch ist eine **Frist** von 30 Tagen vorgesehen, die am Tag der Zustellung des Zahlungsbefehls beginnt. Die Frist kann voll ausgeschöpft werden – die Übersendung muss vor Fristablauf erfolgen. Die Regelung für die **Form** des Einspruchs ist in Art. 16 Abs. 4 und 5 EuMahnVO enthalten, ergänzend gilt § 1088 ZPO.

29 Das Verfahren wird nach einem Einspruch vor den zuständigen Gerichten des Ursprungsmitgliedstaats gemäß den Regeln eines ordentlichen Zivilprozesses weitergeführt (Art. 17 Abs. 1 lit. b EuMahnVO) oder nach den Regeln der EuBagVO (Art. 17 Abs. 1 lit. a EuMahnVO).[17] Der Antragsteller kann bereits mit Antragstellung gem. Art. 7 Abs. 4 EuMahnVO erklären, wie er im Falle eines Einspruchs vorgehen möchte. Diese Fortführung erfolgt automatisch; ein dahin gehender Antrag wie im deutschen Recht (§ 696 Abs. 1 ZPO) ist nicht erforderlich. Die EuMahnVO geht hier den umgekehrten Weg: Der Antragsteller kann bereits mit Antragstellung gem. Art. 7 Abs. 5 EuMahnVO erklärt haben, dass er dies nicht will. In diesem Fall unterbleibt die Überleitung vom Mahnverfahren in das ordentliche oder das Bagatellverfahren (Art. 17 Abs. 1 a. E. EuMahnVO). Dann ist das Verfahren beendet.

30 Gem. § 1090 Abs. 1 ZPO fordert das Gericht den Antragsteller unter Fristsetzung mit der Mitteilung nach Art. 17 Abs. 5 EuMahnVO auf, das Gericht zu bezeichnen, das für die Durchführung des streitigen Verfahrens zuständig ist (§ 1090 ZPO verweist noch falsch auf Art. 17 Abs. 3 EuMahnVO). Danach gibt das Gericht, das den europäischen Zahlungsbefehl erlassen hat, das Verfahren von Amts wegen an das vom Antragsteller bezeichnete Gericht ab (§ 1090 Abs. 2 ZPO). Die Einleitung des Streitverfahrens erfolgt dann wie nach einem Widerspruch gegen einen Mahnbescheid (§ 1091 ZPO verweist auf § 697 ZPO).

31 Die Einlegung des Einspruchs, ohne die Zuständigkeit des Gerichts des Ursprungsmitgliedstaates zu rügen, ist nach Ansicht des EuGH nicht im nachfolgenden Gerichtsverfahren als rügelose Einlassung i. S. Art. 26 Abs. 1 EuGVO anzusehen.[18] Der Zeitpunkt für die rügelose Einlassung richtet sich daher nach Art. 26 Abs. 1 EuGVO.

2. Überprüfung in Ausnahmefällen

32 Nach Ablauf der Einspruchsfrist kann der Antragsgegner bei dem zuständigen Gericht des Ursprungsmitgliedstaats eine Überprüfung des europäischen Zahlungsbefehls unter den dort genannten Voraussetzungen beantragen (Art. 20 Abs. 1 EuMahnVO, in diesem Fall kann die Vollstreckung ausgesetzt oder beschränkt werden, s. u. Rn. 38). Dies ist u. a. der Fall, wenn der Zahlungsbefehl *„offensichtlich zu Unrecht erlassen worden ist"*. Gem. § 1092 Abs. 2 ZPO hat der Antragsgegner die

---

[17] *Ulrici*, Aktuelle Entwicklungen des Europäischen Mahnverfahrens, EuZW 2016, 369, 370.

[18] EuGH, Urteil vom 13.6.2013, C-144/12, *Goldbet Sportwetten GmbH/Massimo Sperindeo* = EuZW 2013, 628; zustimmend *Koutsouko*, Einspruch gegen den Europäischen Zahlungsbefehl als rügelose Einlassung?, IPRax 2014, 44, 48; *Sujecki,* EuZW 2013, 630.

Tatsachen, die eine Aufhebung des europäischen Zahlungsbefehls begründen, glaubhaft (§ 294 ZPO) zu machen. Gibt das Gericht dem Antrag statt, wird der Zahlungsbefehl für nichtig erklärt (Art. 20 Abs. 3 EuMahnVO).

§ 6 Anerkennung und Vollstreckbarerklärung

I. Vollstreckbarerklärung im Ursprungsmitgliedstaat

Wurde kein Einspruch beim Ursprungsgericht eingelegt, erklärt das Gericht den **33** europäischen Zahlungsbefehl nach seinem Recht unverzüglich für vollstreckbar. Hierbei ist das Formblatt G gem. Anhang VII zu verwenden. In Deutschland verdrängt diese Vollstreckbarerklärung die Vollstreckungsklausel. Diese ist entbehrlich. Das Gericht übersendet dem Antragsteller den vollstreckbaren europäischen Zahlungsbefehl, der daraus die Zwangsvollstreckung betreiben kann (Art. 18 Abs. 1, 3 EuMahnVO).

II. Zwangsvollstreckung im Vollstreckungsmitgliedstaat

Die Voraussetzungen der Zwangsvollstreckung richten sich nach dem **Recht des** **34** **Vollstreckungsmitgliedstaats** (Art. 21 EuMahnVO).

Auch in der EuMahnVO hat der Gesetzgeber die **Abschaffung des Exequaturverfahrens** durchgesetzt: Der im Ursprungsmitgliedstaat vollstreckbar gewordene europäische Zahlungsbefehl wird in den anderen Mitgliedstaaten anerkannt und vollstreckt, ohne dass es einer Vollstreckbarerklärung bedarf und ohne dass seine Anerkennung angefochten werden kann (Art. 19 EuMahnVO).

In Deutschland findet die Zwangsvollstreckung aus für vollstreckbar erklärten europäischen Zahlungsbefehlen gem. § 794 Abs. 1 Nr. 6 ZPO statt. Eine Vollstreckungsklausel ist nicht erforderlich (§ 1093 ZPO).

III. Verweigerung der Vollstreckung

Gem. Art. 22 EuMahnVO wird die Vollstreckung auf Antrag des Schuldners vom **35** zuständigen Gericht im Vollstreckungsmitgliedstaat verweigert, wenn der europäische Zahlungsbefehl mit einer früheren Entscheidung oder einem früheren Zahlungsbefehl unvereinbar ist, die bzw. der in einem Mitgliedstaat oder einem Drittland ergangen ist (in Art. 22 Abs. 1 lit. a–c EuMahnVO werden weitere einschränkende Voraussetzungen genannt).

Die Vollstreckung wird auf Antrag ebenfalls verweigert, wenn der Antragsgegner **36** die Forderung erfüllt hat (Art. 22 Abs. 2 EuMahnVO).

Der europäische Zahlungsbefehl darf nicht in der Sache nachgeprüft werden **37** (Art. 22 Abs. 3 EuMahnVO).

Im deutschen Recht verweist § 1096 Abs. 1 ZPO für Anträge gem. Art. 22 Abs. 1 EuMahnVO auf § 1084 ZPO (der direkt für die Durchführung der EuVTVO gilt). Daraus folgt die Zuständigkeit des AG als Vollstreckungsgericht. Die Entscheidung erfolgt durch Beschluss (§ 1084 Abs. 2 ZPO).

IV. Aussetzung oder Beschränkung der Vollstreckung

38 Hat der Antragsgegner eine Überprüfung nach Art. 20 beantragt, so kann das zuständige Gericht im Vollstreckungsmitgliedstaat auf Antrag des Antragsgegners das Vollstreckungsverfahren auf Sicherungsmaßnahmen beschränken (Art. 23 lit. a EuMahnVO) oder die Vollstreckung von einer Sicherheitsleistung abhängig machen (lit. b) oder unter außergewöhnlichen Umständen das Vollstreckungsverfahren aussetzen (lit. c).

Im deutschen Recht entscheidet das zuständige Gericht gem. § 1096 Abs. 1 S. 2, 1084 Abs. 3 ZPO durch einstweilige Anordnung.

§ 7 Zusammenfassung

39
- Das Verfahren nach der EuMahnVO ist ein eigenes europäisches Verfahren.
- Das Europäische Mahnverfahren tritt als Alternative neben bestehende nationale, aber auch supranationale Verfahren.
- Mit dem Europäischen Mahnverfahren können bezifferte Geldforderungen unabhängig von ihrer Höhe beigetrieben werden.
- Für das Verfahren sind Formulare zu nutzen.
- Das Gericht erlässt den europäischen Zahlungsbefehl so bald wie möglich und in der Regel binnen 30 Tagen nach Einreichung des Antrags.
- Gegen den Zahlungsbefehl gibt es den Einspruch.
- Der für vollstreckbar erklärte europäische Zahlungsbefehl kann anschließend in allen Mitgliedstaaten anerkannt und für vollstreckbar erklärt werden, ohne dass ein Zwischenverfahren durchgeführt wird und ohne dass eine weitere Prüfung erfolgen dürfte.
- Die Voraussetzungen der Zwangsvollstreckung richten sich nach dem Recht des Vollstreckungsmitgliedstaats.

12. Kapitel Europäisches Familienrecht

§ 1 Begriff und Entwicklung

I. Einleitung

In der EU werden nach im Jahr 2018 veröffentlichten Zahlen jedes Jahr über 2 Mio. **1**
Ehen geschlossen, von denen etwa 350.000 grenzüberschreitend sind. Die Zahl der
Scheidungen liegt bei etwa 943.000, grenzüberschreitend sind davon 170.000.[1]

In Europa gibt es aktuell **keine Vereinheitlichung des materiellen Familien-** **2**
rechts.[2] Die EU versucht derzeit auch keine Sachrechtsvereinheitlichung, sondern
setzt die klassischen Mittel der Harmonisierung ein. Dies sind das internationale
Verfahrensrecht und das IPR. Anders als klar wirtschaftsrechtliche Bereiche ist das
Familienrecht stärker von Traditionen und kulturellen Eigenarten geprägt. So ist

---

[1] https://ec.europa.eu/eurostat/statistics-explained/index.php?title=Archive:Marriage_and_di-
vorce_statistics/de (abgerufen am 14.12.2021); aktuellere grenzüberschreitende Zahlen liegen
nicht vor. S. auch *Kohler*, Zur Gestaltung des europäischen Kollisionsrechts für Ehesachen: Der
steinige Weg zu einheitlichen Vorschriften über das anwendbare Recht für Scheidung und Trennung, FamRZ 2008, 1673.

[2] Hinzuweisen ist auf die Arbeit der Kommission für Europäisches Familienrecht (Commission on
European Family Law (CEFL) http://www.ceflonline.net/) einer wissenschaftliche Initiative, die in
den Niederlanden gegründet wurde. Diese strebt die Erarbeitung von Prinzipen an. Seit 2004 liegen die Prinzipien zur Ehescheidung und zum nachehelichen Unterhalt (*Boele-Woelki/Ferrand/
González Beilfuss/Jänterä-Jareborg/Lowe/Martiny/Pintens* (Hrsg.), Principles of European Family Law Regarding Divorce and Maintenance Between Former Spouses, European Family Law
Series, No. 7, 2004), seit 2007 die Prinzipien zur elterlichen Verantwortung vor (*Boele-Woelki/
Ferrand/González Beilfuss/Jänterä-Jareborg/Lowe/Martiny/Pintens* (Hrsg.), Principles of European Family Law Regarding Parental Responsibilities, European Family Law Series, No. 16, 2007).

Die Originalversion dieses Kapitels wurde korrigiert. Ein Erratum finden Sie unter
https://doi.org/10.1007/978-3-662-63558-2_16

J. Adolphsen, *Europäisches Zivilverfahrensrecht*, Springer-Lehrbuch,
https://doi.org/10.1007/978-3-662-63558-2_12

eine Scheidung in Irland erst seit 1995 und in Malta seit 2011 möglich, während Schweden traditionell ein sehr liberales Scheidungsrecht hat.[3]

3   Darüber hinaus befindet sich der Familien- und Ehebegriff in einem Wandel, demographische Veränderungen sind zu bewältigen und die zunehmende Mobilität innerhalb der Union bringt Fragestellungen, die frühere Jahrzehnte nicht kannten, wie z. B. die Bedeutung der Staatsangehörigkeit bei der Bestimmung der internationalen Zuständigkeit für die Scheidung.

II. Internationales Familienrecht im Vertrag von Lissabon

4   Der **Vertrag von Lissabon** sieht für das Familienrecht ein besonderes Gesetzgebungsverfahren vor, mit dem im Unterschied zum ordentlichen Gesetzgebungsverfahren grundsätzlich am **Einstimmigkeitsprinzip** festgehalten wird:

Art. 81 AEUV

(3) Abweichend von Abs. 2 (ordentliches Gesetzgebungsverfahren, d. Verf.) werden Maßnahmen zum Familienrecht mit grenzüberschreitendem Bezug vom Rat gemäß eines besonderen Gesetzgebungsverfahrens festgelegt. Dieser beschließt einstimmig nach Anhörung des Europäischen Parlaments.

Der Rat kann auf Vorschlag der Kommission einen Beschluss erlassen, durch den die Aspekte des Familienrechts mit grenzüberschreitendem Bezug bestimmt werden, die Gegenstand von Rechtsakten sein können, die gemäß des ordentlichen Gesetzgebungsverfahrens erlassen werden. Der Rat beschließt einstimmig nach Anhörung des Europäischen Parlaments.

Der in Unterabsatz 2 genannte Vorschlag wird den nationalen Parlamenten übermittelt. Wird dieser Vorschlag innerhalb von sechs Monaten nach der Übermittlung von einem nationalen Parlament abgelehnt, so wird der Beschluss nicht erlassen. Wird der Vorschlag nicht abgelehnt, so kann der Rat den Beschluss erlassen.

III. Entwicklung der europäischen Regelungen

5   Die Kommission hat das europäische Familienrecht relativ spät entdeckt. Während sich die Anfangstätigkeit seit dem Tampere-Gipfel vor allem mit wirtschaftsrechtlichen Fragestellungen befasste, liegt der Schwerpunkt derzeit deutlich im europäischen Familienrecht.

1. EuGVÜ

6   Das EuGVÜ von 1968, der völkervertragliche Vorläufer der EuGVO, hatte Scheidungsverfahren vor allem wegen der Verschiedenheit der Rechte der Vertragsstaaten gänzlich vom Anwendungsbereich ausgenommen. Die EuGVO a. F. und auch die revidierte EuGVO haben in Art. 1 Abs. 2 lit. a diesen Ausschlussbereich beibehalten. Danach gilt die EuGVO nicht für den Personenstand und die ehelichen Güterstände (vgl. hierzu Kap. 3 Rn. 16).

---

[3] Überblick über die Rechtslagen in verschiedenen Ländern im Europäischen Justizportal unter https://e-justice.europa.eu/45/DE/divorce_and_legal_separation (abgerufen am 14.12.2021).

2. Brüssel II-Verordnung

Am 1.5.2001 trat die **Brüssel II-Verordnung** in Kraft. Diese versuchte weitgehend **7**
parallel zum EuGVÜ dessen System auf eherechtliche Fragen und Streitigkeiten
über das Sorgerecht für gemeinschaftliche Kinder zu erweitern. Die Verordnung
erfasste allerdings lediglich Entscheidungen über die Auflösung der Ehe und über
die elterliche Verantwortung für die gemeinsamen Kinder, die aber eine anhängige
Scheidungssache voraussetzten. Entscheidungen über andere Scheidungsfolgen
waren gar nicht von der Verordnung erfasst. Es zeigte sich letztlich, dass die Brüssel
II-Verordnung vor allem das Kindschaftsrecht nur unzureichend regelte. Dies machten auch spektakuläre Fälle von Kindesentführungen aus den Jahren des Inkrafttretens der VO deutlich, für die eine Regelung fehlte.

3. Brüssel IIa-Verordnung (EuEheVO)

Wegen dieser Mängel wurde die Brüssel II-Verordnung schon nach wenigen Jahren **8**
durch die **Brüssel IIa-Verordnung** ersetzt.[4] Diese erweitert den Anwendungsbereich in Kindschaftssachen auf sämtliche, auch nichteheliche Kinder unabhängig
von einem Scheidungsverfahren. Zusätzlich wurden Regelungen über Kindesentführungen in den Anwendungsbereich aufgenommen. Für Ehesachen ergaben sich
inhaltlich keine Veränderungen. Kollisionsnormen für Scheidungssachen fehlen
weiterhin. Die Brüssel IIa-Verordnung wurde 2019 reformiert (dazu Rn. 18 ff.). Die
Nachfolgeverordnung gilt ab dem 01.08.2022.

4. Europäische Vollstreckungstitelverordnung

Titel über unbestrittene Unterhaltsforderungen können nach den Regeln der **Euro-** **9**
päischen Vollstreckungstitel Verordnung (Verordnung (EG) Nr. 805/2004 (EuV-
TVO, s. Kap. 6)) vollstreckt werden.[5]

5. Europäische Unterhaltsverordnung

Die **Europäische Unterhaltsverordnung (EuUnthVO)** ist seit dem 18.6.2011 an- **10**
zuwenden und ersetzt in ihrem Anwendungsbereich die EuGVO. Dementsprechend
ist bei der Revision der EuGVO die Zuständigkeitsvorschrift des Art. 5 Nr. 2 EuGVO
a. F. ersatzlos weggefallen.

Die Europäische Unterhaltsverordnung regelt die Zuständigkeit, das anwendbare
Recht, die Anerkennung und Vollstreckung von Entscheidungen und die Zusammenarbeit in Unterhaltssachen. Anders als in der Brüssel I- und der Brüssel II-Verordnung
ist das Kollisionsrecht zumindest in Form eines Verweises auf das Haager Protokoll
über das auf Unterhaltspflichten anzuwendende Recht (HUP) enthalten (s. u.

---

[4] VO (EG) Nr. 2201/2003 des Rates vom 27.11.2003 über die Zuständigkeit und die Anerkennung
und Vollstreckung von Entscheidungen in Ehesachen und in Verfahren betreffend die elterliche
Verantwortung und zur Aufhebung der Verordnung (EG) 1347/2000.

[5] *Gebauer*, Vollstreckung von Unterhaltstiteln nach der EG-VollstrTitelVO und der geplanten
Unterhaltsverordnung, FPR 2006, 252; *Rausch*, Vereinfachte Unterhaltsvollstreckung in der EU
mit dem neuen Europäischen Vollstreckungstitel, FuR 2005, 437; *ders.*, Der Europäische Vollstreckungstitel – Erleichterungen bei grenzüberschreitender Unterhaltsvollstreckung; FamRBint
2005, 79; *Hohloch*, Grenzüberschreitende Unterhaltsvollstreckung, FPR 2004, 315.

Rn. 72 ff.). Die EuUnthVO ist anzuwenden auf alle Unterhaltssachen mit einem grenzüberschreitenden Bezug, die aus einer Familienbeziehung herrühren.

6. Die Rom III-Verordnung

11 Das Kollisionsrecht für Scheidungssachen sollte als **Rom III-Verordnung** eigentlich zu einer Änderung der Brüssel IIa-Verordnung führen. Nachdem dieses Projekt von mehreren Mitgliedstaaten blockiert worden war, kam es zu einer **verstärkten Zusammenarbeit** (Art. 20 EUV, Art. 326–334 AEUV) einiger Mitgliedstaaten.[6] Seit dem 21.6.2012 ist die Verordnung des Rates zur Begründung einer verstärkten Zusammenarbeit im Bereich des auf die Ehescheidung und Trennung ohne Auflösung des Ehebandes, anzuwendenden Rechts anzuwenden.[7] Sie gilt in Belgien, Bulgarien, Deutschland, Frankreich, Griechenland, Italien, Lettland, Litauen, Luxemburg, Malta, Österreich, Portugal, Rumänien, Slowenien, Spanien und Ungarn. Irland nimmt nicht teil.

7. Die Rom IVa-Verordnung

12 Seit 2019 gilt die Verordnung des Rates über die Zuständigkeit, das anzuwendende Recht, die Anerkennung und die Vollstreckung von Entscheidungen im Bereich des Ehegüterrechts.[8] Die Kommission war der Ansicht, „dass die ungeklärten Vermögensverhältnisse bei Paaren mit internationalem Hintergrund zu den großen Problemen zählen, mit denen Unionsbürger im Alltag nach wie vor konfrontiert sind, wenn sie die Rechte, die ihnen aus der Unionsbürgerschaft erwachsen, in einem anderen Mitgliedstaat ausüben."

13 Die Verordnung bestimmt wie auch die Rom IVb-VO (s. u. Rn. 8) nicht nur das auf das Güterrecht in der Ehe und der Lebenspartnerschaft anwendbare Recht, sondern regelt auch die internationale Zuständigkeit und die Anerkennung und Vollstreckung.

---

[6] *Hess*, Abgestufte Integration im Europäischen Zivilprozessrecht, FS Leipold, 2008, S. 237, 244; *Wagner*, Vereinheitlichung des Internationalen Privat- und Zivilverfahrensrechts neun Jahre nach Inkrafttreten des Amsterdamer Vertrags, NJW 2008, 2225, 2227; *Kohler*, Zur Gestaltung des europäischen Kollisionsrechts für Ehesachen: Der steinige Weg zu einheitlichen Vorschriften über das anwendbare Recht für Scheidung und Trennung, FamRZ 2008, 1673; *ders.*, Einheitliche Kollisionsnormen für Ehesachen in der Europäischen Union: Vorschläge und Vorbehalte, FPR 2008, 193.

[7] Verordnung (EU) Nr. 1259/2010 des Rates zur Begründung einer verstärkten Zusammenarbeit im Bereich des auf die Ehescheidung und Trennung ohne Auflösung des Ehebandes anzuwendenden Rechts, ABl. L 343 vom 29.12.2010. *Gruber*, Scheidung auf Europäisch – die Rom III-Verordnung, IPRax 2012, 381; *Pietsch*, Rechtswahl für Ehesachen nach „Rom III", NJW 2012, 1768; *Becker*, Die Vereinheitlichung von Kollisionsnormen im europäischen Familienrecht – Rom III, NJW 2011, 1543.

[8] Verordnung (EG) Nr. 2016/1103 (EheGüVO) des Rates zur Durchführung einer Verstärkten Zusammenarbeit im Bereich der Zuständigkeit, des anzuwendenden Rechts und der Anerkennung und Vollstreckung von Entscheidungen in Fragen des ehelichen Güterstands, vom 24.6.2016, ABl. L 183, 1, ber. 2017 L 113, 62 und 2018 L 167, 36. Dazu *Dörner*, EuGüVO und EuErbVO – Abgrenzung und Qualifikationsprobleme, ZEV 2019, 309; *Erbarth*, Die Auswirkungen der EuGüVO auf das Internationale Privatrecht und die Internationale Zuständigkeit der Wirkungen der Ehe im Allgemeinen (§§ 1353 ff. BGB), NZFam 2018, 249; *Martiny*, Die Anknüpfung güterrechtlicher Angelegenheiten nach den Europäischen Güterrechtsverordnungen, ZfPW 2017, 1.

Rechtsgrundlage des Vorschlags ist Art. 81 Abs. 3 AEUV. **14**

Die ehelichen Güterstände waren auf EU-Ebene bislang nicht geregelt. Das Haa- **15** ger Übereinkommen über das auf eheliche Güterstände anwendbare Recht vom 14.03.1978 ist nur von Frankreich, Luxemburg und den Niederlanden ratifiziert worden. Angestrebt ist keine Sachrechtsvereinheitlichung, sondern die Harmonisierung durch IZPR und IPR bei Bezug zu mehr als einem Mitgliedstaat.

8. Die Rom IVb-Verordnung

Seit 2019 gilt die Verordnung zur Durchführung der Verstärkten Zusammenarbeit im Bereich der Zuständigkeit, des anzuwendenden Rechts und der Anerkennung und Vollstreckung von Entscheidungen in Fragen güterrechtlicher Wirkungen eingetragener Partnerschaften (EuPartVO).[9] Die Verordnung ist mit der Rom IVa-VO im Wesentlichen identisch. Die Kommission hatte sich wegen der Besonderheiten der Rechtsinstitute Ehe und eingetragene Partnerschaft und der unterschiedlichen Rechtsfolgen, die sich aus diesen Formen des Zusammenlebens ergeben, dazu entschlossen, zwei getrennte Verordnungen vorzulegen.

Rechtsgrundlage des Vorschlags ist ebenfalls Art. 81 Abs. 3 AEUV. **16**

9. Die Arbeiten der Haager Konferenz

Von besonderer Bedeutung bei der Entwicklung des europäischen Familienrechts ist **17** die **Abstimmung mit den von der Haager Konferenz entwickelten globalen Übereinkommen**.[10] Hier gehen im Grundsatz – allerdings nur soweit der Anwendungsbereich reicht – die Europäischen Verordnungen vor (Art. 60 EuEheVO; Art. 69 Abs. 2 EuUnthVO). Allerdings wurde bei deren Erarbeitung darauf geachtet, dass möglichst wenige Friktionen mit den Haager Übereinkommen entstehen. Dies zeigen teilweise identische Wortlaute, aber auch Vorschriften, die das Verhältnis im Einzelnen regeln (Art. 15 EuUnthVO). Zum Teil wird auch die Anwendung der Haager Übereinkommen im Verhältnis der Mitgliedstaaten untereinander modifiziert (Art. 11 EuEheVO, s. u. Rn. 51).

---

[9] Verordnung (EU) 2016/1104 des Rates vom 24. Juni 2016, ABl. L 183 vom 8.7.2016, S. 30–56. *Andrae*, Der sachliche Anwendungsbereich der Europäischen Güterrechtsverordnung, IPrax 2018, 221; *Döbereiner*, Die Europäischen Güterrechtsverordnungen, notar 2018, 244; *Dutta*, Güterrechtsverordnung für europäische Ehegatten, FamRZ 2016, 1973; *Dutta/Weber*, Die Europäischen Güterrechtsverordnungen, 2017; *Heiderhoff*, Die EU-Güterrechtsverordnungen, IPrax 2018, 1; *dies*, Die EU-Güterrechtsverordnung als neueste Bausteine im Europäischen Familienkollisionsrecht, Jura 2018, 253; *Ziereis*, Die neuen Europäischen Güterrechtsverordnungen, JuS 2018, 1040.

[10] Eine Darstellung im Detail erfolgt hier nicht. S. zur Vertiefung *Andrae*, Zur Abgrenzung des räumlichen Anwendungsbereichs von EheVO, MSA, KSÜ und autonomen IZPR/IPR, IPrax 2006, 82; *Faetan*, Internationale Rechtsgrundlagen im Unterhaltsrecht sowie europäische und internationale Vollstreckungsübereinkommen, JAmt 2007, 181; *Gruber*, Das HKÜ, die Brüssel IIa-Verordnung und das Internationale Familienrechtsverfahrensgesetz, FPR 2008, 214; *Martiny*, Grenzüberschreitende Unterhaltsdurchsetzung nach europäischem und internationalem Recht, FamRZ 2008, 1681.

§ 2 Die Brüssel IIa-Verordnung (EuEheVO)

I. Einleitung

18 Die Brüssel IIa-Verordnung ersetzt seit dem 01.03.2005 die Brüssel II-Verordnung (Art. 71 EuEheVO) und erweitert deren Anwendungsbereich auf sämtliche Kinder und alle Entscheidungen über die elterliche Verantwortung auch unabhängig von einer Ehesache (Art. 1 EuEheVO).[11] Die Brüssel IIa-Verordnung enthält Regelungen über die **Zuständigkeit** für die Ehescheidung (Art. 3–7 EuEheVO), für Streitigkeiten betreffend die elterliche Verantwortung (Art. 8–9, 12–15 EuEheVO) und für Fälle von Kindesentführungen (Art. 10 EuEheVO). Normiert wird die **Rechtshängigkeit** (Art. 19 EuEheVO), die **Anerkennung und Vollstreckung** (Art. 21–45 EuEheVO) sowie die **Zusammenarbeit zwischen den zentralen Behörden** bei Verfahren betreffend die elterliche Verantwortung (Art. 53–58 EuEheVO). Die Brüssel IIa-Verordnung wurde 2019 reformiert und wird für Verfahren gelten, die ab dem 01.08.2022 eingeleitet werden.[12] Ziel der Überarbeitung war keine komplette Neugestaltung (vgl. Erwägungsgrund 1), was vor dem Hintergrund des notwendigen Einstimmigkeitsprizips (Art. 81 Abs. 3 UAbs. 1 AEUV, dazu Kap. 12 Rn. 4) auch illusorisch gewesen wäre.

19 2005 wurde ein praktischer **Leitfaden** für die Anwendung der Brüssel IIa-Verordnung von der Europäischen Kommission ausgearbeitet. Dieser ist als pdf-Datei im Internet abrufbar.[13]

Seit April 2014 liegt ein Bericht der Kommission über die Anwendung der Verordnung vor.[14]

20 Die Brüssel IIa-Verordnung verdrängt als europäisches Sekundärrecht in ihrem Anwendungsbereich nationales Recht (Art. 288 AEUV), so die Vorschriften über die internationale Zuständigkeit im FamFG (§§ 98, 99, 103 Abs. 3 FamFG).

21 Die Brüssel IIa-Verordnung enthält selbst keine **Kollisionsnormen**. Solche finden sich in der Rom III-Verordnung. Von der ursprünglichen Idee, diese Kollisionsnormen in die Brüssel IIa-Verordnung zu integrieren und auf den Erlass einer eigenständigen Rom III-Verordnung zu verzichten, ist man abgerückt, weil die Rom

---

[11] Die EuEheVO ist nicht anwendbar auf eine Scheidungsklage vor den Gerichten eines Mitgliedstaates (Zypern), die im April 2003 eingeleitet wurden, nachdem die Verordnung am 1.3.2001 in Kraft getreten war, aber bevor Zypern am 1.5.2004 Mitgliedstaat wurde, EuGH, Beschluss vom 17.6.2010, Rs. C-312/09, *Michalias/Ioannau-Michalia*.

[12] Verordnung (EU) 2019/1111 des Rates vom 25. Juni 2019 über die Zuständigkeit, die Anerkennung und Vollstreckung von Entscheidungen in Ehesachen und in Verfahren betreffend die elterliche Verantwortung und über internationale Kindesentführungen ABl. L 178 vom 2.7.2019, S. 1. Dazu *Gruber/Möller*, Die Neufassung der EuEheVO, IPRax 2020, 393; *Erb-Klünemann/Niethammer-Jürgens*, Die neue Brüssel IIa-VO, FamRB 2019, 454; *Schulz*, Die Neufassung der Brüssel IIa-Verordnung, FamRZ 2020, 1141; *Schlauß*, Internationales Kindschaftsrecht, ZKJ 2019, 255; H*ess*, EZPR, Rn. 7.18.

[13] https://op.europa.eu/de/publication-detail/-/publication/f7d39509-3f10-4ae2-b993-53ac6b9f93ed (abgerufen am 14.12.2021).

[14] KOM(2014) 225 endg.

III-Verordnung nur in den Mitgliedstaaten gilt, die sich an der verstärkten Zusammenarbeit beteiligen. Die Vorschriften werden nicht für Verfahren zur Nichtigerklärung einer Ehe gelten.

Zur Durchführung der Brüssel IIa-Verordnung hat der deutsche Gesetzgeber das **22** **Internationale Familienrechtsverfahrensgesetz** (IntFamRVG) erlassen.[15] Es regelt z. B., dass zentrale Behörde (i. S. d. Art. 53 EuEheVO) in Deutschland seit dem 01.01.2007 das **Bundesamt für Justiz** (BfJ) und nicht mehr der Generalbundesanwalt beim BGH ist (§ 3 IntFamRVG). Weiter wird die in der Brüssel IIa-Verordnung nicht geregelte örtliche Zuständigkeit festgelegt (§§ 10–13 IntFamRVG).

II. Begriffe

Bevor man sich mit Details der Brüssel IIa-Verordnung befasst, bietet es sich an, **23** zunächst die wesentlichen Begriffe, die das (internationale) Familienrecht prägen und die in der Brüssel IIa-Verordnung explizit definiert wurden, zu klären.

1. Ehesachen

Die EuEheVO führt als Ehesachen in Art. 1 Abs. 1 lit. a EuEheVO die Ehescheidung, **24** die Trennung ohne Auflösung des Ehebandes und die Ungültigerklärung einer Ehe auf. Der Begriff darf nicht Art. 121 FamFG entnommen werden, weil der der EuEheVO ein europäisch autonomer ist und die Definitionen nicht übereinstimmen: So ist jedenfalls strittig, ob eine Klage auf Feststellung der Nichtigkeit, des Bestehens oder Nichtbestehens einer Ehe unter die EuEheVO fällt.

2. Elterliche Verantwortung

Der Begriff der elterlichen Verantwortung bezeichnet die gesamten Rechte und **25** Pflichten, die einer (natürlichen oder juristischen) Person durch Entscheidung oder kraft Gesetzes oder durch eine rechtlich verbindliche Vereinbarung betreffend die Person oder das Vermögen eines (ehelichen oder nichtehelichen) Kindes übertragen wurden. Elterliche Verantwortung umfasst insbesondere das Sorge- und das Umgangsrecht (Art. 2 Nr. 7 EuEheVO).

Die Person, die die elterliche Verantwortung für ein Kind ausübt, wird als Träger der elterlichen Verantwortung bezeichnet (Art. 2 Nr. 8 EuEheVO).

3. Folgesachen

Im Rahmen einer Scheidung können weitere Folgesachen zu entscheiden sein. Dies **26** sind z. B. der Ehegattenunterhalt nach der Scheidung, der Unterhalt für die Kinder,

---

[15] Gesetz zur Aus- und Durchführung bestimmter Rechtsinstrumente auf dem Gebiet des internationalen Familienrechts, vom 26.1.2005, BGBl. I S. 162. Das Gesetz dient darüber hinaus auch der Ausführung des HKEntfÜ 1980 und des ESÜ 1980. S. dazu *Finger*, Das internationale Familienrechtsverfahrensgesetz, ZfJ 2005, 144; *Gruber*, Das neue Internationale Familienrechtsverfahrensgesetz, FamRZ 2005, 1603.

die Vermögensauseinandersetzung unter den Ehegatten, sowie Fragen rund um die Haushaltssachen, die Zuweisung der Ehewohnung oder die Namensführung.

Von diesen Folgesachen erfasst die EuEheVO nur die elterliche Verantwortung, also Sorge- und Umgangsrecht. Unterhaltssachen richten sich seit dem 18.06.2011 nach der EuUnthVO (dazu Rn. 70 ff.).

4. Kindesentführung

27 Diese ist in Art. 2 Nr. 11 EuEheVO als widerrechtliches Verbringen oder Zurückhalten eines Kindes unter den dort genannten Voraussetzungen definiert.

III. Anwendungsbereich

1. Sachlicher Anwendungsbereich

28 Der sachliche Anwendungsbereich ist in Art. 1 EuEheVO normiert.

Gem. Art. 1 Abs. 1 lit. a erfasst die EuEheVO die Zivilsachen der **Trennung von Eheleuten**, und zwar die Ehescheidung, die Trennung ohne Auflösung des Ehebandes und die Ungültigerklärung der Ehe. Diese Verfahren können vor einem Gericht oder einer Verwaltungsbehörde durchgeführt werden, kirchliche Verfahren sind nicht erfasst. Unter den Begriff der Ehescheidung verstand man zunächst in verordnungsautonomer Auslegung nur die Auflösung heterosexueller Ehen, nicht aber die homosexueller Verbindungen. Das galt unabhängig von der Bezeichnung und auch, obwohl einige Mitgliedstaaten die Ehe für homosexuelle Paare geöffnet haben.[16] Dagegen richtete sich zunehmender Widerstand, der aber eine dynamische Begriffsbildung favorisieren musste und eher den *ordre public* Einwand nutzen wollte.[17] Die Neufassung schaffte es nicht, insoweit Einigung zu erzielen.[18]

29 Weiter erfasst die Brüssel IIa-Verordnung Zivilsachen über die Zuweisung, Ausübung, Übertragung sowie die vollständige oder teilweise Entziehung der **elterlichen Verantwortung** (Art. 1 Abs. 1 lit. b EuEheVO). Der Begriff der elterlichen Verantwortung ist in Art. 2 Nr. 7 EuEheVO definiert. Die Brüssel IIa-Verordnung gilt auch für Verfahren betreffend die elterliche Verantwortung für nichteheliche Kinder und auch selbstständige Verfahren über die elterliche Verantwortung, ohne dass eine Verbindung zu einem Verfahren in Ehesachen bestehen muss. Art. 1 Abs. 2 EuEheVO enthält eine nicht abschließende Auflistung der erfassten Gegenstände der elterlichen Verantwortung.

30 Ausdrücklich nicht erfasst sind gewöhnlich die Feststellung und die Anfechtung des Eltern-Kind-Verhältnisses (Abs. 3 lit. a), Adoptionsentscheidungen (Abs. 3 lit. b), Fragen der Namensführung des Kindes (Abs. 3 lit. c), die Volljährigkeitserklärung

---

[16] Rauscher/*Rauscher*, EuZPR/EuIPR, Art. 3 Brüssel IIa-Verordnung Rn. 13; Thomas/Putzo/*Hüßtege*, ZPO, EuEheVO, Vorbem. Art. 1 Rn. 5.

[17] Umfassende Darstellung des Meinungsstandes bei *Mankowski*, Das Gesetz über die „Ehe für alle", seine Folgen und sein europäisches Umfeld im Internationalen Privat- und Prozessrecht, IPRax 2017, 541, 546 Fn. 49, 50.

[18] Kritisch *Gruber/Möller*, Die Neufassung der EuEheVO, IPRax 2020, 399; *Hess*, EZPR, Rn. 7.23.

(Abs. 3 lit. d), Unterhaltspflichten (die regelt die EuUnthVO, s. u. Rn. 70 ff.), sowie Trusts und Erbschaften (Abs. 3 lit. f).

Die Neufassung bringt nur geringe Änderungen für den sachlichen Anwendungsbereich.[19]

2. Räumlicher Anwendungsbereich

Das Vereinigte Königreich (bis zum Brexit) und Irland nehmen an der Brüssel   **31**
IIa-Verordnung teil, nicht jedoch Dänemark (Art. 2 Nr. 3 EuEheVO).[20] Bezüglich Irland und Dänemark ändert sich durch die Neufassung der Verordnung nichts (vgl. Erwägungsgrund 95, 96). Seit Ende des Übergangszeitraums ist das Vereinigte Königreich Drittstaat. Die einzelnen Übergangsregelungen findet man in Art. 67 Austrittsabkommen (s. Kap. 3 Rn. 30).

IV. Internationale Zuständigkeit in Ehesachen

Die internationale Zuständigkeit für Ehesachen ist in Art. 3–7 EuEheVO normiert.   **32**
Die Vorschriften verdrängen (Art. 288 Abs. 2 AEUV) in Deutschland § 98 FamFG; die internationale Zuständigkeit ist von Amts wegen zu beachten (Art. 17 EuEheVO). Geregelt ist nicht die örtliche Zuständigkeit, diese ist in Deutschland gem. § 122 FamFG zu bestimmen. Im Anerkennungs- und Vollstreckbarerklärungsverfahren darf die internationale Zuständigkeit nicht geprüft werden (Art. 24 EuEheVO).

Art. 3 EuEheVO enthält keinen allgemeinen und keine besonderen Gerichts-   **33**
stände wie die EuGVO, sondern sieben einander gleichwertige Alternativen („*oder*"), wie die internationale Zuständigkeit in Ehesachen zu bestimmen ist. Diese sollen in erster Linie der Mobilität der Ehepartner Rechnung tragen, weshalb fast durchgehend auf den gewöhnlichen Aufenthalt abgestellt wurde und nur in Art. 3 Abs. 1 lit. b EuEheVO die Staatsangehörigkeit Bedeutung erlangt. Der Antragsteller hat zwischen den Alternativen die freie Wahl, was natürlich ein *forum shopping* begünstigt. Gefördert wird dies noch durch die stark unterschiedlichen Scheidungsrechte in den Mitgliedstaaten und derzeit noch durch das Fehlen einheitlicher Kollisionsvorschriften.

Betrachtet man die einzelnen Alternativen, wird schnell klar, dass es sich hierbei   **34**
um einen rechtspolitischen Kompromiss handelt, der stark divergierende Ansichten widerspiegelt, inwieweit neben Beklagtengerichtsständen auch Klägergerichtsstände oder Staatsangehörigkeitsforen sinnvoll sind. Den Hintergrund dieser unterschied-

---

[19] *Gruber/Möller*, IPRax 2020, 393.

[20] Gemäß den Artikeln 1 und 2 des dem Vertrag über die Europäische Union und dem Vertrag zur Gründung der Europäischen Gemeinschaft beigefügten Protokolls über die Position Dänemarks beteiligt sich Dänemark nicht an der Annahme dieser Verordnung, die für Dänemark nicht bindend oder anwendbar ist (Erwägungsgrund 31). Die Protokolle blieben auch nach dem Lissabon-Vertrag in Kraft. Eine völkerrechtliche Vereinbarung, die die Brüssel IIa-Verordnung auch auf Dänemark erstreckte, ist nicht geplant.

lichen Ansichten bildet die Tatsache, dass Ehepartner nach der Trennung häufig wieder in ihren Heimatstaat, dessen Staatsangehörigkeit sie besitzen, zurückkehren.

35   Gem. Art. 3 Abs. 1 lit. a EuEheVO sind die Gerichte des Mitgliedstaats international zuständig, in dessen Hoheitsgebiet

- beide Ehegatten ihren gewöhnlichen Aufenthalt haben, oder
- die Ehegatten zuletzt beide ihren gewöhnlichen Aufenthalt hatten, sofern einer von ihnen dort noch seinen gewöhnlichen Aufenthalt hat, oder
- der Antragsgegner seinen gewöhnlichen Aufenthalt hat, oder
- im Fall eines gemeinsamen Antrags einer der Ehegatten seinen gewöhnlichen Aufenthalt hat, oder
- der Antragsteller seinen gewöhnlichen Aufenthalt hat, wenn er sich dort seit mindestens einem Jahr unmittelbar vor der Antragstellung aufgehalten hat, oder
- der Antragsteller seinen gewöhnlichen Aufenthalt hat, wenn er sich dort seit mindestens sechs Monaten unmittelbar vor der Antragstellung aufgehalten hat und entweder Staatsangehöriger des betreffenden Mitgliedstaats ist oder, im Fall des Vereinigten Königreichs und Irlands, dort sein „domicile" hat.

Art. 3 Abs. 1 lit. a ist nach Ansicht des EuGH verordnungsautonom dahin auszulegen ist, dass ein Ehegatte, der sein Leben in zwei Mitgliedstaaten verbringt, seinen **gewöhnlichen Aufenthalt nur in einem dieser Mitgliedstaaten** haben kann, so dass allein die Gerichte des Mitgliedstaats, in dessen Hoheitsgebiet sich dieser gewöhnliche Aufenthalt befindet, für die Entscheidung über den Antrag auf Auflösung der Ehe zuständig sind.[21]

36   Gem. Art. 3 Abs. 1 lit. b EuEheVO sind die Gerichte des Mitgliedstaats international zuständig, dessen Staatsangehörigkeit beide Ehegatten besitzen.

37   Das Gericht, bei dem ein Antrag gemäß Art. 3 EuEheVO anhängig ist, ist auch für einen Gegenantrag zuständig, sofern dieser in den Anwendungsbereich dieser Verordnung fällt (Art. 4 EuEheVO). Ziel der Vorschrift ist es, Probleme, die durch doppelte Rechtshängigkeit auftreten könnten, zu vermeiden.

38   Unter den Voraussetzungen des Art. 6 EuEheVO sind die Zuständigkeiten ausschließliche.[22]

Gerichtsstandsvereinbarungen und rügelose Einlassung sind im Anwendungsbereich der Brüssel IIa-Verordnung ausgeschlossen.

---

[21] EuGH, Urteil vom 25.11.2021, C-289/20 Rn. 62.

[22] Gehalt und Sinn des Art. 6 EuEheVO sind außerordentlich umstritten. Vgl. EuGH, Urteil vom 29.11.2007, Rs C-68/07 *Sundelind Lopez/Lopez Lizazo* = NJW 2008, 207 (Die Art. 6 und 7 der Brüssel IIa-VO in der durch die Verordnung (EG) Nr. 2116/2004 geänderten Fassung sind dahin auszulegen, dass die Gerichte eines Mitgliedstaats, wenn der Antragsgegner in einem Ehescheidungsverfahren weder seinen gewöhnlichen Aufenthalt im Hoheitsgebiet eines Mitgliedstaats hat noch die Staatsbürgerschaft eines Mitgliedstaats besitzt, ihre Zuständigkeit für die Entscheidung über den entsprechenden Antrag nicht aus ihrem nationalen Recht herleiten können, wenn die Gerichte eines anderen Mitgliedstaats nach Art. 3 dieser Verordnung zuständig sind.).

V. Internationale Zuständigkeit in Kindschaftssachen

Die internationale Zuständigkeit in Verfahren, die die elterliche Verantwortung betreffen, ist in Art. 8 Abs. 1 EuEheVO geregelt. Nicht geregelt ist die örtliche Zuständigkeit. **39**

Zuständig sind die Gerichte des Mitgliedstaats, in dem das Kind zum Zeitpunkt der Antragstellung seinen gewöhnlichen Aufenthalt hat. Die Vorschrift soll das Verfahren zugunsten des Kindes erleichtern und auch die Nähe zu Institutionen der Kinder- und Jugendhilfe sicherstellen. Die Staatsangehörigkeit des Kindes ist ohne Bedeutung. **40**

Der **Begriff des gewöhnlichen Aufenthalts** ist verordnungsautonom auszulegen. Darunter ist nach Ansicht des EuGH[23] **41**

„der Ort zu verstehen, der Ausdruck einer gewissen sozialen und familiären Integration des Kindes ist. Hierfür sind insbesondere die Dauer, die Regelmäßigkeit und die Umstände des Aufenthalts in einem Mitgliedstaat sowie die Gründe für diesen Aufenthalt und den Umzug der Familie in diesen Staat, die Staatsangehörigkeit des Kindes, Ort und Umstände der Einschulung, die Sprachkenntnisse sowie die familiären und sozialen Bindungen des Kindes in dem betreffenden Staat zu berücksichtigen."

Entscheidend ist der gewöhnliche Aufenthalt im Zeitpunkt der Antragstellung. Es gilt der Grundsatz *perpetuatio fori*; nachträgliche Änderungen sind ohne Bedeutung. **42**

Art. 8 Abs. 1 EuEheVO findet nur vorbehaltlich der Art. 9, 10 und 12 EuEheVO Anwendung. Diese Vorschriften sehen internationale Zuständigkeiten vor, die entweder neben die oder an Stelle der Aufenthaltszuständigkeit treten. **43**

Art. 12 Abs. 1 EuEheVO regelt die internationale Zuständigkeit für Verfahren betreffend die elterliche Verantwortung als internationale Verbundzuständigkeit zum die Ehe betreffenden Statusverfahren. Die Eltern haben die Möglichkeit, eine Gerichtsstandsvereinbarung zu treffen.[24] **44**

Art. 15 EuEheVO enthält den im Europäischen Zivilprozessrecht derzeit seltenen Fall einer Verweisungsmöglichkeit an ein Gericht eines anderen Mitgliedstaates, das trotz eigener Zuständigkeit des verweisenden Gerichts den Fall besser beurteilen kann. Die Vorschrift geht auf die ansonsten im Europäischen Zivilprozessrecht abgelehnte Lehre vom *forum non conveniens* (dazu Kap. 3 Rn. 58 ff.) zurück.[25] Seit Kurzem findet sich in Art. 6 EuErbVO eine weitere (kodifizierte) Ausformung des *forum non conveniens* -Grundsatzes (s. Kap. 13 Rn. 14). Eine Verweisung im technischen **45**

---

[23] EuGH, Urteil vom 2.4.2009, Rs. C-523/07 A = NJW 2009, 1868.

[24] Zu geringfügigen Änderungen der Neufassung *Gruber/Möller*, IPrax 2020, 393, 394.

[25] *Klinkhammer*, Internationale Verweisung von Kindschaftssachen nach der Brüssel IIa-VO, FamRBint 2006, 88; *Schlosser*, Neue Perspektiven der Zusammenarbeit von Gerichten verschiedener EG-Staaten im Kindschaftsrecht, FS D. Schwab, 2005, S. 1255.

Sinne ist das Ganze deshalb nicht, weil das Gericht, an das verwiesen wird, zustimmen muss (Art. 15 Abs. 5 EuEheVO). Die Neufassung bringt nur geringe Änderungen.[26]

VI. Internationale Zuständigkeit in Fällen von Kindesentführung

46 Wird ein Kind entführt, stellt sich die Frage, ob der Entführer davon verfahrensrechtlich derart profitieren soll, dass am Entführungsort eine Zuständigkeit für Verfahren betreffend die elterliche Verantwortung begründet wird, wenn das Kind dort einen neuen gewöhnlichen Aufenthalt begründet hat.

47 Art. 10 EuEheVO ordnet dazu an, dass grundsätzlich bei einem widerrechtlichen Verbringen oder Zurückhalten eines Kindes die Gerichte des Mitgliedstaats zuständig bleiben, in dem das Kind unmittelbar zuvor seinen gewöhnlichen Aufenthalt hatte, auch wenn es einen neuen gewöhnlichen Aufenthalt begründet hat.

48 Hat das Kind nach einer Entführung noch keinen gewöhnlichen Aufenthalt im neuen Mitgliedstaat begründet, ergibt sich die Zuständigkeit des vormaligen Aufenthaltsstaats ganz normal aus Art. 8 Abs. 1 EuEheVO.

49 Die ursprüngliche Zuständigkeit endet erst nach Begründung eines neuen gewöhnlichen Aufenthaltes unter den weiteren Voraussetzungen des Art. 10 lit. a oder lit. b. EuEheVO Dies ist der Fall, wenn jede sorgeberechtigte Person, Behörde oder sonstige Stelle dem Verbringen oder Zurückhalten zugestimmt hat (Art. 10 lit. a EuEheVO). Das ist weiter der Fall, wenn das Kind sich in diesem anderen Mitgliedstaat mindestens ein Jahr aufgehalten hat, nachdem die sorgeberechtigte Person, Behörde oder sonstige Stelle seinen Aufenthaltsort kannte oder hätte kennen müssen und sich das Kind in seiner neuen Umgebung eingelebt hat, sofern eine der in lit. b genannten weiteren Bedingungen erfüllt ist.

50 Wenn in den in Art. 10 lit. a und lit. b EuEheVO genannten Fällen die Zuständigkeit des früheren Aufenthaltsstaats endet, ist der neue Aufenthaltsstaat zuständig, über die elterliche Verantwortung zu entscheiden.

51 Keine Zuständigkeitsvorschrift ist Art. 11 EuEheVO.[27] Die Zuständigkeit folgt aus Art. 8 Abs. 1 EuEheVO. Art. 11 EuEheVO kommt die Funktion der Beschleunigung der Rückführungsentscheidung zu (Abs. 3) und modifiziert die Anwendung des trotz des Art. 60 lit. e EuEheVO weiterhin anwendbaren HKÜ zwischen den Mitgliedstaaten. Die Rückführung ist nach den Vorschriften des HKÜ zu beurteilen. Lehnen die Gerichte des Mitgliedstaats, in den das Kind verbracht wurde, die Rückführung gem. Art. 13 HKÜ ab, wird das in den Art. 11 Abs. 6–8 EuEheVO enthaltene Verfahren in Gang gesetzt. Im Ergebnis hat das Gericht des Mitgliedstaats, aus dem das Kind verbracht wurde, das letzte Wort.

---

[26] *Gruber/Möller*, IPrax 2020, 393, 395.

[27] *Coester*, Kooperation statt Konfrontation: Die Rückgabe entführter Kinder nach der Brüssel IIa-Verordnung, FS Schlosser, 2005, S. 135; *Dutta/Scherpe*, Die Durchsetzung von Rückführungsansprüchen nach dem Haager Kindesentführungsübereinkommen durch deutsche Gerichte, FamRZ 2006, 901.

VII. Rechtshängigkeit

Die Rechtshängigkeit regelt die Brüssel IIa-Verordnung in Art. 19. Die Bestimmung **52**
entspricht im Wesentlichen Art. 29 EuGVO. In der Brüssel IIa-Verordnung kommt der
Rechtshängigkeitsregel wegen der vielen Zuständigkeitsalternativen eine erhebliche
Bedeutung zu. Gem. Art. 19 Abs. 1 EuEheVO geht bei Anträgen in Ehesachen das
erste Verfahren vor. Das später angerufene Gericht muss sein Verfahren aussetzen, bis
die Zuständigkeit des erstangerufenen Gerichts feststeht. Sobald die Zuständigkeit
des zuerst angerufenen Gerichts feststeht, erklärt sich das später angerufene Gericht
zugunsten dieses Gerichts für unzuständig (Art. 19 Abs. 3 EuEheVO).

Der **Zeitpunkt** der Rechtshängigkeit ist in Art. 16 EuEheVO entsprechend **53**
Art. 32 EuGVO (s. Kap. 4 Rn. 14) verordnungsautonom normiert. Die unterschiedlichen, in Art. 1 Abs. 1 lit. a EuEheVO genannten Verfahren, entfalten auch untereinander eine Sperrwirkung. So sperrt ein zuerst eingeleitetes Verfahren auf Trennung von Tisch und Bett ein späteres Scheidungsverfahren. Im Ergebnis wird damit
der Streitgegenstand, der die Rechtshängigkeitssperre auslöst, gegenüber der Kernpunkttheorie (s. Kap. 4 Rn. 25 ff.) erweitert.[28]

Für Verfahren betreffend die elterliche Verantwortung gilt Art. 19 Abs. 2 **54**
EuEheVO.

Gem. Art. 19 Abs. 3 S. 2 EuEheVO kann der Antragsteller, der den Antrag bei **55**
dem später angerufenen Gericht gestellt hat, diesen Antrag dem zuerst angerufenen
Gericht vorlegen, es kommt also zu einer **Verfahrenskonzentration**. Erforderlich
sein soll aber die internationale Zuständigkeit des ersten Gerichts auch für diesen
Antrag, weil Art. 19 Abs. 3 S. 2 EuEheVO keine eigene Zuständigkeit begründe.[29]

VIII. Anerkennung und Vollstreckbarerklärung

Die Regelung der Anerkennung und der Vollstreckung sind in Art. 21–52 enthalten. **56**
Sie entsprechen – allerdings mit wichtigen Ausnahmen – denen der EuGVO a. F. So
erfolgt eine automatische Urteilsanerkennung, die Zuständigkeit des Ursprungs-
gerichts wird nicht nachgeprüft und die Anerkennung führt zu einer Wirkungserstreckung der Entscheidung in das Inland.

Allerdings mischt die Brüssel IIa-Verordnung die aus der Entwicklung vom **57**
EuGVÜ über die EuGVO bis zur EuVTVO bekannten Modelle der Anerkennung
und Vollstreckbarerklärung (dazu eingehend Rn. 5 ff.) munter durcheinander. So
entspricht das generelle Modell der Anerkennung und Vollstreckbarerklärung noch
den Regeln des EuGVÜ und nicht vollständig den verbesserten der EuGVO a. F.,
weil eine Prüfung von Versagungsgründen im Verfahren selbst und nicht erst im
Beschwerdeverfahren wie in der EuGVO a. F. erfolgt. Zudem finden sich für die

---

[28] *Gruber*, Die neue EheVO und die deutschen Ausführungsgesetze, IPRax 2005, 293, 295.

[29] *Gruber*, Die neue „europäische Rechtshängigkeit" bei Scheidungsverfahren, FamRZ 2000,
1134; *Hess*, EZPR, § 7 Rn. 41.

Entscheidungen über den Umgang und die Rückgabe des Kindes Regeln, die denen
der EuVTVO entsprechen.[30]

1. Anerkennung

58   Die in einem Mitgliedstaat ergangenen Entscheidungen werden in den anderen Mitgliedstaaten anerkannt, ohne dass es hierfür eines besonderen Verfahrens bedarf
(Art. 21 EuEheVO). Das entspricht Art. 36 Abs. 1 EuGVO (s. Kap. 5 Rn. 49 ff.). Die
anzuerkennenden Entscheidungen müssen aber in den **Anwendungsbereich** der
Brüssel IIa-Verordnung fallen. Das führt dazu, dass sich die automatische Anerkennung nicht auf Verfahren erstreckt, die nach dem Recht des Ursprungsmitgliedstaats mit dem Statusverfahren verbunden sind, aber außerhalb des Anwendungsbereichs der Brüssel IIa-Verordnung liegen.

59   Anerkannt werden die **Entscheidungswirkungen**; bei den Ehesachen kommt
der Gestaltungswirkung die größte Bedeutung zu. Keine anzuerkennende Urteilswirkung ist wie bei der EuGVO die Vollstreckbarkeit, sie wird erst durch das Vollstreckbarerklärungsverfahren der Art. 28 ff. EuEheVO verliehen.

60   Gründe für die Nichtanerkennung einer Entscheidung in Ehesachen sind in
Art. 22 EuEheVO enthalten, die **Versagungsgründe** für Verfahren betreffend die
elterliche Verantwortung in Art. 23 EuEheVO. Diese entsprechen denen in
Art. 45 EuGVO.

Wie nach der EuGVO darf weder die Zuständigkeit des Gerichts des Ursprungsmitgliedstaats (Art. 24 EuEheVO, ohne Ausnahmen wie nach Art. 45 Abs. 3
EuGVO) noch die Entscheidung in der Sache (Art. 26 EuEheVO) geprüft werden.

2. Vollstreckung von Entscheidungen über die elterliche Verantwortung

61   Für die Ehesachen i. S. d. Art. 1 Abs. 1 lit. a EuEheVO besteht keine Notwendigkeit
der Vollstreckbarerklärung, weil die Entscheidungen nicht vollstreckungsfähig sind.

62   Für Entscheidungen über die elterliche Verantwortung ist die Grundregel in
Art. 28 EuEheVO enthalten. Danach werden die in einem Mitgliedstaat ergangenen
Entscheidungen über die elterliche Verantwortung für ein Kind, die in diesem Mitgliedstaat vollstreckbar und zugestellt worden sind, in einem anderen Mitgliedstaat
vollstreckt, wenn sie dort auf Antrag einer berechtigten Partei für vollstreckbar erklärt wurden. Die Brüssel IIa-Verordnung folgt insoweit dem Vollstreckbar-
erklärungsmodell der EuGVO, als ein **Vollstreckbarerklärungsverfahren** erforderlich ist. In der Neufassung entfällt das Vollstreckbarerklärungsverfahren, die
VO folgt insofern dem Modell der Art. 39 ff. EuGVO.[31]

63   Örtlich und sachlich zuständig ist gem. §§ 10, 12 IntFamRVG das Familien-
gericht, in dessen Bezirk ein OLG seinen Sitz hat, für den Bezirk dieses OLG.

---

[30] Für eine Konsolidierung der Verfahren *Adolphsen*, Perspektive der Europäischen Union – Gegenwartsfragen der Anerkennung im Internationalen Zivilverfahrensrecht, S. 1, in: Die Anerkennung
im Internationalen Zivilprozessrecht, 2014.

[31] *Gruber/Möller*, IPrax 2020, 393, 396; *Hess*, EZPR, Rn. 7.19.

Anders als im Vollstreckbarerklärungsverfahren nach der EuGVO a. F. (Art. 41 EuGVO a. F.: „*Sobald die in Artikel 53 vorgesehenen Förmlichkeiten erfüllt sind, wird die Entscheidung unverzüglich für vollstreckbar erklärt, **ohne dass eine Prüfung nach den Artikeln 34 und 35 erfolgt**.*") werden die Versagungsgründe von Amts wegen im Vollstreckbarerklärungsverfahren geprüft (Art. 31 Abs. 2 EuEheVO). Warum das notwendig ist, ist in den Erwägungsgründen nicht begründet.

Gegen die Entscheidung über den Antrag auf Vollstreckbarerklärung kann jede **64** Partei einen **Rechtsbehelf** einlegen (Art. 33 Abs. 1 EuEheVO). Die Zuständigkeit folgt in Deutschland aus § 24 IntFamRVG. Danach findet die Beschwerde zum OLG statt, dagegen ist die Rechtsbeschwerde zum BGH statthaft (§ 28 IntFamRVG).

3. Vollstreckung von Entscheidungen über das Umgangsrecht und zur Rückgabe des Kindes

Für Entscheidungen zum Umgangsrecht und über die Rückgabe des Kindes nach **65** Art. 11 Abs. 8 ist **kein Exequaturverfahren** erforderlich. Zur Beschleunigung nutzt die Brüssel IIa-Verordnung in Art. 41, 42 EuEheVO das Modell der EuVTVO.

Eine in einem Mitgliedstaat ergangene vollstreckbare Entscheidung über das **66** **Umgangsrecht** im Sinne des Art. 40 Abs. 1 lit. a EuEheVO, für die eine Bescheinigung nach Art. 40 Abs. 2 EuEheVO im Ursprungsmitgliedstaat ausgestellt wurde, wird in einem anderen Mitgliedstaat anerkannt und kann dort vollstreckt werden, ohne dass es einer Vollstreckbarerklärung bedarf und ohne dass die Anerkennung angefochten werden kann (Art. 41 Abs. 1 EuEheVO).

Entsprechendes gilt gem. Art. 42 Abs. 1 EuEheVO für Entscheidungen über die **Rückgabe des Kindes** gem. Art. 11 Abs. 8 EuEheVO.

IX. Zusammenarbeit zwischen Zentralen Behörden

Dem Modell der Übereinkommen der Haager Konferenz entlehnt, sind die Vor- **67** schriften zur Zusammenarbeit der Zentralen Behörden (Art. 53–58 EuEheVO). Der Einsatz von Zentralen Behörden ist im Bereich des Europäischen Zivilprozessrechts nicht gänzlich neu: So ist auch in Art. 3 EuBewVO eine Zentralstelle vorgesehen (s. dazu Kap. 9 Rn. 19), ebenso wie in Art. 3 EuZustVO.

Diese Zentralstellen werden sämtlich in das Justizielle Netz (Kap. 2 Rn. 10) eingebunden (Art. 58 Abs. 2 EuEheVO), so dass es in der Zukunft stärker als bisher zu einer Kooperation der beteiligten Justizorgane kommen wird.

Im Bereich der Brüssel IIa-Verordnung wird der Einsatz mit dem Bedarf an Ab- **68** stimmung und Zusammenarbeit zwischen den Behörden der beteiligten Mitgliedstaaten begründet.[32] § 6 Abs. 1 IntFamRVG sieht vor, dass die Zentrale Behörde zur Erfüllung der ihr obliegenden Aufgaben mit Hilfe der zuständigen Stellen alle erforderlichen Maßnahmen veranlasst und unmittelbar mit allen zuständigen Stellen im In- und Ausland verkehrt.

---

[32] MüKo-ZPO/*Gottwald*, EuEheVO, Art. 53 Rn. 1.

69   Zentrale Behörde in Deutschland ist das **Bundesamt für Justiz in Bonn** (BfJ).[33]

§ 3 Die EuUnterhaltsVO

I. Einleitung

70   Die EuUnthVO ist seit dem 18.06.2011 anwendbar. Mit ihrem Inkrafttreten hat sie
die unterhaltsrechtlichen Vorschriften der EuGVO a. F. ersetzt (Art. 68 Abs. 1 Eu-
UnthVO). Bei der Neufassung der EuGVO hat der Verordnungsgeber die über-
flüssigen Vorschriften entfernt.

71   Die EuUnthVO enthält Regeln über die **internationale Zuständigkeit** (Art. 3–11
EuUnthVO), die **Rechtshängigkeit** (Art. 12 EuUnthVO), die **Anerkennung und
Vollstreckung** ausländischer Entscheidungen (Art. 16–43 EuUnthVO) und zur **Zu-
sammenarbeit von zentralen Behörden** (Art. 49–63 EuUnthVO).

72   Eigene **Kollisionsnormen** enthält die EuUnthVO entgegen erster Pläne nicht,
um eine sinnvolle Abstimmung zu den Übereinkommen der Haager Konferenz zu
ermöglichen.[34] Stattdessen verweist Art. 15 EuUnthVO darauf, dass sich das auf
Unterhaltspflichten anwendbare Recht für die Mitgliedstaaten, die durch das Haager Protokoll vom 23.11.2007 über das auf Unterhaltspflichten anzuwendende
Recht (HUP) gebunden sind, nach jenem Protokoll bestimmt. Parallel zur Eu-
UnthVO hatte die Haager Konferenz Arbeiten zu einem Übereinkommen über die
internationale Geltendmachung von Unterhaltsansprüchen von Kindern und anderen Familienangehörigen[35] vorangetrieben. Wegen Meinungsverschiedenheiten
zwischen den USA und den EU-Mitgliedstaaten wurden in das Übereinkommen
selbst keine Kollisionsnormen aufgenommen, sondern in das Protokoll über das auf
Unterhaltspflichten anzuwendende Recht eingefügt.

II. Anwendungsbereich

1. Sachlicher Anwendungsbereich

73   Die EuUnthVO findet Anwendung auf Unterhaltspflichten, die auf einem Familien-,
Verwandtschafts-, oder eherechtlichen Verhältnis oder auf Schwägerschaft beruhen
(Art. 1 Abs. 1 EuUnthVO). Der Unterhaltsbegriff entspricht dem, der zum mittler-
weile weggefallenen Art. 5 Abs. 2 EuGVO a. F. entwickelt wurde.

74   Ob Ansprüche aus homosexuellen Ehen oder Lebensgemeinschaften erfasst
sind, ist unklar.[36]

---

[33] www.bundesjustizamt.de.

[34] *Andrae*, Zum Verhältnis der Haager Unterhaltskonvention 2007 und des Haager Protokolls zur
geplanten EU-Unterhaltsverordnung, FPR 2008, 196.

[35] Zur komplizierten Regelungsstruktur s. *Hess*, EZPR, § 7 Rn. 99.

[36] Dazu Rauscher/*Andrae*, EuZPR/EuIPR, Art. 1 EG-UntVO Rn. 3; *Gruber*, Die neue EG-
Unterhaltsverordnung, IPRax 2010, 128, 130.

Erfasst werden gerichtliche und behördliche Verfahren, wobei Letztere den An-   **75**
forderungen des Art. 2 Abs. 2 EuUnthVO genügen müssen.

2. Räumlicher Anwendungsbereich

Die EuUnthVO gilt innerhalb der Mitgliedstaaten, wobei wie immer der Sonderstatus   **76**
des Vereinigten Königreichs, Irlands und Dänemarks zu beachten ist. Irland hat von
seiner *opt in*-Möglichkeit Gebrauch gemacht hat.[37] Das Vereinigte Königreich be-
teiligte sich auch vor dem Brexit nicht an der Annahme dieser Verordnung, und war
weder durch diese gebunden noch zu ihrer Anwendung verpflichtet.[38] Allerdings hatte
es durch Mitteilung vom 15.01.2009 von der Möglichkeit eines Beitritts zur Verordnung
Gebrauch gemacht.[39] Seit dem Ende des Übergangszeitraums ist das Vereinigte
Königreich Drittstaat. Die Übergangsregelungen sind in Art. 67 Austrittsabkommen
aufgeführt(s. Kap. 3 Rn. 30). Für Dänemark ist die Lage deshalb kompliziert, weil
Dänemark das Abkommen vom 10.10.2005[40] mit der EG geschlossen hat, das die
EuGVO auf völkervertraglicher Grundlage auf Dänemark erstreckt (vgl. Kap. 3 Rn. 5,
31). Dänemark kann bei jeder Änderung der EuGVO mitteilen, ob es die Änderung
umsetzen will. Da durch Art. 68 EuUnthVO die Regeln der EuGVO für Unterhalt verdrängt werden, ist Dänemark davon ausgegangen, dass die (an sich ja eigenständige
EuUnthVO) quasi als Änderung der EuGVO anzusehen ist und hat mitgeteilt, dass es
die mit der EuUnthVO vorgenommenen Änderungen der EuGVO umsetzen wird. Daraus folgt aber, dass die Kap. III und VII gegenüber Dänemark nicht gelten.[41]

---

[37] Erwägungsgrund 46.

[38] Erwägungsgrund 47.

[39] Entscheidung der Kommission vom 8.6.2009 zum Wunsch des Vereinigten Königreichs auf Annahme der Verordnung (EG) Nr. 4/2009 des Rates über die Zuständigkeit, das anwendbare Recht,
die Anerkennung und Vollstreckung von Entscheidungen und die Zusammenarbeit in Unterhaltssachen, ABl. L 149 vom 12.6.2009 S. 73.

[40] Abkommen zwischen der Europäischen Gemeinschaft und dem Königreich Dänemark über die
gerichtliche Zuständigkeit und die Anerkennung und Vollstreckbarerklärung von Entscheidungen
in Zivil- und Handelssachen, ABl. L 299 vom 16.11.2005, S. 62, angenommen mit Beschluss des
Rates über den Abschluss des Abkommens über die gerichtliche Zuständigkeit und die Anerkennung und Vollstreckbarerklärung von Entscheidungen in Zivil- und Handelssachen vom
27.4.2006, ABl. L 120 vom 5.5.2006, S. 22.

[41] Gemäß Art. 3 Abs. 2 des Abkommens hat Dänemark der Kommission mit Schreiben vom
14.1.2009 mitgeteilt, dass es die mit der Verordnung (EG) Nr. 4/2009 vorgenommenen Änderun-
gen der Verordnung (EG) Nr. 44/2001 umsetzen wird. Dies bedeutet, dass die Bestimmungen der
Verordnung (EG) Nr. 4/2009 über die Zuständigkeit, das anwendbare Recht, die Anerkennung und
Vollstreckung von Entscheidungen und die Zusammenarbeit in Unterhaltssachen mit Ausnahme
der Bestimmungen in Kapitel III und VII auf die Beziehungen zwischen der Gemeinschaft und
Dänemark Anwendung finden. Die Bestimmungen des Artikels 2 und in Kap. IX der Verordnung
(EG) Nr. 4/2009 sind jedoch nur insoweit anwendbar, als sie die gerichtliche Zuständigkeit, die
Anerkennung, Vollstreckbarkeit und Vollstreckung von Entscheidungen und den Zugang zum
Recht betreffen, Vgl. ABl. L 149, S. 80.

III. Internationale Zuständigkeit

77 Die Vorschriften über die internationale Zuständigkeit orientieren sich an Art. 4 EuGVO und dem mittlerweile weggefallenen Art. 5 Nr. 2 EuGVO a. F.:
Zuständig ist gem. der EuUnthVO das Gericht am gewöhnlichen Aufenthalt (nicht Wohnsitz wie bei Art. 4 EuGVO) des Beklagten (Art. 3 lit. a EuUnthVO). Dies entspricht dem Beklagtengerichtsstand des Art. 4 EuGVO.
Alternativ zuständig ist auch das Gericht am gewöhnlichen Aufenthalt der berechtigten Person (Art. 3 lit. b EuUnthVO). Dies entspricht dem weggefallenen Klägergerichtsstand in Art. 5 Nr. 2 EuGVO a. F.

78 Beide Zuständigkeitsvorschriften legen neben der internationalen auch die örtliche Zuständigkeit fest und gehen insoweit nationalen Regelungen vor. Europarechtlich sehr fragwürdig sind daher die §§ 25 ff. AUG (Auslandsunterhaltsgesetz).[42] Diese Vorschriften regeln die Durchführung der Unterhaltsverordnung in Deutschland. § 28 Abs. 1 AUG begründet in den Fällen der Art. 3 lit. a und lit. b EuUnthVO die ausschließliche Zuständigkeit des AG am Sitz des OLG, in dessen Bezirk der Antragsgegner oder der Berechtigte seinen gewöhnlichen Aufenthalt hat. Zu Recht hat das AG Düsseldorf dem EuGH jüngst die Frage vorgelegt, ob diese Zuständigkeitskonzentration mit den Regelungen der EuUnthVO vereinbar ist.[43]

79 Art. 3 lit. c und lit. d EuUnthVO enthalten **Annexzuständigkeiten** im Zusammenhang mit Statusverfahren (Unterhalt anlässlich Scheidung) und im Zusammenhang mit Verfahren über die elterliche Verantwortung.

80 Alle Zuständigkeiten bestehen gleichwertig nebeneinander, d. h. es gibt **kein Rangverhältnis**; der Antragsteller hat die freie Wahl.

81 Wenn es auch im Wortlaut des Art. 3 EuUnthVO keinen Ausdruck gefunden hat, setzt die Norm voraus, dass Kläger und Beklagter ihren gewöhnlichen Aufenthalt nicht im gleichen Mitgliedstaat haben. Der Streit muss also einen **grenzüberschreitenden Bezug** haben. Ansonsten würden reine Inlandsfälle erfasst (und auch die örtliche Zuständigkeit geregelt), wozu der EU die Kompetenz fehlt.[44]

82 Art. 4 EuUnthVO bietet die Möglichkeit einer **Gerichtsstandsvereinbarung**, wobei die Wahlmöglichkeit (anders als bei Art. 25 EuGVO, dazu Kap. 3 Rn. 276 ff.) hinsichtlich des Gerichts beschränkt ist. Für Minderjährige besteht keine Möglichkeit, eine Gerichtsstandsvereinbarung zu schließen (Art. 4 Abs. 3 EuUnthVO).

83 Art. 5 EuUnthVO enthält die übliche Regel zur **rügelosen Einlassung** (zu Art. 26 EuGVO s. Kap. 3 Rn. 308 ff.).

---

[42] Hierzu ausführlich MüKo-FamFG/*Lipp*, Art. 3 Rn. 6 ff., 11 EuUnthVO (m. w. N.).

[43] AG Düsseldorf, Vorlagebeschluss vom 9.7.2013, 269 F 107/13 = NJW 2014, 720.

[44] Ebenso Rauscher/*Andrae*, EuZPR/EuIPR, Art. 3 EG-UntVO Rn. 18; *Gruber*, Die neue EG-Unterhaltsverordnung, IPRax 2010, 128, 132 f.

IV. Rechtshängigkeit

Die in Art. 12 EuUnthVO enthaltene Regel ist mit Art. 29 EuGVO (dazu Kap. 4) **84**
vergleichbar; der Zeitpunkt der Rechtshängigkeit ist in Art. 9 EuUnthVO entsprechend Art. 32 Abs. 1 EuGVO fixiert. Die Kernpunkttheorie des EuGH (dazu
Kap. 4 Rn. 25 ff.) gilt auch hier, so dass negative Feststellungsklagen spätere
Leistungsklagen zwischen denselben Parteien sperren.

V. Anerkennung und Vollstreckbarerklärung

Die Regel der Anerkennung, die Vollstreckbarkeit und die Vollstreckung der unter **85**
die EuUnthVO fallenden Entscheidungen sind in den Art. 16 ff. EuUnthVO enthalten. Dabei erfolgt eine Zweiteilung: Der erste Abschnitt (Art. 17–22 EuUnthVO)
betrifft nur Entscheidungen aus Mitgliedstaaten, die durch das Haager Protokoll
von 2007 gebunden sind (auch Irland!), in denen also vereinheitlichtes Kollisionsrecht zur Anwendung kommt. Hier wird auf das Exequaturverfahren verzichtet.
    Der zweite Abschnitt (Art. 23–38 EuUnthVO) betrifft Entscheidungen aus Mit-
gliedstaaten, die nicht durch das Haager Protokoll von 2007 gebunden sind, dieses
ist nach dem Brexit Dänemark. Hier wird das Modell der EuGVO a. F. kopiert, es
ist ein Vollstreckbarerklärungsverfahren erforderlich.

1. Entscheidungen aus an das HUP gebundene Mitgliedstaaten

Wichtigste Vorschrift des ersten Abschnitts ist Art. 17 EuUnthVO unter der Über- **86**
schrift der **Abschaffung des Exequaturverfahrens**. Danach kommt es zu einer
ipso iure Anerkennung, ohne dass die Anerkennung angefochten werden könnte.
Anerkennungsversagungsgründe gibt es daher keine. Entscheidungen aus diesen
Mitgliedstaaten, die dort vollstreckbar sind, sind in einem anderen Mitgliedstaat
vollstreckbar, ohne dass es einer Vollstreckbarerklärung bedarf. Es wird also das
Modell, das die EuVTVO erstmals eingeführt hat, auch auf Unterhaltsentscheidungen erstreckt. Eine Bestätigung wie in der EuVTVO gibt es dagegen nicht,
so dass es nicht zu einer Kontrolle im Ursprungsmitgliedstaat kommt. Statt der Einführung von Mindeststandards und der Kontrolle im Rahmen der Bestätigung wird
ein Recht auf Nachprüfung (Art. 19 EuUnthVO) gegeben, wenn der Antragsgegner
am Verfahren nicht teilgenommen hat und ihm kein rechtliches Gehör gewährt wurde.[45]

2. Entscheidungen aus nicht an das HUP gebundene Mitgliedstaaten

Für Entscheidungen aus Mitgliedstaaten, die nicht durch das Haager Protokoll von **87**
2007 gebunden sind, ist nach dem Modell der EuGVO die Möglichkeit eröffnet, die
Anerkennung bei Vorliegen von Versagungsgründen (Art. 24 EuUnthVO) zu ver-

---

[45] Hierzu *Gsell/Netzer*, Vom grenzüberschreitenden zum potenziell grenzüberschreitenden Sachverhalt – Art. 19 EuUnterhVO als Paradigmenwechsel im Europäischen Zivilverfahrensrecht,
IPRax 2010, 403.

weigern. Es ist ein Exequaturverfahren erforderlich, in dem allerdings die Versagungsgründe nicht geprüft werden dürfen (Art. 30 EuUnthVO). Die Versagungsgründe dürfen erst im Rechtsbehelfsverfahren geprüft werden (Art. 32, 34 Abs. 1 EuUnthVO).

§ 4 Zusammenfassung

88

- In Europa gibt es derzeit keine Vereinheitlichung des materiellen Familienrechts.
- Der Vertrag von Lissabon sieht für das Familienrecht ein besonderes Gesetzgebungsverfahren vor, mit dem grundsätzlich am Einstimmigkeitsprinzip festgehalten wird.
- Die Brüssel IIa-Verordnung enthält nur verfahrensrechtliche Regelungen, keine Kollisionsnormen.
- Zur Durchführung der Brüssel IIa-Verordnung hat der deutsche Gesetzgeber das Internationale Familienrechtsverfahrensgesetz (IntFamRVG) erlassen.
- Die Brüssel IIa-Verordnung erfasst die Zivilsachen der Trennung von Eheleuten und die Zivilsachen über die Zuweisung, Ausübung, Übertragung sowie die vollständige oder teilweise Entziehung der elterlichen Verantwortung.
- Die Brüssel IIa-Verordnung vermischt die verschiedenen Modelle der Anerkennung und Vollstreckbarerklärung. Das Modell der Anerkennung und Vollstreckbarerklärung folgt noch nicht vollständig den entsprechenden Regeln der EuGVO. Eine Prüfung von Versagungsgründen findet im Verfahren selbst statt und nicht erst im Beschwerdeverfahren wie in der EuGVO. Für die Entscheidungen über den Umgang und die Rückgabe des Kindes sind Regeln vorgesehen, die denen der EuVTVO entsprechen.
- Die EuUnthVO ist seit 2011 anwendbar. Die Vorschriften der EuGVO für Unterhaltssachen wurden gestrichen.
- Die EuUnthVO enthält nur verfahrensrechtliche Regelungen, keine Kollisionsnormen.
- Die EuUnthVO findet Anwendung auf Unterhaltspflichten, die auf einem Familien-, Verwandtschafts-, oder eherechtlichen Verhältnis oder auf Schwägerschaft beruhen.
- Die Regelung der Anerkennung und Vollstreckung ist zweigeteilt. Bei Entscheidungen aus Mitgliedstaaten, die durch das Haager Protokoll von 2007 gebunden sind, wird auf das Exequaturverfahren verzichtet. Bei Entscheidungen aus Mitgliedstaaten, die nicht durch das Haager Protokoll von 2007 gebunden sind, ist ein Vollstreckbarerklärungsverfahren erforderlich.
- Seit 2019 gelten güterrechtliche Verordnungen (Rom IVa und IVb), getrennt für Ehen und Lebensgemeinschaften, die jeweils als Paketlösung sowohl das IZVR als auch das IPR der Rechtsbereiche regeln.

13. Kapitel Europäisches Erbrecht

Die Bildung eines Europäischen Rechtsraums ohne Binnengrenzen hat die Mobili- **1**
tät der EU-Bürger drastisch erhöht:
Ausbildung, Familie, Beruf und Ruhestand – die gesamte Lebensführung findet
heute häufig grenzüberschreitend statt. Allein in Deutschland leben 4.895.905 Mio.
EU-Ausländer.[1] Viele Deutsche haben ihren Lebensmittelpunkt ihrerseits vorübergehend, ganz oder teilweise ins Ausland verlagert. Der Erwerb von Gütern, die in
anderen Mitgliedstaaten belegen ist, stellt keine Seltenheit mehr dar.[2]
Hierdurch mehren sich auch Erbfälle mit EU-Auslandsbezug: Nach Angaben des
Bundesministeriums für Justiz und Verbraucherschutz hatten 2012 rund 10 % aller
Erbfälle in Europa einen grenzüberschreitenden Bezug. Dem entsprächen etwa
450.000 Erbfälle mit einem Nachlasswert von ca. 120 Mrd. €.[3] Auch aktuellere Zahlen bewegen sich in diesem Bereich.[4]

---

[1] Statistisches Bundesamt, Ausländische Bevölkerung nach Geschlecht und ausgewählten Staats-
angehörigkeiten am 31.12.2020. https://www.destatis.de/DE/Themen/Gesellschaft-Umwelt/Bevo-
elkerung/Migration-Integration/Tabellen/auslaendische-bevoelkerung-geschlecht.html;jsessio-
nid=333C26BACE0CDDBCF05AE582E2C11B52.live721 (abgerufen am 14.12.2021).

[2] Weitere (veraltete) Zahlen aus dem Jahr 2002 finden sich in der Studie des DNotI (Fn. 5). Damals
gab es in Deutschland rund 1,8 Mio. EU-Ausländer. Schätzungen zufolge hatten knapp 1 Mio.
Deutsche Immobilienbesitz in anderen EU-Staaten. Diese Zahl wird sich in den vergangenen
13 Jahren sicher nicht verringert haben.

[3] Pressemitteilung des BMJV vom 8.6.2012 anlässlich der Verordnungsunterzeichnung.

[4] *Von Bary*, Gerichtsstands- und Schiedsvereinbarungen im internationalen Erbrecht, 2018, S. 1
(Fn. 2).

© Springer-Verlag GmbH Deutschland, ein Teil von Springer Nature 2022   337
J. Adolphsen, *Europäisches Zivilverfahrensrecht*, Springer-Lehrbuch,
https://doi.org/10.1007/978-3-662-63558-2_13

§ 1 Die EU-ErbrechtsVO

I. Einleitung

2   Bestrebungen, das Erbrecht durch eine Angleichung von internationalem Verfahrensrecht und Kollisionsrecht zu harmonisieren, gibt es schon lange. Bereits 2002 veröffentlichte das Deutsche Notarinstitut (DNotI) im Auftrag der Europäischen Kommission eine rechtsvergleichende Studie zu den erbrechtlichen Vorschriften des Internationalen Verfahrensrechts und des Internationalen Privatrechts in den damaligen Mitgliedstaaten.[5] Auf dieser Grundlage legte die Kommission am 1.3.2005 ein Grünbuch zum Erb- und Testamentsrecht vor.[6] Erst vier Jahre später, am 14.10.2009, folgte ein Verordnungsvorschlag,[7] der sich teilweise massivem Widerstand ausgesetzt sah und mehrfach nachgebessert werden musste.[8] Am 27.7.2012 wurde die Verordnung schließlich im Amtsblatt der Europäischen Union veröffentlicht.[9] Sie ist am 17.8.2014 in Kraft getreten (Art. 84 EuErbVO) und findet für Erbfälle, die ab dem 17.8.2015 eintreten, Anwendung (Art. 83 Abs. 1 EuErbVO).

3   Vom 6.2.2014 datierte der **Referentenentwurf eines Gesetzes zum Internationalen Erbrecht** und zur Änderung von Vorschriften zum Erbschein.[10] Bezweckt wurde, die Zuständigkeit für das Verfahren zur Erteilung eines deutschen Erbscheins und über die Ausstellung eines Europäischen Nachlasszeugnisses bei demselben Gericht zu bündeln. Zusätzlich wurden die Regeln des Erbscheins geändert und aus dem BGB in das FamFG übertragen.

4   Die EuErbVO enthält Regeln über die **internationale Zuständigkeit** (Art. 4–11 EuErbVO), die **Rechtshängigkeit** (Art. 17 EuErbVO) und die **Anerkennung und Vollstreckung** ausländischer Entscheidungen (Art. 39–58 EuErbVO). In Abschn. III enthält sie **Kollisionsvorschriften** (Art. 20–38 EuErbVO). In Abschn. VI wird das **Europäische Nachlasszeugnis (ENZ)** eingeführt (Art. 62–73 EUErbVO).

---

[5] *Dörner/Lagarde*, Rechtsvergleichende Studie der erbrechtlichen Regelungen des Internationalen Verfahrensrechts und Internationalen Privatrechts der Mitgliedstaaten der Europ ischen Union, 2002; Stellungnahme des Max Planck Instituts, RabelsZ 74 (2010) 522, 623.

[6] KOM (2005) 65 endg.

[7] KOM (2009) 154 endg.; zum Vorschlag eingehend *Dörner*, Der Entwurf einer europäischen Verordnung zum Internationalen Erb- und Erbverfahrensrecht – Überblick und ausgewählte Probleme, ZEV 2010, 221; *Kindler*, Vom Staatsangehörigkeits- zum Domizilprinzip: das künftige internationale Erbrecht der Europäischen Union, IPRax 2010, 44.

[8] *Simon/Buschbaum*, Die neue EU-Erbrechtsverordnung, NJW 2012, 2393.

[9] Verordnung (EU) Nr. 650/2012 des Europäischen Parlaments und des Rates vom 4.7.2012 über die Zuständigkeit, das anzuwendende Recht, die Anerkennung und die Vollstreckung von Entscheidungen und öffentlichen Urkunden in Erbsachen sowie zur Einführung eines Europäischen Nachlasszeugnisses, ABl. L 201 vom 27.7.2012, S. 107.

[10] http://www.lsvd.de/fileadmin/pics/Dokumente/Recht/Referentenentwurf_Stand_Januar_2014. pdf (zuletzt abgerufen am 14.12.2021). Dazu *Wagner/Scholz*, Der Referentenentwurf eines Gesetzes zur Durchführung der EU-Erbrechtsverordnung, FamRZ 2014, 714.

In ihrem Anwendungsbereich verdrängt die EuErbVO gem. Art. 288 AEUV das **5**
deutsche internationale Zivilverfahrensrecht (§§ 105, 343 f. FamFG) sowie das
deutsche internationale Privatrecht.

II. Anwendungsbereich

1. Sachlicher Anwendungsbereich

Nach Art. 1 Abs. 1 S. 1 EuErbVO ist die Verordnung auf die *„Rechtsnachfolge von* **6**
Todes wegen" anzuwenden. Die Begriffsbestimmung des Art. 3 Abs. 1 lit a. EuErb-
VO definiert diesen Terminus als „jede Form des Übergangs von Vermögenswer-
ten, Rechten und Pflichten von Todes wegen, sei es im Wege der gewillkürten Erb-
folge durch eine Verfügung von Todes wegen oder im Wege der gesetzlichen
Erbfolge".

Was wiederum dieser Definition unterfällt, ist im Wege autonomer Auslegung zu **7**
ermitteln. Die Verordnung gibt hierfür aber Anhaltspunkte:

Die EuErbVO gilt nicht für Steuer- und Zollsachen sowie verwaltungsrechtliche **8**
Angelegenheiten (Art. 1 Abs. 1 S. 2 EuErbVO). Darüber hinaus sind in Art. 1 Abs. 2
lit. a – l EuErbVO Bereiche des Zivilrechts vom Anwendungsbereich ausgeschlossen, die nicht die Rechtsnachfolge von Todes wegen betreffen, die aber typischerweise als mit Erbsachen zusammenhängend betrachtet werden könnten (Ehegüterrecht, Unterhaltsrecht, Gesellschaftsrecht, Verfügungen unter Lebenden usw.).[11]
Auf eine ausführliche Darstellung der einzelnen Bereiche wird mit Blick auf die
Zielsetzung dieses Lehrbuches verzichtet.[12]

Art. 23 Abs. 2 EuErbVO umschreibt dagegen positiv, welche Rechtsgebiete dem **9**
Erbstatut der Verordnung unterfallen. Der nicht abschließende Katalog kann bei der
Auslegung des Begriffs *„Rechtsnachfolge von Todes wegen"* herangezogen
werden.[13]

2. Räumlicher Anwendungsbereich

Der räumliche Anwendungsbereich erstreckt sich auf die Mitgliedstaaten (Art. 288 **10**
Abs. 2 AEUV). Ausgenommen ist Irland, das von seiner „opt-in" Möglichkeit keinen Gebrauch gemacht hat,[14] sowie Dänemark, das grundsätzlich nicht an Sekundärrechtsakten auf Grundlage von Art. 81 Abs. 2 AEUV teilnimmt.[15]

---

[11] Vgl. Erwägungsgrund 11; *Janzen*, Die EU-Erbrechtsverordnung, DNotZ 2012, 484, 493.

[12] Zu den einzelnen ausgenommenen Rechtsgebieten ausführlich: *Döbereiner*, Das internationale
Erbrecht nach der EU-Erbrechtsverordnung (Teil I), MittBayNot 2013, 358, 359 ff.; *Pawlytta/
Pfeiffer*, in: Münchener Anwaltshandbuch Erbrecht, 5. Aufl. 2018, § 33 Rn. 16, 77; *Simon/Busch-
baum*, Die neue EU-Erbrechtsverordnung, NJW 2012, 2393, 2393 f.

[13] *Pawlytta/Pfeiffer*, in: Münchener Anwaltshandbuch Erbrecht, § 33 Rn. 16, 75.

[14] Erwägungsgrund 82.

[15] Erwägungsgrund 83.

III. Internationale Zuständigkeit

11 Abschn. II der Verordnung beinhaltet neben Verfahrensvorschriften die Regelungen zur internationalen Zuständigkeit. Diese gelten gleichermaßen für die streitige wie für die freiwillige Gerichtsbarkeit.[16] Sie folgen – mit Ausnahme der Zuständigkeiten nach Art. 10 und 11 EuErbVO - einem gemeinsamen Prinzip: Im Regelfall soll das international zuständige Gericht sein eigenes Erbrecht anwenden.[17] Die Verordnung strebt einen **Gleichlauf** zwischen der internationalen Zuständigkeit und dem anwendbaren Erbrecht an.[18]

12 Als „Allgemeine Zuständigkeit" knüpft Art. 4 EuErbVO an den gewöhnlichen Aufenthaltsort des Erblassers an. Da auch die „Allgemeine Kollisionsnorm" Art. 21 Abs. 1 EuErbVO an den gewöhnlichen Aufenthalt anknüpft (Erbstatut), wird der prozessökonomisch günstige Gleichlauf zwischen der *lex fori* und der *lex causae* erreicht.[19]

13 Aber auch im Falle einer Rechtswahl des Erblassers (Art. 22 EuErbVO) kann dieser Gleichlauf hergestellt werden. Hat der Erblasser das Erbrecht eines Mitgliedstaates gewählt, können die betroffenen Parteien nach Art. 5 Abs. 1 EuErbVO durch eine Gerichtsstandsvereinbarung festlegen, dass für die Entscheidung ausschließlich ein Gericht **dieses** Mitgliedstaats zuständig sein soll.

14 Welche Bedeutung der besagte Gleichlauf für den Verordnungsgeber hatte, zeigt schließlich Art. 6 EuErbVO, der eine kodifizierte Ausformung des „*forum non conveniens*" Grundsatzes (dazu Kap. 3 Rn. 59 ff.) darstellt: Hat der Erblasser für seine Erbfolge das Recht eines Mitgliedstaats gewählt (Art. 22 EuErbVO), so kann sich ein an sich zuständiges Gericht auf Antrag einer Partei selbst für unzuständig erklären,[20] wenn seines Erachtens die Gerichte des Mitgliedstaats des gewählten Rechts in der Erbsache besser entscheiden können (Art. 6 lit. a EuErbVO). Das Gleiche gilt, wenn die Parteien eine Gerichtsstandsvereinbarung nach Art. 5 EuErbVO getroffen haben (Art. 6 lit. b EuErbVO).

15 Hatte der Erblasser seinen letzten gewöhnlichen Aufenthaltsort nicht in einem Mitgliedstaat, sieht Art. 10 Abs. 1 EuErbVO eine subsidiäre Zuständigkeit vor: Danach sind die Gerichte eines Mitgliedstaats, in dem sich Nachlassvermögen befindet, für **den gesamten Nachlass** zuständig, wenn der Erblasser Staatsangehöriger dieses Mitgliedstaats war (lit. a), oder er in diesem Mitgliedstaat seinen vorhergehenden gewöhnlichen Aufenthaltsort hatte und dies nicht mehr als fünf Jahre zurück liegt (lit. b). Eine Zuständigkeit für das im Mitgliedstaat befindliche Nachlassvermögen ist unabhängig von den Voraussetzungen des Abs. 1 aber jedenfalls nach Abs. 2 gegeben.

---

[16] *Schack*, IZVR, Rn. 482.

[17] Erwägungsgrund 27.

[18] *Schack*, IZVR, Rn. 482.

[19] *Simon/Buschbaum*, Die neue EU-Erbrechtsverordnung, NJW 2012, 2393, 2394.

[20] *Schack*, IZVR, Rn. 482; *Simon/Buschbaum*, Die neue EU-Erbrechtsverordnung, NJW 2012, 2393, 2394; *Heinig*, Rechtswahlen in Verfügungen von Todes wegen nach der EU-Erbrechts-Verordnung, RNotZ 2014, 197, 225.

Art. 11 EuErbVO enthält schließlich eine Notzuständigkeit (*forum necessitatis*): **16**
Danach ist ein nach den anderen Vorschriften der Verordnung unzuständiges mitgliedstaatliches Gericht ausnahmsweise zuständig, wenn es unzumutbar oder unmöglich ist, das Verfahren in einem Drittstaat zu führen und ein ausreichender Bezug mit diesem mitgliedstaatlichen Gericht besteht.

IV. Kollisionsrecht

Abschn. III beinhaltet die kollisionsrechtlichen Vorschriften der Verordnung. Mit **17**
Blick auf die Zielsetzung dieses Lehrbuches als Einführung in das „Europäische
Zivilverfahrensrecht" kann hier allenfalls an der Oberfläche gekratzt werden. Eine
vertiefte Darstellung bleibt der einschlägigen Aufsatz-, Kommentar- und Lehrbuch-
literatur überlassen.[21]
Art. 20 EuErbVO stellt klar, dass das Kollisionsrecht der Verordnung universal **18**
gilt. Es ersetzt insoweit das nationale Erbkollisionsrecht der Mitgliedstaaten.
Allgemeiner Anknüpfungspunkt der Verordnung ist gem. Art. 21 Abs. 1 EuErb- **19**
VO der gewöhnliche Aufenthalt der Erblassers. Obwohl es sich bei diesem Anknüpfungspunkt um die Regelanknüpfung handelt, findet sich in der gesamten Eu-
ErbVO keine Definition.[22] Hinweise, was unter dem Begriff zu verstehen ist, geben
lediglich die Erwägungsgründe 23 und 24. Danach ist eine Gesamtbeurteilung der
Lebensumstände des Erblassers in seinen letzten Lebensjahren vorzunehmen, in die
unter anderem Dauer und Regelmäßigkeit seines Aufenthalts, aber auch die familiären und sozialen Gründe, seine Staatsangehörigkeit, und der Belegenheitsort seines Vermögens einzubeziehen. Dass eine Bestimmung des gewöhnlichen Aufenthalts schwierig sein kann, leuchtet mit Blick auf diese Gemengelage ein.[23]
Art. 22 EuErbVO gibt dem Erblasser die Möglichkeit, abweichend von Art. 21 **20**
EuErbVO das Recht seiner Staatsangehörigkeit zu wählen. Diese Wahlmöglichkeit
hat unter Umständen Einfluss auf die internationale Zuständigkeit (s. o. Rn. 13).

V. Rechtshängigkeit

Die in Art. 17 EuErbVO enthaltene Regelung zur Rechtshängigkeit entspricht im **21**
Wesentlichen Art. 29 EuGVO (dazu Kap. 4 Rn. 1 ff., 7 ff.). Der Zeitpunkt der
Rechtshängigkeit wird in Art. 14 EuErbVO festgelegt. Die Vorschrift stimmt in lit.
a und b mit Art. 32 Abs. 1 EuGVO (dazu Kap. 4 Rn. 14 ff.) überein. Darüber hinaus

---

[21] *Simon/Buschbaum*, Die neue EU-Erbrechtsverordnung, NJW 2012, 2393; *Dutta*, Das internationale Erbrecht der Europäischen Union – Eine erste Lektüre der Erbrechtsverordnung, FamRZ
2013, 4; *Pawlytta/Pfeiffer*, in: Münchener Anwaltshandbuch Erbrecht, § 33 Rn. 11 ff.

[22] *Lehmann*, Die EU-Erbrechtsverordnung zur Abwicklung grenzüberschreitender Nachlässe,
DStR 2012, 2085, 2085 f.

[23] Hierzu ausführlich *Lehmann*, Die EU-Erbrechtsverordnung zur Abwicklung grenzüberschreitender Nachlässe, DStR 2012, 2085.

beinhaltet Art. 14 lit. c EuErbVO eine Regelung für Fälle, in denen das Gericht das Verfahren von Amts wegen einleitet.

VI. Anerkennung und Vollstreckung

22 Die Vorschriften zur Anerkennung und Vollstreckung von Entscheidungen (Art. 39 ff. EuErbVO) entsprechen im Wesentlichen denen der EuGVO a. F. Vermutlich wegen des (damals) laufenden EuGVO-Reformprozesses hat der Verordnungsgeber nicht einfach auf die Regelungen der EuGVO a. F. verwiesen.[24]

23   Nach Art. 39 Abs. 1 EuErbVO werden mitgliedstaatliche Entscheidungen in allen anderen Mitgliedstaaten automatisch anerkannt. Ein besonderes Verfahren ist nicht erforderlich. Eine Versagung der Anerkennung kommt nur ausnahmsweise nach Art. 40 EuErbVO in Betracht. Die dort genannten Anerkennungsversagungsgründe entsprechen nahezu wörtlich denen des Art. 34 EuGVO a. F. Auch bei der Vollstreckung (Art. 43 ff. EuErbVO) ergeben sich nur kleine Abweichung im Vergleich zu den Art. 38 ff. EuGVO a. F.[25] Ein Vollsteckbarerklärungsverfahren ist im Gegensatz zur EuGVO 2015 (dazu Kap. 5 Rn. 125) erforderlich.

24   Eine Besonderheit stellt der mit „Annahme öffentlicher Urkunden" überschriebene Art. 59 EuErbVO dar: Die Vorschrift legt fest, dass in einem Mitgliedstaat errichteten öffentlichen Urkunden in den anderen Mitgliedstaaten die gleiche (bzw. am ehesten vergleichbare) **formelle Beweiskraft** wie im Ursprungsmitgliedstaat zukommt.

Vollstreckt werden öffentliche Urkunden (vgl. Art. 60 EuErbVO), wie im Übrigen auch gerichtliche Vergleiche (vgl. Art. 61 EuErbVO), nach den allgemeinen Vorschriften der Art. 43 ff. EuErbVO.

VII. Das Europäische Nachlasszeugnis (ENZ)

1. Zweck, Errichtung und Wirkungen

25 Um die zügige, unkomplizierte und effiziente Abwicklung einer Erbsache mit grenzüberschreitendem Bezug innerhalb der Union zu erleichtern,[26] führt die EuErbVO in Abschn. VI das Europäische Nachlasszeugnis[27] (ENZ) ein (Art. 62 ff. EuErbVO): Erben, Vermächtnisnehmer, Testamentsvollstrecker und Nachlassverwalter (vgl. Art. 63 Abs. 1 EuErbVO) sollen mittels einer unionsweit gültigen, einheitlichen Bescheinigung befähigt werden, ihren Status und/oder ihre Rechte und Befugnisse

---

[24] *Simon/Buschbaum*, Die neue EU-Erbrechtsverordnung, NJW 2012, 2393, 2397.

[25] Hierzu *Simon/Buschbaum*, Die neue EU-Erbrechtsverordnung, NJW 2012, 2393, 2396 f.

[26] Vgl. Erwägungsgrund 67.

[27] Ausführliche Darstellung bei *Buschbaum/Simon*, EuErbVO: Das Europäische Nachlasszeugnis, ZEV 2012, 525.

in einem anderen Mitgliedstaat, beispielsweise in einem Mitgliedstaat, in dem Nachlassvermögen belegen ist, einfach nachzuweisen.[28]

Erforderlich hierfür ist ein Antrag der o. g. Personengruppen (Art. 65 Abs. 1 EuErbVO), der an die zuständige Behörde[29] des Mitgliedstaates zu richten ist, dessen Gerichte für den Sachverhalt international zuständig sind (Art. 64 EuErbVO). Die Behörde prüft die Angaben des Antragstellers und führt – sofern dies nach nationalem Recht vorgesehen ist – von Amts wegen Nachforschungen durch (Art. 66 Abs. 1 EuErbVO). Stehen keine Hinderungsgründe entgegen, ist das Nachlasszeugnis sodann „unverzüglich" auszustellen (Art. 67 Abs. 1 EuErbVO). Hierzu verwendet die Behörde ein Formblatt, dessen Inhalt von den Regelungen des Art. 68 EuErbVO bestimmt wird.   **26**

Gem. Art. 69 Abs. 1 EuErbVO entfaltet das ENZ seine **Wirkungen** in allen Mitgliedstaaten, ohne dass es eines besonderen Verfahrens bedarf: Nach Art. 69 Abs. 2 EuErbVO wird (widerleglich[30]) vermutet, dass der im ENZ ausgewiesene Sachverhalt zutrifft; außerdem, dass die im ENZ aufgeführte Person die in dem Zeugnis genannte Rechtsstellung und/oder Rechte oder Befugnisse innehat (*Beweiswirkung*).   **27**

Nach Art. 69 Abs. 3 und 4 EuErbVO genießen Personen, die auf das ENZ vertraut haben, Schutz vor „Scheinerben" (*Gutglaubenswirkung*).

2. Verhältnis zum nationalen Erbschein

Das ENZ ersetzt den nationalen Erbschein nicht (Art. 62 Abs. 3 EuErbVO). Da es am notwendigen Auslandsbezug fehlt, wird es in reinen Inlandsfällen nicht erteilt.[31] Hier bleibt es jedenfalls bei den jeweiligen nationalen Erbnachweisen.   **28**

Doch auch bei grenzüberschreitenden Sachverhalten ist die Verwendung des ENZ nicht verpflichtend (Art. 62 Abs. 2 EuErbVO). Dem Berechtigten steht es frei, bei der Abwicklung eines Erbfalls die anderen nach dieser Verordnung zur Verfügung stehenden Instrumente (Entscheidung, öffentliche Urkunde und gerichtlicher Vergleich) zu verwenden.[32]   **29**

Das ENZ eröffnet ihm aber (ergänzend) die Möglichkeit, gerade in internationalen Fällen seine Rechtsstellung leichter geltend zu machen.[33]

Wurde ein ENZ zur Verwendung in einem anderen Mitgliedstaat ausgestellt, entfaltet es allerdings auch in dem Mitgliedstaat Wirkung, in dem es ausgestellt wurde (Art. 62 Abs. 3 S. 2 EuErbVO). Insoweit ist ein nationaler Erbschein dann grundsätzlich entbehrlich. Gleichwohl kann es sinnvoll sein, ihn dennoch zu beantragen: **30**

---

[28] Vgl. Erwägungsgrund 67.

[29] Nach Art. 64 lit. a i. V. m. Art. 3 Abs. 2 EuErbVO ist der Begriff des Gerichts weit zu verstehen. Unter den in Art. 3 Abs. 2 genannten Voraussetzungen gelten auch Behörden und Angehörige eines Rechtsberufs (z. B. Notare) als Gericht i. S. d. Verordnung.

[30] *Janzen*, Die EU-Erbrechtsverordnung, DNotZ 2012, 484, 493.

[31] Vgl. Erwägungsgrund 67 *„das zur Verwendung in einem anderen Mitgliedstaat ausgestellt wird"*; *Pawlytta/Pfeiffer*, in: Münchener Anwaltshandbuch Erbrecht, § 33 Rn. 168; *Simon/Buschbaum*, Die neue EU-Erbrechtsverordnung, NJW 2012, 2393, 2397.

[32] Erwägungsgrund 69.

[33] *Buschbaum/Simon*, EuErbVO: Das Europäische Nachlasszeugnis, ZEV 2012, 525, 528.

Zum einen ist das ENZ nach Art. 70 Abs. 3 EuErbVO nur sechs Monate gültig.[34] Zum anderen können Dritte abweichend von Erwägungsgrund 69, der insofern nur einen Programmsatz darstellt, auf die Vorlage eines nationalen Erbscheins bestehen.[35]

§ 2 Zusammenfassung

31
- Die EuErbVO ist auf die „Rechtsnachfolge von Todes wegen" anzuwenden. Sie gilt für Erbfälle, die ab dem 17.8.2015 eintreten.
- Die EuErbVO enthält neben Zuständigkeits- und Verfahrensvorschriften auch harmonisiertes Kollisionsrecht.
- Zentraler Anknüpfungspunkt – sowohl für die internationale Zuständigkeit (Art. 4 EuErbVO) als auch für das Kollisionsrecht (Art. 21 EuErbVO) – ist der gewöhnliche Aufenthalt des Erblassers.
- Anerkennung und Vollstreckung nach der EuErbVO folgen dem Modell der EuGVO a. F.: Ein Vollstreckbarerklärungsverfahren ist somit erforderlich.
- Zur Vereinfachung grenzüberschreitender Nachlassabwicklung führt die EuErbVO das Europäische Nachlasszeugnis (ENZ) ein. Es entfaltet Beweis- und Gutglaubenswirkung und tritt neben den jeweiligen nationalen Erbnachweis.

---

[34] *Pawlytta/Pfeiffer*, in: Münchener Anwaltshandbuch Erbrecht, § 33 Rn. 166.

[35] *Buschbaum/Simon*, EuErbVO: Das Europäische Nachlasszeugnis, ZEV 2012, 525, 528 Fn. 26.

14. Kapitel Europäisches und Internationales Insolvenzrecht

§ 1 Grundfragen des Internationalen Insolvenzrechts

I. Einleitung

Das internationale Insolvenzrecht enthält die Grundsätze für grenzüberschreitende **1** Insolvenzverfahren. In diesen muss das Vermögen des Gemeinschuldners über Staatsgrenzen hinweg erfasst, verwertet, und unter Wahrung des Grundsatzes der Gläubigergleichbehandlung verteilt werden.

Durch grenzüberschreitende Insolvenzverfahren wird staatliche Souveränität **2** tangiert, wenn verfahrensrechtliche Kompetenzen im Ausland ausgeübt oder durchgesetzt werden sollen bzw. wenn ausländische Entscheidungen im Inland anerkannt oder vollstreckt werden sollen.

Sucht man eine Lösung der Probleme internationaler Insolvenzverfahren, könnte **3** man ein einziges Verfahren durchführen, in dem das gesamte weltweite Vermögen des Schuldners verteilt würde. Dieser idealtypische Fall wäre ein die **Grundsätze der Universalität** und der **Einheit** verwirklichendes Verfahren.[1] Die Wirkungen des Insolvenzverfahrens würden sich über Grenzen erstrecken. Die Einheit eines solchen Verfahrens würde die parallele Durchführung weiterer Insolvenzverfahren in anderen Ländern ausschließen.

Zumindest das Prinzip der Universalität setzt sich derzeit weltweit durch: Mehr **4** und mehr Staaten beanspruchen eine weltweite Wirkung ihrer Eröffnungsentscheidungen und mehr und mehr Staaten sind bereit, diese extraterritorialen Wirkungen anzuerkennen.

Die Einheit des Verfahrens ist dagegen im internationalen Insolvenzrecht nicht **5** immer praktikabel. Daher werden heute zunehmend Hauptinsolvenzverfahren mit mehr oder weniger gut abgestimmten nationalen Parallelverfahren über bestimmte Gegenstände kombiniert.[2] So hat sich das europäische Insolvenzrecht für den

---

[1] Gottwald/Haas/*Kollmann*/*Ch. Keller*, Insolvenzrechts-Handbuch, § 129 Rn. 6.

[2] Gottwald/Haas/*Kollmann*/*Ch. Keller*, Insolvenzrechts-Handbuch, § 129 Rn. 7 f.

© Springer-Verlag GmbH Deutschland, ein Teil von Springer Nature 2022
J. Adolphsen, *Europäisches Zivilverfahrensrecht*, Springer-Lehrbuch,
https://doi.org/10.1007/978-3-662-63558-2_14

Grundsatz einer kontrollierten Universalität entschieden, die Wirkungserstreckung wird teilweise zurückgenommen (s. u. Rn. 35 ff.).

II. Insolvenzprozessrecht und Insolvenzkollisionsrecht

6 Man kann das internationale Insolvenzrecht in Insolvenzprozessrecht und Insolvenzkollisionsrecht unterteilen.

7   Das **Insolvenzprozessrecht** regelt in erster Linie Fragen der Zuständigkeit, u. a. für die Eröffnung des Haupt- und – wenn es ein solches gibt – des Partikularverfahrens, das auf das im Gebiet dieses Staates belegene Vermögen beschränkt ist, aber auch der mit dem Insolvenzverfahren verbundenen Verfahren wie denen der Insolvenzanfechtung. Daneben regelt es die Anerkennung u. a. der ausländischen Eröffnungsentscheidung sowie die Anerkennung und Vollstreckung sonstiger gerichtlicher Entscheidungen im Zusammenhang mit dem Insolvenzverfahren.

8   Das **Insolvenzkollisionsrecht** regelt dagegen Fragen des anwendbaren Rechts auf das Hauptverfahren und auf Partikularverfahren aber auch auf mit dem Insolvenzverfahren verbundene Verfahren, wie die Insolvenzanfechtung.

III. Kein einheitlicher Insolvenzrechtsraum

9 Für Insolvenzverfahren in einem grenzenlosen, einheitlichen (territorialen oder supraterritorialen) Rechtsraum braucht man Grundsätze des internationalen Insolvenzrechts nicht. In einem einheitlichen Rechtsraum gäbe es im Fall einer Insolvenz eine Autorität, die für die einheitliche Geltung eines Insolvenzrechts, für dessen Durchsetzung und für einheitliches Sachrecht sorgte. Bei diesem Sachrecht handelt es sich z. B. um allgemeines Vertrags- und Gesellschaftsrecht, um Kreditsicherungsrecht, um Arbeits-, Familien- und Erbrecht. Ein solch idealtypisches Verfahren würde es ermöglichen, ein einziges Insolvenzverfahren durch ein zuständiges Gericht durchführen zu lassen, das das gesamte weltweite Vermögen des Schuldners erfasste.

10   Ein derartiger umfassender einheitlicher Insolvenzrechtsraum existiert weder global noch supraterritorial, etwa in der Europäischen Union. Zwar gibt es – in Abhängigkeit von dem Grad wirtschaftlicher, rechtlicher und kultureller Verflechtung[3] – Vereinheitlichungsansätze in Teilbereichen, etwa der internationalen Zuständigkeit, der Anerkennung und Vollstreckung etc., aber kaum eine geschlossene Ordnung, die etwa auch das Sachrecht betrifft, das international weitestgehend nicht vereinheitlicht ist. Aufgrund der Verschiedenartigkeit bereits der nationalen Insolvenzrechtsordnungen,[4] aber vielmehr noch des sonstigen nationalen Sach- und Ver-

---

[3] *Paulus*, Grundlagen des neuen Insolvenzrechts – Internationales Insolvenzrecht, DStR 2005, 334.

[4] *Kindler/Nachmann*, Handbuch Insolvenzrecht in Europa, 9. Aufl. 2021; *Gottwald*, Europäisches Insolvenzrecht – ein noch junges Rechtsgebiet, in: Roth (Hrsg.) Europäisierung des Rechts, 2010, 53.

fahrensrechts, das im Vorfeld und in der Insolvenz den Tatbestand regelt, ist ein einheitliches Recht der Insolvenz, also ein globaler oder auch nur supranationaler Insolvenzrechtsraum, derzeit illusorisch. Zudem hat sich in den letzten Jahren auch die Erkenntnis durchgesetzt, dass ein solches Verfahren nicht effizient wäre. Sinnvoller ist es, neben einem grundsätzlich universell geltenden Hauptverfahren territorial begrenzte Nebenverfahren zuzulassen.

Beim Fehlen eines einheitlichen Rechtsraums greifen die Staaten seit jeher auf **11** Regelungsinstrumente zurück, mit denen die grenzüberschreitenden Phänomene rechtlich gesteuert werden sollen, sei es – wie innerhalb Europas – durch (supra –) nationale Rechtsetzung oder – wie früher in Europa und nach wie vor im globalen Verhältnis – durch staatsvertragliche Regelungen.

§ 2 Europäisches Insolvenzrecht

I. Historie

Nachdem am 23.11.1995 ein **Europäisches Insolvenzübereinkommen** ver- **12** abschiedet und von 14 der damals 15 Mitgliedstaaten auch gezeichnet worden war,[5] aber Großbritannien aus politischen, nicht mit dem Insolvenzrecht zusammenhängenden Gründen die Unterzeichnung dauerhaft verweigerte, entschloss sich der Rat, die Regelungen auf die Grundlage des damals neuen Titels IV des Amsterdamer Vertrages zu stellen und beschloss am 29.05.2000 die Europäische Insolvenzverordnung (EG) Nr. 1346/2000.[6] Diese stimmt weitgehend mit dem nicht in Kraft getretenen Europäischen Insolvenzübereinkommen überein.[7] 2017 ist die Neufassung der EuInsVO in Kraft getreten.[8]

Das europäische internationale Insolvenzrecht ist seit dem 31.05.2002 durch die **13** Europäische Insolvenzverordnung, heute in Gestalt der Neufassung, geregelt. Diese enthält ein internationales Insolvenzkooperationsrecht, nicht aber einheitliches Recht der Insolvenz. Die EuInsVO regelt die internationale Zuständigkeit für Haupt- und Parallelverfahren, das jeweils anwendbare Recht und die Anerkennung von Entscheidungen über die Eröffnung des Verfahrens und weiterer im Zusammenhang mit der Insolvenz ergehenden Entscheidungen.

Es gibt daher keine europaweit einheitlichen Befugnisse der Verwalter, keine **14** vereinheitlichten Insolvenzeröffnungsgründe, keine einheitlichen Ziele von Insol-

---

[5] Europäisches Insolvenzübereinkommen vom 23.11.1995, deutscher Text abgedruckt in: ZIP 1996, 976; vgl. *Balz*, Das neue Europäische Insolvenzübereinkommen, ZIP 1996, 948; *Funke*, Das Übereinkommen über Insolvenzverfahren, InVo 1996, 170.

[6] Verordnung (EG) Nr. 1346/2000 des Rates vom 29. Mai 2000 über Insolvenzverfahren, ABl. L 160 vom 30.6.2000, S. 1. Historie bei *Paulus*, Europäische Insolvenzverordnung, Einl. Rn. 2 ff.

[7] *Schack*, IZVR, Rn. 1230; Unterschiede bei *Eidenmüller*, Europäische Verordnung über Insolvenzverfahren und zukünftiges deutsches internationales Insolvenzrecht, IPRax 2001, 2, 7.

[8] Verordnung (EU) 2015/848 des Europäischen Parlaments und des Rates vom 20. Mai 2015 über Insolvenzverfahren, ABl. L 141 S. 19, ber. 2016 L 349 S. 6; dazu *Parzinger*, Die neue EuInsVO auf einen Blick, NZI 2016, 63. Eine Konkordanztabelle findet sich bei *Schack*, IZVR, Rn. 1233.

venzverfahren, keine einheitliche Gliederung der Gläubigergruppen, keine gleichen Fristen für Restschuldbefreiungen etc. (zum Insolvenztourismus Rn. 33).

II. Europäische Insolvenzverordnung als Teil des einheitlichen Rechtsraums

15 Für ein reibungsloses Funktionieren des Binnenmarktes sind nach Ansicht des Rates der Europäischen Union effiziente und wirksame grenzüberschreitende Insolvenzverfahren erforderlich; die Annahme der EuInsVO sei zur Verwirklichung dieses Ziels erforderlich, das in den Bereich der justiziellen Zusammenarbeit i. S. d. Art. 81 AEUV fällt (Erwägungsgrund 3).

16 Die EuInsVO muss daher als Element der Bildung eines einheitlichen europäischen Justizraums – eines Raums der Freiheit, der Sicherheit und des Rechts – verstanden werden (Erwägungsgründe 2 und 3).

17 Jede Insolvenz mit grenzüberschreitenden Wirkungen kann das reibungslose Funktionieren des Binnenmarktes beeinflussen. Um einheitlichere Verfahren zu erreichen und um zu verhindern, dass Parteien Vermögensgegenstände oder Rechtsstreitigkeiten von einem Mitgliedstaat in einen anderen verlagern, um eine verbesserte Rechtsstellung anzustreben („*forum shopping*"), beruhen die Lösungsvorschläge auf EU-Ebene auf dem Prinzip der Universalität des Verfahrens, erhalten jedoch die Möglichkeit, auf dem Hoheitsgebiet des betreffenden Mitgliedstaats begrenzte Sekundärverfahren zu eröffnen.

III. Verhältnis von EuGVO und EuInsVO

18 Konkurse, Vergleiche und ähnliche Verfahren sind vom Anwendungsbereich der EuGVO ausgenommen (Art. 1 Abs. 2 lit. b EuGVO). Sie waren wortlautidentisch schon vom Anwendungsbereich des Brüsseler Übereinkommens von 1968 über die gerichtliche Zuständigkeit und die Vollstreckung gerichtlicher Entscheidungen in Zivil- und Handelssachen (Art. 1 Abs. 2 Nr. 2 EuGVÜ) und später von der EuGVO a. F. (Art. 1 Abs. 2 lit. b EuGVO a. F.) ausgenommen. Das Verhältnis von EuGVO und EuInsVO ist für das Insolvenzverfahren selbst einfach zu bestimmen. Schwieriger ist die Abgrenzung im Bereich sog. Annexverfahren (s. Rn. 20).

19 Schon in Abstimmung des EuGVÜ zu einem geplanten EG-Übereinkommen war es das erklärte Ziel der Arbeiten, keine Lücke zwischen dem EuGVÜ und dem Insolvenzübereinkommen entstehen zu lassen. Dieses Ziel besteht auch heute noch im Verhältnis von EuInsVO und EuGVO.

20 **Annexverfahren** sind Verfahren, die der Insolvenzverwalter außerhalb des eigentlichen Insolvenzverfahrens im Zusammenhang mit dem Insolvenzverfahren betreibt, z. B. die Klage auf Erfüllung aus einem gegenseitigen Vertrag, Klage auf Herausgabe bei einem Aussonderungsanspruch oder die Herausgabeklage im Anfechtungsrechtsstreit. Gesamtverfahren, die im Zusammenhang mit der Zahlungsunfähigkeit oder Überschuldung stehen, werden ohne schwierige Einordnung allein aufgrund einer Auflistung im Anhang der EuInsVO von dieser erfasst.

Bis zur Neufassung der EuInsVO 2017 war das Verhältnis von EuInsVO und **21** EuGVO problematisch, weil die EuGVO wie schon das EuGVÜ eine unbestimmte und relativ weite Klausel zur Begrenzung des eigenen Anwendungsbereichs enthielt (Art. 1 Abs. 2 lit. b EuGVO), und bis 2009 nur ein Judiz des Europäischen Gerichtshofs aus dem Jahr 1979 zur Auslegung dieser Klausel vorlag und drittens der Rat bei Erlass der EuInsVO 2000 seinem Abgrenzungsauftrag nicht nachgekommen war und eine nicht stimmige und nicht geschlossene Regelung der Zuständigkeit und der Anerkennung in die EuInsVO aufgenommen hatte.

Im Jahr 2009 waren dann drei Entscheidungen zur Abgrenzungsproblematik er- **22** gangen. Nach *Saegon/Deko Marty Belgium* zur Insolvenzanfechtung noch *SCT/Alpenblume*[9] und *German Graphics/van der Schee*.[10] 2013 erging die Entscheidung *ÖFAB* zur Insolvenzverschleppungshaftung,[11] 2014 folgte dann die Entscheidung *Schmid* zu einer Insolvenzanfechtungsklage.[12] Zu völliger Klarheit haben diese allerdings nicht beigetragen.[13] Zu Recht war aber der EuGH davon ausgegangen, dass sich auch die internationale Zuständigkeit für die Anfechtungsklage aus Art. 3 EuInsVO a. F. ergab.[14]

Der Bericht zur Anwendung der EuGVO sprach sich deutlich für eine auf der **23** Grundlage der EuInsVO vorzunehmende klare Abgrenzung aus.[15] Dieses ist nun in Gestalt des Art. 6 EuInsVO erfolgt. Danach sind die Gerichte des Eröffnungsmitgliedstaats für alle Klagen zuständig, „die unmittelbar aus dem Insolvenzverfahren hervorgehen und in engem Zusammenhang damit stehen". Als Beispiel werden dort Anfechtungsklagen genannt. Für weitere Annexverfahren muss erneut geklärt werden, ob sich diese nach der EuInsVO oder der EuGVO bestimmen.[16]

---

[9] EuGH, Urteil vom 2.7.2009, Rs. C-111/08, *SCT Industri AB i likvidation/Alpenblume AB* = IPRax 2010, 353 = NZI 2009, 570 (*Mankowski* 571).

[10] EuGH, Urteil vom 10.9.2009, Rs. C-292/08 *German Graphics Graphische Maschinen GmbH/Alice van der Schee, Konkursverwalterin der Holland Binding BV* = IPRax 2010, 355 (*Brinkmann* 324) = NZI 2009, 741.

[11] EuGH Urteil vom 18.7.2013, Rs. C-147/12 (ÖFAB).

[12] EuGH, Urteil vom 16.1.2014, Rs. C-328/12, *Schmid* = NJW 2014, 610 = IPRax 2014, 425.

[13] *Oberhammer*, Im Holz sind Wege: EuGH SCT./.Alpenblume und der Insolvenztatbestand des Art. 1 Abs. 2 lit. b EuGVO, IPRax 2010, 317.

[14] EuGH, Urteil vom 12.2.2009, Rs. C-339/07, *Frick Teppichboden Supermärkte GmbH/Deko Marty Belgium NV* = ZIP 2009, 427; Endentscheidung BGH, Urteil vom 19.5.2009, IX ZR 39/06 = ZIP 2009, 1287.

[15] Study JLS/C4/2005/03 Report on the Application of Regulation Brussels I in the Member States, presented by *Hess, Pfeiffer* and *Schlosser*, Final Version September 2007, 48, abrufbar unter http://ec.europa.eu/civiljustice/news/docs/study_application_brussels_1_en.pdf.

[16] Gottwald/Haas/*Kollmann/Ch. Keller*, Insolvenzrechts-Handbuch, § 129 Rn. 107 ff.

24 IV. Anwendungsbereich

1. Sachlicher Anwendungsbereich

25 Der sachliche Anwendungsbereich der EuInsVO wurde durch die Neufassung deutlich erweitert um sog. hybride **Sanierungsverfahren** und **vorinsolvenzliche Verfahren**.[17] Nach wie vor erfasst sind Gesamtverfahren (Art. 1 Abs. 1, Art. 2 Nr. 1 EuInsVO). Gesamtverfahren setzen die Insolvenz des Schuldners und den vollständigen oder teilweisen Vermögensbeschlag gegen den Schuldner voraus sowie die Bestellung eines Verwalters.

26 Die damit in den Mitgliedstaaten erfassten Verfahren sind in Anhang A aufgelistet. Hierbei handelt es sich um einen *numerus clausus* von Verfahren, so dass allein die konkrete Auflistung und nicht die abstrakte Definition in Art. 1 Abs. 1 entscheidend ist (Erwägungsgrund 9).[18]

Nach der Neufassung reicht die Wahrscheinlichkeit eines Insolvenzverfahrens aus (Art. 1 Abs.1 EuInsVO). Damit werden Verfahren, die der Abwendung einer drohenden Insolvenz dienen, vom Anwendungsbereich erfasst.[19]

2. Persönlicher Anwendungsbereich

27 Sie gilt für alle Verfahren unabhängig davon, ob es sich beim Schuldner um eine natürliche oder juristische Person, einen Kaufmann oder eine Privatperson handelt.[20]

28 Gem. Art. 1 Abs. 2 EuInsVO sind Insolvenzverfahren gegen Versicherungsunternehmen, Kreditinstitute, Wertpapierfirmen, und andere Firmen, Einrichtungen und Unternehmen, soweit sie unter die Richtlinie 2001/24/EG fallen sowie Organismen für gemeinsame Anlagen vom Geltungsbereich der Verordnung ausgeschlossen. Hier gibt es gesonderte gemeinschaftsrechtliche Regelungen.[21] Diese sind durch das deutsche internationale Insolvenzrecht umgesetzt worden (s. u. Rn. 54 ff.).

3. Räumlicher Anwendungsbereich

29 Eine Bestimmung des räumlichen Anwendungsbereichs fehlt in der EuInsVO selbst.

Sicher ist, dass der *Centre of Main Interests* des Schuldners in einem Mitgliedstaat liegen muss.[22] Sicher ist auch, dass **Dänemark** nicht durch die EuInsVO gebunden ist (Erwägungsgrund 88), und **Irland** gebunden ist, weil es von seiner *opt in* Option Gebrauch gemacht hat (Erwägungsgrund 87) und dass **rein nationale Sachverhalte** nach nationalem Recht zu beurteilen sind.

---

[17] MüKo-InsO/*Reinhart*, VO (EU) 2015/848, Art. 1 Rn. 2, 6b.

[18] *Parzinger*, NZI 2016, 63, 64, der auch auf Mißbrauchsmöglichkeiten hinweist, wenn Mitgliedstaaten die gelisteten Verfahren inhaltlich ändern.

[19] Zustimmend MüKo-InsO/*Reinhart*, VO (EU) 2015/848, Art. 1 Rn. 6b.

[20] *Duursma-Kepplinger/Duursma*, Der Anwendungsbereich der Insolvenzverordnung unter Berücksichtigung der Bereichsausnahmen, von Konzernsachverhalten und der von den Mitgliedstaaten abgeschlossenen Konkursverträgen, IPRax 2003, 505, 508.

[21] Gottwald/Haas/*Kollmann/Ch. Keller*, Insolvenzrechts-Handbuch, § 129 Rn. 13, 222 ff.

[22] *Duursma-Kepplinger/Duursma/Chalupsky*, Europäische Insolvenzverordnung, Art. 1 Rn. 52; Gottwald/Haas/*Kollmann/Ch. Keller*, Insolvenzrechts-Handbuch, §§ 129 Rn. 17, 130 Rn. 10; *Paulus*, Europäische Insolvenzverordnung, Einl. Rn. 33.

Klar ist auch, dass die EuInsVO gilt, wenn der COMI in einem Mitgliedstaat **30**
liegt und der **Auslandbezug zu einem anderen Mitgliedstaat** besteht (Erwägungsgrund Nr. 25).

Schwierig gestaltet sich jedoch das **Problem des Drittstaatenbezugs**, wenn **31**
zwar der COMI in einem Mitgliedstaat liegt, der Auslandsbezug aber zu einem
Drittstaat besteht: Da die Erwägungsgründe (Nr. 4) nur vom Funktionieren des
Binnenmarktes sprechen und der Begriff des Drittstaates in der EuInsVO nur einmal auftaucht (Art. 85 Abs. 3a), erschien es naheliegend, dass die EuInsVO nicht
die Wirkung des Insolvenzverfahrens gegenüber Drittstaaten regeln wollte.[23] Allerdings findet man in der EuInsVO auch Bestimmungen, die den Bezug zu mindes-
tens zwei Mitgliedstaaten voraussetzen, so dass eine generelle Aussage zum räum-
lichen Anwendungsbereich erschwert wird (z. B. Art. 5 Nr. 1 EuInsVO, und das
Abschn. III Sekundärinsolvenzverfahren). Andere wollen aus der Parallele zur
EuGVO schließen, dass ein weiterer Mitgliedstaatenbezug nicht erforderlich ist, die
EuInsVO also anwenbar ist bei jedem grenzüberschreitendem Bezug, solange der
COMI in einem Mitgliedtsaat liegt.[24] 2014 entschied der EuGH, dass jedenfalls die
Zuständigkeit nach Art. 3 EuInsVO auch für eine Insolvenzanfechtungsklage gilt,
wenn der Anfechtungsgegner seinen Wohnsitz in einem Drittstaat hat.[25]

Zunehmend scheint sich eine differenzierende Ansicht durchzusetzen, die zwar
die Geltung auch gegenüber Drittstaaten annimmt, aber hinsichtlich der einzelnen
Normen bzw. Normenkomplexe der EuInsVO differenzieren will.[26]

V. Internationale Zuständigkeit

1. Internationale Zuständigkeit für das Hauptverfahren

Für die Eröffnung des Insolvenzverfahrens sind gem. Art. 3 EuInsVO die Gerichte **32**
des Mitgliedstaats zuständig, in dem der Schuldner den Mittelpunkt seiner hauptsächlichen Interessen hat. Für diesen Mittelpunkt hat sich die englische Bezeichnung
Centre of Main Interests (COMI) durchgesetzt. Im Falle juristischer Gesellschaften
oder Personen handelt es sich um den Ort des statutarischen Sitzes (vorbehaltlich
eines Gegenbeweises, da Art. 3 Abs. 1 EuInsVO eine Vermutungsregelung enthält).[27] Das gilt nur, wenn der Sitz nicht in einem Zeitraum von drei Monaten vor
dem Antrag auf Eröffnung des Insolvenzverfahrens in einen anderen Mitgliedstaat

---

[23] *Duursma-Kepplinger/Duursma/Chalupsky*, Europäische Insolvenzverordnung, Art. 1 Rn. 3, 8;
MüKo-BGB/*Kindler*, IntInsR, Art. 1 Rn. 82.

[24] Gottwald/Haas/*Kollmann/Ch. Keller*, Insolvenzrechts-Handbuch, § 129 Rn. 19; Rauscher/*Mäsch*,
EuInsVO 2000 Art. 1 Rn. 15; Gebauer/Wiedmann/*Zoppel*, Europäisches Zivilrecht, 3. Aufl. 2021,
EuInsVO, Art. 1 Rn. 10.

[25] EuGH, Urteil vom 16.1.2014, Rs. C-328/12, *Schmid* = NJW 2014, 610 = IPRax 2014, 425. S. zur
Folgeentscheidung BGH, Urteil vom 27.3.2014 – IX ZR 2/12 = NZI 2014, 672.

[26] Detailliert MüKo-InsO/*Reinhart*, VO (EU) 2015/848, Art. 1 Rn. 28 ff.; im Ansatz auch Gottwald/
Haas/*Kollmann/Ch. Keller*, Insolvenzrechts-Handbuch, § 129 Rn. 20; Gebauer/Wiedmann/*Zoppel*,
Europäisches Zivilrecht, 3. Aufl. 2021, EuInsVO, Art. 1 Rn. 10.

[27] Gottwald/Haas/*Kollmann/Ch. Keller*, Insolvenzrechts-Handbuch, § 129 Rn. 27.

verlegt wurde. Bei natürlichen Personen ist auf den gewöhnlichen Aufenthalt abzustellen. Das gilt nur, wenn der gewöhnliche Aufenthalt nicht in einem Zeitraum von sechs Monaten vor dem Antrag auf Eröffnung des Insolvenzverfahrens in einen anderen Mitgliedstaat verlegt wurde. Die Vorbehalte hinsichtlich der Sitzverlegung sollen dazu dienen Insolvenztourismus einzuschränken (Erwägungsgründe Nr. 5, 29, 31).[28]

33   In der Vergangenheit ist es zu einem regelrechten **Insolvenztourismus** gekommen.[29] Windige Unternehmen bieten Privatpersonen ihre Dienste an, um vor allem einen COMI (gewöhnlicher Aufenthalt ist rein faktisch zu bestimmen!) in Mitgliedstaaten zu fingieren, deren Insolvenzrecht eine zeitnahe und einfache Entschuldung vorsieht. Zu Beginn waren elsässische COMI's sehr begehrt, als die Gerichte rigider prüften, wurde plötzlich London modern. Dieses insolvenzrechtliche *forum shopping* ist möglich, weil die nationalen Insolvenzrechte in Europa nicht vereinheitlicht sind und z. B. Entscheidungen über die Restschuldbefreiung europaweit anzuerkennen sind. Die Neufassung der EuInsVO versucht dem mit den Vorschriften der Zuständigkeit (Art. 3, 4) und den dort enthaltenen Sperrfristen zu begegnen.

34   Es ist nur die Eröffnung eines Hauptinsolvenzverfahrens zulässig. Die erste Eröffnungsentscheidung des Hauptinsolvenzverfahrens entzieht letztlich das Vermögen einem späteren Verfahren, so dass es keine Koordinierung zweier Hauptinsolvenzverfahren geben kann. Sollten parallel zwei Gerichte die Eröffnung betreiben, so muss letztlich das Prioritätsprinzip entscheiden. Es setzt sich das zuerst eröffnete Verfahren durch.[30]

2. Partikularverfahren

35   Art. 3 Abs. 2 EuInsVO sieht die Möglichkeit von Partikularinsolvenzverfahren vor. Dabei handelt es sich um vollwertige Insolvenzverfahren, die auf das im Gebiet dieses Staates belegene Vermögen beschränkt sind. Voraussetzung ist, dass der Schuldner eine **Niederlassung** (Definition in Art. 2 Nr. 10 EuInsVO) im Gebiet dieses Mitgliedstaats hat. Der Begriff der Partikularinsolvenzverfahren umfasst zwei Arten von Verfahren: Die Sekundärinsolvenzverfahren i. S. d. Art. 3 Abs. 3 i. V. m. Art. 34 ff. EuInsVO und isolierte Partikularverfahren gem. Art. 3 Abs. 4 EuInsVO.[31]

---

[28] *Parzinger*, NZI 2016, 93, 65.

[29] *Mankowski*, Grenzüberschreitender Umzug und das center of main interests im europäischen Insolvenzrecht, NZI 2005, 368.

[30] Gottwald/Haas/*Kollmann/Ch. Keller*, Insolvenzrechts-Handbuch, § 129 Rn. 58.

[31] Die Begriffe Partikular- und Sekundärverfahren werden nicht einheitlich verwendet. Wie hier: MüKo-InsO/*Reinhart*, VO (EU) 2015/848, Art. 3 Rn. 91; Gebauer/Wiedmann/*Zoppel*, Europäisches Zivilrecht, 3. Aufl. 2021, EuInsVO, Art. 3 Rn. 25; anders in der 6. Aufl. 2020 jetzt Gottwald/Haas/*Kollmann/Ch. Keller*, Insolvenzrechts-Handbuch, § 129 Rn. 74 (Fn. 160).

a. Sekundärinsolvenzverfahren

Sekundärinsolvenzverfahren können *nach* dem Hauptverfahren eröffnet werden,   **36**
um Vermögenswerte, die im Gebiet eines anderen Mitgliedstaats belegen sind, zu
verwerten (Art. 3 Abs. 2. 34 ff. EuInsVO).

b. Isolierte Partikularverfahren

Ein isoliertes Partikularinsolvenzverfahren kann gem. Art. 3 Abs. 4 EuInsVO schon   **37**
vor dem Hauptinsolvenzverfahren eröffnet werden, wenn einheimische Gläubiger
und Gläubiger der einheimischen Niederlassung dies beantragen oder wenn die
Rechtsvorschriften des Mitgliedstaats, in dem der Schuldner den Mittelpunkt seiner
hauptsächlichen Interessen hat, die Eröffnung eines Hauptinsolvenzverfahrens
nicht zulassen.

Der Zeitpunkt der Eröffnung unterscheidet demnach Sekundärinsolvenzver-   **38**
fahren und isolierte Partikularinsolvenzverfahren.[32]

VI. Anwendbares Recht

1. Lex fori concursus, Gleichlauf

Das Recht des Staates der Verfahrenseröffnung regelt gem. Art. 7 EuInsVO alle ver-   **39**
fahrensrechtlichen wie materiellrechtlichen Wirkungen des Insolvenzverfahrens
(*lex fori concursus*). Für Sekundärinsolvenzverfahren gilt Art. 35 EuInsVO. Es
kommt also zu einem Gleichlauf von internationaler Zuständigkeit und anwendbarem Recht, das Insolvenzgericht kann sein vertrautes Recht anwenden.

Die Wirkungen des Insolvenzverfahrens umfassen die Voraussetzungen für die   **40**
Eröffnung, die Abwicklung und die Beendigung des Verfahrens (Definition der
Schuldner und der zur Masse gehörenden Vermögenswerte, Wirkungen des Ver-
fahrens auf Verträge, Rechtsverfolgungsmaßnahmen einzelner Gläubiger, Vorrechte
und Rang der Forderungen usw.). Eine nicht abschließende Auflistung des
Regelungsbereichs der *lex fori concursus* enthält Art. 7 Abs. 2 EuInsVO.

Art. 7 EuInsVO ist eine Sachnormverweisung, d. h. sie verweist nicht auf die IPR   **41**
Vorschriften eines anderen Staates.

2. Durchbrechungen der lex fori concursus

Die Art. 8–18 EuInsVO enthalten wichtige Ausnahmen von der *lex fori concursus*.   **42**
Diese Normen stellen letztlich einen Kompromiss dar zwischen dem erkennbaren
Wunsch des Normgebers, ein einfach zu handhabendes generelles Statut für inter-
nationale Insolvenzverfahren zu bieten und der Berücksichtigung der Interessen der
Gläubiger und sonstiger Beteiligter wie z. B. Anfechtungsgegner.

Dort werden Regelungen getroffen, die dingliche Rechte Dritter (Art. 8 Eu-   **43**
InsVO), die Aufrechnung (Art. 9 EuInsVO) und den Eigentumsvorbehalt (Art. 10

---

[32] MüKo-InsO/*Reinhart*, VO (EU) 2015/848, Art. 3 Rn. 91.

EuInsVO) betreffen und vom Anwendungsbereich der *lex fori concursus* ausgenommen.[33]

44   In Art. 7 Abs. 2 lit. m, Art. 16 EuInsVO ist eine Kollisionsnorm gerade für die **Anfechtung** enthalten. Danach regelt die *lex fori concursus*, welche Rechtshandlungen nichtig, anfechtbar oder relativ unwirksam sind, weil sie die Gesamtheit der Gläubiger benachteiligen. Art. 16 EuInsVO enthält eine nachgeordnete Anwendung der *lex causae*. Danach findet die *lex fori concursus* keine Anwendung, wenn der Anfechtungsgegner nachweist, dass für die angefochtene Handlung das Recht eines anderen Staates als des Staates der Eröffnung gilt, und dass in diesem Fall diese Handlung in keiner Weise nach diesem Recht angreifbar ist. Bei dem zweistufigen System der Insolvenzanfechtung (Art. 7 Abs. 2 lit. m und Art. 16 EuInsVO) handelt es sich um eine eingeschränkte Kumulation von Insolvenz- und Wirkungsstatut.[34]

3. Sekundärinsolvenzverfahren

45   Gem. Art. 35 EuInsVO finden auf Sekundärinsolvenzverfahren die Rechtsvorschriften des Mitgliedstaats Anwendung, in dessen Gebiet das Sekundärinsolvenzverfahren eröffnet worden ist.

4. Isolierte Partikularinsolvenzverfahren

46   Gem. Art. 7 Abs. 1 EuInsVO gilt das Recht des Eröffnungsstaates des isolierten Partikularverfahrens (*lex fori concursus particularis*).[35]

VII. Anerkennung des Insolvenzverfahrens

47   Die Entscheidungen des für das Hauptinsolvenzverfahren zuständigen Gerichts (Art. 3 Abs. 1 EuInsVO) werden in allen übrigen Mitgliedstaaten ohne Nachprüfung anerkannt (Art. 19 EuInsVO). Dies bezieht sich in erster Linie auf die Eröffnung des Verfahrens. Die Anerkennung der ausländischen Eröffnungsentscheidung erfolgt unmittelbar kraft Gesetzes, ohne ein Exequaturverfahren und ohne Überprüfung zeitgleich mit Wirksamwerden des Eröffnungsbeschlusses.

48   Anzuerkennen sind weiterhin die Ernennung des Insolvenzverwalters und der Übergang der Verwaltungs- und Verfügungsbefugnis auf diesen (Art. 21 EuInsVO).

49   Eine Anerkennung kann verweigert werden, wenn diese mit der öffentlichen Ordnung des Anerkennungsstaates unvereinbar wäre (Art. 33 EuInsVO, ordre public).

50   Die Wirkung der Anerkennung ist in Art. 20 EuInsVO normiert: Bei dieser Norm handelt es sich um eine mittelbare Anerkennung der **Theorie der Wirkungserstreckung** (zum Streit um die Anerkennungstheorien allgemein s. Kap. 5 Rn. 11).

---

[33] Gottwald/Haas/*Kollmann*/*Ch. Keller*, Insolvenzrechts-Handbuch, § 129 Rn. 210, § 131 Rn. 18 ff.

[34] *Balz*, Das neue Europäische Insolvenzübereinkommen, ZIP 1996, 948, 951; MüKo-InsO/*Reinhart*, VO (EU) 2015/848, Art. 16 Rn. 1.

[35] Hierzu MüKo-BGB/*Kindler*, IntInsR, Art. 3 Rn. 194.

Die Eröffnung eines Hauptinsolvenzverfahrens entfaltet in jedem anderen Mitgliedstaat, ohne dass es hierfür irgendwelcher Förmlichkeiten bedürfte, die Wirkungen, die das Recht des Staates der Verfahrenseröffnung dem Verfahren beilegt.[36]

Gem. Art. 20 Abs. 2 EuInsVO dürfen die Wirkungen von Partikularinsolvenzver- **51** fahren (dies sind Sekundär- und isolierte Partikularverfahren, s. o. Rn. 35–38) in den anderen Mitgliedstaaten nicht in Frage gestellt werden. Es kommt also nicht zu einer Wirkungserstreckung. Die Wirkungen des Hauptverfahrens werden durch das Nebenverfahren verdrängt.[37]

VIII. Insolvenz in Unternehmensgruppen

Die Art. 56 ff. enthalten nunmehr Regeln für Insolvenzverfahren über das Vermögen **52** von Mitgliedern derselben Unternehmensgruppe („Konzerninsolvenzen"). Bei den großen Insolvenzfällen handelt es sich regelmäßig um derartige Konzerninsolvenzen. Diese sind betriebswirtschaftlich arbeitsteilig organisiert, so dass ein Teil nicht ohne den anderen existieren kann. Dies bedingt eine insolvenzrechtliche Verbindung der Insolvenzverfahren der einzelnen Konzerngesellschaften. Wie dies aber rechtlich auszugestalten ist, ist stark umstritten.[38] Die EuInsVO setzt in erster Linie auf eine **Koordination der Verfahren** durch Kooperationspflichten der Verwalter (Art. 56 EuInsVO) und Gerichte (Art. 57 EuInsVO) jeweils untereinander, und zwischen Verwaltern und Gerichten direkt (Art. 58 EuInsVO). Vorgesehen ist aber auch ein Gruppenkoordinationsverfahren (Art. 61 ff. EuInsVO). Die Unternehmensgruppe ist in Art. 2 Nr. 13 legal definiert als ein Mutterunternehmen und alle seine Tochterunternehmen, wobei „Mutterunternehmen" wiederum in Art. 2 Nr. 14 als ein Unternehmen, das ein oder mehrere Tochterunternehmen entweder unmittelbar oder mittelbar kontrolliert, definiert ist.

§ 3 Deutsches Internationales Insolvenzrecht

I. Einführung

Das deutsche internationale Insolvenzrecht ist am 20.03.2003 in Folge des Gesetzes **53** zur Neuordnung des internationalen Insolvenzrechts in Kraft getreten.[39] Die Regelung ist im zwölften Teil der InsO, in den §§ 335–358 InsO, enthalten. Durch die

---

[36] MüKo-InsO/*Thole*, VO (EU) 2015/848, Art. 20 Rn. 4.

[37] MüKo-InsO/*Thole*, VO (EU) 2015/848, Art. 20 Rn. 1.

[38] Übersicht über die möglichen Konzepte und die in der Literatur vertretenen Ansichten bei MüKo-InsO/*Reinhart*, VO (EU) 2015/848, Vor Art. 56 Rn. 3 ff.

[39] BGBl. I 2003 S. 345. Dazu *Liersch*, Deutsches internationales Insolvenzrecht, NZI 2003, 302; *Ludwig*, Neuregelungen des deutschen Internationalen Insolvenzverfahrensrechts, 2004; *Wehdeking*, Reform des Internationalen Insolvenzrechts in Deutschland und Österreich, DZWIR 2003, 133.

Neuregelung wurden die rudimentären Vorschriften in Art. 102 EGInsO a. F., ersetzt. Art. 102 EGInsO enthält heute die Durchführungsvorschriften für die EuInsVO.[40]

54   Das deutsche internationale Insolvenzrecht gilt für Insolvenzverfahren, die nach dem 20.3.2003 eröffnet worden sind. Für zuvor eröffnete Verfahren bleibt es bei der Anwendung des Art. 102 EGInsO a. F.

II. Abgrenzung deutschen internationalen Insolvenzrechts und der EuInsVO

55   Zwar hat sich der deutsche Gesetzgeber – obwohl die im Gesetz reflektierten Interessen im einheitlichen Rechtsraum Europa einerseits und im global geltenden internationalen Insolvenzrecht andererseits unterschiedlich sind – bewusst an der Regelung der EuInsVO orientiert[41] und weitgehend parallele Vorschriften in die InsO aufgenommen. Insgesamt weisen beide Ordnungen jedoch naturgemäß Unterschiede auf, die eine genaue Abgrenzung ihres jeweiligen Geltungsbereichs erfordern. Da die EuInsVO das deutsche Recht verdrängt, soweit sie Regelungen enthält (Art. 288 AEUV), kommt es in erster Linie auf den **räumlichen Anwendungsbereich** der EuInsVO an (s. o. Rn. 29).[42] Dieser ist deshalb schwierig zu bestimmen, weil eine ausdrückliche Regelung insbesondere des Verhältnisses zu Drittstaaten fehlt. Nach einer stärker werdenden Ansicht muss für die einzelnen Normen bzw. Normenkomplexe die Anwendbarkeit auf Dritstaatensachverhalte gesondert ermittelt werden (s. o. Rn. 31).

56   Die Ausgestaltung des autonomen internationalen Insolvenzrechts im Verhältnis zu Drittstaaten muss sich in diesem Kompetenzbereich bewegen.

57   Da der sachliche Geltungsbereich der EuInsVO gem. Art. 1 Abs. 2 EuInsVO beschränkt ist (s. o. Rn. 25), kann der Vorrang der EuGVO (Art. 288 AEUV) auch nur soweit reichen, wie der sachliche Anwendungsbereich gefasst ist. Die in den Bereichsausnahmen einschlägigen Richtlinien, die die Bereichsausnahme der EuInsVO rechtfertigten, waren in nationales Recht umzusetzen. Dies geschah durch das deutsche internationale Insolvenzrecht.[43]

III. Internationale Zuständigkeit

58   Eine Regelung für die internationale Zuständigkeit ist weder für die Eröffnung eines Haupt- oder Sekundärverfahrens noch speziell für die Insolvenzanfechtung getroffen worden. Für die internationale Zuständigkeit zur Eröffnung eines Hauptverfahrens und der Durchführung von Annexverfahren wie der Anfechtungsklage ist

---

[40] MüKo-InsO/*Reinhart*, Vorb. §§ 335 Rn. 2.
[41] Begr. RegE, BtDrs. 15/16, S. 11 ff.
[42] MüKo-InsO/*Reinhart*, Vorb. §§ 335 Rn. 3.
[43] MüKo-InsO/*Reinhart*, Vorb. §§ 335 Rn. 3.

deshalb auf die Regeln der örtlichen Zuständigkeit (§§ 12 ff. ZPO) zurückzugreifen: Diese sind doppelfunktional auch für die Bestimmung der internationalen Zuständigkeit heranzuziehen.[44]

IV. Anwendbares Recht

Gem. § 335 InsO unterliegen das Insolvenzverfahren und seine Wirkungen, soweit **59** nichts anderes bestimmt ist, dem Recht des Staats, in dem das Verfahren eröffnet worden ist. Die Vorschrift entspricht Art. 7 EuInsVO. Es kommt also wiederum zu einem Gleichlauf von Zuständigkeit und anwendbarem Recht. Ist noch kein Verfahren eröffnet, ist entsprechend Art. 3 EuInsVO auf den Mittelpunkt der wirtschaftlichen Interessen des Schuldners abzustellen.

Etwas anderes bestimmt i. S. d. § 335 InsO ist in **Sonderkollisionsnormen** wie **60** § 336 InsO (Vertrag über unbewegliche Sachen), § 337 InsO (Arbeitsvertrag), § 339 InsO (Insolvenzanfechtung) und § 349 InsO (gutgläubiger Erwerb an inländischen Immobilien und registerpflichtigen Gegenständen, wie Schiffen und Pfandrechten).

In den §§ 338, 351, 355 InsO sind **Sachnormen** enthalten, die ebenfalls die **61** Grundkollisionsnorm des § 335 InsO einschränken.

V. Anerkennung ausländischer Urteilswirkungen in Deutschland

1. Gegenstand und Verfahren

Gegenstand der Anerkennung sind die Wirkungen eines ausländischen Urteils (vgl. **62** Kap. 5 Rn. 10). Auch im deutschen Recht erfolgt wie im europäischen die Anerkennung *ex lege* ohne gesondertes Verfahren;[45] dies gilt auch für vorläufige Sicherungsmaßnahmen und Nebenentscheidungen nach § 343 Abs. 2 InsO. Die deutsche Regelung war Vorbild für die europäische.

Bei Bedürfnis für eine Feststellung der Anerkennungsfähigkeit einer Ent- **63** scheidung kann positive wie negative Feststellungsklage nach § 256 Abs. 1 ZPO erhoben werden.[46] Ein Feststellungsinteresse besteht bereits aufgrund der abstrakten Möglichkeit, dass unterschiedliche Entscheidungen ergehen können.

---

[44] Allgemein zur doppelfunktionalen Anwendung BGH, Urteil vom 18.4.1985, VII ZR 359/83 = BGHZ 94, 156 = NJW 1985, 2090 = IPRax 1987, 286; BHG, Urteil vom 2.7.1991, XI ZR 206/90 = BGHZ 115, 90; BGH, Urteil vom 21.10.1992, XII ZR 182/90 = BGHZ 119, 392, 393 = IPRax 1995, 379.

[45] MüKo-InsO/*Reinhart*, Vorb. §§ 335 Rn. 34; MüKo-ZPO/*Gottwald*, § 328 Rn. 7.

[46] RG, Urteil vom 31.10.1941, VII 5/41 = RGZ 167, 380; MüKo-ZPO/*Gottwald*, § 328 Rn. 11.

2. Rechtsgrundlage

64   Die Anerkennung ausländischer Urteile ist im deutschen internationalen Zivilprozessrecht in § 328 ZPO geregelt.[47] Für Entscheidungen zur Eröffnung eines Insolvenzverfahrens gilt dagegen § 343 Abs. 1 InsO. Für Sicherungsmaßnahmen, die nach dem Antrag auf Eröffnung des Insolvenzverfahrens getroffen werden und für Entscheidungen, die zur Durchführung oder Beendigung des anerkannten Insolvenzverfahrens getroffen werden, gilt § 343 Abs. 2 InsO.

3. Voraussetzungen

65   Die Voraussetzungen der Anerkennung sind negativ formuliert in § 343 Abs. 1 InsO aufgeführt, auf die Abs. 2 verweist. Nicht ausdrücklich genannt ist die Notwendigkeit, dass überhaupt eine anerkennungsfähige ausländische Entscheidung vorliegt, diese also nicht nichtig oder unwirksam sein darf und die Gerichtsbarkeit des ausländischen Staates eröffnet war. Eine Entscheidung, die unter Verstoß gegen Völkerrecht zustande kommt, wird in Deutschland nicht anerkannt.

a. Internationale Anerkennungszuständigkeit

66   Außerhalb international vereinheitlichter Zuständigkeitsordnungen wie der EuGVO und der EuInsVO bietet der Zeitpunkt der Anerkennung für einen Staat die erste Möglichkeit, auf eine seiner Ansicht nach akzeptable Abgrenzung nationaler Jurisdiktionshoheiten durch den Urteilsstaat zu achten. Daher ist die Prüfung der ausländischen Entscheidungszuständigkeit erforderlich. Kein ausländischer Staat kann erwarten, er könne bestimmte Entscheidungen einfach an sich ziehen, auch wenn diese keine Berührungspunkte zu seinem Territorium haben, und anschließend von anderen die Anerkennung verlangen.

67   Im Unterschied zur Anerkennung nach Art. 19 EuInsVO, auf den Art. 32 Abs. 1 S. 1 EuInsVO verweist, der die Nachprüfung der internationalen Zuständigkeit ausschließt (s. Rn. 48), prüft das um Anerkennung angerufene deutsche Gericht die Zuständigkeit des ausländischen Gerichts *von Amts wegen* nach.[48] Deutsche Gerichte prüfen im Rahmen der Anerkennung nach § 343 Abs. 1 S. 2 Nr. 2 InsO ebenso wie bei § 328 Abs. 1 Nr. 1 ZPO, ob das entscheidende Gericht bei Zugrundelegung deutscher Zuständigkeitsregeln zuständig war (Spiegelbildprinzip).[49] Welche Entscheidungszuständigkeit das ausländische Gericht wirklich genutzt hat, ist unerheblich. Entscheidend ist, dass sich eine internationale Zuständigkeit mit deutschen Vorschriften hätte begründen lassen. Bei dieser Prüfung ist das anerkennende Gericht nicht an die tatsächlichen Feststellungen des ausländischen Gerichts gebunden.

---

[47] *Geimer*, Anerkennung ausländischer Entscheidungen in Deutschland, 1995; *Gottwald*, Grundfragen der Anerkennung und Vollstreckung ausländischer Entscheidungen in Zivilsachen, ZZP 103 (1990), 257; *Graupner*, Zur Entstehungsgeschichte des § 328 ZPO, FS Ferid, 1978, S. 183.

[48] MüKo-InsO/*Thole*, § 343 Rn. 26.

[49] BGH, Urteil vom 26.3.1969, VIII ZR 194/68 = BGHZ 52, 30, 37 = NJW 1969, 1536; MüKo-InsO/*Thole*, § 343 Rn. 26.

b. Ordre public-Vorbehalt

Eine Anerkennung erfolgt nach § 343 Abs. 1 S. 2 Nr. 2 ZPO nicht, wenn die An- **68** erkennung zu einem Ergebnis führt, das mit wesentlichen Grundsätzen des deutschen Rechts offensichtlich unvereinbar ist, insbesondere wenn die Anerkennung mit den Grundrechten unvereinbar ist. Die Formulierung ist an die des Art. 6 EGBGB angeglichen worden und stimmt mit Art. 33 EuInsVO überein. Eine Unvereinbarkeit mit wesentlichen Grundsätzen der deutschen Rechtsordnung soll gegeben sein, wenn die tragenden Grundlagen des deutschen staatlichen, wirtschaftlichen oder sozialen Lebens angegriffen werden.[50] Dabei ist, in Abhängigkeit von der Stärke des Inlandsbezuges, ausschließlich auf den Einzelfall abzustellen.

Der Vorbehalt greift bei verfahrens- und materiellrechtlichen Verstößen [51] **69** gleichermaßen ein und bietet eine letzte Notbremse gegen die Anerkennung von Entscheidungen. Sie soll weder eine inhaltliche Nachprüfung der ausländischen Entscheidung (*révision au fond*), noch eine grundsätzliche Bewertung ausländischer Rechtsvorschriften aus deutscher Sicht ermöglichen. Auch die Anwendung des „richtigen" Rechts wird nicht geprüft. Entscheidend ist allein, dass das *konkrete Ergebnis* der Anerkennung des ausländischen Urteils deutschen Vorstellungen zuwiderläuft. Bei der Verletzung des rechtlichen Gehörs liegt ein Verstoß gegen den verfahrensrechtlichen *ordre public* vor.[52] Dass insoweit ein besonderer Anerkennungsversagungsgrund wie in § 328 Abs. 1 Nr. 2 ZPO in der InsO fehlt, ist eine redaktionelle, keine inhaltliche Variante.

Eine Anerkennung darf nicht erfolgen, wenn diese mit den *Grundrechten* unver- **70** einbar ist. Dazu gehören alle deutschen Grundrechte (auch landesrechtliche) und europäische der EMRK und der europäischen Grundrechtecharta. Unvereinbarkeit ist nicht bei jeder Beeinträchtigung von Grundrechten gegeben. Es besteht ein verminderter Anwendungswille des Grundgesetzes bei Sachverhalten mit Auslandsberührung. Das BVerfG hat dies mehrfach für Art. 6 EGBGB betont:[53] Das rechte Maß (für die Anwendung des *ordre public*) ergebe sich aus der Prüfung, ob und inwieweit das betroffene Grundrecht nach Wortlaut, Inhalt und Funktion unter Berücksichtigung der Gleichstellung anderer Staaten und der Eigenständigkeit ihrer Rechtsordnungen für auslandsbezogene Sachverhalte Geltung beansprucht.

4. Anerkennung inländischer Entscheidungen im Ausland

Außerhalb des europäischen Insolvenzrechts und völkerrechtlicher Vereinbarungen **71** entscheidet jeder Staat autonom darüber, inwieweit er einem ausländischen Verfahren Wirkung verleiht.[54] Hier folgen einige Staaten einem nach wie vor territorialen

---

[50] BGH, Urteil vom 21.11.1958, IV ZR 107/58 = BGHZ 28, 376, 385 = NJW 1959, 529.

[51] Einzelfälle bei MüKo-InsO/*Thole*, § 343 Rn. 53 ff.

[52] MüKo-InsO/*Thole*, § 343 Rn. 55.

[53] BVerfG, Entscheidung vom 4.5.1971, 1 BvR 636/68 = BVerfGE 31, 58, 76 ff.; BVerfG, Beschluss vom 30.6.1964, 1 BvR 93/64 = BVerfGE 18, 112.

[54] Gottwald/Haas/*Kolmann*/*Ch. Keller*, Insolvenzrechts-Handbuch, § 130 Rn. 193.

Ansatz (Liechtenstein,[55] Dänemark, Island, Norwegen[56]), andere reklamieren zwar für eigene internationale Insolvenzverfahren eine universale Wirkung, gewähren diese aber ihrerseits nicht (so die Schweiz[57]). In den USA werden Inlandsauswirkungen ausländischer Verfahren weitergehend anerkannt, so u. a. die Klagebefugnis des ausländischen Verwalters.[58]

5. Vollstreckbarkeit ausländischer Entscheidungen in Deutschland

a. Notwendigkeit eines Vollstreckungsurteils

72   Das deutsche internationale Insolvenzrecht verlangt für die Vollstreckbarkeit ein Vollstreckungsurteil, während im Anwendungsbereich der EuInsVO das vereinfachte Exequaturverfahren durchgeführt wird

73   § 353 Abs. 1 S. 1 InsO verweist für die Vollstreckbarkeit ausländischer Entscheidungen aus Drittstaaten außerhalb der Mitgliedstaaten, für die die EuInsVO gilt, auf die Notwendigkeit eines Vollstreckungsurteils. Dies gilt nach § 353 Abs. 2 InsO auch für die in § 343 Abs. 2 InsO genannten Sicherungsmaßnahmen.

74   Nach der Vollstreckbarerklärung wird das ausländische Urteil wie ein inländisches vollstreckt. Die Vollstreckung selbst erfolgt ausschließlich nach dem Recht des Vollstreckungsstaates.

75   Die angeordnete Notwendigkeit eines Vollstreckungsurteils erschwert die Kooperation mit den Insolvenzgerichten von Drittstaaten erheblich, da das Verfahren zeitaufwendig und kompliziert ist.[59]

b. Das Exequaturverfahren

76   Anders als die Anerkennung, die automatisch ohne ein gesondertes Verfahren erfolgt, bedarf es damit zur Vollstreckbarerklärung eines gesonderten titelschaffenden Verfahrens. Dieses erfolgt nach § 722 Abs. 1 ZPO durch ein Vollstreckungsurteil. Die Vollstreckungsklage ist eine *Gestaltungsklage*, die das ausländische Urteil im Inland für vollstreckbar erklärt und dieses dabei gleichzeitig anerkennt. Geltungsgrund der Vollstreckung ist nach überwiegender Ansicht nicht das ausländische Urteil, sondern das nationale Vollstreckungsurteil, das mit der Vollstreckungsklausel versehen wird.

77   Anders als im Vollstreckbarerklärungsverfahren nach Art. 32 Abs. 1 S. 2 und S. 3 EuInsVO i. V. m. den Vorschriften der EuGVO werden die Anerkennungsversagungsgründe (§ 343 InsO) im Rahmen der Vollstreckungsklage geprüft.[60] Nicht geprüft wird die inhaltliche Richtigkeit i. S. einer *révision au fond*.

78   Im Rahmen der Vollstreckungsklage kann der Schuldner auch Einwendungen gegen den ausländischen Titel geltend machen, auch dann, wenn er sich im Ausland

---

[55] Gottwald/Haas/*Kolmann/Ch. Keller*, Insolvenzrechts-Handbuch, § 130 Rn. 203.

[56] Gottwald/Haas/*Kolmann/Ch. Keller*, Insolvenzrechts-Handbuch, § 130 Rn. 204.

[57] Gottwald/Haas/*Kolmann/Ch. Keller*, Insolvenzrechts-Handbuch, § 130 Rn. 194 ff.

[58] Gottwald/Haas/*Kolmann/Ch. Keller*, Insolvenzrechts-Handbuch, § 130 Rn. 205; *Kolmann*, Kooperationsmodelle im internationalen Insolvenzrecht, 2001, S. 360 ff.

[59] Kritisch auch Gottwald/Haas/*Kolmann/Ch. Keller*, Insolvenzrechts-Handbuch, § 132 Rn. 101.

[60] MüKo-InsO/*Thole*, § 353 Rn. 8.

passiv verhalten hat. Das AVAG hatte bei der Vollstreckbarerklärung nach der EuGVO a. F. vorgeschrieben, dass der Schuldner die Einwendungen im Beschwerdeverfahren nach Art. 43 EuGVO a. F. vorbringen muss und sonst damit in der anschließenden Vollstreckungsgegenklage nach § 767 ZPO präkludiert ist, wenn die Einwendung schon während des Beschwerdeverfahrens gegeben war. Das Exequaturverfahren wurde in der EuGVO abgeschafft. Eine entsprechende Anordnung im deutschen Recht fehlt. Für die harte Folge der Präklusion dürfte eine ausdrückliche Anordnung des Gesetzgebers erforderlich sein.[61]

§ 4 Zusammenfassung

- Das Insolvenzprozessrecht regelt Fragen der Zuständigkeit, u. a. für die **79** Eröffnung des Haupt- und für eventuelle Sekundärinsolvenzverfahrens, sowie für Verfahren, die mit dem Insolvenzverfahren verbunden sind. Zusätzlich regelt es die Anerkennung und Vollstreckung gerichtlicher Entscheidungen im oder im Zusammenhang mit dem Insolvenzverfahren.
- Das Insolvenzkollisionsrecht regelt Fragen des anwendbaren Rechts auf das Hauptverfahren und auf eventuelle Sekundärverfahren sowie auf die mit dem Insolvenzverfahren verbundenen Verfahren.
- Das europäische internationale Insolvenzrecht ist seit 2002 durch die Europäische Insolvenzverordnung geregelt. Die EuInsVO regelt die internationale Zuständigkeit für Haupt- und Parallelverfahren, das jeweils anwendbare Recht und die Anerkennung von Entscheidungen über die Eröffnung des Verfahrens und weiterer im Zusammenhang mit der Insolvenz ergehende Entscheidungen.
- Konkurse, Vergleiche und ähnliche Verfahren sind vom Anwendungsbereich der EuGVO ausgenommen.
- Das Verhältnis von EuGVO und EuInsVO ist bei sog. Annexverfahren (z. B. Anfechtungsklage) schwierig zu bestimmen.
- Für die Eröffnung des Insolvenzverfahrens sind die Gerichte des Mitgliedstaats zuständig, in dem der Schuldner den Mittelpunkt seiner hauptsächlichen Interessen hat (*Centre of Main Interests* (COMI)).
- Das Recht des Staates der Verfahrenseröffnung regelt alle verfahrensrechtlichen wie materiellrechtlichen Wirkungen des Insolvenzverfahrens (*lex fori concursus*).
- Die Entscheidungen des für das Hauptinsolvenzverfahren zuständigen Gerichts werden in allen übrigen Mitgliedstaaten ohne Nachprüfung anerkannt.

---

[61] Anders wohl die h. M. BGH, Urteil vom 25.11.1993, IX ZR 32/93 = NJW 1994, 1413, 1416; MüKo-ZPO/*Gottwald*, § 722 Rn. 59.

15. Kapitel Internationale Schiedsgerichtsbarkeit

§ 1 Wesen, Bedeutung und Vorteile internationaler Schiedsgerichtsbarkeit

Die internationale Schiedsgerichtsbarkeit hat einen wahren Siegeszug in der ganzen **1** Welt angetreten. Sie verbreitert nach wie vor ihre Anwendungsbasis. Im internationalen Handel ist sie am bekanntesten – in Deutschland wurde 2005 wie selbstverständlich der Streit um die verpätete Einführung der LKW-Maut[1] oder aber auch der Streit zwischen dem Deutschen Fußball- Bund (DFB) und adidas um das Sponsoring der deutschen Nationalmannschaft vor einem Schiedsgericht ausgetragen.[2] Aber es werden längst andere Bereiche erfasst, wie bei der Einrichtung eines institutionellen Schiedsgerichts in Kanada, das auf der Grundlage der Scharia entscheidet.[3] Im internationalen Sport verdrängt die Schiedsgerichtsbarkeit zunehmend den Rechtsschutz durch nationale staatliche Gerichte.[4]

Staatliche Gerichtsbarkeit und Schiedsgerichtsbarkeit sind im Grundsatz gleich- **2** wertige Alternativen der Rechtsdurchsetzung.[5] Schiedsgerichtsbarkeit ist private Gerichtsbarkeit, die auf der Zulassung der Staaten und auf der Privatautonomie der Parteien gründet.

---

[1] https://www.spiegel.de/wirtschaft/soziales/lkw-maut-streit-beendet-daimler-und-telekom-zahlen-3-2-milliarden-euro-a-1208168.html (abgerufen am 18.05.2022).

[2] https://www.faz.net/aktuell/sport/fussball/fussball-streit-zwischen-dfb-adidas-und-nike-geht-in-die-naechste-runde-1411748.html (abgerufen am 18.05.2022).

[3] S. hierzu *Adolphsen/Schmalenberg*, Islamisches Recht als materielles Recht in der Schiedsgerichtsbarkeit?, SchiedsVZ 2007, 59.

[4] *Adolphsen*, Grundfragen und Perspektiven der Sportschiedsgerichtsbarkeit, SchiedsVZ 2004, 169; *ders.*, Umsetzung des Welt Anti-Doping Code in Deutschland, in: Vieweg (Hrsg.), Perspektiven des Sportrechts, 2005, 81.

[5] Grundansatz der Ausführungen im deutschen Gesetzentwurf zum Schiedsverfahrens-Neuregelungsgesetz, BtDrs. 13/5274, S. 34; *Haas*, Zur Einführung von Schiedsklauseln durch Satzungsänderungen in Vereinen, ZGR 2001, 325, 334 f.

© Springer-Verlag GmbH Deutschland, ein Teil von Springer Nature 2022
J. Adolphsen, *Europäisches Zivilverfahrensrecht*, Springer-Lehrbuch,
https://doi.org/10.1007/978-3-662-63558-2_15

3   Schiedsrichterliche Tätigkeit ist, anders als z. B. Vereinsgerichtsbarkeit, **Recht-sprechung im materiellen Sinn,** weil sie in Funktion und Wirkung, wie z. B. der Rechtskraft der Entscheidung, der staatlichen Gerichtsbarkeit gleichsteht.[6] Dem Schiedsgericht fehlen jedoch als privatem Gericht Zwangsmittel. Diese müssen bei Bedarf vom Staat „entliehen" werden, der Schiedssprüche zur staatlichen Zwangs-vollstreckung zulässt und auch während des Verfahrens in Einzelfällen mit seinem Zwangsmonopol aushilft.

4   In der Welt gibt es eine Vielzahl von **Schiedsinstitutionen,** die ihre Organisation den Parteien als Dienstleistung anbieten.[7] Der Vorteil einer Kooperation mit einer Schiedsinstitution gegenüber einem sog. ad hoc Schiedsgericht ist darin zu sehen, dass bereits eine Verfahrensordnung besteht, eine funktionierende Geschäftsstelle zur Verfügung steht und dadurch das Verfahren beschleunigt wird.

5   Hauptargument für die Streitentscheidung durch Schiedsgerichte ist die fast weltweite Geltung des New Yorker Übereinkommens über die Anerkennung und Vollstreckung ausländischer Schiedssprüche vom 10.06.1958 (UNÜ). Das **UNÜ** ist nicht nur das wichtigste Übereinkommen über die internationale Schiedsgerichts-barkeit, sondern hat schon 1958 das erreicht, woran die Haager Konferenz 2003 erneut gescheitert ist. Nämlich eine weltweite Anerkennung und Vollstreckung von Schiedsvereinbarungen und Schiedssprüchen zu ermöglichen. Derzeit hat das UNÜ mehr als 170 Vertragsstaaten.[8]

6   Weitere **Vorteile** gegenüber der staatlichen Gerichtsbarkeit bestehen in der Möglichkeit der Parteien, auf die Besetzung des Gerichts und das Verfahrensrecht Einfluss zu nehmen. Dieses ist im staatlichen Zivilprozess ausgeschlossen, da ein Anspruch auf den gesetzlichen Richter besteht und das Prozessrecht vorgegeben ist und nicht zur Disposition der Parteien steht. Dagegen können Schiedsrichter besonderes Fachwissen haben für die Materie, die Gegenstand der Entscheidung ist. Staatliche Richter können aufgrund der Geschäftsverteilung meist keine um-fassenden Spezialkenntnisse in einem Bereich erlangen, weil sich wegen des An-spruchs der Parteien auf den gesetzlichen Richter am staatlichen Gericht nicht bestimmte Verfahren an bestimmte Richter zuweisen oder bei Kammern bün-deln lassen.

7   Die **Vertraulichkeit des Verfahrens** ist der Schiedsgerichtsbarkeit wesenseigen und einer der Hauptgründe, warum Unternehmen den Gang vor staatliche Gerichte ausschließen (die Regeln für staatliche Gerichte ergeben sich aus den §§ 169 ff. GVG, der Schutz von Geschäfts- und Betriebsgeheimnissen ist in „§ 172 Nr. 2 GVG" geregelt). Diese Geheimhaltung ist allerdings in der Vergangenheit heftiger

---

[6] BGH, Urteil vom 19.12.1986, VII ZR 83/66, VII ZR 84/66 = BGHZ 51, 255, 258 = WM 1969, 216; BGH, Urteil vom 3.7.1975, III ZR 78/73 = BGHZ 65, 59, 61 = NJW 1976, 109; BGH, Urteil vom 15.5.1986, III ZR 192/84 = BGHZ 98, 70, 72 = NJW 1986, 3027.

[7] Übersicht bei Nagel/*Gottwald*, IZPR, § 18 Rn. 77; Kommentierung der Ordnungen der Schieds-institutionen bei *Schütze* (Hrsg.), Institutionelle Schiedsgerichtsbarkeit, 3. Aufl. 2018.

[8] Aktuelle Liste unter https://uncitral.un.org/en/texts/arbitration/conventions/foreign_arbitral_awards/status2 (abgerufen am 18.05.2022).

Gegenstand der Kritik in Investitionsschiedsverfahren[9] und in der Schiedsgerichtsbarkeit im Sport.[10] Für Investitionsschiedsverfahren hat die UNCITRAL 2014 die Rules on transparency in treaty-based investor-State arbitration vorgelegt, die erhebliche Transparenz in die Investitionsschiedsgerichtsbarkeit bringen können.[11]

Weiteres Argument ist die **Schnelligkeit der Entscheidungsfindung**. Empiri- **8** sche Daten fehlen hierzu jedoch. Schiedsgerichte sind jedoch üblicherweise eininstanzlich organisiert, so dass es innerhalb deutlich kürzerer Zeit zu einer rechtskräftigen Entscheidung kommt als im staatlichen Instanzenzug. Wird die Zuständigkeit eines ständigen Schiedsgerichts, wie der International Chamber of Commerce (ICC) oder der Deutschen Institution für Schiedsgerichtsbarkeit e. V. (DIS) vereinbart, kann auf die jeweilige Organisation zurückgegriffen werden, was das Verfahren zusätzlich beschleunigt. Verzögert dagegen eine Partei bewusst das Verfahren, so kann die schiedsgerichtliche Tätigkeit entscheidend gehemmt werden, da dem Schiedsgericht als privatem Spruchkörper jegliche Zwangsmittel fehlen.

Vergleicht man die **Kosten eines Schiedsverfahrens** mit nur einer Instanz mit **9** einem gesamten staatlichen Instanzenzug, so ist das schiedsgerichtliche Verfahren meist kostengünstiger als das staatliche. Das ist allerdings nicht der Fall beim Vergleich der Kosten des Schiedsverfahrens mit den Kosten der staatlichen Eingangsinstanz.

§ 2 Relevante Rechtsquellen

Einschlägige internationale Abkommen, die in ihrem jeweiligen Anwendungs- **10** bereich Vorschriften für Schiedsvereinbarungen enthalten, sind das **UNÜ** und das Genfer Europäische Übereinkommen über die internationale Handelsschiedsgerichtsbarkeit vom 21.04.1961 (**EuÜ**).[12] Das EuÜ befasst sich im Gegensatz zum UNÜ fast ausschließlich mit Fragen des schiedsrichterlichen Verfahrens, stellt

---

[9] Vgl. den Beitrag der Sendung Monitor unter http://www.youtube.com/watch?v=Zp_QdMHvO3A. (abgerufen am 18.05.2022). *Hess*, Schiedsgerichtsbarkeit und europäisches Zivilprozessrecht, JZ 2014, 538, 544; Allgemein zur Inverstitionsschiedsgerichtsbarkeit *Böckstiegel*, Aktuelle Probleme der Investitions-Schiedsgerichtsbarkeit aus der Sicht eines Schiedsrichters, SchiedsVZ 2013, 113; *Tietje*, Investitionsschiedsgerichtsbarkeit im EU-Binnenmarkt, IPRax 2013, 64.

[10] LG München I, Urteil vom 26.2.2014, 37 O 28331/12 = SchiedsVZ 2014, 100; *Hess*, Schiedsgerichtsbarkeit und europäisches Zivilprozessrecht, JZ 2014, 538, 544.

[11] https://uncitral.un.org/en/texts/arbitration/contractualtexts/transparency (abgerufen am 18.05.2022).

[12] MüKo-ZPO/*Adolphsen*, Anhang § 1061 Nr. 2; Vertragsstaaten sind Albanien, Aserbeidschan, Belgien, Bosnien-Herzegowina, Bulgarien, Bundesrepublik Deutschland, Burkina Faso, Dänemark, Frankreich, Italien, (ehem.) Jugoslawien, Kasachstan, Kroatien, Kuba, Lettland, Luxemburg, Mazedonien, Moldau, Österreich, Polen, Rumänien, Russland, Serbien-Montenegro, Slowakei, Slowenien, Spanien, Tschechien, Türkei, Ukraine, Ungarn, Weißrussland.

jedoch ebenfalls Anforderungen an die Form von Schiedsvereinbarungen. Auf eine Darstellung wird in diesem Rahmen verzichtet.[13]

11   Aus dem **Anwendungsbereich der EuGVO** ist die Schiedsgerichtsbarkeit entgegen deutlicher Reformbestrebungen[14] nach wie vor ausgeklammert (Art. 1 Abs. 2 lit. e EuGVO, vgl. Kap. 3 Rn. 19). Das Verhältnis von internationaler Schiedsgerichtsbarkeit und europäischem Zivilprozessrecht bleibt damit in zahlreichen Fallkonstellationen ungelöst.[15]

12   Das UNÜ regelt primär das Vollstreckungsverfahren, stellt jedoch auch Anforderungen an Form und Inhalt internationaler Schiedsvereinbarungen auf. Es enthält in Art. II Abs. 1 die Pflicht der Vertragsstaaten, eine (wirksame) Schiedsvereinbarung anzuerkennen. Liegt eine solche vor, so hat ein entgegen der Schiedsvereinbarung angerufenes staatliches Gericht die Parteien auf das schiedsrichterliche Verfahren zu verweisen (Art. II Abs. 3 UNÜ). Wie dies technisch geschieht (Verweisung, Abweisung als unzulässig etc.) ist der *lex fori* des angerufenen staatlichen Gerichts zu entnehmen. In Deutschland wäre eine Klage als unzulässig abzuweisen (§ 1032 Abs. 1 ZPO). Nach Art. III UNÜ erkennen alle Vertragsstaaten Schiedssprüche als wirksam an und lassen sie nach ihren Verfahrensvorschriften zur Vollstreckung zu (§ 1061 ZPO).

13   Große Bedeutung bei der Reform nationaler Schiedsverfahrensrechte hat das von der United Nations Commission on International Trade Law (**UNCITRAL**) erarbeitete **Modellgesetz über die internationale Handelsschiedsgerichtsbarkeit** erlangt.[16] Die Vollversammlung der Vereinten Nationen hat allen Staaten empfohlen, das Modellgesetz angemessen zu berücksichtigen. Bis heute ist dies auf internationaler Ebene die letzte weitgehend umfassende Regelung der internationalen Handelsschiedsgerichtsbarkeit, die ihrer Rechtsnatur nach nicht auf staatsvertragliche Geltung, sondern auf freiwillige Übernahme durch nationale Gesetzgeber angelegt ist.[17]

---

[13] Zur Vertiefung s. die Kommentierung MüKo-ZPO/*Adolphsen*, Anhang § 1061 Nr. 2, EuÜ; *Klein*, Das Europäische Übereinkommen über die internationale Handelsschiedsgerichtsbarkeit, ZZP 76 (1963), 342; *Mezger*, Das Europäische Übereinkommen über die Handelsschiedsgerichtsbarkeit, RabelsZ 1965, 231 ff.; *Solomon*, Die Verbindlichkeit von Schiedssprüchen in der internationalen privaten Schiedsgerichtsbarkeit, 2007, S. 170 ff.

[14] Darstellung bei *Hess*, Die Reform der Verordnung Brüssel I und die Schiedsgerichtsbarkeit, FS Hoffmann 2011, S. 648.

[15] *Hess*, Schiedsgerichtsbarkeit und europäisches Zivilprozessrecht, JZ 2014, 538, 545.

[16] *Böckstiegel*, Das UNCITRAL-Modell-Gesetz für die internationale Wirtschafts-Schiedsgerichtsbarkeit, RIW 1984, 670; *Calavros*, Das UNCITRAL-Modellgesetz über die internationale Handelsschiedsgerichtsbarkeit, 1988; *Hußlein-Stich*, Das UNCITRAL-Modellgesetz über die internationale Handelsschiedsgerichtsbarkeit, 1990; *Jaeger*, Die Umsetzung des UNCITRAL-Modellgesetzes über die internationale Handelsschiedsgerichtsbarkeit im Zuge der nationalen Reformen, 2001.

[17] Zu Rechtsnatur und Wirkung von Modellgesetzen allgemein vgl. *Adolphsen*, Das UNCITRAL-Modellgesetz über die Beschaffung von Gütern, Bau- und Dienstleistungen, 1996, S. 33.

In Deutschland enthält das **10. Buch der ZPO** (§§ 1025 ff. ZPO) das Schiedsver- **14** fahrensrecht.[18] Das Gesetz zur Neuregelung des Schiedsverfahrensrechts vom 22.12.1997 (SchiedsVfG) ist am 01.01.1998 in Kraft getreten.[19] Es hat auf der Basis des UNCITRAL-Modellgesetzes das veraltete deutsche Schiedsrecht abgelöst. Deutschland war wegen seines mangelhaften, den Anforderungen vor allem des modernen Handels nicht genügenden Schiedsrechts als Schiedsplatz weitgehend gemieden worden, obwohl es selbst bedeutender Handelspartner ist und international anerkannte Schiedsrichter stellt. Der deutsche Gesetzgeber hat die weitgehende Übernahme des Modellgesetzes weder auf internationale Verfahren noch auf Handelsstreitigkeiten beschränkt. Nationale und internationale Streitigkeiten sollen nach gleich liberalen Regeln abgewickelt werden.

Das deutsche Schiedsrecht ist immer dann anwendbar, wenn der Sitz des Schieds- **15** gerichts in Deutschland liegt (**Territorialitätsprinzip**). Über den Ort des Sitzes können die Parteien disponieren. Liegt dieser jedoch erst einmal in Deutschland, so können die Parteien nicht das Verfahren gänzlich einem ausländischen Schiedsrecht unterstellen. Da aber der Sitz nicht mit dem realen Tagungsort identisch sein muss (§ 1043 Abs. 2 ZPO), ist es im Ergebnis die freie Entscheidung der Parteien, ob sie ihr Verfahren dem deutschen Recht unterstellen wollen.

Innerhalb der zu beachtenden zwingenden Regeln des 10. Buches können die Parteien das Schiedsverfahren frei ausgestalten (§ 1042 Abs. 3 ZPO).

Da das deutsche Schiedsverfahrensrecht sowohl nationale als auch internationale **16** Schiedsverfahren betrifft, ist die Abgrenzung zum UNÜ komplex. Es gibt keine einfache Trennung dahin, dass das 10. Buch der ZPO für nationale, das UNÜ für internationale Schiedsverfahren gilt.

Das UNÜ ist nur anwendbar, wenn es sich um einen ausländischen Schiedsspruch handelt. Dies ist nach Art. I Abs. 1 UNÜ ein Schiedsspruch, der in einem anderen Vertragsstaat als dem ergangen ist, indem die Anerkennung und Vollstreckung nachgesucht wird.[20] Liegt noch kein Schiedsspruch vor, z. B. wenn die Einrede des Schiedsvertrags vor einem staatlichen Gericht erhoben wird, so ist zu prognostizieren, ob das Verfahren einen ausländischen Schiedsspruch hervorbringen wird. Liegt nur ein nationaler Schiedsspruch vor, kann ausschließlich die ZPO Anwendung finden.

Das UNÜ enthält keine geschlossene Regelung internationaler Schiedsverfahren, **17** da es sich auf den Bereich der Anerkennung und Vollstreckbarerklärung von Schiedssprüchen und die Anerkennung von Schiedsvereinbarungen konzentriert. Es enthält teilweise vereinheitlichtes Sachrecht (z. B. Formanforderungen für Schiedsvereinbarungen, Versagungsgründe für die Vollstreckbarerklärung), teilweise aber auch nur vereinheitlichtes Kollisionsrecht (so die Kollisionsnormen in Art. V UNÜ) und wiederum Vorschriften, die durch nationales Recht auszufüllen sind (wie die

---

[18] Der Begriff wird in diesem Zusammenhang genutzt, um alle staatlichen Vorschriften, die die Schiedsgerichtsbarkeit betreffen, zu bezeichnen. Schiedsverfahrensrecht in einem engeren Sinne sind aber nur die konkret den Verfahrensablauf betreffenden Regeln. Dazu Rn. 70 ff.

[19] BGBl. S. 3224.

[20] MüKo-ZPO/*Adolphsen*, § 1061 Anh. 1, UNÜ, Art. I Rn. 7.

Verweisung auf das schiedsgerichtliche Verfahren in Art. II Abs. 3 UNÜ). Das 10. Buch der ZPO füllt das UNÜ teilweise aus (Klageabweisung als unzulässig, § 1032 Abs. 1 ZPO), enthält aber auch Verfahrensregelungen (§§ 1042 ff. ZPO), die eigenständig sind, da das UNÜ für diesen Bereich keine Vorgaben macht. Bei der Regelung der Voraussetzungen der Vollstreckung verlässt die ZPO den Weg, eine Regelung für nationale wie internationale Verfahren zu bieten, indem die Vollstreckung inländischer (nicht dem UNÜ unterfallenden) Schiedssprüche (§ 1060 ZPO) und ausländischer Schiedssprüche (hier untypischer Globalverweis auf das UNÜ, § 1061 ZPO) getrennt normiert wird.

§ 3 Schiedsvereinbarung, Schiedsverfahren und Schiedsspruch

I. Die Schiedsvereinbarung

18   Die Begründung der Zuständigkeit eines Schiedsgerichts und die Derogation staatlicher Gerichtszuständigkeit erfolgt durch die Schieds*vereinbarung*.[21] Eine Schiedsvereinbarung ist nach der international akzeptierten **Definition** eine Vereinbarung der Parteien, alle oder einzelne Streitigkeiten, die zwischen ihnen in Bezug auf ein bestimmtes Rechtsverhältnis vertraglicher oder nichtvertraglicher Art entstanden sind oder künftig entstehen, der Entscheidung durch ein Schiedsgericht zu unterwerfen (Art. II Abs. 1 UNÜ, § 1029 Abs. 1 ZPO).

19   Art. II Abs. 2 UNÜ lässt ausdrücklich zwei Formen der Schiedsvereinbarung zu: 1) die Schiedsklausel als Bestandteil eines Hauptvertrages oder 2) die gesonderte Schiedsabrede. Auch § 1029 Abs. 2 ZPO erfasst mit dem Oberbegriff Schiedsvereinbarung beide Varianten. Für beide Formen legt Art. II Abs. 2 UNÜ einheitliche Formanforderungen fest, die den Rückgriff auf (strengere) Anforderungen nationalen Rechts sperren (hierzu s. u. Rn. 55).

20   Nach Art. II Abs. 1 UNÜ und § 1029 Abs. 1 ZPO muss sich die abgeschlossene Schiedsvereinbarung auf ein bestimmtes Rechtsverhältnis beziehen. Unwirksam sind demnach generalklauselartige Schiedsabreden, in denen sich die Parteien losgelöst von jedem Rechtsverhältnis der Schiedsgerichtsbarkeit unterwerfen. Dadurch soll verhindert werden, dass für die Parteien noch nicht überschaubare Rechtsstreitigkeiten den Schiedsgerichten zugewiesen und damit der staatlichen Gerichtsbarkeit entzogen werden.[22] Aus diesem Erfordernis ergibt sich nicht, dass der Schiedsvereinbarung notwendig ein vertragliches Rechtsverhältnis zugrunde liegen muss. Es genügt vielmehr eine Rahmenvereinbarung. Aus dem Wortlaut des Art. II Abs. 1 UNÜ folgt zudem ausdrücklich, dass die Vereinbarung nichtvertragliche

---

[21] Die Vereinbarung der Schiedsgerichtsbarkeit kann auch nur fakultativer Natur sein, also eine zusätzliche Möglichkeit der Streitentscheidung schaffen.

[22] MüKo-ZPO/*Münch*, § 1029 Rn. 73; *Weigand/Haas*, Practitioners's Handbook on international arbitration Part 3, 2002, Art. II Rn. 19.

Ansprüche aus Geschäftsführung ohne Auftrag, ungerechtfertigter Bereicherung oder unerlaubter Handlung einbeziehen kann.[23]

Eine Schiedsvereinbarung ist *keine* Gerichtsstandsvereinbarung,[24] sie entzieht **21** der staatlichen Gerichtsbarkeit weitgehend (vgl. aber § 1033 ZPO und die Aushilfsfunktionen des staatlichen Gerichts) die Zuständigkeit für die Entscheidung des Rechtsstreits.

Schließt eine juristische Person eine Schiedsvereinbarung ab, so wird diese, **22** nicht aber ihre Gesellschafter gebunden.

1. Rechtsnatur

Die Schiedsvereinbarung ist nach heute wohl h. M. als **Prozessvertrag** zu quali- **23** fizieren, da die Hauptwirkung (Begründung der Entscheidungszuständigkeit des Schiedsgerichts und Begründung der Schiedseinrede, Art. II Abs. 3 UNÜ, § 1032 ZPO) auf prozessualem Gebiet liegt.[25] Daraus folgt, dass sich die Zulässigkeit, die Regeln für den Abschluss und die Wirkung der Schiedsvereinbarung nach dem Prozessrecht, in Deutschland nach der ZPO richten. Allerdings fehlt dem Prozessrecht ein vertragsrechtliches Fundament, so dass eine analoge Anwendung von Vorschriften des materiellen Rechts, vor allem des Vertragsrechts erforderlich ist.[26] Wie auch bei dem parallelen Problem der Gerichtsstandsvereinbarung wird vertreten, dass es sich um einen materiellrechtlichen Vertrag[27] oder um einen materiellrechtlichen Vertrag über prozessuale Beziehungen handelt.[28] Diese Sicht erleichtert die Anwendung materiellrechtlicher Rechtsvorschriften.

2. Standort der Schiedsvereinbarung

Die Schiedsvereinbarung kann Inhalt eines gesonderten Vertrages sein, ist jedoch **24** meist in einer Klausel eines Hauptvertrages, für dessen mögliche Streitschlichtung sie dienen soll, enthalten. Eine Schiedsklausel kann auch in einer Satzung oder einem ähnlichen Regelwerk bzw. in einer letztwilligen Verfügung (§ 1066 ZPO) oder in Allgemeinen Geschäftsbedingungen enthalten sein. In jedem Fall ist die Schiedsvereinbarung, unabhängig von dem Ort, an dem sie fixiert ist, ein von den übrigen Vereinbarungen der Parteien zu trennender Vertrag (*Autonomie der Schiedsvereinbarung*). In Deutschland ergibt sich dies aus § 104 Abs. 1 S. 2 ZPO.

---

[23] *van den Berg*, The New York arbitration convention of 1958, 1981, S. 148; *Weigand/Haas*, Practitioners's Handbook on international arbitration Part 3, Art. II Rn. 20; *Reithmann/Martiny/Hausmann*, Internationales Vertragsrecht, Rn. 3262.

[24] Verkannt von OLG Nürnberg, Beschluss vom 30.11.2004, 12 U 2881/04 = SchiedsVZ 2005, 50 = IPRax 2006, 468.

[25] Darstellung bei MüKo-ZPO/*Münch*, § 1029 Rn. 12.

[26] MüKo-ZPO/*Münch*, § 1029 Rn. 14 ff.

[27] *Lorenz*, Die Rechtsnatur von Schiedsvertrag und Schiedsspruch, AcP 157, 281.

[28] BGH, Urteil vom 28.11.1963, VII ZR 112/62 = BGHZ 40, 320 = WM 1964, 321.

3. Wirkung

> **Beispiel**
>
> **Fall 17:** Das Unternehmen *van Uden* hatte gegen die beklagte Firma *Deco- Line* ein einstweiliges Verfügungsverfahren vor dem Präsidenten der Rechtbank Rotterdam angestrengt, um die ausstehende Zahlung einer Frachtgebühr zu beschleunigen, obwohl bereits ein Schiedsverfahren eingeleitet worden war.
>
> Wie ist über den Antrag im Verfahren des einstweiligen Rechtsschutzes zu entscheiden? ◄

25 Liegt eine wirksame Schiedsvereinbarung vor, so muss ein staatliches Gericht, das entgegen der Schiedsvereinbarung angerufen wird, die Parteien auf deren Antrag auf das schiedsrichterliche Verfahren verweisen (Schiedseinrede, Art. II Abs. 3 UNÜ). In welcher Form und zu welchem Zeitpunkt die Schiedseinrede zu erheben ist, entscheidet das jeweilige Prozessrecht ebenso wie die Frage, wie die Verweisung prozessual auszugestalten ist. Nach deutschem Recht bedarf die Einrede keiner bestimmten Form. Sie muss vor der Verhandlung zur Hauptsache erhoben werden (§§ 1032 Abs. 1, 282 Abs. 3, 296 Abs. 3 ZPO). In Deutschland wäre die Klage aufgrund der Schiedseinrede als unzulässig abzuweisen (§ 1032 Abs. 1 ZPO).

26 Die Durchsetzung von Schiedsvereinbarungen mit Hilfe von ***antisuit injunctions*** (dazu 3. Kap. Rn. 25), die der Partei die Prozessführung vor staatlichen Gerichten durch ein staatliches Gericht verbieten sollen, ist im Anwendungsbereich der EuGVO unzulässig (s. Kap. 3 Rn. 25, 48). Ob ein Schiedsgericht die Befugnis hat, die Führung eines staatlichen Zivilprozesses durch eine *antisuit injunction* **in Form eines Schiedsspruchs**, der nach Art. V UNÜ anzuerkennen ist, zu verhindern, war Gegenstand eines Vorabentscheidungsverfahrens vor dem EuGH.[29] Nach Auffassung des EuGH steht die EuGVO der Anerkennung und Vollstreckung oder der Versagung der Anerkennung und Vollstreckung in Bezug auf einen Schiedsspruch, der es einer Partei untersagt, bei einem Gericht dieses Mitgliedstaats bestimmte Anträge zu stellen, nicht entgegen, da diese Verordnung nicht die Anerkennung und Vollstreckung eines Schiedsspruchs in einem Mitgliedstaat regelt, der von einem Schiedsgericht in einem anderen Mitgliedstaat erlassen worden ist.[30] Anders als in der West Tankers-Entscheidung, so der EuGH, stehe der Grundsatz des gegenseitigen Vertrauens, der sich auch darin äußere, dass jedes Gericht im System der Brüssel I-VO seine eigene Zuständigkeit prüfe und die Gerichte anderer Mitgliedstaaten dem vertrauten oder wohl zumindest vertrauen müssten, nicht entgegen: Der Grundsatz des gegenseitigen Vertrauens zwischen den mitgliedstaatlichen Gerichten sei schon deshalb nicht berührt, wenn kein staatliches Gericht, sondern ein Schiedsgericht die Unterlassung von Verfahrenshandlungen in einem anderen Mitgliedstaat anordne. Für die Anerkennung eines derartigen Schiedsspruchs sei aber

---

[29] Vorabentscheidungsersuchen des Lietuvos Aukščiausiasis Teismas (Litauen) an den EuGH vom 14.10.2013, Rs. C-536/13 – *Gazprom OAO*.

[30] EuGH, Urteil vom 13.5.2015 – C-536/13 *Gazprom OAO* = EuZW 2015, 509 (*Wais* 511).

das New Yorker Übereinkommen, nicht aber die Brüssel I-VO maßgebend, die eine Anerkennung deshalb auch nicht verbiete.

Wenn demnach die EuGVO nicht entgegen steht, so ist gleichwohl denkbar, dass einer Anerkennung bzw. Vollstreckung des Schiedsspruchs der *ordre public* Einwand (Art. V Abs. II lit. b UNÜ) entgegen steht.[31]

Fraglich ist, wie ein staatliches Gericht zu entscheiden hat, wenn eine Partei, ob-   **27** wohl die Zuständigkeit eines Schiedsgerichts gegeben ist oder wie im obigen Fall bereits ein Schiedsverfahren eingeleitet ist, vor einem staatlichen Gericht um **einstweiligen Rechtsschutz** nachsucht. Der EuGH ging im Ergebnis davon aus, dass eine Schiedsvereinbarung für die Hauptsache nicht die Zuständigkeit staatlicher Gerichte für Maßnahmen des einstweiligen Rechtsschutzes ausschließt.[32] Dies entspricht Urteilen aus anderen Ländern: Im Anwendungsbereich des UNÜ gingen die englischen[33] und italienischen Gerichte[34] davon aus, dass die Sperrwirkung der Schiedsvereinbarung ein staatliches Gericht nicht daran hindere, vorläufige Maßnahmen zu erlassen. Im deutschen Recht ordnet § 1033 ZPO an, dass eine Schiedsvereinbarung nicht die Möglichkeit ausschließt, um einstweiligen Rechtsschutz vor staatlichen Gerichten nachzusuchen.

4. Anwendbares Recht

Die Parteien können für die Schiedsvereinbarung ein Recht wählen (Art. V Abs. 1   **28** lit. a UNÜ). Dieses muss nicht mit dem vom Schiedsgericht in der Sache anwendbaren Recht oder dem staatlichen Schiedsverfahrensrecht übereinstimmen oder sonst irgendeinen Bezug zur Schiedsvereinbarung haben. Allerdings ist die ausdrückliche Rechtswahl speziell für die Schiedsvereinbarung ausgesprochen selten. Daher ist man oft gehalten, aus den sonstigen Vereinbarungen der Parteien einen Rückschluss auf das für die Schiedsvereinbarung geltende Recht zu ziehen. Aus der Rechtswahl für den Hauptvertrag, also dem Recht, nach dem das Schiedsgericht in der Sache entscheiden soll, ist meist kein Rückschluss auf das für die Schiedsvereinbarung geltende Recht möglich. Haben die Parteien das Schiedsverfahrensrecht ausdrücklich gewählt, so wird daraus meist zu schließen sein, dass dieses auch für die Schiedsvereinbarung gelten soll.[35] Dieser Gleichlauf von Schieds*vereinbarungs*statut und Schieds*vertrags*statut ist objektiv sinnvoll und daher interessengerecht.[36]

Liegt keine Rechtswahl vor, ist das anwendbare Recht objektiv zu bestimmen.   **29** Die Rom I-Verordnung ist gem. Art. 1 Abs. 2 lit. e nicht anwendbar. Nach Art. V

---

[31] Rauscher/*Mankowski*, EZPR, Art. 1 EuGVO Rn. 199.

[32] EuGH, Urteil vom 17.1.1998, Rs. C-391/95, *van Uden/Maritime BV/Deco-Line KG*, Slg. 1998, I-7091; *Beraudo*, The Arbitration Exception of the Brussels and Lugano Conventions: Jurisdiction, Recognition and Enforcement of Judgments, JIA 18 (2001), 13, 17.

[33] Admirality Court (Queens Bench Division), January 13, 1978, The Rena K (U.K. no. 6).

[34] Corte di Cassazione (Sez. Un.) Mai 12, 1977, no. 3989, *Scherk Enterprises A.G. v. Société des Grandes Marques* (Italy no. 28), zitiert nach *van den Berg*, The New York arbitration convention of 1958, S. 140.

[35] *Schlosser*, RipS, Rn. 251.

[36] *Schlosser*, RipS, Rn. 218.

Abs. 1 lit. a UNÜ gilt (nicht nur im Exequaturverfahren, sondern immer, wenn die Frage zu entscheiden ist) das Recht des Landes, in dem der Schiedsspruch ergangen ist (Sitz des Schiedsgerichts).[37] Ist im Zeitpunkt, in dem die Schiedsvereinbarung zu beurteilen ist, z. B. in der Einredesituation vor einem staatlichen Gericht, noch kein Schiedsspruch ergangen, so ist auf das Recht abzustellen, an dem das Schiedsverfahren durchgeführt werden soll und nach dem der Schiedsspruch ergehen wird.

5. Objektive Schiedsfähigkeit

30   Die objektive Schiedsfähigkeit regelt, welche Streitigkeiten Gegenstand einer Schiedsvereinbarung sein können, also der staatlichen Gerichtszuständigkeit entzogen und der privaten Schiedsgerichtsbarkeit zugewiesen werden können.

a. Verhältnis zur nachträglichen Kontrolle des Schiedsspruchs

31   Dem staatlichen Gesetzgeber stehen zwei Wege zur Verfügung, sein Interesse an einem staatlichen Rechtsprechungsmonopol zu Lasten privater Streitentscheidung für bestimmte Bereiche durchzusetzen. Er kann bestimmte Streitgegenstände für objektiv nicht schiedsfähig erklären und sie damit insgesamt den ordentlichen Gerichten zuweisen. Er kann aber auch liberaler die schiedsgerichtliche Lösung grundsätzlich zulassen und erst im Wege der Kontrolle des Schiedsspruchs den staatlichen Interessen zur Durchsetzung verhelfen. Hierzu nutzen wohl alle Länder vor allem den *ordre public-* Vorbehalt.

In den Rechtsordnungen findet man in unterschiedlichem Maße sowohl die eine als auch die andere Lösung, überwiegend aber verschiedene Mischlösungen, bei denen einige Bereiche als schiedsunfähig angesehen werden und andere unter einem *ordre public-* Vorbehalt stehen. Objektive Schiedsfähigkeit und nachträgliche Inhaltskontrolle stehen dabei in einem Regelungszusammenhang: Je stärker die nachträgliche Kontrolle des Schiedsspruchs ist, desto liberaler kann die Regelung der objektiven Schiedsfähigkeit sein und umgekehrt. International dürfte sich jedoch eine Tendenz abzeichnen, präventive Schranken der Schiedsgerichtsbarkeit abzubauen und verstärkt auf post-arbitrale Kontrollmechanismen zurückzugreifen.

b. Notwendiger Rückgriff auf nationales Recht

32   Weder in internationalen Übereinkommen noch im UNCITRAL-Modellgesetz ist die objektive Schiedsfähigkeit vereinheitlicht worden. Sie ist eine der Voraussetzungen der Wirksamkeit der Schiedsvereinbarung, für deren Prüfung die Übereinkommen keine vereinheitlichten Sachnormen, sondern nur Kollisionsnormen enthalten, also einen Rückgriff auf nationales Recht vorsehen.

33   Das UNÜ enthält entsprechende Kollisionsnormen in Art. V Abs. 1 lit. a und Abs. 2 lit. a. In Art. II Abs. 1 und in Art. II Abs. 3 ist die objektive Schiedsfähigkeit erwähnt bzw. vorausgesetzt. Welches nationale Recht hierfür maßgeblich ist, ist eine der umstrittensten und schwierigsten Fragen des Rechts der internationalen Schiedsgerichtsbarkeit. Überwiegend geht man davon aus, dass die Ermittlung des

---

[37] *König*, Zur Bestimmung des Schiedsvertragsstatuts bei fehlender Gesetzesgrundlage nach Inkrafttreten der Rom I-Verordnung, SchiedsVZ 2012, 129.

für die objektive Schiedsfähigkeit maßgeblichen Rechts in der Einredesituation genauso wie in der Anerkennungs- und Vollstreckungssituation zu geschehen hat.[38] Dies ist insofern richtig, als es nicht einzusehen ist, einen Schiedsspruch in der Einredesituation durch ein staatliches Gericht erst zu ermöglichen, indem das Gericht die Parteien auf das Schiedsverfahren verweist und ihm dann aus den schon in der Einredesituation bekannten Gründen die Anerkennung oder Vollstreckung zu versagen. Dabei wird entweder kumulativ Schiedsvertragsstatut und das Recht des (potenziellen) Anerkennungs- bzw. Vollstreckungsstaates (in entsprechender Anwendung des Art. V Abs. 2 lit. a ÜNÜ[39]) angewendet oder ausschließlich das Recht des mit der Frage (Einrede/Anerkennung/Vollstreckbarerklärung) befassten Gerichts (lex fori).[40]

c. Die Ausgestaltung durch nationales Recht

Die überwiegende Zahl nationaler Gesetzgeber stellt bei der Bestimmung der ob- **34** jektiven Schiedsfähigkeit darauf ab, ob die Parteien über die streitgegenständlichen Ansprüche verfügen können. Sie nutzen dazu Kriterien wie die Vergleichs- bzw. Verfügungsbefugnis oder differenzieren danach, ob Streitigkeiten Gegenstand eines Rechtsgeschäfts sein können.

In Deutschland ist die objektive Schiedsfähigkeit in **§ 1030 ZPO** geregelt. § 1030 **35** Abs. 1 S. 1 ZPO verwendet den Begriff des **vermögensrechtlichen Anspruchs**.

Auch die Schweiz (Art. 177 IPRG) und Österreich (nach dem Schiedsrechts- **36** änderungsgesetz 2006 in § 582 Abs. 1 öZPO[41]) stellen auf das Kriterium des vermögensrechtlichen Anspruchs ab. Im englischen Arbitration Act 1996[42] und im US-amerikanischen Federal Arbitration Act (FAA),[43] fehlen abstrakte Kriterien für die Regelung der objektiven Schiedsfähigkeit gänzlich,[44] die Einstellung zur

---

[38] Das UNÜ trifft eine Regelung nur für das Anerkennungs- und Vollstreckungsverfahren, was sich aber aus der Entstehungsgeschichte erklärt. Die Einredesituation ist nur nachträglich rudimentär geregelt worden. Die Perspektive des Übereinkommens ist die der Anerkennungs- und Vollstreckungssituation. Dies ermöglicht erst die kontroversen Stellungnahmen. An dieser Stelle ist es nicht möglich, den Streit in seinen Facetten darzustellen. Verwiesen wird auf *Gottwald*, Internationale Schiedsgerichtsbarkeit, S. 22; MüKO-ZPO/*Adolphsen*, § 1061, Anh. 1, UNÜ, Art. II Rn. 11.

[39] *Wolff*, in: Wolff, NYC, Art. II Rn. 163; *Nagel/Gottwald*, IZPR § 16 Rn. 17; *Lew*, Applicable Law in International Commercial Arbitration, 1978, S. 73; *Nolting*, IPRax 1987, 349, 352; *Bühler*, IPRax 1989, 253, 254.

[40] *Schwab/Walter*, Kap. 44 Rn. 1; *Schlosser*, RipS, Rn. 299; Stein/Jonas/*Schlosser*, Anh. § 1061 Rn. 43; *Weigand/Baumann/Haas/Kahlert*, Rn. 21.205; *Geimer*, IZPR, Rn. 3811; *Reithmann/Martiny/Hausmann*, Internationales Vertragsrecht, Rn. 8.356; *van den Berg*, S. 152 f.; *Bertheau*, S. 28; *Arfazadeh*, ArbInt 2001, 73; *Schramm/Geisinger/Pinsolle*, in: Kronke/Nacimiento/Otto/Port, Recognition and enforcement of foreign arbitral awards, 2010, S. 70; *Kröll*, SchiedsVZ 2009, 40, 45.

[41] SchiedsRÄG 2006 (BGBl 2006/7).

[42] Dazu *Merkin*, Arbitration Act 1996, 2000; *Haas*, Die Reform des englischen Schiedsverfahrensrechts – Der englische Arbitration Act 1996, ZZPInt 2 (1997), 409 ff.

[43] 9 U.S.C. § 1–208 (1982), *Baron-Liniger*, Arb.Int. 2003, 27, 28 f.

[44] *Haas*, Die Reform des englischen Schiedsverfahrensrechts – Der englische Arbitration Act 1996 -, ZZPInt 2 (1997), 409, 416; *Schlosser*, Die objektive Schiedsfähigkeit des Streitgegenstandes, FS Fasching, 1988, S. 405, 413; *Zimmer*, Schiedsgerichtsbarkeit und EG-Kartellrecht,

objektiven Schiedsfähigkeit ergibt sich insofern aus einer Analyse einschlägiger Literatur und Rechtsprechung.[45] In England sind alle Sachverhalte objektiv schiedsfähig, „*which affect the civil interest of parties*",[46] sec. 81 verweist darauf, dass bestehende Regeln, die die Schiedsgerichtsbarkeit ausschließen, durch den Arbitration Act nicht berührt werden. Im Fall der USA ist zudem zu berücksichtigen, dass der Begriff der *arbitrabilty* (of the dispute) nicht mit dem Begriff der Schiedsfähigkeit identisch ist, sondern weiter verstanden wird, indem z. B. Fragen des Umfangs der Schiedsvereinbarung darunter gefasst werden.[47]

37   Mit dem Begriff des vermögensrechtlichen Anspruchs wird ein Kriterium genutzt, das die Wahl der Schiedsgerichtsbarkeit als der staatlichen Gerichtsbarkeit gleichwertige Alternative am wenigsten behindern soll. Auf die Vergleichs- oder Verfügungsbefugnis kommt es *nicht* an.

Der vermögensrechtliche Anspruch ist jedoch nach der deutschen Gesetzesbegründung quasi ein „Hilfskriterium". Der Gesetzgeber wollte ausdrücken, dass Schiedsgerichtsbarkeit überall dort zulässig sein soll, wo im Interesse besonders schutzwürdiger Rechtsgüter ein Entscheidungsmonopol des Staates nicht besteht. Dieser Gesichtspunkt schien ihm aber für eine Normierung zu vage und er entschied sich deshalb für das Abgrenzungskriterium des vermögensrechtlichen Anspruchs, weil er davon ausging, dass ein staatliches Entscheidungsinteresse bei den meisten vermögensrechtlichen Ansprüchen nicht, bei den nichtvermögensrechtlichen Ansprüchen regelmäßig besteht.[48]

38   Ob für bestimmte Ansprüche im Prozessrecht eine **ausschließliche Zuständigkeit** besteht, ist unerheblich, weil die Ausschließlichkeit nur für den Fall staatlicher Entscheidungszuständigkeit gegeben ist.[49]

39   In **Patentstreitigkeiten** kann demnach die ausschließliche sachliche Zuständigkeit der durch § 143 Abs. 1 PatG eingesetzten Landgerichte keinesfalls schiedsgerichtliche Entscheidungszuständigkeit ausschließen, wie es vor der Gesetzesänderung z. T. behauptet wurde. **Verletzungsstreitigkeiten** über deutsche und

---

ZEuP 1994, 163, 166. Eine Regelung findet man allerdings insofern, als Art. V Abs. 2 lit. a UNÜ wortgleich in den Federal Arbitration Act übernommen wurde, vgl. *Schlosser*, Die objektive Schiedsfähigkeit des Streitgegenstandes, FS Fasching, S. 405, 415.

[45] Zum Stand 1995 vgl. *Kilgus*, Zur Anerkennung und Vollstreckbarerklärung englischer Schiedssprüche in Deutschland, S. 221.

[46] *Haas*, Die Reform des englischen Schiedsverfahrensrechts – Der englische Arbitration Act 1996 -, ZZPInt 2 (1997), 409, 417; *Schlosser*, Die objektive Schiedsfähigkeit des Streitgegenstandes, FS Fasching, S. 405, 413.

[47] *Schlosser*, Die objektive Schiedsfähigkeit des Streitgegenstandes, FS Fasching, S. 405, 415.

[48] Gesetzesbegründung zu § 1030 ZPO, BtDrs. 13/5274, S. 34.

[49] Thomas/Putzo/*Reichold*, ZPO, § 1030 Rn. 2; Stein/Jonas/*Schlosser*, ZPO, 1030 Rn. 2.

europäische Patente sind daher ohne Einschränkung schiedsfähig.[50] Entsprechendes gilt im Markenrecht.[51]

Durch das Übereinkommen über ein Europäisches Patentgericht (dazu Kap. 3 Rn. 253 ff.) soll ein **Mediations- und Schiedszentrum für Patentsachen** errichtet werden (Art. 35 Abs. 1 EPGÜ). **40**

Bei **gesellschaftsrechtlichen Beschlussmängelstreitigkeiten** konnte man diskutieren, ob die gesetzliche Rechtskraftwirkung *inter omnes* (§§ 248, 249 AktG) die Schiedsfähigkeit möglicherweise ausschließt.[52] Inzwischen hat der BGH die grundsätzliche objektive Schiedsfähigkeit gesellschaftsrechtlicher Beschlussmängelstreitigkeiten ausdrücklich anerkannt. **41**

„Beschlussmängelstreitigkeiten im Recht der GmbH sind auch ohne ausdrückliche gesetzliche Anordnung der Wirkungen der §§ 248 Abs. 1, 249 Abs. 1 AktG grundsätzlich kraft einer dies analog im Gesellschaftsvertrag festschreibenden Schiedsvereinbarung oder einer außerhalb der Satzung unter Mitwirkung aller Gesellschafter und der Gesellschaft getroffenen Individualabrede „schiedsfähig", sofern und soweit das schiedsgerichtliche Verfahren in einer dem Rechtsschutz durch staatliche Gerichte gleichwertigen Weise – d. h. unter Einhaltung eines aus dem Rechtsstaatsprinzip folgenden Mindeststandards an Mitwirkungsrechten und damit an Rechtsschutzgewährung für alle ihr unterworfenen Gesellschafter – ausgestaltet ist."[53]

Daraufhin hat die DIS „Ergänzende Regeln für gesellschaftsrechtliche Streitigkeiten" erlassen.[54]

Nach § 1030 Abs. 3 ZPO bleiben gesetzliche Vorschriften außerhalb der ZPO, die die Schiedsfähigkeit regeln, unberührt. Daraus ergibt sich die Schiedsunfähigkeit von Streitigkeiten aus **individuellen Arbeitsverträgen** nach §§ 101 ff. ArbGG. **42**

Kartellsachen sind objektiv schiedsfähig, da das SchiedsVfG die Beschränkung gem. § 91 I GWB a. F. aufgehoben hat.[55] Das gilt natürlich nur für zivilrechtlich einzuordnende Streitigkeiten, wenn das jeweilige Kartellgesetz dies vorsieht (z. B. §§ 20, 33 GWB).[56] Der Bereich des Kartellverwaltungsrechts und des **43**

---

[50] *Wittenzellner*, Errichtung eines Schiedszentrums bei der WIPO – Alternative für die Beilegung von Streitigkeiten im Bereich des gewerblichen Rechtsschutzes? Mitt. 1995, 147, 152; *Schulze*, Grenzen der objektiven Schiedsfähigkeit, im Rahmen des § 1030 ZPO, 2003, S. 220; *Zigann*, Entscheidungen inländischer Gerichte über ausländische gewerbliche Schutzrechte und Urheberrechte, 2002, S. 71.

[51] *Frost*, Schiedsfähigkeit im Bereich des geistigen Eigentums nach deutschem und US-amerikanischem Schiedsrecht, 2001, S. 110.

[52] *Gottwald/Adolphsen*, Das neue deutsche Schiedsverfahrensrecht, DStR 1998, 1017; Mü-Ko-ZPO/*Münch*, § 1030 Rn. 35; für Schiedsfähigkeit *Kröll*, Das neue deutsche Schiedsrecht vor staatlichen Gerichten – Entwicklungslinien und Tendenzen 1998–2000, NJW 2001, 1173, 1177; umfassend *Papmehl*, Die Schiedsfähigkeit gesellschaftsrechtlicher Streitigkeiten, 2001.

[53] BGH, Urteil vom 6.4.2009, II ZR 255/08 = NJW 2009, 1962.

[54] www.dis-arb.de; dazu *Borris*, Die „Ergänzende Regeln für gesellschaftsrechtliche Streitigkeiten" der DIS, SchiedsVZ 2009, 299.

[55] MüKo-ZPO/*Münch*, § 1030 Rn. 34.

[56] *Teufer*, Alternative Beilegung privater Wettbewerbsstreitigkeiten, 2006; *Eilmansberger*, Die Bedeutung der Art. 81 und 82 EG für Schiedsverfahren, SchiedsVZ 2006, 5; *Sachs*, Schiedsgerichtsverfahren über Unternehmenskaufverträge – unter besonderer Berücksichtigung kartellrechtlicher Aspekte, SchiedsVZ 2004, 123.

Kartellstraf- und Ordnungswidrigkeitenrechts ist der Schiedsgerichtsbarkeit als
hoheitliche Tätigkeit nicht zugänglich.

44   Gem. § 37h **WpHG** sind Schiedsvereinbarungen über künftige Rechtsstreitigkeiten aus Wertpapierdienstleistungen, Wertpapiernebendienstleistungen
oder Finanztermingeschäften nur verbindlich, wenn beide Vertragsteile Kaufleute
oder juristische Personen des öffentlichen Rechts sind.[57]

45   Für **nichtvermögensrechtliche Ansprüche** ist nach § 1030 Abs. 1 S. 2 ZPO zusätzlich darauf abzustellen, ob eine Vergleichsfähigkeit gegeben ist.

46   Nach § 1030 Abs. 2 ZPO sind Schiedsvereinbarungen über Rechtsstreitigkeiten,
die den Bestand eines **Mietverhältnisses** über Wohnraum im Inland betreffen, nicht
schiedsfähig. Der Gesetzgeber wollte den wirtschaftlich bzw. sozial schwächeren
Mieter vor einem Entzug staatlicher Gerichtsbarkeit schützen. Ob diese Einzelfall-
regelung stringent ist, darf man bezweifeln. Eine Kontrolle der Freiwilligkeit der
Schiedsvereinbarung hätte es wohl auch getan. So ganz akzeptiert hat der Gesetzgeber die grundsätzliche Gleichwertigkeit staatlicher und schiedsgerichtlicher Entscheidungszuständigkeit noch nicht.

47   **Verbraucherstreitigkeiten** sind keineswegs schiedsunfähig. Das Gesetz sieht in
§ 1031 Abs. 5 ZPO nur erhöhte Formanforderungen vor (eigenhändig unterzeichnete
Urkunde), bei deren Einhaltung eine Einbeziehungskontrolle gem. § 305c Abs. 1
BGB obsolet ist. Eine **Inhaltskontrolle** nach § 307 Abs. 1 BGB ist daneben (wohl[58])
zulässig.[59] In der Begründung schiedsgerichtlicher Entscheidungszuständigkeit
kann keinesfalls pauschal eine unangemessene Benachteiligung gesehen werden.[60]
Ein **besonderes Nutzungsinteresse** von Schiedsvereinbarungen ist auch gegenüber
Verbrauchern nicht erforderlich.[61]

48   Die **ADR-Richtlinie** aus dem Jahr 2013,[62] die Deutschland durch das Ver-
braucherstreitbeilegungsgesetz (VSBG) umgesetzt hat, das zum 01.04.2016 in
Kraft getreten ist,[63] fordert in Art. 10, dass für Verbraucher sicher gestellt sein muss,
dass eine Vereinbarung über alternative Streitbeilegung nicht verbindlich ist, wenn
sie vor der Streitigkeit getroffen wurde. Die Annahme, die Umsetzung der Richt-

---

[57] Kritisch *Berger*, Schiedsgerichtsbarkeit und Finanztermingeschäfte – Der „Schutz" der Anleger
vor der Schiedsgerichtsbarkeit durch § 37 h WpHG, ZBB 2003, 77; *Samtleben*, Das Börsentermin-
geschäft ist tot – es lebe das Finanztermingeschäft?, ZBB 2003, 69; *Lehmann*, SchiedsVZ 2003,
219 verweist darauf, dass die Bestimmung wegen Kollision mit dem UNÜ in Fällen mit Auslandsbezug nicht anwendbar ist.

[58] Offen gelassen von BGH, Urteil vom 13.1.2005, III ZR 265/03 = BGHZ 162, 9 = NJW 2005,
1125 = JZ 2005, 958 (*Wagner/Quinke* 932); s. aber *Haas/Hauptmann*, Schiedsvereinbarungen in
„Ungleichgewichtslagen", SchiedsVZ 2004, 175, 178 ff.

[59] MüKo-ZPO/*Münch*, § 1029 Rn. 22.

[60] Ausdrücklich BGH, Urteil vom 13.1.2005, III ZR 265/03 = BGHZ 162, 9 = NJW 2005, 1125 = JZ
2005, 958; ebenso MüKo-ZPO/*Münch*, § 1029 Rn. 25.

[61] BGH, Urteil vom 13.1.2005, III ZR 265/03 = BGHZ 162, 9 = NJW 2005, 1125 = JZ 2005, 958.

[62] Richtlinie über die alternative Beilegung verbraucherrechtlicher Streitigkeiten, Richtlinie
2013/11/EU, (Abl. L 165 vom 18.6.2013, 63).

[63] BGBl. I 2016, S. 254.

linie über die außergerichtliche Streitbeilegung in Verbrauchersachen werde Auswirkungen auf das Schiedsverfahrensrecht haben,[64] hat sich nicht bestätigt.[65]

6. Subjektive Schiedsfähigkeit

Die ZPO enthält keine Regelung der subjektiven Schiedsfähigkeit. Das Fehlen der **49** subjektiven Schiedsfähigkeit ist aber Aufhebungsgrund für den Schiedsspruch (§ 1059 Abs. 2 Nr. 1 lit. a ZPO). Daher muss auf die allgemeinen Regeln der **Prozessfähigkeit** abgestellt werden. Die Gegenansicht stellt jedoch trotz der prozessualen Spezialregelungen unmittelbar auf die §§ 104 ff. BGB ab.[66] Die Prozessfähigkeit ist die Fähigkeit, die Parteirechte im Prozess wirksam wahrzunehmen, also Prozesshandlungen vorzunehmen. Sie lässt sich auch als *prozessuale Geschäftsfähigkeit* bezeichnen. Nach § 52 ZPO ist prozessfähig, wer sich durch Verträge verpflichten kann. Hier besteht also ein Querverweis zum materiellen Recht. Prozessunfähig sind demnach alle geschäftsunfähigen und beschränkt geschäftsfähigen Personen.

Die Rechtsprechung des BGH zur **Rechtsfähigkeit der GbR** hat auch Aus **50** wirkungen auf die subjektive Schiedsfähigkeit der GbR. Diese ist selbst an Schiedsvereinbarungen gebunden. Eine andere Frage ist es, ob auch die Gesellschafter an die Schiedsvereinbarung gebunden sind. Diese ist zu bejahen.[67]

Nach § 37h **WpHG** sind Schiedsvereinbarungen über künftige Streitigkeiten aus **51** Wertpapierdienstleistungen […] nur verbindlich, wenn beide Vertragsteile Kaufleute oder juristische Personen des öffentlichen Rechts sind. Der Gesetzgeber mischt hier Fragen der zeitlichen Zulässigkeit von Schiedsvereinbarungen und Fragen der subjektiven Schiedsfähigkeit („subjektive Schiedsklauselfähigkeit") in einer Vorschrift zusammen, die man besser trennt.[68]

7. Formanforderungen

a. Anforderungen im UNÜ

Das UNÜ enthält für die Form vereinheitlichtes Sachrecht. Art. II Abs. 2 UNÜ ver **52** langt für die Schiedsvereinbarung die Einhaltung der Schriftform.[69]

Nach Art. II Abs. 2 UNÜ ist unter einer „schriftlichen Vereinbarung" eine Schiedsklausel in einem Vertrag oder eine Schiedsabrede zu verstehen, sofern der Vertrag oder die Schiedsabrede von den Parteien unterzeichnet oder in Briefen oder

---

[64] *Wagner*, FS Schütze, 2014, 679, 682.

[65] Musielak/*Voit*, ZPO, 18. Aufl. 2021, § 1031 Rn. 8.

[66] Ohne jede Begründung aber BGH, Urteil vom 23.4.1998, III ZR 194–96 = NJW 1998, 2452 = IPRax 1999, 104; ebenso MüKo-ZPO/*Münch*, § 1029 Rn. 18; grundlegend *Wagner*, Prozessverträge, 1998, S. 280 ff.

[67] *Wiegand*, Die „neue" Gesellschaft bürgerlichen Rechts im Schiedsverfahren, SchiedsVZ 2003, 52, 56.

[68] *Lehmann*, Wertpapierhandel als schiedsfreie Zone? – Zur Wirksamkeit von Schiedsvereinbarungen nach § WPHG § 37 h WpHG, SchiedsVZ 2003, 219, 221.

[69] Zum Folgenden MüKo-ZPO/*Adolphsen*, § 1061 Anh. 1, UNÜ, Art. II Rn. 12 ff.

Telegrammen enthalten ist, die sie gewechselt haben. Wird eine Vertragsurkunde gewählt, so muss grundsätzlich die handschriftliche Unterschrift beider Vertragsparteien auf der Urkunde vorliegen. Es ist jedoch nicht erforderlich, dass die Urkunde keinen weiteren Inhalt hat als nur die Schiedsvereinbarung. Die Form ist auch gewahrt, wenn sich die Unterschrift auf der Vertragsurkunde befindet und die Schiedsvereinbarung Teil dieses Vertrages ist.

53   Bei der zweiten Variante des Art. II Abs. 2 UNÜ kommt es entscheidend auf die Wechselseitigkeit an, eine handschriftliche Unterzeichnung ist weder bei Telegrammen noch bei Briefen erforderlich. Neben Briefen und Telegrammen genügen Fernschreiben. Da eine eigenhändige Unterschrift fehlen kann, genügen auch alle Formen elektronischer Kommunikation, wenn sie eine schriftliche Fixierung zulassen, wie z. B. E-Mail. Nicht ausreichend ist die reine Übersendung der Schiedsvereinbarung ohne Antwort. Eine formgültige Schiedsvereinbarung liegt daher nur vor, wenn die Vertragserklärungen beider Parteien in schriftlicher, nicht notwendig unterschriebener Form vorliegen.

54   Eine mündliche, auch stillschweigende Schiedsvereinbarung ist im Anwendungsbereich des UNÜ nicht genügend.[70] Inzwischen wird die Formvorschrift des UNÜ als veraltet angesehen: „*... the writing requirement of the New York Convention – if applied literally – is simply out of step with commercial reality*".[71] Seit 2006 liegt die Recommendation regarding the interpretation of article II (2) and article VII (1) of the Convention on the Recognition and Enforcement of Foreign Arbitral Awards (New York, 1958) vor.[72]

55   Durch Art. II sollten die Voraussetzungen, die an die Form einer Schiedsvereinbarung gestellt werden dürfen, abschließend festgelegt werden (Gültigkeitsform). Innerhalb des Anwendungsbereichs des UNÜ entfalten deswegen strengere Formvorschriften des vereinbarten Rechts (z. B. § 1031 Abs. 5 ZPO) keine Wirkung.[73] Das gilt, wenn die Schiedsklausel in AGB enthalten ist, auch für AGB Regeln, die eine Einbeziehungskontrolle ermöglichen.[74]

56   Umstritten ist, ob Art. II einen Rückgriff auf weniger strenge Formvorschriften nationalen Rechts sperrt. Dabei muss man berücksichtigen, dass durch die Schaffung des UNÜ die Durchsetzung von Schiedsvereinbarungen erleichtert werden sollte. Man bezweckte nicht die Aufstellung strengerer Voraussetzungen, als sie im

---

[70] BayObLG, Beschl. v. 12.12.2002–4 Z Sch 16/02, NJW-RR 2003, 719; *Schwab/Walter*, Kap. 44 Rn. 8.

[71] *Landau/Mollan*, Article II and the Requirement of Form, in: Gaillard/di Pietro (Hrsg.), Enforcement of Arbitration Agreements and International Arbitral Awards, 2008, 189; *Kaplan*, Arb.Int. 12 (1996), 27, 29; *Graffi*, in: Ferrari/Kröll (Hrsg.), Conflict of Laws in International Arbitration, S. 19.

[72] http://www.uncitral.org/uncitral/uncitral_texts/arbitration/2006recommendation.html (abgerufen am 18.05.2022).

[73] *Mallmann*, Die Bedeutung der Schiedsvereinbarung im Verfahren zur Anerkennung und Vollstreckung ausländischer Schiedssprüche, SchiedsVZ 2004, 152, 155.

[74] *Reithmann/Martiny/Hausmann*, Internationales Vertragsrecht, Rn. 8.292.

nationalen Recht enthalten sind. Deswegen verdrängt Art. II UNÜ weniger strenge
Formvorschriften des nationalen Rechts nicht.[75]

b. Anforderungen im deutschen Recht

Nach § 1031 Abs. 1, 1. Alt. ZPO kann die Schiedsvereinbarung in einem von den **57**
Parteien unterzeichneten Schriftstück enthalten sein. Das Schriftstück darf weitere
Vereinbarungen enthalten als solche, die die Schiedsvereinbarung betreffen.

Nach § 1031 Abs. 1, 2. Alt. kann die Schiedsvereinbarung in zwischen den Par- **58**
teien gewechselten Schreiben, Fernkopien oder anderen Formen der Nachrichten-
übermittlung enthalten sein, wenn der Nachweis der Vereinbarung sichergestellt ist.
Die Fassung geht auf Art. 7 Abs. 2 S. 2 des UNCITRAL-ML zurück. Somit ist es
möglich, die bisherigen Entwicklungen der Kommunikationstechnik zu berücksichtigen und auf neue Techniken flexibel zu reagieren.

Nach § 1031 Abs. 2 ZPO ist die Schiedsvereinbarung auch dann wirksam, wenn **59**
sie in einem übermittelten Schriftstück enthalten ist und der Inhalt dieses Schriftstückes im Falle eines nicht rechtzeitigen Widerspruchs nach der Verkehrssitte als
Vertragsinhalt angesehen wird. Gedacht ist in diesem Zusammenhang an das
Schweigen auf ein kaufmännisches Bestätigungsschreiben.

Nimmt ein Vertrag auf ein anderes Schriftstück Bezug (§ 1031 Abs. 3 ZPO), das **60**
eine Schiedsklausel enthält, so kommt eine Schiedsvereinbarung zustande, wenn
die Bezugnahme so ausgestaltet ist, dass sie die Schiedsklausel zum Bestandteil des
Vertrages macht. Ziel der Vorschrift ist es vor allem, die Einbeziehung von **AGB,**
die eine Schiedsklausel enthalten, zu ermöglichen.[76] Aber auch bei der Bezugnahme
auf sonstige Regelwerke, die eine Schiedsklausel enthalten, kommt der Vorschrift
Bedeutung zu. Im nationalen wie internationalen Sport nehmen sog. Unterwerfungs-
vereinbarungen auf verbandliche Regelwerke (Wettkampfordnungen, Anti- Do-
ping-Code etc.) Bezug, die Schiedsklauseln enthalten.[77]

8. Freiwilligkeit der Schiedsvereinbarung

Vor der Reform des deutschen Schiedsverfahrensrechts enthielt § 1025 Abs. 2 ZPO **61**
a. F. eine Regelung, nach der eine Schiedsvereinbarung unwirksam war, wenn eine
Partei ihre wirtschaftliche oder soziale Übermacht dazu ausgenutzt hatte, den anderen Teil zum Abschluss der Schiedsvereinbarung zu nötigen. Diese Vorschrift wurde
durch die Reform gestrichen, weil der Gesetzgeber davon ausging, dass Schiedsgerichtsbarkeit eine der staatlichen Gerichtsbarkeit gleichwertige Alternative sei,
Rechtsschutz zu erlangen. Heute findet man nur noch in § 1034 Abs. 2 ZPO eine

---

[75] Der Rückverweis des § 1061 ZPO auf das UNÜ ist insoweit unbeachtlich, vgl. BGH, Beschluss
vom 21.9.2005, III ZB 18/05 = NJW 2005, 3499 = SchiedsVZ 2005, 306, 307; MüKo-ZPO/*Adol-
phsen*, § 1061 Anh. 1, UNÜ, Art. II Rn. 18; Stein/Jonas/*Schlosser*, Anh. § 1061 Rn. 159; *Schwab/
Walter*, Schiedsgerichtsbarkeit, Kap. 44 Rn. 12; aA *Musielak/Voit*, ZPO, § 1061 Rn. 14, § 1031
Rn. 18; *Mallmann*, Die Bedeutung der Schiedsvereinbarung im Verfahren zur Anerkennung und
Vollstreckbarerklärung ausländischer Schiedssprüche, SchiedsVZ 2004, 152, 156.

[76] MüKo-ZPO/*Münch*, § 1031 Rn. 40.

[77] *Adolphsen*, Internationale Dopingstrafen, S. 544 ff.

Regelung, wie sich ein Übergewicht einer Partei bei der Zusammensetzung des Schiedsgerichts auswirkt. Eine Auswirkung auf die Gültigkeit der Schiedsvereinbarung hat die Vorschrift nicht.

62   In vielen nationalen Rechtsordnungen wird die Frage des Schiedszwangs nicht ausdrücklich geregelt. Dies ist neben Deutschland in der Schweiz, Griechenland[78] und Österreich[79] der Fall. In diesen Ländern wird allerdings zum Teil kontrovers diskutiert, ob zur Beurteilung von Schiedszwang ergänzend auf materielles Recht oder Verfassungsrecht zurückgegriffen werden kann.

63   In Deutschland wurde eine Zeit lang diskutiert, ob die Rechtsprechung des BGH zur Zulässigkeit satzungsmäßiger Schiedsklauseln im Mitgliedschaftsverhältnis objektiv unfreiwillige Schiedsvereinbarungen *per se* verbieten. Der BGH hatte den Fall des Mitglieds eines Hundezüchtervereins zu beurteilen. Der Verein führte nach dem Beitritt des Klägers durch Satzungsänderung mehrheitlich, aber gegen dessen Stimme, eine Schiedsklausel in die Satzung ein.[80] Der Kläger, Mitglied des Vereins, wehrte sich gleichwohl vor einem ordentlichen Gericht gegen eine gegen ihn verhängte Vereinsstrafe. Der BGH sah das Recht auf Zugang zu den staatlichen Gerichten, das sich aus dem Rechtsstaatsprinzip ergibt, und das Recht auf den gesetzlichen Richter (Art. 101 Abs. 1 S. 2 GG) als verletzt an. Das Grundrecht der Handlungsfreiheit verlange, dass die Unterwerfung unter die Schiedsgerichtsklausel und der damit verbundene Verzicht auf die Entscheidung eines staatlichen Rechtsprechungsorgans grundsätzlich auf dem freien Willen des Betroffenen beruhen muss. Diejenigen Mitglieder, die gegen die Satzungsänderung stimmten, hätten keine freiwillige Entscheidung für die Unterwerfung unter eine private Schiedsgerichtsbarkeit getroffen und damit nicht aus eigenem Willen auf den Zugang zu den staatlichen Gerichten verzichtet.

64   Der BGH hat jede Auseinandersetzung mit den einfachen Gesetzen vermieden und die Freiwilligkeit direkt der in Art. 2 Abs. 1 GG verankerten Handlungsfreiheit zugeordnet. § 1025 Abs. 2 ZPO a. F., der einfachgesetzlich den Fall mangelnder Freiwilligkeit beim Abschluss der Schiedsvereinbarung zu diesem Zeitpunkt (noch) regelte, wird in der gesamten Entscheidung nicht erwähnt. Auch zur Geltung des Mehrheitsprinzips im Vereinsrecht (§ 32 Abs. 1 S. 3, § 33 BGB) äußert sich der BGH nicht. Da der BGH seine Entscheidung nicht auf die einfachgesetzliche Vorschrift des § 1025 Abs. 2 ZPO a. F. gestützt hat, sondern direkt auf verfassungsrechtliche Erwägungen, muss man davon ausgehen, dass die Entscheidung auch für das neue Recht gilt.[81] Ob der Senat die Tragweite seiner Entscheidung erkannt hat,

---

[78] *Malatos*, Problematik der sog. „Sportgerichtsbarkeit" des griechischen Fußballverbandes, SpuRt 1997, 148, 152.

[79] *Matscher*, Probleme der Schiedsgerichtsbarkeit im österreichischen Recht, JBl 1975, 412, 414; *Fasching*, in: Gottwald (Hrsg.), Internationale Schiedsgerichtsbarkeit, S. 729, 733.

[80] Zwar wendet der BGH aufgrund Übergangsrechts noch die §§ 1025 ff. ZPO a. F. in der bis zum 31.12.1997 in Kraft gewesenen Fassung an. Er stützt seine Ansicht jedoch nicht mit dem Wortlaut des § 1025 Abs. 2 ZPO a. F., sondern mit Argumenten aus grundrechtlichen Abwägungen, so dass man davon ausgehen kann, dass die Streichung des § 1025 Abs. 2 ZPO a. F. am Ausgang des Rechtsstreits nichts ändern dürfte.

[81] Ebenso *Kröll*, Das neue deutsche Schiedsrecht vor staatlichen Gerichten – Entwicklungslinien und Tendenzen 1998–2000, NJW 2001, 1173, 1176.

ist jedoch fraglich. Insofern widerspricht die Entscheidung der wesentlich liberaleren Rechtsauffassung des deutschen Gesetzgebers, die in der Streichung des § 1025 Abs. 2 ZPO a. F. zum Ausdruck gekommen ist. Der Gesetzgeber wollte an den Mangel der Freiwilligkeit nicht mehr die Folge der Nichtigkeit des Schiedsvertrages knüpfen, sondern ihn im laufenden Verfahren z. B. bei der Prüfung der Zusammensetzung des Schiedsgerichts berücksichtigen. Der Gesetzgeber ging davon aus, dass der Abschluss der Schiedsvereinbarung als solcher unter der Prämisse der Gleichbehandlung der Parteien sowohl bei der Zusammensetzung des Schiedsgerichts als auch bei der Durchführung des schiedsrichterlichen Verfahrens keine Benachteiligung einer Partei sein kann.[82]

In seiner Entscheidung zur Schiedsfähigkeit von gesellschaftsrechtlichen Beschlussmängelstreitigkeiten (s. o. Rn. 41) normiert der BGH die Anforderungen, die an eine entsprechende Schiedsvereinbarung zu stellen sind und nimmt wiederum die Freiwilligkeit mit auf. Hintergrund ist die mitgliedschaftliche Kernbereichslehre, nach der der Kernbereich der Mitgliedschaft mehrheitsfest ist, d. h. die betreffenden Rechte dürfen nicht nachträglich gegen den Willen des Gesellschaftrechts geändert werden.[83]   **65**

Das LG München I hat im Verfahren der deutschen Eisschnellläuferin *Claudia Pechstein* die Schiedsvereinbarung zum deutschen Verband an § 138 BGB gemessen und eine unfreiwillige Schiedsvereinbarung als an diesem Maßstab unwirksam angesehen.[84] Der BGH entschied jedoch, dass die zwangsweise Nutzung von Schiedsvereinbarungen im Sport keinen Missbrauch einer marktbeherrschenden Stellung darstellt.[85] Claudia Pechstein verfolgt ihren Streit vor dem BVerfG weiter.[86]   **66**

---

[82] BrDrs. 211/96 vom 22.3.1996, S. 109. Zustimmend Stein/Jonas/*Schlosser*, ZPO, § 1025 Rn. 21; *Ebbing*, Satzungsmäßige Schiedsklauseln, NZG 1999, 754, 755; *ders.*, Zur Wirksamkeit einer nachträglich in eine Vereinssatzung aufgenommenen Schiedsklausel, NZG 2000, 898, 899; *Haas*, Zur Einführung von Schiedsklauseln durch Satzungsänderungen in Vereinen, ZGR 2001, 325, 334 f.

[83] BGH, Urteil vom 6.4.2009, II ZR 255/08.

[84] LG München I, Urteil vom 26.2.2014, 37 O 28331/12 = SchiedsVZ 2014, 100. S. *Heermann*, Freiwilligkeit von Schiedsvereinbarungen in der Sportgerichtsbarkeit, SchiedsVZ 2014, 66.

[85] BGH, Urteil vom 7.6.2016, Az. KZR 6/15 = BGHZ 210, 292 = NJW 2016, 2266. Die Klägerin habe die Schiedsvereinbarung freiwillig unterzeichnet. Dass sie dabei fremdbestimmt gehandelt habe, da sie andernfalls nicht hätte antreten können, führe nicht zur Unwirksamkeit der Vereinbarung. Dazu *Adolphsen*, Ganz einfach: Unzulässig wegen Schiedseinrede, Legal Tribune Online vom 7.6.2016, https://www.lto.de/recht/hintergruende/h/bgh-urteil-kzr615-pechstein-schiedsgericht-cas-ausschliessliche-zustaendigkeit-kein-missbrauch/ (abgerufen am 18.05.2022); *Heermann*, Die Sportschiedsgerichtsbarkeit nach dem Pechstein-Urteil des BGH, NJW 2016, 2224; *Stancke*, Die sportkartellrechtliche Bedeutung der „Pechstein"-Entscheidung des BGH, SpuRt 2016, 230; *Summerer*, Die Zukunft der Schiedsgerichtsbarkeit im Sport – Reformvorschläge für den CAS, SpuRt 2018, 197; *Thöne*, Von (Un-)Freiwilligkeit und (Un-)Parteilichkeit in der Sportschiedsgerichtsbarkeit – ein Appell an das Bundesverfassungsgericht, SchiedsVZ 2020, 176; *Michaelis*, Der Schiedszwang im Profisport – Unter Besprechung der aktuellen Rechtsprechung am Fall Claudia Pechstein, SchiedsVZ 2019, 331.

[86] *Thöne*, SchiedsVZ 2020, 176.

67   Auch der deutsche Gesetzgeber geht in § 11 AntiDopG davon aus, dass der Einsatz von Schiedsvereinbarungen im Sport sinnvoll und erforderlich ist.[87] Dieser lautet: Sportverbände und Sportlerinnen und Sportler können als Voraussetzung der Teilnahme von Sportlerinnen und Sportlern an der organisierten Sportausübung Schiedsvereinbarungen über die Beilegung von Rechtsstreitigkeiten mit Bezug auf diese Teilnahme schließen, wenn die Schiedsvereinbarungen die Sportverbände und Sportlerinnen und Sportler in die nationalen oder internationalen Sportorganisationen einbinden und die organisierte Sportausübung insgesamt ermöglichen, fördern oder sichern. Das ist insbesondere der Fall, wenn mit den Schiedsvereinbarungen die Vorgaben des Welt Anti-Doping Codes der Welt Anti-Doping Agentur umgesetzt werden sollen.

68   Bedeutung könnten auch mehrere Verfahren von Sportlern vor dem EGMR gegen die Schweiz haben, in denen diese rügen, dass die Schweiz Schiedssprüche des Court of Arbitration for Sport (CAS) nur eingeschränkt kontrolliere.[88]

II. Das Schiedsverfahren

69   Unter dem Begriff des Schiedsverfahrensrecht werden im Folgenden die Verfahrensregeln angesprochen, auf deren Grundlage das Schiedsgericht einen Schiedsspruch erlässt. Der Begriff wird z. T. in einem weiteren Sinne dahin gebraucht, dass alle Vorschriften nationalen Rechts, die für die Schiedsgerichtsbarkeit überhaupt relevant sind, (z. B. „das deutsche Schiedsverfahrensrecht im 10. Buch der ZPO") bezeichnet werden.

70   Das Verfahren, in dem vor dem Schiedsgericht der Schiedsspruch gefällt wird, ist zu einem geringen Teil im deutschen Schiedsrecht (§§ 1042 ff. ZPO) fixiert. Ansonsten unterliegt es der Vereinbarung der Parteien oder mangels einer solchen dem Ermessen des Schiedsgerichts. Wird auf eine bestehende Schiedsorganisation zurückgegriffen, so wird meist deren Verfahrensordnung zugrunde gelegt.

71   Bei einem Verstoß gegen die gesetzlichen oder zulässig vereinbarten Verfahrensvorschriften kann der Schiedsspruch aufgehoben werden, wenn sich der Verfahrensverstoß auf den Schiedsspruch ausgewirkt hat (§ 1059 Abs. 2 Nr. 1 d ZPO).

1. Zwingender Inhalt deutschen Rechts

72   Allgemeine Verfahrensregeln enthält § 1042 ZPO: Die Parteien sind gleich zu behandeln, ihnen ist rechtliches Gehör zu gewähren, sie dürfen sich durch Bevollmächtigte vertreten lassen. Ein Verstoß kann einen Aufhebungsgrund für den Schiedsspruch gem. § 1059 Abs. 2 Nr. 1 b ZPO begründen.

2. Bildung eigener Verfahrensregeln

73   Den Parteien steht es frei, innerhalb der geringen gesetzlichen Bindung das Verfahren frei auszugestalten oder durch Bezugnahme auf eine Schiedsordnung zu re-

---

[87] Lehner/Nolte/Putzke/*Lehner*, Anti-Doping-Gesetz, 2017, § 11 Rn. 36.
[88] *Hess*, Schiedsgerichtsbarkeit und europäisches Zivilprozessrecht, JZ 2014, 538, 544.

geln. Dies gilt auch dann, wenn die Dienste dieser Schiedsorganisation nicht in Anspruch genommen werden.

Meist vereinbaren die Parteien **Vertraulichkeit des Verfahrens**, sie können jedoch in eine Veröffentlichung des Schiedsspruchs einwilligen, was die Transparenz erhöht, soweit dies in größeren Organisationen von Bedeutung ist, damit sich eine vorhersehbare Rechtsprechung herausbilden kann.

3. Dispositive gesetzliche Verfahrensregelungen

Fehlt eine Regelung der Parteien, so gelten zunächst die dispositiven Vorschriften des Schiedsrechts. Danach hat das Schiedsgericht den Ort des schiedsrichterlichen Verfahrens zu bestimmen, wenn die Parteien dies nicht getan haben (§ 1043 Abs. 1 ZPO). Aus dieser Festlegung ergibt sich mittelbar das staatliche Gericht, das zur Unterstützung des Schiedsverfahrens angerufen werden kann (§ 1062 Abs. 1 ZPO). § 1044 ZPO trifft eine Regelung über den Beginn des Verfahrens (sog. Schiedshängigkeit). Dieser Zeitpunkt ist für die Verjährung von Bedeutung. Gem. § 204 Abs. 1 Nr. 11 BGB wird die Verjährung durch den Beginn des schiedsrichterlichen Verfahrens gehemmt. Das Schiedsgericht kann die Verfahrenssprache regeln (§ 1045 ZPO), wenn die Parteien dies nicht getan haben. **74**

4. Verfahrensgestaltung nach Ermessen des Schiedsgerichts

Innerhalb des Rahmens, den die zwingenden gesetzlichen Regeln und die Vereinbarungen der Parteien bilden, bestimmt das Schiedsgericht im Übrigen das Verfahren nach seinem Ermessen. Dies kann den Vorteil größerer Flexibilität haben. Das Schiedsgericht kann die Zahlung eines Kostenvorschusses anordnen, es kann Beweisregeln aufstellen, Präklusionsfristen einführen, eine Kostenregelung bestimmen etc. **75**

5. Bildung und Zusammensetzung des Schiedsgerichts

Die Bildung und Besetzung des Schiedsgerichts unterliegt der Vereinbarung. Fehlt eine solche Regelung, so ist nach § 1034 Abs. 1 S. 2 ZPO im Zweifel ein **Dreierschiedsgericht** zuständig. Überwiegend bestimmt jede Partei einen Schiedsrichter. Die beiden Benannten einigen sich sodann auf einen Dritten. Die Parteien können Vorgaben für diese Bestimmung machen. Die Schiedsordnungen enthalten regelmäßig einen bestimmten Mechanismus, der eingreift, wenn sich die Parteien nicht einigen. Zum Teil wird dann die Benennung an ein staatliches Gericht (häufig Präsident OLG) delegiert oder ein Gremium der Schiedsinstitution (z. B. Ernennungsausschuss DIS) nimmt die Benennung vor. **76**

Bei einigen Schiedsinstitutionen gibt es **Schiedsrichterlisten**, von denen die Parteien geeignete Personen wählen können. Diese Listen sind teilweise nur ein Vorschlag, teilweise aber auch zwingend. Gibt es nur eine geschlossene Liste und setzt eine Partei die Schiedsvereinbarung zwangsweise durch, kann die Unabhängigkeit des Schiedsgerichts gefährdet sein. **77**

Durch die Entsendung der von den Parteien benannten Schiedsrichter kann die Unabhängigkeit des Schiedsgerichts in Frage gestellt sein, wenn sich der Schiedsrichter auch nach seiner Entsendung noch ausschließlich als Parteivertreter geriert. **78**

79   Die Parteien können ein sog. *ad hoc* **Schiedsgericht** wählen oder auf ein **institutionalisiertes Schiedsgericht** zurückgreifen. Im ersten Fall ist regelmäßig nur vereinbart, dass der Streit durch ein Schiedsgericht entschieden werden soll. Dann müssen die Parteien selbst für die gesamte verfahrensmäßige Organisation sorgen.

80   Soweit einer Partei durch die Schiedsvereinbarung ein die andere Partei benachteiligendes Übergewicht bei der Schiedsrichterbestellung zukommt, kann die Ernennung abweichend durch das staatliche Gericht vorgenommen werden (§ 1034 Abs. 2 ZPO).

6. Kompetenz-Kompetenz

81   Gem. § 1040 Abs. 1 S. 1 ZPO ist das Schiedsgericht befugt, über seine eigene Zuständigkeit und im Zusammenhang hiermit über das Bestehen oder die Gültigkeit der Schiedsvereinbarung zu entscheiden. Dieses geschieht entweder durch einen **Zwischenentscheid** (§ 1040 Abs. 3 S. 1 ZPO) oder durch den das Schiedsverfahren beendenden Schiedsspruch oder durch einen Prozessschiedsspruch. Bei dieser Entscheidung ist die Schiedsklausel als eine von den übrigen Vertragsbestimmungen unabhängige Vereinbarung zu behandeln (§ 1040 Abs. 1 S. 2 ZPO). Aus der Unwirksamkeit des Hauptvertrages kann also nicht auf die Unwirksamkeit der Schiedsabrede geschlossen werden. Das Schiedsgericht kann daher auch die Unwirksamkeit des Hauptvertrages feststellen und über die Rückabwicklung unwirksamer Verträge entscheiden.

82   Rügt eine Partei die Zuständigkeit des Schiedsgerichts und erlässt dieses einen Zwischenschiedsspruch, so kann jede Partei diesen fristgebunden durch ein staatliches Gericht nachprüfen lassen kann (§ 1040 Abs. 3 S. 2 ZPO). Während der Anhängigkeit dieses Rechtsbehelfs kann das Schiedsverfahren fortgesetzt werden (§ 1040 Abs. 3 S. 3 ZPO). Zuständig ist gem. § 1062 Abs. 1 Nr. 2 i. V. m. § 1065 Abs. 1 S. 2 ZPO das Oberlandesgericht, das in der Schiedsvereinbarung bezeichnet ist und bei Fehlen einer solchen Bezeichnung dasjenige, in dessen Bezirk der Ort des schiedsrichterlichen Verfahrens liegt.

83   § 1040 ZPO räumt einem Schiedsgericht demnach zwar die primäre Zuständigkeit ein, über die eigene Zuständigkeit zu entscheiden, belässt die endgültige Kompetenz aber dem staatlichen Gericht. Nach der umstrittenen Rechtsprechung des BGH zum alten Schiedsrecht konnten die Parteien dem Schiedsgericht durch zusätzliche Vereinbarung eine endgültige Kompetenz-Kompetenz übertragen.

Das neue Recht hat diese Lösung zu Recht verworfen. Das Gesetz gibt dem Schiedsgericht nunmehr die Befugnis zur Erstentscheidung, ohne dass eine Parteivereinbarung notwendig wäre und berücksichtigt so die Gleichwertigkeit von Schiedsgerichten und staatlichen Gerichten. Das letzte Wort hat jedoch immer das staatliche Gericht, soweit die entsprechenden Rechtsbehelfe genutzt werden. Gegen den Zwischenschiedsspruch kann gem. § 1040 Abs. 3 S. 2 ZPO die gerichtliche Entscheidung beantragt werden. Entscheidet das Schiedsgericht in einem Schiedsspruch über seine Kompetenz, so ist diese Entscheidung im Aufhebungsverfahren (§ 1059 ZPO) kontrollierbar.

Die gesetzliche Regelung ist zwingend. Den Parteien der Schiedsvereinbarung   **84**
ist es verwehrt, eine Kompetenz-Kompetenz des Schiedsgerichts zu begründen mit
der Folge, dass dessen Zuständigkeitsbeurteilung die staatlichen Gerichte bände.[89]

III. Der Schiedsspruch

1. Wirkung

> **Beispiel**
>
> **Fall 18:** Im Hauptsacheverfahren zwischen *Stanley Roberts* und dem inter-
> nationalen Basketballverband (FIBA) verlangte der Sportler Schadensersatz
> wegen einer von der FIBA verhängten, aus Sicht des Klägers rechtswidrigen
> Dopingsperre. Der Sportler hatte aber in der gleichen Sache bereits den zu-
> ständigen Court of Arbitration for Sport (CAS) angerufen. Dieser hatte mit
> Schiedsspruch vom 06.09.2001 die von *Roberts* eingelegte Berufung gegen die
> Verhängung der zweijährigen Sperre zurückgewiesen und die Sperre für rechts-
> mäßig erachtet. Gleichwohl klagte *Roberts* vor dem LG München I auf
> Schadensersatz.
> Ist das LG München I an die Einschätzung des CAS gebunden? ◄

Durch den am Ende des Verfahrens ergehenden Schiedsspruch wird der Streit der   **85**
Parteien beendet (§ 1056 Abs. 1 ZPO, *Endentscheid*). Dieser Schiedsspruch hat
unter den Parteien die Wirkung eines rechtskräftigen gerichtlichen Urteils (§ 1055
ZPO). Er ist Grundlage staatlicher Zwangsvollstreckung (Art. V UNÜ (§ 1061 ZPO
enthält deklaratorischen Verweis), §§ 1060 Abs. 1, 794 Abs. 1 Nr. 4a ZPO), soweit
er einen Leistungsbefehl enthält und einer Vollstreckung bedarf.[90] In der Praxis wird
die überwiegende Zahl der Schiedssprüche freiwillig erfüllt. Endentscheid ist auch
die Entscheidung über einen abgrenzbaren Teil des Streitgegenstandes (sog. *Teil-
schiedsspruch*). Das Schiedsgericht kann bei entsprechender Vereinbarung der Parteien, sonst auch nach seinem Ermessen, Teilschiedssprüche erlassen, wird dieses
aber nur tun, wenn dadurch nicht das Verfahren verzögert wird.[91] Nur Sprüche von
Schiedsgerichten werden vom UNÜ erfasst, aber nicht definiert. Hierbei sind die
Schiedsgerichte insbesondere von staatlichen Gerichten abzugrenzen. Ein Schiedsspruch liegt grundsätzlich dann vor, wenn sich die Parteien dem entscheidenden
Gericht im Rahmen ihrer Privatautonomie frei unterworfen haben (s. § 1029 ZPO).
Bei Vollstreckungsurteilen angloamerikanischer Prägung, bei denen der Schieds-

---

[89] BGH, Urteil vom 13.1.2005, III ZR 265/03 = BGHZ 162, 9 = NJW 2005, 1125, 1126; MüKo-
ZPO/*Münch*, § 1040 Rn. 10.

[90] Die Anerkennung und Vollstreckung ausländischer Schiedssprüche hat jedoch nach h. M. wegen
der Bestandskraft der Vollstreckbarerklärungsentscheidung (*res iudicata*) unabhängig davon zu
erfolgen, ob die Schiedssprüche einen vollstreckungsfähigen Inhalt aufweisen oder nicht, vgl.
MüKo-ZPO/*Adolphsen*, § 1061 Anh. 1, UNÜ, Art. III Rn. 2.

[91] Zu Zwischenentscheiden und verfahrensleitenden Verfügungen *Schlosser*, RipS, Rn. 692 ff.

spruch im gerichtlichen Bestätigungsurteil aufgeht (*doctrine of merger*), war die Abgrenzung lange umstritten.[92] Aus deutscher Sicht höchstrichterlich entschieden ist mittlerweile, dass die Doppelexequatur von Schiedssprüchen unzulässig ist, wenn das Recht des ersten Exequatururteils der *doctrine of merger* folgt.[93] Damit ist ausschließlich der ursprüngliche Schiedsspruch nach dem UNÜ vollstreckungsfähig.

86   Der Schiedsspruch ist jedoch nur Grundlage staatlicher Zwangsvollstreckung, er ist nicht selbst Vollstreckungstitel. Einem Schiedsspruch muss immer erst durch staatlichen Vollstreckungsakt die Vollstreckbarkeit verliehen werden. Erst die Entscheidung über die Vollstreckbarerklärung ist Vollstreckungstitel (§ 794 Abs. 1 Nr. 4a ZPO).[94]

87   Die Zwangsvollstreckung selbst erfolgt ausschließlich auf der Grundlage nationalen Zwangsvollstreckungsrechts. Das UNÜ enthält entgegen ursprünglicher Pläne[95] keine eigenen Bestimmungen zur Regelung des Vollstreckungsverfahrens. Demnach ist es den Vertragsstaaten grundsätzlich freigestellt, wie sie dieses ausgestalten.[96] Art. III S. 2 UNÜ verbietet jedoch die Diskriminierung ausländischer Schiedssprüche gegenüber inländischen.

88   Neben der Vollstreckung kann die **Anerkennung** des Schiedsspruchs Bedeutung erlangen. Wie im Fall ausländischer Urteile kann sich die Anerkennung in Form einer Präjudizialität auswirken.

Das LG München bejahte im **Fall 18** die Bindungswirkung des Schiedsspruchs für den Schadensersatzprozess gem. §§ 1055, 1061 ZPO i. V. m. Art. III, IV UNÜ. Die Bindung des Gerichts an die Entscheidung des CAS habe zur Folge, dass die Dopingstrafe als rechtmäßig anzusehen sei, eine Verurteilung auf Schadensersatz gem. §§ 33 S. 1, 20 GWB bzw. § 826 BGB nicht in Betracht komme und wies die Klage als unbegründet ab.[97] Der Entscheidung wird man zustimmen können, wenn das Schiedsgericht über die Wirksamkeit der Dopingstrafe ausdrücklich entschieden hat.

2. Form

89   Schiedssprüche sind schriftlich zu erlassen und zu unterschreiben. Nach § 1054 Abs. 1 ZPO ist die Unterschrift aller Schiedsrichter erforderlich. Es genügen jedoch die **Unterschriften** der Mehrheit, wenn jeweils der Grund für die fehlende Unter-

---

[92] BGH, Urteil vom 27.3.1984 – IX ZR 24/83 = NJW 1984, 2765; BGH, Urteil vom 10.5.1984 – III ZR 206/82 = NJW 1984, 2763 (für Wahlrecht, den Schiedsspruch oder die staatliche Exequaturentscheidung anerkennen und für vollstreckbar erklären zu lassen), BayObLG, Beschluss vom 22.11.2002 – 4 Z Sch 13/02 = RIW 2003, 385 = SchiedsVZ 2003, 142; *Borges*, Die Doppelexequatur von Schiedssprüchen, 1997; *Dolinar*, FS Schütze, 1999, S. 187; *Schütze*, ZVglRWiss 104 (2005) 427.

[93] BGH, Urteil vom 2.7.2009 – IX ZR 152/06 (Aufgabe von BGH, Urteil vom 27.3.1984 – IX ZR 24/83) = SchiedsVZ 2009, 285; mit Anm. *Geimer*, IPRax 2010, 346, 346, der die Rückkehr zum Grundsatz l'exequatur sur l'exequatur ne vaut begrüßt.

[94] MüKo-ZPO/*Münch*, § 1060 Rn. 2.

[95] Historie bei *van der Berg*, The New York arbitration convention of 1958, S. 234 ff.

[96] *van der Berg*, The New York arbitration convention of 1958, S. 236.

[97] LG München I, Urteil vom 20.12.2001, 7 O 2030/2001, S. 8 der Entscheidungsgründe.

schrift im Schiedsspruch angegeben wird (§ 1054 Abs. 1 S. 2 ZPO). Davon wird auch die Weigerung zur Unterschriftsleistung erfasst.

Im Grundsatz ist der Schiedsspruch mit **Gründen** zu versehen, wenn nicht die   **90** Parteien darauf verzichten oder ein Schiedsspruch mit vereinbartem Wortlaut (§ 1053 Abs. 1 ZPO) vorliegt.

Im Schiedsspruch sind, um die territoriale Bindung des Verfahrens (§ 1025   **91** Abs. 2 ZPO) zu fixieren, Datum und Ort des schiedsrichterlichen Verfahrens anzugeben (§ 1054 Abs. 3 ZPO).

3. Das in der Hauptsache anzuwendende Recht

a. Kollisionsrechtliche Bindung des Schiedsgerichts

Die Frage des in der Hauptsache anwendbaren Rechts muss von der nach dem   **92** Schiedsverfahrensrecht (s. o. Rn. 70) und der nach dem auf den Schiedsvertrag anwendbaren Recht (s. o. Rn. 28) streng unterschieden werden.[98]

Staatliche Gerichte sind an die Kollisionsnormen ihrer *lex fori* gebunden. Dies   **93** sind in Europa vor allem die Rom-Verordnungen (Kap. 1 Rn. 45 ff.), ergänzend in Deutschland noch das EGBGB. Für internationale Schiedsgerichte ist es nach wie vor umstritten, ob sie überhaupt an Kollisionsnormen gebunden sind und was für sie als *lex fori* anzusehen ist.[99] Dieser Streit wird in erster Linie im Fall des Fehlens einer Rechtswahl relevant. Für das Schiedsgericht stellt sich dann die Frage, wie es das anwendbare Recht objektiv zu bestimmen hat. Aber auch bei Vorliegen einer Rechtswahl müssen sich die Parteien und das Schiedsgericht fragen, ob eine Rechtswahl zulässig und wirksam ist und ob ein Schiedsvertrag, der eine Rechtswahlklausel enthält bzw. ein Schiedsspruch, der auf der Grundlage des gewählten Rechts ergeht, von staatlichen Gerichten anerkannt würde. Die Nichtanerkennung des Schiedsvertrages und die mögliche Aufhebung des Schiedsspruchs durch die staatlichen Gerichte am Schiedsort sind dann auch die Gründe, weshalb in der internationalen Schiedsgerichtsbarkeit vor allem der Geltungsanspruch eines nationalen Kollisionsrechts beachtet wird. Dabei ist es allerdings unzutreffend, eine Bindung an staatliche Kollisionsnormen nur dann zu bejahen, wenn die staatlichen Gerichte einen Schiedsspruch aufheben, der die Bindung missachtete.[100] Die Bindung an Normen ergibt sich aus der Verbindlichkeit der Norm für den Normadressaten. Sie ist davon zu unterscheiden, ob die Norm sanktionsbewehrt ist. Schiedsgerichte sind

---

[98] MüKo-ZPO/*Münch*, § 1051 Rn. 11; *Hausmann*, Anwendbares Recht vor deutschen und italienischen Schiedsgerichten – Bindung an die Rom I-Verordnung oder Sonderkollisionsrecht, FS Hoffmann, 2011, 971.

[99] *Adolphsen*, Internationale Dopingstrafen, S. 597–684; *Gentinetta*, Die lex fori internationaler Schiedsgerichte, 1973; *Handorn*, Das Sonderkollisionsrecht der deutschen internationalen Schiedsgerichtsbarkeit, 2005; *G. Wagner*, Rechtswahlfreiheit im Schiedsverfahren: Ein Probierstein für die juristische Methodenlehre, FS Schumann, 2001, S. 235.

[100] So aber *Junker*, Deutsche Schiedsgerichte und Internationales Privatrecht, FS Sandrock, S. 443, 449; *Solomon*, Das vom Schiedsgericht in der Sache anzuwendende Recht nach dem Entwurf eines Gesetzes zur Neuregelung des Schiedsverfahrensrechts, RIW 1997, 981, 987; ähnlich *Mayer*, Reflections on the International Arbitrator's Duty to Apply the Law, ArbInt 17 (2001), 235, 237.

de lege lata an Kollisionsnormen an ihrem Sitz gebunden.[101] Diese gestatten in aller Regel die Rechtswahl, können der Rechtswahl aber auch Grenzen setzen.

94   Für Schiedsgerichte mit Schiedsort in Deutschland gelten die §§ 1025 ff. ZPO. **§ 1051 ZPO** enthält eine Kollisionsnorm für Schiedsgerichte. Für eine Rechtswahl begründet § 1051 ZPO außer einer (konstitutiv wirkenden) Gestattung faktisch keine Bindung an das IPR des Forumstaates. Die Rechtswahl ist danach ohne Einschränkung zulässig.

95   Ob statt dessen oder auch nur ergänzend eine Bindung an EU-Sekundärrecht besteht, ist umstritten. In Betracht kommt bei vertraglichen Streitigkeiten die **Rom I-Verordnung**. Art. 1 Abs. 2 lit. e Rom I-Verordnung schließt Schieds- und Gerichtsstands*vereinbarungen* von ihrem Anwendungsbereich aus. Die Schieds*gerichtsbarkeit* insgesamt ist dagegen nach dem Wortlaut nicht ausgeschlossen, was in deutlichem Gegensatz zu Art. 1 Abs. 2 lit. e EuGVO steht, der die gesamte Schieds*gerichtsbarkeit* vom Anwendungsbereich der EuGVO ausschließt (s. Kap. 3 Rn. 19). Daher vertreten einige die Ansicht, die Rom I-Verordnung sei anwendbar, was zur Folge hat, das § 1051 ZPO als nationales Recht durch die Art. 3 ff. Rom I-Verordnung verdrängt wird (Art. 288 AEUV).[102] Andere verstehen den Ausschluss des Art. 1 Abs. 2 lit. e Rom I-Verordnung trotz des engen Wortlauts weiter und verweisen darauf, dass Rom I-Verordnung und EuGVO parallel ausgestaltet sein sollten. Danach ist ausschließlich § 1051 ZPO anwendbare Kollisionsvorschrift.[103] Dazwischen bewegen sich diejenigen, die beide strengen Ansätze ablehnen, § 1051 ZPO als primär anwendbare Kollisionsnorm ansehen, aber auf die Regeln der Rom I-Verordnung zurückgreifen wollen. Für die Schiedsgerichtsbarkeit bestehe keine strikte Bindung an die Rom I-Verordnung, ihr sollte aber bei mitgliedstaatlichem Schiedsort eine „persuasive authority" bei der Bestimmung des anwendbaren Rechts zukommen.[104]

96   Schon vor Inkrafttreten der Rom I-Verordnung war es ausgesprochen umstritten, ob eine **Bindung an das Europäische Vertragsübereinkommen (EVÜ)** für Schiedsgerichte bestand.[105] Der deutsche Gesetzgeber war zwar davon ausgegangen, war damit aber international isoliert. Auch die Kommission zur Neuordnung des Schiedsverfahrensrechts in Deutschland sprach sich dagegen aus, dass eine Bindung von Schiedsgerichten an das EVÜ bestehe,[106] die Begründung des Gesetzent-

---

[101] MüKo-ZPO/*Münch*, § 1051 Rn. 1.

[102] *Mankowski*, Rom I-VO und Schiedsverfahren, RIW 2011, 30, 44; *McGuire*, Grenzen der Rechtswahlfreiheit im Schiedsverfahrensrecht? – Über das Verhältnis zwischen der Rom-I-VO und § 1051 ZPO, SchiedsVZ 2011, 257.

[103] MüKo-ZPO/*Adolphsen*, § 1061 Anh. 1, UNÜ, Art. Rn. 4 Fn. 16; MüKo-BGB/*Martiny*, vor Art. 1 Rom I-VO Rn. 100; Musielak/*Voit*, ZPO, § 1051 Rn. 3; *Hausmann*, Anwendbares Recht vor deutschen und italienischen Schiedsgerichten – Bindung an die Rom I-Verordnung oder Sonderkollisionsrecht, FS Hoffmann, 2011, 971, 979.

[104] So ausdrücklich *Pfeiffer*, EuZW 2008, 622, 623.

[105] MüKo-ZPO/*Münch*, § 1051 Rn. 7; *Hausmann*, Anwendbares Recht vor deutschen und italienischen Schiedsgerichten – Bindung an die Rom I-Verordnung oder Sonderkollisionsrecht, FS Hoffmann, 2011, 971, 978.

[106] Bericht der Kommission zur Neuordnung des Schiedsverfahrensrechts S. 167.

wurfs wich in dieser Frage von der der Kommission ab.[107] Im Wortlaut des § 1051 ZPO findet sich diese Divergenz aber nicht wieder. Andere Vertragsstaaten sahen keine Bindung an das EVÜ und erließen spezielle Kollisionsnormen für Schiedsgerichte.[108]

Für die ausschließliche Geltung des § 1051 ZPO spricht letztlich ein funktionales Argument: Die modernen Schiedsverfahrensrechte sind auch Handlungsanweisungen für internationale Schiedsgerichte. Als solche sollten sie, um das Land ihres Sitzes als internationalen Schiedsort zu stärken,[109] eine für Schiedsrichter und Parteien überschaubare Regelung des Verfahrens enthalten. Dieses notwendige Anliegen aller modernen Schiedsverfahrensrechte, das aus der Konkurrenz der Staaten um internationale Schiedsverfahren folgt, bedingt es, übersichtliche, lesbare und für Ausländer verständliche Regelungen zu fixieren. Eine vorrangige Anwendung der Rom I-Verordnung liefe dem ebenso zuwider wie die Ergänzung des § 1051 ZPO durch die Rom I-Verordnungen. Im Ergebnis ist daher § 1051 ZPO die einzige kollisionsrechtliche Vorschrift für ein Schiedsgericht mit Sitz in Deutschland.[110] Die Rechtswahl ist danach ohne Einschränkung auch in solchen Bereichen zulässig, für die vor staatlichen Gerichten keine Parteiautonomie besteht (Art. 3 Abs. 3 und 4 der Rom I-Verordnung). **97**

Wenn der Schiedsrichter die engste Verbindung i. S. d. § 1051 Abs. 2 ZPO sucht, kann er sich selbstverständlich an den Art. 4 ff. Rom I-Verordnung orientieren, ein Zwang dazu besteht nicht. **98**

b. Rechtswahl der Parteien

Die ausdrückliche Rechtswahl eines staatlichen Rechts ist durch § 1051 Abs. 1 ZPO ohne weiteres zulässig. Diese Form der Parteiautonomie ist Gemeingut aller nationalen Kollisionsrechtsordnungen. Dieses staatliche Recht kann ein neutrales sein, häufig wird ein traditionsreiches, weit entwickeltes Handelsrecht in der internationalen Handelsschiedsgerichtsbarkeit gewählt.[111] **99**

Die Parteien sind jedoch nicht auf die Wahl einer staatlichen Rechtsordnung beschränkt, was in § 1051 Abs. 1 ZPO durch den Begriff der Rechts*vorschriften* ausgedrückt wird. Heute kann man davon ausgehen, dass die Parteien eines internationalen Schiedsverfahrens dem Schiedsgericht private Rechtsregeln als Entscheidungsgrundlage zuweisen können. **100**

Zu den privaten Rechtsregeln gehört die *lex mercatoria* ebenso wie die *lex sportiva*. Besondere Bedeutung im internationalen Handelsrecht haben die Principles of **101**

---

[107] BtDrs. 13/5274, S. 52.

[108] Darstellung bei *Adolphsen*, Internationale Dopingstrafen, S. 603 ff.

[109] Dieses war in Deutschland erklärtes Ziel der Neuregelung des Schiedsverfahrens, vgl. Gesetzesbegründung BtDrs. 13/5274, S. 1.

[110] *Adolphsen*, Internationale Dopingstrafen, S. 607.

[111] *Schlosser*, RipS, Rn. 731.

European Contract Law (*Lando* Principles)[112] und UNIDROIT Principles[113] erlangt. Dort wird die Möglichkeit vorausgesetzt, private Rechtsregeln als Entscheidungsgrundlage zu vereinbaren. Die *Lando* Principles sind danach anwendbar, wenn die Parteien vereinbart haben, dass ihr Vertrag „allgemeinen Rechtsgrundsätzen", der *lex mercatoria* oder *ähnlichen Regeln* unterliegen soll. Die UNIDROIT Principles zielen auf eine globale Rechtsvereinheitlichung ab, während die *Lando* Principles lediglich auf eine europäische Vereinheitlichung ausgerichtet sind.[114] Die Principles sollen in erster Linie als Grundlage von Austauschverträgen dienen. Anwendungsfälle sind vor allem *commercial contracts*.

4. Kostenentscheidung

102   Im Schiedsspruch ist auch über die Kosten des schiedsrichterlichen Verfahrens zu entscheiden (§ 1057 Abs. 1 ZPO). Dazu ist zunächst eine Kosten*grund*entscheidung zu treffen. Soweit die Höhe bereits feststeht, ist die gesamte Kostenentscheidung im Schiedsspruch über die Hauptsache vorzunehmen, ansonsten in einem gesonderten Kostensschiedsspruch (§ 1057 Abs. 1 S. 2 ZPO). Schiedsordnungen enthalten meist Kostenregelungen, die Parteien können diese aber in jedem Fall gesondert vereinbaren. Fehlen entsprechende Regeln, verteilt das Schiedsgericht die Kosten nach seinem Ermessen, wobei es an staatliche Kostenregelungen nicht unmittelbar gebunden ist, aber sein Ermessen fehlerfrei ausübt, wenn es zumindest dem Grundgedanken staatlicher Kostentragungsvorschriften entspricht.

5. Veröffentlichung von Schiedssprüchen

103   Schiedsverfahren sind, darin wird ihr wesentlicher Vorteil gesehen, vertraulich (s. o. Rn. 7). Eine Veröffentlichung von Schiedssprüchen findet nicht statt. Den Parteien steht es jedoch frei, eine Veröffentlichung des (auch anonymisierten Schiedsspruchs) zu vereinbaren. Im Rahmen von Schiedsinstitutionen besteht z. T. ein Bedürfnis der Veröffentlichung, um die Qualität der Arbeit der Institution zu belegen und um das Vertrauen der Beteiligten bestimmter Verkehrskreise in die Arbeit eines institutionellen Schiedsgerichts zu erhöhen (z. B. im internationalen Sport zur Bekämpfung des Doping durch Tätigkeit des Court of Arbitration for Sport (CAS) und in der Investitionsschiedsgerichtsbarkeit).

6. Aufhebung inländischer Schiedssprüche

104   Ein Schiedsspruch kann nur durch ein Aufhebungsverfahren in Frage gestellt werden. Darin erfolgt jedoch keine inhaltliche Nachprüfung des Schiedsspruchs, weder in tatsächlicher noch in rechtlicher Hinsicht. Dem Aufhebungsverfahren unterliegen nur *inländische* Schiedssprüche. Bei ausländischen Schiedssprüchen beschränken

---

[112] Abgedruckt in ZEuP 2000, 675 ff.

[113] Text der überarbeiteten Principles 2016 unter https://www.unidroit.org/instruments/commercial-contracts/unidroit-principles-2016 (abgerufen am 18.05.2022).

[114] *Lando/Beale/Prüm/Clive/Zimmerman*, The Principles of European Contract Law, Parts I–III Student Edition, 2019; *Zimmermann*, Die „Principles of European Contract Law", Teile I und II, ZEuP 2000, 391, 393.

sich die Staaten auf die Versagung der Anerkennung bzw. Vollstreckbarerklärung auf der Grundlage des UNÜ. Dieses erklärt, warum im UNÜ Regeln eines Aufhebungsverfahrens fehlen.

a. Aufhebungsgründe

§ 1059 Abs. 2 ZPO zählt abschließend die Gründe auf, die zur Aufhebung des   **105** Schiedsspruchs berechtigen. Abs. 2 Nr. 1 enthält verzichtbare, Abs. 2 Nr. 2 unverzichtbare, von Amts wegen zu beachtende Aufhebungsgründe. Die Regelung stimmt bis auf Abs. 5 vollständig mit Art. 34 UNCITRAL-ML und weitgehend mit den Gründen über die Versagung der Vollstreckbarerklärung in Art. V UNÜ überein. Sie gewährleistet, dass der Schiedsspruch in einem rechtsstaatlichen Verfahren ergangen ist, ohne dass er inhaltlich kontrolliert würde. Zuständig für die Aufhebungsklage ist das Oberlandesgericht gem. §§ 1060, 1062 Abs. 1 Nr. 4 ZPO.

aa) Mängel der Schiedsvereinbarung

§ 1050 Abs. 2 Nr. 1 lit. a ZPO enthält die Aufhebungsgründe der *fehlenden subjek-*   **106** *tiven Schiedsfähigkeit* und der *Ungültigkeit der Schiedsvereinbarung*. Das Gesetz enthält dazu zwei verschiedene Kollisionsregeln. Die subjektive Schiedsfähigkeit wird nach dem Heimatrecht des Antragstellers, die Gültigkeit der Schiedsvereinbarung dagegen nach dem vereinbarten und nur hilfsweise nach deutschem Recht beurteilt. Diese Regelung entspricht Art. V Abs. 1 (d) UNÜ.

bb) Mängel des Schiedsverfahrens

Mit *Mängeln des Schiedsverfahrens* befasst sich § 1050 Abs. 2 Nr. 1 lit. b–d. Es   **107** handelt sich um die Behinderung von Angriffs- und Verteidigungsmitteln, eine Entscheidung *extra petitum* oder *contractum* und um Verstöße bei der Bildung des Schiedsgerichts oder der Durchführung des Schiedsverfahrens. Die Aufgliederung folgt Art. 34 UNCITRAL-ML und führt zu einer vereinfachenden Anpassung an die Systematik der Anerkennungsversagungsgründe des Art. V UNÜ. Eine unzulässige Bildung des Schiedsgerichts und ein unzulässiges Verfahren führen aber nur dann zur Aufhebung, wenn sich der Verstoß wahrscheinlich auf den Inhalt des Schiedsspruchs ausgewirkt hat. Dadurch soll verhindert werden, dass wegen eines rein formalen Mangels ein weiteres Schiedsverfahren durchzuführen ist, das letztlich zu dem gleichen inhaltlichen Ergebnis führt.

cc) Fehlen der objektiven Schiedsfähigkeit

Das Fehlen der objektiven Schiedsfähigkeit hat das staatliche Gericht nach § 1059   **108** Abs. 2 Nr. 2 lit. a ZPO von Amts wegen zu beachten, damit die Grenzen der objektiven Schiedsfähigkeit (§ 1030 ZPO) nicht indirekt zur Disposition der Parteien stehen. Diese Grenzen richten sich zwingend nach deutschem Recht. Dessen Grenzen haben Vorrang bzw. treten zusätzlich zu denen des von den Parteien vereinbarten Schiedsvertragsstatuts gemäß Abs. 2 Nr. 1 lit. a hinzu.

dd) Ordre public Verstoß

109　Der einzige Aufhebungsgrund, der in Grenzen eine sachliche Überprüfung des Schiedsspruchs ermöglicht, ist die in § 1059 Abs. 2 Nr. 2 lit. b ZPO enthaltene *ordre public*- Klausel. Ein Grundrechtsverstoß ist zwar nicht besonders angesprochen; der Gesetzgeber geht jedoch davon aus, dass die Grundrechte zum Kernbereich des *ordre public* gehören.

b. Aufhebungsverfahren

110　Der Aufhebungsantrag ist nach § 1059 Abs. 3 ZPO an eine *Dreimonatsfrist* gebunden. Ziel der Regelung ist es, in vernünftiger Zeit zu einem endgültigen bestandskräftigen Schiedsspruch zu gelangen. Werden Restitutionsgründe erst nach Ablauf dieser Frist bekannt, so bietet allenfalls das Schadensersatzrecht (§ 826 BGB) Abhilfe; ein nachträglicher Aufhebungsantrag ist ausgeschlossen. Die Frist beginnt nach § 1059 Abs. 3 S. 2 ZPO mit dem Tag, an dem der Antragsteller den Schiedsspruch empfangen hat. Stellt jedoch eine der Parteien einen Antrag auf Berichtigung, Auslegung oder Ergänzung des Schiedsspruchs nach § 1058 ZPO, verlängert sich die Frist nach § 1059 Abs. 3 S. 3 ZPO um höchstens einen Monat nach Empfang der Entscheidung über diesen Antrag.

111　Hat ein deutsches Gericht den Schiedsspruch jedoch bereits für vollstreckbar erklärt, so ist der Antrag nach § 1059 ZPO unzulässig (§ 1059 Abs. 3 S. 4 ZPO), da die Partei im Vollstreckbarerklärungsverfahren Gelegenheit hatte, Aufhebungsgründe geltend zu machen.

7. Vollstreckbarerklärung aus- und inländischer Schiedssprüche

a. Vollstreckbarerklärung inländischer Schiedssprüche

112　Inländische Schiedssprüche werden gem. § 1060 ZPO für vollstreckbar erklärt. Das Schiedsverfahrensrecht geht in § 1025 Abs. 1 ZPO strikt vom *Territorialitätsgrundsatz* aus: Ein Schiedsgericht mit Sitz in Deutschland erlässt danach immer einen inländischen Schiedsspruch. Ein im Ausland erlassener Schiedsspruch bleibt auch dann ein ausländischer, wenn er nach deutschem Verfahrensrecht erlassen wird.

113　Der Antrag auf Vollstreckbarerklärung ist abzulehnen, wenn einer der Aufhebungsgründe des § 1059 Abs. 2 ZPO vorliegt. Diese sind allerdings nicht mehr zu berücksichtigen, wenn bereits zum Zeitpunkt der Zustellung des Antrags auf Vollstreckbarerklärung ein auf sie gestützter Aufhebungsantrag rechtskräftig abgewiesen wurde. Aufhebungsgründe nach § 1059 Abs. 3 Nr. 1 ZPO sind präkludiert, wenn die Frist des § 1058 Abs. 3 ZPO versäumt wurde. Dies ist letztlich die Konsequenz aus der Befristung des Aufhebungsantrags. Eine inhaltliche Überprüfung des Schiedsspruchs findet im Vollstreckbarerklärungsverfahren nicht statt. Die Entscheidung ergeht durch Beschluss (§ 1063 Abs. 1 ZPO) des zuständigen OLG (§ 1062 Abs. 1 Nr. 4 ZPO).

b. Vollstreckbarerklärung ausländischer Schiedssprüche

Ausländische Schiedssprüche werden gem. § 1061 Abs. 1 S. 1 ZPO stets nach dem **114** UNÜ für vollstreckbar erklärt.[115]

Erforderlich ist in Deutschland also die Durchführung eines **Vollstreckbar-** **115** **erklärungsverfahrens**, die unmittelbare Zulassung ausländischer Schiedssprüche zur Zwangsvollstreckung ist ausgeschlossen. Da das UNÜ auch das Verhältnis der europäischen Vertragsstaaten zueinander regelt, ist innerhalb des europäischen Rechtsraums die Vollstreckung von Schiedssprüchen deutlich komplizierter als die Vollstreckung von gerichtlichen Entscheidungen, soweit die Zwischenverfahren abgeschafft wurden. Um diesem Problem zu begegnen, wurde der Abschluss eines Europäischen Protokolls zum UNÜ erwogen, um unter den Mitgliedstaaten der EU, die Vertragsstaaten des UNÜ sind, die Vollstreckung von Schiedssprüchen zu erleichtern.[116]

Das Gericht darf nur die Vollstreckbarerklärung ablehnen, nicht aber den aus- **116** ländischen Schiedsspruch aufheben (§ 1061 Abs. 2 ZPO). Die Gründe, die die Versagung der Anerkennung und Vollstreckbarerklärung rechtfertigen, sind in Art. V UNÜ aufgeführt. Sie entsprechen weitgehend den Aufhebungsgründen des § 1059 ZPO. Dabei sind in Abs. 1 die Versagungsgründe aufgezählt, die nur auf konkrete Einrede des Vollstreckungsgegners hin geprüft werden, während Abs. 2 die von Amts wegen zu beachtenden Versagungsgründe enthält.

Die Regeln des Art. V sind nicht nur im Anerkennungs- und Vollstreckungsver- **117** fahren, sondern bereits vorher, etwa bei der Berufung auf eine Schiedseinrede zu beachten. Im praktischen Ergebnis enthält Art. V daher ein generelles, vereinheitlichtes Kollisionsrecht zum Zustandekommen und zur Wirksamkeit von Schiedsvereinbarungen.[117]

Die **Behauptungs- und Beweislast** für das Vorliegen eines Versagungsgrundes **118** nach Art. V trägt der Vollstreckungsgegner.[118]

Liegt einer der Versagungsgründe vor, so muss die zuständige Behörde die An- **119** erkennung/Vollstreckung versagen. Der insoweit irreleitende Wortlaut des Gesetzes – „darf versagt werden" bzw. „may be refused" – ist nicht dahingehend zu deuten, dass der Behörde insoweit ein Ermessensspielraum eingeräumt wurde, bzw. durch nationale Gesetzgeber eingeräumt werden kann.[119]

---

[115] Gem. § 1061 Abs. 1 S. 2 ZPO bleiben Vorschriften in anderen Staatsverträgen unberührt. Dadurch gilt das Günstigkeitsprinzip, so dass sich die Anerkennung und Vollstreckung nach dem anerkennungsfreundlicheren Regelwerk richtet (BtDrs. 13/5274, S. 62).

[116] So *van Houtte*, Why not include Arbitration in the Brussels Jurisdiction Regulation?, ArbInt. 21 (2005), 509, 516.

[117] *Schwab/Walter*, Schiedgerichtsbarkeit, Kap. 43 Rn. 2.

[118] BGH, Urteil vom 14.4.1988, III ZR 12/87 = BGHZ 104, 178 = NJW 1988, 3090, 3091; OLG Hamburg, Urteil vom 23.9.1982, 6 U 4/81 = KTS 1983, 499, 504; MüKo-ZPO/*Adolphsen*, § 1061 Anh. 1, UNÜ, Art. V Rn. 3; *Weigand/Baumann/Haas/Kahlert*, Rn. 21.359; *Borris/Hennecke*, in: Wolff, NYC, Art. V Rn. 41.

[119] So auch Denkschrift der Bundesregierung BT-Drucks. 3/2160, S. 26; *Maier*, Anm. 1; *Schwab/Walter*, Schiedsgerichtsbarkeit, Kap. 56 Rn. 3; *Weigand/Baumann/Haas/Kahlert*, Rn. 21.355; *Borris/Hennecke*, in: Wolff, NYC, Art. V Rn. 74.

120   Art. V UNÜ regelt abschließend, in welchen Fällen die Anerkennung/Vollstreckung versagt werden kann. Die Vertragsstaaten können keine weiteren Versagungsgründe aufstellen. Wie bei ausländischen Urteilen findet **keine révision au fond** statt.[120] Insbesondere darf die Anerkennung/Vollstreckung nicht mit der Begründung, dass der Schiedsspruch inhaltlich unrichtig sei, verweigert werden, solange der *ordre public* nicht verletzt ist.[121]

121   Inwieweit Einwendungen im Vollstreckbarerklärungsverfahren oder später im Zwangsvollstreckungsverfahren präkludiert sein können, ist im Anwendungsbereich des UNÜ schwer zu ermitteln, weil es selbst (anders als Art. V EuÜ) keine **Präklusionsregel** enthält.[122] Eine Partei kann beispielsweise das Schiedsgericht für unzuständig halten. Dann kann sie entweder gar nicht am Schiedsverfahren teilnehmen, sie kann dies zu Beginn rügen oder auch noch anschließend Rechtsbehelfe gegen den Schiedsspruch ergreifen. Eine Partei kann auch materiellrechtliche Einwendungen geltend machen, z. B. gegen die Forderung aufrechnen. Bedeutsam ist vor allem die Frage, ob eine Partei mit derartigen Einwendungen warten kann, bis in ihrem Heimatstaat das Vollstreckbarerklärungs- oder Zwangsvollstreckungsverfahren beginnt, oder ob sie frühzeitig bereits im Schiedsverfahren die Einwendungen erheben muss, um nicht später präkludiert zu sein. Dem UNÜ ist das **Verbot widersprüchlichen Verhaltens** immanent.[123] Daraus ergibt sich, dass man immer dann von einer Präklusion von Anerkennungsversagungsgründen im Vollstreckbarerklärungsverfahren ausgehen muss, wenn die Parteien am Schiedsverfahren teilnehmen und von einem Rechtsmittel gegen den Schiedsspruch im Erlassstaat keinen Gebrauch machen. Dies gilt sowohl bei verfahrensrechtlichen Rügen wie der der Befangenheit eines Schiedsrichters, als auch für die Zuständigkeitsrüge.[124] Insoweit besteht ein „Zwang zum Auswärtsspiel", keine Partei kann sich darauf verlassen, sie könne später im Vollstreckbarerklärungs- oder Zwangsvollstreckungsverfahren ihre Argumente erneut vorbringen. Aus der Teilnahme am Verfahren folgt die Pflicht, dieses Verfahren effektiv zu betreiben und nicht in ein späteres Verfahren in einem Vollstreckungsvertragsstaat zu verschieben. Dieses ist nicht unzumutbar.[125]

122   Von der Frage, ob eine Präklusion von Einwendungen gegeben ist, ist die zu trennen, in welchem **Verfahren** diese Einwendungen vorzubringen sind. In

---

[120] *Weigand/Baumann/Haas/Kahlert*, Rn. 21.351; *Borris/Hennecke*, in: Wolff, NYC, Art. V Rn. 19.

[121] Vgl. OLG Hamm, Urteil vom 26.6.1997, 1 U 1/96 = RIW 1997, 962, 963.

[122] Detaillierter MüKo-ZPO/*Adolphsen*, § 1061 Anh. 1, UNÜ, Art. V Rn. 6 ff.

[123] OLG Schleswig, Beschluss vom 30.3.2000, 16 SchH 5/99 = RIW 2000, 706, 707; *Borris/Hennecke*, in: Wolff, NYC, Art. V Rn. 47 *Schwab/Walter*, Schiedsgerichtsbarkeit, Kap. 44 Rn. 10; *Kröll*, Die Schiedsvereinbarung im Verfahren zur Anerkennung und Vollstreckbarerklärung ausländischer Schiedssprüche, ZZP 2004, 453, 483; *Mallmann*, Die Bedeutung der Schiedsvereinbarung im Verfahren zur Anerkennung und Vollstreckbarerklärung ausländischer Schiedssprüche, SchiedsVZ 2004, 152, 157.

[124] A.A. *Kröll*, Die Schiedsvereinbarung im Verfahren zur Anerkennung und Vollstreckbarerklärung ausländischer Schiedssprüche, ZZP 2004, 453, 485 (nur bei Rüge der Befangenheit Pflicht zur Einlegung eines Rechtsmittels).

[125] So aber *Kröll*, Die Schiedsvereinbarung im Verfahren zur Anerkennung und Vollstreckbarerklärung ausländischer Schiedssprüche, ZZP 2004, 453, 485 für den Fall der Zuständigkeitsrüge.

Deutschland stehen hierfür grundsätzlich das Vollstreckbarerklärungsverfahren oder aber das Zwangsvollstreckungsverfahren zur Verfügung. Aufgrund der Verweisung des Art. III UNÜ entscheidet das Recht des Vollstreckungsvertragsstaates darüber, in welchem Verfahren Einwände zu erheben sind. Das UNÜ schließt es nicht aus, materiellrechtliche Einwände bereits im Vollstreckbarerklärungsverfahren zu erheben.[126]

In Deutschland war es umstritten, ob eine Aufrechnung im Vollstreckbarerklärungsverfahren oder nur im Zwangsvollstreckungsverfahren im Wege der Vollstreckungsgegenklage (§ 767 ZPO) zulässig ist. Hintergrund war die Reform der ZPO, die das Vollstreckbarerklärungsverfahren den OLG's zugewiesen hat. Einige OLG's waren der Ansicht, sie könnten als Rechtsmittelgerichte keine einem erstinstanzlichen Gericht entsprechende Beweisaufnahme durchführen und wollten nicht einer Abkürzung des Instanzenzuges Vorschub leisten.[127] Da aber das OLG auch für die Vollstreckungsabwehrklage zuständig ist,[128] ist an der zum alten Recht bestehenden Praxis festzuhalten und die Aufrechnung frühzeitig schon im Vollstreckbarerklärungsverfahren zugelassen. Der BGH hat dies 2010 geklärt.[129]

Neben dem Antrag auf Vollstreckbarerklärung ist der Schiedsspruch im Original **123** oder eine beglaubigte Abschrift des Schiedsspruchs sowie eine Abschrift der Schiedsvereinbarung in deutscher Sprache vorzulegen (Art. IV UNÜ).

Die Entscheidung über die Vollstreckbarerklärung ergeht nach § 1063 Abs. 1 **124** ZPO durch Beschluss des OLG, der für vorläufig vollstreckbar zu erklären ist

---

[126] BGH, Urteil vom 16.2.1961, VII ZR 191/59 = BGHZ 34, 274, 277 = WM 1961, 635 (zum deutsch-amerikanischen Handelsvertrag, aber generalisierend). Für die Zulassung Stein/Jonas/*Schlosser*, ZPO, § 1063 Rn. 4 unter Hinweis auf die geringe praktische Bedeutung von Einwänden im Vollstreckbarerklärungsverfahren aufgrund der Schiedsfähigkeit der Vollstreckungsgegenklage; differenzierend *Nelle*, Anspruch, Titel und Vollstreckung im internationalen Rechtsverkehr, S. 585, der für die Zulassung der Vollstreckungsabwehrklage als Widerklage im Vollstreckbarerklärungsverfahren plädiert.

[127] BayObLG, Beschluss vom 12.4.2000, 4Z Sch 2/00 = NJW-RR 2001, 1363 = NJOZ 2001, 737 = NJOZ 2001, 1534 = BayObLGZ 2000, 124 = BB 2000, 1109 = JZ 2000, 1170 = MDR 2000, 968 = InVo 2000, 327; BayObLG, Beschluss vom 4.5.2000, 4Z Sch 4/00 = NJW-RR 2000, 1359, 1360; kritisch *Wagner*, Zur Aufrechnung gegen den im Schiedsverfahren festgestellten Anspruch – Zur Vollstreckungsgegenklage gegen einen Schiedsspruch, JZ 2000, 1171; zustimmend *Borris/Schmidt*, Vollstreckbarkeit von Schiedssprüchen und materiellrechtliche Einwendungen des Schiedsbeklagten, SchiedsVZ 2004, 273. Ebenso OLG Stuttgart, Beschluss vom 4.10.2000, 1 Sch 13/99 = OLG Report 3/2001, 50.

[128] BGH, Beschluss vom 30.9.2010, III ZB 57/10 = SchiedsVZ 2010, 330, 331; OLG Hamm, Urteil vom 20.6.2001, 8 Sch 2/00 = NJW-RR 2001, 1362; OLG Dresden, Beschluss vom 20.4.2005, 11 Sch 01/05 = SchiedsVZ 2005, 210, 213; in der Tendenz ebenso aber offen gelassen von OLG Koblenz, Beschluss vom 28.7.2005, 2 Sch 4/05 = SchiedsVZ 2005, 261, 262. Nach *Wagner*, Zur Aufrechnung gegen den im Schiedsverfahren festgestellten Anspruch – Zur Vollstreckungsgegenklage gegen einen Schiedsspruch, JZ 2000, 1171, 1173 folgte dies aus der analogen Anwendung des § 767 Abs. 1 ZPO; aA *Borris/Schmidt*, Vollstreckbarkeit von Schiedssprüchen und materiellrechtliche Einwendungen des Schiedsbeklagten, SchiedsVZ 2004, 273, 279; *dies.*, Nochmals: Vollstreckbarerklärung von Schiedssprüchen und materiellrechtliche Einwendungen des Schiedsbeklagten, SchiedsVZ 2005, 254, 255.

[129] BGH, Beschluss vom 30.9.2010, III ZB 57/10 = SchiedsVZ 2010, 330.

(§ 1064 Abs. 2 ZPO). Gegen den Beschluss findet die Rechtsbeschwerde zum BGH statt (§ 1065 ZPO).

125   Die Entscheidung über die Vollstreckbarerklärung ist der Titel, der im staatlichen Zwangsvollstreckungsverfahren vollstreckt wird (§ 794 Abs. 1 Nr. 4a ZPO).

§ 4 Das Verhältnis der Schiedsgerichtsbarkeit zur staatlichen Gerichtsbarkeit

126   Nach § 1026 ZPO darf das staatliche Gericht nur in den in §§ 1025 bis 1061 ZPO geregelten Angelegenheiten tätig werden, soweit das 10. Buch der ZPO dies vorsieht. § 1026 ZPO versucht, eine zu weit gehende Einflussnahme des staatlichen Gerichts zu Lasten der Autonomie des Schiedsgerichts zu verhindern, ohne die Effektivität der Arbeit der Schiedsgerichte zu behindern. Dazu sieht das Gesetz an verschiedenen Stellen eine im Einzelnen geregelte Zusammenarbeit zwischen staatlichem und Schiedsgericht vor.

I. Übergewicht einer Seite bei der Zusammensetzung des Schiedsgerichts

127   Hatte eine Partei ein Übergewicht bei der Besetzung des Schiedsgerichts, bei Ernennung oder Ablehnung der Schiedsrichter, so war der Schiedsvertrag nach bisherigem Recht unwirksam (§ 1025 Abs. 2 ZPO a. F.). Nach § 1034 Abs. 2 ZPO bleibt heute die Schiedsvereinbarung aufrecht erhalten; die benachteiligte Partei kann aber beim staatlichen Gericht beantragen, den oder die Schiedsrichter abweichend von der erfolgten oder vereinbarten Ernennung zu bestellen. Der Antrag muss innerhalb von zwei Wochen gestellt werden, nachdem der Partei die Zusammensetzung des Schiedsgerichts bekannt wurde. Der Gesetzgeber geht zu Recht davon aus, dass diese Anpassung den Parteiinteressen besser gerecht wird als die Nichtigkeit des Schiedsvertrages.

II. Ersatzbestellung von Schiedsrichtern

128   Auf Antrag bestellt das staatliche Gericht den Schiedsrichter oder einen Ersatzschiedsrichter oder entscheidet über die Berechtigung einer Schiedsrichterablehnung. Es handelt sich um die traditionelle Aushilfsfunktion der staatlichen Gerichte, damit eine Seite den Fortgang des Schiedsverfahrens nicht blockieren kann. Da Schwierigkeiten bei der Bestellung der Schiedsrichter gerade in der Anfangsphase auftreten können, in der der Sitz des Schiedsgerichts (§ 1025 Abs. 1 ZPO) noch nicht feststeht, sieht § 1025 Abs. 3 ZPO ergänzend vor, dass deutsche Gerichte zur Hilfestellung angerufen werden können, wenn eine der Parteien ihren Sitz oder gewöhnlichen Aufenthalt in Deutschland hat.

III. Gerichtliche Unterstützung bei der Beweisaufnahme und sonstige richterliche Handlungen

Das Schiedsgericht hat nach allgemeiner Ansicht keine Zwangsgewalt. Es kann **129** Zeugen, Sachverständige und Parteien zwar laden und sie bei freiwilliger Mitwirkung vernehmen. Weigert sich aber ein Beteiligter, so kann das Schiedsgericht seine Anordnung nicht selbst zwangsweise durchsetzen. Diese Möglichkeit hat allein das staatliche Gericht als Inhaber des Zwangsmonopols. Um damit nicht die Arbeit privater Schiedsgerichte weitgehend unmöglich zu machen, stellt der Gesetzgeber den Parteien in § 1050 ZPO das staatliche Gericht als Aushilfe zur Verfügung. Zuständig ist gem. § 1062 Abs. 4 ZPO das Amtsgericht, in dessen Bezirk die richterliche Handlung vorzunehmen ist.[130]

Den Bereich dieser Unterstützungsmaßnahmen hat der Gesetzgeber auch auf *an-* **130** *dere richterliche Handlungen* ausgedehnt (§ 1050 S. 1 ZPO), etwa das Ersuchen an eine Behörde um Zustellung, um Vorlage einer sich in deren Besitz befindlichen Urkunde nach § 432 ZPO oder die Einholung einer Aussagegenehmigung von Beamten und Richtern nach § 376 ZPO. Die Parteien dürfen das staatliche Gericht nur mit Zustimmung des Schiedsgerichts anrufen (§ 1050 S. 1 ZPO), um Verzögerungstaktiken der Parteien zu begegnen.

Bei der Entscheidung über den Antrag wendet das Gericht sein Verfahrensrecht, **131** also die ZPO, und nicht etwa das zwischen den Parteien vereinbarte Verfahrensrecht an (§ 1050 S. 2 ZPO). Unzulässige Beweismethoden kann das Gericht ablehnen. Die Schiedsrichter dürfen bei der gerichtlichen Beweisaufnahme anwesend sein und Fragen stellen (§ 1050 S. 3 ZPO). Dadurch kann es zu einer echten Zusammenarbeit zwischen Schiedsgericht und staatlichem Gericht kommen, die dem staatlichen Richter in der Praxis bei ungewohnten Materien die Arbeit erleichtern kann.

IV. Vollziehbarerklärung von einstweiligen Maßnahmen des Schiedsgerichts

Die zwangsweise Durchsetzung von Maßnahmen des einstweiligen Rechtsschutzes, die ein Schiedsgericht erlassen hat, ist ein weiterer Berührungspunkt von privater Rechtsprechung und staatlicher Zwangsgewalt (§ 1041 Abs. 2 i. V. m. § 1062 Abs. 1 Nr. 3 ZPO).

V. Vollstreckbarerklärung und Aufhebung von Schiedssprüchen

Die Vollstreckbarerklärung (§§ 1060, 1061 ZPO) und die Aufhebung (§ 1059 ZPO) **132** von Schiedssprüchen sind die weiteren Bereiche, in denen es zu einer Berührung

---

[130]Zur Hilfe für ausländische Schiedsgerichte s. *Saathoff*, Möglichkeiten und Verfahren gerichtlicher Hilfe bei der Beweisaufnahme zugunsten fremdnationaler Handelsschiedsgerichtsverfahren, 1987.

bzw. Zusammenarbeit von Schiedsgericht und staatlichem Gericht kommt. Beides wurde gesondert dargestellt.

§ 5 Einstweiliger Rechtsschutz durch Schiedsgerichte

133   Einstweiliger Rechtsschutz kann auch durch Schiedsgerichte gewährt werden. Während das UNÜ von 1958 und das EuÜ keine Regelungen zu dieser Frage enthalten, sieht Art. 17 UNCITRAL-ML die Befugnis des Schiedsgerichts zur Anordnung vorläufiger Maßnahmen vor. Länder, die das ML umgesetzt haben, sind dem gefolgt, wie z. B. Deutschland, das in § 1041 Abs. 1 ZPO die grundsätzliche Befugnis des Schiedsgerichts vorsieht, vorläufige oder sichernde Maßnahmen anzuordnen, wenn die Parteien nicht anderes vereinbaren. Auch Länder, die das ML nicht angenommen haben, wie z. B. England, gewähren diese Möglichkeit.[131]

134   Gelegentlich wird die Notwendigkeit, dass Schiedsgerichte einstweilige Maßnahmen verhängen, verneint. Argumentiert wird meist damit, dass schiedsgerichtlicher einstweiliger Rechtsschutz ineffektiv sei, weil das Schiedsgericht erst noch langwierig gebildet werden müsse und dem Schiedsgericht Zwangsgewalt fehle, um die angeordnete Maßnahme durchzusetzen. Diese Argumente werden relativiert, wenn es sich um ein ständiges Schiedsgericht handelt und die angeordneten Maßnahmen keiner Vollstreckung bedürfen (Feststellungen, Gestaltungen) oder anzunehmen ist, dass sich die Parteien nach der Anordnung auch ohne Zwang richten.

135   Die Länder gehen überwiegend von einer konkurrierenden Zuständigkeit von staatlichen Gerichten und Schiedsgerichten zum Erlass einstweiliger Maßnahmen aus. Dies entspricht Art. 9 UNCITRAL-ML. Der deutsche Gesetzgeber hat sich ebenfalls so entschieden. Nach § 1033 ZPO schließt eine Schiedsvereinbarung die Möglichkeit nicht aus, dass ein Gericht vor oder nach Beginn des schiedsrichterlichen Verfahrens vorläufige Maßnahmen erlässt.

136   Wenig geklärt scheint bisher, ob die Parteien eines Schiedsvertrages vereinbaren können, dass *ausschließlich* das Schiedsgericht für den Erlass vorläufiger Maßnahmen zuständig sein soll. Eine solche Vereinbarung wird im Folgenden als **Exklusivvereinbarung** bezeichnet. Das UNÜ und das EuÜ enthalten hierfür keine Regelung. Das UNCITRAL-ML hat die Frage offengelassen, aber eine Formulierung gewählt („*an arbitration agreement*" statt „*the arbitration agreement*"), die verdeutlichen soll, dass das ML selbst eine derartige Vereinbarung nicht ausschließt. Richtig dürfte es sein, diese Frage den Parteien zu überlassen und die Verfahrensausgestaltungsfreiheit der Parteien, die aus Art. V Abs. 1 lit. d UNÜ folgt, zu beachten. Das Gericht, bei dem eine Maßnahme des einstweiligen Rechtsschutzes beantragt wird und eine Exklusivvereinbarung berücksichtigen soll, ist jedoch befugt, die Effizienz schiedsgerichtlichen vorläufigen Rechtsschutzes nachzuprüfen. Es muss die Parteien nur dann auf das schiedsrichterliche Verfahren verweisen, wenn

---

[131] Hierzu *Landau*, in Gottwald (Hrsg.), Revision des EuGVÜ, Neues Schiedsverfahrensrecht, S. 297 ff.; *Adolphsen*, Revision des EuGVÜ und neues deutsches Schiedsverfahrensrecht, ZZP 113 (2000), 85, 96 f.

das Schiedsgericht in der Lage ist, die Rechte der Parteien effektiv zu sichern. Ist das nicht der Fall, lebt die Zuständigkeit des staatlichen Gerichts zum Erlass einstweiliger Maßnahmen wieder auf.

Der Staat stellt bei der Vollziehung von Maßnahmen schiedsgerichtlichen einst- **137** weiligen Rechtsschutzes sein Zwangsmonopol nicht ungeprüft zur Verfügung, sondern prüft zuvor die Verhältnismäßigkeit der schiedsgerichtlichen Anordnung und die Wirksamkeit des zugrunde liegenden Schiedsvertrages. § 1041 Abs. 2 ZPO stellt aus diesem Grunde die Vollziehung in das pflichtgemäße Ermessen des Gerichts. Dieses darf die Anordnung auch anders fassen (§ 1041 Abs. 2 S. 2 ZPO), um sie an das deutsche Zwangsvollstreckungsrecht anzupassen. Daher dürfte es z. B. zulässig sein, wenn das Gericht einer Unterlassungsverfügung des Schiedsgerichts die Strafandrohung des § 890 Abs. 2 ZPO hinzufügt. Eine substantielle Änderung des Inhalts der Anordnung ist jedoch mit der grundsätzlichen Zuständigkeitsaufspaltung von Schieds- und staatlichen Gerichten durch die Schiedsvereinbarung nicht vereinbar.

Um eine doppelte Inanspruchnahme staatlicher Gerichte mit divergierenden Ent- **138** scheidungen zu vermeiden, ist die Vollziehung dann ausgeschlossen, wenn eine vergleichbare Maßnahme bereits im Wege des staatlichen einstweiligen Rechtsschutzes beantragt worden ist (§ 1041 Abs. 2 S. 1 ZPO). Diese Einschränkung ist insoweit notwendig, weil der Gesetzgeber dem Modell einer alternativen Zuständigkeit von Schieds- und staatlichen Gerichten zum Erlass vorläufiger Maßnahmen folgt. Bejaht man die Möglichkeit exklusiven einstweiligen Rechtsschutzes durch Schiedsgerichte, hat die Vorschrift keine Bedeutung, wenn eine entsprechende Vereinbarung vorliegt.

§ 6 Zusammenfassung

- Schiedsgerichtsbarkeit ist private Gerichtsbarkeit, die auf der Zulassung **139** des staatlichen Souveräns und der Privatautonomie der Parteien basiert. Sie ist eine der staatlichen Gerichtsbarkeit im Grundsatz gleichwertige Alternative, Rechtsschutz zu erlangen.
- Grundlage internationaler Schiedsgerichtsbarkeit ist in erster Linie das UNÜ, das die Vertragsstaaten verpflichtet, Schiedsvereinbarungen und Schiedssprüche anzuerkennen.
- Das UNÜ ist nur anwendbar, wenn ein ausländischer Schiedsspruch vorliegt oder im Verfahren ergehen wird.
- Das deutsche Schiedsverfahrensrecht (§§ 1025 ff. ZPO) ist bei in- und ausländischen Schiedsverfahren anwendbar.
- Schieds*vereinbarung* ist eine prozessuale Vereinbarung der Parteien, Rechtsstreitigkeiten einem Schiedsgericht zuzuweisen. Sie ist von den übrigen Vereinbarungen der Parteien zu trennen. Für sie kann eine gesonderte Rechtswahlvereinbarung getroffen werden.

- Die Regeln des Schieds*verfahrens* legen fest, nach welchen Verfahrensregeln das Schiedsgericht zu einer Entscheidung kommen soll. Diese können von den Parteien weitgehend festgelegt werden.
- Die Parteien sind befugt, dass in der Sache durch das Schiedsgericht anzuwendende Recht festzulegen. Dieses kann ein anderes sein, als das für die Schiedsvereinbarung gewählte Recht. Grundlage des Schiedsspruchs muss nicht Recht sein, es können auch sonstige Regeln (*réglés de droit*) vereinbart werden; das Schiedsgericht kann auch nach Billigkeit entscheiden.
- Der Schieds*spruch* entspricht einem gerichtlichen Urteil; er hat unter den Parteien dieselben Wirkungen wie ein rechtskräftiges Urteil eines staatlichen Gerichts. Der Schiedsspruch wird nicht in der Sache durch staatliche Gerichte nachgeprüft. Er kann nur anhand der Aufhebungsgründe in engem Umfang überprüft werden.
- Schiedsgerichte können auch ausschließlich, nach einer entsprechenden Anordnung der Parteien, einstweiligen Rechtsschutz zur Verfügung stellen.

Erratum zu: Europäisches Zivilverfahrensrecht

Erratum zu:
Jens Adolphsen, *Europäisches Zivilverfahrensrecht*
https://doi.org/10.1007/978-3-662-63558-2

Die Originalversion dieses Buchs wurde revidiert und die folgenden Korrekturen ausgeführt.

In Kapitel 1, 2, 3, 4, 5, 6, 7, 10 und 12 wurden die Fußnoten und die didaktischen Elemente korrigiert.

Die aktualisierten Versionen der Kapitel sind verfügbar unter
https://doi.org/10.1007/978-3-662-63558-2

Literatur

Adamczyk, S.: Die Überprüfung der Anwendung ausländischen Rechts durch den Bundesgerichtshof und das schweizerische Bundesgericht im Zivilprozess. Shaker, Aachen (1999)

Adolphsen, J.: Die EG-Verordnung über die Zusammenarbeit auf dem Gebiet der Beweisaufnahme in Zivil- oder Handelssachen. In: Marauhn, T. (Hrsg.) Bausteine eines europäischen Beweisrechts, S. 1. Mohr Siebeck, Tübingen (2007a)

Adolphsen, J.: Europäisches Zivilprozessrecht im einheitlichen europäischen Justizraum. In: Gropp, W., Lipp, M., Steiger, H. (Hrsg.) Rechtswissenschaft im Wandel, Festschrift des Fachbereichs Rechtswissenschaft zum 400jährigen Gründungsjubiläum der Justus-Liebig-Universität Gießen, S. 87. Mohr Siebeck, Tübingen (2007b)

Adolphsen, J.: Konsolidierung des Europäischen Zivilverfahrensrechts. In: Geimer/Schütze, Recht ohne Grenzen, Festschrift für A Kaissis, S. 1. De Gruyter, Berlin (2012)

Adolphsen, J.: Perspektive der Europäischen Union – Gegenwartsfragen der Anerkennung im Internationalen Zivilverfahrensrecht, 1. In: Die Anerkennung im Internationalen Zivilprozessrecht, Bielefeld (2014)

Adolphsen, J.: MüKo -ZPO Anhang § 1061, Internationale Schiedsgerichtsbarkeit, Bd. 3, 6. Aufl. Beck, München (2021a)

Adolphsen, J.: MüKo-ZPO §§ 1079–1086 ZPO, Bd. 3, 6. Aufl. Beck, München (2021b)

Adolphsen, J.: Europäisches und Internationales Zivilprozessrecht in Patentsachen Rn. 426 ff., 3 Aufl. Heymanns, Köln (2021c)

Adolphsen, J.: Zivilprozessrecht, 7. Aufl. Nomos, Baden-Baden (2022)

Adolphsen, J., Bachmann, J.: Die Bestätigung von Zug-um-Zug-Titeln als Europäische Vollstreckungstitel. IPRax. **2014**, 267 (2014)

Alio, T.: Änderungen im deutschen Rechtshilferecht – Beweisaufnahme nach der Europäischen Beweisaufnahmeverordnung. NJW. **2004**, 2706–2709 (2004)

Althammer, C., Löhnig, M.: Zwischen Realität und Utopie: Der Vertrauensgrundsatz in der Rechtsprechung des EuGH zum europäischen Zivilprozessrecht. ZZPInt. **2004**, 23–38 (2004)

Andrae, M.: Zur Abgrenzung des räumlichen Anwendungsbereichs von EheVO, MSA, KSÜ und autonomen IZPR/IPR. IPRax. **2006**, 82–89 (2006)

Andrae, M.: Internationales Familienrecht, 4. Aufl. Nomos, Baden-Baden (2019)

Andrews, N.: Judicial Co-operation: Recent Progress, Referat für den 1. Europäischen Juristentag. Nomos, Baden Baden (2001)

Bach, I.: Grenzüberschreitende Vollstreckung in Europa, Mohr Siebeck, Tübingen (2008)

Bachmann, J.F.: Universalisierung des Europäischen Zivilverfahrensrechts. Duncker & Humblot, Berlin (2020)

Basedow, J.: Die Vergemeinschaftung des Kollisionsrechts nach dem Vertrag von Amsterdam. In: Bauer, J., Mansel, H. (Hrsg.) Systemwechsel im europäischen Kollisionsrecht, S. 19. Beck, München (2002)

© Springer-Verlag GmbH Deutschland, ein Teil von Springer Nature 2022
J. Adolphsen, *Europäisches Zivilverfahrensrecht*, Springer-Lehrbuch,
https://doi.org/10.1007/978-3-662-63558-2

Bäumer, A.: Die ausländische Rechtshängigkeit und ihre Auswirkungen auf das internationale Zivilprozessrecht. Heymanns, Köln (1999)

von Bazan, U.B.: Der Gerichtsstand des Sachzusammenhangs im EuGVÜ, dem Luganoabkommen und im deutschen Recht. Lang, Frankfurt am Main (1995)

Beaumont, P.R.: International family law in Europe – the maintenance project, conference and the EC: a triumph of reverse subsidiarity. RabelsZ. **73**, 509 (2009)

Beaumont, P., Johnston, E.: Abolition of the exequatur in Brussels I: is a public policy defence necessary for the protection of human rights? IPRax. **2010**, 105–110 (2010)

Becker, U.: Grundrechtsschutz bei der Anerkennung und Vollstreckbarerklärung im europäischen Zivilverfahrensrecht; Bestimmung der Grenzen für die Einführung eines europäischen Vollstreckungstitels. Lang, Frankfurt (2004)

Becker, E.: Die Vereinheitlichung von Kollisionsnormen im europäischen Familienrecht – Rom III. NJW. **2011**, 1543–1546 (2011)

Bendref, B.: Gerichtliche Beweisbeschlüsse zum ausländischen und internationale Privatrecht. MDR. **1983**, 892–895 (1983)

Berger, C.: Die EG-Verordnung über die Zusammenarbeit der Gerichte auf dem Gebiet der Beweisaufnahme in Zivil- und Handelssachen. IPRax. **2001**, 522–527 (2001)

von Bernstorff, C.G.: Mahnverfahren, Forderungsdurchsetzung und Kontenpfändung in der EU. RIW. **2007**, 88–92 (2007)

Bertele, J.: Souveränität und Verfahrensrecht. Mohr, Tübingen (1998)

Beyerlein, T.: Das Verfahren wird ausgesetzt. WRP. **2006**, 731–735 (2006)

Bimboese, K., Reufels, M.: Pre-Trial-Discovery und Haager Beweisübereinkommen. IDR. **2004**, 189–193 (2004)

Bischof, T.: Die Zustellung im internationalen Rechtsverkehr in Zivil- oder Handelssachen. Schulthess, Zürich (1997)

Bittighofer, A.M.: Der internationale Gerichtsstand des Vermögens. Lang, Frankfurt am Main (1994)

Brandes, F.: Der gemeinsame Gerichtsstand. Die Zuständigkeit im europäischen Mehrparteienprozess nach Art. 6 Nr. 1 EuGVÜ/LÜ. Lang, Frankfurt am Main (1998)

Brenn, C.: Europäischer Vollstreckungstitel. Zak. **2005**, 3 (2005)

Brox, H., Walker, W.: Zwangsvollstreckungsrecht, 12. Aufl. Heymann, Köln (2021)

Buhr, A.: Europäischer Justizraum und revidiertes Lugano-Übereinkommen. Stämpfli, Bern (2010)

Bukow, J.: Verletzungsklagen aus gewerblichen Schutzrechten, S. 29 ff. Kovac, Hamburg (2003)

Buschmann, A.: Rechtshängigkeit im Ausland als Verfahrenshindernis. Utz, Herbert, München (1996)

Calavros, C.: Das UNCITRAL-Modellgesetz über die internationale Handelsschiedsgerichtsbarkeit. Gieseking, Bielefeld (1988)

Coester-Waltjen, D.: Internationales Beweisrecht. HCCH, Ebelsbach (1983)

Coester-Waltjen, D.: Die Bedeutung des EuGVÜ und des Luganer Abkommens für Drittstaaten, S. 89. FS Nakamura, Tokyo (1996)

Coester-Waltjen, D.: Internationale Zuständigkeit bei Persönlichkeitsrechtsverletzungen. Festschrift Rolf Schütze. **1999**, 175 (1999)

Coester-Waltjen, D.: Einige Überlegungen zu einem künftigen europäischen Vollstreckungstitel. Festschrift. K. Beys. **1**, 183 (2003)

Coester-Waltjen, D.: Der neue europäische Vollstreckungstitel. JURA. **2005**, 394 (2005)

Coester-Waltjen, D.: Konnexität und Rechtsmissbrauch. FS. Kropholler. **1**, 747 (2008)

Daoudi, J.: Extraterritoriale Beweisbeschaffung im deutschen Zivilprozess. Duncker & Humblot, Berlin (2000)

Deister, J., Degen, T.: Darf der Gerichtsstand noch fliegen? – § 32 ZPO und das Internet. NJOZ. **2010**, 1–6 (2010)

Dohm, C.: Die Einrede ausländischer Rechtshängigkeit im deutschen internationalen Zivilprozess. Duncker & Humblot, Berlin (1996)

Dorn, P.: Die Durchbrechung der Staatenimmunität im Falle des staatlich geförderten Terrorismus. Duncker & Humblot, Berlin (2021)

Duursma-Kepplinger, H.C., Duursma, D., Chalupsky, E.: Europäische Insolvenzverordnung, 2002. In: Gottwald, P., Kolmann, S. (Hrsg.) Insolvenzrechts-Handbuch, 4. Aufl., S. 129–135. Beck, München (2010)

Eck, M.: Europäisches Einheitspatent und Einheitspatentgericht – Grund zum Feiern? GRUR Int. **2014**, 114–119 (2014)

Ehrenzeller, S.K.: Der vorläufige Rechtsschutz im internationalen Verhältnis, 1. Aufl. Mohr, Tübingen (2005)

Ehricke, U.: Gerichtsstandsvereinbarungen in Allgemeinen Geschäftsbedingungen im vollkaufmännischen Geschäftsverkehr. ZZP. **111**, 145 (1998)

Eichel, F.: Die Revisibilität ausländischen Rechts nach der Neufassung von § 545 Abs. 1 ZPO. IPRax. **2009**, 389–393 (2009)

Eickhoff, W.: Inländische Gerichtsbarkeit und internationale Zuständigkeit für Aufrechnung und Widerklage. Duncker & Humblot, Berlin (1985)

Eilers, A.: Maßnahmen des einstweiligen Rechtsschutzes im europäischen Zivilrechtsverkehr. Gieseking, Bielefeld (1991)

Elsen, C.: Die Politik der Freiheit, der Sicherheit und des Rechts in der sich erweiternden Europäischen Union. In: Müller-Graff, P. (Hrsg.) Der Raum der Freiheit, der Sicherheit und des Rechts, S. 43. Nomos, Baden-Baden (2005)

Erne, M.: Vertragsgültigkeit und drittstaatliche Eingriffsnormen. Schulthess, Zürich (1985)

Eschenfelder, E.D.: Beweiserhebung im Ausland und ihre Verwertung im inländischen Zivilprozess. Lang, Frankfurt am Main (2002)

Esser, R.: Klagen gegen ausländische Staaten. Lang, Frankfurt am Main (1990)

Fawcett, J.: Special rules of private international law for special cases: what should we do about intellectual property? In: Fawcett, J. (Hrsg.) Reform & Development of Private International Law – Essays in Honor of Sir Peter North, S. 137–141 f. Oxford University Press, New York (2002)

Fentiman, R.: Foreign law in English courts. L-Q Rev. **108**, 142–143 (1992)

Feuerich, W., Weyland, D.: BRAO, 8. Aufl., S. 1328 ff. Vahlen, München (2012)

Finger, P.: EuGVVO – Eine erste Übersicht über die neue Regelung. MDR. **2001**, 1394–1399 (2001)

Fleischhauer, J.: Inlandszustellung an Ausländer. Duncker & Humblot, Berlin (1996)

Frank, H.: Europäische Gerichtsstands- und Vollstreckungsverordnung in Ehesachen und Verfahren betreffend die elterliche Verantwortung (EuEheVO 2005– Brüssel IIa). In: Gebauer, M., Wiedmann, T. (Hrsg.) Europäisches Zivilrecht Kap. 40, 2. Aufl., S. 1880. Beck, München (2021)

Franz, K.: Neues Niederlassungsrecht für europäische Rechtsanwälte. BB. **20**, 989–998 (2000)

Franzen, M.: Internationale Gerichtsstandsvereinbarungen in Arbeitsverträgen zwischen EuGVÜ und autonomem internationalen Zivilprozessrecht. RIW. **2000**, 81–88 (2000)

Frattini, F.: European area of free justice – has the community reached the limits? ZEuP. **2006**, 225–234 (2006)

Freitag, R.: Rechtsschutz des Schuldners gegen den Europäischen Zahlungsbefehl nach der EuMahnVO. IPRax. **2007**, 509–514 (2007)

Freitag, R.: Anerkennung und Rechtskraft europäischer Titel nach EuVTVO, EuMahnVO und EuBagatellVO, S. 759. FS Kropholler. Mohr Siebeck, Tübingen (2008)

Freitag, R., Leible, S.: Erleichterung der grenzüberschreitenden Forderungsbeitreibung in Europa: Das europäische Verfahren für geringfügige Forderungen. BB. **2008**, 2–6 (2008)

Fricke, M.: Internationale Zuständigkeit und Anerkennungszuständigkeit in Versicherungssachen nach europäischem und deutschem Recht. VersR. **1997**, 399 (1997)

Fuchs, A.: Aktuelles zur Justiziellen Zusammenarbeit in Zivilsachen. ERA-Forum. **2007**, 3–11 (2007a)

Fuchs, A.: Gerichtsstand für die Direktklage am Wohnsitz des Verkehrsunfallopfers? IPRax. **2007**, 302–307 (2007b)

Garbe, R., Ullrich, C., Andrae, M.: Prozesse in Familiensachen (Kap. 11). Nomos, Baden-Baden (2007)

Gebauer, K.: Vollstreckung von Unterhaltstiteln nach der EuVTVO und der geplanten Unterhaltsverordnung. FPR. **2006**, 252–255 (2006a)

Gebauer, K.: Der Europäische Vollstreckungstitel für unbestrittene Forderungen. Neue Justiz. **2006**, 103–106 (2006b)

Gebauer, M., Wiedmann, T.: Europäisches Zivilrecht, 2. Aufl. Beck, München (2021)

Geimer, D.: Die inländische Niederlassung als Anknüpfungspunkt für die internationale Zuständigkeit. WM. **1976**, 146–149 (1976)

Geimer, R.: EuGVÜ und Aufrechnung. IPRax. **1986**, 208 (1986)

Geimer, R.: „Doing business in Germany" als Basis deutscher internationaler Zuständigkeit. RIW. **1988**, 221–255 (1988)

Geimer, R.: Anerkennung ausländischer Entscheidungen in Deutschland, S. 163. Beck, München (1995)

Geimer, E.: Internationale Beweisaufnahme. Beck, München (1998)

Geimer, G.: Neuordnung des internationalen Zustellungsrechts, Vorschläge für eine neue Zustellungskonvention, S. 205 ff. Duncker & Humblot, Berlin (1999)

Geimer, R.: Salut für die Verordnung (EG) Nr. 44/2001 (Brüssel I-VO). IPRax. **2002**, 69–74 (2002)

Geimer, R.: Das Brüssel I-System und seine Fortentwicklung im Lichte der Beschlüsse von Tampere. In: Kiss, D., Varga, I. (Hrsg.) Magister artis boni et aequi: studia in honorem Németh János, S. 21. ELTE Eötvös, Budapest (2003)

Geimer, R.: Die Sonderrolle der Versicherungssachen im Brüssel I-System. FS Heldrich. **2005**, 627–648 (2005a)

Geimer, R.: Unterwerfung des Beklagten als Basis internationaler Zuständigkeit. In: Bittner, L., Klicka, T., Kodek, G.E., Oberhammer, P. (Hrsg.) Festschrift für Walter H. Rechberger zum 60. Geburtstag, S. 155–171. Springer, Vienna (2005b)

Geimer, R., Schütze, R.A.: Europäisches Zivilverfahrensrecht 2020, 4. Aufl. Beck, München (1997)

Geimer, G., Schütze, R.A., Dilger, J., et al.: EuEheVO. In: Internationaler Rechtsverkehr in Zivil- und Handelssachen, S. 261. Lfg. Beck, München (2021)

Gentinetta, J.: Die lex fori internationaler Handelsschiedsgerichte. Stämpfli, Bern (1973)

Gerling, S.: Die Gleichstellung ausländischer mit inländischen Vollstreckungstiteln durch die Verordnung zur Einführung eines Europäischen Vollstreckungstitels für unbestrittene Forderungen, S. 385. Lang, Frankfurt am Main (2006)

Glossner, O., Bredow, J., Bühler, M.: Das Schiedsgericht in der Praxis, 4. Aufl. Recht und Wirtschaft, Frankfurt am Main (2001)

Gottschalk, E., Breßler, S.: Missbrauchskontrolle von Gerichtsstandsvereinbarungen im europäischen Zivilprozessrecht. ZEuP. **2007**, 56–80 (2007)

Gottwald, P.: Grundfragen der Anerkennung und Vollstreckung ausländischer Entscheidungen in Zivilsachen. ZZP. **103**, 257 (1990)

Gottwald, P.: Internationale Gerichtsstandsvereinbarungen, S. 295. FS Henckel. De Gruyter, Berlin (1995)

Gottwald, P.: Internationale Schiedsgerichtsbarkeit. Gieseking, Bielefeld (1997)

Gottwald, P.: Sicherheit vor Effizienz? – Auslandszustellung in der Europäischen Union in Zivil- und Handelssachen, S. 225. FS Schütze. Beck, München (1999)

Gottwald, P.: Auf dem Weg zur weiteren Vereinfachung der Anerkennung und Vollstreckung von Entscheidungen in Europa. Ritsumeikan. Law. Rev. **17**, 49 (2000a)

Gottwald, P.: Gerechtigkeit und Effizienz internationaler Gerichtsstände – Gedanken zur Reform des Brüsseler Übereinkommens. Ritsumeikan. Law. Rev. **17**, 61–78 (2000b)

Gottwald, P.: Probleme der Vereinheitlichung des Internationalen Familienverfahrensrechts ohne gleichzeitige Kollisionsvereinheitlichung. In: Freitag, R., Leible, S., et al. (Hrsg.) Internationales Familienrecht für das 21. Jahrhundert Symposium für Spellenberg, S. 55. Sellier European Law Publishers, München (2005)

Gottwald, P., Adolphsen, J.: Das neue deutsche Schiedsverfahrensrecht. Deutsches Steuerrecht, S. 1017–1025. Beck, München (1998)

Grolimund, P.: Drittstaatenproblematik des europäischen Zivilverfahrensrechts. Mohr Siebeck, Tübingen (2000)

Grolimund, P.: Drittstaatenproblematik des europäischen Zivilverfahrensrechts – Eine Never-Ending- Story? In: Fucik, R., Konecny, A., Lovrek, E., Oberhammer, P. (Hrsg.) Zivilverfahrensrecht, Jahrbuch 2010, S. 79–95. Neuer Wissenschaftlicher, Wien (2010)

Gronstedt, S.: Grenzüberschreitender einstweiliger Rechtsschutz. Lang, Frankfurt am Main (1994)

Grothe, H.: Internationale Gerichtsstände für Klagen aufgrund von Dopingstreitigkeiten, S. 601. FS Hoffmann. Beck, München (2014)

Gruber, P.: Die neue EheVO und die deutschen Ausführungsgesetze. IPRax. **2005**, 293–300 (2005)

Gruber, P.: Die neue Unterhaltsverordnung. IPRax. **2010**, 128–268 (2010)

Gruber, P.: Scheidung auf Europäisch – die Rom III-Verordnung. IPRax. **2012**, 381–392 (2012)

Gruber, P., Andrae, M., Benicke, C.: Europäische Ehe- und Sorgerechtsverordnung – EheVO 2003. In: Dauner-Lieb, B., Heidel, T., Ring, G. (Hrsg.) BGB AT mit EGBGB (AnwK-BGB), Bd. 1, S. 1867–1925. Deutscher Anwaltsverlag, Bonn (2005)

Grundmann, S.: Anerkennung und Vollstreckung ausländischer einstweiliger Maßnahmen nach IPRG und Lugano-Übereinkommen. Helbing & Lichtenhahn, Basel (1996)

Gsell, B., Netzer, F.: Vom grenzüberschreitenden zum potentiell grenzüberschreitenden Sachverhalt – Art. 19 EuUnterhVO als Paradigmenwechsel im Europäischen Zivilverfahrensrecht. IPRax. **2010**, 403–409 (2010)

Haas, U., Hauptmann, M.: Schiedsvereinbarungen in Ungleichgewichtslagen. SchiedsVZ. **2004**, 175–187 (2004)

Haibach, G.: Zur Einführung des ersten europäischen Zivilprozessverfahrens: Verordnung (EG) Nr. 861/2007. EuZW. **2008**, 137–140 (2008)

Handorn, B.: Das Sonderkollisionsrecht der deutschen internationalen Schiedsgerichtsbarkeit. Mohr Siebeck, Tübingen (2005)

Hau, W.: Das neue europäische Verfahren zur Beitreibung geringfügiger Forderungen. JuS. **2008**, 1056–1059 (2008)

Hau, W.: Die Zuständigkeitsgründe der Europäischen Unterhaltsverordnung. FamRZ. **2010**, 516–1035 (2010)

Hau, W.: Zur Fortentwicklung des europäischen Verfahrens für geringfügige Forderungen – die große Zukunft der kleinen Münze, S. 255. FS Gottwald. Beck, München (2014)

Hausmann, R.: Pleading and proof of foreign law – a comparative analysis. EuLF. **1**, 1–13 (2008)

Hausmann, R.: Anwendbares Recht vor deutschen und italienischen Schiedsgerichten – Bindung an die Rom I-Verordnung oder Sonderkollisionsrecht, S. 971. FS Hoffmann. Beck, München (2011)

Heckel, M.: Beachtung ausländischer Rechtshängigkeit in Drittstaatenfällen – ein Beitrag zu Art. 34 EuGVO-E. GPR. **2012**, 272–282 (2012)

Heermann, P.: Freiwilligkeit von Schiedsvereinbarungen in der Sportgerichtsbarkeit. SchiedsVZ. **2014**, 66–79 (2014)

Heiderhoff, B.: Keine Inlandszustellung an Adressaten mit ausländischem Wohnsitz mehr? EuZW. **2006**, 235–238 (2006)

Heidrich, T.: Amts- und Parteizustellungen im internationalen Rahmen: Status quo und Reformbedarf. EuZW. **2005**, 743–747 (2005)

von Hein, J.: Die Neufassung der EuGVVO. RIW. **2013**, 97–111 (2013)

Heinze, C.: Fiktive Inlandszustellungen und der Vorrang des europäischen Zivilverfahrensrechts. IPRax. **210**, 155–160 (2010)

Heinze, C.: Zivilprozessrecht unter europäischem Einfluss. JZ. **2011**, 709–716 (2011)

Heinze, C.A., Roffael, E.: Internationale Zuständigkeit für Entscheidungen über die Gültigkeit ausländischer Immaterialgüterrechte. GRUR Int. **2006**, 787–798 (2006)

Heiss, B.-R.: (1987) Einstweiliger Rechtsschutz im europäischen Zivilrechtsverkehr. Duncker & Humblot, Berlin (2006)

Hellwig, W.: Tätigkeit europäischer Rechtsanwälte in Deutschland. Boorberg, Stuttgart (2002)

Hellwig, H.-J.: Anwaltliches Berufsrecht und Europa, AnwBL, S. 77. Deutscher Anwaltsverlag, Bonn (2011)

Henssler, M., Prütting, H.: BRAO: EuRAG, 3. Aufl. Beck, München (2010)

Herrmann, D.: Die Anerkennung US-amerikanischer Gerichte in Deutschland. Lang, Frankfurt (2000)

Hertz, K.: Jurisdiction in Contract and Tort under the Brussels Convention. DJOF, Copenhagen (1998)

Herz, P.: Die Immunität ausländischer Staatsunternehmen mit eigener Rechtspersönlichkeit. Dissertation, Tübingen (1996)

Hess, B.: Staatenimmunität bei Distanzdelikten – Der private Kläger im Schnittpunkt von zivilge-richlichem und völkerrechtlichem Rechtsschutz, Bd. 91. Münchener Universitätsschriften, München (1992)

Hess, B.: Die Integrationsfunktion des Europäischen Zivilverfahrensrechts. IPRax. **2001**, 389 (2001)

Heß, B.: Neues deutsches und europäisches Zustellungsrecht. NJW. **2002**, 2417–2426 (2002)

Hess, B.: Neue Rechtsakte und Rechtssetzungsmethoden im Europäischen Justizraum. ZSR. **2005**, 183–230 (2005a)

Hess, B.: Die Konstitutionalisierung des europäischen Privat- und Prozessrechts. JZ. **60**, 540 (2005b)

Hess, B.: Neue Rechtssetzungsakte und Rechtssetzungsmethoden im Europäischen Justizraum. ZSR. **124**(II), 183 (2005c)

Hess, B.: Methoden der Rechtsfindung im Europäischen Zivilprozessrecht. IPRax. **2006**, 348 (2006)

Hess, B.: Die Europäische Kontenpfändung aus der Perspektive eines Europäischen Voll-streckungsrechts. In: Baetge, D., von Hein, J., von Hinden, M. (Hrsg.) Die richtige Ordnung – Festschrift für Jan Kropholler zum 70. Geburtstag, S. 795–808. Mohr Siebeck, Tübingen (2008)

Hess, B.: Die Reform der Verordnung Brüssel I und die Schiedsgerichtsbarkeit, S. 648. FS Hoff-mann. Beck, München (2011)

Hess, B.: Schiedsgerichtsbarkeit und europäisches Zivilprozessrecht. JZ. **69**, 538 (2014)

Hess, B.: Europäisches Zivilprozessrecht, 2. Aufl. de Gruyter, Berlin/Boston (2021)

Hess, B., Hübner, R.: Die Revisibilität ausländischen Rechts nach der Neufassung des § 545 ZPO. NJW. **2009**, 3132–3135 (2009)

Hess, B., Müller, A.: Die Verordnung 1206/01/EG zur Beweisaufnahme im Ausland. ZZPInt. **5**, 149–178 (2000)

Hohloch, G.: Grenzüberschreitende Unterhaltsvollstreckung. FPR. **2004**, 315 (2004)

Hök, G.-S.: Grenzüberschreitende Zustellung. ZAP. **25**, 141 (2005)

Hölder, N.: Der Gerichtsstand der Streitgenossenschaft im europäischen Patentverletzungsprozess. Mitt. **2005**, 208 (2005)

Hopt, K.J., Kulms, R., von Hein, J.: Zur Zustellung einer US-amerikanischen Class Action in Deutschland. ZIP. **2006**, 973 (2006)

Horn, N.: Einwand des Rechtsmissbrauchs gegen eine Gerichtsstandsvereinbarung i. S. d. Art. 23 EuGVO. IPRax. **1**, 2 (2006)

van Houtte, H.: Why not include arbitration in the Brussels jurisdiction regulation? Arb. Int. **21**, 509 (2005)

Huber, P.: Internationales Insolvenzrecht in Europa. ZZP. **114**, 133–166 (2001)

Huber: Die Europäische Beweisaufnahmeverordnung (EuBVO) – Überwindung der traditionellen Souveränitätsvorbehalte. GPR. **2003**, 115 (2003)

Hubig, S.: Die historische Entwicklung des § 23 ZPO. Lang, Frankfurt am Main (2003)

Hußlein-Stich, G.: Das UNCITRAL-Modellgesetz über die internationale Handelsschiedsgerichts-barkeit. Heymanns, Köln (1990)

Hüßtege, R.: Der europäische Vollstreckungstitel. In: Gottwald, P. (Hrsg.) Aktuelle Entwicklungen des Europäischen Zivilverfahrensrechts, Veröffentlichungen der Wissenschaftlichen Ver-einigung für Internationales Verfahrensrecht. Gieseking, Bielefeld. 15. (2004), 113 (2004a)

Hüßtege, R.: Braucht die Verordnung über den Europäischen Vollstreckungstitel eine ordrepublic-Klausel? In: Mansel, H.-P., Thomas, P., Herbert, K. (Hrsg.) Festschrift für Erik Jayme, S. 371–385. Köln, München (2004b)

Hye-Knudsen, R.: Marken-, Patent- und Urheberrechtsverletzungen im europäischen inter-nationalen Zivilprozessrecht. Mohr Siebeck, Tübingen (2005)

Isenburg-Epple, S.: Die Berücksichtigung ausländischer Rechtshängigkeit nach dem EuGVÜ. Lang, Frankfurt am Main (1992)

Jahn, I.: Das Europäische Verfahren für geringfügige Forderungen. NJW. **2007**, 2890 (2007)

Jansen, N., Michaels, R.: Die Auslegung und Fortbildung ausländischen Rechts. ZZP. **116**, 3–55 (2003)

Jayme, E., Kohler, C.: Europäisches Kollisionsrecht 2007: Windstille im Erntefeld der Integration. IPRax. **2007**, 493 (2007)

Jung, H.: Vereinbarungen über die internationale Zuständigkeit nach dem EWG-Gerichtsstands- und Vollstreckungsübereinkommen und nach § 38 Abs. 2. ZPO. Brackmeyer, Bochum (1980)

Junker, A.: Die internationale Zuständigkeit deutscher Gerichte in Arbeitssachen. ZZPInt. **3**, 179 (1998)

Kannengießer, M.N.: Die Aufrechnung im internationalen Privat- und Verfahrensrecht. Mohr Siebeck, Tübingen (1998)

Kellerhals, F.: Schiedsgerichtsbarkeit. Mohr Siebeck, Tübingen (1997)

Kerameus, K.: Revisibilität ausländischen Rechts, ein rechtsvergleichender Überblick. ZZP. **99**, 166–184 (1986)

Kim, S.H.: Internationale Gerichtsstandsvereinbarungen. Lang, Frankfurt am Main (1995)

Kindl, J.: Ausländisches Recht vor deutschen Gerichten. ZZP. **111**, 177–203 (1998)

Kindler, P.: Aktuelle Hauptfragen des Europäischen Zivilprozessrechts. ZVglRWiss. **105**, 243 (2006)

Klaka, R.: Die einstweilige Verfügung in der Praxis. GRUR. **1979**, 593 (1979)

Kleinknecht, A.: Die verbraucherschützenden Gerichtsstände im deutschen und europäischen Zivilprozessrecht. LIT, Münster (2007)

Kleinlein, T.: Anforderungen auf den Verzicht auf diplomatische Immunität. NJW. **2007**, 2591–2593 (2007)

Kleinstück, T.U.: Due-Process-Beschränkungen des Vermögensgerichtsstandes durch hinreichenden Inlandsbezug und Minimum Contacts. Beck, München (1994)

Klemm, M.: Erfüllungsortvereinbarungen im Europäischen Zivilverfahrensrecht. Sellier, München (2005)

Knaak, R.: Internationale Zuständigkeiten und Möglichkeiten des forum shopping in Gemeinschaftsmarkensachen – Auswirkungen der EuGH-Urteile Roche Niederlande und GAT/LUK auf das Gemeinschaftsmarkenrecht. GRUR. Int. **2005**, 386 (2005)

Knöfel, O.L.: Europäisches Zuständigkeits- und Vollstreckungsübereinkommen revidiert – Was bringt die Neufassung der Versicherungswirtschaft? VersR. **1999**, 1055 (1999)

Knöfel, O.L.: Das Territorialitätsprinzip im europäischen Patentrecht. ZZPInt. **11**, 137 (2006a)

Knöfel, O.L.: Gerichtsstand der prozessübergreifenden Streitgenossenschaft gemäß Art. 6 Nr. 1 EuGVVO? IPRax. **5**, 503 (2006b)

Knöfel, O.L.: Kein „konzernübergreifender" europäischer Mehrparteiengerichtsstand für Patentverletzungsklagen! MR. Int. **2006**, 127 (2006c)

Knöfel, O.L.: Renationalisierung von Patentstreitigkeiten in Europa. IPRax. **2007**, 15 (2007)

Koch, M.: Unvereinbare Entscheidungen i.S. des Art. 27 Nr. 3 und 5 EuGVÜ und ihre Vermeidung. Lang, Frankfurt am Main (1993)

Kohler, C.: Adhäsionsverfahren und Brüsseler Übereinkommen 1968. In: Will, M.R. (Hrsg.) Schadensersatz im Strafverfahren, S. 74. Engel, Kehl (1990)

Kohler, C.: Systemwechsel im europäischen Anerkennungsrecht: Von der EuGVVO zur Abschaffung des Exequaturs. In: Baur, J.F., Mansel, H.-P. (Hrsg.) Systemwechsel im europäischen Kollisionsrecht, S. 147 ff. Beck, München (2002)

Kohler, C.: Der europäische Justizraum für Zivilsachen und das Gemeinschaftskollisionsrecht. IPRax. **2003**, 401 (2003)

Kohler, C.: Das Prinzip der Anerkennung in Zivilsachen im europäischen Justizraum. ZSR. **2005**, 263 (2005a)

Kohler, C.: Das Prinzip der gegenseitigen Anerkennung in Zivilsachen im europäischen Justizraum. ZSR. **124**(II), 263 (2005b)

Kohler, C.: Erstreckung der europäischen Zuständigkeitsordnung auf drittstaatsverknüpfte Streitigkeiten. IPRax. **2009**, 285 (2009)

Köhler, A.: Eingriffsnormen – Der „unfertige Teil" des europäischen IPR. Mohr Siebeck, Tübingen (2013)

König: Zur Bestimmung des Schiedsvertragsstatuts bei fehlender Gesetzesgrundlage nach Inkrafttreten der Rom I-Verordnung. SchiedsVZ. **2012**, 129–133 (2012)

Kormann, J.M.: Das neue Europäische Mahnverfahren im Vergleich zu den Mahnverfahren in Deutschland und Österreich. Sellier, München (2007)

Koutsouko, G.: Einspruch gegen den Europäischen Zahlungsbefehl als rügelose Einlassung? IPRax. 2014, 44 (2014)

Krause, R.: Ausländisches Recht und deutscher Zivilprozess. Dissertation, Konstanz (1990)

Kress, V.: Internationale Zuständigkeit für elterliche Verantwortung in der Europäischen Union. Verlag für Sozialwissenschaft, Wiesbaden (2006)

Kreuzer, K.: Ausländisches Wirtschaftsrecht vor deutschen Gerichten. Lang, Frankfurt am Main (1986)

Kröll, S.: 50 Jahre UN-Übereinkommen über die Anerkennung und Vollstreckung ausländischer Schiedssprüche – Standortbestimmung und Zukunftsperspektive. SchiedsVZ. **2009**, 40–53 (2009)

Kropholler, J.: Europäisches Internationales Zivilverfahrensrecht ohne europäisches Kollisionsrecht – ein Torso Das Beispiel der Kinderschutzmaßnahmen, S. 449–461. FS Schlosser. Mohr Siebeck, Tübingen (2005)

Kropholler, J., von Hein, J.: Eine Auslegungskompetenz des Europäischen Gerichtshofs jenseits des EuGVÜ. In: Hübner, U., Ebke, W.F. (Hrsg.) Festschrift für Bernhard Großfeld zum 65. Geburtstag, S. 615. Recht und Wirtschaft, Heidelberg (1999)

Kropholler, J., von Hinden, M.: Die Reform des europäischen Gerichtsstands am Erfüllungsort (Art. 5 Nr. 1 EuGVÜ), S. 401. GS Lüderitz. Beck, München (2000)

Kruger, T.: Civil Jurisdiction Rules of the EU and Their Impact on Third States. Oxford University Press, New York (2008)

Kubis, S.: Internationale Zuständigkeit bei Persönlichkeits- und Immaterialgüterrechtsverletzungen. Ernst und Werner Gieseking, Bielefeld (1999)

Kubis, S.: Patentverletzungen im europäischen Prozessrecht – Ausschließliche Zuständigkeit kraft Einrede? Mitt. **2007**, 220 (2007)

Kur, A.: Farewell to cross-border injunctions? The ECJ decisions GAT v. LuK and Roche Nederland v. Primus and Goldenberg. IIC. **2006**, 844 (2006)

Kurtz, C.: Grenzüberschreitender einstweiliger Rechtsschutz im Immaterialgüterrecht, 9. Aufl. V & R unipress, Göttingen (2004)

Lach, B.: Die Möglichkeiten der Niederlassung europäischer Rechtsanwälte in Deutschland. NJW. **2000**, 1609–1614 (2000)

Lachmann, J.P.: Handbuch für die Schiedsgerichtspraxis, 3. Aufl. Schmidt, Köln (2008)

Lange, P.: Der internationale Gerichtsstand der unerlaubten Handlung nach dem EuGVÜ bei Verletzungen von nationalen Kennzeichen. WRP. **2000**, 940–947 (2000)

Lange, P.: Der internationale Gerichtsstand der Streitgenossenschaft im Kennzeichenrecht im Lichte der „Roche/Primus"-Entscheidung des EuGH. GRUR. Int. **2007**, 107 (2007)

Lehmann, R.: Zwingendes Recht dritter Staaten im internationalen Vertragsrecht. Lang, Frankfurt am Main (1986)

Leible, S.: Die Angleichung der nationalen Zivilprozessrechte – Vom „Binnenmarktprozess" zu einer europäischen ZPO? In: Müller-Graff, P.-C. (Hrsg.) Der Raum der Freiheit, der Sicherheit und des Rechts, S. 55. Nomos, Baden-Baden (2005)

Leible, S., Staudinger, A.: Die europäische Verordnung über Insolvenzverfahren. KTS. **2000**, 533–575 (2000)

Leipold, D.: Lex fori, Souveränität, discovery. Müller, Heidelberg (1989)

Leipold, D.: Internationale Zuständigkeit am Erfüllungsort, S. 431. GS Lüderitz, München (2000)

Leipold, D.: Neues zum Gerichtsstand der unerlaubten Handlung nach europäischem Zivilprozessrecht. In: Kiss, D., Varga, I. (Hrsg.) Magister artis boni et aequi. Studia in honorem, S. 631. Németh János ELTE German. Inst., Budapest (2003)

Lenenbach, M.: Die Behandlung von Unvereinbarkeiten zwischen rechtskräftigen Zivilurteilen nach deutschem und europäischem Zivilprozessrecht. Duncker & Humblot, Berlin (1997)

Lepschy, M.: § 1051 ZPO – Das anwendbare materielle Recht in internationalen Schiedsverfahren. Lang, Frankfurt am Main (2003)

Lindacher, W.: Zur Mitwirkung der Parteien bei der Ermittlung ausländischen Rechts, S. 283. FS Schumann. Mohr Siebeck, Tübingen (2001)

Lindacher, W.: Zur Anwendung ausländischen Rechts, S. 909–921. FS Beys. Sakullas, Athen (2003)

Lindenmayr, B.: Vereinbarung über die internationale Zuständigkeit und das darauf anwendbare Recht. Duncker & Humblot, Berlin (2002)

Lohse, M.: Das Verhältnis von Vertrag und Delikt. VVF, München (1991)

Luginbühl, S., Stauder, D.: Der Europäische Gerichtshof setzt den grenzüberschreitenden Entscheidungen in Patentsachen ein vorläufiges Ende. Z. Immaterialgüter. Inf. Wettbew, sic. **2006**, 876 (2006)

Maack, M.: Englische antisuit injunctions im europäischen Zivilrechtsverkehr. Duncker & Humblot, Berlin (1999)

Mankowski, P.: Grenzüberschreitender Umzug und das center of main interests im europäischen Insolvenzrecht. NZI. **2005**, 368–372 (2005a)

Mankowski, P.: Selbständiges Beweisverfahren und einstweiliger Rechtsschutz in Europa. JZ. **2005**, 1144 (2005b)

Mankowski, P.: Wieviel Bedeutung verliert die EuGVVO durch den Europäischen Vollstreckungstitel. FS. Kropholler. **2008**, 829 (2008)

Mankowski: Rom I-VO und Schiedsverfahren. RIW. **2011**, 44–53 (2011)

Mansel, H.-P.: Zum Systemwechsel im europäischen Kollisionsrecht nach Amsterdam und Nizza. In: Baur, J., Mansel, H.-P. (Hrsg.) Systemwechsel im europäischen Kollisionsrecht, S. 1. Beck, München (2002)

Mansel, H.-P.: Anerkennung als Grundprinzip des Europäischen Rechtsraums. RabelsZ. **70**, 651 (2006)

Manteuffel, K.: Die Zustellung von Klageschriften von Deutschland in die USA und vice versa. IDR. **2005**, 37–39 (2005)

Martiny, D.: Die Zukunft des europäischen ordre public im Internationalen Privat- und Zivilverfahrensrecht, S. 523. FS Sonnenberger. Beck, München (2004)

Martiny, D.: Die Kommissionsvorschläge für das internationale Ehegüterrecht sowie das internationale Güterrecht eingetragener Partnerschaften. IPRax. 437 (2011)

Mäsch, G.: Die Rolle des BGH im Wettbewerb der Rechtsordnungen oder: Neue Nahrung für den Ruf nach der Revisibilität ausländischen Rechts. EuZW. **2004**, 321–329 (2004)

Mäsch, G., Peiffer, M.: Das neue Vollstreckungsregime unter der Brüssel Ia-VO. RIW. **2019**, 245–252 (2019)

McGuire, M.R.: Verfahrenskoordination und Verjährungsunterbrechung im Europäischen Prozessrecht. Mohr Siebeck, Tübingen (2004)

McGuire, M.R.: Das neue Europäische Mahnverfahren (EuMVVO): Über das (Miss-)Verhältnis zwischen Effizienz und Schuldnerschutz. GPR. **2007**, 303–308 (2007)

McGuire, M.-R.: Reformbedarf der Rechtshängigkeitsregel? In: Fucik, R., Konecny, A., Lovrek, E., Oberhammer, P. (Hrsg.) Zivilverfahrensrecht, Jahrbuch 2010, S. 133–149. Neuer Wissenschaftlicher, Wien (2010a)

McGuire: Grenzen der Rechtswahlfreiheit im Schiedsverfahrensrecht? – Über das Verhältnis zwischen der Rom-I-VO und § 1051 ZPO. SchiedsVZ. **2011**, 257–267 (2010b)

Meier, M.: Grenzüberschreitende Drittbeteiligung. Lang, Frankfurt am Main (1994)

Merrett, L.: The enforcement of jurisdiction agreements within the Brussel regime. ICLQ. **55**, 315 (2006)

Meyer-Berger, M.: Mahnverfahren und Vollstreckung. Kovac, Hamburg (2007)

Meyle, H.: Reine Vermögensschäden im Europäischen Internationalen Deliktsrecht. Duncker & Humblot, Berlin (2021)

Mittenzwei, E.C.: Die Verhinderung von Verfahrenskollisionen nach deutschem und europäischem Zivilprozessrecht. Lang, Frankfurt am Main (2006)

Monar, J.: Die politische Konzeption des Raumes der Freiheit, der Sicherheit und des Rechts: Vom Amsterdamer Vertrag zum Verfassungsentwurf des Konvents. In: Müller-Graff, P.-C. (Hrsg.) Der Raum der Freiheit, der Sicherheit und des Rechts, S. 29. Nomos, Baden-Baden (2005)

Morbach, B.: Einstweiliger Rechtsschutz in Zivilsachen. Lang, Frankfurt am Main (1988)

Mössle, K.P.: Extraterritoriale Beweisbeschaffung im internationalen Wirtschaftsrecht. Nomos, Baden-Baden (1990)

Müller, H.: Die Gerichtspflichtigkeit wegen „doing business". Heymanns, Berlin (1992)

Müller-Graff, P.-C.: Die ziviljustizielle Zusammenarbeit im „Raum der Freiheit, der Sicherheit und des Rechts" im System des Europäischen Verfassungsvertrags. In: Mansel, H.P. (Hrsg.) Festschrift für Jayme, S. 1323. Sellier, München (2004)

Müller-Graff, P.-C.: Der Raum der Freiheit, der Sicherheit und des Rechts – Der primärrechtliche Rahmen. In: Müller-Graff, P.-C. (Hrsg.) Der Raum der Freiheit, der Sicherheit und des Rechts, S. 11. Nomos, Baden-Baden (2005)

Mumelter, K.H.: Der Gerichtsstand des Erfüllungsortes im Europäischen Zivilprozessrecht. Neuer Wissenschaftlicher, Wien (2007)

Münchener Kommentar zum BGB (Hrsg.): von Säcker, Rixecker IPR, Rom I, Rom II-Verordnung, Einführungsgesetz zum Bürgerlichen Gesetzbuche, Bd. 10, 5 Aufl. Beck, München (2010)

Nagel, H., Gottwald, P.: Internationales Zivilprozessrecht (IZPR) § 7 Rn. 64 ff., 8 Aufl. Schmidt, Köln (2020)

Nardone, S.: Das Verfahren für geringfügige Forderungen. Rpfleger. **2009**, 72–76 (2009)

Nelle, A.: Anspruch, Titel und Vollstreckung im internationalen Rechtsverkehr. Mohr Siebeck, Tübingen (2000)

Nieroba, A.: Die europäische Rechtshängigkeit nach der EuGVVO (Verordnung (EG) Nr. 44/2001) an der Schnittstelle zum nationalen Zivilprozessrecht. Lang, Frankfurt am Main (2006)

Nordmann, E.: Die Beschaffung von Beweismitteln aus dem Ausland durch staatliche Stellen. Duncker & Humblot, Berlin (1979)

Oberhammer, P.: Freier Urteilsverkehr durch Abschaffung des Vollstreckbarerklärungsverfahrens und der Anerkennungsversagungsgründe. In: Fucik, R., Konecny, A., Lovrek, E., Oberhammer, P. (Hrsg.) Zivilverfahrensrecht, Jahrbuch 2010, S. 69–78. Neuer Wissenschaftlicher, Wien (2010a)

Oberhammer, P.: The abolition of exequatur. IPRax. **30**, 197 (2010b)

Oberhammer, P., Slonina, M.: Grenzüberschreitende Gewinnzusagen im europäischen Prozess- und Kollisionsrecht. In: Nikas, N.T. (Hrsg.) Studia in honorem Pelayia Yessiou-Faltsi, S. 419. Sakkoulas, Athens (2007)

Otto, M.: Der prozessuale Durchgriff. Beck, München (1993)

Otto, G.: Der verunglückte § 293 ZPO. IPRax. **1995**, 299–305 (1995)

Paulus, G.: Discovery, deutsches Recht und Haager Beweisübereinkommen. ZZP. **104**, 397–412 (1991)

Paulus, C.G.: Europäische Insolvenzverordnung, 3. Aufl. Recht und Wirtschaft, Frankfurt am Main (2010)

Pérez-Ragone, A.: Europäisches Mahnverfahren. Heymanns, Cologne (2005)

Pfeiffer, T.: Die revisionsgerichtliche Kontrolle der Anwendung ausländischen Rechts. NJW. **2002**, 3306–3308 (2002)

Pfeiffer, T.: Methoden der Ermittlung ausländischen Rechts, S. 283–300. FS Leipold. Mohr Siebeck, Tübingen (2008)

Pietsch, P.: Rechtswahl für Ehesachen nach „Rom III". NJW. **65**, 1768 (2012)

Pohl, M.: Die Neufassung der EuGVVO – im Spannungsfeld zwischen Vertrauen und Kontrolle. IPRax. **33**, 109 (2013)

Prütting, H.: Die Rechtshängigkeit im europäischen Zivilprozessrecht, GS Lüderitz, S. 623. Mohr Siebeck, Tübingen (2000)

Prütting, H.: Die aktuellen Entwicklungen des europäischen Zivilprozessrechts, insbesondere das künftige europäische Mahnverfahren. In: FS Yessiou-Faltsi, S. 497. Sakkoulas, Athen (2007)

Rauscher, T.: Arbeitnehmerschutz – ein Ziel des Brüsseler Übereinkommens, S. 695. FS Schütze, München (1999)

Rauscher, T.: Der Europäische Vollstreckungstitel für unbestrittene Forderungen. GPR 2003/04:286. Sellier European Law, München (2004)

Rauscher, T.: Der Wandel von Zustellungsstandards zu Zustellungsvorschriften im Europäischen Zivilprozessrecht. In: Baetge, D., von Hein, J., von Hinden, M. (Hrsg.) Die richtige Ordnung – Festschrift für Jan Kropholler zum 70. Geburtstag, S. 851. Mohr Siebeck, Tübingen (2008)

Rauscher, T.: Internationaler Gerichtsstand des Erfüllungsorts – Abschied von Tessili und de Bloos. NJW. **2010**, 2251 (2010)

Rauscher, T.: EuZPR/EuIPR, Brüssel IIa-Verordnung, Bearbeitung, S. 3 ff. Otto Schmidt, Köln (2015)

Rauscher, T., Andrae, M.: EuZPR/EuIPR, Bearbeitung, EG-UntVO, S. 429 ff. Otto Schmidt, Köln (2010)

Rauscher, T., Hein, J.: EuZPR/EuIPR, EG-BewVO, S. 687. Verlag für Sozialwissenschaft, Wiesbaden (2010)

Rechberger, W.H.: Zum Entwurf einer Verordnung zur Einführung eines Europäischen Mahnverfahrens. In: FS Yessiou-Faltsi, S. 513. Sakkoulos, Athen (2007)

Redfern, A., Hunter, M.: Law and practice on international commercial arbitration, 6. Aufl. Sweet & Maxwell, London (2015)

Reiser, H.: Gerichtsstandsvereinbarungen nach IPR-Gesetz und Lugano-Übereinkommen. Dissertation, Zürich (1995)

Remien, W.: Jura novit curia und die Ermittlung fremden Rechts im europäischen Rechtsraum nach Art. 61 ff. EGV. In: Basedow, J., et al. (Hrsg.) Aufbruch nach Europa. 75 Jahre Max-Planck-Institut für Privatrecht, S. 617–632. Mohr, Tübingen (2001)

Reufels, M.J., Scherer, M.: Pre-Trial Discovery nach dem Haager Beweisübereinkommen. IPRax. **2005**, 456–459 (2005)

Richter, A.: Das EWG-Übereinkommen über die gerichtliche Zuständigkeit und die Vollstreckung in Zivil- und Handelssachen aus versicherungsrechtlicher Sicht. VersR. **1978**, 801 (1978)

Richter, R.: Die rügelose Einlassung des Verbrauchers im europäischen Zivilprozessrecht. NJW. **2006**, 578 (2006)

Riebold, J.: Die Europäische Kontenpfändung. Mohr Siebeck, Tübingen (2014)

Riehm, T.: Vom Gesetz, das klüger ist als seine Verfasser – Zur Revisibilität ausländischen Rechts. JZ. **2014**, 73–78 (2014)

Rogoz, T.: Ausländisches Recht im deutschen und englischen Zivilprozess. Dissertation, Universität Erlangen-Nürnberg (2008)

Rohe, M.: Zur Neuorientierung des Zustellungsrechts. In: Greger, R., Gleußner, I., Heinemann, J. (Hrsg.) Neue Wege zum Recht – Festgabe für Max Vollkommer zum 75. Geburtstag 2006, S. 291. Dr. Otto Schmidt, Köln (2006)

Rosengarten, J.: Punitive damages und ihre Anerkennung und Vollstreckung in der Bundesrepublik Deutschland. Mauke, Stuttgart (1994)

Rösler, H., Siepmann, V.: Vermutung eines Übersetzungserfordernisses bei Postzustellung ins europäische Ausland? IPRax. **2006**, 236 (2006a)

Rösler, H., Siepmann, V.: Die geplante Reform der europäischen Zustellungsverordnung. RIW. **2006**, 512–518 (2006b)

Rösler, H., Siepmann, V.: Zum Sprachproblem im Europäischen Zustellungsrecht. NJW. **2006**, 475 (2006c)

Rößler, M.: The court of jurisdiction for joint parties in international patent disputes. IIC. **2007**, 380 (2007)

Roth, H.: Die Revisibilität ausländischen Rechts und die Klugheit des Gesetzes. NJW. **2014**, 1224–1227 (2014)

Rüßmann, H.: Die Streitgegenstandslehre und die Rechtsprechung des EuGH- nationales Recht unter gemeineuropäischem Einfluß? ZZP. **111**, 399 (1998)

Salten, U.: Das Europäische Verfahren für geringfügige Forderungen. MDR. **2009**, 244–247 (2009)

Sandrockm, F.E.: Die Vereinbarung eines „neutralen" internationalen Gerichtsstandes. Recht und Wirtschaft, Heidelberg (1997)

Schack, H.: Der Erfüllungsort im deutschen, ausländischen und internationalen Privat- und Zivilprozeßrecht. Metzner, Frankfurt am Main (1985)

Schack, H.: Die grenzüberschreitende Verletzung allgemeiner und Urheberpersönlichkeitsrechte. UFITA. **1988**, 51 (1988)

Schack: Die Entwicklung des europäischen Zivilverfahrensrechts – aktuelle Bestandsaufnahme und Kritik. In: Baetge, D., von Hein, J., von Hinden, M. (Hrsg.) Die richtige Ordnung – Festschrift für Jan Kropholler zum 70. Geburtstag, S. 317. Mohr Siebeck, Tübingen (2008)

Schack, H.: Internationales Zivilverfahrensrecht, 8 Aufl. Beck, München (2021)

Schaltinat, K.H.: Internationale Verbraucherstreitigkeiten. Lang, Frankfurt am Main (1998)

Schellack, D.: Selbstermittlung oder ausländische Auskunft unter dem europäischen Rechtsaus-kunftsübereinkommen. Dissertation, Freiburg, S. 124 (1998)

Schima, B.: Das Vorabentscheidungsverfahren vor dem EuGH, 2. Aufl. Beck, München (2005)

Schlosser, P.: Das Recht der internationalen privaten Schiedsgerichtsbarkeit, 2. Aufl. Mohr Sieb-eck, Tübingen (1989)

Schlosser, P.: Anti-suit injunctions zur Unterstützung von internationalen Schiedsverfahren. RIW. **2006**, 486–492 (2006)

Schlosser, P.: Anmerkung zu EuGH, Urteil vom 13.7.2006– Rs. C –539/03. JZ. **2007**, 305 (2007)

Schlosser, P.: The abolition of exequatur proceedings – including public policy review? IPRax. **30**(2), 101 (2010)

Schlosser, P., Hess, B.: EU-Zivilprozessrecht, 5. Aufl. Beck, München (2021)

Schmalenberg, F.: Anerkennung von Patenten. Lang, Frankfurt am Main (2008)

Schnyder, A.: Anwendung ausländischer Eingriffsnormen durch Schiedsgerichte. RabelsZ. **1995**, 293–308 (1995)

Schober, A.: Drittbeteiligung im Zivilprozess. P.C.O, Bayreuth (1990)

Schröer, B.: Einheitspatentgericht – Überlegungen zum Forum-Shopping im Rahmen der alter-nativen Zuständigkeit nach Art. 83 Abs. 1 EPGÜ, GRUR Int. 1102 (2013)

Schulte-Beckhausen, S.: Internationale Zuständigkeit durch rügelose Einlassung im Europäischen Zivilprozessrecht. Gieseking, Bielefeld (1994)

Schulz, A.: Die Verordnung (EG) Nr. 2201/2003 (Brüssel IIa) – eine Einführung. NJW. **2004**, Beil. zu H, 18 (2004a)

Schulz, A.: Internationale Regelungen zum Sorge- und Umgangsrecht. FPR. **2004**, 299 (2004b)

Schulz, A.: The Hague project of a global judgement convention and IP rights. In: Basedow, J. (Hrsg.) Intellectual Property in the Conflict of Laws, S. 39–50. Max Planck Institute, Ham-burg (2004c)

Schütze, R.A.: Zur internationalen Zuständigkeit aufgrund rügeloser Einlassung. ZZP. **90**, 67 (1977)

Schütze, R.A.: Deutsches Internationales Zivilprozessrecht unter Einschluss des Europäischen Zivilprozessrechts, 2. Aufl. De Gruyter, Berlin (2005)

Schütze, R.A.: Übersetzungen im europäischen und internationalen Zivilprozessrecht – Probleme der Zustellung. RIW. **2006**, 352–356 (2006)

Schütze, R.A.: Das internationale Zivilprozessrecht in der ZPO, S. 79 ff. De Gruyter, Berlin (2008)

Schütze, R.A. (Hrsg.): Institutionelle Schiedsgerichtsbarkeit, 3 Aufl. Carl Heymanns, Köln (2017)

Schütze, R.A.: Schiedsgericht und Schiedsverfahren, 7. Aufl. Beck, München (2021)

Schütze, R.A., Tscherning, D., Wais, W.: Handbuch des Schiedsverfahrens, 2. Aufl. De Gruyter, Berlin (2010)

Schwab, K.-H., Walter, G.: Schiedsgerichtsbarkeit, 7. Aufl. Beck, München (2005)

Schwarz, M.: Der Gerichtsstand der unerlaubten Handlung nach deutschem und europäischem Zivilprozessrecht. Lang, Frankfurt am Main (1991)

Schwarz, M.: Grundlinien der Anerkennung im Raum der Freiheit, der Sicherheit und des Rechts (2016)

Sharma, D.H.: Zustellungen im Europäischen Binnenmarkt. Duncker & Humblot, Berlin (2003)

Simons, T.: Grenzüberschreitende „Torpedoklagen". EuLF. **2003**, 289–291 (2003)

Smid, S.: Deutsches und Europäisches Internationales Insolvenzrecht. Kohlhammer, Stutt-gart (2004)

Solomon, D.: Die Verbindlichkeit von Schiedssprüchen in der internationalen privaten Schieds-gerichtsbarkeit. Sellier European Law, München (2007)

Sommerlad, K., Schrey, J.: Die Ermittlung des ausländischen Rechts im Zivilprozess und die Fol-gen der Nichtermittlung. NJW. **1992**, 1377–1383 (1992)

Spellenberg, U.: Das EuGVÜ als Kern eines europäischen Zivilprozessrechts. EuR. **1980**, 329–352 (1980)

Spickhoff, A.: Fremdes Recht vor inländischen Gerichten – Rechts- oder Tatfrage. ZZP. **112**, 265–292 (1999)

Spiecker, I.: Die Anerkennung von Rechtskraftwirkungen ausländischer Urteile. Nomos, Baden Baden (2002)

Stadler, A.: Der Schutz des Unternehmensgeheimnisses im deutschen und U.S. amerikanischen Zivilprozess und im Rechtshilfeverfahren. Mohr Siebeck, Tübingen (1989)

Stadler, A.: Grenzüberschreitende Beweisaufnahmen in der Europäischen Union – die Zukunft der Rechtshilfe in Beweissachen, FS Geimer, S. 1281. Beck, München (2002)

Stadler, A.: Das Europäische Zivilprozessrecht – Wie viel Beschleunigung verträgt Europa? IPRax. **1**, 2–11 (2004a)

Stadler, A.: Kritische Anmerkungen zum Europäischen Vollstreckungstitel. RIW. **2004**, 801–808 (2004b)

Stadler, A.: Ordnungsgemäße Zustellung im Wege der remise au parquet und Heilung von Zustellungsfehlern nach der Europäischen Zustellungsverordnung. IPRax. **2006**, 116–123 (2006)

Staehlin, M.: Gerichtsstandsvereinbarungen im internationalen Handelsverkehr Europas. Helbing & Lichtenhahn, Basel (1994)

Stafyla, A.: Die Rechtshängigkeit des EuGVÜ nach der Rechtsprechung des EuGH und der englischen, französischen und deutschen Gerichte. Univ., Mag. Arb., Freiburg (1997)

Stein, A.: Der Europäische Vollstreckungstitel für unbestrittene Forderungen – Einstieg in den Ausstieg aus dem Exequaturverfahren bei der Auslandsvollstreckung. EuZW. **2004**, 679–682 (2004a)

Stein, A.: Der Europäische Vollstreckungstitel für unbestrittene Forderungen tritt in Kraft – Aufruf zu einer *nüchternen* Betrachtung. IPRax. **2004**, 181 (2004b)

Stein, F., Jonas, M., Berger, B.: ZPO Anh. zu § 363 A, 22 Aufl. Mohr Siebeck, Tübingen (2006)

Stojan, T.S.: Die Anerkennung und Vollstreckung ausländischer Zivilurteile in Handelssachen. Schulthess Polygraphischer, Zürich (1986)

Stöve, E.: Gerichtsstandsvereinbarungen nach Handelsbrauch, Art. 17 EuGVÜ und § 38 ZPO. Decker R. Von, Heidelberg (1993)

Sturm, F.: Wegen Verletzung fremden Rechts sind weder Revision noch Rechtsbeschwerde zulässig. JZ. **2011**, 74–78 (2011)

Stürner, R.: Die Aufklärungspflicht der Parteien. Mohr Siebeck, Tübingen (1976)

Stürner, R.: Der einstweilige Rechtsschutz in Europa. Festschrift für Karlmann Geiß zum 65. Geburtstag, S. 199. Carl Heymanns, Köln (2000)

Stürner, R.: Die verweigerte Zustellungshilfe für U.S.-Klagen oder der „Schuss übers Grab". JZ. **2006**, 60 (2006)

Stürner, M.: Zur Reichweite des Gerichtsstands der Widerklage nach Art. 6 Nr. 3 EuGVO. IPRax. **2007**, 21–24 (2007)

Sujecki, B.: Reform des europäischen Zustellungsrechts. GPR. **2005**, 193–202 (2005)

Sujecki, B.: Europäisches Mahnverfahren – Geänderter Verordnungsvorschlag. EuZW. **17**, 330 (2006a)

Sujecki, B.: Europäisches Mahnverfahren. ZEuP. **1**, 125–148 (2006b)

Sujecki, B.: Initial steps towards an electronic european order for payment procedure. Comput. Law. Rev. Int. **2006**, 111 (2006c)

Sujecki, B.: Verordnungsvorschlag zur Änderung der Europäischen Zustellungsverordnung – Ein Schritt in die richtige Richtung. EuZW. **2006**, 1 (2006d)

Sujecki, B.: Das Übersetzungserfordernis und dessen Heilung nach der Europäischen Zustellungsverordnung. ZEuP. **2007**, 353–366 (2007a)

Sujecki, B.: Verhältnis der Zustellungsalternativen der EuZVO zueinander. EuZW. **2007**, 44 f (2007b)

Sujecki, B.: Kritische Anmerkungen zum gerichtlichen Prüfungsumfang im Europäischen Mahnverfahren. ERA-Forum. **2007**, 91–105 (2007c)

Sujecki, B.: Das elektronische Mahnverfahren. Mohr Siebeck, Tübingen (2008a)

Sujecki, B.: Die reformierte Zustellungsverordnung. NJW. **2008**, 1628 (2008b)

Tangermann, C.: Die völkerrechtliche Immunität von Staatsoberhäuptern. Duckner & Humboldt, Berlin (2002)

Tebbens, D.: Ein Ziviljustizraum in der Europäischen Union – auf Kosten einer Aushöhlung der internationalen Zusammenarbeit? In: Baur, J., Mansel, H.-P. (Hrsg.) Systemwechsel im europäischen Kollisionsrecht, S. 171. Beck, München (2002)

Teuber, E.: Die internationale Zuständigkeit bei Verbraucherstreitigkeiten. Lang, Frankfurt am Main (2003)

Thöne, M.: Die Abschaffung des Exequaturverfahrens und die EuGVVO (2016)

Tillmann, W.: Durchbruch: die Entscheidungen zum Einheitspatent und zum Europäischen Patentgericht, GRUR 2013, 157 (2013)

Trittmann, R.: Anwendungsprobleme des Haager Beweisübereinkommens im Rechtshilfeverkehr zwischen der Bundesrepublik und den Vereinigten Staaten von Amerika. Lang, Frankfurt am Main (1989)

Trunk, A.: Internationales Insolvenzrecht. Mohr Siebeck, Tübingen (1998)

Tschütscher, B., Weber, M.: Die Verordnung zur Einführung eines Europäischen Mahnverfahrens. OJZ. **2007**, 303–315 (2007)

Uhl, L.: Internationale Zuständigkeit gemäß Art. 5 Nr. 3 des Brüsseler und Lugano-Übereinkommens, ausgeführt am Beispiel der Produktehaftung. Lang, Frankfurt am Main (2000)

Ungeheuer, C.: Die Beachtung von Eingriffsnormen in der internationalen Handelsschiedsgerichtsbarkeit. Lang, Frankfurt am Main (1996)

Virgos, M., Schmitt, E.: Erläuternder Bericht zu dem EU-Übereinkommen über Insolvenzverfahren. In: Stoll, H. (Hrsg.) Vorschläge und Gutachten zur Umsetzung des EU-Übereinkommens über Insolvenzverfahren im Deutschen Recht, S. 32. Mohr Siebeck, Tübingen (1997)

Vischer, F.: Bemerkungen zum Verhältnis von internationaler Zuständigkeit und Kollisionsrecht, S. 349. FS v. Overbeck. Schweizerbart, Stuttgart (1990)

Vogl, T.: EuZVO – Nachreichen einer Übersetzung heilt Zustellungsmangel. JurBüro. **2006**, 60 f (2006)

Volken, P.: Die internationale Rechtshilfe in Zivilsachen. Schulthess Juristische Medien, Zürich (1996)

Vollkommer, G., Huber, S.: Neues Europäisches Zivilverfahrensrecht in Deutschland – Das Gesetz zur Verbesserung der grenzüberschreitenden Forderungsdurchsetzung und Zustellung. NJW. **2009**, 1105 (2009)

Wagner, G.: Prozessverträge. Mohr Siebeck, Tübingen (1998)

Wagner, G.: Die Aufrechnung im Europäischen Zivilprozess. IPRax. **1999**, 65 (1999)

Wagner, R.: Das Gesetz zur Durchführung der Verordnung (EG) Nr 805/2004 zum Europäischen Vollstreckungstitel – unter besonderer Berücksichtigung der Vollstreckungsabwehrklage. IPRax. **2005**, 401 (2005)

Wagner, R.: Zur Vereinheitlichung des Internationalen Privat- und Zivilverfahrensrechts acht Jahre nach In-Kraft-Treten des Amsterdamer Vertrags. EuZW. **2007**, 626–631 (2007)

Wagner, R.: Aktuelle Entwicklungen in der justiziellen Zusammenarbeit in Zivilsachen. NJW. **2012**, 1333 (2012)

Walker, W.-D.: Die Streitgegenstandslehre und die Rechtsprechung des EuGH. ZZP. **111**, 429 (1998)

Walker, W.-D.: Das Europäische Mahnverfahren, GS Konuralp, S. 655. Boorberg, Stuttgart (2009)

Wannenmacher, K.: Einstweilige Maßnahmen im Anwendungsbereich von Art. 31 EuGVVO in Frankreich und Deutschland. Lang, Frankfurt am Main (2007)

Weber, J.: Rechtshängigkeit und Drittstaatenbezug im Spiegel der EuGVO. RIW. **2009**, 620–625 (2009)

Weigand, F.-B., Baumann, A. (Hrsg.): Practitioner's Handbook on International Commercial Arbitration, 3 Aufl. Oxford University Press, Oxford (2019)

Weller, M.: Ordre-Public-Kontrolle internationaler Zuständigkeitsvereinbarungen im autonomen Zuständigkeitsrecht. Mohr Siebeck, Tübingen (2005)

Wiedemann, I.: Die Revisibilität ausländischen Rechts im Zivilprozess, Erlangen (1991)

Willeitner, V.: Vermögensgerichtsstand und einstweiliger Rechtsschutz im deutschen, niederländischen und europäischen Internationalen Zivilverfahrensrecht. Lang, Frankfurt am Main (2003)

Wilske, S., Krapfl, C.: Zur Qualität von Übersetzungen bei Zustellung ausländischer gerichtlicher Schriftstücke. IPRax. **2006**, 10 (2006)

Wimmer, K.: Die Verordnung (EG) Nr. 1346/2000 über Insolvenzverfahren. ZInsO. **2001**, 97–103 (2001)

Wipping, F.: Der europäische Gerichtsstand des Erfüllungsortes. – Art. 5 Nr. 1 EuGVVO. Dunker & Humblot, Berlin (2008)

Wolf, C.: Konturen eines europäischen Systems des einstweiligen Rechtsschutzes. EWS. **2000**, 11–18 (2000)

Wolf, C., Lange, S.: Das Europäische System des einstweiligen Rechtsschutzes – doch noch kein System? RIW. **2003**, 55–63 (2003)

Wolff, R.: New York Convention, 2 Aufl. Beck, München (2019)

Sachverzeichnis

Die kursiv gedruckten Zahlen beziehen sich auf das Kapitel, die normal gedruckten bezeichnen die Randnummern

© Springer-Verlag GmbH Deutschland, ein Teil von Springer Nature 2022
J. Adolphsen, *Europäisches Zivilverfahrensrecht*, Springer-Lehrbuch,
https://doi.org/10.1007/978-3-662-63558-2

MIX
Papier aus verantwortungsvollen Quellen
Paper from responsible sources
FSC® C105338

If you have any concerns about our products,
you can contact us on
ProductSafety@springernature.com

In case Publisher is established outside the EU,
the EU authorized representative is:
Springer Nature Customer Service Center GmbH
Europaplatz 3, 69115 Heidelberg, Germany

Printed by Libri Plureos GmbH
in Hamburg, Germany